***ACCESO GRATIS** a la Lectura en la Nube*

Para visualizar el libro electrónico en la nube de lectura envíe junto a su nombre y apellidos una fotografía del código de barras situado en la contraportada del libro y otra del ticket de compra a la dirección:

ebooktirant@tirant.com

En un máximo de 72 horas laborales le enviaremos el código de acceso con sus instrucciones.

La visualización del libro en **NUBE DE LECTURA** excluye los usos bibliotecarios y públicos que puedan poner el archivo electrónico a disposición de una comunidad de lectores. Se permite tan solo un uso individual y privado

EL RÉGIMEN DE LA VIVIENDA DE USO TURÍSTICO COMO MANIFESTACIÓN DE LA «NUEVA PROPIEDAD»

Procedimiento de selección de originales, ver página web:
www.tirant.net/index.php/editorial/procedimiento-de-seleccion-de-originales

EL RÉGIMEN DE LA VIVIENDA DE USO TURÍSTICO COMO MANIFESTACIÓN DE LA «NUEVA PROPIEDAD»

JOAN ANDREU FERRER GUARDIOLA

tirant lo blanch
Valencia, 2024

En caso de erratas y actualizaciones, la Editorial Tirant lo Blanch publicará la pertinente corrección en la página web www.tirant.com.

La aceptación de la presente obra ha tenido en consideración la evaluación y calificación sobresaliente cum laude otorgada por los expertos componentes del tribunal calificador de la tesis doctoral que ahora se publica, cumpliendo con el criterio correspondiente de los revisores externos y ofreciendo la calidad debida a la presente obra.

COLECCIÓN DERECHO DE LA VIVIENDA

Director

SERGIO NASARRE AZNAR

EDITA: TIRANT LO BLANCH
C/ Artes Gráficas, 14 - 46010 - Valencia
TELFS.: 96/361 00 48 - 50
FAX: 96/369 41 51
Email: tlb@tirant.com
www.tirant.com
Librería virtual: www.tirant.es
DEPÓSITO LEGAL: V-2160-2024
ISBN: 978-84-1071-025-2
MAQUETA: Tink Factoría de Color

Si tiene alguna queja o sugerencia, envíenos un mail a: *atencioncliente@tirant.com*. En caso de no ser atendida su sugerencia, por favor, lea en *www.tirant.net/index.php/empresa/politicas-de-empresa* nuestro procedimiento de quejas.

Responsabilidad Social Corporativa: http://www.tirant.net/Docs/RSCTirant.pdf

A los nuestros.

A ti.

Resumen

En los últimos años, se ha advertido una proliferación normativa en materia de viviendas de uso turístico por parte de las Comunidades Autónomas. Su origen coincide, principalmente, con la exclusión expresa llevada a cabo por el legislador estatal del contrato de arrendamiento de alojamiento privado en vivienda prevista en el art. 5, letra e), de la Ley 29/1994, de 24 de noviembre, de Arrendamientos Urbanos, a través de la Ley 4/2013, de 4 de junio, de medidas de flexibilización y fomento del mercado del alquiler de viviendas.

Este hecho dio inicio a un intenso debate doctrinal, que, a día de hoy, aún sigue vivo, en cuanto al régimen jurídico civil aplicable a esta modalidad de contrato de arrendamiento de alojamiento y de su naturaleza jurídica, que dependerá, en última instancia, de lo dispuesto por la concreta Comunidad Autónoma. Pero, además, el análisis atento de las normas sectoriales evidencia, en ocasiones, una extralimitación competencial, al incluir, en normas de eminente carácter administrativo, dictadas al amparo de su competencia en promoción y ordenación del turismo, disposiciones de Derecho privado.

Así, a través de las páginas que siguen se pretende ofrecer un análisis del régimen jurídico aprobado en materia de viviendas de uso turístico como manifestación de la «nueva propiedad», al erigirse la fórmula de la función social del derecho de propiedad, recogida en el art. 33.2 de la Constitución, como criterio delimitador del contenido del derecho dominical.

Se parte del derecho a la propiedad privada como título jurídico suficiente, aunque no exclusivo, para celebrar un contrato de arrendamiento de alojamiento para, a continuación, centrar la atención en los aspectos de Derecho civil incluidos en una normativa autonómica turística, valorando su adecuación y coherencia de acuerdo con el bloque competencial previsto en la Constitución.

Asimismo, por la intensa conexión que existe entre el urbanismo y el contenido del derecho de propiedad, se ha analizado la ordenación urbanística de las viviendas de uso turístico por parte de las Administraciones Públicas competentes.

No obstante, la delimitación del contenido del derecho de propiedad no proviene, únicamente, de las leyes, sino también de los pactos o contratos. Por este motivo, se ha examinado el cuadro normativo estatal y autonómico de las viviendas de uso turístico sometidas a régimen de propiedad horizontal.

Índice

Capítulo Tercero

LAS VIVIENDAS DE USO TURÍSTICO SOMETIDAS A RÉGIMEN DE PROPIEDAD HORIZONTAL

Capítulo Cuarto

LA DELIMITACIÓN DEL CONTENIDO DEL DERECHO A LA PROPIEDAD PRIVADA A TRAVÉS DE LA REGULACIÓN DE LAS VIVIENDAS DE USO TURÍSTICO

Capítulo Quinto

LA DELIMITACIÓN DEL CONTENIDO DEL DERECHO A LA PROPIEDAD PRIVADA A TRAVÉS DE LA ORDENACIÓN URBANÍSTICA DE LAS VIVIENDAS DE USO TURÍSTICO

Prólogo

El libro que estoy comenzando a prologar constituye una parte del trabajo con el que, en su día, mi discípulo el Dr. Joan Andreu Ferrer Guardiola colacionó el grado de doctor en Derecho con mención internacional por la Universidad de les Illes Balears con la máxima calificación. Este dato objetivo debería ser la mejor presentación para una monografía jurídica, pues permite presumir un bagaje de seriedad y rigor en la investigación, una sosegada meditación, un dominio de toda la literatura jurídica al respecto y unas conclusiones que han superado el control del correspondiente Tribunal.

Sin embargo, la praxis editorial de los últimos tiempos —seguramente condicionada por las demandas del mercado jurídico del país— no es proclive a la publicación de tesis doctorales. Se las acostumbra a tildar de excesivamente conceptuales, de moverse en el plano teórico sin descender a la realidad de la aplicación del derecho, de farragosas y de manejo dificultoso. De esta forma, constituye un primer motivo de satisfacción que la editorial Tirant lo Blanch estuviera interesada en su publicación, con la inestimable colaboración del Dr. Sergio Nasarre Aznar, Fundador y primer director de la Cátedra UNESCO de vivienda de la Universidad Rovira i Virgili.

En otro orden de ideas, el prologuista pretende evitar a toda costa caer en la tentación —que le asalta— de justificar las excelencias de la obra, la cualificación de su autor y la idoneidad de su difusión. Porque, como apuntaba al principio, al contrario de otras publicaciones, las tesis laureadas —como es el caso— aparecen con el marchamo de calidad otorgado por cada uno de los integrantes del Tribunal juzgador, formado en este caso por los doctores Beatriz Verdera (Universidad Illes Balears), Sergio Nasarre (Universidad Rovira i Virgili) y Roberto Senigaglia (U. Ca Foscari)

En consecuencia, voy a limitar mi tarea a referir las dificultades que ha debido superar el autor y a la somera descripción de lo que se me antojan como trazos básicos de la obra.

Las viviendas de uso turístico, como cualquier tema de análisis, presenta facetas que las hacen atractiva junto a no pocas dificultades. En un país cuya principal riqueza es la industria turística, el interés por el estudio —desde una vertiente técnico-jurídica— de uno de los instrumentos de relativa reciente aparición en relación con el alojamiento, es algo que cae por su propio peso. Y más aún si se tiene en cuenta la feroz competencia entablada en España por los propietarios de estas y las empresas dedicadas a su comercialización con los empresarios que tradicionalmente han monopolizado la contratación del alojamiento turístico, a través del contrato de hospedaje y el de alquiler de apartamentos turísticos: los empresarios hoteleros.

La obra proporciona una visión jurídica, de eminente carácter civil, de la incidencia de la regulación de las viviendas de uso turístico en una institución clásica de Derecho civil, como es el derecho a la propiedad privada y de cuantos puntos conexos de ella resultan, puesto que estamos ante un derecho que se mueve en un campo que exige un estudio no exclusivamente civil, sino que exige un estudio desde la totalidad del ordenamiento jurídico y, especialmente, desde la perspectiva constitucional y administrativa.

La propiedad se alza como la institución en la que, de forma más significativa, se reflejan y expresan los cambios sociales, económicos y políticos que acontecen en un momento y en una sociedad en concreto. En su trabajo, el autor comienza estudiando la vertiente individual del derecho a la propiedad privada, es decir, como un derecho subjetivo que se exterioriza a través del ejercicio de diversas facultades reconocidas por nuestro ordenamiento jurídico. De esta manera ese derecho de propiedad se convierte en un título jurídico suficiente, aunque no exclusivo, para celebrar un contrato de arrendamiento de alojamiento privado para el turismo. De este modo, puede concluir que como consecuencia de ello la regulación de las viviendas de uso turístico incidirá, per se, en el contenido del derecho de propiedad de los titulares de estas viviendas. Pero es que, además, y como es ya sabido, ese derecho de propiedad tiene una vertiente institucional, derivada de la fórmula de la función social recogida en el art. 33.2 de la Constitución. Esa función social actuará como criterio delimitador del contenido del derecho de propiedad, de ahí que pueda abordar el estudio del régimen de las viviendas de uso turístico como manifestación de la «nueva propiedad».

De forma correlativa, estos cambios pueden provocar que salgan a la luz toda una serie de intereses generales que, por su relevancia, es necesario salvaguardar por parte de los poderes públicos. Piénsese, por ejemplo, en el acceso a una vivienda, en el incremento de los precios del alquiler, a los problemas de convivencia que pueden surgir entre residentes y turistas, entre otros. Precisamente por ello, los poderes públicos, a la hora de regular las viviendas de uso turístico delimitan el contenido de ese derecho de propiedad. O, si se quiere, en la práctica, el legislador puede hacer recaer, con mayor o menor intensidad, la protección y consecución de estos intereses sobre determinados propietarios. Y si hay un bien especialmente sensible, ese es la propiedad inmobiliaria.

El Profesor Ferrer Guardiola dedica otra parte importante del trabajo al análisis del régimen jurídico aplicable, tanto civil como administrativo, del contrato de arrendamiento de alojamiento turístico en vivienda. Ello es debido a que, las relaciones entre arrendador y arrendatario deben regirse por normas de naturaleza civil, y no administrativa, como puede ser el Código civil o la Ley de Arrendamiento Urbanos, que dependerá, en última instancia, de lo previsto en cada Comunidad Autónoma. Con este análisis contribuye, con un tono crítico, en ocasiones, a la formulación del debate doctrinal sobre las imperfecciones que se detectan en nuestro ordenamiento jurídico en la regulación de las viviendas de uso turístico y su incidencia en el contenido del derecho de propiedad, lo que le permite proponer la formulación de una normativa coherente en la materia y hacer notar la acuciante necesidad de revisión que reclama su ordenación vigente en aras a su posible mejora.

En suma, creo que las páginas que siguen constituyen una completa y seria aproximación a la problemática de las viviendas vacacionales, realizada por un serio y buen profesional de la docencia e investigación del Departamento de Derecho Privado de la Universidad de las Islas Baleares, del que cabe esperarlo todo en el futuro.

Establiments, abril 2024.

Pedro A. Munar Bernat
Catedrático de Derecho civil
Universidad Illes Balears

Introducción

Las viviendas de uso turístico constituyen una alternativa jurídica que complementa y compite frente a los alojamientos turísticos tradicionales. Esta opción alojativa, que no es novedosa en nuestro ordenamiento jurídico, ha ido cobrando una gran relevancia en los últimos años.

Actualmente, según los datos ofrecidos por el Instituto Nacional de Estadística, en España están contabilizadas 305.136 viviendas de uso turístico, que representan un total de 1.545.368 plazas, con una media de 5,06 plazas por vivienda.

Andalucía, la Comunitat Valenciana y Cataluña, seguidas de Canarias y las Islas Baleares, son las Comunidades Autónomas que más viviendas turísticas albergan en sus territorios. Concretamente, Andalucía dispone de 70.194 viviendas de uso turístico, con 351.011 plazas; la Comunitat Valenciana de 49.950, con 257.306 plazas; Cataluña de 45.709, con 253.531 plazas; Canarias de 42.651, con 179.998 plazas y las Islas Baleares de 25.393, con 156.841 plazas. Esta última Comunidad Autónoma tiene la media más alta en cuanto a plazas por vivienda de uso turístico (6,18)[1].

Por el contrario, de acuerdo con la estimación realizada por el INE sobre el número de establecimientos abiertos y de plazas, a nivel nacional existe un número estimado de 16.667 hoteles, que representan 1.892.157 plazas estimadas. En relación con los apartamentos turísticos, el INE no otorga el número estimado de esta clase de establecimientos, pero sí el número de plazas estimadas, que es de 631.788[2].

Si comparamos los datos anteriores de las tres modalidades de alojamiento referenciadas, se pone de manifiesto el reto económico, social y jurídico que suponen, en concreto, las viviendas de uso turístico.

El acceso a Internet y la irrupción de las denominadas plataformas de intermediación en línea han desempeñado un papel fundamental en el objeto de nuestro estudio, provocando un cambio sustancial en las costumbres de los turistas a la hora de viajar. Y, en concreto, en cuanto a la elección del alojamiento que mejor se adapte a sus circunstancias perso-

---

1 Disponible en: https://www.ine.es/jaxiT3/Datos.htm?t=39364.

2 Disponible en: https://www.ine.es/jaxiT3/Datos.htm?t=2942.

nales, familiares y económicas, como elemento fundamental del producto turístico.

Ello se traduce en un incremento en la comercialización de estancias turísticas en viviendas, que ha generado la reacción de los poderes públicos a nivel nacional, autonómico y local[3], con el fin de procurar una respuesta, no siempre satisfactoria, a una modalidad de alojamiento que, hasta hace relativamente poco, estaba oculta y escasamente regulada.

De este modo, el trabajo de investigación que se presenta viene motivado por la curiosidad que genera en un iusprivatista la incidencia de la regulación de las viviendas de uso turístico en una institución clásica de Derecho civil, como es la propiedad privada y de cuantos puntos conexos de ella resulten. Esto último es debido a que, inevitablemente, el derecho a la propiedad privada no es un campo que pertenezca de forma exclusiva a los que se dedican al estudio del Derecho civil, sino que exige un estudio desde la totalidad del ordenamiento jurídico y, especialmente, desde la perspectiva constitucional y administrativa.

De esta manera, fijando el punto de partida en el derecho a la propiedad privada, se analizan las diferentes disposiciones normativas dictadas regulando las viviendas de uso turístico, y como los alegados intereses públicos anejos a la hora de regular esta modalidad de alojamiento van maleando el contenido del derecho dominical.

---

3 A nivel europeo, la Comisión Europea, el 7 de noviembre de 2022, presentó la Propuesta de Reglamento del Parlamento Europeo y del Consejo, sobre la recogida y el intercambio de datos relativos a los servicios de alquiler de alojamiento de corta duración y por el que se modifica el Reglamento (UE) 2018/1724, COM(2022) 571 final. Con ello se pretende armonizar y mejorar el marco de generación y el intercambio de datos sobre el alquiler de alojamiento de corta duración en toda la Unión Europea, y aumentar la transparencia en el sector del alquiler de alojamientos de corta duración, ofreciendo: – un enfoque armonizado de los sistemas de registro para los anfitriones, con la obligación de que las autoridades públicas mantengan sistemas de registro que hayan sido diseñados adecuadamente si desean obtener datos con fines de elaboración de políticas y de garantía del cumplimiento; – obligaciones de que las plataformas en línea permitan a los anfitriones mostrar los números de registro (lo que garantizará el cumplimiento de los requisitos de registro por parte de los anfitriones) e intercambien con las autoridades públicas datos específicos sobre las actividades y anuncios de esos anfitriones; – herramientas y procedimientos específicos para garantizar que el intercambio de datos sea seguro, conforme al Reglamento general de protección de datos y rentable para todas las partes implicadas. Disponible en: https://eur-lex.europa.eu/legal-content/ES/TXT/?uri=CELEX:52022PC0571.

Por lo que se refiere al derecho a la propiedad privada, éste tiene una vertiente individual. O, lo que es lo mismo, es un derecho subjetivo. Y, como tal, se exterioriza a través del ejercicio de diversas facultades reconocidas por nuestro ordenamiento jurídico, prestando especial atención, en este momento, a la facultad de goce.

El derecho de propiedad, así, se convierte en un título jurídico suficiente, aunque no exclusivo, para celebrar un contrato de arrendamiento de alojamiento privado para el turismo. Consecuentemente, la regulación de las viviendas de uso turístico incidirá, per se, en el contenido del derecho de propiedad de los titulares de estas viviendas.

Y, por otra, tiene una vertiente institucional, derivada de la fórmula de la función social recogida en el art. 33.2 de la Constitución. La función social actuará como criterio delimitador del contenido del derecho de propiedad, de ahí que abordemos el estudio del régimen de las viviendas de uso turístico como manifestación de la «nueva propiedad».

La propiedad se alza como la institución en la que, de forma más significativa, se reflejan y expresan los cambios sociales, económicos y políticos que acontecen en un momento y en una sociedad en concreto. De forma correlativa, estos cambios pueden provocar que salgan a la luz toda una serie de intereses generales que, por su relevancia, es necesario salvaguardar por parte de los poderes públicos. Piénsese, por ejemplo, en el acceso a una vivienda, en el incremento de los precios del alquiler, a los problemas de convivencia que pueden surgir entre residentes y turistas, entre otros.

Los poderes públicos, a la hora de regular esos determinados ámbitos o sectores de la vida jurídico-social, como son las viviendas de uso turístico, y en los que tienen cabida los referidos intereses necesitados de protección, dada su interrelación con el derecho de propiedad, incidirán en este último, delimitando su contenido. O, si se quiere, en la práctica, el legislador puede hacer recaer, con mayor o menor intensidad, la protección y consecución de estos intereses sobre determinados propietarios. Y si hay un bien especialmente sensible, ese es la propiedad inmobiliaria.

El presente trabajo pretende contribuir, con un tono crítico, en ocasiones, a la formulación del debate doctrinal sobre las imperfecciones que se detectan en nuestro ordenamiento jurídico en la regulación de las viviendas de uso turístico y su incidencia en el contenido del derecho de propiedad. Con ello, se tratará de coadyuvar a la formulación de una normativa coherente en la materia y hacer notar la acuciante necesidad de revisión que reclama su vigente ordenación en aras a su posible mejora.

Por lo que se refiere a la estructura expositiva, el trabajo consta de cinco capítulos.

El Capítulo Primero se dedica al estudio del derecho a la propiedad privada, haciendo hincapié en los instrumentos de control que operan frente a los poderes públicos a la hora de delimitar su contenido, so pena de que la medida en cuestión adoptada pueda ser declarada contraria a la Constitución.

El Capítulo Segundo se ocupa de la configuración jurídica del contrato de arrendamiento de alojamiento privado para el turismo en vivienda. Para ello, damos cuenta de las primeras aportaciones legislativas, tanto estatales como autonómicas, surgidas en nuestro ordenamiento jurídico, hasta llegar a la Ley 4/2013, de 4 de julio, de medidas de flexibilización del alquiler de vivienda.

La meritada Ley modificó la Ley 29/1994, de 24 de noviembre, de Arrendamientos Urbanos, y excluyó de su ámbito de aplicación, de forma expresa, el contrato de arrendamiento de alojamiento de vivienda de uso turístico. La Ley 4/2013, marcó un antes y un después en la materia, especialmente en lo que se refiere al régimen jurídico aplicable a esta clase de cesiones. Lo que, consiguientemente, nos lleva a detenernos en la naturaleza jurídica del contrato.

Una vez aportadas las diferentes posturas que ha planteado la doctrina española en cuanto a la configuración jurídica de las viviendas de uso turístico, y cuál creemos que es la más acertada en relación con el régimen jurídico aplicable y a la naturaleza jurídica del contrato, nos referimos al derecho a la propiedad privada como presupuesto de admisibilidad del contrato de arrendamiento de alojamiento privado para el turismo en vivienda. Y, por ende, trasladamos la interacción de los elementos de control vistos en el capítulo precedente a la regulación de las viviendas de uso turístico por parte de los poderes públicos.

El Capítulo Tercero se destina al análisis detallado de la regulación estatal y autonómica de las viviendas de uso turístico sometidas a régimen de propiedad horizontal, prestando especial atención a las Islas Baleares.

En el Capítulo Cuarto se ofrece un análisis pormenorizado de las disposiciones normativas turísticas autonómicas que, a nuestro modo de ver, delimitan el contenido del derecho de propiedad. Si bien, previamente, nos detenemos en lo que hemos denominado presunciones legales del carácter turístico de la cesión.

Las normas aprobadas que regulan las viviendas de uso turístico son de eminente naturaleza administrativa, dictadas con fundamento en la competencia exclusiva asumida, ex art. 148.1.18.ª de la Constitución, en materia de promoción y ordenación del turismo.

Como lo ha reconocido el Tribunal Constitucional, las limitaciones al contenido del derecho de propiedad no deben buscarse ya, exclusivamente, en normas de carácter civil. Ahora bien, en ocasiones dichas normas administrativas contienen disposiciones de Derecho privado, incidiendo en el contrato que sirve de fundamento. Ello lleva a analizar el concepto de «desarrollo» del Derecho civil propio, previsto en el art. 149.1.8.ª de la Constitución, y en el límite que constituyen las «bases de las obligaciones contractuales» frente a todos los legisladores autonómicos —tengan o no competencia en Derecho civil propio—, al recaer dichas bases en manos exclusivas del Estado.

En el Capítulo Quinto se aborda la delimitación del contenido del derecho a la propiedad privada a través de la ordenación urbanísticas de las viviendas de uso turístico, en virtud de la competencia asumida en la materia por las Comunidades Autónomas, ex art. 148.1.3.ª de la Constitución.

Esta ordenación supone una restricción al acceso y al ejercicio a la libre prestación del servicio de alojamiento privado para el turismo. Por tanto, las medidas adoptadas deben atenerse a los principios de no discriminación, necesidad y proporcionalidad, que predican la Directiva 2006/123/CE, del Parlamento Europeo y del Consejo, de 12 de diciembre de 2006, relativa a los servicios en el mercado interior y la Ley 17/2009, de 23 de noviembre, sobre el libre acceso a las actividades de servicios y su ejercicio.

Abreviaturas

BOE: Boletín Oficial del Estado.

CC: Código civil.

CE: Constitución Española.

CNMC: Comisión Nacional de los Mercados y de la Competencia.

Decreto 28/2016, de Andalucía: Decreto 28/2016, de 2 de febrero, por el que se regulan las viviendas de uso turístico.

Decreto 1/2023, de Aragón: Decreto 1/2023, de 11 de enero, del Gobierno de Aragón, por el que se aprueba el Reglamento de las viviendas de uso turístico en Aragón.

Decreto 48/2016, de Asturias: Decreto 48/2016, de 10 de agosto, de viviendas vacacionales y viviendas de uso turístico.

Decreto 113/2015, de Canarias: Decreto 113/2015, de 22 de mayo, por el que se aprueba el Reglamento de las viviendas vacacionales de la Comunidad Autónoma de Canarias.

Decreto 225/2019, de Cantabria: Decreto 225/2019, de 28 de noviembre, por el que se regulan las viviendas de uso turístico en el ámbito de la Comunidad Autónoma de Cantabria.

Decreto 3/2017, Castilla y León: Decreto 3/2017, de 16 de febrero, por el que se regulan los establecimientos de alojamiento en la modalidad de vivienda de uso turístico en la Comunidad de Castilla y León.

Decreto 36/2018, de Castilla-La Mancha: Decreto 36/2018, de 29 de mayo, por el que se establece la ordenación de los apartamentos turísticos y las viviendas de uso turístico en Castilla-La Mancha.

Decreto 75/2020, de Cataluña: Decreto 75/2020, de 4 de agosto, de turismo de Cataluña.

Decreto 10/2021, de la Comunitat Valenciana: Decreto 10/2021, de 22 de enero, del Consell, de aprobación del Reglamento regulador del alojamiento turístico en la Comunitat Valenciana.

Decreto 12/2017, de Galicia: Decreto 12/2017, de 26 de enero, por el que se establece la ordenación de apartamentos turísticos, viviendas turísticas y viviendas de uso turístico en la Comunidad Autónoma de Galicia.

Decreto 79/2014, de Madrid: Decreto 79/2014, de 10 de julio, del Consejo de Gobierno, por el que se regulan los apartamentos turísticos y las viviendas de uso turístico en la Comunidad de Madrid.

Decreto n.º 256/2019, de la Región de Murcia: Decreto n.º 256/2019, de 10 de octubre, por el que se regulan las viviendas de uso turístico en la Región de Murcia.

Decreto Foral 230/2011, de Navarra: Decreto Foral 230/2011, de 26 de octubre, por el que se aprueba el Reglamento de Ordenación de los Apartamentos Turísticos en la Comunidad Foral de Navarra.

Decreto 101/2018, del País Vasco: Decreto 101/2018, de 3 de julio, de viviendas y habitaciones de viviendas particulares para uso turístico del País Vasco.

Decreto 10/2017, de la Rioja: Decreto 10/2017, de 17 de marzo, por el que se aprueba el Reglamento General de Turismo de La Rioja en desarrollo de la Ley 2/2001, de 31 de marzo, de Turismo de La Rioja.

DGRN: Dirección General de los Registros y del Notariado.

DGSJFP: Dirección General de Seguridad Jurídica y Fe Pública.

DGT: Dirección General de Tributos.

Directiva de Servicios: Directiva 2006/123/CE, del Parlamento Europeo y del Consejo, de 12 de diciembre de 2006, relativa a los servicios en el mercado interior.

INE: Instituto Nacional de Estadística.

LPH: Ley 49/1960, de 21 de julio, sobre Propiedad Horizontal.

Ley 7/1985: Ley 7/1985, de 2 de abril, Reguladora de las Bases del Régimen Local.

Ley del Suelo de 1956: Ley de 12 de mayo de 1956, sobre el Régimen del Suelo y Ordenación Urbana.

LAU: Ley 29/1994, de 24 de noviembre, de Arrendamientos Urbanos.

Ley 17/2009: Ley 17/2009, de 23 de noviembre, sobre el libre acceso a las actividades de servicios y su ejercicio.

Ley 8/2012, de las Islas Baleares: Ley 8/2012, de 19 de julio, del Turismo de las Islas Baleares.

Ley 4/2013: Ley 4/2013, de 4 de julio, de medidas de flexibilización y fomento del alquiler de vivienda.

Ley 39/2015: Ley 39/2015, de 1 de octubre, del Procedimiento Administrativo Común de las Administraciones Públicas.

Ley 40/2015: Ley 40/2015, de 1 de octubre, del Régimen Jurídico del Sector Público.

Ley del suelo de 2015: Real Decreto Legislativo 7/2015, de 30 de octubre, por el que se aprueba el Texto Refundido de la Ley de Suelo y Rehabilitación Urbana.

Ley 13/2016, del País Vasco: Ley 13/2016, de 28 de julio, de Turismo.

Ley 6/2017, de las Islas Baleares: Ley 6/2017, de 31 de julio, de modificación de la Ley 8/2012, de 19 de julio, del turismo de las Islas Baleares, relativa a la comercialización de estancias turísticas en viviendas.

Ley 15/2018, de la Comunitat Valenciana: Ley 15/2018, de 7 de junio, de la Generalitat, de turismo, ocio y hospitalidad de la Comunitat Valenciana.

Orden de 17 de enero de 1967: Orden de 17 de enero de 1967, por la que se aprueba la ordenación de los apartamentos, «bungalows» y otros alojamientos similares de carácter turístico.

Real Decreto 2877/1982: Real Decreto 2877/1982, de 15 de octubre, de ordenación de apartamentos y de viviendas turísticas vacacionales.

Real Decreto-ley 21/2018: Real Decreto-ley 21/2018, de 14 de diciembre, de medidas urgentes en materia de vivienda y alquiler.

Real Decreto-ley 7/2019: Real Decreto-ley 7/2019, de 1 de marzo, de medidas urgentes en materia de vivienda y alquiler.

SAP: Sentencia de la Audiencia Provincial.

STC: Sentencia del Tribunal Constitucional.

STEDH: Sentencia del Tribunal Europeo de Derechos Humanos.

STS: Sentencia del Tribunal Supremo.

STSJ: Sentencia del Tribunal Superior de Justicia.

TEDH: Tribunal Europeo de Derechos Humanos.

TJUE: Tribunal de Justicia de la Unión Europea.

TRLGDCU: Real Decreto Legislativo 1/2007, de 16 de noviembre, por el que se aprueba el Texto Refundido de la Ley General de Defensa de los Consumidores y Usuarios y otras leyes complementarias.

Capítulo Primero

El derecho a la propiedad privada

1. CONSIDERACIONES PREVIAS

Antes que nada, es preciso advertir al lector que, en las páginas que siguen, no va a encontrar un análisis cronológico, completo y exhaustivo del derecho a la propiedad privada a través de la historia[4].

El objetivo del presente capítulo es ofrecer un estudio del derecho de propiedad a partir de su regulación vigente, instaurada por la Constitución española de 1978 y su alusión expresa a la «función social» —de ahí la referencia a la «nueva propiedad»—, sin perjuicio de que hagamos un breve apunte a sus antecedentes más inmediatos.

En palabras de GARCÍA GOYENA, «toda legislación bien ordenada debe arreglar el ejercicio del derecho de propiedad»[5]. Han transcurrido más de cuatro décadas desde la promulgación de la Constitución española de 1978, y del reconocimiento del derecho a la propiedad privada en su art. 33. Muchas más se han sucedido desde la aprobación del contenido del art. 348 CC[6]. Y, sin embargo, el interés que suscita su estudio se mantiene vivo.

---

4 Para un análisis histórico *Vid.*, por todos, AZCARATE, Gumersindo, *Ensayo sobre la historia del derecho de propiedad y su estado actual en Europa*, Imprenta de la Revista de Legislación, Madrid, 1883; CÁRDENAS Y ESPEJO, Francisco, *Ensayo sobre la historia de la propiedad territorial en España*, Anacleta, Pamplona, 2002. También, GROSSI, Paolo, *Historia del derecho de propiedad. La irrupción del colectivismo en la conciencia europea*, Ariel, Barcelona, 1986 y *La propiedad y las propiedades. Un análisis histórico*, Civitas, Madrid, 1992; SAN EMÉRITO MARTÍN, Nieves, *Sobre la propiedad. El concepto de propiedad en la Edad Moderna*, Tecnos, Madrid, 2005; VV. AA., en Salustiano de Dios, Javier Infante, Ricardo Robledo y Eugenia Torijano (Coords.), *Historia de la propiedad en España. Siglos XV-XX*, Centro de Estudios Registrales, Madrid, 1999, entre otros.

5 GARCÍA GOYENA, Florencio, *Concordancias, motivos y comentarios del Código civil español, Tomo I*, Sociedad Tipográfico-Editorial, Madrid, 1852, p. 352, en relación con el art. 391, cuyo contenido era el siguiente: «La propiedad es el derecho de gozar y disponer de una cosa sin más limitaciones que las que previenen las leyes o reglamentos».

6 Precepto que, a lo largo de su vigencia, sólo ha sido objeto de una única modificación, en virtud de la cual se introdujo la referencia a los animales, a través del art. 1.10 de la Ley 17/2021, de 15 de diciembre, de modificación del Código civil, la

Entendemos que este hecho está determinado, principalmente, por la identificación de una vertiente institucional del derecho a la propiedad privada, fruto de la introducción de la fórmula «función social» en el seno del art. 33.2 CE. Ello se traduce en que, en la actualidad, de forma expresa, a través del derecho a la propiedad privada, junto a la satisfacción de los intereses individuales del propietario, se intentarán salvaguardar ciertas necesidades que afectan o pueden afectar a la colectividad.

Lo anterior entronca con el hecho de que la propiedad, entendida como la más amplia y perfecta relación que las personas pueden proyectar sobre las cosas del mundo exterior[7], ha sido, y es, la institución jurídica que mejor ha reflejado, y refleja, los cambios sociales, económicos y políticos en cada época determinada[8].

En cada momento histórico, en cada sociedad y en cada grupo social, se identificarán una serie de intereses generales que, por su relevancia, tratarán de ser satisfechos por parte de los poderes públicos. Estos últimos, a la hora de regular esos determinados ámbitos o sectores de la vida jurídico-social en los que se insertan los intereses colectivos necesitados de protección, dada su posible interrelación con el derecho de propiedad, incidirán en su contenido, delimitándolo. O, en otras palabras, en la práctica, el legislador puede hacer recaer, con mayor o menor intensidad, la protección de unos intereses o la consecución de unos objetivos sobre determinados propietarios. Y si hay un bien especialmente sensible, ese es la propiedad inmobiliaria.

Pero esta potestad de los poderes públicos no es absoluta ni ilimitada, hasta el punto de dejar vacío de contenido el derecho a la propiedad privada. Por este motivo, a continuación, nos detendremos en el estudio del derecho a la propiedad privada, prestando especial atención a los instru-

---

Ley Hipotecaria y la Ley de Enjuiciamiento Civil, sobre el régimen jurídico de los animales.

7 PUIG PEÑA, Federico, *Tratado de Derecho civil español, Tomo III, Vol. I,* Revista de Derecho Privado, Madrid, 1972, p. 69.

8 PÉREZ LUÑO, Antonio E., *Derechos humanos, Estado de Derecho y Constitución,* Tecnos, Madrid, 1984, p. 400: «La noción de propiedad tiene un trasfondo ideológico. [...] es un concepto controvertido, porque aparece estrechamente ligado a las exigencias o intereses de la sociedad o de quienes en ellas detentan el poder.» O CASTÁN TOBEÑAS, José, *La propiedad y sus problemas actuales,* Reus, Madrid, 1963, p. 9: «Mas la verdad es que la propiedad, como las demás instituciones jurídicas y acaso más que ellas, sufre las constantes transformaciones estructurales impuestas por las variaciones sociales y por las exigencias de cada momento histórico.»

mentos de control que operan frente a los poderes públicos a la hora de delimitar el contenido del derecho de propiedad, so pena de que la medida en cuestión pueda ser declarada contraria a la Constitución.

2. LA CONCEPCIÓN ACTUAL DEL DERECHO A LA PROPIEDAD PRIVADA

La propiedad, se concibe y se reconoce, prácticamente, desde el mismo inicio del constitucionalismo español[9]. Aunque podemos adelantar que no será hasta llegar a la Constitución de 1978 cuando alcance cotas nunca vistas en nuestro país[10].

El origen del constitucionalismo español se identifica con el Estatuto de Bayona de 1808. Texto en el que, sin llegar a estar vigente, ya se podía observar alguna referencia a la propiedad[11]. Si bien ésta no aparecía proclamada de forma expresa, sino que se presuponía, junto con la libertad.

En concreto, en su art. 6, que contenía la fórmula del juramento del Rey: «Juro sobre los santos Evangelios respetar y hacer respetar nuestra santa religión, observar y hacer observar la Constitución, conservar la integridad y la independencia de España y sus posesiones, respetar y hacer respetar la libertad individual y la propiedad y gobernar solamente con la mira del interés, de la felicidad y de la gloria de la nación española.»

Más tarde, la Constitución de Cádiz, aprobada el 19 de marzo de 1812, dispuso en su artículo cuarto que «La Nación está obligada a conservar y

---

9 Como manifiesta Campuzano y Horma, Fernando, «La evolución de la propiedad en el Derecho constitucional», *Revista General de Legislación y Jurisprudencia,* Vol. 80 (1931), n.º 158, pp. 617 a 636, p. 617: «las fórmulas constitucionales condensan las instituciones jurídicas, abriendo cauces y señalando límites por donde ha de discurrir, sin rebasarlos, el derecho positivo a que se refieren.»

10 Hernández Gil, Antonio, «La propiedad privada y su función social en la Constitución», *Poder Judicial* (1989), n.º 14, pp. 9 a 22, p. 13.

11 Ello no equivale a quitarle importancia, puesto que, como apunta Varela Suanzes-Carpegna, Joaquín, «Algunas reflexiones metodológicas sobre la historia constitucional», *Teoría y Realidad Constitucional* (2008), n.º 21, pp. 411 a 425, pp. 412 y 413: «las fuentes de estudio y a la vez de conocimiento de la Historia constitucional son muy variadas. Desde una perspectiva normativo-institucional, comprenden los textos constitucionales —incluidos los proyectos que no llegaron a entrar en vigor, a veces de gran interés—».

proteger por leyes sabias y justas la libertad civil, la propiedad y los demás derechos legítimos de todos los individuos que la componen.»[12]

Posteriormente, la Constitución de 1837 establecía en su art. 10 que «No se impondrá jamás la pena de confiscación de bienes, y ningún español será privado de su propiedad sino por causa justificada de utilidad común, previa la correspondiente indemnización.» Más adelante, el contenido del precepto anterior fue recogido de forma idéntica por la Constitución de 1845, en su art. 10.

Por su parte, la Constitución de 1869 preveía en el apartado primero, de su art. 13, que «Nadie podrá ser privado temporal o perpetuamente de sus bienes y derechos, ni turbado en la posesión de ellos, sino en virtud de sentencia judicial.» Y, acto seguido, en su art. 14, podía leerse que «Nadie podrá ser expropiado de sus bienes sino por causa de utilidad común y en virtud de mandamiento judicial, que no se ejecutará sin previa indemnización regulada por el juez con intervención del interesado.»

Continuando con la protección que se dispensaba en el constitucionalismo español a la propiedad privada, la Constitución de 1876, en el art. 10, señalaba que «No se impondrá jamás la pena de confiscación de bienes y nadie podrá ser privado de su propiedad sino por autoridad competente y por causa justificada de utilidad pública, previa siempre la correspondiente indemnización. Si no procediere este requisito, los jueces ampararán y en su caso reintegrarán en la posesión al expropiado.»

Cabe hacer referencia al art. 25, del Proyecto de Constitución de Primo de Rivera de 1929, que se apartaba notablemente del contenido de las Constituciones precedentes. Dicho precepto rezaba: «La propiedad, como facultad de gozar y disponer entre vivos y mortis causa de los bienes, y obligación correlativa de usarlos de modo que no lesione el interés general, está garantizada por la Constitución. Las leyes fijarán los límites a que deberá estar sujeto ese derecho, en consideración a su fin individual y social.» Dicho precepto no sólo reconocía el derecho a la propiedad privada, sino que lo definía, también, como la «facultad de gozar y disponer». Y, además,

---

12 PÉREZ LUÑO, Antonio E., «Artículo 33. Propiedad privada y herencia», en Oscar Alzaga Villaamil (Dir.), *Comentarios a las Leyes Políticas. Constitución Española de 1978. Tomo III. Artículos 24 a 38*, Revista de Derecho Privado, Madrid, 1978, pp. 381 a 431, p. 392, expone que, dicho precepto, hace «patente la consideración del derecho de propiedad como un derecho innato, atributo esencial de la personalidad humana; de ahí la simbiosis entre libertad y propiedad fiel trasunto de la influencia del iusnaturalismo racionalista».

junto a los intereses individuales, incluyó los de la colectividad o sociales como fundamento a la hora de concretar el legislador su ejercicio.

La Constitución de 1931, tras reconocer en el apartado primero, de su art. 44, que «Toda la riqueza del país, sea quien fuere su dueño, está subordinada a los intereses de la economía nacional y afecta al sostenimiento de las cargas públicas, con arreglo a la Constitución y a las leyes.» afirmaba, seguidamente, que «La propiedad de toda clase de bienes podrá ser objeto de expropiación forzosa por causa de utilidad social mediante adecuada indemnización, a menos que disponga otra cosa una ley aprobada por los votos de la mayoría absoluta de las Cortes. Con los mismos requisitos la propiedad podrá ser socializada.»

Al recoger todos los preceptos anteriores, nuestra intención no es otra que poner de relieve dos aspectos. Por una parte, la existencia de un nexo entre el constitucionalismo y la propiedad[13]. Y, por otra, el reconocimiento de un cierto aspecto social a la propiedad[14].

Si bien, cabe puntualizar que el carácter social de los textos constitucionales vigentes iba referido, hasta ese momento, a la actividad y a la garantía expropiatoria[15]. Como puede apreciarse, salvo en la Constitución de Cádiz de 1812, en las de 1845, 1869, 1876 y 1931, el constituyente, al referirse a la propiedad y a la expropiación, utiliza los términos «utilidad común», «utilidad pública» o «utilidad social».

Tras la Constitución de la Segunda República de 1931, cabe tener en cuenta la Declaración XII, del Fuero del Trabajo de 1938, en virtud de la cual «El Estado reconoce y ampara la propiedad privada como medio

---

13 *Vid.* Fernández Sarasola, Ignacio, «El derecho de propiedad en la historia constitucional española», en Joaquín Varela Suanzes-Carpegna (Coord.), *Propiedad e historia del Derecho,* Colegio de Registradores de la Propiedad y Mercantiles de España, Madrid, 2005, pp. 73 a 120, pp. 73 y 74, al referirse al constitucionalismo como el «movimiento ideológico dirigido a limitar al Estado», que nace, «justamente, con el objeto de salvaguardar las libertades individuales y, muy especialmente, la propiedad subjetiva.»

14 Pereña Pinedo, Ignacio, «La función social del derecho de propiedad», en Francisco José Bastida Frejeido (Coord.), *Propiedad y Derecho constitucional,* Colegio de Registradores de la Propiedad y Mercantiles de España, Madrid, 2005, pp. 173 a 194, p. 175: «En la evolución del constitucionalismo español vemos, en consecuencia, que se reconoce una cierta función social a la propiedad».

15 Campuzano y Horma, Fernando, *op. cit.,* pp. 619 y 620: «Sólo apunta, de un modo somero, el carácter social de la propiedad, reconociendo al Estado atribuciones para privar de ella a los ciudadanos».

natural para el cumplimiento de las funciones individuales, familiares y sociales. Todas las formas de propiedad quedan subordinadas al interés supremo de la Nación, cuyo intérprete es el Estado.»

Asimismo, pueden citarse los arts. 30 y 31 del Fuero de los Españoles de 1945. El primero de ellos, disponía que «La propiedad privada como medio natural para el cumplimiento de los fines individuales, familiares y sociales, es reconocida y amparada por el Estado.» Y, de conformidad con el segundo de los preceptos, «El Estado facilitará a todos los españoles el acceso a las formas de propiedad más íntimamente ligadas a la persona humana: hogar familiar, heredad, útiles de trabajo y bienes de uso cotidiano.»

Posteriormente, en el Principio X, de la Ley de Principios del Movimiento Nacional, de 17 de mayo de 1958, se reconoció la propiedad privada, «en todas sus formas, como derecho condicionado a su función social.»

Si bien, a pesar de existir algún antecedente, la primera vez que estuvo vigente la fórmula de la función social a la hora de contemplar el derecho a la propiedad privada en un texto constitucional español fue en la Constitución de 1978.

Actualmente, la disciplina constitucional del derecho a la propiedad privada está recogida en el art. 33 CE. En los términos de su apartado primero, «Se reconoce el derecho a la propiedad privada y a la herencia». Aunque, a partir de ahora, desecharemos cualquier referencia al fenómeno sucesorio, centrándonos sólo en el derecho a la propiedad privada.

A reglón seguido, el art. 33, en su apartado segundo, afirma que la función social delimitará su contenido, de acuerdo con las leyes.

No obstante, el art. 33 CE, igual que el resto de los textos constitucionales vigentes citados, no define el derecho de propiedad[16]. Por ello, dicho precepto debe coexistir, necesariamente, con el contenido del art. 348 CC.

---

16 Sí que lo hacía, recordemos, el art. 25 del Proyecto de Constitución de Primo de Rivera de 1929. El motivo, según apunta CLAR GARAU, Raimundo, «En torno al derecho de propiedad», *Boletín de la Real Academia de Jurisprudencia y Legislación de las Illes Balears* (1992), N.º 2, pp. 35 a 51, p. 46, quizá sea porque «presupone que las leyes inferiores y materiales lo dan: entre ellos el Código civil en su artículo 348. Se refiere al contenido y ejercicio del derecho de propiedad.» En un sentido parecido se pronunció REY MARTÍNEZ, Fernando, *La propiedad privada en la Constitución española*, Centro de Estudios Constitucionales, Madrid, 1994, p. 80: «Ninguno de los siete textos constitucionales [del siglo XIX] define el derecho de propiedad privada, sino que, fieles a la visión liberal […], presuponen en la cultura jurídica un concepto pacífico preexistente, de carácter civil».

Conforme al art. 348 CC, «La propiedad es el derecho de gozar y disponer de una cosa o un animal, sin más limitaciones que las establecidas en las leyes. El propietario tiene acción contra el tenedor y el poseedor de la cosa o del animal para reivindicarlo.» Pero, siguiendo a PANTALEÓN PRIETO[17], es tan importante lo que dice el precepto, como lo que no dice, realizando el autor la siguiente especificación: «sin más limitaciones que las establecidas en las leyes o en los pactos.»[18]

El Código civil español, que fue «hijo de su época», momento en el que reinaba un liberalismo individualista templado[19], siguió los pasos del Código civil francés de 1804, cuyo art. 544 previó que «La propiedad es el derecho de gozar y disponer de una cosa de la manera más absoluta, siempre que no se haga de ella un uso prohibido por las leyes y por los reglamentos.»

Esta última definición, a su vez, respondía a la estructura liberal del derecho de propiedad, cuyo fundamento inmediato se sitúa en la Declaración de los Derechos del Hombre y del Ciudadano de 1789. En su art. 2, se proclamaba la propiedad, junto a la libertad, la seguridad y la resistencia a la opresión, como un derecho natural e imprescriptible. Y, en el art. 17, declaraba que, «Por ser la propiedad un derecho inviolable y sagrado, nadie puede ser privado de ella, salvo cuando la necesidad pública, legalmente comprobada, lo exija de modo evidente, y con la condición de que haya una justa y previa indemnización.»

Como se ha visto más arriba, GARCÍA GOYENA, en su comentario al Código civil, el art. 351 CC ya no incluyó la referencia «de la manera más absoluta», pero sí que mantuvo la alusión a los «reglamentos». Por su parte, el legislador del Código civil español de 1889 no introdujo en el art. 348 ni la formula «de la manera más absoluta», ni la mención a los «reglamentos».

---

17 PANTALEÓN PRIETO, Fernando, «La libertad del dominio», en Vicente Guilarte Gutiérrez (Coord.), *Propiedad y Derecho civil*, Colegio de Registradores de la Propiedad y Mercantiles de España, Madrid, 2006, pp. 61 a 77, p. 61. En el artículo 621 del Proyecto de Código civil de 1836 se podía leer: «La propiedad es el derecho que uno tiene sobre sus cosas para disponer de ellas a su arbitrio, con tal que no haga un uso prohibido por las leyes o pactos.»

18 Igualmente, en este sentido, WESTERMANN, Harry *et al.*, *Derechos reales, Volumen I*, 7ª edición, Fundación Cultural del Notariado, Madrid, 1998, p. 304: «La dominación del propietario es "completa"», ya que «comprende todo lo que no esté exceptuado por la ley o por contrato».

19 MONTÉS PENADÉS, Vicente L., *La propiedad privada en el sistema del Derecho civil contemporáneo*, Civitas, Madrid, 1980, p. 37.

De modo que, la concepción actual del derecho a la propiedad privada en nuestro ordenamiento jurídico derivará de la lectura conjunta y sistemática de los arts. 33 CE y 348 CC[20]. Ello permitirá identificar todos los elementos de control que operan sobre los poderes públicos a la hora de delimitar su contenido.

Ya que el primero de los artículos se impone por rango normativo al segundo, y lo correcto es interpretar el Derecho ordinario desde la Constitución, y no a la inversa[21], estudiaremos el derecho a la propiedad privada a la luz de la Constitución.

En concreto, y por el objeto de estudio que aquí se presenta, del art. 33 CE nos importan sus dos primeros apartados, transcritos anteriormente. Sin perjuicio de que, tal y como manifestó el Tribunal Constitucional en su sentencia núm. 111/1983, 2 diciembre, los tres párrafos del art. 33 no puedan «ser artificiosamente separados»[22]. Y, además, el art. 53.1 CE en relación con el contenido esencial.

El elemento más importante de la regulación actual del derecho a la propiedad privada en nuestro ordenamiento jurídico es la fórmula de la función social, contenida en el art. 33.2 CE[23], como criterio delimitador de

20 WESTERMANN, Harry *et al.*, *op. cit.*, p. 300, en relación con la regulación del derecho de propiedad contenida en el BGB y en la Ley Fundamental de Bonn de 1949, manifiestan que «la distinción entre un concepto privado de propiedad y otro constitucional no debe ocultar que en ambos casos se trata de asegurar, también en el ámbito patrimonial, la configuración individual de la esfera privada».

21 *Vid.* REY MARTÍNEZ, Fernando, *La propiedad privada…*, *op. cit.*, p. XXVII. Exigencia que ya puso de manifiesto el Tribunal Constitucional en su sentencia núm. 27/1981, 20 julio (RTC 1981, 27): «cuando se trata de una exégesis constitucional, debemos rechazar el intento de aprehender los enunciados constitucionales, deduciéndolos de normas de rango inferior que, precisamente, habrán de interpretarse en lo sucesivo en el ámbito de la Constitución.»

22 RTC 1983, 111. O la STC (pleno) núm. 204/2004, 18 noviembre (RTC 2004, 204): «este Tribunal tiene declarado, poniendo en estrecha conexión los tres apartados del art. 33 CE, que revelan la naturaleza del derecho en su formulación constitucional». Dispone el apartado tercero del art. 33 CE: «3. Nadie podrá ser privado de sus bienes y derechos sino por causa justificada de utilidad pública o interés social, mediante la correspondiente indemnización y de conformidad con lo dispuesto por las leyes.»

23 La función social se alza, en palabras de LÓPEZ LÓPEZ, Ángel L., *La disciplina constitucional de la propiedad privada*, Tecnos, Madrid, 1988, p. 57, como la «clave de bóveda del artículo constitucional y, por consiguiente, de toda la regulación de la propiedad llevada a cabo por la norma fundamental.»

su contenido. Si bien, este protagonismo no debe llevarnos a restar importancia ni al apartado primero del art. 33 CE, en virtud del cual se garantiza como derecho subjetivo[24], ni al art. 348 CC, a través del cual se define el derecho de propiedad.

Como consecuencia, al derecho a la propiedad privada se le reconoce una doble vertiente; una individual y otra institucional. Así lo declaró el Tribunal Constitucional en la anterior sentencia citada, de 2 diciembre 1983: «se reconoce desde la vertiente institucional y desde la vertiente individual; esto es, como un derecho subjetivo, debilitado».

2.1. La vertiente individual del derecho a la propiedad privada

Desde la vertiente individual, el derecho a la propiedad privada es el derecho subjetivo[25], de carácter patrimonial, por excelencia[26].

El profesor DE CASTRO definió el derecho subjetivo como «la situación de poder concreto concedida a la persona, como miembro activo en la comunidad jurídica y a cuyo arbitrio se confía su ejercicio y defensa»[27].

---

24 WESTERMANN, Harry *et al., Ídem,* en relación con el art. 14 de la Ley Fundamental de Bonn, dedicado a la propiedad privada, consideran que dicho precepto combina, por una parte, una «garantía institucional, dirigida contra la acción del Estado —el Estado no puede suprimir la propiedad—», y, por otra, una «garantía individual para el concreto titular».

25 Aunque, CLAR GARAU, Raimundo, *op. cit.,* p. 48, considera que «Actualmente el concepto de propiedad es difícilmente encasillable en el concepto técnico estricto del "derecho subjetivo". Seguramente habría que colocarlo entre las llamadas "situaciones jurídicas" ya que se juntan situaciones de poder, juntamente con las de deber u obligación de actuar en un determinado sentido.»

26 LASARTE ÁLVAREZ, Carlos, *Principios de Derecho Civil, Tomo I, Parte general y derecho de la persona,* 9ª edición, Marcial Pons, Madrid, 2003, pp. 119 a 122, ya que el derecho de propiedad «otorga a su titular un ámbito de poder valorable o evaluable en dinero» y, «encuentra fundamento en las propias necesidades de índole material del individuo y, por tanto, reflejan su situación económica.» ARCE Y FLÓREZ-VALDÉS, Joaquín, *El Derecho civil constitucional,* Civitas, Madrid, 1986, p. 50: «La persona, que en sí misma tiene unos fines propios y se encuentra inmersa en una familia, necesita también, para el adecuado cumplimiento de tales fines, disponer de la capacidad de establecer relaciones patrimoniales. Ha de ser, como persona [...] titular —al menos potencial— de relaciones caracterizadas por representar un valor económico».

27 DE CASTRO Y BRAVO, Federico, *Derecho civil de España, Parte General, Tomo I, Segunda parte,* Editorial Casa Martín, Valladolid, 1942, p. 482.

Esta situación de poder, respecto de los concretos bienes sobre los que recae el derecho, otorga al titular, a priori, la facultad de decidir acerca de su utilización o destino[28]. Aunque, en ningún caso, estas prerrogativas deben considerarse absolutas[29], sino limitadas y limitables por las leyes y de acuerdo con las leyes.

La alusión a la propiedad privada desde la vertiente individual, o como derecho subjetivo, podría pasar perfectamente desapercibida dada su in-

---

28 Según VATIER FUENZALIDA, Carlos, «Observaciones críticas en tema de derecho subjetivo», *Anuario de Derecho Civil*, Vol. 34 (1981), N.º 1, pp. 3 a 40, p. 3, la noción de derecho subjetivo es «una de las categorías básicas del ordenamiento jurídico, hasta el extremo de ser considerada, incluso de cara al Derecho positivo actual, como una "noción central" que está en la base del sistema». Y «significa ante todo un medio técnico de tipo analítico, una categoría descriptiva que permite exponer en términos científicos adecuados la relación que, con arreglo a los datos normativos, corresponde a los sujetos respecto a los bienes, y a su utilización» (p. 4). O, como indica CLEMENTE DE DIEGO, Felipe, *Instituciones de Derecho civil, Tomo I. Introducción. Parte general. Propiedad. Derechos reales*, Nueva edición, revisada y puesta al día por Alfonso de Cossío y Corral y Antonio Gullón Ballesteros, Madrid, 1959, p. 361, la propiedad, en «sentido subjetivo, no es más que la facultad o poder legítimo de mantener aquella relación con la naturaleza para asimilarse las utilidades de los objetos naturales y satisfacer así las necesidades corporales.» Y añade: «El derecho de propiedad como facultad o en sentido subjetivo puede ser considerado en dos aspectos: abstracto y concreto. En abstracto, lo que algunos llaman derecho a la propiedad es mera posibilidad, facultad, aptitud, poder legítimo de entrar en esa relación con la naturaleza, para adquirir y buscar en ella elementos útiles y aprovecharlos en la satisfacción de las necesidades. En concreto, es la actuación de esa posibilidad, el poder legítimo que sobre ciertos y determinados objetos de la naturaleza tiene el hombre para aprovecharlos en sus necesidades.»; MAZEAUD, Henri y León y MAZEAUD, Jean, *Lecciones de Derecho civil. Parte primera. Volumen I*, Ediciones jurídicas Europa-América, Buenos Aires, 1959, p. 250: «La regla de derecho, o derecho objetivo, confiere a los individuos ciertas prerrogativas, llamadas derechos individuales, o derechos subjetivos, porque tienen un sujeto: el titular de esas prerrogativas. Los sujetos de los derechos son las personas; el conjunto de los derechos de una misma persona forma su patrimonio. Se encuentran así enlazadas las nociones de persona, patrimonio y de derechos subjetivos.»

29 CRÉTOIS, Pierre, *La part commune. Critique de la propriété privée*, Éditions Amsterdam, París, 2020, p. 80: «Un derecho de propiedad absoluto es imposible, ya que todo derecho debe permitir un equilibrio equitativo entre la pluralidad de intereses de propiedad existentes a su alrededor.» El autor, p. 81, «redefine» el derecho de propiedad, sin hacer expresa referencia al que recae sobre la propiedad inmobiliaria, como un «derecho residual relativo sobre las cosas», que «permite el uso y la explotación de las cosas una vez que todos los demás intereses legítimos se han tenido plena y completamente en cuenta.»

dudable y consolidada aceptación como tal, si no fuere porque el Tribunal Constitucional, al referirse a dicha dimensión, utilizó el adverbio «debilitado».

En su opinión «cede para convertirse en un equivalente económico, cuando el bien de la comunidad, concretado en el artículo 33.3 por la referencia a los conceptos de utilidad pública o interés social, legitima la expropiación.»

No nos detendremos en analizar la actividad expropiatoria, puesto que ello excedería del ámbito de nuestro estudio. Y, además, es un asunto del que podemos prescindir aquí, ya que, como tendremos ocasión de apreciar, en la regulación y ordenación del alojamiento privado para el turismo en viviendas no podrá hablarse de expropiación, en sentido estricto. No obstante lo anterior, quisiéramos aprovechar este momento para traer a colación la postura de REY MARTÍNEZ en relación, precisamente, con el carácter debilitado del derecho de propiedad desde su vertiente individual, en caso de expropiación.

El autor niega que el derecho a la propiedad privada sea un derecho subjetivo debilitado. Y, también, considera que dicha expresión es contradictoria. Cuando el Tribunal Constitucional estima que la propiedad es un derecho subjetivo debilitado porque cede cuando el bien de la comunidad legitima la expropiación y que, en ese caso, se convierte en un equivalente económico, manifiesta que, «si se concede esto último habría que concluir en buena lógica que el de propiedad es precisamente un derecho subjetivo no debilitado porque su privación justificada acarrea una indemnización.»[30]

En este sentido, nos parece correcto su razonamiento. Ya que, tal y como manifiesta, en caso de expropiación, la propiedad no cede, «sino que se "transforma" o "sustituye" por un equivalente económico»[31].

De modo que, ante la expropiación de un bien, el derecho de propiedad que sobre él recae no queda debilitado, sino que, simplemente, se extingue. Cuestión distinta es que el titular del derecho considere más o me-

---

[30] REY MARTÍNEZ, Fernando, «Sobre la (paradójica) jurisprudencia constitucional en materia de propiedad privada», *Derecho Privado y Constitución*, (1994), núm. 3, pp. 169 a 202, p. 187, y lo reitera en «El devaluado derecho de propiedad privada», *Persona y Derecho* (2006), núm. 55, pp. 959 a 995, pp. 978 y 979.

[31] *Ibidem*, pp. 194 y 985, respectivamente.

nos justa y justificada la causa de utilidad pública o el interés social alegado para llevar a cabo la expropiación, y la correlativa indemnización recibida.

En cambio, sí que se podría pensar que es un derecho subjetivo debilitado cuando los poderes públicos, conforme con la función social, delimiten su contenido, a través de las leyes y de acuerdo con las leyes. En estos casos, la persona sigue siendo titular del derecho; no se ha transformado en un equivalente económico, a diferencia de lo que sucede en la expropiación. Si bien, de forma temporal, se le despoja de alguna de las facultades que se le reconocen. O, sencillamente, se le impide o condiciona un determinado destino económico, tal y como puede suceder en relación con aquellos propietarios que ceden sus inmuebles a alojamiento privado para el turismo.

No obstante, incluso en estos casos creemos que no sería totalmente adecuado hablar de derecho subjetivo debilitado, sino, simplemente, de derecho subjetivo delimitado, puesto que, una vez desaparecida la limitación impuesta, el propietario recobraría la esfera inicial del derecho, gracias al carácter elástico del derecho de propiedad[32].

2.2. La vertiente institucional del derecho a la propiedad privada

Junto a la vertiente individual, se le reconoce una vertiente institucional. Esta última dimensión, según ha reconocido el Tribunal Constitucional, en su importante sentencia núm. 37/1987, 26 marzo[33], por la que se resuelve el recurso de inconstitucionalidad núm. 685/84, interpuesto contra determinados preceptos de la Ley del Parlamento de Andalucía, núm. 8/1984, de 3 de junio, de Reforma Agraria[34], deriva «de la función social que cada

---

32 LACRUZ BERDEJO, José Luís, *Elementos de Derecho civil, III. Derechos reales. Volumen primero. Posesión y propiedad*, 2ª edición, Dykinson, Madrid, 2003, p. 234: «el dominio de una cosa, apto para subsistir, aunque se limiten o arrebaten al dueño [...] la facultad de gozar (ahora) y la de disponer, tiene la cualidad de expansionarse para recuperar su plenitud apenas cesadas aquellas limitaciones o privaciones».

33 RTC 1987, 37. Y, en un momento anterior, en la citada STC 2 diciembre 1983.

34 Para REY MARTÍNEZ, Fernando, «Sobre la (paradójica)...», *op. cit.*, p. 172, la sentencia constituye el *leading-case* en materia de propiedad. El Tribunal sintetiza en su Fundamento Jurídico 1.º las cuestiones relativas a la supuesta inconstitucionalidad de determinados preceptos de la Ley en cuestión en tres bloques de materias. A saber: «El primero se refiere a las presuntas violaciones de los derechos constitucionales de propiedad y de libertad de empresa (arts. 33 y 38 de la Constitución). El segundo concierne a la alegada incompetencia de la Comunidad Autónoma de

categoría o tipo de bienes sobre los que se ejerce el señorío dominical está llamado a cumplir».

Ello conlleva «la definitiva incorporación del interés general o colectivo junto al puro interés individual del titular en la propia definición de cada derecho de propiedad o, si se prefiere, en la delimitación concreta de su contenido.»[35] La función social, entonces, se identifica con intereses que trascienden o van más allá de aquellos propios del titular.

Para el máximo intérprete de la Constitución, la función social se alza «como un elemento estructural de la definición misma del derecho a la propiedad privada o como un factor determinante de la definición legal de su contenido»[36]. Y, como consecuencia:

Andalucía para regular determinados aspectos contenidos en la Ley impugnada, por infracción de ciertos preceptos constitucionales relativos a la distribución de competencias entre aquélla y el Estado (arts. 149.1.1.ª, 8.ª, 13.ª, 14.ª y 18.ª de la Constitución), así como de los correspondientes preceptos del Estatuto de Autonomía para Andalucía; en este grupo temático debe incluirse también la impugnación relativa a la infracción del principio de igualdad en que incurriría la Ley andaluza que los recurrentes combaten. El tercero y último bloque material de cuestiones, más específico, tiene por objeto la pretendida inconstitucionalidad del Impuesto sobre Tierras Infrautilizadas regulado en la citada Ley andaluza.»

35 Una aproximación similar ofreció el legislador, dentro de la propia Exposición de Motivos de la Ley 8/1984, de 3 de julio, de Reforma Agraria de Andalucía, que dio lugar a la sentencia en cuestión: «la función social de la propiedad es un tópico jurídico de muy diversas interpretaciones y ello, no obstante, con carta de naturaleza en casi todos los Ordenamientos de nuestra área jurídico-cultural, recogido en la suprema instancia normativa que representa la Constitución de 1978. A pesar de esa posible variedad de interpretaciones, se puede decir, con práctica aceptación general, que la función social de la propiedad supone la incorporación de la perspectiva del derecho al derecho subjetivo, deber que modaliza su ejercicio; ejercicio que se aboca a la búsqueda de un logro social, que al mismo tiempo preserve el ámbito de poder de su titular.» En relación con la función social, *Vid.* Colina Garea, Rafael, *La función social de la propiedad privada en la Constitución española de 1978*, Bosch, Barcelona, 1997.

36 Y no como mantenía Duguit, León, *Las transformaciones generales del Derecho Privado desde el Código de Napoleón*, traducción de Carlos G. Posada, 2ª edición, editor Francisco Beltrán, Madrid, 1920, p. 168, que la propiedad «Está también determinada por una interdependencia cada vez más estrecha de los diferentes elementos sociales. De ahí que la propiedad, por decirlo así, se socialice. Esto no significa que llegue a ser colectiva en el sentido de las doctrinas colectivistas; pero significa dos cosas: primeramente, que la propiedad individual deja de ser un derecho subjetivo del individuo para convertirse en una función social».

> «la Constitución reconoce un derecho a la propiedad privada que se configura y protege, ciertamente, como un haz de facultades individuales sobre las cosas, pero también, y al mismo tiempo, como un conjunto de deberes y obligaciones establecidos, de acuerdo con las Leyes, en atención a valores o intereses de la colectividad, es decir, a la finalidad o utilidad social que cada categoría de bienes objeto de dominio esté llamada a cumplir.»[37]

Y, a continuación, el Tribunal, niega que la función social sea, en sí misma, un «mero límite externo a su definición o a su ejercicio»[38], sino «parte integrante del derecho mismo». De esta manera, utilidad individual y función social definen, «inescindiblemente, el contenido del derecho de propiedad sobre cada categoría o tipo de bienes.»

3. LA FUNCIÓN SOCIAL COMO LÍMITE Y COMO CRITERIO A LA HORA DE DELIMITAR EL CONTENIDO DEL DERECHO A LA PROPIEDAD PRIVADA

El primer elemento de control es la función social. Ésta servirá a los poderes públicos de criterio a la hora de delimitar el contenido del derecho de propiedad. No obstante, a la función social se le puede identificar otra cualidad, como es la de actuar de límite al ejercicio del derecho de propiedad.

La noción de función social nos aboca, casi de forma directa, a intereses que sobrepasan la esfera del propietario hasta llegar a los de la colectividad[39]. Es por ello por lo que posee, o puede poseer, un contenido muy amplio. Correlativamente, la decisión del legislador delimitando el contenido del derecho de propiedad, de acuerdo con su función social, implicará, de ordinario, el examen de cuestiones de carácter económico, político y social.

---

37 Y no como un «ámbito subjetivo de libre disposición o señorío sobre el bien objeto de dominio reservado a su titular, sometido únicamente en su ejercicio a las limitaciones generales que las Leyes impongan para salvaguardar los legítimos derechos o intereses de terceros o del interés general.»

38 STC (Pleno) núm. 227/1988, 29 noviembre (RTC 1988, 227): «la ley debe delimitar el contenido de ese derecho en atención a su función social.»

39 CRÉTOIS, Pierre, *op. cit.* p. 163, la propiedad «no sólo tiene por objeto regular la relación del propietario con su propiedad, sino también, de forma más amplia, regular las relaciones sociales que pueden desarrollarse en su seno.»

En relación con la función social como límite, uno de los autores que se pronunció en ese sentido fue COCA PAYERAS. En palabras del profesor, «la función social actúa en este caso como límite». Ello le llevó a definir el derecho de propiedad como «la facultad de gozar y disponer de una cosa, limitada por la función social, y sin más limitaciones que las establecidas en las leyes.»[40] Opinión que compartimos.

La naturaleza de la función social como límite interno[41], que no externo[42], al derecho de propiedad se desprende, casi de forma automática, del tenor de la primera parte del art. 33.2 CE, al disponer que la función social de la propiedad privada delimitará su contenido.

Ahora bien, admitir que la función social es, ante todo, un límite al ejercicio del propietario no es incompatible con el hecho de que implique una consiguiente actuación; de una labor de precisión. O, en otras palabras, es necesario determinar cuál es la concreta función social que ese determinado bien, sobre el que recae el derecho de propiedad, está llamado cumplir.

A priori, la función social carece de contenido o valor técnico concreto. Es un concepto intrínsicamente vago. E, incluso, algunos autores lo han calificado de jurídicamente indeterminado[43]. Sin embargo, como ya

40 COCA PAYERAS, Miguel, *Tanteo y retracto, función social de la propiedad y competencia autonómica,* Publicaciones del Real Colegio de España, Bolonia, 1988, pp. 295 y 296. En contra del anterior autor, encontramos a CLAR GARAU, Raimundo, *op. cit.,* p. 49: «La función social no es un límite del dominio, sino la razón y justificación de los límites y de los deberes de la propiedad y del propietario».

41 PEREÑA PINEDO, Ignacio, *op. cit.*, p. 176: «identificando el límite del derecho con su función social.»; DÍEZ-PICAZO, Luis, «Propiedad y Constitución», en Luis Sánchez Agesta (Coord.), *Constitución y Economía. La ordenación del sistema económico en las Constituciones occidentales,* Editoriales de Derecho Reunidas, Madrid, 1977, pp. 39 a 47, p. 44: «La función social es un marco de subordinación del derecho que es fuente de especiales limitaciones del mismo. La función social impone la configuración del régimen jurídico del dominio, su forma de ejercicio y los límites que se le deben imponer.» También, BELLO JANEIRO, Domingo, «La función social de la propiedad y la Ley de Arrendamientos Urbanos (a propósito de la sentencia del Tribunal Constitucional de 17 de marzo de 1994), *Dereito: Revista Xurídica da Universidade de Santiago de Compostela,* Vol. III (1994), n.º 1, pp. 229 a 255, p. 247: «la función social de la propiedad como límite intrínseco de las facultades dominicales».

42 Como manifestó el Tribunal Constitucional, al negar que la función social fuera un «mero límite externo a su definición o a su ejercicio».

43 LASARTE ÁLVAREZ, Carlos, *Compendio de derechos reales. Derechos reales e hipotecario,* 6ª edición, Marcial Pons, Madrid, 2017, p. 22. O, para PEREÑA PINEDO, Ignacio, *op.*

hemos manifestado, la expresión función social nos recuerda a aspectos relacionados con la sociedad humana, o que repercuten en ella, ya sea de forma positiva o negativa, o en algún grupo determinado o determinable de personas. Es decir, van más allá de los personales intereses del propietario. O, como lo expone el Tribunal Constitucional, la función social supone «la definitiva incorporación del interés general o colectivo junto al puro interés individual del titular».

Por lo tanto, sin negar el posible carácter indeterminado de la cláusula función social, ésta se vuelve una tarea jurídicamente posible y determinable, a partir de la noción de interés general que tiene la sociedad en un lugar y en un momento concreto, y en relación siempre con el bien sobre el que recae el derecho de propiedad.

No obstante, el interés general o colectivo se nos presenta como un término abstracto que, reiteramos, es deseable que sea concretado lo máximo posible, con el fin de otorgar seguridad jurídica a los titulares del derecho de propiedad de esos concretos bienes. Y los encargados de llevar a cabo esta tarea son los poderes públicos, a través de las leyes y de acuerdo con las leyes, ex arts. 348.1 CC y 33.2 CE, segunda parte.

De lo contrario, la consecuencia inmediata será que el titular, salvo por una aproximación general preconcebida que pueda poseer, desconocerá si, efectivamente, está ejercitando su derecho acorde con la función social que ese preciso bien está llamado a cumplir. O, en otras palabras, si ha traspasado el límite de la función social ejercitando el derecho de forma antisocial. De ahí que la función social se configure como un límite impuesto al propietario.

En cambio, para REY MARTÍNEZ, la función social «es una reserva de ley reforzada». Se trata, en su opinión, «de una regla (un mandato de ponderación objetiva) que reclama del legislador una específica configuración dominical dirigida a asegurar la función social de cada tipo o categoría de

---

cit., p. 179, que, además de indeterminado, es un concepto «variable en el tiempo, y que deberá ser definido por el legislador en cada caso concreto, con arreglo al reparto de competencias constitucional y estatutariamente establecido.» En contra, según REY MARTÍNEZ, Fernando, «El devaluado derecho...», *op. cit.*, p. 988, afirma que «La función social es una cláusula general y no un concepto jurídico indeterminado, pues la fijación de su contenido no consiente una interpretación jurídica unívoca y, además, no juega en el ámbito de las relaciones entre la ley y la administración, sino entre el constituyente y el legislador.»

bienes: el legislador tiene que constituir el orden de la propiedad logrando una síntesis suficiente de la utilidad individual y de la utilidad social.»[44]

Podemos destacar, también, la posición de Blasco Gascó y Cecchini Rosell, para quienes la función social del art. 33.2 CE «no es una norma dirigida a los particulares ni, en concreto, al propietario, sino al legislador».

Ciertamente, será el legislador el encargado de adoptar la concreta disposición normativa precisando cuándo el ejercicio del derecho de propiedad no sobrepasa el límite de lo que se considera función social. Y, añaden «no está diciendo al propietario: debes ejercitar tu derecho de propiedad de acuerdo con la función social; sino que le dice al legislador: cuando determines el contenido del derecho de propiedad debes tomar en consideración la función social de esa determinada categoría de bienes.»[45]

A nuestro modo de ver, el precepto dice ambas cosas. Por una parte, que el propietario debe ejercitar su derecho de acuerdo con la función social. Función social que, siempre que fuera posible, y de la forma más precisa, debería ser determinada por el legislador, caso por caso. Por lo que, de forma correlativa, el legislador también tendrá en consideración los intereses de la colectividad.

Todo ello les permitiría a los propietarios tener una noción más exacta de cuando el ejercicio de su derecho se encuentra dentro de la esfera de lo que se considera social, sin llegar a un ejercicio antisocial. De ahí, repetimos, que la fórmula de la función social sea en sí misma un límite interno del derecho de propiedad.

Un ejemplo claro de ello es la Ley 18/2007, de 28 de diciembre, del derecho a la vivienda de Cataluña. De conformidad con su artículo primero, su objetivo es «regular el derecho a la vivienda, entendiendo el derecho de toda persona a acceder a una vivienda digna que sea adecuada, en las

---

44 Rey Martínez, Fernando, «Sobre la (paradójica)...», *op. cit.*, p. 195. Y, en relación con la función social de la propiedad urbana, el autor reconoce que ésta «se halla ligada a la protección de la estabilidad del domicilio familiar y de la misma familia (art. 39.1 CE) y al derecho a disfrutar de una vivienda digna (art. 47).», en Rey Martínez, Fernando, «El devaluado derecho...», *op. cit.*, p. 968.

45 Blasco Gascó, Francisco de P. y Cecchini Rosell, X., «Título II. De la propiedad. Capítulo I. De la propiedad en general. Artículos 348, 349 y 350», en Joaquín Rams Albesa (Coord.), *Comentarios al Código civil, III, Libro Segundo (Títulos I a VIII)*, Bosch, Barcelona, 1999, pp. 95 a 138, pp. 108 y 109.

distintas etapas de la vida de cada cual, a la situación familiar, económica y social y a la capacidad funcional.»

En virtud del art. 5, que, a pesar de su longitud, consideramos pertinente reproducirlo casi en su totalidad, y que lleva por rúbrica «Cumplimiento de la función social»:

> «1. El ejercicio del derecho de propiedad debe cumplir su función social.
>
> 2. Existe incumplimiento de la función social de la propiedad de una vivienda o un edificio de viviendas en el supuesto de que:
>
> a) Los propietarios incumplan el deber de conservación y rehabilitación de la vivienda, siempre que ello suponga un riesgo para la seguridad de las personas y se les haya garantizado, si demuestran su necesidad, las ayudas públicas suficientes para hacer frente al coste de la conservación o rehabilitación de la vivienda.
>
> b) La vivienda o el edificio de viviendas estén sobreocupados de forma permanente e injustificada durante un período de más de dos años. Ni la ocupación de estas viviendas sin título habilitante ni la transmisión de su titularidad a favor de una persona jurídica alteran la situación de incumplimiento de la función social de la propiedad.
>
> c) La vivienda esté sobreocupada.
>
> d) No se destine a residencia habitual y permanente de personas, si es una vivienda de protección oficial o una vivienda reservada para el planeamiento urbanístico a este tipo de residencia.
>
> e) Después de la consecución de acuerdos de compensación o dación en pago de préstamos o créditos hipotecarios sobre la vivienda habitual, o de la firma de compraventas de vivienda que tengan como causa la imposibilidad de devolver el préstamo hipotecario por parte del prestatario, no se formule una propuesta de alquiler social en los términos establecidos por el artículo 5 de la Ley de medidas urgentes para afrontar la emergencia en el ámbito de la vivienda y la pobreza energética.
>
> f) Se incumpla la obligación de ofrecer una propuesta de alquiler social antes de interponer una demanda judicial en los términos que establece la Ley 24/2015, de 29 de julio, de medidas urgentes para afrontar la emergencia en el ámbito de la vivienda y la pobreza energética.
>
> g) Los propietarios, si tienen la condición de grandes tenedores, no inicien las acciones de desalojo requeridas por la administración competente, la vivienda se encuentre ocupada sin título habilitante y esta situación haya provocado una alteración de la convivencia o del orden público o ponga en peligro la seguridad o la integridad del inmueble.
>
> [...]
>
> 3. Para garantizar el cumplimiento de la función de la propiedad privada de una vivienda o un edificio de viviendas, las administraciones competentes en materia de vivienda deben arbitrar las vías positivas de fomento y concreción a las que se refiere el título III, y pueden establecer también otras medidas, incluidas las de carácter fiscal, que propicien el cumplimiento de dicha función social y penalicen su incumplimiento.
>
> 3 bis. Las administraciones competentes en materia de vivienda pueden declarar el incumplimiento de la función social de las viviendas en caso de que los propietarios hayan sido requeridos para adoptar las medidas nece-

sarias para cumplir la función social de la propiedad y hayan incumplido el requerimiento en el plazo establecido. La declaración del incumplimiento de la función social puede comportar la adopción de medidas de ejecución forzosa que determina la legislación en materia de viviendas y, en los supuestos del apartado 2 bis, las establecidas por la legislación en materia de suelo, incluida la expropiación forzosa en los casos establecidos por ley.

4. El departamento competente en materia de vivienda y las administraciones locales deben actuar coordinadamente en la delimitación y declaración de los ámbitos o las situaciones aisladas en que se produzca incumplimiento de la función social de la propiedad de una vivienda, y en la determinación y ejecución de las medidas legalmente establecidas que sea preciso adoptar.»

Puede citarse también la Ley 2/2017, de 3 de febrero, por la función social de la vivienda de la Comunitat Valenciana. Su objeto es, de nuevo, «regular el derecho a disfrutar de una vivienda asequible, digna y adecuada» en su territorio. Y, con arreglo al art. 5, titulado «Función social de la vivienda», dispone que:

«1. El derecho de propiedad de una vivienda se ejercerá de acuerdo con su función social, determinada de conformidad con lo establecido en la Constitución y en las leyes.

2. El incumplimiento de la citada función social dará lugar a la incoación de los procedimientos previstos en los artículos siguientes, que podrán incluir medidas de fomento y concertación, así como las intervenciones de advertencia y persuasión que resulten necesarias y en su caso las de carácter fiscal que a tal efecto se habiliten por norma con rango de ley formal.

En todo caso, la incoación de un procedimiento por incumplimiento de la función social de la vivienda será compatible con el uso de medios de ejecución forzosa como las multas coercitivas y, además, con el oportuno procedimiento sancionador por la comisión de alguna de las infracciones administrativas tipificadas en materia de vivienda por la legislación que en cada momento resulte de aplicación.

3. En los términos previstos en la legislación estatal, y a los efectos de esta ley, se considera que existe incumplimiento de la función social de la propiedad de una vivienda en los siguientes supuestos:

a) Cuando se incumpla el deber de conservación y rehabilitación de la vivienda, en los términos señalados en la legislación de vivienda y urbanística, a fin de garantizar en todo caso unas condiciones adecuadas de habitabilidad. La legislación en materia de vivienda podrá, además, establecer obligaciones particulares respecto de estos deberes en relación a la vivienda protegida.

b) Cuando una vivienda esté deshabitada de forma permanente e injustificada, en las condiciones establecidas en esta ley.

c) Cuando una vivienda sujeta a un régimen de protección pública no se destine a residencia habitual y permanente de su adjudicataria o adjudicatario o titular, excepto en los casos expresamente previstos en las normas reguladoras.

d) El uso inadecuado de la vivienda, alojamiento o edificación cuando se someta a una utilización distinta a la de su calificación urbanística, autorización y destino coherente y legal o reglamentariamente autorizable.

e) La sobreocupación por explotación económica de la vivienda o alojamiento.»

Los preceptos anteriores nos parecen un ejemplo de cómo el legislador competente en un determinado sector de la vida jurídico-social —en este caso, el de la vivienda—, ha tratado de concretar cuándo el ejercicio del derecho de propiedad es, o no, acorde con su función social. So pena, incluso, de incurrir en una sanción. Si el propietario no adecúa el ejercicio de su derecho a los parámetros establecidos, éste habrá sobrepasado el límite de la función social, y su actuación devendrá antisocial.

Pero, al mismo tiempo, el objetivo perseguido por ambas disposiciones normativas —en términos generales, promover las normas pertinentes para hacer efectivo el derecho a disfrutar de un vivienda asequible, digna y adecuada, previsto en el art. 47 CE—, se erige como un interés social y, por ende, como presupuesto y criterio a la hora de delimitar el contenido del derecho a la propiedad privada.

De ahí la doble naturaleza de la función social:

- Como límite, el propietario podrá ejercitar su derecho hasta donde alcance la función social, según lo establecido por el legislador.
- Como criterio, los poderes públicos, a partir de unos determinados intereses generales y apoyándose en ellos, como proyección de la función social, delimitarán el contenido del derecho de propiedad. En cuyo caso, los propietarios tendrán conocimiento cuándo han sobrepasado el límite de la función social, llevando a cabo un ejercicio antisocial y, en su caso, si ello lleva aparejado una sanción.

4. LA RESERVA DE LEY EN MATERIA DE DERECHO A LA PROPIEDAD PRIVADA

El segundo elemento de control que se predica a la libertad de los poderes públicos a la hora de regular el contenido del derecho a la propiedad privada es el de la reserva de ley.

El art. 348 CC dice «sin más limitaciones que las establecidas en las leyes.» Y, por su parte, el art. 33.2 CE utiliza la expresión «de acuerdo con las leyes». Sin olvidar el art. 53.1 CE, sobre el que más tarde nos detendremos, que afirma, entre otros aspectos, que sólo por ley se podrá regular el ejercicio del derecho de propiedad.

El art. 33 CE está previsto en la Sección 2.ª —«De los derechos y deberes de los ciudadanos»—, del Capítulo Segundo —«Derechos y libertades»—, del Título I —«De los derechos y deberes fundamentales»—. Como consecuencia de su ubicación sistemática, su regulación no se reserva a ley orgánica, ex arts. 53.1 y 81.1 CE, sino a ley formal o ley ordinaria. Ni cabe, tampoco, recabar su tutela a través de la interposición de un recurso de amparo[46].

Pero, la reserva de ley en materia de propiedad privada es, además de formal, «flexible», utilizando las palabras del propio Tribunal Constitucional.

Así, en la ya citada STC 26 marzo 1987, el Tribunal manifestó que el art. 33.2 CE «flexibiliza la reserva de Ley en lo que concierne a la delimitación del contenido de la propiedad privada en virtud de su función social»[47]. Y, al utilizar la expresión «de acuerdo con las leyes», el constituyente permite que el derecho a la propiedad privada se regule por ley, pero también por la Administración, cuando las leyes «recaben la colaboración reglamentaria de aquélla.»

Con esta reserva de ley formal flexible se viene a prohibir «toda operación de deslegalización de la materia o todo intento de regulación del contenido del derecho de propiedad privada por reglamentos independientes

---

46 *Vid.* Montés Penadés, Vicente L., *op. cit.*, p. 153; López López, Ángel M., *La disciplina constitucional…, op. cit.*, p. 93, o Pérez Luño, Antonio E., «Artículo 33. Propiedad…», *op. cit.*, p. 409. Ello, sin perjuicio, de que una parte de la doctrina lo pueda considerar como un derecho fundamental, debido a la reserva del contenido esencial prevista en el art. 53.1 CE, como puede ser: Pérez Luño, Antonio E., «Artículo 33. Propiedad…», *op. cit.*, p. 408; Rey Martínez, Fernando, «Sobre la (paradójica)…», *op. cit.*, p. 172; Sarrión Esteve, Joaquín, «Una aproximación al derecho fundamental a la propiedad privada desde una perspectiva multinivel», *Revista de Derecho Político* (2017), N.° 100, pp. 915 a 947, p. 921; Díez-Picazo, Luis, «Propiedad y Constitución», *op. cit.*, p. 41; Rodríguez de Santiago, José María, «Las garantías constitucionales de la propiedad y de la expropiación forzosa a los treinta años de la Constitución Española», *Revista de Administración Pública* (2008), núm. 177, pp. 157 a 194, p. 165; Gallego Anabitarte, Alfredo, «Sobre la propiedad: observaciones histórico-dogmáticas y actuales», *Revista de Derecho Urbanístico y Medio Ambiente* (2006), N.° extra, pp. 119 a 158, p. 135; entre otros.

47 Rey Martínez, Fernando, *La propiedad privada…, op. cit.*, pp. 414 y 415, niega que exista «tal flexibilización, al menos como rasgo específico de la reserva de ley en materia dominical. […] lo que opera es, justamente, lo contrario: la prohibición de la remisión de la regulación esencial de la propiedad y su función social a la potestad reglamentaria de la Administración.»

o extra legem»[48]. Lo que no impide, como decimos, «la remisión del legislador a la colaboración del poder normativo de la Administración», con el fin de «completar la regulación legal y lograr así la plena efectividad de sus mandatos»[49].

Según LÓPEZ LÓPEZ, nos encontraríamos ante una reserva de ley «relativa»[50]. Y, como consecuencia, no excluye «la posibilidad de que las leyes contengan remisiones a normas reglamentarias, pero sí que tales remisiones hagan posible una regulación independiente y no claramente su-

48 BOQUERA OLIVER, José M.ª, «La limitación de la propiedad urbanística según la Constitución», en José M.ª Boquera Oliver, *Derecho urbanístico local*, Civitas, Madrid, 1992, pp. 45 a 62, p. 45: «el reglamento sólo participa en la regulación de una materia reservada a la ley si acompaña y desarrolla a la ley». En otras palabras, «permite que los reglamentos en ejecución de las leyes (reglamentos ejecutivos) regulen las materias reservadas a la ley; prohíbe que los reglamentos con independencia de las leyes (reglamentos independientes) regulen materias reservadas a la ley.» (p. 53)

49 Remisión que, en algunos casos, será inexcusable, dice el Tribunal «cuando, como es el caso arquetípico de la propiedad inmobiliaria, las características naturales del bien objeto de dominio y su propia localización lo hacen susceptible de diferentes utilidades sociales, que pueden y deben traducirse en restricciones y deberes diferenciados para los propietarios que, como regla general, sólo por vía reglamentaria pueden establecerse.»

50 LÓPEZ LÓPEZ, Ángel, «El derecho de propiedad», en Ángel M. López López y Vicente L. Montés Penadés (Coords.), *Derechos reales y Derecho inmobiliario registral*, Tirant lo Blanch, Valencia, 1994, pp. 231 a 251, p. 242, «distingue las reservas de ley según la intensidad del vínculo que establece sobre el legislador ordinario, encontrándose ante "reserva absoluta", cuando del mandato constitucional deriva la obligación de regular de manera directa y completa la materia reservada, dejando como única posibilidad a las normas subordinadas (o secundarias) a la Ley, la de proveer a los detalles necesarios para la pura ejecución de ésta, y siempre de acuerdo con sus dictados; estaríamos ante la "reserva relativa" en el caso de que las normas secundarias pudiesen reglamentar y desarrollar la materia objeto de reserva, con acomodo a directrices generales prevenidas por la Ley; por último, la reserva sería "reforzada", cuando el deber de regular sólo a través de la Ley se le añade el de conferir a ésta un determinado contenido (reforzamiento "material"), o de regular sólo por medio de un dado procedimiento legislativo, normalmente agravado en sus trámites (reforzamiento "formal").» Y, concluye afirmando que «la reserva de ley en materia de propiedad es una reserva relativa». Igualmente, PEREÑA PINEDO, Ignacio, *op. cit.*, p., 178. O, SARRIÓN ESTEVE, Joaquín, *op. cit.*, p. 926.

bordinada a la Ley»[51]. Es decir, como apunta el Tribunal Constitucional, la reserva de ley prohíbe «todo intento de regulación del contenido del derecho por reglamentos independientes»[52], o que no estén contemplados en una ley.

Además, sirviéndonos de las palabras del profesor Coca Payeras, esta remisión al poder legislativo «no discrimina entre los distintos órganos legislativos del Estado, pudiendo actuarla tanto las Cortes Generales como cualquier Parlamento de una Comunidad Autónoma, en el ámbito de sus competencias»[53].

El Tribunal Constitucional sostiene que:

> «la definición de la función social de la propiedad no es algo que derive sustancialmente de una regulación unitaria del derecho de propiedad ni es tampoco aceptable que, al socaire de una ordenación uniforme de la propiedad privada, puedan anularse las competencias legislativas que las Comunidades Autónomas tienen sobre todas aquellas materias en las que entren en juego la propiedad [...].»

Como consecuencia, la delimitación del contenido del derecho de propiedad «no opera ya sólo en la legislación civil, sino también en aquellas otras leyes que cuidan principalmente los intereses públicos a los que se vincula la propiedad privada.»

Finalmente, en relación con la reserva de ley, cabe tener presente que el Tribunal Constitucional ha admitido la posibilidad y la validez de la expropiación a través de Decreto-ley, en su conocida sentencia núm. 111/1983, 2 diciembre, acerca del caso Rumasa[54].

---

51 STC (Pleno) núm. 83/1984, 24 julio (RTC 1984, 83), «lo que supondría una degradación de la reserva formulada por la Constitución a favor del legislador». Rey Martínez, Fernando, «Sobre la (paradójica)...», *op. cit.*, p. 172: «la propiedad (especialmente, la urbana) es un derecho de exclusiva configuración legal, ante el que la Constitución bien poco tiene que decir. [...] Sería (con la colaboración del reglamento, por supuesto) la que determinaría en régimen de monopolio el haz de facultades, obligaciones, deberes y cargas del propietario que definen la situación jurídica dominical sobre cada categoría de bienes.»

52 STC 26 marzo 1987.

53 Coca Payeras, Miguel, *Tanteo y retracto...*, *op. cit.*, p. 281.

54 RTC 1983, 111: «La expropiación que estamos considerando es, sin duda, un caso singular, no responde a esquemas generales y tampoco puede llevarse a cabo, sin hacer quebrar la Institución, a modelos expropiatorios de signo sancionatorio, pero atiende a una situación extraordinaria de grave incidencia en el interés de la comunidad, comprometido por el riesgo de la estabilidad del sistema financiero y

De conformidad con el art. 86.1 CE «En caso de extraordinaria y urgente necesidad, el Gobierno podrá dictar disposiciones legislativas provisionales que tomarán la forma de Decretos-leyes y que no podrán afectar al ordenamiento de las instituciones básica del Estado, a los derechos, deberes y libertades de los ciudadanos regulados en el Título I, al régimen de las Comunidades autónomas ni al Derecho electoral general.»

Respecto al límite impuesto en el art. 86.1 CE a los Decretos-leyes, por cuanto no pueden afectar a los «derechos, deberes y libertades de los ciudadanos regulados en el Título I» —Título en el que se encuentra previsto el art. 33 CE—, el Tribunal afirma que, dicho límite, no «debe ser entendido de modo tal que ni reduzca a la nada el Decreto-ley», ni que se «permita que por Decreto-ley se regule el régimen general de los derechos, deberes y libertades del Título I, ni dé pie para que por Decreto-ley, se vaya en contra del contenido o elementos esenciales de alguno de tales derechos».

Como indica RODRÍGUEZ DE SANTIAGO[55], dos son los requisitos que deben concurrir para que la expropiación legislativa sea conforme a la Constitución. En primer lugar, ha de existir extraordinaria y urgente necesidad (art. 86.1 CE), «sin la que cualquier Decreto-ley es inconstitucional». Y, en segundo lugar, «ya no por tratarse de una expropiación por Decreto-ley, sino simplemente de una expropiación legislativa singular; debe darse un "supuesto estrictamente excepcional", frente al que no sea posible responder mediante el sistema expropiatorio general contenido en las leyes generales».

Pero esta potestad del legislador a la hora de delimitar el contenido del derecho a la propiedad privada no es ilimitada. El límite a la intervención del legislador no se contempla en el art. 33 CE, sino en el párrafo primero, del art. 53 CE, que dispone que: «Los derechos y libertades reconocidos en el Capítulo segundo del presente título vinculan a todos los poderes públi-

---

la preservación de otros intereses que reclamaron, junto a una acción inmediata que no podría posponerse a la utilización de mecanismos legislativos ordinarios, la actuación global a través de la técnica expropiatoria. [...] Es justamente la indicada situación extraordinaria y urgente la que legitima la expropiación dentro de la exigencia de una norma habilitante para cumplir con el primero de los requisitos de la expropiación forzosa, cual es la declaración de utilidad pública o de interés social, no reservada necesariamente a Ley formal en el sistema del régimen general expropiatorio y, desde luego, no reservada a Ley formal en la Constitución (artículo 33.3).»

55 RODRÍGUEZ DE SANTIAGO, José María, «Las garantías constitucionales...», *op. cit.*, p. 164.

cos. Sólo por ley, que en todo caso deberá respetar su contenido esencial, podrá regularse el ejercicio de tales derechos y libertades, que se tutelarán de acuerdo con lo previsto en el artículo 161,1, a).»

Detengámonos, entonces, a continuación, en el contenido esencial del derecho a la propiedad privada.

5. EL CONTENIDO ESENCIAL DEL DERECHO A LA PROPIEDAD PRIVADA

La propiedad privada es, además de un derecho subjetivo con una vertiente institucional, una garantía institucional. El Tribunal Constitucional, en su sentencia núm. 32/1981, 28 julio[56], manifestó que:

> «Las instituciones garantizadas son elementos arquitecturales indispensables del orden constitucional y las normaciones que las protegen son, sin duda, normaciones organizativas, pero a diferencia de lo que sucede con las instituciones supremas del Estado, cuya regulación orgánica se hace en el propio texto constitucional, en éstas la configuración institucional concreta se defiere al legislador ordinario al que no se fija más límite que el del reducto indisponible o núcleo esencial que la Constitución garantiza. Por definición, en consecuencia, la garantía institucional no asegura un contenido concreto o un ámbito competencial determinado y fijado de una vez por todas, sino la preservación de una institución en términos recognoscibles para la imagen que de la misma tiene la conciencia social en cada tiempo y lugar. Dicha garantía es desconocida cuando la institución es limitada de tal modo que se le priva prácticamente de sus posibilidades de existencia real como institución para convertirse en un simple nombre.»

La sentencia anterior, pero, no aludía al derecho a la propiedad privada. Fue más tarde cuando el Tribunal Constitucional, en su resolución núm. 28/1999, 8 marzo, trasladó la categoría de garantía institucional al derecho de propiedad, al referirse a las libertades de circulación y residencia: «Así, la propiedad privada en cuanto garantía institucional (art. 33.1 CE), constituye un primer y evidente condicionamiento al ejercicio de tales libertades.»[57]

---

[56] RTC 1981, 32. La anterior doctrina se reitera en las SSTC (Pleno) núm. 76/1988, 26 abril (RTC 1988, 76); núm. 159/1993, 6 mayo (RTC 1993, 159); núm. 16/2003, 30 enero (RTC 2003, 16); núm. 62/2003, 27 marzo (RTC 2003, 62); núm. 109/2004, 30 junio (RTC 2004, 109); núm. 20/2013, 31 enero (RTC 2013, 20), o núm. 101/2013, 23 abril (RTC 2013, 101).

[57] RTC 1999, 28.

Considerar el derecho a la propiedad privada una garantía institucional comporta una protección casi innata del derecho que, como manifiesta CIDONCHA MARÍN, permitiría preservarla «no sólo de su destrucción, sino de su desnaturalización al prohibir vulnerar su imagen maestra»[58]. Para BAÑO LEÓN, la garantía institucional «confiere a una organización o institución social su aseguramiento», de forma que «el legislador no pueda en absoluto desconocer su existencia»[59]. Por su parte, SOLOZABAL ECHAVARRÍA recoge la opinión vertida por C. SCHMITT[60], para quien la consideración de la propiedad como institución implica que ésta no pueda ser suprimida a manos del legislador[61].

---

58 CIDONCHA MARÍN, Antonio, «Garantía institucional, dimensión institucional y derecho fundamental. Balance jurisprudencial», *Teoría y Realidad Constitucional* (2009), núm. 23, pp. 149 a 188, p. 150.

59 BAÑO LEÓN, José María, «La distinción entre derecho fundamental y garantía institucional en la Constitución española», *Revista Española de Derecho Constitucional* (1988), Núm. 24, pp. 155 a 179, p. 157.

60 SOLOZABAL ECHAVARRÍA, Juan José, «La libertad de expresión desde la teoría de los derechos fundamentales», *Revista Española de Derecho Constitucional* (1991), núm. 32, pp. 73 a 113, p. 86, recoge que «El concepto [de garantía institucional], si no la expresión, es utilizado por Giese, en 1919, o por Wolf, en 1923, al referirse a la protección constitucional de los derechos de propiedad o herencia, o por Smend, en 1927, cuando, en su ponencia en las Jornadas de Derecho Público sobre el derecho a la libertad de expresión, habla de "derecho fundamental de la universidad alemana", queriendo significar la posición jurídica correspondiente a una gran institución pública. C. Schmitt, en su *Verfassungslehre* (1928), emplea expresamente la categoría de garantía institucional, cuyo contenido y significado se establecen en contraposición a los de derecho de libertad. Los derechos de libertad son ilimitados y preestatales, mientras que la garantía se refiere a una institución que existe en el Estado, cuyo contenido y alcance o verdadera configuración son fijados por el legislador, aunque éste no pueda suprimirla. "Las garantías existen sólo dentro del Estado, basándose en la idea de una esfera de libertad en principio limitada. Se refiere, asegurándolas, a instituciones jurídicamente reconocidas, cuya supresión a manos del legislador ordinario ha de hacerse imposible." Schmitt procede a enumerar unas cuantas, como la propiedad, [...].»

61 LASARTE ÁLVAREZ, Carlos, «Consideraciones previas al estudio del derecho de edificación: Pluralismo de la propiedad privada», *Revista General de Legislación y Jurisprudencia* (1976), N.º 240 pp. 3 a 32, p. 4, califica a la propiedad como «institución social» y, acto seguido, también, como «un fenómeno o una institución económica».

En términos generales, la finalidad de otorgar naturaleza de garantía institucional a la propiedad no es otra que protegerla y conservarla como derecho frente a un omnipotente legislador[62].

Pero, además de preservarse el derecho de propiedad como una institución[63], se le presupone un contenido esencial que deberá ser asegurado por todos los poderes públicos, puesto que el alcance del contenido del derecho de propiedad depende de la voluntad de éstos[64]. Por ende, esta potestad no es ilimitada, sino que, en todo caso, deberá respetar su contenido esencial, ex art. 53.1 CE.

Así, el contenido esencial se erige como un límite a la intervención delimitadora del legislador ordinario[65]. Lo que encierra mayores problemas es determinar cuál es ese contenido esencial[66].

El Tribunal Constitucional, en su sentencia núm. 11/1981, 11 abril[67], intentó arrojar luz sobre este aspecto. Aunque, más que una definición, ofreció «dos caminos», para tratar de llegar a una aproximación de la idea de contenido esencial en relación con los derechos y las libertades.

---

62 Así lo manifiesta GALLEGO ANABITARTE, Alfredo, *Derechos fundamentales y garantías institucionales: análisis doctrinal y jurisprudencial (Derecho a la educación, autonomía local y opinión pública),* Civitas, Madrid, 1994, p. 246.

63 HESSE, Konrad, *Derecho Constitucional y Derecho Privado,* Civitas, Madrid, 1995, p. 83: «La Ley Fundamental contiene, en primer lugar, condiciones para la efectividad real de importantes institutos jurídico-privados y los protege de una supresión o de un vaciamiento por medio de la Ley», por ejemplo, la propiedad.

64 DE OTTO, Ignacio, *Derecho constitucional. Sistema de fuentes,* Barcelona, Ariel, 1987, p. 47: «La Constitución no puede contener por sí misma ni siquiera en embrión el régimen jurídico de las instituciones de que se ocupa, sino que deja espacio abierto a la regulación legislativa dentro de los límites que la Constitución misma establece. [...] tampoco hay un modelo constitucional de propiedad privada (art. 33), sino el reconocimiento de un derecho cuyo contenido fija el legislador dentro de los límites que la propia Constitución establece.»

65 LÓPEZ LÓPEZ, Ángel, «El derecho de...», *op. cit.* p. 247: «una suerte de núcleo de indisponibilidad para dicho legislador.» MONTÉS PENADÉS, Vicente L., *op. cit.*, p. 165: «el límite de la intervención del Estado.»

66 DOMÉNECH PASCUAL, Gabriel, «Cómo distinguir entre una expropiación y una delimitación de la propiedad no indemnizable», *InDret* (2012), 1, p. 11, califica el contenido esencial de «sumamente evanescente, indeterminado».

67 RTC 1981, 11.

Estos dos caminos, que, como apunta, no son alternativos ni antitéticos, sino complementarios y, por lo tanto, pueden ser utilizados de forma conjunta, son los que pasamos a exponer.

– El primero, «tratar de acudir a lo que se suele llamar la naturaleza jurídica o el modo de concebir o de configurar cada derecho». Esta idea conlleva establecer una relación entre «el lenguaje que utilizan las disposiciones normativas y lo que algunos autores han llamado el metalenguaje o ideas generalizadas y convicciones generalmente admitidas entre los juristas, los jueces y en general los especialistas en Derecho.»

Según este primer camino:

> «Constituye el contenido esencial de un derecho subjetivo aquellas facultades o posibilidades de actuación necesarias para que el derecho subjetivo sea recognoscible como pertinente al tipo descrito y sin las cuales deja de pertenecer a ese tipo y tiene que pasar a quedar comprendido en otro, desnaturalizándose por decirlo así. Todo ello referido al momento histórico de que en cada caso se trata y a las condiciones inherentes en las sociedades democráticas, cuando se trate de derechos constitucionales.»

El Tribunal afirma, a continuación, que, para tratar de aproximarnos al contenido esencial, «muchas veces el "nomen" y el alcance de un derecho subjetivo son previos al momento en que tal derecho resulta recogido y regulado por un legislador concreto.» Y reconoce que «el tipo abstracto del derecho preexiste conceptualmente al momento legislativo y en este sentido se puede hablar de una recognoscibilidad de ese tipo abstracto en la regulación concreta.»

– El segundo posible camino para definir el contenido esencial de un derecho subjetivo consiste en «tratar de buscar lo que una importante tradición ha llamado los intereses jurídicamente protegidos como núcleo o médula de los derechos subjetivos.»

De este modo, el contenido esencial de un derecho puede hacer referencia a «aquella parte del contenido del derecho que es absolutamente necesaria para los intereses jurídicamente protegibles, que dan vida al derecho, resulten real, concreta y efectivamente protegidos.» Así, «se rebasa o se desconoce el contenido esencial, cuando el derecho queda sometido a limitaciones que lo hacen impracticable, lo dificultan más allá de lo razonable o lo despojan de la necesaria protección.»

Las anteriores ideas se trasladaron al derecho a la propiedad privada en la ya citada sentencia núm. 37/1987, 26 marzo. Si bien, el Tribunal Constitucional no ofreció un concepto de contenido esencial del derecho de propiedad. El Tribunal, considera que:

> «el contenido esencial o mínimo de la propiedad privada entendido como recognoscibilidad de cada tipo de derecho dominical en el momento histórico de que se trate y como practicabilidad o posibilidad efectiva de realización de derecho, sin que las limitaciones y deberes que se impongan al propietario deban ir más allá de lo razonable.»

Para, a continuación, añadir, que el derecho de propiedad «ha experimentado en nuestro siglo una transformación tan profunda que impide concebirla hoy como una figura jurídica reconducible exclusivamente al tipo abstracto descrito en el art. 348 del Código civil».

A partir de la doctrina jurisprudencial expuesta, tratemos de identificar el contenido esencial del derecho de propiedad. Para ello, debemos partir del hecho de que ese respeto hacia el contenido esencial sólo opera en relación con los poderes públicos, sin que desempeñe, igual que la función social y la reserva de ley formal flexible, ningún protagonismo en las relaciones privadas.

El Tribunal Constitucional considera que el derecho a la propiedad privada no debería reconducirse exclusivamente al tipo abstracto descrito en el art. 348 CC[68]. Es decir, según el máximo intérprete de la Constitución, el art. 348 CC debe interpretarse a partir de la Norma Fundamental y en armonía con la función social que, de conformidad con el art. 33.2 CE, delimitará su contenido, de acuerdo con las leyes[69]. Pero, también es cierto que la anterior afirmación podría ir referida a que la definición del art. 348 CC no es completa y, por tanto, albergaría otras facultades, junto a las de goce, disposición y reivindicación, como ha hecho notar la doctrina que se expondrá seguidamente.

---

68 Hernández Gil, Antonio, *La función social de la posesión*, Alianza Editorial, Madrid, 1969, p. 172: «la fórmula definitoria del artículo 348 del Código civil ha de juzgarse hasta cierto punto como prudente y flexible. Presenta el derecho de propiedad como el resultado de conjugar facultades y limitaciones; más concretamente, facultades menos limitaciones.»

69 Puig Brutau, José, *Fundamentos de Derecho civil, Tomo III, Volumen I. El derecho real. La posesión. La propiedad. Sus límites. Adquisición y pérdida. Ejercicio de acciones*, 4ª edición, Bosch, Barcelona, 1979, p. 247, afirma que «la definición del derecho de propiedad siempre ha incluido una referencia a sus límites; pero, de ser considerados éstos una excepción a la plenitud de potestades contenidas en el dominio, han pasado a ser el principal elemento configurador del derecho.»

Si interpretamos el art. 348 CC desde la Constitución, la consecuencia inmediata es el reconocimiento de su doble dimensión. Por una parte, como derecho subjetivo, o desde una vertiente individual (art. 33.1 CE). Y, por otra, desde una dimensión institucional, como consecuencia de la introducción expresa de la fórmula función social en el seno del art. 33.2 CE.

Ahora bien, una exegesis del derecho de propiedad en clave constitucional no impide, o no es incompatible con, identificar el contenido esencial con las facultades enunciadas en el art. 348 CC —gozar, disponer y reivindicar—, y constituirse en el tipo abstracto del derecho de propiedad.

De esta forma, el art. 348 CC, utilizando las palabras del Tribunal Constitucional a la hora de exponer el segundo camino para tratar de alcanzar el contenido esencial de un derecho subjetivo, se alzaría como aquella parte que da vida al derecho de propiedad, que lo hace mínimamente practicable, y no lo despoja de la necesaria protección. Y, que, por tanto, por medio de tales facultades y su ejercicio, el derecho en cuestión resulta real, concreta y efectivamente protegido.

Además, a pesar de que el art. 33.2 CE afirme que la función social delimitará el contenido del derecho de propiedad, esta función social no debe servir como fundamento para ir más allá del contenido esencial[70].

---

[70] Para AGUDO GONZÁLEZ, Jorge, «Concepción estatutaria y propiedad inmobiliaria. O la crónica de la desvalorización anunciada del derecho fundamental a la propiedad privada», *Revista de Administración Pública,* (2011), núm. 185, pp. 9 a 47, p. 27: «Una interpretación sistemática de los artículos analizados [arts. 33.2 y 53.1 CE] exige entender, sin embargo, que en ningún caso la función social forma parte del contenido esencial del derecho a la propiedad. En definitiva, cuando el art. 33.2 de la Constitución establece que la función social "delimitará" el contenido del derecho de propiedad "de acuerdo con las Leyes", quiere decir que la función social delimita el derecho, pero no desde su contenido esencial, sino a partir de él.» En ese mismo sentido, *Vid.* RODRÍGUEZ DE SANTIAGO, José María, «Las garantías constitucionales...», *op. cit.,* p. 177: «La función social delimita el contenido de la propiedad, pero no precisamente su contenido esencial. El contenido esencial (art. 53.1 CE) es cabalmente el límite que no puede traspasar el legislador invocando exigencias de la función social. Y ese "límite de los límites" ya no incluye la función social, sino [...] un resto mínimo de "utilidad meramente individual" que permita que eso que se sigue llamando propiedad siga siendo recognoscible como tal».

Parece, entonces, que, para averiguar cuál es el contenido esencial del derecho de propiedad debemos partir del art. 348 CC[71]. Si bien, como se expondrá a continuación, existe una cierta polémica acerca del alcance de esta garantía que constituye el contenido esencial.

Por una parte, existe un sector de la doctrina que identifica este reducto mínimo con una serie de facultades infranqueables por parte del legislador a la hora de configurar el derecho a la propiedad privada.

Aquí podríamos situar a LÓPEZ LÓPEZ, cuya opinión compartimos. Entiende que el punto de partida para determinar el tipo abstracto del derecho de propiedad que nos permita concretar el contenido esencial es la definición contenida en el art. 348 del Código civil. «En ella están presentes tres elementos, como es sabido: la facultad de goce (englobando el uti frui), la facultad de disposición, y la posibilidad de limitación del derecho por obra de las leyes.» Todo ello «indica la posible existencia del derecho sobre las cosas que se concibe como el más amplio posible, sin que por ello sea absolutamente ilimitado; y, en abstracto, ésta es también la figuración que de la propiedad se tiene actualmente.»[72]

Junto al anterior autor podríamos situar la postura de BARNÉS, cuando afirma que «el contenido del derecho de propiedad se resuelve en las facultades de goce (aprovechamiento, explotación o utilidad individual) y disposición (enajenación y traslación).»[73] Facultades ambas que, sin que lo reconozca expresamente, se hallan enumeradas en el art. 348 CC.

Igualmente, en un sentido parecido se pronuncia COCA PAYERAS, al reconocer que el derecho de propiedad «en cualquier sistema jurídico es

---

71 Como apunta Para COCA PAYERAS, Miguel, *Tanteo y retracto...*, *op. cit.*, p. 287: «el nuevo derecho de propiedad recogido en la Constitución no es "nuevo" en cuanto a su naturaleza jurídica, que se mantiene inalterada, sino en cuanto al criterio delimitador del contenido.»

72 LÓPEZ LÓPEZ, Ángel, «El derecho de...», *op. cit.*, p. 249.

73 BARNÉS, Javier, «El derecho de propiedad en la Constitución Española de 1978», en Javier Barnés (Coord.), *Propiedad, expropiación y responsabilidad. La garantía indemnizatoria en el Derecho europeo y comparado*, Tecnos, Madrid, 1995, pp. 25 a 66, pp. 48 y 49: «Para que pueda hablarse de "propiedad" han de ser recognoscibles en cualquier expresión legal del dominio y, por consiguiente, no pueden ser suprimidas, aunque sí delimitadas en su interior.» Considera que «la intervención delimitadora en aras de la función social se transforma en expropiatoria —y surge el deber de compensar— si se traspasa ese umbral y se suprime al menos una de esas facultades». En suma, «los elementos formales que integran el contenido esencial del dominio son: a) la facultad de goce [...] y b) la facultad de disposición».

siempre facultad de goce y disposición, como estructura mínima.» Llegando a la conclusión que, «una ley que regulara el derecho de propiedad y prescindiera en términos absolutos de esa trilogía básica (goce, disposición y función social), estaría conculcando el "contenido esencial" de ese derecho, y sería ex art. 53.1 inconstitucional.»[74]

De la opinión de MONTÉS también podría deducirse que el contenido esencial se encuentra en el art. 348 CC. Dice el autor que «el contenido esencial habrá de ser entendido como un núcleo fundamental del derecho que contendría facultades de goce y poderes de disposición, según la noción común con la que la institución es conocida en la realidad social en un momento histórico determinado.» Y añade que dicho núcleo fundamental «no podría ser totalmente eliminado o convertido en ilusorio por la ley ordinaria, salvo la hipótesis de la expropiación.» Obsérvese que el autor alude a las facultades de goce y disposición. Facultades que, una vez más, coinciden con el contenido del art. 348 CC.

En cambio, el profesor LASARTE, considera que la cuestión del contenido esencial de la propiedad privada no «puede concretarse». Éste dependerá de «cuál haya sido o sea la valoración que la función social de la propiedad merezca para el legislador ordinario, en atención a la trascendencia social representada por los bienes objeto de dominación privada.»[75]

BLASCO GASCÓ y CECCHINI ROSELL niegan que el contenido esencial pueda reconducirse al tipo abstracto recogido en el art. 348 CC, y que el contenido esencial sea aquel que «cada vez y respecto de una concreta categoría de bienes, determine la ley, porque entonces el art. 53.1 CE conduciría a un absurdo»[76]. Sostienen que el contenido esencial del derecho de propiedad no se puede definir a priori, «aunque al menos intuitivamente sepamos que es algo que hace reconocible una determinada situación jurídica como una situación propietaria (no posesoria, ni usufructuaria...)»[77].

A pesar de las diferentes opiniones vertidas al respecto, consideramos que el art. 348 CC sí que comprende el contenido esencial del derecho

---

74 COCA PAYERAS, Miguel, *Tanteo y retracto..., op. cit.*, p. 285.

75 LASARTE ÁLVAREZ, Carlos, *Compendio de Derechos reales. Derechos reales e hipotecario*, 6ª edición, Marcial Pons, Madrid, 2017, p. 23.

76 BLASCO GASCÓ, Francisco de P. y CECCHINI ROSELL, X., *op. cit.*, pp. 110 y 111: «no parece que el mínimo propietario se halle en el art. 348 CC. [...] En otras palabras, se puede decir, por tanto, que actualmente no puede mantenerse como contenido esencial de la propiedad el manifestado en el art. 348 CC.»

77 *Ibidem*, p. 112.

a la propiedad privada. Y en caso de que el legislador suprima alguna de las facultades que éste reconoce —goce, disposición y reivindicación—, se vulneraría dicho contenido esencial. Y, por tanto, no estaríamos ante una expropiación, sino ante una norma contraria a la Constitución por ir más allá del límite del contenido esencial.

Además, el hecho de considerar que el art. 348 CC recoge el contenido esencial del derecho de propiedad, no es contrario con la postura mantenida por un sector de la doctrina para quien no se pueden enumerar las facultades que otorga el derecho de propiedad a su titular. O, como afirman DÍEZ-PICAZO y GULLÓN, las facultades dominicales son muchas y «no se pueden encerrar en tres verbos»[78].

En este sector doctrinal podríamos incluir a BAÑO LEÓN, por cuanto el contenido esencial del derecho de propiedad que el legislador no puede traspasar «se refiere por entero a la garantía de una institución (la propiedad), no al reconocimiento de facultades o poderes esenciales de ese derecho.»[79] O a ÁLVAREZ CAPEROCHIPI, al considerar que la propiedad, definida como el señorío más pleno, «comprende todas las facultades jurídicamente posibles sobre una cosa», y con ello se persigue «evitar la insatisfactoria visión de considerar la propiedad como una suma de facultades.»[80]

En términos parecidos se pronuncia ESPÍN CÁNOVAS, para quien «no se ve en el dominio una suma de facultades, sino un poder unitario y abstracto». Entiende que «la enumeración de facultades dominicales, además de correr el riesgo de ser incompleta, no coincide siempre con el contenido

---

78 DÍEZ-PICAZO, Luis y GULLÓN, Antonio, *Sistema de Derecho civil, Volumen III. Derecho de cosas y Derechos inmobiliario registral,* 7ª edición, Tecnos, Madrid, 2001, pp. 139 y 140: «Seguramente, el legislador pretendió incluir al hablar de derecho de gozar y disponer, todas las facultades que un examen erudito y meticuloso es capaz de describir en el propietario. Además, los códigos modernos no han podido abandonar la caracterización de la propiedad como se indica.»

79 BAÑO LEÓN, José María, *op. cit.*, p. 164. Y añade: «la garantía de la propiedad consiste en la prohibición de su privación sin indemnización (no hay garantía frente a las delimitaciones, sólo hay garantías expropiatorias) y en la imposibilidad de que el legislador suprima totalmente la institución propiedad o altere los elementos que, en cada momento, compongan los rasgos esenciales de esa institución jurídica y social.»

80 ÁLVAREZ CAPEROCHIPI, José Antonio, *Curso de derechos reales. Propiedad y posesión,* Civitas, Madrid, 1986, p. 39. Para el autor, «a través de una definición genérica de propiedad, se destaca más apropiadamente el carácter reglado del derecho de propiedad, cuyo contenido viene definido y determinado por la ley.»

real de la propiedad, puesto que el propietario puede verse privado de las mismas».

Aporta como solución la posibilidad de hablar acerca «de un contenido negativo de la propiedad (limitaciones impuestas a este derecho) y un contenido positivo (el poder que podemos ejercitar sobre el objeto de nuestra propiedad con tal de que no traspasemos sus límites).» De este modo, en opinión del autor, «el contenido negativo nos da la medida del contenido positivo.»[81]

También incluiríamos a MANRESA Y NAVARRO, al exponer que el art. 348 CC «no ha pretendido agotar la enumeración de todas las [facultades] que corresponden al propietario sobre la cosa.»[82] El motivo, es que resulta «imposible confeccionar un catálogo exhaustivo de las facultades correspondientes al titular del dominio»[83]. Y, además, «aunque se lograse agotar la lista de las facultades del propietario, no se habría alcanzado el fin de determinar la esencia de la propiedad, ya que el titular puede estar privado de estas facultades, sin perder por eso el dominio.» Concluyendo que la propiedad no es una mera suma de facultades, sino un señorío unitario, abstracto y elástico[84]. Si bien, considera que las facultades más significativas

---

81 ESPÍN CÁNOVAS, Diego, *Manual de Derecho civil. Vol. II. Derechos reales,* Revista de Derecho civil, Madrid, 1977, pp. 77 y 78: «El estudio del dominio debe centrarse por tanto en el aspecto negativo. Aunque el contenido positivo resulte, según lo que hemos expuesto, de las limitaciones que se imponen al derecho de propiedad».

82 MANRESA Y NAVARRO, José María, *Comentarios al Código civil español, Tomo III,* 8ª edición, Reus, Madrid, 1976, p. 168.

83 *Ídem*: «es posible llegar a determinar lo que el propietario no puede hacer, mediante una enunciación de las correspondientes limitaciones legales de la propiedad, pero es realmente imposible concretar todo lo que el propietario puede hacer, por medio de la enumeración de los poderes que le reconoce el ordenamiento jurídico.»

84 *Ibidem,* p. 170: «el derecho de gozar no es por sí la propiedad [...]. En efecto, al goce de la cosa en los términos señalados hay que añadir el derecho de disponer de ella». O, ALBALADEJO, Manuel, *Derecho civil III. Derecho de bienes,* 9ª edición, Bosch, Barcelona, 2002, p. 243: «El contenido (normal) del derecho de propiedad debe marcarse, no positivamente, mediante la enumeración de facultades, sino negativamente, mediante la indicación de aquello a que no alcanza. Hacer esto, como lo hago a continuación, es fijar límites del dominio.» Comparte la anterior opinión, O'CALLAGHAN, Xavier, *Compendio de Derecho civil. Tomo 3. Derechos reales e hipotecario,* Lección 3ª, versión electrónica.

y representativas del derecho de propiedad son las de gozar y disponer de la cosa[85].

Como hemos apuntado, identificar el contenido esencial con el art. 348 CC no va en contra de la opinión de los anteriores autores. Al revés, al mismo tiempo que reconocen que el derecho a la propiedad es el derecho más pleno sobre una cosa, que permite su utilización más plena, se otorga seguridad jurídica al ofrecer un criterio concreto para saber cuándo el legislador habrá vulnerado el contenido esencial del derecho de propiedad: cuando haya desprovisto de forma absoluta a su titular, a pesar de servirse de la función social como fundamento, de alguna de las siguientes facultades: goce, disposición o reivindicación[86].

E, igualmente, considerar que el art. 348 CC recoge el contenido esencial del derecho de propiedad, no va en contra de la afirmación vertida por el Tribunal Constitucional, en su sentencia de 26 marzo 1987, por cuanto:

> «Que la privación de las facultades de uso y disfrute no suponen por sí misma una ablación de la propiedad, lo demuestra simplemente el hecho de que tales facultades son dominio volente perfectamente separables de la titularidad del propietario y enajenables a un tercero, sin que por ello pierda aquél su señorío sobre le bien.»

A un propietario puede, por ejemplo, privársele de su facultad de goce por efecto de la concesión de un usufructo. Pero también es cierto que el

---

[85] Peña Bernaldo de Quirós, Manuel, *Derechos reales. Derecho hipotecario, Tomo I, Propiedad. Derechos reales (excepto los de garantía)*, 3ª edición, Centro de Estudios Registrales, Madrid, 1999, p. 213: «La propiedad se caracteriza por que el ámbito típico de su poder comprende, en principio, todas las facultades posibles sobre la cosa. Lo importante, para describir el señorío, no es la enumeración de facultades, que destacan sólo aspectos dependientes, sin vida propia, del señorío. Puede faltar alguna facultad y sigue el dominio. Lo importante es, pues, señalar su amplitud y que es un derecho que se caracteriza por ser abstracto y elástico.»

[86] Indica Bustos Pueche, José Enrique, «¿Existen instituciones en la Constitución que limitan al legislador ordinario?», *Revista de Derecho Privado* (2006), Mes 5, pp. 77 a 96, p. 86: «El reconocimiento del derecho subjetivo de dominio exige el de una serie de poderes de uso, disfrute y disposición sobre una cosa, que coinciden exactamente con lo que se entiende por la institución propiedad privada, de modo que tanto da que se utilice un término u otro. No hay derecho de propiedad sin la concurrencia de los referidos poderes sobre la cosa. No por exigencia de una pretendida garantía correspondiente, sino por exigencia del mismo concepto de derecho subjetivo [...] los intereses del individuo que justifican la existencia del derecho sólo se satisfacen con el adecuado nivel de poderes sobre la cosa.»

art. 53.1 CE, con la garantía del contenido esencial, va dirigido a la actuación de los poderes públicos. Es decir, éstos no podrían privar al propietario de forma absoluta de su facultad de goce, por suponer una vulneración del contenido esencial del derecho de propiedad. Pero el propietario, en su relación inter privatos, sí que podría hacerlo, puesto que en su actuación no rige la limitación del contenido esencial.

Hasta aquí hemos visto tres de los cuatro elementos de control que recaen sobre el legislador a la hora de regular el contenido del derecho de propiedad: que su delimitación persiga la consecución o salvaguarda de un interés general, que respete la reserva formal flexible de ley y el contenido esencial del derecho de propiedad[87]. No obstante, antes de detenernos en el cuarto elemento, consideramos oportuno abordar cómo se delimita el contenido del derecho de propiedad: a través de la imposición de límites o límites confines y limitaciones.

6. LÍMITES O LÍMITES-CONFINES Y LIMITACIONES EN EL DERECHO A LA PROPIEDAD PRIVADA

El derecho a la propiedad privada no es absoluto, sino limitado y limitable. De modo que, los poderes públicos, delimitaran su contenido, conjugando los intereses individuales con los del grupo social en el que se integra.

Parte de la doctrina española, que pasamos a exponer, ha trasladado a nuestro ordenamiento jurídico la distinción, de origen alemán, entre límites o confines y limitaciones.

Así lo reconoció en su momento MARTÍN MATEO, al considerar que «se viene precisando la distinción entre aquellas restricciones a la propiedad impuestas expresamente sobre la misma y a partir de un contenido nor-

87 STSJ Andalucía, Sevilla (Sala de lo Contencioso-Administrativo, 2ª), 11 marzo 2003 (JUR 2003, 175916): el derecho de propiedad es un derecho subjetivo de configuración legal que, junto al respeto al contenido esencial, tendrá «aquello que las Leyes quieren que tengan, al margen de la voluntad de su titular, e inclinado a responder al interés general; pero se requiere de dos requisitos: uno formal, la delimitación debe hacerse por Ley o conforme a ésta; y otro material, la delimitación del contenido debe estar justificada de una manera objetiva y razonable por la función social o finalidad social que este derecho debe desempeñar en relación con la colectividad.»

mal y preexistente, de aquellas otras que no constituyen propiamente tales, sino más bien el trazado de sus confines y la precisión de su concepto describiendo las barreras dentro de las cuales se mueven los derechos dominicales.» Los límites o confines de la propiedad «constituirán una condición propia de todos los inmuebles o grupos de inmuebles que no implican una minoración de las facultades dominicales, sino, por el contrario, la determinación del ámbito en que operan éstas»[88].

En opinión de Coca Payeras, cabe sostener que la distinción entre límites y limitaciones «nos sitúa ante la diferencia entre el contenido genérico o unitario, constitucionalmente recogido, del derecho de propiedad, y el contenido que ocasionalmente pueda encerrar la posición jurídica de un propietario, en cuanto se ve interferida por otras instituciones que merman el ámbito de poder inherente a aquel contenido genérico o unitario.» Y sintetiza diciendo que «los límites nos ofrecen la panorámica de hasta dónde llega el poder "del" propietario, y las limitaciones, la de hasta dónde llega el poder de "un" propietario sujeto que es propietario, o el poder de un sujeto "a pesar de" ser propietario.»[89]

Tampoco considera idénticos los términos de límites y limitaciones López López. Para el autor, la distinción entre uno y otro «parte de que cabe hablar de la existencia de un contenido normal ordinario de restricciones, que afectan de modo general a todas las titularidades dominicales que versan sobre una misma categoría de objetos». Éstas reciben la denominación de límites. En contraposición a las limitaciones, «que son reducciones del poder del propietario en casos singulares, reducciones que afectan precisamente al llamado contenido normal, es decir, el fijado por los límites.» Tras reconocer que «los límites son el régimen normal de toda propiedad»

---

88 Martín Mateo, Ramón, «El estatuto de la propiedad inmobiliaria», *Revista de Administración Pública,* (1967), Núm. 52, pp. 101 a 150, pp. 130 y 131: «Tal sucedería, por ejemplo, en el caso de las minas, del subsuelo arqueológico, del manto subálveo, del espacio aéreo, de la caza quizá y recientemente en la definición de la propiedad urbana. En este último aspecto, nuestra Ley del Suelo realiza una expresa asunción de tales principios en cuanto que su artículo 60 dispone que las facultades del derecho de propiedad se ejercerán dentro de los límites establecidos en la Ley o los Planes de ordenación, añadiendo el artículo 70 que la ordenación del uso de los terrenos y construcciones implica meras limitaciones y deberes que definen el contenido normal de la propiedad según su calificación urbanística.» De la reproducción de los anteriores preceptos de la Ley del suelo llama la atención la utilización de la expresión límites y limitaciones de forma indistinta.

89 Coca Payeras, Miguel, *Tanto y retracto…, op. cit.*, p. 295.

y las «limitaciones son de carácter excepcional», afirma que la diferenciación entre una y otra «no carece de consecuencias prácticas». Y finaliza diciendo que las limitaciones, por «su excepcionalidad, necesitan de un acto especial y expreso de imposición, y han de ser probadas, en el sentido de que no se presumen». Y, además, «en todo caso, las limitaciones, sea cual sea su origen, deberán ser objeto de indemnización»[90].

En un sentido similar se pronuncia ALBALADEJO[91], quien ofrece una clasificación de los límites y las limitaciones. Entre las limitaciones destacan los derechos reales[92], las servidumbres administrativas[93] y las llamadas prohibiciones de enajenar[94]. Y, por su parte, los límites pueden hallarse establecidos en interés público[95] o por razones de interés privado[96].

Los límites, como expone, constituyen el régimen normal y, por tanto, «no hace falta un acto especial para imponerlos a cada cosa en particular, ni hay que probarlos», sino que basta «invocar la norma jurídica que los establece». En cambio, las limitaciones «han de establecerse por un acto

90 LÓPEZ LÓPEZ, Ángel, «La titularidad dominical», en Ángel M. López López y Vicente L. Montés Penadés (Coords.), *Derechos reales y Derecho inmobiliario registral*, Tirant lo Blanch, Valencia, 1994, pp. 254 a 282, pp. 256 y 257.

91 ALBALADEJO, Manuel, *op. cit.*, p. 244 y ss.: «entiendo por límites del derecho de propiedad las fronteras, el punto normal hasta dónde llega el poder del dueño, o sea el régimen ordinario de restricciones a que (comparándolo con el supuesto de que fuese omnímodo) está sometido tal poder. Otra cosa son [...] las limitaciones que, procediendo de muchas causas, pueden reducir, en casos singulares, el poder que normalmente tiene le dueño sobre la cosa.»

92 *Ibidem*, p. 245: «salvo los establecidos directamente por la ley [pues entonces son límites]: como los retractos legales, que otras personas tengan sobre la cosa de que se trata y, entre ellos, las servidumbres, hayan sido establecidas voluntariamente por los interesados o lo hayan sido forzosamente, en los casos en que la ley permite que alguien (por ejemplo, el dueño del predio contiguo que carece de salida a camino público) tenga la facultad de obtener tal establecimiento».

93 *Ídem*, «consistentes en la sujeción parcial de la cosa a alguna utilización o uso en beneficio de la comunidad».

94 *Ídem*, «que consisten en ciertas restricciones que, [...] pueden establecerse a la libre disponibilidad de la cosa por su dueño.»

95 *Ibidem*, pp. 246 y ss.: en interés de la seguridad de personas y cosas (arts. 389 y 390 CC); en interés de la navegación, flotación, pesca y salvamento fluviales (art. 553); en interés del salvamento, del paso y de la vigilancia del litoral marítimo; en interés de la aviación; en interés de las cosas socialmente útiles; en interés de la vivienda y del urbanismo; de la agricultura o de las vías de comunicación.

96 *Ibidem*, pp. 250 y ss.: relaciones de vecindad; medianería o derechos reales de adquisición establecidos directamente por la ley.

especial relativo a la cosa cuya propiedad se trata y, como son excepcionales, han de ser probadas, pues, en otro caso, la propiedad se presume libre de ellas»[97].

Esta misma diferenciación es defendida por O'CALLAGHAN. Los límites «son las fronteras, el punto normal hasta dónde llega el poder del propietario, o sea, el régimen ordinario de restricciones a que está sometido el poder». Y, las limitaciones, proceden «de diversas causas, reducen, en casos singulares, el poder que normalmente (dentro de los límites), tiene el propietario sobre la cosa.»[98]

O BLASCO GASCÓ y CECCHINI ROSELL, al manifestar que los límites no restringen ni constriñen «el contenido de la propiedad», sino que lo configuran. En cambio, las limitaciones sí que «constriñe el contenido normal de la propiedad determinado previamente por los límites»[99].

En una posición enfrentada encontramos a BERCOVITZ, para quien no es «posible establecer diferencias sustanciales entre los conceptos de límite

---

97 *Ibidem*, p. 246.

98 O'CALLAGHAN, Xavier, *Compendio de..., op. cit.* Recoge las palabras del anterior autor PUIG BRUTAU, José, *op. cit.*, p. 251 y, añade que «la distinción es importante, porque los límites, por referirse al régimen normal de la propiedad, existen sin necesidad de un acto especial que los establezca en cada caso, y por ello las prohibiciones legales y las servidumbres de origen legal no necesitan estar inscritas para perjudicar a tercero. [...] Por el contrario, las limitaciones han de quedar establecidas mediante un acto especial de constitución referido a una cosa determinada, y sólo podrán perjudicar a tercero si han sido objeto de la correspondiente publicidad, y su existencia ha de ser objeto de prueba en cada caso porque la propiedad se presume libre.» Si bien, a continuación, el autor reconoce que «las disposiciones que establecen límites legales son tan variadas y cambiantes, que pueden ser calificadas de limitaciones, a pesar de tener su origen en disposiciones legales de carácter general» (p. 252).

99 BLASCO GASCÓ, Francisco de P. y CECCHINI ROSELL, X., *op. cit.*, pp. 126 y 127: «Así, los límites se definen como internos, institucionales a la figura del derecho de propiedad, generales y unilaterales. En cambio, las llamadas limitaciones son reducciones del contenido de la propiedad en casos singulares». Estas últimas «son reducciones del ámbito de poder normal del propietario tipificado por la ley». Por lo tanto, «mientras que el límite es interno, normal, general e igual para todos los propietarios de la misma categoría de bienes, conformando su propiedad, la limitación es externa, excepcional, singular y, por tanto, no igual para todos los propietarios. Además, la limitación es indemnizable; no, en cambio, el límite». Y, añaden que «la presunción de libertad del dominio se refiere a las limitaciones, no a los límites que no precisan un acto de imposición, sino la determinación normativa, las cuales, por tanto, deben ser probadas por quien las invoca».

y limitación del dominio»[100]. Tampoco parece realizar la distinción anterior MANRESA Y NAVARRO, al utilizar de forma indistinta uno y otro concepto[101]. O PEÑA BERNALDO DE QUIRÓS, al considerar que con los límites o limitaciones las «leyes precisan el contenido ordinario o normal del derecho de propiedad»[102].

DÍEZ-PICAZO, sostiene que, en nuestra doctrina, la distinción entre límites y limitaciones no posee ningún sentido especial. La diferenciación entre uno y otro tropieza con el hecho de que «la doctrina tradicional no configura la tarea de fijación del contenido del derecho de propiedad como una actividad de signo positivo, que se lleva a cabo mediante la enumeración de las facultades que encierra, sino como una actividad de signo negativo, que se realiza mediante la indicación de aquello a lo que no alcanza.» Siendo así, considera que «la distinción sólo sería posible si un contenido previo del derecho estuviera fijado positivamente. En tal caso, cualquier reducción de dicho previo contenido positivo sería una limitación.»

Por otra parte, alude a que la diferenciación en cuestión entre «límites-confines» y «limitaciones-reducciones», se apoya «sobre el criterio de la "normalidad"». Es decir, «se habla de un "contenido normal del derecho de propiedad" o de un "punto normal hasta dónde llega el poder del dueño".»

---

100 BERCOVITZ RODRÍGUEZ-CANO, Rodrigo, *Manual de Derecho civil. Derechos reales*, 6ª edición, Bercal, 2017, p. 184 aunque el autor se decanta por utilizar este último «por ser el empleado en el artículo 348 CC para aludir a las restricciones dominicales».

101 MANRESA Y NAVARRO, José María, *op. cit.*, p. 171: «Se utiliza el límite en cuanto representa estrictamente una necesidad para la organización jurídica. Son incomparablemente mayores los límites que se establecen al no propietario, en beneficio del propietario que, a la inversa, es decir, mayores los que la propiedad impone que los que a ella se imponen. Por otra parte, éstos, si bien constituyen limitaciones de un determinado derecho de propiedad, se establecen en favor, o sea, para la menor limitación, del derecho de propiedad de los demás.»

102 PEÑA BERNALDO DE QUIRÓS, Manuel, *op. cit.*, pp. 243, 244 y 245: «según la función económico-social de las diferentes categorías de los bienes y de su situación.» Para el autor, la «terminología del Código (cfr. Art. 348) justifica, sin embargo, que los límites que definen el contenido normal de la propiedad puedan seguir llamándose —y así lo hacemos nosotros— limitaciones legales.» El fundamento de estas limitaciones es tratar «de conseguir que las cosas no sólo sirvan al propietario sino también a los fines comunes a que están afectas. Las limitaciones expresan el modo en que la función social de la propiedad configura su contenido concreto, según las diferentes categorías de bienes».

Esta idea de normalidad, como bien destaca el profesor, aparecía recogida en el art. 70 de la Ley de 12 de mayo de 1956, sobre régimen del Suelo y Ordenación Urbana, que disponía que «La ordenación del uso de los terrenos y construcciones enunciadas en los artículos precedentes no conferirá derecho a los propietarios a exigir la indemnización, por implicar meras limitaciones y deberes que definen el contenido normal de la propiedad según su calificación urbanística.»[103] En su opinión, «si normal es aquello que se produce de acuerdo con una norma, es evidente que cualquier posible contenido del derecho de propiedad es "normal"»[104].

---

[103] Actualmente, esta referencia al contenido normal del derecho de propiedad no consta en el articulado del Real Decreto Legislativo 7/2015, de 30 de octubre, por el que se aprueba el Texto Refundido de la Ley del Suelo y Rehabilitación Urbana. Pero sí en el art. 87.1, del Real Decreto 1346/1976, de 9 de abril, por el que se aprueba el Texto Refundido de la Ley sobre el régimen del suelo y Ordenación Urbana, que se erige como la norma estatal aplicable de forma supletoria, tal y como se verá más adelante, en caso de que la legislación autonómica en materia de urbanismo adoptada adolezca de alguna laguna legal.

[104] Díez-Picazo, Luis, «Los límites del derecho de propiedad en la legislación urbanística», *Estudios de Derecho privado,* Civitas, Madrid, 1980, pp. 245 a 280, pp. 251 y 252: «Un "límite", entendido como una privación de la libertad o como una restricción de un contenido ideal, que es tendencialmente absoluto, existe siempre que se impone un deber, de cualquier tipo que éste sea. Todo deber es una limitación de la libertad.» «Si la iniciativa es del propietario, la regla crea para él un límite. Si la iniciativa es de los terceros, sean públicos o privados, es decir, si los terceros tratan de imponer un comportamiento o de exigir una prestación, la regla crea deberes. Por esto, quizá fuera más exacto decir que "la situación de propiedad produce una serie de deberes que funcionan al mismo tiempo como límites del derecho".» (p. 253). En relación con el art. 70 de la Ley del Suelo de 1956, García de Enterría, Eduardo, «La Ley del suelo y el futuro del urbanismo», *Anuario de Derecho Civil,* Vol. 11 (1958), N.º 2, pp. 485 a 510, p. 503, afirmó que «la incidencia del derecho urbanístico sobre la propiedad fundaría no puede ya explicarse en los términos tradicionales de las limitaciones de la propiedad. La doctrina alemana juega con un doble concepto que puede ser oportuno traer aquí: no se trata ya propiamente de *Eigentumsbeschränkungen,* sino de *Eigentumsbegrensung*; no de restricciones o limitaciones de la propiedad, sino de delimitación de la propiedad en su contenido normal; no de una limitación o ablación de algo positivo u plenario, sino de un límite de extensión, de un confín.» Díez-Picazo, Luis y Gullón, Antonio, *Sistema de Derecho civil, Volumen III…, op. cit.,* p. 143: «Además de las limitaciones legales, la propiedad, como todo derecho subjetivo, tiene unos límites que pudiéramos denominar genéricos: los que prohíben el abuso del derecho y el ejercicio de mala fe […]. Estos límites genéricos o institucionales obligan a la concreción en cada caso de lo procedente o improcedente de las actuaciones del propietario, […]. Las limitaciones del dominio recaen bien sobre

Lo cierto es que nuestro ordenamiento jurídico no diferencia entre «límites» y «limitaciones». Lo que sí nos dice el art. 33.2 CE es que la función social del derecho de propiedad «delimitará» su contenido.

Ya sea a través de la imposición de un límite o de una limitación en los términos aportados por la doctrina anterior, lo que el legislador estará haciendo, en última instancia, es «delimitar» el contenido del derecho de propiedad. Él será el encargado de establecer, según su ponderado criterio, el contenido normal del derecho de propiedad. Por este motivo, creemos que no es incompatible incluir las nociones de «límites» y «limitaciones» dentro de un término más amplio, como es el de «delimitación», que, amparando cualquiera de las anteriores dos situaciones, sí que encuentra reflejo en el Texto Constitucional.

7. LA DELIMITACIÓN LEGAL DEL CONTENIDO DEL DERECHO A LA PROPIEDAD PRIVADA Y SU PRIVACIÓN

De la lectura de los apartados segundo y tercero, respectivamente, del art. 33 CE se desprende que una cosa es «delimitar» el contenido del derecho de propiedad, y otra «privar de sus bienes y derechos» a un sujeto por causa justificada de utilidad pública o interés social, en cuyo caso deberá mediar la correspondiente indemnización[105].

A diferencia de lo que ha hecho una parte de la doctrina, el Tribunal Constitucional no ha diferenciado entre «límites» y «limitaciones», sino entre:

---

las facultades de uso y goce del propietario, bien sobre sus facultades de disposición.»

105 GARRIDO FALLA, Fernando, «El derecho a indemnización por limitaciones o vinculaciones impuestas a la propiedad privada», *Revista de Administración Pública* (1976), N.º 81, pp. 7 a 33, pp. 9 y 10 diferencia entre limitación y vinculación: «Si un plan urbanístico o una ordenanza municipal, por ejemplo, establecen que la altura de las edificaciones en determinado sector urbano no puede exceder de cinco plantas, ésta es una limitación específica que atañe a la propiedad urbana situada en dicho sector. Si, en cambio, un determinado edificio se declara monumento histórico-artístico, entonces lo que la Ley pretende es que siga siendo tal, lo que entraña una prohibición abstracta de hacer cualquier cosa concreta que modifique la referida afectación. En el primer caso cabe hablar de limitación y en el segundo de vinculación.» Para el autor, «la nota específica y diferenciadora se encuentra en la idea de afectación».

– la «expropiación o privación indemnizable» y;
– «las intervenciones limitativas de derechos que no comportan compensaciones económicas».

El máximo intérprete de la Constitución declaró en su sentencia núm. 227/1988, 29 noviembre, que por expropiación debe entenderse «la privación singular de la propiedad privada o de derechos o intereses patrimoniales legítimos acordada imperativamente por los poderes públicos», mediando causa de utilidad pública o interés social. De este modo, para que se aplique la garantía del art. 33.3 CE, es necesario «que concurra el dato de la privación singular característica de toda expropiación, es decir, sustracción o ablación de un derecho o interés legítimo impuesto a uno o varios sujetos.»

Diferentes de la expropiación o privación indemnizable, son «las medidas legales de delimitación o regulación general del contenido de un derecho».

Estas últimas implican que, sin privar singularmente del mismo a sus titulares, «constituyen una configuración ex novo modificativa de la situación normativa anterior». Medidas que entrañarán una restricción del derecho individual o «la limitación de alguna de sus facultades». Pero «no están prohibidas por la Constitución, ni dan lugar por sí solas a una compensación indemnizatoria.»

En relación con el derecho de propiedad, afirma que el legislador no sólo puede, sino que debe, a la hora de establecer una nueva configuración legal del derecho, tener en cuenta las exigencias de interés general. Así resulta del art. 33.2 CE, «pues por imperativo constitucional, la ley debe delimitar el contenido de ese derecho en atención a su función social».

Y, finalmente, considera obvio que «la delimitación del contenido de los derechos patrimoniales o la introducción de nuevas limitaciones no pueden desconocer su contenido esencial». En caso contrario:

> «no cabría hablar de una regulación general del derecho, sino de una privación o supresión del mismo que, aunque predicada por la norma de manera generalizada, se traducirá en un despojo de situaciones jurídicas individualizadas, no tolerado por la norma constitucional, salvo que medie la indemnización correspondiente.»

La anterior afirmación, entendemos, exige una cierta precisión.

Si, como ha declarado el Tribunal Constitucional, la delimitación del derecho a la propiedad privada no puede desconocer su contenido esencial —contenido esencial que lo hemos identificado con las facultades de goce, disposición y reivindicación—, la supresión de alguna de ellas por parte de los poderes públicos, o de un concreto destino económico, no conllevaría una privación del derecho y, por tanto, el deber de mediar la correspondiente indemnización.

El motivo es que el titular del derecho aún poseería el resto de las facultades. De modo que, si se suprime una única facultad, no se podría hablar de expropiación o privación indemnizable, pero sí que podría considerarse una norma inconstitucional, al afectar de lleno al contenido esencial, ex art. 53.1 CE.

En cambio, si sólo se proscribe un concreto destino económico, no podría hablarse ni de expropiación o de privación indemnizable, ni de disposición inconstitucional por vulnerar el contenido esencial, salvo que la actuación del poder público hubiera ido más allá de lo razonable para alcanzar el fin perseguido o sea contraria al principio de proporcionalidad.

Si bien, el Tribunal Constitucional, en su sentencia núm. 170/1989, 19 octubre[106], reconoció que «el límite entre la privación de un derecho patrimonial y su simple incidencia o delimitación legal amparándose en la función social a la que debe sujetarse (art. 33.2 de la Constitución), no es siempre fácil de determinar.»

De acuerdo con el art. 33.2 CE, los poderes públicos deben delimitar el contenido del derecho de propiedad, en relación con cada categoría de bienes, en virtud de la función social que desempeñan[107]. Lo anterior, no implica una absoluta libertad del legislador a la hora de configurar el contenido del derecho de propiedad, sino que, como indica el Tribunal Constitucional en la sentencia inmediatamente citada, éste encontrará el límite «a efectos de la aplicación del art. 33.3 CE en el contenido esencial». Es decir, «en no sobrepasar las barreras más allá de las cuales el derecho dominical y las facultades de disponibilidad que supone resulte reconocible en cada momento histórico y en la posibilidad efectiva de realizar el derecho.»

---

106 RTC 1989, 170.

107 DÍEZ-PICAZO, Luis y GULLÓN, Antonio, *Sistema de Derecho civil. Volumen III…, op. cit.*, p. 142: «las leyes, concretando la función social, son las que determinarán las facultades ínsitas en el dominio o establecerán los límites de su extensión o intensidad, o las cargas, deberes u obligaciones que el propietario ha de cumplir por razón de su titularidad y en aras del bien común».

En definitiva, la delimitación del contenido del derecho de propiedad, ex art. 33.2 CE, no puede vulnerar el contenido esencial[108]. Si bien, el Tribunal Constitucional rechaza que «la idea de que la previsión legal de restricciones a las otrora tendencialmente ilimitadas facultades de uso, disfrute, consumo y disposición o la imposición de deberes positivos al propietario vulnere el contenido esencial de la propiedad»[109].

El derecho de propiedad no se ha erigido nunca como un derecho ilimitado[110]. El Código civil de 1889 ya previó que el ejercicio del derecho de propiedad podría hacerse sin más limitaciones que las establecidas en las leyes. La incorporación de la función social de la propiedad en el art. 33.2 CE no conlleva pasar de un derecho ilimitado a uno limitado. Lo que comporta, principalmente, es el reconocimiento expreso de la posibilidad de ejercitar el derecho hasta lo social. Pero, igualmente, esta función social es deseable que sea precisada por los poderes públicos.

Y, también, como hemos expuesto, delimitar el contenido del derecho de propiedad restringiendo un determinado destino económico no conlleva la afectación del contenido esencial, en cuyo caso el límite que representa el elemento de control del respeto del contenido esencial impuesto al legislador no nos servirá. Por lo que tendrá que averiguarse sí la delimitación llevada a cabo ha ido más allá de lo razonable o es desproporcionada, como criterio para enjuiciar su constitucionalidad.

---

108 *Vid.* la STC (Pleno) núm. 204/2004, 18 noviembre, que, con cita a la sentencia de 26 marzo 1987, entiende que: «En esta tarea de delimitación del contenido de los derechos patrimoniales, el legislador no puede desconocer su contenido esencial, que viene marcado en cada caso por el elenco de "facultades o posibilidades de actuación necesarias para que el derecho sea recognoscible como perteneciente al tipo descrito y sin las cuales deja de pertenecer a este tipo y tienen que pasar a quedar comprendido en otro, desnaturalizándose, por decirlo así». O, la STC (pleno) núm. 112/2006, 5 abril (RTC 2006, 112): «Incumbe, pues, al legislador, con los límites señalados, la competencia para delimitar el contenido de los derechos dominicales, lo que no supone, claro está, una absoluta libertad de dicha delimitación que le permita "anular la utilidad meramente individual del derecho" o, lo que es lo mismo, el límite lo encontrará, a efectos de la aplicación del art. 33.3 CE, en el contenido esencial».

109 STC (Pleno) núm. 112/2021, 13 mayo (RTC 2021, 112).

110 Von Ihering, Rudolf, *El fin en el Derecho*, Heliasta, Buenos Aires, 1987, p. 251: «No es, por consiguiente, exacto, decir que la propiedad, según su concepción, supone el poder absoluto de disponer de las cosas. Nunca la sociedad ha tolerado una propiedad tan ilimitada: su concepto no puede contener nada que esté en oposición con el de la sociedad.»

En cambio, si se suprime por parte de los poderes públicos, el ejercicio íntegro de una de las facultades que componen el contenido esencial del derecho de propiedad, sí que se vería perjudicado ese reducto mínimo infranqueable y, por tanto, la norma sería declarada inconstitucional por vulneración del contenido esencial.

8. EL CANON DE RAZONABILIDAD EN LA DELIMITACIÓN DEL CONTENIDO DEL DERECHO A LA PROPIEDAD PRIVADA

Nuestro ordenamiento jurídico otorga un amplio margen al legislador a la hora de concretar el alcance del contenido del derecho a la propiedad privada. Pero, al mismo tiempo, le impone ciertos límites a la configuración legislativa de este derecho o, como los hemos denominado, elementos de control.

Así, la delimitación que los poderes públicos realicen del derecho de propiedad, en relación con un bien o categoría de bienes, en virtud de su concreta función social y de acuerdo con las leyes, encuentra un primer límite en el respeto del contenido esencial, ex art. 53.1 CE. Pero, además, como reconoció el Tribunal Constitucional en la STC 26 marzo 1987, las limitaciones y deberes que se impongan al propietario no deberán «ir más allá de lo razonable».

Desde este preciso instante se aprecia cómo el máximo intérprete de la Constitución no se sirve, en el caso concreto y paradigmático que constituye la resolución anterior, del principio de proporcionalidad para enjuiciar la medida delimitadora del derecho de propiedad, sino que emplea la razonabilidad.

Por este motivo, podemos adelantar que, a continuación, nos detendremos en el canon de razonabilidad, también denominado «equilibrio justo», como criterio de ponderación entre los medios empleados, delimitando el contenido del derecho de propiedad, y la finalidad pretendida con ello. No obstante, previamente, haremos referencia al principio de proporcionalidad. El motivo es que ambos criterios —el canon de razonabilidad y el principio de proporcionalidad—, en su aplicación, han tendido a confundirse[111], o al menos, eso se desprende de la jurisprudencia que acto seguido se analizará.

Sin embargo, a pesar de lo anterior, en los últimos años el Tribunal Constitucional ha dibujado y seguido una senda más o menos clara, a la hora de enjuiciar determinadas disposiciones normativas delimitando —que no privando o expropiando, ex art. 33.3 CE— el derecho de propiedad, con fundamento en la función social. Lo que ha permitido diferenciar el ámbito de aplicación de uno y otro elemento, y su alcance.

8.1. El principio de proporcionalidad

La proporcionalidad, ya fuere como criterio o elemento de juicio, o como un principio general del Derecho[112], dirigida a valorar la legitimidad de la intervención de los poderes públicos en la órbita de los derechos y libertades de los ciudadanos —igual que el canon de razonabilidad—, no aparece recogida en la Constitución española.

---

111 Roca Trías, Encarnación y Ahumada Ruiz, M.ª Ángeles, «Los principios de razonabilidad y proporcionalidad en la jurisprudencia constitucional española», en XI Conferencia Trilateral, 24-27 de octubre de 2013, celebrada en Roma. Disponible en: https://www.tribunalconstitucional.es/es/trilateral/documentosreuniones/37/ponencia%20espaÑa%202013.pdf, p. 5: «o, al menos, a presentarse como criterios complementarios».

112 En un primer momento, el Tribunal Constitucional, en su sentencia núm. 22/1981, 2 julio (RTC 1981, 22) hizo alusión a la proporcionalidad en el sentido de «relación razonable de proporcionalidad entre los medios empleados y la finalidad perseguida». Más tarde, en la sentencia núm. 62/1982, 15 octubre (RTC 1982, 62), le atribuyó naturaleza de «principio general del derecho», al manifestar que, «para determinar si las medidas aplicadas eran necesarias para el fin perseguido, hemos de examinar si se han ajustado o si han infringido el principio de proporcionalidad. La Sala no ignora la dificultad de aplicar en un caso concreto un principio general del derecho que, dada su formulación como concepto jurídico indeterminado, permite un margen de apreciación.» Alexy, Robert, «Los derechos fundamentales y el principio de proporcionalidad», *Revista Española de Derecho Constitucional* (2011), núm. 91, pp. 11 a 29, p. 12, ofrece una diferenciación teórico-normativa entre reglas y principios. Las primeras, «son normas que exigen algo en forma definitiva. Ellas son, por lo tanto, mandatos definitivos». En cambio, los segundos, «son mandatos de optimización. Como tales, ellos exigen que algo sea realizado "en la mayor medida posible, de acuerdo con las posibilidades fácticas y jurídicas existentes"».

Sirva para clarificar que nuestra Norma Fundamental carece de un precepto en los términos recogidos en el art. 52.1 in fine, de la Carta de los Derechos Fundamentales de la Unión Europea, en virtud del cual: «Cualquier limitación del ejercicio de los derechos y libertades reconocidos por la presente Carta deberá ser establecida por la ley y respetar el contenido esencial de dichos derechos y libertades. Sólo se podrán introducir limitaciones, respetando el principio de proporcionalidad, cuando sean necesarias y respondan efectivamente a objetivos de interés general reconocidos por la Unión o a la necesidad de protección de los derechos y libertades de los demás.»[113]

Por su parte, lo que sí reconoce la Constitución, y que coincide en lo sustancial con el inciso primero del precepto reproducido supra, es que, de acuerdo con el art. 53.1 CE «Los derechos y libertades reconocidos en el Capítulo II del presente Título vinculan a todos los poderes públicos. Sólo por ley, que en todo caso deberá respetar su contenido esencial, podrá regularse el ejercicio de tales derechos y libertades [...].»

Por lo tanto, los poderes públicos, a la hora de delimitar el ejercicio de los derechos y libertades reconocidos en el Capítulo II, del Título I, de la Constitución, con carácter general, están sujetos a tres mandatos —dejando a salvo que la disposición normativa se adopte con fundamento en la función social en el caso del derecho de propiedad—: el de reserva de ley orgánica si es un derecho fundamental, o formal, en caso contrario; el del respecto del contenido esencial y, según el derecho de que se trate, el del test adicional, como lo califica BARNÉS[114], que constituye el principio de proporcionalidad o el canon de razonabilidad.

Centrados ahora en el principio de proporcionalidad, su falta de positivización no ha sido óbice para que el Tribunal Constitucional, desde sus inicios, haya acudido a él como criterio para ponderar la incidencia de

---

113 El derecho a la propiedad aparece reconocido en el art. 17.1 del mismo cuerpo legal, en virtud del cual «Toda persona tiene derecho a disfrutar de la propiedad de sus bienes adquiridos legalmente, a usarlos, a disponer de ellos y a legarlos. Nadie puede ser privado de su propiedad más que por causa de utilidad pública, en los casos y condiciones previstos en la ley y a cambio, en un tiempo razonable, de una justa indemnización por su pérdida. El uso de los bienes podrá regularse por ley en la medida que resulte necesario para el interés general.» Véase DE LA CUESTA SÁENZ, José María, «Comentario al artículo 17 de la Carta de Derechos Fundamentales de la Unión Europea: la propiedad privada como derecho fundamental», *Revista Jurídica del Notariado* (2010), número 73, pp. 307 a 337.

114 BARNÉS, Javier, «El derecho de propiedad...», *op. cit.*, p. 29.

determinadas disposiciones normativas[115], principalmente, en la esfera de los derechos fundamentales de los particulares.

A modo de ejemplo, en la STC 2 julio 1981, relativa a la jubilación forzosa a los 69 años, el Tribunal utilizó la expresión «relación razonable de proporcionalidad» para referirse a la conexión que debe existir «entre los medios empleados y la finalidad perseguida»[116]. Obsérvese como, en este supuesto en particular, acompaña al sustantivo «proporcionalidad» del adjetivo «razonable». Es decir, este último expresa una cualidad del término «proporcionalidad». O, si se quiere, lo complementa. Este hecho, quizá, haya coadyuvado a la situación de confusión que existe, o existía, entre uno y otro criterio, y su alcance.

La STC 8 abril 1981, en relación con el derecho fundamental de huelga, afirmó que éste «es un derecho de incumplir transitoriamente el contrato, pero es también un derecho a limitar la libertad del empresario», de ahí que se exija «una proporcionalidad y unos sacrificios mutuos»[117]. O la STC 17 julio 1981 que, también relativa al derecho de huelga, aludió a los «criterios que se han llamado de proporcionalidad y adecuación social de los sacrificios impuestos»[118]. También la STC 22 mayo 1986, al referirse a la «proporcionalidad de las penas»[119]; o la STC 5 mayo 1994, referida al derecho fundamental a la libertad de expresión y a comunicar o recibir

---

115 González Beilfuss, Markus, *El principio de proporcionalidad en la Jurisprudencia del Tribunal Constitucional*, Aranzadi, Cizur Menor, 2003, p. 15, considera que el principio de proporcionalidad constituye «uno de los criterios de interpretación más frecuentes empleados por los operadores jurídicos y, sobre todo, por los tribunales de justicia. [...] su utilización se ha generalizado a partir de la entrada en vigor de la Constitución de 1978», calificándolo como «un instrumento de interpretación típicamente constitucional». Díez-Picazo, Luis María, *Sistema de derechos fundamentales*, 3ª edición, Thomson Civitas, Madrid, 2008, p. 122: «En sustancia, constituye un instrumento para controlar cualesquiera actos de los poderes públicos (leyes, reglamentos, actos administrativos, etc.) que inciden sobre los derechos e intereses de los particulares.»

116 STC (Pleno) núm. 22/1981, 2 julio (RTC 1981, 22).

117 STC (Pleno) núm. 11/1981, 8 abril (RTC 1981, 11).

118 STC (Pleno) núm. 26/1981, 17 julio (RTC 1981, 26).

119 STC núm. 65/1986, 22 mayo (RTC 1986, 65), o la STC (Pleno) núm. 161/1997, 2 octubre (RTC 1997, 161): «La relación valorativa entre precepto y sanción sólo será indicio de una vulneración del derecho fundamental [...] cuando concurra un "desequilibrio patente y excesivo o irrazonable entre la sanción y la finalidad de la norma" a "partir de las pautas axiológicas constitucionalmente indiscutibles y de su concreción en la propia actividad legislativa"».

información veraz por cualquier medio de información, al considerar que «las injerencias controvertidas han de ser proporcionadas»[120].

Entre los fundamentos alegados por parte del Tribunal Constitucional a la hora de justificar la sujeción de las disposiciones normativas al requisito de proporcionalidad pueden considerarse: la configuración de España en un Estado social y democrático de Derecho y la justicia como valor superior, ex art. 1.1 CE; el principio de interdicción de la arbitrariedad, reconocido en el art. 9.3 CE, o la cláusula prevista en el art. 10.2 CE, por cuanto «Las normas relativas a los derechos fundamentales y a la libertades que la Constitución reconoce se interpretaran de conformidad con la Declaración Universal de Derechos Humanos y los tratados y acuerdos internacionales sobre las mismas materias ratificados por España.»[121]

De este modo, el principio de proporcionalidad se traducía en la existencia de una relación ponderada entre «los medios empleados con el fin perseguido»[122], con el que hacer frente a la «arbitrariedad en el ejercicio de los poderes públicos», tal y como lo declaró el Tribunal Constitucional en su resolución núm. 50/1995, 23 febrero[123].

Ahora bien, no fue hasta la segunda mitad de los años noventa cuando el máximo intérprete de la Constitución fue consolidando la aplicación del llamado test alemán del principio de proporcionalidad[124]. Éste estaba

---

120 STC (Pleno) núm. 127/1994, 5 mayo (RTC 1994, 127).

121 *Vid.* ROCA TRÍAS, Encarnación y AHUMADA RUIZ, M.ª Ángeles, *op. cit.*, p. 7.

122 O, como aparece en la STS (3ª) 30 abril 1988 (RJ 1988, 3294), el «principio de proporcionalidad obliga a elegir entre los distintos medios posibles el menos restrictivo para la libertad».

123 RTC 1995, 50.

124 *Vid.* BERNAL PULIDO, Carlos, *El principio de proporcionalidad y los derechos fundamentales*, Centro de Estudios Políticos y Constitucionales, 3ª edición, Madrid, 2007; REY MARTÍNEZ, Fernando, *La propiedad privada…*, *op. cit.*, p. 370 y ss.; FERNÁNDEZ CARBALLAL, Almudena, *El urbanismo finalista. A propósito del principio de menor restricción en el derecho de propiedad*, Civitas, Madrid, 2002, pp. 63 y ss.; GONZÁLEZ BEILFUSS, Markus, *op. cit.*, p. 53 y ss.; CARLÓN RUIZ, Matilde, «El principio de proporcionalidad», en Juan Alfonso Santamaría Pastor (Dir.), *Los principios jurídicos del Derecho Administrativo*, La Ley, Madrid, 2010, pp. 203 a 230, pp. 206 y ss.; ROCA TRÍAS, Encarnación y AHUMADA RUIZ, M.ª Ángeles, *op. cit.*, p. 13; BARNÉS, Javier, «Introducción al principio de proporcionalidad en el Derecho comparado y comunitario», *Revista de Administración Pública* (1994), N.º 135, pp. 495 a 538, pp. 499 y ss.; del mismo autor, «El principio de proporcionalidad. Estudio preliminar», *Cuadernos de Derecho Público* (1998), N.º 5, pp. 15 a 50; PEDRAZ PENALVA, Ernesto y ORTEGA BENITO, Victoria, «El principio de proporcionalidad y su configuración en la juris-

configurado e integrado a su vez por tres subprincipios. A saber: el de idoneidad, el de necesidad y el de proporcionalidad, en sentido estricto[125].

En particular, la STC 8 mayo 1995[126], reconoció que la constitucionalidad de cualquier medida restrictiva de los derechos fundamentales viene determinada por la estricta observancia del principio de proporcionalidad, que incluye los siguientes tres requisitos o condiciones:

A) Idoneidad, en el sentido de si la medida adoptada es susceptible de conseguir el objetivo propuesto.

En esta misma resolución, el propio Tribunal Constitucional reconoció que la apreciación del subprincipio de idoneidad presenta menos dificultades que el de proporcionalidad y, en especial, que el de necesidad.

B) Necesidad, es decir, que no exista otra medida más moderada para la consecución del propósito pretendido con la misma eficacia.

La realización del juicio de necesidad compete al legislador, como destacó el Tribunal Constitucional, en su resolución núm. 55/1996, 28 marzo, «al igual que la del amplio margen de libertad de que goza y que deriva [...] sobre todo de su naturaleza como representante en cada momento histórico de la soberanía popular».

C) Y, proporcionalidad, en sentido estricto, o ponderación o equilibrio, al derivarse de la decisión tomada más beneficios o ventajas para el interés

---

prudencia del Tribunal Constitucional y literatura especializada alemana», *Poder Judicial* (1990), n. 17, pp. 69 a 100; RODRÍGUEZ DE SANTIAGO, José María, «Artículo 33 CE: Derecho a la propiedad privada y a la herencia», *Diario La Ley* (2018), entre otros.

125 Aunque, como indican ROCA TRÍAS, Encarnación y AHUMADA RUIZ, M.ª Ángeles, *op. cit.*, p. 12, el Tribunal Constitucional no reconoce explícitamente que los elementos del canon de proporcionalidad de los que se sirve tengan una evidente «inspiración alemana».

126 STC (Pleno) núm. 66/1995, 8 mayo (RTC 1995, 66). *Vid.* también la STC (Sala Primera) núm. 207/1996, 16 diciembre (RTC 1996, 207). MEDINA GUERRERO, Manuel, «El principio de proporcionalidad y el legislador de los derechos fundamentales», *Cuadernos de Derecho Público* (1998), núm. 5, pp. 119 a 141, p. 121, destaca que dicha resolución supuso «el punto de inflexión», y reconoce que «la jurisprudencia anterior a esos años adolecía de una utilización imprecisa del principio de proporcionalidad».

de la colectividad que perjuicios sobre otros bienes o valores en conflicto[127].

En relación con este último subprincipio, el Tribunal Constitucional, en su sentencia núm. 136/1999, 20 julio[128], reconoció que, en ocasiones, se confunde con el de necesidad, «ya que constituyen dos elementos o dos perspectivas complementarias del principio de proporcionalidad».

Desde ese momento, el Tribunal Constitucional consolida la aplicación del principio de proporcionalidad, que deberá ser valorado caso por caso, a partir de sus tres subprincipios. Pero, principalmente, a la hora de regular los derechos fundamentales[129].

8.2. Manifestaciones del principio de proporcionalidad en el ámbito administrativo

Que el principio de proporcionalidad no esté positivado en la Constitución española no significa que no tenga carta de naturaleza en algunos sectores de nuestro ordenamiento jurídico, como es el Derecho administrativo, íntimamente relacionado con la regulación del alojamiento privado para el turismo en viviendas, y que deberá informar, en general, la actividad limitadora de los derechos del ciudadano[130].

---

[127] DÍEZ-PICAZO, Luis María, *Sistema de derechos…, op. cit.*, p. 122: «Este último requisito significa que, aun cuando la medida sea adecuada y necesaria, deberá considerarse inválida si implica el vaciamiento del derecho o interés en juego. El principio de proporcionalidad, en suma, es una técnica tendente a que la consecución de los intereses públicos no se haga a costa de los derechos e intereses de los particulares, sino que se busque un punto de equilibrio entre ambos.»

[128] RTC 1999, 136.

[129] Por todas, STC (Pleno) núm. 55/1996, 28 marzo (RTC 1996, 55): «El ámbito en el que normalmente y de forma muy particular resulta aplicable el principio de proporcionalidad es el de los derechos fundamentales». También la STC núm. 70/2002, 3 abril (RTC 2002, 70): «[…] desde nuestras primeras resoluciones […] hemos consagrado el principio de proporcionalidad como un principio general que puede inferirse a través de diversos preceptos constitucionales… y que, en el ámbito de los derechos fundamentales constituye una regla de interpretación que, por su mismo contenido, se erige en límite de toda injerencia estatal en los mismos, incorporando incluso frente a la ley exigencias positivas y negativas».

[130] Así lo reconoce COSCULLUELA MONTANER, Luis, *Manual de Derecho administrativo. Parte general*, Civitas, Cizur Menor, 2022, p. 416. LLADÓ MARTÍNEZ, Albert, «Las técnicas de intervención administrativa sobre la actividad de los particulares», en

El Tribunal Supremo, en su sentencia 30 abril 1988[131], afirmó que, efectivamente, uno de los principios es el de la proporcionalidad, que deriva de lo dispuesto en el art. 106.1 de la Constitución, «que al dibujar el control jurisdiccional de la Administración alude al sometimiento de la actuación administrativa a los fines que la justificaron». Y, a continuación, advierte que:

> «el criterio del fin como técnica de control de la Administración se extiende a toda la actuación de ésta tanto si se produce a través de los actos como por medio de reglamentos. Así lo impone la esencia misma de la Administración cuya justificación radica en el servicio de los intereses generales, es decir, de la Comunidad. B) Aunque a veces se tiende a ver en la referencia al fin contenida en el art. 106.1 de la Constitución una alusión al vicio de la desviación de poder, es claro que el sentido del precepto es mucho más amplio y recoge la necesidad de una armonía entre los medios utilizados y la finalidad perseguida: se trata en definitiva del principio de proporcionalidad que obliga a elegir entre los distintos medios posibles el menos restrictivo para la libertad.»

Ya el Decreto de 17 de junio de 1955, por el que se aprueba el Reglamento de Servicios de las Corporaciones Locales, exigía en su art. 6, apartado primero, que «el contenido de los actos de intervención será congruente con los motivos y fines que los justifiquen» y, en su apartado segundo, que «Si fueran varios los admisibles, se elegirá el menos restrictivo de la libertad individual». El precepto transcrito no alude expresamente al principio de

---

Joan Manuel Trayter Jiménez (Dir.), *Derecho administrativo. Parte especial*, Atelier, Barcelona, 2021, pp. 111 a 141, pp. 115 y 116: «las actividades de limitación administrativa restringen por definición la libertad de los ciudadanos». Como consecuencia, estas limitaciones «deberán imponerse siempre en la forma menos restrictiva posible, que permita al mismo tiempo garantizar la salvaguarda del interés público que se persigue». Esto implica que «la Administración, en el caso en que la normativa de aplicación prevea distintas herramientas para la consecución del objetivo que persigue la limitación, deberá escoger necesariamente aquella que represente un menor condicionamiento de los derechos e intereses de la persona administrada». Es decir, «deberá estudiar con detenimiento cuál de ellas va a estar más acorde a las exigencias de proporcionalidad, ponderando el interés público y la efectividad de la medida en conjunción con los derechos e intereses de las personas interesadas.» López González, José Ignacio, «El principio de proporcionalidad en el Derecho Administrativo», *Cuadernos de Derecho Público* (1998), núm. 5, pp. 143 a 158, p. 157, lo define como una «garantía jurídica de las situaciones de libertad de los administrados frente al ejercicio de las potestades de intervención y limitación de las Administraciones Públicas».

131 STS (Sala de lo Contencioso-Administrativo), 30 abril 1988 (RJ 1988, 3294). Doctrina reiterada posteriormente en las SSTS (Sala de lo Contencioso-Administrativo), 28 febrero 2005 (RJ 2005, 3282) y 28 septiembre 2005 (RJ 2005, 8211).

proporcionalidad, pero sí que parece reconocer los subprincipios de idoneidad y necesidad en el sentido visto más arriba.

Por su parte, la Ley 7/1985, de 2 de abril, Reguladora de las Bases del Régimen Local, en la redacción inicial del art. 84.2, disponía que «La actividad de intervención se ajustará, en todo caso, a los principios de igualdad de trato, congruencia con los motivos y fines justificativos y respeto a la libertad individual». En este momento, según su tenor actual, dado por la Ley 25/2009, de 22 de diciembre, de modificación de diversas leyes para su adaptación a la Ley sobre el libre acceso a las actividades de servicios y su ejercicio, ese mismo precepto establece que «La actividad de intervención de las Entidades locales se ajustará, en todo caso, a los principios de igualdad de trato, necesidad y proporcionalidad con el objetivo que se persigue».

De forma similar, la Ley de 17 de julio de 1958, sobre el Procedimiento Administrativo, en su art. 40.2, exigía que el contenido de los actos administrativos se acomodara «a lo dispuesto en el ordenamiento jurídico y será adecuado a los fines de aquéllos». El texto anterior pasó de forma idéntica al art. 53.2, de la Ley 30/1992, de 26 de noviembre, del Régimen Jurídico de las Administraciones Públicas y del Procedimiento Administrativo Común. Y ese mismo cuerpo legal, en su art. 39 bis, apartado primero, afirmaba que «Las Administraciones Públicas que en el ejercicio de sus respectivas competencias establezcan medidas que limiten el ejercicio de derechos individuales o colectivos o exijan el cumplimiento de requisitos para el desarrollo de una actividad, deberán elegir la medida menos restrictiva, motivar su necesidad para la protección del interés público así como justificar su adecuación para lograr los fines que se persiguen, sin que en ningún caso se produzcan diferencias de trato discriminatorias.»[132]

Y llegamos, por un lado, a la vigente Ley 39/2015, de 1 de octubre, del Procedimiento Administrativo Común de las Administraciones Públicas, que, de acuerdo con su art. 129, rubricado «Principios de buena regulación», las Administraciones Públicas, en el ejercicio de su iniciativa legislativa y potestad reglamentaria, «actuarán de acuerdo con los principios de necesidad, eficacia, proporcionalidad, seguridad jurídica, transparencia, y eficiencia.» Exigiendo, además, que «En la exposición de motivos o en el preámbulo, según se trate, respectivamente, de anteproyectos de ley o de

---

[132] La redacción de dicho precepto fue introducida con ocasión de la aprobación de la aludida *supra* Ley 25/2009, de 22 de diciembre.

proyectos de reglamento, quedará suficientemente justificada su adecuación a dichos principios».

Y, por otro, a la Ley 40/2015, de 1 de octubre, del régimen Jurídico del Sector Público, cuyo art. 4 —«Principios de intervención de las Administraciones Públicas para el desarrollo de una actividad»—, dispone que «Las Administraciones Públicas que, en el ejercicio de sus respectivas competencias, establezcan medidas que limiten el ejercicio de derechos individuales o colectivos o exijan el cumplimiento de requisitos para el desarrollo de una actividad, deberán aplicar el principio de proporcionalidad y exigir la medida menos restrictiva[133], motivar su necesidad para la protección del interés público así como justificar su adecuación para lograr los fines que se persiguen[134], sin que en ningún caso se produzcan diferencias de trato discriminatorias. Asimismo, deberán evaluar periódicamente los efectos y resultados obtenidos».

Este último artículo parece gozar de una mayor claridad frente al precepto anterior, al establecer, en parte, el contenido de los principios que deben imperar en caso de intervenir la Administración en el ámbito de los derechos individuales o colectivos o en el desarrollo de una actividad[135].

Si se observa, y si lo comparamos con el test alemán del principio de proporcionalidad que aplica el Tribunal Constitucional en el ámbito de los derechos fundamentales, del precepto anterior pueden identificarse los tres subprincipios. No obstante, sólo se establece el contenido de dos. El de necesidad, en el sentido de que, en relación con las diferentes posibles medidas a adoptar, se escoja la menos restrictiva. Y el de idoneidad, es decir, que la decisión sea adecuada para alcanzar el fin perseguido.

¿Cuál es, entonces, el alcance del principio de proporcionalidad en el ámbito de la actuación de la Administración Pública? Para PARADA VÁZQUEZ, la proporcionalidad entre la actividad administrativa y el fin público a que debe responder «supone que los medios empleados se correspondan con los resultados, sin que estos sobrepasen las necesidades públicas, adoptando la técnica de intervención menos agresiva»[136].

---

133 Subprincipio de necesidad.

134 Subprincipio de idoneidad.

135 Como podría ser el derecho a la propiedad privada y la actividad que supone el alojamiento privado para el turismo en vivienda.

136 PARADA VÁZQUEZ, Ramón, *Derecho administrativo II. Régimen jurídico de la actividad administrativa*, 24ª edición, Dykinson, Madrid, 2019, p. 310. La STS (3ª) 3 diciembre 2008 (RJ 2009, 205), considera que «el principio de proporcionalidad com-

La citada STC 136/1999, 20 julio, reconoció que, en ocasiones, el subprincipio de proporcionalidad se confunde con el subprincipio de necesidad, «ya que constituyen dos elementos o dos perspectivas complementarias».

En este caso, creemos que no se produce esta confusión por dos motivos. El primero, puesto que entre el principio de proporcionalidad y el que hemos identificado como subprincipio de necesidad el legislador ha utilizado la conjunción «y». Y, el segundo, que podría decirse que es a su vez correlativo del primero, el legislador ha definido el subprincipio de necesidad: «exigir la medida menos restrictiva»; pero no el subprincipio de proporcionalidad. Por lo tanto, uno y otro parece que tienen un alcance diferenciado, aunque en el caso del principio de proporcionalidad lo desconozcamos. Por este motivo, este último debe llenarse de contenido, y con ello ofrecer cierta seguridad jurídica.

No podemos afirmar a ciencia cierta qué supone el principio de proporcionalidad al que alude el art. 4 de la Ley 40/2015, ni el art. 129 de la Ley 39/2015, pero sí tener una aproximación, si leemos de forma conjunta ambos preceptos y los comparamos con los subprincipios que integran el test alemán de proporcionalidad.

Según el subprincipio de proporcionalidad, en sentido estricto, debe comprobarse que de la decisión adoptada se deriven más beneficios o ventajas para el interés de la colectividad que perjuicios sobre otros bienes o valores en conflicto, como pueden ser los de los sujetos afectados por la medida. Este podría ser, entonces, el contenido del principio de proporcionalidad al que queda sometida la actuación de la Administración Pública, ex art. 129 de la Ley 39/2015 y art. 4 de la Ley 40/2015[137].

---

porta que cualquier actuación de los poderes públicos limitativa o restrictiva de derechos responda a los criterios de necesidad y adecuación al fin perseguido».

137 Opinión que parece compartir LÓPEZ GONZÁLEZ, José Ignacio, *op. cit.*, p. 158, para quien «la aplicación útil del principio de proporcionalidad de cara a su exigibilidad con ocasión de toda actuación administrativa de intervención o limitación de derechos e intereses de los particulares se concreta en la observancia o no de una triple exigencia por la Administración: a) Que la medida adoptada sea adecuada al fin que la justifica; b) que además de adecuada sea necesaria para alcanzar dicho fin, en cuanto menos restrictiva de los derechos de los particulares, y c) que la medida adoptada resulte asimismo equilibrada, por derivarse de ella para el interés general beneficios superiores a las limitaciones o restricciones que dicha medida comporta a sus destinatarios.»

8.3. El canon de razonabilidad en la delimitación del contenido del derecho a la propiedad privada

8.3.1. La inclinación hacia el canon de razonabilidad en detrimento del principio de proporcionalidad en la delimitación del contenido del derecho a la propiedad privada

Salvo error por nuestra parte, la primera vez que el Tribunal Constitucional hizo referencia al triple test del principio de proporcionalidad como medida de control en el seno del derecho a la propiedad privada fue en su sentencia núm. 48/2005, 3 marzo[138].

Si bien, cabe poner de manifiesto, ante todo, que la citada resolución versaba acerca de un supuesto de privación indemnizable o expropiación, ex art. 33.3 CE, y no en torno a un caso de delimitación, en el sentido del art. 33.2 CE[139].

A los efectos que aquí nos interesan, el Tribunal Constitucional reconoce ampliamente que «Es doctrina de este Tribunal que para comprobar si una determinada actuación de los poderes públicos supera el principio de proporcionalidad es necesario constatar si cumple las tres condiciones siguientes». A saber:

> «A) si la medida es idónea o adecuada para alcanzar el fin constitucionalmente legítimo perseguido por ella (juicio de idoneidad); B) si la medida idónea o adecuada es, además, necesaria, en el sentido de que no exista otra medida menos lesiva para la consecución de tal fin con igual eficacia (juicio de necesidad); y C) si la medida idónea y menos lesiva resulta ponderada o equilibrada, por derivarse de su aplicación más beneficios o ventajas para el interés general que perjuicios sobre bienes o intereses en conflicto (principio de proporcionalidad en sentido estricto).»

Vemos, entonces, como el Tribunal recoge los tres subprincipios clásicos ínsitos en el principio de proporcionalidad para enjuiciar una dispo-

---

138 RTC 2005, 48. Así lo mantiene también Rodríguez de Santiago, José María, «Una revolución silenciosa (i): la propiedad privada», *Almacén de Derecho*, 2018. Disponible en: https://almacendederecho.org/una-revolucion-silenciosa-i-la-propiedad-privada.

139 En concreto, la cuestión de inconstitucionalidad se promovió en relación con la Ley del Parlamento de Canarias 2/1992, de 26 de junio, sobre declaración de utilidad pública de la expropiación forzosa de una serie de edificios con el objetivo de proceder a la ampliación del Parlamento de Canarias, por su posible vulneración del art. 33.3 CE.

sición reguladora del derecho de propiedad y, por tanto, no relativa a un derecho fundamental.

Tras la enunciación de los tres subprincipios, el propio Tribunal Constitucional considera que su doctrina es coincidente con la del Tribunal Europeo de Derechos Humanos. Que, en relación con el derecho a la propiedad privada, protegido en el seno del art. 1 del Protocolo Adicional al Convenio para la Protección de los Derechos Humanos y de las Libertades Fundamentales (en adelante, el Protocolo Adicional), señala que «una medida de injerencia en el derecho al respeto de los bienes debe velar por el justo equilibrio entre las exigencias del interés general de la comunidad y las de protección de los derechos fundamentales del individuo»[140].

De lo anterior cabe destacar un aspecto importante. En un primer momento, el Tribunal Constitucional alude al principio de proporcionalidad, como mecanismo para ponderar la legitimidad de la medida adoptada. Para, acto seguido, afirmar que su doctrina, en cuanto a dicho principio, es acorde con la del TEDH en relación con el derecho de propiedad que, concretamente, no utiliza el «principio de proporcionalidad», sino el criterio del «justo equilibrio».

Para fundamentar que su doctrina es acorde con la del TEDH trae a colación su importante sentencia Sporrong y Lönnroth contra Suecia, 23 septiembre 1982, que ofrece una interpretación, vigente aún hoy en día[141], del art. 1 del Protocolo Adicional.

En la citada resolución, se analizan las consecuencias que genera la Ley de 1947 sobre la Construcción, que permite al municipio de Estocolmo, con fundamento en la ordenación del planeamiento urbanístico, expropiar determinados terrenos de las recurrentes. Se cuestiona si ello vulnera el art. 1 del Protocolo Adicional. Pero no se critica la expropiación en sí

---

140 Equilibrio que «se rompe si la persona afectada tiene que sufrir una carga singular y excesiva»; STEDH Caso James y otros contra Reino Unido, 21 febrero 1986 (TEDH 1986, 2).

141 Calificada como el *leading case* en materia de propiedad y como el verdadero punto de partida de la interpretación que realiza el TEDH sobre el derecho de propiedad. Así lo indica AGUILERA VAQUÉS, Mar, «El reconocimiento del derecho a la propiedad privada y los límites a su regulación», en Javier García Roca y Pablo Santolaya (Coords.), *La Europa de los Derechos. El Convenio Europeo de Derechos Humanos*, 2ª edición, Centro de Estudios Políticos y Constitucionales, Madrid, 2009, pp. 839 a 872, pp. 840 y 841.

misma, sino la duración de los plazos para instruir el procedimiento judicial que fijará la indemnización expropiatoria[142].

El art. 1 del Protocolo Adicional dispone que «Toda persona física o moral tiene derecho al respeto de sus bienes. Nadie podrá ser privado de su propiedad más que por causa de utilidad pública y en las condiciones previstas por la ley y los principios generales del Derecho Internacional». Y, acto seguido, prevé que «Las disposiciones precedentes se entienden sin perjuicio del derecho que poseen los Estados de poner en vigor las leyes que juzguen necesarias para la reglamentación del uso de los bienes de acuerdo con el interés o para garantizar el pago de los impuestos u otras contribuciones o de las multas.»

En su apartado 62, el Tribunal examina si la injerencia que conlleva la norma vulnera o no el art. 1 del Protocolo Adicional, y reconoce que:

> «Este artículo contiene tres normas distintas. La primera, de carácter general, enuncia el principio de respeto a la propiedad; dicho principio se expresa en la primera frase del primer párrafo. La segunda se refiere a la privación de la propiedad y a su sometimiento a ciertas condiciones, recogiéndose en la frase segunda de dicho apartado. Por lo que respecta a la tercera, se reconoce a los Estados el derecho, entre otros, de reglamentar el uso de los bienes conforme al interés general y a poner en vigor las leyes que juzguen necesarias para este fin; este fin se recoge en el segundo apartado. El Tribunal debe asegurarse de la aplicación de las dos últimas de estas normas antes de pronunciarse sobre la observancia del cumplimiento de la primera.»

Si bien, como ya hemos destacado, en el caso Sporrong y Lönnroth contra Suecia se resuelve un supuesto de expropiación forzosa. En cuyo caso, tal y como puede leerse en su apartado 69, «el Tribunal debe buscar si se mantiene el justo equilibrio entre las exigencias del interés general de la comunidad y los imperativos de la salvaguardia de los derechos fundamentales del individuo». Por lo que, «sólo debe otorgarse un permiso de expropiación si no se ha podido encontrar otro medio para la consecución del interés público», siendo necesario «medir plenamente los intereses del individuo y el interés público». «Justo equilibrio», dice el TEDH, no «proporcionalidad».

---

142 «cinco años, prorrogados por otros tres, después por cinco y al final por diez en el caso de la herencia Sporrong; diez años en el caso de la señora Lönnroth. Denuncian además que se mantengan en vigor los permisos de expropiación y las prohibiciones para construir durante un período tan largo: veintitrés y ocho años para los primeros; veinticinco y doce años para los segundos.»

El TEDH, en su apartado 58, consideró que la dilatación excesiva en el tiempo de la duración del procedimiento expropiatorio generaba que los derechos de propiedad de las recurrentes se encontrasen «vacíos de contenido durante la duración de la validez de las medidas en cuestión». Y, en su apartado 73, concluye que «las dos medidas han creado una situación que ha roto el justo equilibrio que debe existir entre la salvaguardia del derecho de propiedad y las exigencias del interés general». Una vez más, alude al «justo equilibrio».

Volviendo de nuevo a la STC núm. 48/2005, 3 marzo, el Tribunal Constitucional, con cita a la STEDH Pressos Compañía Naviera, S. A. y otros contra Bélgica, 20 noviembre 1995[143], reconoce que, «para toda medida de privación de propiedad debe existir una proporción razonable entre los medios empleados y el fin perseguido»[144].

Destacamos, una vez más, la expresión «proporción razonable», que se reitera en el apartado 89, de la STEDH, Caso ex Rey de Grecia contra otros, 23 noviembre 2000, en un supuesto de confiscación de unos determinados terrenos propiedad del ex Rey de Grecia, llevado a cabo por el Gobierno griego sin mediar indemnización, alegándose la vulneración del art. 1 del Protocolo Adicional.

Puede que de la STC 3 marzo 2005 no se desprenda de forma clara cuál es el criterio que sigue el Tribunal Constitucional a la hora de enjuiciar la medida en cuestión: si el principio de proporcionalidad o al canon de razonabilidad. No obstante, la duda anterior empieza a despejarse en las SSTC 22 febrero 2018[145] y 12 abril 2018[146].

La primera de ellas resuelve el recurso de inconstitucionalidad interpuesto por el presidente del Gobierno contra varios preceptos de la Ley Foral 24/2013, de 2 de julio, de medidas urgentes para garantizar el derecho a la vivienda en Navarra[147], por entender que vulnera las cláusulas 1 y 8 del art. 149.1 CE en relación con el art. 33 CE.

---

143 STEDH (Gran Sala) 1995, 45.

144 STEDH (Gran Sala) Caso exrey de Grecia y otros contra Grecia, 23 noviembre 2000 (TEDH 2000, 1666).

145 STC (Pleno) núm. 16/2018, 22 febrero (RTC 2018, 16).

146 STC (Pleno) núm. 32/2018, 12 abril (RTC 2018, 32).

147 De acuerdo con su Exposición de Motivos, «El artículo 33 de la Constitución consagra el derecho a la propiedad privada, estableciendo que se trata de un derecho cuyo contenido viene delimitado por su “función social”, que es básica para la

En su Exposición de Motivos, el legislador autonómico expresa que la finalidad propia de la vivienda es «la de propiciar la posibilidad de dar cumplimiento al derecho a disponer de un techo, bajo el que las personas puedan desarrollarse con normalidad dentro de la sociedad». Por este motivo, entiende que «su desocupación representa el mayor exponente del incumplimiento de la finalidad del bien y, por tanto, de su función social». Y añade que, con esta Ley, «se pretende mejorar la definición de la función social de la propiedad de la vivienda y de las consecuencias del incumplimiento de dicha función».

Por lo que aquí interesa, la Ley en cuestión impone, a grandes rasgos, en sus arts. 55.2 a)[148], 66.1[149] y 72.2[150], el deber del titular de dar a la vivienda efectiva habitación como manifestación de la función social.

En primer lugar, el Tribunal Constitucional, con fundamento en la STC 26 marzo 1987, afirma que la Comunidad Autónoma, al tener atribuida estatutariamente la competencia en materia de vivienda puede incidir en el contenido del derecho de propiedad, a través de «regulaciones orientadas a atender los intereses generales relacionadas con la garantía a los ciudadanos del disfrute de una vivienda digna en la delimitación del derecho de propiedad, concretamente, en la definición de su función social».

Si bien, el Abogado del Estado en su escrito aduce que el legislador autonómico, «en esta tarea de ordenar la función social del derecho de pro-

---

generalización de los derechos sociales. La Constitución no tutela, por tanto, usos antisociales del derecho de propiedad.»

148 Art. 52.2, letra a): «Asimismo, se podrá considerar causa justificativa de expropiación forzosa por incumplimiento de la función social de la propiedad: a) Mantener una vivienda deshabitada en los casos en que constituye infracción sancionable en virtud de la presente Ley Foral y no haber cumplido en el plazo concedido al efecto el requerimiento para poner fin a tal situación.»

149 Art. 66.1: «Son infracciones muy graves: 1. No dar efectiva habitación a la vivienda en los términos establecidos en esta Ley Foral durante dos años siempre que el titular de la misma sea una persona jurídica, bien en régimen de pleno dominio, bien como titular de una participación mayoritaria en un condominio sobre la misma. Igual determinación rige para las sociedades irregulares.»

150 Art. 72.2: «Cuando la infracción muy grave relativa a no dar efectiva habitación a la vivienda en los términos establecidos en esta Ley Foral no haya sido sancionada con expropiación, en todo caso, se requerirá a la entidad titular para que ponga fin a tal situación en plazo máximo de seis meses, con apercibimiento de que en caso contrario se impondrán multas coercitivas o de que podría iniciarse un procedimiento expropiatorio del uso de la vivienda.»

piedad sobre vivienda», se ha excedido de su ámbito competencial. Sin embargo, el Tribunal Constitucional rechaza esta alegación, al sostener que:

> «al no encuadrarse en la materia "legislación civil" la definición de un deber u obligación concreta del propietario de vivienda prevista en función del logro de un fin de interés público, procede declarar que el legislador foral, al regular como parte del derecho de propiedad sobre la vivienda un deber de ocupación efectiva [...], no invade las atribuciones estatales ex art. 149.1.8.ª CE».

El otro motivo de impugnación que alega el Abogado del Estado es la infracción del test del principio de proporcionalidad. Considera que «no puede admitirse la constitucionalidad de la limitación impuesta en tanto las medidas restrictivas del derecho de propiedad en que se concreta no resultan indispensables al existir otras medidas más moderadas para subvenir a la situación de emergencia social que se trata de afrontar, ni tampoco resultan ponderadas o equilibradas al derivarse de las mismas más perjuicios sobre otros bienes o valores en conflicto que beneficios para el interés general».

Si se observa, el Abogado del Estado obvia el subprincipio de idoneidad, ínsito en el principio de proporcionalidad, haciendo exclusiva referencia al de necesidad y al de proporcionalidad, en sentido estricto.

El Tribunal Constitucional, de nuevo, rechaza el motivo invocado, y afirma que el legislador del derecho de propiedad, aparte del necesario respeto de su contenido esencial, ex art. 53.1 CE, «no encuentra otro límite que el de no sobrepasar el "equilibrio justo" o "relación razonable entre los medios empleados y la finalidad pretendida"», haciendo expresa alusión a la ya citada STEDH Caso James y otros contra Reino Unido, 21 febrero 1986[151].

Todo ello, debido a que «en las decisiones de índole social y económica se reconoce al legislador un amplio margen de apreciación sobre la necesidad, los fines y las consecuencias de sus disposiciones».

En un sentido prácticamente idéntico se pronunció en la STC 12 abril 2018, a través de la que se resuelve el recurso de inconstitucionalidad interpuesto por el presidente del Gobierno contra el art. 1 de la Ley 4/2013, de 1 de octubre, de medidas para asegurar el cumplimiento de la función

---

151 En dicha resolución, la expresión utilizada por el Tribunal es la de «relación de razonable proporción entre los medios utilizados y la finalidad perseguida», obviando el Tribunal Constitucional el término «proporción».

social de la vivienda, por la que se modifica la Ley 1/2010, de 8 de marzo, reguladora del derecho a la vivienda de Andalucía.

Si nos detenemos brevemente en su Exposición de Motivos, se recoge que «La función social de la vivienda configura el contenido esencial del derecho mediante la posibilidad de imponer deberes positivos a su titular que aseguren su uso efectivo para fines residenciales, entendiendo que la fijación de dicho contenido esencial no puede hacerse desde la exclusiva consideración subjetiva del derecho o de los intereses individuales».

Entiende el legislador autonómico que el hecho de no ocupar o no destinar un inmueble situado en suelo residencial por el planeamiento urbanístico supone un grave incumplimiento de la función social del derecho de propiedad.

En concreto, el art. 1.3 de la Ley impugnada dispone que «Forma parte del contenido esencial del derecho de propiedad de la vivienda el deber de destinar de forma efectiva el bien al uso residencial previsto por el ordenamiento jurídico, así como mantener, conservar y rehabilitar la vivienda con los límites y condiciones que así establezca el planeamiento y la legislación».

Ante el tenor del precepto anterior, el Abogado del Estado alega que el deber de uso habitacional de las viviendas como parte del contenido esencial del derecho de propiedad invade las competencias estatales del art.149.1.1.ª y 8.ª CE, en relación con el art. 33 CE, y es desproporcionado.

En cuanto a la extralimitación competencial del legislador autonómico aducida por parte del Abogado del Estado, nuevamente, con cita a la STC 22 febrero 2018, el Tribunal Constitucional rechaza que la Ley en cuestión invada competencias exclusivas del Estado, ex arts. 149.1.1.ª y 8.ª CE.

Y, de nuevo, el Tribunal Constitucional desestima la alegación en relación con la infracción del principio de proporcionalidad.

Para ello recurre a la STC 22 febrero 2018. Reitera que el legislador del derecho de propiedad, aparte del necesario respeto del contenido esencial del derecho que predica el art. 53.1 CE, «no encuentra otro límite que el de no sobrepasar el "equilibrio justo" o "relación razonable entre los medios empleados y la finalidad pretendida"». Todo ello teniendo en cuenta que «en las decisiones de índole social y económica se reconoce al legislador un amplio margen de apreciación sobre la necesidad, los fines y las consecuencias de sus disposiciones».

A pesar de que el Tribunal considera que el art. 1.3 de la Ley impugnada contiene «una restricción importante para el titular del derecho de propiedad», ello no es óbice para reconocer que «el legislador, como explica la Exposición de Motivos de la norma, la adopta «en función de un fin de relevancia constitucional como es garantizar el derecho a disfrutar una vivienda digna y adecuada». Por todo ello, concluye que la medida «no desborda el justo equilibrio entre los medios empleados y la finalidad pretendida».

RODRÍGUEZ DE SANTIAGO, al comparar la STC 3 marzo 2005, que fue la primera que, presuntamente, aplicó el triple test del principio de proporcionalidad en un supuesto relativo al derecho de propiedad, con el criterio sentado en las SSTC 22 febrero 2018 y 12 abril 2018, habla de una «revolución silenciosa»[152].

El autor, manifiesta que se ha producido un «rechazo expreso por parte del Tribunal Constitucional del principio de proporcionalidad como canon del examen de los límites (o cargas y obligaciones) que el legislador impone a la propiedad en atención a intereses generales que concretan la función social de ese derecho». Dicho principio, así, es sustituido por otro «claramente menos intenso y más deferente con el legislador ("equilibrio justo" o "relación razonable"), que se deja reconducir a un genérico control de razonabilidad».

En su opinión, «crear expresamente para las intervenciones del legislador en este derecho un canon de examen separado, propio y más débil que el de la proporcionalidad es la respuesta en la dirección equivocada»; «una mala solución».

Pero a la luz de las resoluciones analizadas surge la siguiente cuestión: ¿Y si desde un inicio, en el ámbito de la delimitación del contenido del derecho a la propiedad privada, se ha aplicado el principio de razonabilidad y no el de proporcionalidad?

La cuestión no es baladí, puesto que, como destaca el anterior autor, con las SSTC 22 febrero 2018 y 12 abril 2018 se habría producido un cambio importante.

Consideramos que la pregunta podría tener una respuesta afirmativa, por los siguientes motivos:

---

152 RODRÍGUEZ DE SANTIAGO, José María, «Una revolución silenciosa...», *op. cit.*

1.º El principio de proporcionalidad, con los tres subprincipios que lo integran, estaba reservado en los casos de regulación de los derechos fundamentales.

El derecho de propiedad, aunque algunos autores lo califiquen como tal, no se encuentra recogido en la Sección 1.ª «De los derechos fundamentales y de las libertades públicas», del Capítulo Segundo, del Título I de la Constitución. Y si bien el legislador está obligado a respetar su contenido esencial, ex art. 53.1 CE, lo cierto es que rige una reserva formal «flexible» de ley, no orgánica. Ni tampoco cabe recabar su tutela a través de la interposición de un recurso de amparo, en virtud del art. 53.2 CE.

2.º En segundo lugar, cabe tener en cuenta la STC 26 marzo 1987. Ésta constituye la sentencia paradigmática en materia de delimitación del contenido del derecho de propiedad.

En el supuesto, el término preciso que utiliza el Tribunal Constitucional, y que recae sobre los poderes públicos a la hora de regular el derecho de propiedad en virtud de su función social es que: «las limitaciones y deberes que se impongan al propietario [no] deban ir más allá de lo razonable».

El Tribunal Constitucional utiliza la expresión «razonable», y no la de «proporcionada». Su uso en este sentido no parece accidental, puesto que, perfectamente, hubiere podido valerse del «principio de proporcionalidad». Si bien, cabe reconocer, que en ese momento el Tribunal Constitucional no había aplicado aún el triple test. Pero, la utilización, como se ha visto al inicio de este apartado, de la expresión «proporcional» se remonta a los inicios de la actividad del Tribunal Constitucional.

3.º No cabe tampoco perder de vista la STC 3 marzo 2005. En la misma se fija, previsiblemente, el momento en que el Tribunal tuvo ocasión de aplicar el triple test alemán de proporcionalidad en el ámbito del derecho de propiedad.

Efectivamente, en ella el Tribunal reconoce que «para comprobar si una determinada actuación de los poderes públicos supera el principio de proporcionalidad es necesario constatar si cumple las tres condiciones siguientes», como son la idoneidad de la medida, la necesidad, y la proporcionalidad, en sentido estricto. Acto seguido afirma que su doctrina es acorde con la del TEDH. Pero las sentencias que trae a colación del Tribunal Europeo para fundamentar su postura no aluden al principio de proporcionalidad, sino al «justo equilibrio» y a «proporción razonable entre los medios empleados y el fin perseguido».

Es decir, el Tribunal Constitucional, en el caso enjuiciado, si bien se refiere al principio de proporcionalidad, no lo aplica, sino que emplea el canon de razonabilidad o justo equilibrio.

4.º Y llegamos a las SSTC 22 febrero 2018 y 12 abril 2018, que permitirían confirmar nuestra postura, al manifestar que el legislador del derecho de propiedad sólo estaría limitado por el respeto al contenido esencial, ex art. 53.1, y en «no sobrepasar el equilibrio justo o relación razonable entre los medios empleados y la finalidad pretendida».

Extremos que se ratifican, posteriormente, en la STC 13 mayo 2021[153], en la que nos detendremos a continuación, y que, además, se fija el alcance de dicho canon de razonabilidad.

Tras lo cual, quizá, en ningún momento se haya producido un desplazamiento de la aplicación del principio de proporcionalidad desde el ámbito de los derechos fundamentales al derecho constitucional a la propiedad privada. Sino que, desde sus inicios, la delimitación de su contenido haya estado sometido al criterio de la razonabilidad.

Después del análisis de estas dos relevantes sentencias, se llega a la conclusión de que el legislador, a la hora de delimitar el contenido del derecho de propiedad a partir de la concreta función social de un determinado bien, a través de una reserva de ley formal flexible, aparte del respeto al contenido esencial, no encuentra otro límite que el del canon de razonabilidad entre los medios utilizados y los fines perseguidos. No obstante, nos queda aún pendiente determinar cuál es el alcance de ese canon de razonabilidad.

8.3.2. El alcance del canon de razonabilidad en la delimitación del contenido del derecho a la propiedad privada

Para ello, debemos acudir a la STC 13 mayo 2021, que es importante por tres órdenes de motivos:

1.º Por una parte, confirma la doctrina jurisprudencial sentada en sus resoluciones de 22 febrero 2018 y 12 abril 2018.

2.º Por otra, ofrece el criterio para determinar si en la regulación de un concreto derecho aplicamos el elemento de ponderación del principio de proporcionalidad o el canon de razonabilidad.

[153] STC (Pleno) núm. 112/2021, 13 mayo (RTC 2021, 112).

3.º Y, finalmente, fija el alcance del canon de razonabilidad como límite a la actividad delimitadora por parte de los poderes públicos del contenido del derecho de propiedad.

El Tribunal Constitucional, afirma, con expresa referencia a las SSTC 22 febrero 2018 y 12 abril 2018, que «cuando se trata de acomodar la explotación económica de bienes o empresas a intereses colectivos, este Tribunal ha reconocido al legislador un amplio margen de apreciación sobre la necesidad, los objetivos y las consecuencias de sus disposiciones», sin que estén sometidas al principio de proporcionalidad, sino al límite de no sobrepasar «el equilibrio justo o la relación razonable entre los medios empleados y la finalidad perseguida».

Lo anterior entronca con el segundo de los motivos apuntados arriba. Es decir, diferencia entre si nos encontramos ante un derecho fundamental y, por tanto, el criterio de ponderación será el principio de proporcionalidad. O, si nos encontramos ante «la explotación económica de bienes o empresas a intereses colectivos», en cuyo caso, el elemento de juicio es el «justo equilibrio o relación razonable entre los medios empleados y la finalidad perseguida». En este segundo grupo encontraríamos, además del derecho a la propiedad privada, el derecho a la libertad de empresa (art. 38 CE).

La anterior afirmación se desprende de la opinión vertida por el Tribunal Constitucional cuando manifiesta que «se trata de un principio que es en el ámbito de los derechos fundamentales en el que normalmente y de forma muy particular resulta aplicable». Y, continúa diciendo, «Por el contrario, cuando se trata de acomodar la explotación económica de bienes o empresas a intereses colectivos»[154], ratificando la postura vertida anteriormente en las SSTC 22 febrero 2018 y 12 abril 2018, el legislador del derecho de propiedad no encuentra otro límite que el del respeto al contenido esencial, ex art. 53.1 CE, y el de «no sobrepasar el justo equilibrio o relación razonable entre los medios empleados y la finalidad pretendida».

Y, acto seguido, despeja cualquier duda acerca de que el principio de proporcionalidad y el canon de razonabilidad son dos criterios diferenciados: «cuando se trata de controlar la constitucionalidad de las leyes desde la perspectiva de la libertad constitucionalmente garantizada, este Tribunal ha aplicado el canon de razonabilidad, y no el de proporcionalidad».

---

[154] Las cursivas son nuestras.

Por lo que se refiere al alcance del canon de razonabilidad, el Tribunal Constitucional trae a colación su sentencia núm. 111/2017, 5 octubre[155], por la que se resuelve el recurso de inconstitucionalidad interpuesto por el Letrado de la Junta de Andalucía contra varios preceptos de la Ley 20/2013, de 9 de diciembre, de garantía de la unidad de mercado, por una supuesta vulneración, entre otros preceptos, del derecho a la libertad de empresa recogido en el art. 38 CE.

En cuanto a este último derecho, el Tribunal Constitucional manifiesta que «Las condiciones que se establezcan deben ajustarse a un canon de razonabilidad en el sentido de que respondan a un objetivo constitucionalmente legítimo y sean idóneas o adecuadas para conseguirlo»[156].

De este modo, el Tribunal Constitucional, en su sentencia 13 mayo 2021 traslada el alcance del canon de razonabilidad aplicado al derecho a la libertad de empresa (art. 38 CE), al derecho a la propiedad privada (art. 33 CE). Es tajante al reconocer que:

> «Así pues, ni la delimitación de la función social de la propiedad (art. 33.2), ni en la regulación del ejercicio de actividades económicas (art. 38), el legislador está sujeto ex Constitutione al test de proporcionalidad que invocan los recurrentes, sino a un canon de justo equilibrio, razonabilidad o adecuación de las medidas al objetivo perseguido, y al respeto del contenido esencial de ambos derechos (art. 53.1 CE).»

El canon de razonabilidad carece de los tres subprincipios ínsitos en el principio de proporcionalidad, configurándose de forma mucho más suave, limitándose a valorar, únicamente, dos cuestiones, que podríamos identificarlas con el subprincipio de idoneidad:

- Si la medida en cuestión responde a un objetivo constitucionalmente legítimo.
- Que la medida sea idónea o adecuada para conseguir el objetivo propuesto.

Sin que deba valorarse, por tanto, que no exista otra medida más moderada para la consecución del propósito pretendido con la misma eficacia (subprincipio de necesidad), ni que la medida sea ponderada o equilibrada, al derivarse de la decisión tomada más beneficios o ventajas para el inte-

---

155 RTC 2017, 111.

156 Y añade: «[…] sin que su intensidad llegue al punto de suponer un impedimento práctico del libre ejercicio de la actividad económica».

rés de la colectividad que perjuicios sobre otros bienes o valores en conflicto (subprincipio de proporcionalidad, en sentido estricto). Simplemente, el legislador deberá tener en cuenta, en el amplio margen de apreciación que se le otorga, que los medios soberanos adoptados sean adecuados para alcanzar el fin perseguido.

Esto último topa con el hecho que los objetivos prefijados puede que no se alcancen de forma inmediata, sino en un futuro a medio o largo plazo. El legislador del derecho de propiedad, en el momento de adoptar la concreta medida en virtud de la función social, no tendrá una certeza cierta sobre el instante y las consecuencias prácticas que su decisión puede generar.

El canon de razonabilidad deberá analizarse caso por caso; en relación con cada medida en concreto. Y, en el caso del derecho de propiedad, la idoneidad o adecuación de la medida adoptada se vuelve prácticamente infinita, ya que la función social delimita el derecho de propiedad. Es el legislador el que debe precisar cuál es la función social que ese concreto bien debe alcanzar o salvaguardar. Sin perjuicio de aceptar que todo el mundo tiene una cierta noción de lo que constituyen intereses generales o de la colectividad, que es, a grandes rasgos, a lo que avoca la expresión función social. Como consecuencia, sólo se apreciaría una inobservancia del canon de razonabilidad cuando existiere un evidente desequilibrio excesivo e irrazonable entre la decisión adoptada y su adecuación para alcanzar el fin pretendido.

La Constitución reconoce y consagra el derecho a la propiedad privada, otorgándole rango de derecho constitucional. Y, como tal, le atribuye toda una serie de garantías: su función social delimitará su contenido, de acuerdo con una reserva formal flexible de ley. Así, le corresponde al legislador ordinario, como representante de cada momento histórico de la soberanía popular, delimitar el contenido del derecho de propiedad. Delimitación que en ocasiones puede ser más o menos restrictiva según su criterio a la hora de identificar los intereses generales imperantes en ese momento y que considera susceptibles de salvaguarda. Cuyo límite vendrá constituido por el respeto del contenido esencial y la garantía del justo equilibrio entre la medida adoptada y el fin perseguido.

9. CONCLUSIONES

1.ª La propiedad privada es la institución civil por excelencia y, su configuración actual le distingue una doble vertiente: una institucional y una individual.

Así, con ocasión de la introducción de la fórmula de la función social, en el seno del art. 33.2 CE, se le reconoce una vertiente institucional. Como consecuencia, hoy, de forma expresa, a través del derecho a la propiedad privada, junto a la satisfacción de los intereses individuales del propietario, se intentarán salvaguardar ciertas necesidades que afectan o pueden afectar a la colectividad.

Los poderes públicos, a la hora de regular esos concretos ámbitos o sectores de la vida jurídico-social en los que se insertan los intereses colectivos que demandan una cierta protección, dada su posible interrelación con el derecho de propiedad, incidirán en su contenido. Y si hay un bien especialmente sensible a través del cual proteger unos intereses o alcanzar unos objetivos, ese es la propiedad inmobiliaria.

Pero, a su vez, se le reconoce una dimensión individual o como derecho subjetivo. Y como tal, atribuye a su titular la situación de poder máximo que prevé el ordenamiento jurídico, permitiéndole decidir acerca de la utilización y destino del bien. Por este motivo, que la fórmula de la función social se alce como la clave de bóveda de la configuración actual del derecho de propiedad, no debe llevarnos a arrinconar, en ningún caso, esta vertiente individual. Sino que, ambas vertientes, deben tratar de conjugarse de forma equilibrada.

2.ª La función social se establece como un elemento estructural de la definición propia del derecho a la propiedad privada.

O, si se quiere, como un límite interno en sí mismo. De este modo, el propietario verá limitado su derecho por la función social. Ello, correlativamente, implica que el titular podrá ejercitar su derecho hasta donde le permita la función social.

3.ª La función social, además, servirá de criterio a los poderes públicos a la hora de delimitar el contenido del derecho de propiedad.

La función social se identifica con aspectos relacionados con la sociedad, o que repercuten en ella, ya sea de forma positiva o negativa, o en un grupo determinado o determinable de personas.

Sin embargo, el interés colectivo se nos aparece como un término abstracto, de contenido muy amplio, pero determinable. Por este motivo, la función social requiere ser precisada o, al menos, es deseable que así sea, en cada ámbito en particular y en relación con cada bien o categoría de bienes. Como resultado, el propietario conocerá, aunque sea de forma aproximada, si está llevando a cabo un ejercicio acorde con la función social, o no.

4.ª Los poderes públicos, además de regular el derecho a la propiedad privada con fundamento en la protección de determinados aspectos sociales, deberán respetar la reserva de ley formal flexible que rige en esta sede.

Como consecuencia de la ubicación sistemática del art. 33 CE, su regulación no se reserva a ley orgánica, sino a ley formal o ley ordinaria, aunque con un carácter flexible. Ello implica que el poder legislativo pueda recabar la colaboración del poder normativo de la Administración para alcanzar los objetivos propuestos, por lo que ambos estarán habilitados para delimitar el contenido del derecho de propiedad.

5.ª La propiedad, además de una garantía institucional, tiene un contenido esencial, que, en ningún caso, podrá ser sobrepasado por los poderes públicos a la hora de delimitar su contenido.

El contenido esencial, enunciado en el art. 53.1 CE, se presenta como un límite a la potestad de los poderes públicos, identificándolo con la definición que ofrece el art. 348 CC del derecho de propiedad. Es decir, con las facultades de goce, disposición y reivindicación.

6.ª El derecho a la propiedad privada no es absoluto, sino limitado y limitable.

En este sentido, la doctrina ofrece una distinción entre «límites» y «limitaciones». No obstante, entendemos que ambas nociones tienen perfectamente cabida en un término más amplio, como es el de «delimitación». Término que, además de amparar cualquiera de las anteriores dos situaciones, sí que encuentra reflejo en el art. 33.2 CE.

7.ª La doctrina jurisprudencial diferencia entre la delimitación del contenido del derecho de propiedad por razón de su función social (art. 33.2 CE), de la privación o expropiación indemnizable por causa justificada de utilidad pública o interés social (art. 33.3 CE).

La primera, a diferencia de la segunda, supone una configuración ex novo de la situación dominical anterior. Así, entrañará una delimitación de la esfera de actuación individual, que deberá dejar intacto el contenido esencial del derecho.

Si la delimitación del derecho de propiedad conlleva una supresión absoluta de algunas de las facultades, prestando especial atención a la de goce, la disposición dictada en ese sentido consideramos que deberá reputarse inconstitucional, por ir más allá del contenido esencial, ex art. 53.1 CE.

En cambio, si los poderes públicos únicamente proscriben un determinado uso económico, en este caso, el contenido esencial quedará indemne. Y, como consecuencia, la medida debería estimarse legítima, salvo que los poderes públicos hubieran ido más allá de lo razonable para alcanzar el fin perseguido o no hubieran observado el principio de proporcionalidad. En este último caso, la medida en cuestión sí que se consideraría inconstitucional.

8.ª En líneas generales, en sede de derecho de propiedad existe una preferencia por someter la medida adoptada, no al principio de proporcionalidad en su triple test (idoneidad, necesidad y proporcionalidad, en sentido estricto), sino al canon de razonabilidad.

El canon de razonabilidad es un elemento de control más laxo, que se limita a valorar, únicamente, dos cuestiones. Por una parte, que la medida responda a un objetivo constitucionalmente legítimo. Y, por otra, que sea idónea o adecuada para conseguir el objetivo propuesto.

De este modo, sólo se podrá hablar de inobservancia del canon de razonabilidad cuando exista un desequilibrio patente, excesivo o irrazonable entre la decisión adoptada y su adecuación para alcanzar el fin perseguido.

9.ª Que en relación con el derecho de propiedad el Tribunal Constitucional se haya decantado por aplicar el canon de razonabilidad en detrimento del de proporcionalidad, no impide que el principio de proporcionalidad tenga carta de naturaleza en el ámbito del Derecho administrativo.

En efecto, la actuación de la Administración, a la hora de incidir o limitar los derechos de los ciudadanos, deberá venir informada por el principio de proporcionalidad.

El art. 129 de la Ley 39/2015, somete la iniciativa legislativa y la potestad reglamentaria de las Administraciones Públicas a los principios de necesidad, eficacia, seguridad jurídica, transparencia, eficiencia y proporcionalidad. Si bien, dichos principios, fundamentalmente el de proporcionalidad, no aparecen definidos.

Por su parte, el art. 4 de la Ley 40/2015, requiere que las Administraciones Públicas, al establecer medidas que limiten el ejercicio de derechos individuales o colectivos o exijan el cumplimiento de requisitos para el desarrollo de una actividad, atiendan al principio de proporcionalidad, elijan la medida menos restrictiva, motiven su necesidad para la protección del interés público, y que justifiquen su adecuación para lograr los fines que se persiguen, sin que en ningún caso produzcan un trato discriminatorio.

Este segundo precepto parece recoger, además del de no discriminación, los tres subprincipios ínsitos en el test alemán de proporcionalidad. A saber: subprincipio de idoneidad, de necesidad y de proporcionalidad, en sentido estricto. No obstante, sólo alcanza a definir los dos primeros.

Por este motivo, hemos planteado la posibilidad de otorgar al principio de proporcionalidad previsto en ambos preceptos, el contenido del subprincipio de proporcionalidad, en sentido estricto. Es decir, que la medida adoptada sea ponderada o equilibrada, al derivarse de la decisión tomada más beneficios o ventajas para el interés de la colectividad que perjuicios sobre otros bienes o valores en conflicto.

Capítulo Segundo

Viviendas de uso turístico y derecho a la propiedad privada

1. CONSIDERACIONES PREVIAS

Una vez analizado el derecho a la propiedad privada, prestando especial atención a los elementos de control que recaen sobre los poderes públicos a la hora de concretar su contenido, llega el momento de adentrarnos en la configuración jurídica del arrendamiento de alojamiento privado para el turismo en vivienda.

Para ello, previamente, trataremos de decantarnos por un concepto unívoco del fenómeno en cuestión, sobre el que sentar las bases de nuestro estudio de investigación.

Acto seguido, daremos cuenta de las primeras aportaciones legislativas, tanto estatales como autonómicas, surgidas en nuestro ordenamiento jurídico en la materia, hasta llegar a la Ley 4/2013, de 4 de julio, de medidas de flexibilización y fomento del alquiler de vivienda, a través de la cual se modificó la Ley 29/1994, de 24 de noviembre, de Arrendamientos Urbanos, y que marcó un antes y un después, especialmente en relación con el régimen jurídico aplicable a esta clase de cesiones. Lo que, consiguientemente, nos llevará a detenernos en la naturaleza jurídica del contrato.

Una vez expuesto todo lo anterior, nos referiremos al derecho a la propiedad privada como presupuesto de admisibilidad del contrato de arrendamiento de alojamiento privado para el turismo en vivienda, y trataremos de trasladar la interacción de los elementos de control vistos en el capítulo precedente a la regulación de esta tipología de alojamiento.

2. CONCEPTUACIÓN DEL FENÓMENO

El fenómeno del alojamiento privado para el turismo en viviendas ha recibido diferentes denominaciones, tanto por parte de la doctrina como por las disposiciones normativas dictadas al efecto. Por este motivo, seguidamente, expondremos las más significativas y habituales, y nos decantaremos por una u otra, que será la que utilizaremos a lo largo de nuestro trabajo.

2.1. El turismo residencial

La doctrina parece coincidir en atribuir el término de turismo residencial a JURDAO ARRONES.

Este autor, lo definió, ya en 1979, como el proceso de venta de fincas de los campesinos «a urbanizadores extranjeros para su posterior transformación en urbanizaciones particulares turísticas, donde se construirán chalés y bungalows, que posteriormente serían adquiridos por extranjeros»[157].

No obstante, desde este momento decimos que prescindiremos de su uso, ya que parece enmarcarse en un sector y en un ámbito concreto[158].

De la definición transcrita se desprenden una serie de elementos que cabe tener en cuenta.

En primer lugar, el turismo residencial, en principio, se refería al llevado a cabo por las promotoras y las constructoras[159].

En cambio, en el supuesto del alojamiento privado para el turismo nos referiremos a la relación que surge entre el propietario arrendador, ya ac-

---

157 JURDAO ARRONES, Francisco, *España en venta,* Endymion, Madrid, 1990, p. 17. En ese mismo sentido lo definió en su primera versión de la obra, publicada en 1979, titulada *España en venta (compra suelo por extranjeros y colonización de campesinos en la Costa del Sol).* Y, posteriormente, en JURDAO ARRONES, Francisco y SÁNCHEZ ELENA, María, *España, asilo de Europa,* Planeta, Barcelona, 1990.

158 *Vid.* MAZÓN MARTÍNEZ, Tomás y ALEDO TUR, Antonio, «El dilema del turismo residencial: ¿turismo o desarrollo inmobiliario?», en Tomás Manuel Mazón Martínez y Antonio Aledo Tur (Coords.), *Turismo residencial y cambio social. Nuevas perspectivas teóricas y empíricas,* Universidad de Alicante, 2005, pp. 13 a 30, p. 17; GARCÍA ANDREU, Hugo, «Un acercamiento al concepto de turismo residencial», en Tomás Manuel Mazón Martínez y Antonio Aledo Tur (Coords.), *Turismo residencial y cambio social. Nuevas perspectivas teóricas y empíricas,* Universidad de Alicante, 2005, pp. 55 a 69, p. 57.

159 Así lo pone de manifiesto MAZÓN MARTÍNEZ, Tomás y ALEDO TUR, Antonio, *op. cit.*, p. 17, al exponer que «cuando estamos hablando de turismo residencial no estamos hablando de turismo, sino de la construcción.» Dichos autores utilizaban el término «turismo inmobiliario» para referirse a la actividad económica turística. En este mismo sentido, *Vid.* MORENO GARRIDO, Ana, *Historia del turismo en España en el siglo XX,* Síntesis, Madrid, 2005, p. 328: «el turismo residencial es aquel basado en la urbanización y construcción de alojamiento extrahotelero con fines turísticos o de ocio [...] y es una pieza esencial del *boom* inmobiliario de los años noventa y el modelo actual de desarrollo económico español sostenido por el consumo de suelo urbano.»

túe éste directa o indirectamente a través de un tercero, y el turista arrendatario.

En segundo lugar, y como consecuencia de lo anterior, puede considerarse que el turismo residencial recaía sobre una vivienda aislada o situada en un inmueble dividido por pisos, construida o pendiente de construcción.

Por el contrario, el alojamiento privado para el turismo en vivienda veremos que se refiere a aquel inmueble, en su totalidad o en relación con una estancia del mismo, que ya reúne los requisitos de habitabilidad y mobiliario exigidos para su uso y disfrute inmediato.

Y, finalmente, en el turismo residencial parece que primaba la adquisición del bien a través de un título real, como es el derecho de propiedad.

En cambio, en el alojamiento privado para el turismo predomina un título personal u obligacional, como es un contrato de arrendamiento en sus diferentes modalidades. Es decir, se observa un cambio de paradigma: de la propiedad, al disfrute. Hemos pasado de la sociedad de la tenencia a la sociedad del disfrute.

De hecho, la expresión turismo residencial o turismo residenciado recibió alguna crítica por parte de la doctrina, al entender que, en ciertos supuestos, en su seno llevaba implícita una contradicción, «ya que por su principal característica (la residencia) no debiera ser considerado como turismo en la mayoría de los casos»[160].

Torres Bernier definió el turismo residenciado como «aquel que protagonizan las personas, normalmente agrupadas en unidades familiares, que, en un proceso temporal determinado, se trasladan a ciertos espacios, habitualmente destinos turísticos tradicionales, vinculándose a los mismos por largos períodos de tiempo mediante relaciones inmobiliarias, en los

---

160 Torres Bernier, Enrique, «El turismo residenciado y sus efectos en los destinos turísticos», *Estudios turísticos* (2003), n.º 155-156, pp. 45 a 70, p. 46. Comparten la anterior postura Martorell Cunill, Onofre; Garau Vadell, Juan y Robredo Camacho, Marco Antonio, «El análisis económico del turismo residencial. El caso de Baleares», en Pedro A. Munar Bernat (Dir.), *Turismo residencial. Aspectos económicos y jurídicos*, Dykinson, Madrid, 2010, pp. 17 a 128, p. 21, que lo califican, incluso, de «paradójico». O, Ros Tonda, Jesualdo, «Aproximación al turismo residencial español», *Estudios Turísticos* (2003), n.º 155-156, pp. 71 a 85, p. 71: «De hecho la propia definición de Turismo Residencial es contradictoria; pues el término "turismo" lleva implícito connotaciones temporales y de movilidad geográfica fuera de la residencia habitual, que nada tiene que ver con el fenómeno "residencial"».

que realizan estancias más prolongadas que los turistas tradicionales, llegando incluso a fijar en ellos su residencia habitual, en busca de viviendas y satisfacciones similares a las de los anteriores, principalmente, la calidad de vida, las oportunidades de ocio, buenas comunicaciones y un ambiente socialmente satisfactorio»[161].

Seguramente, la anterior definición se aproxima más a lo que se conoce como segunda residencia, al manifestar que incluso llegan a fijar allí su residencia habitual, que difiere claramente del fenómeno del alojamiento privado para el turismo en vivienda, a pesar de que este último se realice en inmuebles situados en suelo de uso residencial.

En este sentido, la Organización Mundial del Turismo define «turista (o visitante que pernocta)», como aquel «visitante (interno, receptor o emisor) cuyo viaje incluye una pernoctación [o como visitante de día (o excursionista) en caso contrario]»; y «turismo receptor», como aquel que «engloba las actividades realizadas por un visitante no residente en el país de referencia, como parte de un viaje turístico receptor»[162].

Por consiguiente, el turismo implica, necesariamente, un desplazamiento de la persona fuera de su lugar de residencia habitual[163]. El alojamiento turístico es temporal, en el que se sustituye la residencia habitual por un lugar en el que alojarse temporalmente.

El hecho de adquirir y disfrutar de una segunda residencia en la que pasar ciertas temporadas del año puede recibir la calificación de turismo residencial. No obstante, una vez se fija la residencia en el lugar donde está sito el inmueble, y a pesar de consumir servicios turísticos próximos duran-

---

161 Por su parte, ROS TONDA, Jesualdo, *op. cit.*, p. 72, al analizar el turismo residencial desde la perspectiva del promotor inmobiliario, lo definió como «la venta de una vivienda no principal a un español o extranjero para su uso turístico o vacacional por sí mismo o por terceros, así como la venta de una vivienda principal a un extranjero para su uso residencial por razones distintas a las laborales o profesionales.»

162 Definiciones disponibles en https://www.unwto.org/es/glosario-terminos-turisticos. En contraposición a «turismo receptor», se define «turismo interno», como aquel que «incluye las actividades realizadas por un visitante residente en el país de referencia, como parte de un viaje turístico interno o de un viaje turístico emisor».

163 CORRAL SASTRE, Alejandro, *La liberalización del sector turístico. ¿Hacia un modelo de turismo sostenible?,* Reus, Madrid, 2017, p. 18.

te la estancia, desde nuestro punto de vista, no puede hablarse de turismo en sentido estricto[164].

2.2. El turismo colaborativo

Siguiendo con la conceptuación del fenómeno, debemos hacer referencia a las plataformas de intermediación en línea, que han servido para que la doctrina califique de una determinada forma la modalidad de alojamiento turístico en cuestión.

Las plataformas digitales de economía colaborativa, sin duda alguna, se han convertido en un medio alternativo —pero en ningún caso exclusivo, aunque sí, quizás, el principal—, a la hora de comercializar estancias turísticas en viviendas[165]. Este hecho ha llevado a la doctrina a conceptuar el fenómeno de alojamiento colaborativo[166].

---

[164] Como ponen de manifiesto Bayón Mariné, Fernando y Fernández Fuster, Luis, «Los orígenes», en *50 años del turismo español. Un análisis histórico y estructural,* Editorial Centro de Estudios Ramón Areces, Madrid, 1999, pp. 25 a 43, p. 25: «el *turismo* es viaje de ida y vuelta y de aquí que tome, del *tour*—de girar, tornar—, su propia definición.»

[165] La Comisión Europea, en la Comunicación de la Comisión al Parlamento Europeo, al Consejo, al Comité Económico y Social Europeo y al Comité de las Regiones, «Una agenda europea para la economía colaborativa», COM(2016) 356 final, de 2 de junio de 2016, definió las plataformas colaborativas como los «intermediarios que —a través de una plataforma en línea— conectan a los prestadores con los usuarios y facilitan las transacciones entre ellos.»

[166] De la Encarnación Valcárcel, Ana María, «El alojamiento colaborativo: viviendas de uso turístico y plataformas virtuales», *Revista de Estudios de la Administración Local y Autonómica: Nueva época* (2016), N.º 5, pp. 30 a 55, p. 31: «Fruto de esta nueva conciencia social nace el controvertido alojamiento colaborativo»; González Cabrera, Inmaculada, *El alojamiento colaborativo o el nuevo hospedaje low cost,* Dykinson, Madrid, 2020; Pacheco Jiménez, M.ª Nieves, «El alojamiento colaborativo: problemas regulatorios y conflictos vecinales», *Derecho Privado y Constitución* (2019), N.º 34, pp. 36 a 138; Guillén Navarro, Nicolás Alejandro, «La vivienda de uso turístico y su incidencia en el panorama normativo español», *Revista Aragonesa de Administración Pública* (2015), N.º 45-46, pp. 101 a 144; Socías Camacho, Joana Maria, «Estado regulador y alojamiento "colaborativo"», en Andrés Boix Palop (Coord.) y Ana María de la Encarnación Varcárcel (Dir.), *La regulación del alojamiento colaborativo: viviendas de uso turístico y alquiler de corta estancia en el Derecho español,* Thomson Reuters Aranzadi, Cizur Menor, 2018, pp. 95 a 120, entre otros.

En nuestra opinión, el término de alojamiento colaborativo no abarca de forma absoluta el fenómeno del alojamiento turístico en vivienda[167], sino, simplemente, aquellas comercializaciones que se realicen a través de dichos medios, dejando fuera las cesiones que no se realizan con la ayuda de tales plataformas. Es por este motivo por el que, también, evitaremos utilizar esta segunda expresión.

2.3. El alquiler vacacional

Otro término utilizado con cierta frecuencia es el de alquiler vacacional. En este sentido se pronunció la resolución de 5 de abril de 2020[168], de la actual Dirección General de Seguridad Jurídica y Fe Pública.

Con ocasión del análisis de una modificación estatuaria de la comunidad de propietarios en el sentido de prohibir o limitar el uso turístico de las viviendas, la DGSJFP distingue entre:

- Por una parte, «la cesión temporal de uso de la totalidad de una vivienda amueblada y equipada en condiciones de uso inmediato, comercializada o promocionada en canales de oferta turística o por cualquier otro modo de comercialización o promoción, y realizada con finalidad lucrativa cuando esté sometida a un régimen específico, derivado de su normativa sectorial (art. 5. e) LAU)»;
- Y, por otra, el «mero alquiler vacacional en régimen distinto al específico derivado de la normativa sectorial turística».

Parece, por lo tanto, que la DGSJFP diferencia entre dos modalidades de alojamiento privado para el turismo en vivienda. La primera, sometida al régimen específico dictado por la concreta Comunidad Autónoma. La segunda, sometida a un régimen distinto al específico dictado por la Comunidad Autónoma. Ambas cesiones parecen compartir la misma finalidad: satisfacer la necesidad de alojamiento privado para el turismo en una vivienda, apartándose una de la otra según su régimen jurídico aplicable.

---

167 Tal y como lo recoge la actual redacción del art. 5, letra e), de la LAU, la comercialización y promoción puede realizarse por cualquier otro medio, y no sólo a través de canales de oferta turística o plataformas de economía colaborativa.

168 Resolución núm. 8792/2020 (RJ 2020, 3018).

De forma similar se pronuncia Botello Hermosa, quien aboga por diferenciar también entre «alquileres o arrendamientos vacacionales» y los «alquileres turísticos», proponiendo, además, el criterio de la «habitualidad» como esencial a la hora de efectuar la distinción[169]. Es decir, si la cesión está sometida a la Ley de Arrendamientos Urbanos, recibiría la calificación de «arrendamiento vacacional». Si está sometido a la normativa sectorial turística, «arrendamiento turístico».

La razón de ser de esta diferenciación, realizada tanto por la DGSJFP como por el autor anterior, con fundamento en el régimen jurídico aplicable, puesto que su finalidad es la misma, podría buscarse en la situación de verdadero caos que existe en la materia, y que se pondrá de manifiesto a lo largo de la presente investigación.

Algo semejante ocurre, como seguidamente se observará, con otros autores, que identifican uno u otro requisito como predominante (por ejemplo, la prestación de servicios, la comercialización a través de canales de oferta turística, el tiempo de duración de la estancia, etc.), a la hora de calificar el contrato de «turístico» y determinar el régimen jurídico aplicable[170].

---

169 Botello Hermosa, José María, «El controvertido apartado e) del artículo 5 de la LAU. Una exclusión condicionada», *Revista Crítica de Derecho Inmobiliario* (2018), N.º 766, pp. 821 a 843, p. 837: «A efectos didácticos por una mayor facilidad en su identificación, en base a la normativa aplicable, propongo que cuando una cesión de vivienda entre particulares por períodos temporales se someta a la Ley de Arrendamientos Urbanos, se califiquen como *arrendamientos vacacionales,* y cuando estemos ante los supuestos de exclusión, por darse todos los elementos expuestos anteriormente, se califiquen como *alquileres turísticos.*» De este mismo autor, *Vid.* «Los arrendamientos vacacionales sometidos a la Ley de Arrendamientos Urbanos», *Revista de Ciencias Jurídicas* (2017), N.º 22, pp. 602 a 620, 618: «De esta forma, todo alquiler de este tipo que se celebre por una duración ininterrumpida de un mínimo de dos meses se entiende regulado por el régimen jurídico previsto en la L.A.U. para los arrendamientos por temporada, al ser calificado como un "alquiler vacacional".» Y, más recientemente, «La preponderancia del criterio de habitualidad en la configuración de los alquileres turísticos y su necesaria reconfiguración: una propuesta de solución», *Revista Crítica de Derecho Inmobiliario* (2020), N.º 4, pp. 1543 a 1646.

170 Campuzano Tomé, Herminia, «El alquiler de viviendas de uso turístico a partir de la Ley 4/2013: la necesaria interpretación conjunta de la LAU y de la legislación turística autonómica», *Revista Crítica de Derecho Inmobiliario* (2015), N.º 749, pp. 1199 a 1246, p. 1205: «Sí perderían, sin embargo, la condición de arrendamientos civiles aquellos contratos que, además de la actividad de alojamiento, conllevarán la prestación de otro tipo de servicios. Ello porque en este caso el arrendador

2.4. Las viviendas de uso turístico

En un primer momento, el alojamiento privado para el turismo en viviendas a nivel estatal recibió el nombre de vivienda vacacional turística. Aunque, como veremos también, su definición ya variaba de una Comunidad Autónoma a otra[171].

No obstante, a partir del contenido del art. 5, letra e), LAU, introducido por la Ley 4/2013, el fenómeno afectó a la casi totalidad de Comunidades Autónomas, y sus poderes legislativos no siguieron una calificación unánime[172]. Desembocado en un «concepto territorialmente variable y divergente» a la hora de definir y regular una misma modalidad de alojamiento turístico[173].

---

estaría realizando una actividad de alojamiento turístico y, por tanto, celebrando un contrato de "*arrendamiento turístico*". Estos contratos sí que están sometidos a un régimen sectorial turístico específico y, por tanto, por él deben regirse. No sucederá lo mismo con los contratos de alquiler de pisos para uso vacacional que no encuentren encaje en la legislación turística».

171 Algunos legisladores autonómicos asumieron este concepto. *Vid.* la Ley 2/1984, de 12 de abril, sobre alojamientos extrahoteleros de las Islas Baleares; el Decreto 191/1997, de 29 de julio, por el que se regulan los apartamentos turísticos, las viviendas turísticas vacacionales, los alojamientos en habitaciones de casas particulares y las casas rurales del País Vasco; la Ley 9/1997, de 21 de agosto, de Ordenación y Promoción del Turismo de Galicia; la Ley 12/1999, de 15 de diciembre, del Turismo de Andalucía, o el Decreto 34/2003, de 30 de abril, de viviendas vacacionales del Principado de Asturias.

172 El legislador estatal no calificó el fenómeno hasta el Real Decreto-ley 7/2019 utilizando la expresión «viviendas de uso turístico». No obstante, la Ley 4/2013 ya en su Preámbulo hizo referencia a el «uso del alojamiento privado para el turismo».

173 Así lo ha puesto de manifiesto MARTÍNEZ NADAL, Apol·lònia, «Sobre el cambiante y divergente concepto de alquiler turístico en el Derecho español», *Diario la Ley* (2020), N.º 9712, pp. 1 a 11, p. 3. Y, de esta misma autora, *Vid. Alquiler turístico de viviendas de uso turístico y Derecho de la Competencia,* Thomson Reuters Aranzadi, Cizur Menor, 2020, p. 19.

En Andalucía[174], Aragón[175], Cantabria[176], Castilla-La Mancha[177], Castilla y León[178], Cataluña[179], La Rioja[180], Madrid[181], Murcia[182] y País Vasco[183], reciben la denominación de «viviendas de uso turístico». En Asturias[184] «viviendas vacacionales o viviendas de uso turístico». En las Islas Baleares [185] «empresas comercializadoras de estancias turísticas en viviendas». En Canarias[186] «vi-

---

174 Art. 3, del Decreto 28/2016, de 2 de febrero, por el que se regulan las viviendas de uso turístico. Dicho Decreto ha sido modificado recientemente por el Decreto 31/2024, de 29 de enero, por el que se modifican diversas disposiciones en materia de viviendas de uso turístico, establecimientos de apartamentos turísticos y hoteleros de la Comunidad Autónoma de Andalucía.

175 Art. 2, apartado a), del Decreto 1/2023, de 11 de enero, del Gobierno de Aragón, por el que se aprueba el Reglamento de las viviendas de uso turístico en Aragón.

176 Art. 2, apartado a), del Decreto 225/2019, de 28 de noviembre, por el que se regulan las viviendas de uso turístico en el ámbito de la Comunidad Autónoma de Cantabria.

177 Art. 2, apartado c), del Decreto 36/2018, de 29 de mayo, por el que se establece la ordenación de los apartamentos turísticos y las viviendas de uso turístico en Castilla-La Mancha.

178 Art. 3.1, del Decreto 3/2017, de 16 de febrero, por el que se regulan los establecimientos de alojamiento en la modalidad de vivienda de uso turístico en la Comunidad de Castilla y León.

179 Art. 221-1, del Decreto 75/2020, de 4 de agosto, de Turismo de Cataluña.

180 Art. 66, del Decreto 10/2017, de 17 de marzo, por el que se aprueba el Reglamento General de Turismo de La Rioja en desarrollo de la Ley 2/2001, de 31 de marzo, de Turismo de La Rioja.

181 Art. 2.2, del Decreto 79/2014, de 10 de julio, del Consejo de Gobierno, por el que se regulan los apartamentos turísticos y las viviendas de uso turístico en la Comunidad de Madrid.

182 Art. 2, del Decreto n.º 256/2019, de 10 de octubre, por el que se regulan las viviendas de uso turístico en la Región de Murcia.

183 El art. 53, de la Ley 13/2016, de 28 de julio, de Turismo, y art. 1 del Decreto 101/2018, de 3 de julio, de viviendas y habitaciones de viviendas particulares para uso turístico.

184 Art. 4, del Decreto 48/2016, de 10 de agosto, de viviendas vacacionales y viviendas de uso turístico.

185 Art. 49, de la Ley 8/2012, de 19 de julio, del Turismo de las Islas Baleares.

186 Art. 2, del Decreto 113/2015, de 22 de mayo, por el que se aprueba el Reglamento de las viviendas vacacionales de la Comunidad Autónoma de Canarias.

viendas vacacionales». En Galicia[187] «vivienda turística» o «vivienda de uso turístico». Y en Navarra[188] y Valencia[189] «viviendas turísticas».

Este panorama nos obliga a decantarnos por la denominación que consideremos más acorde con el fenómeno en cuestión.

Obsérvese que, de la normativa anteriormente mencionada, el término vivienda de uso turístico es coincidente en gran parte de las Comunidades Autónomas, y el más utilizado por la doctrina española que se ha dedicado a estudiar esta figura[190]. E, incluso, el Preámbulo del Real Decreto-ley 7/2019, de 1 de marzo, de medidas urgentes en materia de alquiler y vivienda, así las denomina en dos ocasiones.

---

187 Arts. 4.1 y 5.1, del Decreto 12/2017, de 26 de enero, por el que se establece la ordenación de apartamentos turísticos, viviendas turísticas y viviendas de uso turístico en la Comunidad Autónoma de Galicia.

188 Art. 3, del Decreto Foral 230/2011, de 26 de octubre, por el que se aprueba el Reglamento de Ordenación de los Apartamentos Turísticos en la Comunidad Foral de Navarra.

189 Art. 65, de la Ley 15/2018, de 7 de junio, de la Generalitat, de turismo, ocio y hospitalidad de la Comunitat Valenciana, y art. 47 del Decreto 10/2021, de 22 de enero, del Consell, de aprobación del Reglamento regulador del alojamiento turístico en la Comunitat Valenciana.

190 CAMPUZANO TOMÉ, Herminia, «La injustificada cesión de competencias realizadas por el legislador estatal a los legisladores autonómicos para recular el alquiler de viviendas de uso turístico», en Pedro A. Munar Bernat *et al.* (Dirs.), *Turismo, vivienda y economía colaborativa,* Thomson Reuters Aranzadi, Cizur Menor, 2020, pp. 99 a 117, o «El alquiler de...», *op. cit.*; ÁLVAREZ ÁLVAREZ, Henar, «Régimen jurídico-civil de las viviendas de uso turístico», en Xosé Manuel Carril Vázquez (Coord.), *Economía colaborativa y Derecho: aspectos civiles, mercantiles y laborales,* Aranzadi, Cizur Menor, 2019, pp. 23 a 59; GARCÍA SAURA, Pilar Juana, *Viviendas de uso turístico y plataformas colaborativas en España. Aproximación al régimen jurídico. Estudio comparado desde la perspectiva de la sostenibilidad,* Dykinson, Madrid, 2019; GUILLÉN NAVARRO, Nicolás Alejandro, «La vivienda de uso turístico y su incidencia en el panorama normativo español», *Revista Aragonesa de Administración Pública* (2015) núm. 45-46, pp. 101 a 144; DESDENTADO DAROCA, Eva, «Aspectos jurídico-administrativos de las viviendas de uso turístico», en Manuel Lucas Durán (Dir.), *Las viviendas de uso turístico y su regulación jurídica. Un enfoque multidisciplinar,* Aranzadi, Cizur Menor, 2019, pp. 41 a 93; DÍAZ VALES, Fernando, «Aspectos jurídico-civiles de las viviendas de uso turístico», en Manuel Lucas Durán (Dir.), *Las viviendas de uso turístico y su regulación jurídica. Un enfoque multidisciplinar,* Aranzadi, Cizur Menor, 2019, pp. 95 a 194; MARTÍNEZ NADAL, Apol·lònia, *Alquiler turístico de..., op. cit.,* entre otros.

Por ello, este será el concepto que utilizaremos de manera habitual a lo largo del trabajo, con independencia de acudir en alguna ocasión a la expresión «alojamiento privado para el turismo en vivienda».

3. APROXIMACIÓN A LA EVOLUCIÓN LEGISLATIVA DEL ALOJAMIENTO TURÍSTICO PRIVADO EN VIVIENDAS

A nivel estatal, la primera referencia a lo que hemos denominado viviendas de uso turístico la podemos situar en el Real Decreto 2877/1982, de 15 de octubre, de ordenación de apartamentos y de viviendas turísticas vacacionales. Si bien, como se desprende del título de la norma, en ese momento el fenómeno recibía por parte del legislador estatal la calificación de vivienda turística vacacional.

Según su Preámbulo, la finalidad principal del Real Decreto 2877/1982 era «adaptar la normativa a la realidad del mercado actual». Definiendo, entre otros extremos, la «figura de la vivienda turística vacacional» y, al mismo tiempo, diferenciarla de otra, como son los apartamentos turísticos.

Pero, antes de referirnos a la definición dada por el Real Decreto 2877/1982 de «vivienda turística vacacional» y «apartamento turístico», es necesario realizar una previa e inicial diferenciación, distinguiendo entre los alojamientos turísticos y el simple arrendamiento de una vivienda amueblada. Para ello, debemos acudir a la Orden de 17 de enero de 1967, por la que se aprueba la ordenación de los apartamentos, «bungalows» y otros alojamientos similares de carácter turístico.

Ambas distinciones, podría decirse, responden a una causa común. A finales de los años 60 del siglo pasado empezó a advertirse una cierta preocupación por el fenómeno del alojamiento turístico, debido al éxito de la actividad turística en España, especialmente en las zonas de sol y playa. Ello vino unido al surgimiento de nuevas modalidades de alojamiento diferentes a las tradicionales. Lo que provocó, como consecuencia, que el legislador en ocasiones tuviera que deslindar unas de otras.

El Preámbulo de la Orden de 17 de enero de 1967 puso de manifiesto que «Dentro de la amplia dimensión que ha alcanzado en España, como país receptor de turismo, el sector de los alojamientos turísticos, han surgido en los últimos años nuevas modalidades de los mismos».

Entre ellos, destacó los campings, las ciudades de vacaciones, los apartamentos, las villas y los establecimientos similares. Hecho que amplió la capacidad receptiva, permitiendo «dar a la oferta de alojamientos la variedad que conviene a una demanda tan diversificada como la turística». Por todo ello, es necesario «dotar de una normativa que encauce la actividad» que en dichos establecimientos se realiza.

Con este fin, se dictó la Orden de 17 de enero de 1967. Pero, antes de entrar en algunos de sus preceptos, es necesario continuar con su Preámbulo.

Dice, y ello ya permite vislumbrar la inicial diferenciación a la que nos hemos referido, que «La explotación de los citados alojamientos se ha venido configurando jurídicamente, unas veces bajo un régimen típicamente hotelero, en el que, junto con el departamento, se han prestado al cliente los servicios complementarios propios de los establecimientos de dicha clase; otras veces la prestación del alojamiento no ha estado acompañada de una asistencia de servicios, limitándose la relación jurídica entre las partes a un simple arrendamiento de vivienda amueblada por temporada; en otras ocasiones, finalmente, el alojamiento se ha completado con algunos servicios, constituyendo esta explotación una modalidad mixta de las dos anteriores, en la que, sin embargo, se ha acusado ya un claro predominio de la problemática del hospedaje.»

Salvo una interpretación errónea por nuestra parte del anterior pasaje, el legislador hace referencia a tres situaciones:

- La cesión del concreto departamento junto a [todos] los servicios complementarios propios de los establecimientos hoteleros.
- La cesión, únicamente, de una vivienda amueblada por temporada.
- La cesión de una vivienda amueblada por temporada junto a la prestación de algunos servicios [no de todos] propios de los establecimientos hoteleros. Calificando este supuesto como «modalidad mixta de las dos anteriores».

Por este motivo, el legislador conviene en ofrecer una primera diferenciación entre los alojamientos turísticos y el simple arrendamiento de una vivienda amueblada, conforme al artículo segundo del Texto Refundido de la Ley de Arrendamientos Urbanos de 1964[191], por cuanto «en este úl-

---

191 Dicho precepto disponía que: «1. Quedan excluidos de la presente Ley y se regirán por lo pactado y por lo establecido con carácter necesario en el Código Civil

timo caso se trata de la transferencia del uso temporal y oneroso de una vivienda, sin que el arrendador se obligue a prestar ningún servicio ni a realizar actividad alguna en beneficio del arrendatario, mientras que en el primero lo característico es el conjunto de asistencias que recibe el cliente de la Empresa desde el momento mismo de la ocupación del alojamiento».

Parece, entonces, que el elemento esencial a la hora de diferenciar un alojamiento turístico de un contrato de arrendamiento en vivienda amueblada es la prestación de un «conjunto de asistencias» o de «servicios y actividades».

No obstante, el mismo Preámbulo seguidamente afirmaba que, «De otra parte, el ejercicio habitual de la actividad viene a constituir nota esencial para su calificación turística y, por ende, para que quede comprendida dentro del marco de la Ordenación.»

¿Cuál era el rasgo que debía servir para calificar un contrato de arrendamiento de alojamiento como turístico? ¿La prestación de servicios complementarios o la habitualidad? Del Preámbulo podría estimarse que, a pesar de prestarse servicios adicionales, si no hay habitualidad, no estaríamos ante un alojamiento turístico, por mucho que su finalidad fuera, efectivamente, satisfacer la necesidad de alojamiento por motivos turísticos.

Esta problemática, como se verá, sigue latente hoy en el ámbito de las viviendas de uso turístico. El motivo: los legisladores autonómicos se han empeñado en definir el alojamiento a partir de una serie de requisitos y presunciones. Que no deben desmerecer su relevancia a la hora de calificar un arrendamiento como turístico, pero se han olvidado, en la mayor parte de las ocasiones del elemento que, a nuestro juicio es esencial: el de la finalidad; satisfacer la necesidad temporal de alojamiento, fuera de tu lugar de residencia habitual, por motivos turísticos.

Puede que el art. 1 de la Orden de 17 de enero de 1967 contribuyese a arrojar un poco de luz al respecto. En su apartado primero, afirmaba que, tendrán carácter turístico y, en consecuencia, quedarán sujetos a la presente ordenación, «los apartamentos, "bungalows", villas o establecimientos

---

o en la legislación foral, en su caso, y en las Leyes procesales comunes, los arrendamientos, cesiones y subarriendos de viviendas o locales de negocio, con o sin muebles, de fincas cuyo arrendatario las ocupe únicamente por la temporada de verano, o cualquiera otra, aunque los plazos concertados para el arrendamiento fueran distintos.»

similares en los que, de modo habitual, se ejerza la actividad de facilitar alojamiento a las personas mediante precio».

Según el tenor del precepto, tres, parecían ser, los elementos que debían concurrir para que un determinado contrato de alojamiento recibiera la calificación de turístico y quedase sujeto a su ámbito de aplicación:

– Que se ejerciera la actividad de facilitar alojamiento.

  A pesar de que no lo dijera expresamente, puede suponerse que dicho alojamiento debía responde a motivos turísticos. Dicha actividad, según la letra del apartado segundo, se consideraba que se ejercía «cuando se ceda el uso y goce de la totalidad del apartamento, "bungalow" o villa en condiciones de mobiliario, equipo, instalaciones y servicios que permitan su inmediata utilización».

– Que existiera habitualidad.

  Ésta se presumía, según los términos del apartado tercero del mismo artículo, «cuando se haga publicidad por cualquier medio o cuando se facilite alojamiento en dos o más ocasiones dentro del mismo año por tiempo que en conjunto exceda de un mes».

– Y, que el contrato fuera oneroso.

  Si todos los anteriores requisitos concurrían, *a priori*, el contrato quedaba sometido a dicha norma.

El Tribunal Supremo tuvo ocasión de detenerse en la diferenciación entre un alojamiento turístico, prestando especial atención a los apartamentos turísticos[192], y el arrendamiento simple de vivienda amueblada.

---

[192] La primera referencia al apartamento turístico como modalidad extrahotelera la encontramos en la Ley 48/1963, de 8 de julio, sobre competencia en materia turística. Dicha ley perseguía precisar y delimitar las competencias específicas y concurrentes del Ministerio de Información y Turismo en materia turística. En concreto, ordenar y vigilar toda clase de actividades turísticas, así como también el directo ejercicio de éstas en defecto o para estímulo y fomento de la iniciativa privada (art. 1); la ordenación y coordinación del turismo, y orientar y regular la información, propaganda, relaciones públicas, fomento y atracción del mismo, ya sean dichas actividades ejercidas por la Administración Pública o particulares (art. 2); y la ordenación y vigilancia de las empresas de hostelería o de cualesquiera otras de carácter turístico, así como de los alojamientos o instalaciones de igual naturaleza y de las profesiones turísticas, incluida la competencia en materia sancionadora (art. 3). Pero, también, enumerar ciertas figuras que, por sus características, tendrían la consideración de alojamiento. Entre ellas, los apartamentos.

En la STS (3ª) 2 julio 1970, el objeto a dilucidar fue sí las viviendas arrendadas por la demandante constituían apartamentos turísticos y, por tanto, sujetos al Decreto de 14 de enero de 1965 y a la Orden Ministerial de 17 de enero de 1967, ordenadores de las actividades turísticas privadas o si, por el contrario, como sostiene la parte actora, son simples viviendas arrendadas por temporadas con mobiliario y ajuar y, consiguientemente, sujetas a la legislación civil ordinaria —arts. 1542 y siguientes del Código civil— y a lo reconocido en el art. 1 de la LAU en relación con lo exceptuado en el artículo 2 de la misma ley.

El Tribunal interpretó el transcrito art. 3, del Decreto de 14 de enero de 1965, en el sentido de que:

> «esas diversas modalidades de proporcionar habitación o residencia a las personas han de merecer la calificación de alojamiento turístico, quedando sometidas al mencionado decreto y a las normas contenidas en la Orden Ministerial de 17 de enero de 1967, cuando se efectúen en épocas de afluencia de turistas o se hallen enclavadas en zonas turísticas.»

En aquel caso, el Tribunal consideró probado, además, que concurría el requisito de la habitualidad que exigía el art. 1, de la Orden de 14 de enero de 1965, arrendando amuebladas y por temporada diez casitas en un antiguo cortijo, tratándose de «una verdadera explotación turística, como lo patentiza el número de viviendas, que son diez, y no una aislada.»

En términos similares se pronunció la STS (3ª) 3 abril 1974, con expresa cita a la STS (3ª) 2 julio 1970, al tener que esclarecer sí el supuesto en cuestión constituía un arrendamiento de inmueble o piso regulado por la

---

Su art. 5 declaraba que «Son alojamientos turísticos los albergues, campamentos, *bungalows*, apartamentos o establecimientos similares a proporcionar habitación o residencia a las personas en épocas, zonas o situaciones turísticas. No alterará la naturaleza del alojamiento el que la actividad se realice de un modo temporal o permanente.»

Posteriormente, en el seno del Decreto 231/1965, de 14 de enero, por el que se aprueba el Estatuto Ordenador de las empresas y de las actividades turísticas privadas, se recogió en su art. 3 la definición de alojamiento turístico en los mismos términos que lo hizo la Ley 48/1963. De este modo, el art. 3 del Decreto 231/1965, de 14 de enero, quedó tal que: «Son alojamientos turísticos, los albergues, campamentos, "bungalows", apartamentos, ciudades de vacaciones o establecimientos similares destinados a proporcionar mediante precio, habitación o residencia a las personas en épocas, zonas o situaciones turísticas.»

Más tarde, la definición de alojamiento turístico, y en la que se incluían los apartamentos, fue recogida en la citada Orden de 17 de enero de 1967.

LAU, o un verdadero contrato bajo el control administrativo del Decreto de 14 de enero de 1965 y de la Orden de 17 de enero de 1967, por llevar aparejado el contrato la prestación de servicios al turista.

La Sala considera que existe la prestación de servicios al declarar probado que:

> «el apartamento cuenta con determinados muebles cedidos por su propietaria y que ésta detrae, según su propia confesión, una cantidad indeterminada dentro de la duración del plazo de un mes del repetido alquiler, por los gastos de luz, agua y combustible, prestación que no concurre en la figura jurídica señalada en el artículo 2 de la LAU, la cual se hace preciso la suscripción o alta de tales servicios a favor del simple arrendatario.»

O la STS (3ª) 16 junio 1982[193], al señalar que:

> «Ha de tenerse en cuenta la verdadera naturaleza jurídica de los contratos aportados al expediente, independientemente de cuál sea su denominación, y, puesto que no se trata de una transferencia de uso temporal y oneroso de tales apartamentos, sin que el arrendador se obligue a prestar ningún servicio, ni a realizar actividad alguna en beneficio de aquel a quien se cede el uso de la vivienda, lo que constituirá un simple arrendamiento, o subarriendo, según los casos, urbano, bien fuera indefinido o por temporada regulado, por tanto, por la Ley de Arrendamientos Urbanos o el Código civil, según proceda, sino que lo característico es el conjunto de asistencias que recibe el cliente de la Empresa desde el mismo momento de la ocupación del alojamiento, tales, según se señala en los contratos, suministros de agua fría y caliente, electricidad, combustible, calefacción, ajuar, menaje, frigorífico, ambiente musical, conserjería día y noche, retirada de basuras, solarium, ascensores, etc. sustancialmente coincidentes con los servicios comprendidos en el precio determinados en el núm. 2 del art. 20 de la O. De 17 de enero de 1967 [...], por la que se aprueba la ordenación de los apartamentos, "bungalows" y otros alojamientos similares de carácter turístico, resulta evidente que hay que encuadrar la actividad entre las denominas de carácter turístico según el art. 1.º de la Ordenación antes citada, [...].»

La Orden de 17 de enero de 1967 presentaba un marcado carácter administrativo, puesto que se dedicaba a determinar las condiciones mínimas de los alojamientos, las categorías, los servicios y los precios, el fomento, la protección, la recompensa y la sanción de las Empresas. Pero también contendía alguna disposición de Derecho privado. Especialmente, en su Capítulo VI, titulado «De la contratación de alojamiento», ya que, *ex* art. 50, el contrato de alojamiento debía formalizarse por escrito, por ejemplo, además de contener «necesariamente las cláusulas, tanto generales como

---

193 RJ 1982,5828.

particulares, del contrato-tipo que figura como anexo de la presente Ordenación».

Más tarde, como hemos anunciado, el Real Decreto 2877/1982 distinguió entre apartamento turístico y vivienda turística vacacional[194].

Los primeros, eran definidos en el art. 1, como «los bloques o conjuntos de apartamentos, y los conjuntos de villas chalés, bungalows y similares que sean ofrecidos empresarialmente en alquiler, de modo habitual, debidamente dotados de mobiliario, instalaciones, servicios y equipo para su inmediata ocupación por motivos vacacionales o turísticos. Sólo este tipo de alojamientos recibirán la denominación oficial de apartamentos turísticos».

Las segundas, según el art. 17, como «las unidades aisladas de apartamentos, bungalows, villas y chalés y similares y, en general, cualquier vivienda que, con independencia de sus condiciones de mobiliario, equipo, instalaciones y servicios, se ofrezcan en régimen de alquiler por motivos vacacionales o turísticos».

Si se observa, la diferencia entre una y otra modalidad radicaba en cuatro aspectos:

1.º La fisionomía del alojamiento. En el caso de los apartamentos turísticos, eran bloques o conjuntos de inmuebles; frente a las viviendas turísticas vacacionales que las constituían unidades aisladas.

2.º Los apartamentos turísticos se cedían de forma empresarial.

3.º En la habitualidad de las cesiones, que no se predicaba de las viviendas turísticas vacacionales.

4.º Y en el mobiliario, instalaciones, servicios y equipo, que sí que eran relevantes en el caso de los apartamentos turísticos.

Prácticamente, en lo único que coincidían era en su finalidad: «motivos vacacionales o turístico».

---

194 Asimismo, de forma similar a la Orden de 17 de enero de 1967, dio cuenta en su Preámbulo del crecimiento de la oferta de alojamientos extrahoteleros, al manifestar que «Las nuevas tendencias que se vienen detectando en los últimos años, como resultado de las modificaciones en los comportamientos del turismo, por un lado, y como consecuencia del crecimiento cuantitativo de la oferta extrahotelera, por otro, así como el tiempo transcurrido de quince años, desde la publicación de la vigente Ordenación de Apartamentos Turísticos y otros alojamientos similares, hacen necesaria la actuación de la citada Ordenación».

Actualmente, tanto la Comisión Nacional de los Mercados y de la Competencia, como la doctrina, han ofrecido una distinción entre ambas tipologías de alojamiento turístico.

Para la CNMC, la diferenciación entre un apartamento turístico y una vivienda de uso turístico reside en la ubicación en que se encuentra el inmueble, si en suelo terciario o turístico, o residencial[195].

En cambio, CAMPUZANO TOMÉ considera que «la diferencia entre ambas modalidades viene dada por la distinta finalidad que se persigue con la actividad de alojamiento en uno y otro caso». Los apartamentos turísticos, constituyen «una actividad que se lleva a cabo con la finalidad de prestar no solamente un servicio de alojamiento, sino, además, determinados servicios de alojamiento turístico». Por su parte, en las viviendas de uso turístico, el alojamiento «se realiza con la mera finalidad de prestar un servicio de alojamiento sin prestación de tales servicios complementarios.»[196]

---

[195] *Vid.* Comisión Nacional de los Mercados y de la Competencia, *Resultados preliminares E/CNMC/004/15, Estudio sobre los nuevos modelos de prestación de servicios y la economía colaborativa*, de marzo de 2016, p. 69: «Desde un punto de vista normativo, se establece una diferencia entre este tipo de alojamientos con los apartamentos turísticos. La principal diferencia normativa radica en que la denominada vivienda de uso turístico es una vivienda destinada a un uso residencial, que puede pertenecer a un particular, que se puede encontrar en una comunidad de vecinos, mientras que los apartamentos turísticos están destinados a un uso de servicios de alojamiento, ocupando todo un edificio destinado a este fin. Éstos, además, deben cumplir con una serie de requisitos adicionales, como poseer una recepción y zonas comunes, y se califican por categorías (indicadas con el número de llaves que se le asignan).»

[196] CAMPUZANO TOMÉ, Herminia, «El alquiler de...», *op. cit.*, p. 1219. Y continua la autora: «En el primer caso, la cesión realizada conlleva el ejercicio de una actividad turística que motiva que el alojamiento se incluya en la categoría de alojamientos turísticos y que los contratos celebrados sean calificados como "contratos de alojamiento turístico". Se trata, en definitiva, de una cesión turística. En el segundo, la cesión no conlleva el ejercicio de tal actividad turística, y, consiguientemente, no se le aplica la regulación de los alojamientos turísticos.» A esta tesis se le suma ROMÁN MÁRQUEZ, Alejandro, «El nuevo Decreto andaluz sobre viviendas particulares de uso turístico. Análisis a la luz de la Agenda Europea para la economía colaborativa», *Cuadernos de Turismo* (2018), pp. 591 a 613, p. 592, cuando dice que «La principal diferencia entre las viviendas particulares de uso turístico y los apartamentos turísticos está en que en las primeras únicamente se proporciona al usuario un servicio de alojamiento, en los segundos se añade a éste una serie de servicios turísticos de carácter complementario, como la limpieza o el servicio de conserjería/recepción.» Para SORIANO FRADE, Francisco, «Presente y futuro de

En nuestra opinión, la diferenciación principal entre un apartamento turístico y una vivienda de uso turístico no radica en la prestación de determinados servicios complementarios turísticos —sin perjuicio de que éstos puedan ser determinantes a la hora de establecer la naturaleza jurídica del contrato—, sino en la situación en que se localiza el inmueble.

En el caso de un apartamento turístico, en suelo terciario. Y, en el caso de una vivienda turística vacacional, en suelo residencial, compartiendo así la opinión de la CNMC. Pero también, y especialmente, en la morfología del inmueble. En el primero nos situamos ante un conjunto de unidades de alojamiento incluidas dentro de un establecimiento[197], normalmente en régimen de propiedad horizontal originaria o tumbada y dedicado exclusivamente a esta actividad. Y, en la segunda, ante una única unidad, ya sea unifamiliar o sometida a régimen de propiedad horizontal.

En un momento inicial, si se compara con la actual llevada a cabo por las Comunidades Autónomas, la regulación de las viviendas turísticas vacacionales a través del Real Decreto 2877/1982 era un tanto parca. Sólo contenía cuatro preceptos destinados a esta modalidad de alojamiento, frente a los dieciséis de los apartamentos turísticos.

Era una normativa también de marcado carácter administrativo. Si bien, contenía, igualmente, algunas disposiciones de Derecho privado al recoger determinados aspectos del contrato que se celebre.

---

los apartamentos turísticos», *Estudios Turísticos* (1972), N.º 33, pp. 49 a 75, p. 66: «Los apartamentos turísticos deben disponer de un servicio de personal para la atención de sus clientes, y es en este punto donde estriba su total diferenciación con el arrendamiento simple de un apartamento amueblado, porque es singularmente en ese servicio donde se apoya su poder de captación del cliente sin que suponga una grave carga para la empresa explotadora».

197 Para ilustrarnos podemos traer a colación, por ejemplo, el art. 41 de la Ley 8/2012, de las Islas Baleares, que define los apartamentos turísticos como «los establecimientos destinados a prestar un servicio de alojamiento turístico, que se publiciten como tales, compuestos por un conjunto de unidades de alojamiento que cuentan con mobiliario, instalaciones, servicios y equipo adecuados para la conservación, la elaboración y el consumo de alimentos y bebidas, y en condiciones que permitan su inmediata ocupación». O el art. 2 del Decreto 79/2014, de Madrid, que define los apartamentos turísticos como «los inmuebles integrados por unidades de alojamiento complejas, dotadas de instalaciones, equipamiento y servicios en condiciones de ocupación inmediata, destinados de forma habitual al alojamiento turístico ocasional, sin carácter de residencia permanente, mediante precio.» No obstante, de la definición parece desprenderse una contradicción, al referirse a la habitualidad y, acto seguido, a la forma ocasional.

En el momento de aprobarse el Real Decreto 2877/1982, la Constitución española de 1978 ya estaba en vigor, configurando España en un Estado autonómico, y permitiendo la posibilidad de que las distintas Comunidades Autónomas que lo conforman asumieran competencias exclusivas en determinadas materias. Una de ellas es la «promoción y ordenación del turismo en su ámbito territorial», *ex* art. 148.1.18.ª CE.

De modo que, esta normativa estatal de carácter administrativo reguladora de los alojamientos turísticos sólo les sería de aplicación a aquellas Comunidades Autónomas que no hubieran adquirido dicha competencia a través de su respectivo Estatuto de Autonomía (art. 149.3 CE).

Así, a nivel autonómico, antes incluso de la profusión normativa surgida a raíz de la aprobación de la Ley 4/2013, se pueden citar las siguientes disposiciones regulando las viviendas de uso turístico.

- La Ley 2/1984, de 12 de abril, sobre alojamientos extrahoteleros de las Illes Balears, cuya Disposición Adicional Primera establecía que quedaban fuera de la presente norma las viviendas turísticas vacacionales, precisando «que se regirán, para su legislación y funcionamiento, por lo que se establece en el Capítulo II del Real Decreto 2877/1982, de 15 de octubre».
- El Decreto 191/1997, de 29 de julio, por el que se regulan los apartamentos turísticos, las viviendas turísticas vacacionales, los alojamientos en habitaciones de casas particulares y las casas rurales del País Vasco. En virtud de su art. 1.3, quedaban sujetas a su ámbito de aplicación las viviendas turísticas vacacionales, incluyendo éstas «las casas y construcciones prefabricadas o similares de carácter fijo que con independencia de sus condiciones, mobiliario, equipo, instalaciones y servicios se ofrezcan como alojamiento por motivos vacacionales o turísticos y no tengan la consideración de apartamentos turísticos o de establecimientos de agroturismo.»
- La Ley 9/1997, de 21 de agosto, de Ordenación y Promoción del Turismo de Galicia, cuyo art. 29, apartado g), permitía a las viviendas turísticas vacacionales la posibilidad de prestar servicios de alojamiento turístico.
- La Ley 12/1999, de 15 de diciembre, del Turismo de Andalucía, en su art. 43 recogía la definición de las viviendas turísticas vacacionales: «aquellas en las que se presta únicamente el servicio de alojamiento y que son ofertadas al público para su utilización temporal o estacional o son ocupadas ocasionalmente, con fines turísticos, una o más

veces a lo largo del año. En todo caso, se referirá sólo al alojamiento en piso completo o vivienda unifamiliar y no por habitación.» Acto seguido, en su art. 45, se establecían las condiciones de utilización de éstas, debiendo «estar amuebladas y disponer de los enseres necesarios para su inmediata utilización.»

- El Decreto 34/2003, de 30 de abril, de viviendas vacacionales del Principado de Asturias. Su art. 2 las definía como «aquellas que, no encontrándose comprendidas en algunas de las modalidades reguladas en los artículos 32, 35, 37 y 41 de la Ley 7/2001, de 22 de junio, de Turismo, reúnen los requisitos establecidos en este Decreto, en las que se presta únicamente el servicio de alojamiento mediante precio, de forma habitual y profesional, contratándose íntegramente y no por habitaciones.»
- El Decreto 75/2005, de 24 de junio, por el que se regulan los apartamentos turísticos y alojamientos vacacionales de la Región de Murcia. El art. 30, rubricado «Alojamientos vacacionales», recogía que «No tendrán la consideración legal de apartamentos turísticos, sino de alojamientos vacacionales, las unidades aisladas de apartamentos, bungalows, villas, chalés y similares, ofrecidos en régimen de alquiler por las empresas explotadoras a las que se refiere el artículo 5 del presente Decreto, por motivos vacacionales o turístico, y que reúnan los requisitos especificados en el presente Capítulo.»

Si se observa, tanto la definición como la configuración de las viviendas turísticas vacacionales variaba ya de una Comunidad a otra. En el País Vasco, Galicia y la Región de Murcia se recoge en la propia definición la finalidad del alojamiento: por motivos vacacionales o turísticos. Sólo en el País Vasco se hace referencia a la posibilidad de concurrir, junto con el alojamiento, servicios con independencia de sus condiciones. En Andalucía y Asturias únicamente permitían la prestación de alojamiento, y en Galicia, por su parte, se prohibía el alojamiento en habitaciones.

Finalmente, el 4 de febrero de 2010 se publicó en el Boletín Oficial del Estado el Real Decreto 39/2010, de 15 de enero, por el que se derogan diversas normas estatales sobre acceso a actividades turísticas y su ejercicio. La meritada disposición derogó toda una serie de normativa reglamentaria estatal que regulaba, por lo menos con carácter supletorio, el acceso a algunas actividades turísticas y su ejercicio.

Entre las normas que derogó el Real Decreto 39/2010, de 15 de enero, que fue dictado con el objetivo de adaptar la normativa turística estatal existente a la Directiva 2006/123/CE, del Parlamento Europeo y del Consejo, de 12 de diciembre de 2006, relativa a los servicios en el mercado interior, estaban el Real Decreto 2877/1982 y la Orden de 17 de enero de 1967. El objetivo era que, en el ejercicio de sus competencias, fueran las propias Comunidades Autónomas las que adaptasen las correspondientes normas de ordenación conformes con la citada Directiva 2006/123/CE.

4. EL CONTRATO DE ARRENDAMIENTO DE ALOJAMIENTO TURÍSTICO EN VIVIENDA

4.1. Cambio de perspectiva de la vivienda

Analizar el fenómeno del alojamiento turístico en inmuebles privados conduce, automáticamente, a la percepción de un cambio de perspectiva en relación con la vivienda[198].

Ésta no describe ya, únicamente, aquel reducto primario, preciso y necesario para que el individuo y su familia desarrollen su vida personal y familiar. Y, de este modo, satisfacer, su necesidad de residencia habitual. Sino que, junto a esta dimensión social, y sin perder de vista que la vivienda se constituye como un bien reconocido constitucionalmente, *ex* art. 47 CE, se erige una vertiente económica[199], a través de la cual el titular puede y pretende satisfacer otros intereses.

Los individuos, por tanto, buscan la adquisición de otros inmuebles con el fin de constituir en él una segunda residencia de la que disfrutar durante ciertas temporadas del año o, simplemente, a modo de bien de inversión. En este último caso, cederán su uso a través de un contrato de arrendamiento de alojamiento, en cualquiera de sus formas admitidas en Derecho. Y, más recientemente, como consecuencia de su atractivo en cuanto a los

---

198 En relación con la vivienda, su crisis y la necesidad de diversificar sus formas de tenencia y su funcionalidad, *Vid.* NASARRE AZNAR, Sergio, *Los años de la crisis de la vivienda. De las hipotecas subprime a la vivienda colaborativa,* Tirant lo Blanch, Valencia, 2020.

199 BASSOLS COMA, Martín, «Artículo 47», en Oscar Alzaga Villaamil (Dir.), *Comentarios a las Leyes Políticas. Constitución Española de 1978, Tomo IV, Artículos 39 a 55,* Revista de Derecho privado, Madrid, 1984, pp. 314 a 348, p. 315: «Junto a su dimensión social, la vivienda presenta una vertiente económica, [...]. El centro de gravedad de su consideración económica reside, no obstante, en su contemplación como bien de capital».

ingresos económicos que podía proporcionar, a través del arrendamiento de alojamiento de vivienda de uso turístico.

A este cambio de perspectiva de la vivienda, y al consiguiente auge en la comercialización de estancias turísticas en inmuebles privados —puesto que hace años que se configura como una modalidad alternativa y complementaria a la oferta hotelera tradicional—, han influido diversos factores. La recesión económica mundial iniciada a finales del año 2007, los cambios sociales y demográficos advertidos en el seno de nuestra sociedad y, muy en especial, el acceso a Internet y la irrupción de las denominadas plataformas de intermediación en línea como medio alternativo de comercialización de estancias turísticas[200]. Todo ello ha provocado un cambio sustancial en las costumbres de los turistas a la hora de viajar y, en concreto, en cuanto a la elección del alojamiento que más se adapta a sus necesidades personales, familiares y económicas. Y, como consecuencia, un incremento de los alojamientos turísticos en viviendas privadas.

Como bien indica Herrero Suárez, la novedad en el alojamiento privado para el turismo no radica en el modelo «alojativo» en sí mismo, «sino en el modo masivo en que estos alojamientos son ofrecidos en el mercado a través de plataformas»[201].

4.2. El contrato de arrendamiento de alojamiento turístico en vivienda y sus caracteres

En líneas generales, en cuanto al contrato de arrendamiento de alojamiento turístico se refiere, Núñez Iglesias lo ha definido como «todo contrato por el que se cede el uso de una unidad de alojamiento (vivienda,

---

200 González Cabrera, Inmaculada y Rodríguez González, María del Pino, «El futuro de las viviendas vacacionales en Canarias y la necesaria modificación de su actual regulación jurídica», en Andrés Boix Palop (Coord.) y Ana María de la Encarnación Varcárcel (Dir.), *La regulación del alojamiento colaborativo: viviendas de uso turístico y alquiler de corta estancia en el Derecho español*, Thomson Reuters Aranzadi, Cizur Menor, 2018, pp. 407 a 428, p. 412: «Precisamente, el incremento exponencial del alquiler de viviendas vacacionales, producido gracias al desarrollo de Internet y con él de las plataformas digitales (*Airbnb, Homeaway, Alterkey*, etc.), en las que aquéllas han encontrado su mejor escaparate, ha provocado una transformación del mercado».

201 Herrero Suárez, Carmen, «Las viviendas de uso turístico: ¿el enemigo a abatir? Reflexiones sobre la normativa autonómica en materia de alojamientos turísticos», *Revista de Estudios Europeos* (2017), N.º 70, pp. 150 a 161, p. 153.

habitación) a un viajero o turista por un precio, y por unidades de tiempo muy cortas: días, semanas o meses, siempre muy por debajo del año, por lo que no sirve para cubrir la necesidad permanente de vivienda.»[202]

Seguidamente, dicho autor, se refiere al contenido del contrato de alojamiento turístico, y apunta a que puede incluir, únicamente, la cesión del uso de la unidad de alojamiento o, además, ciertos muebles o la prestación de determinados servicios[203].

Así pues, el contrato de arrendamiento de alojamiento turístico se caracteriza por ser:

– Un contrato consensual. En virtud del principio de autonomía de la voluntad de las partes, *ex* art. 1255 CC, el contrato se perfecciona con la concurrencia del mero consentimiento, libre y conscientemente otorgado, entre el propietario y el turista arrendatario, en relación con el objeto cierto y la causa del contrato.

  A partir de dicho momento, el contrato se considerará válido y desplegará plenos efectos jurídicos (arts. 1254, 1258, 1261 y 1262 CC).

  Su eficacia no queda sometida a ningún requisito de forma, por lo que regirá el principio de libertad de forma que proclama nuestro ordenamiento jurídico (arts. 1278, 1279 y 1280 CC), sin perjuicio de que las partes decidan celebrarlo en forma escrita[204].

---

202 NÚÑEZ IGLESIAS, Álvaro, «Tipología de los contratos de alojamiento turístico extrahotelero», en Pedro A. Munar Bernat, (Dir.), *Turismo residencial. Aspectos económicos y jurídicos*, Dykinson, Madrid, 2010, pp. 221 a 256, p. 223.

203 *Ídem.* En términos parecidos, *Vid.* CEBALLOS MARTÍN, María Matilde; LLODRÀ GRIMALT, Francesca; ROCA FERNÁNDEZ-CASTANYS y VILASAU SOLONA, Mònica, «Tipos de contratos turísticos en particular», en Raúl Pérez Guerra (Coord.), *Derecho de las actividades turísticas,* UOC, Barcelona, 2006, pp. 251 a 332, pp. 290 y 291, el contrato de alojamiento consiste en aquél en virtud del cual «una de las partes se obliga a proporcionar alojamiento y otros servicios complementarios, y la otra parte debe pagar un precio. Es un contrato que puede combinar distintos tipos contractuales: el arrendamiento de cosa (habitación), servicios, obra (comida) y el depósito.»

204 Lo anterior choca con el art. 12.4 del Decreto 113/2015, de Canarias, cuyo precepto exige que: «Con carácter previo a la efectiva ocupación de la vivienda vacacional por los usuarios, si la contratación no se hubiera realizado por escrito con anterioridad, será preceptivo que ambas partes firmen un documento en el que, como mínimo, se han de recoger las condiciones extractadas del contrato, con indicación de los horarios, número máximo de personas que pueden ocupar la vivienda y los precios a cobrar por el servicio de alojamiento». Es decir, se impone

- Un contrato bilateral o sinalagmático, en el que intervienen, al menos, dos partes contratantes y las obligaciones del arrendador y del arrendatario son recíprocas o correlativas y se sirven mutuamente de su causa[205].

  Por una parte, el propietario se obliga a ceder el goce o uso de un inmueble o parte de él en los términos previstos en la normativa, por un tiempo determinado. Y, por su parte, el turista arrendatario se obliga a pagar el precio en la forma convenida, así como a usar de forma adecuada el inmueble y los servicios puestos a su disposición.

- De carácter oneroso. El momento en que deba realizarse la contraprestación puede fijarse por las partes en el contrato, ya sea abonando la totalidad de un precio pactado al inicio de la estancia, al finalizar ésta, o parte al principio y parte al final[206].

  En el contrato de arrendamiento, el Tribunal Supremo señaló, en su sentencia de 2 mayo 1994 que: «el precio en el arrendamiento es un requisito esencial para la existencia de tal contrato, ya que la gratuidad es incompatible con la esencia de dicho negocio»[207]. Siendo necesaria la concurrencia de un precio, para LACRUZ BERDEJO, éste puede consistir en cualquier contraprestación[208]. Si bien, como se

---

un requisito de forma, cuando en nuestro ordenamiento jurídico impera el principio de libertad de forma.

205 CASTÁN TOBEÑAS, José, *Derecho civil español, común y foral, T. IV. Derecho de obligaciones. Las particulares relaciones obligatorias,* 15ª edición, Reus, Madrid, 1993, p. 280.

206 BALLARÍN HERNÁNDEZ, Rafael y MAS BADÍA, M.ª Dolores, «Arrendamiento de locales para uso distinto del de vivienda», en Alberto Bercovitz Rodríguez-Cano (Dir.), *Contratos mercantiles. Volumen I,* 3ª edición, Aranzadi, Cizur Menor, 2007, pp. 75 a 127, p. 83: «la falta de precio es incompatible con el tipo; de modo que, sin precio, el contrato sería nulo como arrendamiento, por excluir su función social típica y por falta de uno de sus elementos reales, de carácter esencial, [...]. Si no se puede probar que ha mediado precio, a efectos jurídicos es como si faltara, sin perjuicio de la posible conservación de una relación contractual en concepto de comodato».

207 SSTS 2 mayo 1994, núm. 282/1994 (RJ 1994, 3557); 16 noviembre 2000, núm. 1050/2000 (RJ 2000, 9216).

208 *Vid.* LACRUZ BERDEJO, José Luis, *Elementos de Derecho civil. II. Derecho de obligaciones. Vol. 2. Contratos y cuasicontratos. Delito y cuasidelito,* 2ª edición, Dykinson, 2002, pp. 118 y 119: «Los romanos exigían que el precio fuera en dinero, como en la compraventa, pero la regulación vigente no contiene tal exigencia, y así el arrendamiento ya no es, respecto del goce, lo que la venta utilidad plena (cambio de dinero por cosa), sino el contrato de cesión de uso a cambio de cualquier contra-

verá, algunas Comunidades Autónomas excluyen de su ámbito de aplicación las cesiones de viviendas de uso turístico sin mediar precio.

- Es conmutativo. En el contrato de arrendamiento existe una ventaja o enriquecimiento patrimonial cierto y determinado *ab initio* a cambio de una contraprestación a favor del otro contratante.

  O en palabras de DÍEZ-PICAZO, los contratos son conmutativos «cuando la relación de equivalencia de las prestaciones a cargo de ambas partes se encuentra de antemano fijada por ellas de una manera inmodificable»[209].

- De carácter temporal. El contrato de arrendamiento de alojamiento turístico tendrá una duración, normalmente, de días, semanas o meses[210], según las necesidades del turista y lo previsto en la normativa sectorial.

  Dicho contrato recaerá sobre un inmueble o parte de él, dotado de cierto mobiliario, equipo e instalaciones, y cuyo fin principal es satisfacer la necesidad de alojamiento temporal por motivos vacacionales.

5. MARCO NORMATIVO ACTUAL DEL CONTRATO DE ARRENDAMIENTO DE VIVIENDA DE USO TURÍSTICO

5.1. La Ley 4/2013, de 4 de junio, de medidas de flexibilización y fomento del mercado del alquiler de viviendas turísticas

El 6 de junio de 2013 entró en vigor la Ley 4/2013, de 4 de junio, de medidas de flexibilización y fomento del mercado del alquiler de viviendas

---

prestación.» Como bien pone de relieve NÚÑEZ IGLESIAS, Álvaro, *op. cit.*, p. 222: «Del alojamiento gratuito, nada hay que decir, por mucho que pueda perjudicar al sector hotelero, pues la cesión gratuita del alojamiento es libre.»

209 Véase con amplio detalle a DE FUENMAYOR CAMPIN, Amadeo, «La equivalencia de las prestaciones en la legislación especial de Arrendamientos», *Anuario de Derecho Civil* (1950), fascículo 4º, pp. 1189 a 1217. DÍEZ-PICAZO, Luis, *Fundamentos del Derecho civil patrimonial. Tomo I. Introducción a la teoría del contrato,* Civitas, Madrid, 1996, p. 86: «Sin embargo, en épocas de especial inestabilidad y variabilidad económica resulta claro que en ningún tipo de contrato la objetiva relación de equivalencia puede considerarse como algo absolutamente inmodificable.»

210 Período bastante inferior a un año: NÚÑEZ IGLESIAS, Álvaro, *op. cit.*, p. 222.

turísticas, a través de la cual se introdujeron cambios muy importantes en relación con las viviendas de uso turístico[211].

Según el tenor de su Preámbulo, «en los últimos años se viene produciendo un aumento cada vez más significativo del uso del alojamiento privado para el turismo, que podría estar dando cobertura a situaciones de intrusismo y competencia desleal, que van en contra de la calidad de los destinos turísticos».

Uno de los objetivos, por lo tanto, que perseguía el legislador estatal a través de la aprobación de la Ley 4/2013 era atajar el intrusismo y la competencia desleal de las viviendas de uso turístico hacía otros establecimientos hoteleros[212], y no regularlos, a nuestro juicio, para hacerla una tipología atractiva y competitiva frente al resto de la oferta «alojativa» turística.

Para ello, la Ley 4/2013 introdujo un nuevo apartado en el art. 5 LAU del siguiente tenor: «Quedan excluidos del ámbito de aplicación de esta ley: [...] e) La cesión temporal de uso de la totalidad de una vivienda amueblada y equipada en condiciones de uso inmediato, comercializada o promocionada en canales de oferta turística y realizada con finalidad

---

211 Aunque también afectó a otros ámbitos. *Vid.* especialmente NASARRE AZNAR, Sergio, «La eficacia de la Ley 4/2013, de reforma de los arrendamientos urbanos, para aumentar la vivienda en alquiler en un contexto europeo», *Revista Crítica de Derecho Inmobiliario* (2015), N.º 747, pp. 205 a 249; PADILLA RUÍZ, Pedro, «Comentarios a la Ley 4/2013, de medidas de flexibilización y fomento del mercado del alquiler de viviendas», *Revista Aranzadi Doctrinal* (2013), N.º 4; RUBIO TORRANO, Enrique, «Medidas de flexibilización y fomento del mercado del alquiler de viviendas», *Revista Doctrinal Aranzadi Civil-Mercantil* (2013), núm. 5; BERROCAL LANZAROT, Ana Isabel, «Análisis de la Ley 4/2013, de 4 de junio, de medidas de flexibilización y fomento del mercado del alquiler de viviendas», *Actualidad Civil* (2013), N.º 7-8.

212 *Vid.* CAMPUZANO TOMÉ, Herminia, «El alquiler de...», *op. cit.*, p. 1203: «el crecimiento experimentado en los últimos años y la fuerza con la que emergen como alternativa de alojamientos para los turistas, motivó que los establecimientos de alojamiento colectivo, que veían en los alquileres de apartamentos por cortos períodos de tiempo una especie de competencia desleal, elevaran sus voces presionando al legislador para que promoviera su regulación y los excluyera del ámbito de aplicación de la legislación civil arrendaticia.» O GONZÁLEZ CABRERA, Inmaculada y RODRÍGUEZ GONZÁLEZ, María del Pino, *op. cit.*, p. 412, al señalar que: «ha puesto en peligro la posición de dominio y prevalencia que la oferta tradicional hotelera y extra-hotelera ocupaba hasta ese momento en el mercado, convirtiéndose la vivienda vacacional en un claro competidor y, por ende, en una amenaza.»

lucrativa cuando esté sometida a un régimen específico, derivado de su normativa sectorial.»

El legislador estatal llamó la atención en un triple sentido:

- Por una parte, recuerda que todos aquellos propietarios que quieran ceder sus inmuebles con fines de alojamiento privado para el turismo deberán estarse, si existe, a lo previsto en la normativa sectorial autonómica, so pena de ser sancionados administrativamente en caso de incumplimiento.
- Por otro lado, que aquellas Comunidades Autónomas que aún no hayan previsto las viviendas de uso turístico en su normativa sectorial, sepan que tales cesiones quedaran sometidas al arrendamiento para uso distinto del de vivienda de la LAU si concurren todos los requisitos previstos en la letra e), de su art. 5.
- Y si la cesión queda efectivamente sometida a la normativa sectorial turística, los aspectos civiles del contrato no pueden regularse ya a través de la LAU.

Así, el hito más relevante es la exclusión de un concreto régimen civil aplicable a esta modalidad de alojamiento, como es la LAU.

A su vez, a la reforma llevada a cabo por la Ley 4/2013 se le pueden advertir ciertos errores de redacción. El que más llama la atención es que, si observamos la letra e), del art. 5 LAU, no concurre ningún elemento definidor que permita determinar, de forma categórica, si estamos ante un arrendamiento para uso distinto del de vivienda, *ex* art. 3 LAU, o ante un alojamiento privado para el turismo.

Bajo nuestro punto de vista, lo adecuado hubiera sido fijar cual debía ser la causa, la finalidad del contrato, que permitiera diferenciarlo del resto de modalidades previstas en la LAU[213].

Obsérvese que el art. 2 LAU, titulado «Arrendamiento de vivienda», recoge en su apartado primero la finalidad del contrato, entre otros aspectos: «cuyo destino primordial sea satisfacer la necesidad permanente de vivienda del arrendatario».

---

213 Así lo hizo el legislador italiano, cuyo art. 53, del Decreto Legislativo de 23 de mayo de 2011, n.º 79, del Código de Turismo, prevé que: «El contrato de arrendamiento con finalidad exclusivamente turística, y con independencia del lugar en que esté situado el inmueble, queda sometido a las disposiciones del Código civil en materia de arrendamientos.»

Igualmente, el art. 3 LAU, rubricado «Arrendamiento para uso distinto del de vivienda», prevé la finalidad del contrato: «tenga como destino primordial uno distinto del establecido en el artículo anterior», es decir, no satisfacer la necesidad permanente de vivienda.

Vemos, por tanto, que la finalidad permite diferenciar cuándo estamos ante una modalidad u otra, y cuál es, entonces, su régimen jurídico aplicable. No obstante, esto no ocurre con las viviendas de uso turístico, y ello a pesar de que en determinadas ocasiones el contrato de arrendamiento de alojamiento en vivienda de uso turístico quedará sometido por completo a la LAU.

Es cierto que en el Preámbulo de la Ley 4/2013 el legislador estatal se refiere al «alojamiento privado para el turismo», pero no recoge este aspecto en el cuerpo de la letra e), del art. 5. Por contra, lo que hace es mencionar una serie de premisas cuya presencia en el contrato de alojamiento turístico dependerá de la voluntad de cada legislador autonómico a la hora de definir la modalidad de alojamiento de las viviendas de uso turístico, haciendo depender la concurrencia de una o alguna de ellas para considerar el arrendamiento de alojamiento como turístico y someterlo a su ámbito de aplicación.

Por ello, consideramos la finalidad del contrato de arrendamiento como el elemento esencial para determinar cuándo nos encontramos ante una u otra modalidad de arrendamiento de alojamiento, incluido el turístico. Si bien, la reflexión anterior, a la par de sencilla y aparentemente obvia, topa directamente con el hecho de que la Administración autonómica competente en la materia desconocería que esa concreta vivienda, en ese concreto momento, está sirviendo de alojamiento para el turismo. Hecho que sólo podría ser soslayado por la diligencia y buena fe del arrendador comunicando el anterior extremo, o a través de la correspondiente inspección.

Si se hubiera previsto de forma expresa la finalidad turística en el art. 5, letra e), LAU —como lo hizo el legislador en los arts. 2 y 3 del mismo cuerpo legal—, el resto de su contenido se convertiría en presunciones o indicios que, sin duda alguna, pueden contribuir a calificar el contrato de arrendamiento de alojamiento «turístico»[214].

---

[214] Algunos autores han criticado la falta de precisión del legislador en relación con el art. 5, letra e) LAU, al no establecerse si tales circunstancias debían concurrir de forma conjunta. Es el caso de Feliu Amengual, Bernardo, «Arrendamientos urbanos: de la Ley estatal 4/2013 a la Ley General Turística», *Boletín de la Real Academia de Jurisprudencia y Legislación de las Illes Balears* (2014), N.º 15, pp. 177 a 188,

Así, debe entenderse que, si la finalidad del alojamiento es turística y existe normativa sectorial autonómica que regule el alojamiento privado para el turismo, la cesión quedará sometida a ella, pero sólo en relación con los aspectos administrativos y, consecuentemente, excluida de la LAU en cuanto a los aspectos civiles. Salvo que la propia norma turística establezca otra cosa.

No obstante lo anterior, y a pesar de adolecer la exclusión realizada por la LAU de cierta imprecisión al no referirse a la finalidad del contrato, su tenor nos parece claro, especialmente si el precepto en cuestión se lee a la luz del contenido del Preámbulo de la Ley 4/2013[215].

Además del defecto en cuanto a la finalidad del contrato, a la reforma operada por la anterior Ley se le puede advertir otra carencia.

En un primer momento, sólo incluyó la referencia a «los canales de oferta turística» para llevar a cabo la comercialización y promoción de la vivienda. Obviando, consecuentemente, la posibilidad de llevar a cabo esta comercialización o promoción a través de otros canales.

Ello provocó que los canales se convirtieran en la principal presunción a la hora de determinar si nos encontrábamos ante un alojamiento turístico en vivienda o no y, consecuentemente, el régimen jurídico aplicable.

En este sentido puede citarse la sentencia de 21 marzo 2017, del Tribunal Superior de Justicia de las Islas Canarias:

> «El Decreto 113/2015, regula un nuevo servicio de alojamiento turístico, encuadrado dentro de la modalidad extrahotelera, que se presta dentro de unidades alojativas emplazadas en edificaciones destinadas en su origen a usos residenciales (viviendas). Pero no todo arrendamiento de viviendas vacacionales está comprendido dentro de su ámbito de regulación, sin sólo los que sean promocionados en canales de oferta turística, de forma habitual; se trataría de intervenir solo en aquellas ofertas alojativas que utilizan los mismos canales de difusión que los productos tradicionales. Así es el medio

---

p. 181, al guardar silencio el precepto o no desarrollar debidamente lo que debe entenderse por cada uno de estos requisitos, sobre si se precisa su concurrencia o es suficiente la de alguno de ellos, «amén de cuando se entiende comercializado o promocionado el producto en canales de oferta turística, por lo que cabe hablar de una absoluta falta de concreción legal susceptible de múltiples interpretaciones».

215 En contra, DESDENTADO DAROCA, Eva, *op. cit.* p. 54, quien la considera incompleta e ineficaz. «Incompleta en la medida en que es parcial y, además, ineficaz por sí misma. Es parcial, porque no todo arrendamiento de temporada para un uso turístico se ve excluido de la LAU.»

de publicidad utilizado el determinante de la calificación del alojamiento ofertado como turístico, amén de la habitualidad de la oferta.

Las demás ofertas de alojamiento de viviendas vacacionales, al no ser consideradas turísticas, quedan fuera de las potestades de intervención en materia turística y, por lo tanto, son libres, sometiéndose como arrendamientos de temporada al art. 3.2 de la Ley 29/1994, de 24 de noviembre.»[216]

Como puede observarse, afirma que es el medio utilizado el elemento determinante para calificar un alojamiento como turístico. Es decir, los canales de oferta turística.

En términos similares se pronunció el Tribunal Superior de Justicia de Castilla y León, en su sentencia núm. 88/2018, 5 febrero[217].

Consideramos que la utilización de dichos canales puede ser un presupuesto que coadyuve a calificar el alojamiento como turístico, pero en ningún caso es determinante si la finalidad del contrato no es satisfacer la necesidad de alojamiento por motivos turísticos[218]. El medio de comerciali-

---

216 Sentencia núm. 41/2017, 21 marzo (RJCA 2017,645).

217 STSJ (Sala de lo Contencioso Administrativo Sección 1ª), RJCA 2018, 196. O la sentencia núm. 148/2016, 27 abril, del Juzgado de lo Contencioso-Administrativo núm. 6 de Valencia (JUR 2016,102384), que recoge que: «[...] y así el calificativo de vivienda de uso turístico por la legislación autonómica no viene determinado por el uso del suelo que ocupa, sino por los medios o canales utilizados para su publicidad y/o comercialización.» *Vid.* Martínez Nadal, Apol·lònia, *Alquiler turístico de..., op. cit.*, p. 33 que, tras citar la sentencia de 21 marzo 2017 del Tribunal Superior de Justicia de las Islas Canarias, establece que «En efecto, tras la reforma introducida por la Ley 4/2013, el canal de comercialización parece el elemento determinante (pero no el único) de la calificación del arrendamiento vacacional como turístico y de su sometimiento a la normativa administrativa autonómica sobre la materia». O Bauzá Martorell, Felio José, «Intervención administrativa en la vivienda turística vacacional», *Revista Española de Derecho Administrativo* (2018), N.º 189, pp. 313 a 346, p. 317: «*De lege data* el canal de comercialización se convierte en el elemento que distingue el sometimiento del arrendamiento de temporada a la legislación civil o a la turística. Según la legislación sectorial en materia de turismo [...] la comercialización del arrendamiento esporádico de una vivienda a través de un canal turístico determina la aplicación de la normativa autonómica turística.»

218 *Vid.* Cantero Castillo, Rafael Jorge, «Regulación de las viviendas turísticas en Andalucía», *Actualidad Administrativa* (2016), N.º 7-8, p. 3: «lo que caracteriza al alojamiento en viviendas turísticas no es el negocio jurídico, el uso de una vivienda a cambio de un precio, sino la concurrencia de tres requisitos referidos al inmueble y a la forma en que el servicio se ofrece al público. Estos son: – Que la vivienda esté situada en suelo residencial [...]; – El alojamiento debe prestarse

zación, así, se presenta como un elemento fácil, aunque incierto, a la hora de conferir un carácter turístico a la cesión.

Ante este panorama, el legislador estatal decidió modificar de nuevo la Ley de Arrendamientos Urbanos.

5.2. El Real Decreto-ley 21/2018, de 14 de diciembre, de medidas urgentes en materia de vivienda y alquiler

El 19 de diciembre de 2018, entró en vigor el Real Decreto-ley 21/2018, de 14 de diciembre, de medidas urgentes en materia de vivienda y alquiler, por el que se modificó el contenido de la letra e), del art. 5, LAU, introducido por la Ley 4/2013.

Dicho precepto quedó redactado de la siguiente forma: «Quedan excluidos del ámbito de aplicación de esta ley: [...] e) La cesión temporal de uso de la totalidad de una vivienda amueblada y equipada en condiciones de uso inmediato, comercializada o promocionada en canales de oferta turística o por cualquier otro modo de comercialización o promoción, y realizada con finalidad lucrativa, cuando esté sometida a un régimen específico, derivado de su normativa sectorial turística».

Si nos fijamos, la modificación introdujo algún cambio en el precepto a tener en cuenta. Pero no el esencial, es decir, introducir la finalidad de la cesión, como hemos apuntado *supra.*

Se podía leer en su Preámbulo «Se observa que el incremento de los precios del mercado de la vivienda ha sido particularmente intenso en entornos territoriales de fuerte dinámica inmobiliaria, caracterizados por una mayor actividad turística desarrollada sobre el parque de viviendas existente. [...] el fenómeno creciente del alquiler turístico de vivienda a través de plataformas p2p incide en un contexto en el que, además, la demanda de vivienda en alquiler está creciendo con intensidad».

Y continúa diciendo «También se recoge en el Título I una precisión técnica en la exclusión del ámbito de aplicación de la Ley de Arrendamientos Urbanos de la cesión temporal del uso que comporta la actividad de las

---

con habitualidad y finalidad turística [...]; – Canales de oferta turística [...]. En todo caso, lo que se ofrezca por el canal siempre tendrán que ser servicios turísticos, la vivienda no tendría la consideración de turística si se comercializará por una agencia inmobiliaria.».

denominadas viviendas de uso turístico, suprimiendo la limitación de que éstas deban ser necesariamente comercializadas a través de canales de oferta turística y remitiendo, específicamente, a la establecido en la normativa sectorial turística que resulte de aplicación.»

Así las cosas, a nivel estatal, a partir del Real Decreto-ley 21/2018, se entenderá, por una parte, que hay una cesión de vivienda para alojamiento privado para el turismo no sólo cuando su promoción o comercialización se realice a través de canales de oferta turística, sino también cuando se utilice «cualquier otro modo de comercialización o promoción».

Es decir, toda aquella cesión de vivienda de uso turístico realizada en el sentido del art. 5, letra e), LAU, en un territorio cuya Comunidad Autónoma no cuente con normativa sectorial en ese ámbito, quedará sometida a la LAU, a través del contrato de arrendamiento para uso distinto del de vivienda.

En cambio, si el contrato de alojamiento encaja en los parámetros ofrecidos por el legislador autonómico a la hora de regular las viviendas de uso turístico en su territorio, el contrato quedará, en parte, a ella sometido. Y decimos en parte, puesto que las Comunidades Autónomas únicamente pueden regular los aspectos administrativos del contrato de arrendamiento, y no los elementos de Derecho privado, aunque algunos legisladores autonómicos se extralimiten competencialmente.

Y, por otra, especifica, ahora sí, a qué régimen jurídico sectorial quedaban sometidos dichas comercializaciones o promociones: a la «normativa sectorial turística»[219].

Otra importante novedad del Real Decreto-ley 21/2018 se predica de aquellos contratos de alojamiento turístico que recayeran sobre inmuebles que estuvieran sometidos a régimen de propiedad horizontal.

En concreto, introdujo un apartado duodécimo al art. 17 de la Ley 49/1960, de 21 de julio, sobre Propiedad Horizontal, por el que se quiebra el régimen de unanimidad a la hora de modificar el título constitutivo y los estatutos en relación con la posibilidad de limitar o condicionar las viviendas de uso turístico en un edificio sometido a régimen de propiedad horizontal. A partir de ese momento, el quórum requerido es de tres quintas

---

219 La doctrina, no obstante, entendía que, al aludir a la normativa sectorial, el legislador estatal se refería a la turística. Así lo expresa MARTÍNEZ NADAL, Apol·lònia, *Alquiler turístico de…, op. cit.*, p. 39.

partes de propietarios y cuotas. Dicho quórum también se aplica en caso de establecerse una cuota especial de participación. Y precisa que dichos acuerdos no tendrán efectos retroactivos. Las viviendas de uso turístico sometidas a régimen de propiedad horizontal serán abordadas pormenorizadamente en un capítulo aparte.

No obstante, el 24 de enero de 2019 se publicó en el Boletín Oficial del Estado[220], la Resolución de 22 de enero de 2019, del Congreso de los Diputados, por la que se ordena la publicación del Acuerdo de derogación del Real Decreto-ley 21/2018, de 14 de diciembre, de medidas urgentes en materia de vivienda y alquiler, dejando sin efecto las modificaciones introducidas. Por lo que aquí interesa, la relativa a la comercialización o promoción realizada por «cualquier otro modo» distinto al de los canales de oferta turística; la especificación de la normativa sectorial aplicable: la «turística», y la relativa a las viviendas sometidas a régimen de propiedad horizontal. Volviendo, como consecuencia, a la situación instaurada por la Ley 4/2013.

Acto seguido, lo que debemos plantearnos es si la reforma pretendida con el no convalidado Real Decreto-ley 21/2018 tuvo algún impacto en el régimen de las viviendas de uso turístico.

La respuesta, a nuestro modo de ver, debe ser negativa, y ello con fundamento en los siguientes motivos:

1.º Antes de la entrada en vigor de la Ley 4/2013, como hemos visto, ya existían Comunidades Autónomas con disposiciones normativas regulando las viviendas de uso turístico. Ello generaba que el contrato quedase sometido a la misma, aunque, como se pondrá de manifiesto, podría existir la duda en relación con cuál era el régimen jurídico civil aplicable al contrato.

2.º Tras la aprobación de la Ley 4/2013, unas Comunidades Autónomas previeron, por vez primera, una regulación de las viviendas de uso turístico, y otras, adaptaron su regulación a las previsiones del art. 5, letra e), LAU, en un sentido más o menos parecido.

Desde ese momento, si la cesión tenía una finalidad turística y reunía los parámetros previstos en la normativa sectorial, el contrato quedaba a ella sometido, en cuanto a los aspectos administrativos, y excluido de la LAU, en relación con los aspectos de Derecho civil.

---

220 BOE núm. 21, de 14 de enero de 2019.

3.º Salvo Extremadura, el resto de las Comunidades Autónomas han regulado de una forma u otra las viviendas de uso turístico.

Por este motivo, *a priori*, la referencia a «cualquier otro modo de comercialización o promoción» en la normativa estatal no aportaba nada, o prácticamente nada, al ámbito de las viviendas de uso turístico. Salvo, como decimos, en el caso de Extremadura.

Todo ello nos lleva a concluir que, la especifidad introducida por el Real Decreto-ley 21/2018: «cualquier otro modo de comercialización o promoción», pudo afectar a un número reducido de cesiones, puesto que la práctica totalidad de las Comunidades Autónomas ya regulaban y regulan de una determinada manera las viviendas de uso turístico en sus ordenamientos jurídicos. Y, por tanto, la anterior precisión no les resultaría de aplicación.

Lo más destacable del Real Decreto-ley 21/2018, dejando aparte la referencia a las viviendas de uso turístico sometidas a régimen de propiedad horizontal, es su no convalidación y la inseguridad jurídica que la sucedió.

El Real Decreto-ley 21/2018 no sólo afectó a las viviendas de uso turístico, sino también, y especialmente, a la duración del contrato de arrendamiento de vivienda.

Todo ello originó que los contratos celebrados durante la vigencia del Real Decreto-ley 21/2018, quedaran sometidos al mismo, puesto que la derogación no tiene efectos *ex tunc*, sino *ex nunc*[221], por lo que se mantiene la validez de la ley durante el período de vigencia. Y, por ende, la de los contratos realizados en ese lapso de tiempo, dándose varios regímenes jurídicos en relación con los arrendamientos urbanos, incluidas las viviendas de uso turístico, pero sólo aquellas que estuvieran situadas en una Comunidad Autónoma con ausencia de regulación que, por ello, estaban sometidas a la LAU[222].

---

[221] Tena Arregui, Rodrigo, «Decretos-leyes de gobiernos en minoría. Efectos de la no convalidación del Real Decreto-ley 21/2018 en materia de arrendamientos», disponible en https://hayderecho.expansion.com/2019/01/23/efectos-de-la-no-convalidacion-del-real-decreto-ley-21-2018-en-materia-de-arrendamientos/.

[222] Véase Martínez de Santos, Alberto, «La derogación del Decreto-ley y el precipicio al que nos conduce un legislador provisional», *La Ley* (2019), 2195, al tratar dos de los interrogantes que genera la derogación del Real Decreto-ley 21/2018, de 14 de diciembre: uno, ¿cómo realizar un control efectivo del uso abusivo del decreto ley que realiza el ejecutivo? Y dos: ¿es posible que los particulares puedan

5.3. El Real Decreto-ley 7/2019, de 1 de marzo, de medidas urgentes en materia de vivienda y alquiler

El marco normativo definitivo y actual quedó finalmente establecido por el Real Decreto-ley 7/2019, de 1 de marzo, de medidas urgentes en materia de vivienda y alquiler, que vino a consolidar la reforma iniciada por el derogado Real Decreto-ley 21/2018 y, de nuevo, no se introdujo la finalidad del contrato en el art. 5, letra e), LAU como elemento determinante.

6. EL RÉGIMEN JURÍDICO DE LAS VIVIENDAS DE USO TURÍSTICO

Una vez visto el marco normativo estatal de las viviendas de uso turístico, detengámonos en cuál es el régimen jurídico aplicable, que, como ya hemos adelantado, dependerá de lo previsto en cada Comunidad Autónoma.

Diferenciar cuál es el régimen jurídico aplicable, tanto civil como administrativo, del contrato de arrendamiento de alojamiento turístico en vivienda, es de capital importancia. Ello debido a que, las relaciones entre arrendador y arrendatario deben regirse por normas de naturaleza civil, y no administrativa.

Antes de la entrada en vigor de la Ley 4/2013, en algunas Comunidades Autónomas ya existía normativa autonómica que hacía referencia a las viviendas de uso turístico. Y, como consecuencia, el supuesto de hecho debía entenderse subsumido en ella.

Pero lo cierto es que las Comunidades Autónomas, a través de su competencia en materia de promoción y ordenación del turismo, *ex* art. 148.1.18.ª CE, sólo pueden regular los aspectos administrativos del contrato de alojamiento turístico en vivienda, y no los aspectos de Derecho privado, al carecer de competencia para ello, aunque en la práctica se inmiscuyan en esa esfera reservada al Estado.

Pero ¿cuál era el régimen jurídico civil aplicable al contrato de alojamiento en vivienda de uso turístico antes de la Ley 4/2013?

Hay autores que consideran que antes de la Ley 4/2013, el contrato de arrendamiento de alojamiento de vivienda de uso turístico quedaba some-

---

resolver los contratos o dejar sin efecto los acuerdos alcanzados por las juntas de propietarios al amparo de las normas derogadas?

tido a la LAU, a través del contrato de arrendamiento para uso distinto del de vivienda[223].

Podría darse que, efectivamente, y siguiendo a la anterior doctrina, el contrato de arrendamiento de alojamiento en vivienda de uso turístico quedase sometido totalmente a la LAU, al no existir normativa sectorial que regulase los aspectos administrativos del contrato. Y, si existía en la

---

[223] En este sentido *Vid.* GONZÁLEZ CARRASCO, Carmen, «El nuevo régimen de los arrendamientos de vivienda tras la Ley de medidas de flexibilización y fomento del mercado del alquiler», *Revista CESCO de Derecho de Consumo* (2013), N.º 6, pp. 170 a 190, p. 180: «En la LAU de 1994, si un particular arrendaba a otro su apartamento de la playa para el verano, se trataba de un arrendamiento de temporada, excluido del concepto de arrendamiento de vivienda, pero no de la LAU, que lo consideraba arrendamiento para uso distinto del de vivienda.»; ÁLVAREZ ÁLVAREZ, Henar, *op. cit.*, p. 30; BOTELLO HERMOSA, José María, «La preponderancia del...», *op. cit.*, p. 1547; CAMPUZANO TOMÉ, Herminia, «El alquiler de...», *op. cit.*, p. 1202: «Su finalidad para uso vacacional, lejos de eliminar tal calificación, los dejaba enmarcados con "*especial*" consideración en la categoría de arrendamiento de temporada». De esta misma autora *Vid.* «La injustificada cesión...», *op. cit.*, p. 100: «La norma vino a alterar el régimen jurídico al que tradicionalmente venían sometidos los contratos de alquiler temporal de viviendas para uso vacacional. [...] Encontraban claro refugio bajo el paraguas legal del art. 3.1 LAU como "arrendamientos distintos al de vivienda".»; GUILLEN NAVARRO, Nicolás Alejandro, «Ámbito objetivo del contrato de alojamiento turístico: ¿Qué viviendas se pueden arrendar?», en Guillermo Cerdeira Bravo de Mansilla (Dir.), *Viviendas de uso turístico: régimen civil, administrativo y fiscal*, Reus, Madrid, 2018, pp. 231 a 267, pp. 231 y 232: «tras su modificación en 2013, al desplazar esta tipología de vivienda al ámbito turístico, asumiendo con ello las Comunidades Autónomas el protagonismo regulatorio.»; MARTÍNEZ NADAL, Apol·lònia, *Alquiler turístico de..., op. cit.*, p. 30: «Hasta 2013 se entendía que esta modalidad de alquiler quedaba sometida a la Ley 29/1994, de 24 de noviembre, de Arrendamientos Urbanos, utilizándose habitualmente la figura del arrendamiento por temporada.»; MARTOS CALABRÚS, María Angustias, «El contrato de arrendamiento de vivienda vacacional tras la reforma del artículo 5 de la LAU por la Ley 4/2013», *Revista de Derecho Civil*, Vol. 1 (2014), núm. 1, pp. 91 a 102, p. 92: «Hasta ahora, el alojamiento en vivienda de particulares, por cortas unidades de tiempo (días, semanas) y, normalmente, en período de vacaciones, se había configurado como un arrendamiento de temporada, sujeto a la Ley de Arrendamientos Urbanos.», o MESA MARRERO, Carolina, «Las viviendas de uso turístico y la cuestión competencia en materia civil, *InDret* (2019), 3, pp. 1 a 43, p. 5: «esta modalidad de arrendamiento que se configuraba hasta la Ley 4/2013 como arrendamiento de temporada (*ex* art. 3.2 LAU), tras la modificación operada en la LAU parece quedar sometida al régimen jurídico que, con fundamento en la competencia sobre turismo, establezcan las Comunidades Autónomas.»

Comunidad Autónoma en cuestión normativa sectorial en la materia, los aspectos administrativos quedaban sometidos a ella, y los aspectos civiles a la LAU.

Compartimos la opinión de CARRASCO PERERA, quien hace notar que, ya antes de la Ley 4/2013, los contratos de alojamiento privado para el turismo quedaban sometidos a la normativa sectorial turística[224], siempre y cuando existiese. Y, añadimos nosotros, pero únicamente en lo que se refiere a los aspectos administrativos.

No obstante, al ser la normativa autonómica muy encorsetada y no poco parca en relación con los requisitos que exigía, los propietarios que quisieran ceder sus inmuebles con finalidades turísticas —aunque la Comunidad Autónoma en la que estuviera sito el inmueble contará con normativa al respecto—, decidieron obviar la normativa administrativa y celebrar un contrato de arrendamiento para uso distinto del de vivienda[225].

En cualquier caso, que el arrendamiento para uso distinto del de vivienda sea celebrado por temporada «sea ésta de verano» no permite colegir, de forma automática, que nos encontremos ante una vivienda de uso turístico. Si no, simplemente, que las notas que impregnan el arrendamiento para uso distinto del de vivienda —principalmente, no servir de vivienda permanente—, pueden darse en cualquier época del año, incluida la de verano[226]. Pero celebrar un contrato de arrendamiento para uso distinto

---

224 CARRASCO PERERA, Ángel, «Comentarios al Proyecto de Ley de reforma de los arrendamientos de viviendas», *Revista CESCO de Derecho de Consumo* (2012), N.º 4, pp. 118 a 134. p. 121: «¡Que es precisamente lo que ocurre también ahora!»

225 Los autores FRANCH FLUXÁ, Juan y RIBAS CONRADO, José Francisco, «El alquiler de vivienda para uso vacacional. Perspectiva actual, problemas y propuestas legales», *Estudios Turísticos* (2013), n.º 95, pp. 33 a 57, p. 40, destacan el art. 3 como el «refugio de la gran parte de arrendamientos de viviendas de uso turístico, si bien hay que indicar que, en la mayoría de los alquileres de temporada, cuando comporta el ofrecimiento de algún servicio, estos contratos son en *fraude de ley*.» Se refiere al fraude de ley también ROMÁN MÁRQUEZ, Alejandro, «Las viviendas particulares dedicadas a la actividad de alojamiento turístico. Su exclusión de la Ley de Arrendamientos Urbanos», *Revista Internacional de Doctrina y Jurisprudencia* (2014), N.º 6, 24 p. 4: «Dejando de lado el controvertido fraude de ley consistente en utilizar esta norma para suplantar la normativa específicamente turística».

226 Para DESDENTADO DAROCA, Eva, *op. cit.*, p. 53: «El arrendamiento de temporada, por su parte, tiene lugar cuando no persigue la satisfacción permanente de vivienda del arrendatario (art. 3.2 y 29 y ss.), sino otros usos, como puede ser el vacacional o el turístico.» Efectivamente, será turístico si la finalidad es servir de alojamiento turístico, pero el arrendamiento para uso distinto del de vivienda no

del de vivienda durante la época estival no es sinónimo de arrendamiento de vivienda de uso turístico si la causa o final del contrato no es servir de alojamiento turístico.

Si bien, dichos propietarios, al no recibir ningún «reproche jurídico»[227], continuaron sirviéndose del contrato de arrendamiento para uso distinto del de vivienda para destinar sus inmuebles a fines turísticos, y ello a pesar de que dicha cesión estaba sometida a la normativa sectorial turística de la Comunidad Autónoma correspondiente. Repetimos, en cuanto al régimen jurídico administrativo-turístico, no en lo que atañe al régimen jurídico civil.

Sin embargo, a partir de la introducción de la letra e), en el art. 5, LAU, nuestro ordenamiento jurídico cuenta ya con una disposición expresa en relación con el régimen jurídico civil aplicable a las viviendas de uso turístico.

Permítase que partamos del supuesto de hecho de que la normativa sectorial turística autonómica es legal y acorde con el marco de distribución competencial entre éstas y el Estado, previsto en la Constitución. Especialmente, en lo que se refiere al Derecho civil y a «las bases de las obligaciones contractuales», *ex* art. 149.1.8.ª CE.

El régimen jurídico aplicable a las viviendas de uso turístico se desprende de la lectura sistemática del Preámbulo de la Ley 4/2013, del art. 5, letra e), LAU y de la normativa sectorial vigente según la Comunidad Autónoma donde esté radicado el inmueble.

– Si la cesión con finalidad turística no está sometida a la normativa sectorial, ya sea porque no existe ninguna disposición en ese sentido, o porque la misma establece que no resulta de aplicación, tal y como sucede en determinados casos, el contrato de arrendamiento de alojamiento de vivienda de uso turístico quedará sometido, por entero,

---

es, en todo caso, turístico, sino eso mismo, un arrendamiento para uso distinto del de vivienda, que en ocasiones podrá tener, o no, una finalidad turística.

227 Como indica Herrero Suárez, Carmen, «Las viviendas de uso turístico: ¿el enemigo a abatir? Reflexiones sobre la normativa autonómica en materia de alojamientos turísticos» *Revista de Estudios Europeos* (2017), N.º 70, pp. 150 a 161, p. 154: «Durante muchos años, los propietarios de viviendas particulares han utilizado el arrendamiento civil para alojar a huéspedes temporales, muchos de los cuales tenían una naturaleza inequívocamente turística, sin ser objeto de ningún reproche de carácter jurídico».

a la LAU, a través del contrato de arrendamiento para uso distinto del de vivienda.

- En cambio, si existe normativa sectorial y la cesión tiene perfecto encaje en la misma, el contrato quedará a ella sometido, pero sólo en la medida de los aspectos administrativos, aunque como ya hemos apuntado en ocasiones el legislador autonómico invada parcelas del ordenamiento jurídico cuya regulación recae, en exclusiva, en manos del Estado. Como consecuencia de dicho sometimiento, se produce una exclusión de la aplicación de la LAU y los aspectos civiles se regirán por la norma civil más próxima. Esto es, el Código civil.

6.1. El contrato de arrendamiento para uso distinto del de vivienda de la Ley 29/1994, de 24 de noviembre, de Arrendamientos Urbanos

Debido a que, en ocasiones, el contrato de arrendamiento de alojamiento turístico quedará sometido al régimen jurídico que prevé la LAU para el contrato de arrendamiento para uso distinto del de vivienda, pasemos a analizar este último.

De forma previa a la entrada en vigor del Real Decreto 39/2010, de 15 de enero, que, recordemos, derogó el Real Decreto 2877/1982, de 15 de octubre y la Orden de 17 de enero de 1967, normativa administrativa básica en el ámbito del alojamiento turístico, incluidas las viviendas turísticas vacacionales, se promulgó la Ley 29/1994, de 24 de noviembre, de Arrendamientos Urbanos, que suscitó dudas en cuanto al régimen aplicable al fenómeno del alojamiento turístico en viviendas[228].

El art. 3 de la LAU, que lleva por rúbrica del «Arrendamiento para uso distinto del de vivienda», reza: «1. Se considera arrendamiento para uso distinto del de vivienda aquel arrendamiento que, recayendo sobre una edificación, tenga como destino primordial uno distinto del establecido en el artículo anterior. 2. En especial, tendrán esta consideración los arrendamientos de fincas urbanas celebrados por temporada, sea ésta de verano

---

[228] *Vid.* VERDERA IZQUIERDO, Beatriz, «Replanteamiento del arrendamiento de temporada a la luz del turismo residencial», en Pedro A. Munar Bernat (Dir.), *Turismo residencial. Aspectos económicos y jurídicos*, Dykinson, Madrid, 2010, pp. 257 a 289, pp. 279 y 280.

o cualquier otra, y los celebrados para ejercerse en la finca una actividad industrial, comercial, artesanal, profesional, recreativa, asistencial, cultural o docente, cualesquiera que sean las personas que los celebren.»

Con fundamento en dicho precepto y, especialmente, en la precisión «sea ésta de verano o cualquier otra», los propietarios de inmuebles que quisieran ceder sus viviendas con fines turísticos, a cambio de un precio, y durante un período de tiempo determinado, encontraron en esta modalidad de arrendamiento un hueco a través del cual sortear la encorsetada normativa sectorial turística, sometiendo el contrato en cuestión a las previsiones del art. 4.3 LAU.

La Ley 29/1994, de 24 de noviembre, de Arrendamientos Urbanos, alteró la línea histórica seguida por sus precedentes leyes arrendaticias en relación con el arrendamiento de temporada.

Así, la Ley de 22 de diciembre de 1955, por la que se reforma la legislación de arrendamientos urbanos, a través del Decreto de 13 de abril de 1956, por el que se aprueba el texto articulado de la Ley de Arrendamientos Urbanos[229], y el Decreto 4104/1964, de 24 de diciembre, por el que se aprueba el texto refundido de la Ley de Arrendamientos Urbanos[230], excluían de su ámbito de aplicación dicha modalidad arrendaticia. No obstante, la Ley 29/1994 los sometió, expresamente, a su ámbito de aplicación, denominándolos arrendamientos para uso distinto del de vivienda[231].

---

229 Decía su art. 2.1: «Quedan excluidos de la presente Ley, y se regirán por lo pactado y por lo establecido con carácter necesario en el Código civil o en la legislación foral en su caso y en las leyes procesales comunes, los arrendamientos, cesiones y subarriendos de viviendas o locales de negocio, con o sin muebles, de fincas cuyo arrendatario las ocupe únicamente por la temporada de verano, o cualquier otra, aunque los plazos concertados para el arrendamiento fueran distintos.»

230 En cuyo art. 2 se excluían los arrendamientos de temporada en los mismos términos fijados en su disposición normativa predecesora.

231 En el Preámbulo de la Ley 29/1994, de 24 de noviembre, puede leerse: «Este nuevo categorismo se asienta en la idea de conceder medidas de protección al arrendatario sólo allí donde la finalidad del arrendamiento sea la satisfacción de la necesidad de vivienda del individuo y de su familia, pero no en otros supuestos en los que se satisfagan necesidades económicas, recreativas o administrativas.»

Como ha puesto de manifiesto la doctrina, el elemento principal para calificar el contrato de arredramiento de vivienda o para uso distinto del de vivienda es el destino pactado por las partes en el contrato[232].

Para que el arrendamiento reciba la calificación de uso distinto del de vivienda, no es un requisito *sine qua non* que coincida con la época de verano[233], sino que se deberá estar, principalmente, a la voluntad de las partes manifestada en el contrato y en si persiguen, a través de dicho arrendamiento, la satisfacción, o no, de la necesidad de vivienda permanente[234].

De modo que, la citada referencia a «sea ésta de verano o cualquier otra» no debe llevar a la confusión de calificar de temporada el arrendamiento que se inicia durante aquella época. Será el destino que se dé al inmueble el elemento que permite diferenciar el arrendamiento de temporada del

---

232 *Vid.* VERDERA IZQUIERDO, Beatriz, «El arrendamiento de temporada frente a las estancias turísticas en viviendas», *Consultor Inmobiliario: Revista mensual de actualidad para profesionales* (2009), N.º 107, pp. 3 a 19, citando la SAP Las Palmas, 7 febrero 1997, al ofrecer una distinción entre el contrato temporal y el contrato de temporada: «no es que estemos ante un contrato de ocupación de la vivienda litigiosa con fines turísticos, es decir, no se trata de un contrato de temporada, en la expresión de la LAU, sino ante un contrato de vivienda celebrado entre las partes por un plazo determinado, un contrato temporal, en concreto, seis meses.» O BOTELLO HERMOSA, José María, «Los arrendamientos de temporada en la Ley 29/1994, de 24 de noviembre, de Arrendamientos Urbanos», *Revista Crítica de Derecho Inmobiliario* (2016), N.º 756, pp. 1959 a 1990, p. 1963, quien considera que el criterio diferenciador será «el uso al que se destine el contrato (la causa del contrato)».

233 *Vid.* VERDERA IZQUIERDO, Beatriz, «La problemática del turismo residencial», *Diario La Ley* (2009), N.º 7292, pp. 1 a 24, quien, además de ofrecer una precisa exposición de la evolución legislativa del arrendamiento de temporada en la Ley de Arrendamientos Urbanos, determina que «no es necesario que "la temporada" se acote exclusivamente a la época estival».

234 BOTELLO HERMOSA, José María, «Los arrendamientos por...», *op. cit.*, p. 1963.

de vivienda[235]. La temporalidad, de esta forma, debe ser apreciada en sentido «amplio y flexible»[236].

En preciso, además, que el contrato de temporada recaiga sobre una finca urbana habitable, en el sentido de una construcción cerrada, con techumbre que preserve al arrendatario de los accidentes atmosféricos[237].

Volviendo al momento de la entrada en vigor de la Ley 29/1994, y ante la posibilidad de someter ciertos alojamientos turísticos en viviendas al ámbito de aplicación de la LAU, la doctrina se pronunció al respecto.

Algunos autores consideraron que el contrato de alojamiento turístico quedaba sometido aún al régimen especial previsto en el Real Decreto 2877/1982, de 15 de octubre, y no a la voluntad de las partes, a través del contrato de arrendamiento para uso distinto del de vivienda que prevé la LAU.

---

235 VALPUESTA FERNÁNDEZ, María Rosario, «Artículo 3. Arrendamiento para uso distinto del de vivienda», en María Rosario Valpuesta Fernández (Coord.), *Comentarios a la nueva Ley de Arrendamientos Urbanos,* Tirant lo Blanch, Valencia, 1994, pp. 52 a 59, p. 55. LOSCERTALES FUERTES, Daniel, *Arrendamientos Urbanos. Comentarios, jurisprudencia y formularios,* 5ª edición, Sepín, Madrid, 2005, p. 138: «En realidad, la LAU no ha hecho otra cosa que recoger la doctrina jurisprudencial, estableciendo que el concepto de "temporada" no está restringido a las vacaciones o al tiempo libre, sino que se aplica igualmente a todos estos tipos de supuestos en que la vivienda o el local se ocupa por un periodo temporal y no con finalidad permanente». VERDERA IZQUIERDO, Beatriz, «Replanteamiento del arrendamiento...», *op. cit.*, p. 265: «si se acuerda un arrendamiento por un par de meses eso no quiere decir que automáticamente sea calificado como arrendamiento para uso distinto del de vivienda y en particular de temporada, en tanto las partes hayan establecido otro destino y calificación.»

236 VÁZQUEZ BARROS, Sergio, *Ley de Arrendamientos Urbanos. Comentarios, formularios y jurisprudencia,* Tecnos, Madrid, 2004, p. 52: «cuando pueda deducirse claramente que este uso y ocupación del que el inmueble es objeto responde a exigencias circunstanciales, esporádicas o accidentales determinantes del contrato y elevadas, expresamente, a la condición de causa por las partes».

237 *Vid.* por todos VALPUESTA FERNÁNDEZ, María Rosario, *op. cit.*, p. 55. DÍEZ-PICAZO, Luis, «Capítulo VIII. Los arrendamientos urbanos, en *Fundamentos de Derecho civil patrimonial, op. cit.*, p. 296: «por consiguiente, que los arrendamientos sujetos a la LAU son arrendamientos que recaen no solamente sobre una finca urbana, sino sobre una vivienda que se encuentre edificada, bien tenga como objeto el arrendamiento toda la finca edificada, o solamente una parte de ella.»

Esta posición fue defendida por VALPUESTA FERNÁNDEZ, al entender que el régimen aplicable no había sido salvado de forma expresa en la disposición derogatoria[238].

En contra de la tesis anterior, encontramos a DE PABLO CONTRERAS, al considerar parcialmente derogado el Real Decreto 2877/1982, de 15 de octubre, siéndoles de aplicación a los arrendamientos de alojamiento turístico lo previsto en el art. 3 de la LAU, en relación con los arrendamientos para uso distinto del de vivienda[239].

---

238 VALPUESTA FERNÁNDEZ, María Rosario, *op. cit.*, p. 58: «Parece que la finalidad que con el mismo se pretende no queda absorbida por la reciente normativa sobre arrendamientos urbanos, ni tampoco es incompatible con los principios que la informan, que no impiden un régimen especial cuando la defensa de determinados intereses lo justifican. Con lo que se puede concluir que tales contratos de arrendamientos se rigen por lo dispuesto en el R. D. 2877/1982.» No obstante, parece que la autora se refería sólo a los contratos de arrendamiento de apartamentos turístico, y no a los contratos de arrendamiento de vivienda turística vacacional, puesto que únicamente hace referencia al art. 1 del Real Decreto, que recordemos se refiere a los «apartamentos turísticos». O AURIOLES MARTÍN, Adolfo, *Introducción al Derecho turístico. Derecho privado del turismo,* Tecnos, Madrid, 2002, p. 80, al entender que «la naturaleza turística del servicio de alojamiento extrahotelero permite rechazar que el contrato celebrado entre empresa explotadora, sea propietaria o no, del apartamento turístico y el cliente pueda ser considerado como de mera cesión del uso y disfrute de una unidad alojativa (arrendamiento), siendo lo característico el conjunto de servicios complementarios que el cliente recibe de la empresa, desde el mismo momento de la ocupación del alojamiento.» En este sentido, CASALS GENOVER, Enric; PINTÓ SALA, Jordi; GINESTA DE PUIG, Marga y PINTÓ SALA, Alejandro, «Artículo 3. Arrendamiento para uso distinto del de vivienda», en *Comentarios a la Ley de Arrendamientos Urbanos de 1994,* Bosch, Barcelona, 1995, p. 48, traen a colación la postura de FUENTES LOJO, quien considera, y a la que los autores se adhieren, que «el contrato de temporada es absolutamente distinto del contrato de alojamiento turístico, regulados por la O. M. de 17 de enero de 1967 y R. D. 2877/1982, de 15 de octubre, los cuales entendemos que están excluidos del ámbito de aplicación de la LAU, por ser contratos complejos ya que están constituidos por una agrupación de otros más simples y de distinta naturaleza que son: arrendamiento de cosa inmueble, cesión de apartamento; un arrendamiento de servicios de índole personal que está obligado el arrendador a prestar de acuerdo con el art. 20 del R. D. y un contrato de depósito por los efectos introducidos por los clientes en los respectivos alojamientos, art. 47 del R. D. En el fondo se trata de una modalidad hotelera.»

239 DE PABLO CONTRERAS, Pedro, «Arrendamiento para uso distinto del de vivienda», en Antonio Pau (Dir.), *El nuevo arrendamiento urbano: régimen civil y registral,* Centro de Estudios Registrales, Madrid, 1996, p. 40: «Los correspondientes contratos de arrendamiento de fincas urbanas han de considerarse para uso distinto del de

En cualquier caso, la duda quedó finalmente disipada con la publicación del Real Decreto 39/2010, de 15 de enero, por el que se derogan diversas normas estatales sobre acceso a actividades turísticas y su ejercicio, entre ellas, el Real Decreto 2877/1982.

Por lo que se refiere al régimen aplicable a los arrendamientos para uso distinto del de vivienda. El art. 4 LAU rubricado, precisamente, «Régimen aplicable», en su apartado 3.º, dispone que «Sin perjuicio de lo dispuesto en el apartado 1[240], los arrendamientos para uso distinto del de vivienda se rigen por la voluntad de las partes, en su defecto, por lo dispuesto en el Título III de la presente ley y, supletoriamente, por lo dispuesto en el Código civil.»

Consecuentemente, dichos arrendamientos se regirán por:

- Lo establecido en el Título I («Ámbito de la ley»).
- Lo dispuesto en el Título IV («Disposiciones comunes»), que incluye el art. 36, relativo a la «Fianza», y el art. 37, que habla de la «Formalización del arrendamiento».
- Por la voluntad de las partes[241].

---

vivienda, siendo el régimen aplicable a los mismos el previsto para estos últimos arrendamientos en el artículo 4.3 LAU; pero, ello, sin perjuicio de la aplicación a esa actividad empresarial de las normas establecidas en dicho Real Decreto, cuya infracción dará lugar, en su caso, a las correspondientes sanciones administrativas.» Dicho autor, pero, igual que VALPUESTA FERNÁNDEZ, sólo cita el art. 1 del Real Decreto 2877/1982, por lo que no sabemos si se refiere únicamente a los «apartamentos turísticos» o si también incluye a las «viviendas turísticas vacacionales» bajo el régimen del art. 3 de la LAU. Y en ese mismo sentido se pronuncia VALLADARES RASCÓN, Etelvina, y ORDÁS ALONSO, Marta, «Artículo 3. Arrendamiento para uso distinto del de vivienda», en Rodrigo Bercovitz Rodríguez-Cano (Coord.), *Comentarios a la Ley de Arrendamientos Urbanos*, 6ª edición, Aranzadi, Cizur Menor, 2013, pp. 115 a 135, p. 134: «También se regirán por las normas del arrendamiento para usos distintos del de vivienda los arrendamientos de apartamentos "turísticos"».

240 El art. 4.1. LAU prevé que: «Los arrendamientos regulados en la presente Ley se someterán de forma imperativa a lo dispuesto en los Títulos I y IV de la misma y a lo establecido en los apartados siguientes de este artículo».

241 CASALS GENOVER, Enric; PINTÓ SALA, Jordi; GINESTA DE PUIG, Marga y PINTÓ SALA, Alejandro, *op. cit.*, p. 54, consideran, en relación con el régimen aplicable al contrato de arrendamiento para uso distinto del de vivienda, que la voluntad de las partes «será siempre norma principal, y que deberá interpretarse de acuerdo con los principios contenidos en el Código civil sobre interpretación de la vo-

- Y, en su defecto, por lo dispuesto en el Título III («De los arrendamientos para uso distinto del de vivienda»), en el que se inserta el art. 29 («Enajenación de la finca arrendada»), el art. 30 («Conservación, mejora y obras del arrendatario»), el art. 31 («Derecho de adquisición preferente»), el art. 32 («Cesión del contrato y subarriendo»), el art. 33 («Muerte del arrendatario»), el art. 34 «(Indemnización al arrendatario») y el art. 35 («Resolución de pleno derecho»)[242].

Tras la anterior exposición, lo que queremos resaltar, además del régimen aplicable, es el elemento que permite diferenciar el contrato de arrendamiento de vivienda del de uso distinto del de vivienda. Éste será la finalidad. Es decir, servir de vivienda permanente, o no.

Esta precisión a la finalidad no está presente en la letra e), del art. 5, LAU. No obstante, entendemos que el régimen previsto para el contrato de arrendamiento para uso distinto del de vivienda sólo se aplicará a aquellas cesiones de inmuebles con fines turísticos que no estén sometidas a normativa sectorial, ya fuere porque no existe, o porque la propia Comunidad Autónoma excluye una concreta cesión de su ámbito de aplicación.

---

luntad contractual.» Para LOSCERTALES FUERTES, Daniel, *Arrendamientos Urbanos. Comentarios…, op. cit.*, p. 136: «la diferencia entre unos y otros arrendamientos es abismal, pues en los de "uso distinto" la autonomía de la voluntad prevalece con amplitud, pues salvo determinadas cuestiones, por ejemplo: […] desgraciadamente y sin ninguna justificación jurídica, la "Fianza", se puede pactar prácticamente todo en detrimento de la norma legal, que queda relegada, pues la libertad solo está condicionada por las reglas generales y en especial por lo dispuesto en los artículos 6.2 y 1255 del Código civil». O VÁZQUEZ BARROS, Sergio, *op. cit.*, p. 62, quien afirma que «la autonomía de la voluntad de las partes constituye ley suprema entre ambas, pudiendo incluso por acuerdo pactarse y modificarse cuestiones legales de suma importancia como, por ejemplo, lo relativo a la fianza».

242 BALLARÍN HERNÁNDEZ, Rafael y MAS BADÍA, M.ª Dolores, *op. cit.*, p. 77, al analizar el régimen jurídico aplicable a los contratos de arrendamiento para uso distinto del de vivienda y su jerarquía normativa, consideran que «el contenido de este Título III, subordinado a lo que pacten las partes, no tiene carácter imperativo. Por eso, las remisiones que desde el repetido Título [el Título III, entendemos] se hacen a otras normas del Título II, destinado a la regulación "De los arrendamientos de vivienda", aunque las de destino tengan en su sede carácter imperativo, no lo tienen, en ningún caso, respecto de los arrendamientos para uso del de vivienda.»

6.2. El contrato de arrendamiento de alojamiento de vivienda de uso turístico en la normativa sectorial específica

Si existe normativa sectorial turística en la Comunidad Autónoma, los propietarios que quieran ceder un inmueble con el fin de destinarlo a alojamiento para el turismo, deberán estar, en todo caso, a lo en ella prevista. So pena de incurrir en una actuación sancionable administrativamente. Este aspecto no parece controvertido en la doctrina[243].

Sin embargo, un sector de la doctrina, en algún momento de sus trabajos, parece defender que deben concurrir todos los elementos previstos en el art. 5, letra e) LAU, para que opere la exclusión en ella prevista. En este sentido podemos citar a Díaz Vales[244], a Sánchez Jordán y García García[245], a

---

243 Segura Palomar, Desamparos, «Los apartamentos turísticos en la Ley 15/2018, de 7 de junio, de la Generalitat, de turismo, ocio y hospitalidad de la Comunidad Valenciana», *Diario La Ley* (2018), N.º 9256, pp. 1 a 5, p. 3: «Por tanto, primero debemos saber si existe normativa sectorial en materia de turismo aprobada por la comunidad autónoma correspondiente que dé un régimen jurídico a las viviendas o apartamentos turísticos. En caso de que dicha normativa exista, el arrendamiento pasará a estar condicionado a lo que en la misma quede dispuesto, debido al principio general de aplicación del derecho especial sobre el general y a la propia exclusión de la LAU [...]. En caso contrario, si no existe normativa sectorial autonómica en la materia, el arrendamiento pasará a estar regulado por la LAU, como arrendamiento de temporada, dentro de los arrendamientos de uso distinto del de vivienda.»

244 Díaz Vales, Fernando, «Aspectos jurídico-civiles...», *op. cit.*, p. 102: «cuando en la cesión concurran todos los caracteres enumerados en él, operará dicha exclusión y quedará sujeta a la normativa sectorial.»

245 Sánchez Jordán, M.ª Elena y García García, Juan Antonio, *op. cit.*, p. 157: «para que la cesión de uso temporal de la vivienda quede comprendida dentro de la causa de exclusión prevista por la letra e) del art. 5 LAU deberán concurrir, de manera cumulativa, además, los siguientes requisitos: 1.º Que la vivienda arrendada esté amueblada y equipada en condiciones de uso inmediato; 2.º Que la cesión de la vivienda sea total; 3º. Que se comercialice o promocione la cesión a través de canales de oferta turística; 4.º Que dicha cesión lo sea con finalidad lucrativa, y 5.º Y más importante, que el referido contrato esté sometido, en la concreta Comunidad Autónoma donde se localice el inmueble, a una legislación sectorial que lo regule.»

BOTELLO HERMOSA[246], a ROMÁN SÁNCHEZ[247] a CAMPUZANO TOMÉ[248], a ÁLVAREZ ÁLVAREZ[249] o a DESDENTADO DAROCA[250].

Pero lo cierto es que, para que opere la exclusión prevista en la LAU deberán concurrir, no todos los elementos del art. 5, letra e) del mismo

---

246 BOTELLO HERMOSA, José María, «Los arrendamientos por...», *op. cit.*, pp. 1978 y ss., para quien los denominados «arrendamientos por temporada vacacional», para ser excluidos de la LAU deben reunir las siguientes circunstancias: que exista una cesión temporal de uso de la totalidad de la vivienda; que la vivienda esté amueblada y en condiciones de uso inmediato; que sea comercializada o promocionada en canales de oferta turística; que se realice con finalidad lucrativa, y que esté regulado por un régimen específico derivado de su normativa sectorial. Y continúa dicho autor, p. 1980: «Haciendo una lectura detenida de este apartado e) comprobamos que no se está excluyendo de la LAU a aquellos arrendamientos por temporada vacacional ni prohibiendo que se sometan a su ámbito de aplicación, sino que está enunciando que, cuando en un arrendamiento celebrado por temporada se den todas y cada una de las circunstancias mencionadas, solo entonces, esta relación contractual quedará excluida de la LAU.»

247 ROMÁN MÁRQUEZ, Alejandro, «Las viviendas particulares...», *op. cit.*, p. 10, al poner de manifiesto que la LAU excluye de su ámbito de aplicación «toda actividad de naturaleza eminentemente turística, estableciendo para ello una serie de requisitos o indicadores», como son que se alquile la totalidad de la vivienda; que esté en condiciones de uso inmediato; que sea comercializada o promocionada en canales de oferta turística; que tenga una finalidad lucrativa y que esté sometida a un régimen específico de su normativa sectorial.

248 CAMPUZANO TOMÉ, Herminia, «El alquiler de...», *op. cit.*, p. 1208, al manifestar que de la letra del precepto «se extraen los requisitos exigidos por el legislador para que proceda la exclusión», en concreto: que exista una cesión temporal de uso; que dicha cesión recaiga sobre una vivienda amueblada y equipada en condiciones de uso inmediato; que la cesión sea comercializada o promocionada en canales de oferta turística; que sea realizada con finalidad lucrativa y que la cesión de uso así ofertada y comercializada esté sometida a un régimen específico en la normativa sectorial turística de las Comunidades Autónomas.

249 ÁLVAREZ ÁLVAREZ, Henar, «Régimen jurídico-civil...», *op. cit.* p. 32. En su opinión, de acuerdo con lo previsto en la nueva redacción del art. 5 e) LAU «los requisitos que deben reunir los contratos para quedar excluidos del ámbito de aplicación de la LAU son los siguientes»: una cesión del uso temporal de la totalidad de la vivienda; que la vivienda esté amueblada y equipada en condiciones de uso inmediato, que se comercialice o promocione la vivienda en canales de oferta turística; que tenga una finalidad lucrativa, y que esté sometida a un régimen específico, derivado de la normativa especial turística.

250 DESDENTADO DAROCA, Eva, *op. cit.*, p. 54, quien antes de puntualizar que «la efectividad de la exclusión depende de la normativa específica a la que la LAU remite», afirma que «Si falla cualquiera de estos tres requisitos no opera la exclusión.»

cuerpo legal, sino únicamente dos: que el contrato de arrendamiento persiga satisfacer la necesidad de alojamiento temporal por motivos turísticos, y que tenga encaje en la definición de vivienda de uso turístico en la normativa vigente en la Comunidad Autónoma.

Si ambos requisitos coinciden, la LAU no se aplicará a los aspectos civiles del contrato, sino las disposiciones generales previstas para el contrato de arrendamiento en los arts. 1542 y ss. CC, salvo que la Comunidad Autónoma establezca otra cosa.

Efectivamente, en algunas disposiciones autonómicas existen presunciones legales del carácter turístico de la cesión que, en caso de destruirse, cabría la posibilidad de volver a someter el contrato a la LAU. E, igualmente, otras cuentan con exclusiones expresas, en el sentido de que un contrato turístico queda fuera del ámbito de aplicación de la normativa sectorial y del Código civil, para volver a estar sometido a la LAU. Sobre estos extremos volveremos en el Capítulo cuarto de forma pormenorizada.

Pero, también, pueden existir inobservancias, como ha destacado la doctrina, que, en su opinión, implicarían una exclusión de la normativa sectorial para subordinar de nuevo el contrato a la LAU, a través del arrendamiento para uso distinto del de vivienda.

6.2.1. La ausencia de prestación de servicios como elemento esencial

Un sector mayoritario de la doctrina defiende que, el criterio para diferenciar entre un arrendamiento turístico y un arrendamiento vacacional reside en la prestación o no de servicios turísticos.

Forma parte de este sector MARTÍNEZ CAÑELLAS[251], quien afirma que, en caso de que no se presten servicios turísticos, «nos encontramos ante un arrendamiento de temporada, no regulado en la LTIB, por lo que no quedará sujeto a su régimen sancionador.»

---

251 MARTÍNEZ CAÑELLAS, Anselmo, «La cesión del uso de la vivienda a no residentes: contrato de alojamiento (de estancias turísticas) en viviendas y el contrato de arrendamiento de temporada, conforme a la Ley del Turismo de las Islas Baleares tras la reforma de la Ley de Arrendamientos Urbanos», *Boletín de la Real Academia de Jurisprudencia y Legislación de las Illes Balears* (2014), N.º 15, pp. 151 a 176, p. 175. Compartimos la opinión del anterior autor cuando advierte que «la prestación de servicios básicos de electricidad, o de recogida de basuras, propios de los arrendamientos urbanos, como los arrendamientos de temporada, no son suficientes para calificar la cesión de uso como contrato de alojamiento» (p. 169).

En esta misma línea encontramos a CAMPUZANO TOMÉ, al considerar que es la prestación de servicios «la que se erige en pieza clave para calificar una actividad como locativa como actividad turística; consiguientemente, son los contratos en los que el arrendador, junto con el alojamiento y la cesión de uso de la vivienda, preste otros servicios propios de la hostelería, contra los que el legislador debe centrar su atención al no encontrar encaje en la legislación arrendaticia y ser propios de la legislación turística.» [252]

En términos similares se pronuncia FERNÁNDEZ PÉREZ. El autor pone de manifiesto que «la doctrina civilista ha venido defendiendo, con acierto, que el criterio para diferenciar un arrendamiento turístico de un arrendamiento vacacional es la prestación de determinados servicios propios de la hostelería, tales como limpieza, restauración, lavado de ropa, etc., que podrían considerarse prestaciones de la industria turística.»[253]

O MORENO-TORRES HERRERA, para quien, «el aspecto decisivo al que hay que atender para calificar el tipo contractual en el que encaja el alojamiento VFT, es la asunción o no del deber del cedente del uso de procurar al turista, no sólo la posesión del inmueble, sino también determinados servicios»[254].

En nuestra opinión, los servicios no deben servir para que las partes eludan el régimen jurídico aplicable y lo sometan al que consideren más beneficioso; que, recordemos, por ejemplo, en relación con el arrendamiento para uso distinto del de vivienda, el art. 36 de la LAU exigen la prestación de una fianza en metálico en cantidad equivalente a dos mensualidades de renta[255].

---

252 CAMPUZANO TOMÉ, Herminia, «El alquiler de...», *op. cit.*, p. 1205.

253 FERNÁNDEZ PÉREZ, Nuria, *El alojamiento colaborativo,* Tirant lo Blanch, Valencia, 2017, p. 89 y 95.

254 MORENO-TORRES HERRERA, María Luisa, «Ámbito subjetivo del contrato de alojamiento turístico: los anfitriones, los huéspedes y el papel de los prestadores de servicios de vivienda vacacional», en Guillermo Cerdeira Bravo de Mansilla (Dir.), *Viviendas de uso turístico: régimen civil, administrativo y fiscal,* Reus, Madrid, 2018, pp. 191 a 230, p. 211.

255 MURGA FERNÁNDEZ, Juan Pablo y FERNÁNDEZ SCAGLIUSI, María de los Ángeles, «La constitución de las viviendas de fin turístico: aspectos civiles y administrativos», en Guillermo Cerdeira Bravo de Mansilla (Dir.), *Viviendas de uso turístico: régimen civil, administrativo y fiscal,* Reus, Madrid, 2018, pp. 55 a 98, p. 60, califican de «absurdo» el tener que prestar dicha fianza al tener que «desembolsar una cantidad desproporcionada, que si bien podríamos recuperar, nos haría plantearnos la idoneidad de esta modalidad de arrendamiento.»

La normativa sectorial establece unos requisitos que deberán respetarse, en todo caso, so pena de sanción administrativa. Así lo pone de manifiesto García Saura[256]. No obstante, acto seguido, declara que «cuando no se reúnan los requisitos que aquella establezca, se les aplicará el régimen de los arrendamientos de temporada.»

No compartimos esta última precisión, al entender que, ante la omisión de cualquier requisito, incluido la prestación de servicios, cuando así lo establezca la normativa sectorial, la solución debe ser la sanción y no la subsunción del contrato de cesión al régimen jurídico civil previsto en la LAU.

Por su parte, consideramos que la prestación de determinados servicios sí que será clave a la hora de determinar la naturaleza jurídica del contrato, y no a la hora de someterlo a uno u otro régimen jurídico.

6.2.2. La temporalidad de la cesión

Otra parte de la doctrina defiende la sujeción a la LAU de la cesión de una vivienda con fines turísticos cuando se aparte de los requisitos temporales exigidos en la normativa sectorial.

Así lo reconoce González Cabrera, al estimar «esencial el matiz de la temporalidad»[257]. Y, acto seguido, declara que «es absolutamente relevante discriminar cuándo nos encontramos ante la cesión de una vivienda vacacional sometida a la regulación sectorial turística y cuando ante un arrendamiento por temporada con carácter vacacional porque este quedará regulado por la LAU. [...] ello implica que aquellas cesiones temporales que pudieran estar comprendidas en los márgenes temporales establecidos en las normas autonómicas se reconducirán a la normativa turística, dejando, en consecuencia, al ámbito propio de la LAU todas las demás cesiones temporales incluso con fines vacacionales que excedan los plazos estipulados por la normativa sectorial.»

Ciertamente, como se verá, alguna norma autonómica prevé plazos máximos en relación con la duración de la cesión. Por ejemplo, el art. 50.13, de la Ley 8/2012, de las Islas Baleares, que establece que «Las estancias que se comercialicen turísticamente tienen que consistir en la cesión temporal del derecho de disfrute de la totalidad de la vivienda por perío-

---

256 García Saura, María Pilar, *op. cit.* p. 36.

257 González Cabrera, Inmaculada, *El alojamiento colaborativo...*, *op. cit.*, p. 156.

dos de corta duración, entendidos como estancias por días o semanas, sin que una estancia pueda ser superior a un mes.»

En relación con dicho precepto, GÓMEZ MARTÍNEZ considera que: «*Els lloguers d'habitatges, de duració superior a un mes, encara que siguin en condicions d'ús immediat no es consideren cessió d'estades turístiques i, per tant, han de ser tinguts com a arrendaments de temporada de l'article 3.2 de la Llei d'Arrendaments Urbans.*»[258]

En nuestra opinión, si la cesión se produce por un período superior al previsto en la normativa sectorial —en este caso, un mes—, la solución no es acudir a un régimen supletorio, sino activar los mecanismos de sanción previstos. Si la cesión es turística y no se cumple el requisito del período máximo de cesión, no puede ser calificado como arrendamiento de temporada y, por ende, sometido a la LAU[259].

6.3. El contrato de arrendamiento turístico que recae sobre una estancia o habitación

El contrato de arrendamiento de alojamiento turístico, en ocasiones, podrá recaer no sobre la totalidad de la vivienda, sino sobre una estancia o habitación de la misma. Para saber si se puede celebrar un contrato de arrendamiento de alojamiento turístico en este sentido, deberemos estar a la normativa dictada por la correspondiente Comunidad Autónoma.

Por ejemplo, Extremadura no ha dictado regulación alguna en la materia. En este caso, en defecto de normativa sectorial específica, se le aplicará

---

258 GÓMEZ MARTÍNEZ, Carlos, «Diferència entre els arrendaments de temporada i els arrendaments turístics (o cessió temporal d'estades turístiques)», *Boletín de la Real Academia de Jurisprudencia y Legislación de las Illes Balears* (2020), XXII, pp. 170 a 193, p. 193. *Vid.* MARTÍNEZ NADAL, Apol·lònia, *Alquiler turístico de..., op. cit.*, p. 95, quien considera que, «curiosa y sorprendentemente, un mismo alquiler puede o no ser turístico en función del territorio autonómico; así, un alquiler de 40 días en Baleares o Galicia no estaría sometido a la normativa autonómica.»

259 A esta misma conclusión llega el autor cuando afirma que: «*Si un arrendament turístic no reuneix els requisits de la legislació autonòmica de turisme per a ser considerat com a "comercialització d'estada turística", això no vol dir que es pugui qualificar com a arrendament de temporada ja que si l'activitat es turística queda fora de l'àmbit d'aplicació de la Llei d'Arrendaments Urbans i sols es pot dur a terme amb la corresponent llicència la qual no s'obtindrà si l'arrendament no compleix els requisits que la mateix legislació autonòmica ha fiat.*»; *Ídem.*

el régimen de los arrendamientos de temporada, previstos en la Ley de Arrendamientos Urbanos[260].

Si el contrato de arrendamiento recae sobre la totalidad de la vivienda, el régimen jurídico civil aplicable sería el contrato de arrendamiento para uso distinto del de vivienda, recogido en la Ley de Arrendamientos Urbanos, con las exigencias previstas para esta modalidad contractual. Ello con fundamento en el art. 5, letra e), LAU, por cuanto se refiere a la «cesión temporal de uso de la totalidad de la vivienda». Y, además, así lo dice el Preámbulo transcrito anteriormente.

Pero, si lo que se cede es una única estancia o habitación, el régimen jurídico aplicable entendemos que debería ser el general previsto en el Código civil.

Para alcanzar la anterior conclusión, primero debemos detenernos en el régimen jurídico aplicable al contrato de arrendamiento de habitación para uso residencial —no turístico—.

Para Botello Hermosa consiste en «aquel contrato a través del cual arrendador (propietario) y arrendatario acuerdan, mediante un contrato de arrendamiento, la cesión del uso y disfrute, en exclusiva, de una habitación ubicada en el interior de una vivienda, por un tiempo determinado y a cambio de un precio cierto, generalmente con un derecho adicional a utilizar de forma compartida, no en exclusiva, la cocina y el cuarto de baño de la vivienda.»[261] Concluyendo el autor que, el régimen jurídico aplicable sería el general de los arrendamientos previsto en los arts. 1542 y ss. del Código civil.

En la jurisprudencia podemos encontramos tres posturas diferentes en relación con el régimen jurídico aplicable al contrato de arrendamiento de habitación, que a continuación pasamos a exponer.

1.ª La SAP Madrid (Sección 14ª) 13 diciembre 2006[262]. En ella, la cuestión litigiosa se centraba en la naturaleza jurídica que debe asignarse al

---

260 Así se reconoce en el Preámbulo de la Ley 4/2013: «de ahí que la reforma de la Ley propuesta los excluya específicamente para que queden regulados por la normativa sectorial específica o, en su defecto, se les aplique el régimen de los arrendamientos de temporal, que no sufre modificación.»

261 Botello Hermosa, José María, «El contrato de arrendamiento de habitación: la problemática de su regulación. ¿Ley de Arrendamientos Urbanos o Código civil?», *Revista Crítica de Derecho Inmobiliario* (2016), N.º 754, pp. 1000 a 1038, p. 1003.

262 SAP Madrid (Sección 14ª), núm. 777/2006, 13 diciembre (JUR 2007, 116895).

contrato celebrado. En concreto, «el uso de una habitación dentro de la vivienda propiedad del demandante, con derecho adicional a utilizar de forma compartida la cocina y el cuarto de baño de la vivienda, mediante precio».

La Audiencia, tras excluir la posibilidad de calificar el contrato de hospedaje o de derecho de habitación, afirma que «nos hallamos desde luego ante un contrato de arrendamiento urbano, respecto del que sólo resta determinar si debe reputarse arrendamiento de vivienda, definido en el art. 2 LAU».

En relación con el contrato de arrendamiento de vivienda, recuerda la doctrina jurisprudencial por la que el «núcleo característico del contrato [es] el hecho de que la edificación cedida sea adecuada a servir las necesidades de morada o residencia, donde la persona o la familia desarrollan la intimidad de su existencia, constituyendo su hogar o sede de la vida doméstica.»[263]

La Audiencia concluye afirmando que nos encontramos ante un contrato de arrendamiento para uso distinto del de vivienda, ya que:

> «Ese concepto de habitabilidad no puede predicarse del objeto arrendado en el supuesto enjuiciado, que se ciñe a una dependencia o habitación ubicada dentro de una vivienda, carente de los servicios mínimos y esenciales que en la actualidad deben reputarse imprescindibles, y que sólo resultan suplidos por la concesión del derecho a utilizar en forma compartida, no en exclusiva, otras dependencias de las que simultáneamente se sirven los restantes ocupantes de la vivienda, como son la cocina y el baño. En definitiva, la cesión de uso en exclusiva recae sobre una única dependencia, carente de las mínimas condiciones de habitabilidad, lo que nos lleva a la conclusión de que el contrato que examinamos no puede reputarse arrendamiento de vivienda comprendido en el art. 2 LAU».

Y también lo considera como tal la SAP Barcelona (Sección 4ª) 1 febrero 2010[264], que, al confirmar la sentencia dictada por el Juzgado de Primera Instancia[265], razona que el contrato de arrendamiento de habitación no puede ser calificado de «contrato de vivienda». Concluyendo que se trata

---

263 «Tal precepto [el art. 2 LAU] define el arrendamiento de vivienda por referencia a su objeto, por recaer sobre una "edificación habitable" y apta para servir al destino de "satisfacer la necesidad permanente de vivienda del arrendatario"».

264 SAP Barcelona (Sección 4ª), núm. 12/2010, 1 febrero (JUR 2010, 148490).

265 «El Sr. Magistrado Juez de Primera Instancia razona que, de la prueba practicada, se desprende que la estancia ocupada por el demandado, dotada únicamente de dormitorio y baño, no puede ser calificada a los efectos de la LAU vigente, como

de un «contrato de arrendamiento de temporada del artículo 3.2 de la LAU».

2.ª La SAP Zaragoza (Sección 5ª) 26 octubre 2006[266]. En el caso en ella enjuiciado, la parte actora ejercita una acción de resolución del contrato de arrendamiento de habitación con derecho a cocina.

Para ello, considera que la cuestión esencial es determinar si el contrato señalado debe regularse por las disposiciones de la Ley de Arrendamientos Urbanos o por las normas del Código civil en materia de arrendamientos.

El Tribunal se inclina por aplicar la Ley de Arrendamientos Urbanos, y calificar el contrato de arrendamiento de vivienda, fundamentando su resolución en que:

> «en primer lugar y sobre todo, atendiendo a los propios preceptos contenidos en la legislación especial, como es por ejemplo, cuando dice que el objeto de la Ley está constituido por las fincas urbanas que se destinen a "vivienda", entendiendo por tal la que recae sobre una edificación habitable cuyo destino primordial es la de satisfacer la necesidad permanente de vivienda del arrendatario, comprendiendo también sus espacios accesorios, y nada sobre el particular señala sobre si el contrato ha de recaer sobre una vivienda íntegra o sólo parte de ella, y por aquellos motivos —vivienda y necesidad permanente— excluye de su regulación o bien las edificaciones cuyo uso principal no sea el de vivienda o bien aquellas otras cuyo uso sea sólo por temporada, señalando al respecto como ejemplos de supuestos no comprendidos en la Ley aquellos arrendamientos que tengan por objeto una actividad industrial, comercial, artesanal, profesional, recreativa, asistencia, cultural o docente, o los que se refieran a breves lapsos de tiempo como los de verano y asimilados.»

Recoge el anterior pasaje la SAP Álava (Sección 1ª) 18 enero 2008[267].

3.ª La jurisprudencia mayoritaria considera que el contrato de arrendamiento de habitación debe quedar excluido de la Ley de Arrendamientos Urbanos, y sometido al régimen general de los arrendamientos previsto en el Código civil.

Fue el caso de la SAP Vizcaya (Sección 5ª) 21 julio 2006[268], en la que se enjuició un contrato de arrendamiento de habitación de una vivienda, con derecho a utilización de cocina, baño y sala. La Audiencia rechaza la

---

de vivienda y, por tanto, el contrato suscrito en su día entre la madre del actor y el demandado no puede ser calificado de contrato de contrato de vivienda.»

266 SAP Zaragoza (Sección 5ª), núm. 576/2006, 26 octubre (JUR 2006, 285424).

267 SAP Álava (Sección 1ª), núm. 18/2008, 18 enero (JUR 2008, 168079).

268 SAP Vizcaya (Sección 5ª), núm. 368/2006, 21 julio (JUR 2007, 95912).

aplicación de la Ley de Arrendamientos Urbanos ya que, «por sus peculiares características [del contrato celebrado] no permite cobijarlo bajo ninguna de las categorías de relaciones arrendaticias que contempla [la LAU]». Afirmando que, «el arrendamiento parcial de vivienda queda fuera del ámbito de protección de la LAU».

Considera que, al no aparecer contemplado el contrato de arrendamiento de habitación en la Ley arrendaticia, ni es asimilable a los que en ella se regulan, «todo lo cual conduce a estimar, por aplicación de los principios establecidos en los artículos 3 y 4 del Código civil, que el arrendamiento litigioso no puede considerarse sometido a la normativa especial arrendaticia urbana, sino al régimen general del Código civil.»[269]

En ese mismo sentido se pronunció la SAP Barcelona (Sección 4ª) 8 mayo 2008[270], la SAP Islas Baleares (Sección 3ª) 20 mayo 2010[271], SAP Madrid (Sección 14ª) 27 marzo 2012[272], SAP Valladolid (Sección 3ª) 15 diciembre 2015[273]. O, más reciente, la SAP Ciudad Real (Sección 1ª) 14 septiembre 2017, que afirma:

---

269 Tras esta afirmación, recoge la doctrina sentada por el Tribunal Supremo «en sentencia de 10 de febrero de 1986 y 24 de febrero de 2000», en virtud de la cual «el carácter imperativo de la legislación especial no debe inducirnos a error concluyendo su inaplicabilidad sobre las normas del Derecho común en supuestos en que existen dudas acerca de la normativa aplicable, cuando, precisamente, por su carácter de normativa excepcional, la situación es contraria y en cuanto a la aplicación de la ley civil común o de la especial de arrendamientos urbanos, habrá que otorgar preferencia a aquella, por su carácter general y atrayente, y en caso de duda acerca de si la normativa aplicable a un contrato es la general del Código civil o la especial, representada por la LAU, debe concluirse la aplicabilidad de la legislación general dictada para la mayoría de los casos en lugar de seguir el criterio de la especialidad, doctrina ésta que ratifica y corrobora la tesis que se mantiene en esta resolución, por cuanto que el sustrato fáctico que se ha examinado no aparece contemplado en la ley ni el mismo es asimilable a otros que se regulan específicamente, y sin que tampoco se atisben razones de política de protección social en relación con el supuesto que nos ocupa que posibiliten una interpretación distinta.»

270 SAP Barcelona (Sección 4ª), núm. 239/2008, 8 mayo (JUR 2008, 196063).

271 SAP Islas Baleares (Sección 3ª), núm. 199/2010, 20 mayo (JUR 2010, 238545).

272 SAP Madrid (Sección 14ª), núm. 141/2012, 27 marzo (JUR 2012, 167610).

273 SAP Valladolid (Sección 3ª), núm. 292/2015, 15 diciembre (JUR 2016, 35422): «Por otra parte, el hecho que no se incluya este supuesto (arrendamiento de habitación en una vivienda) en el art. 5 LAU no debe conducir a aplicar la normativa especial, pues su enumeración recogida en el citado precepto no es de numerus clausus, lo que es perfectamente compatible con la naturaleza de legislación ex-

«Asimismo y dado que la LAU aborda las distintas cuestiones jurídicas que se plantean en relación con el arriendo de las viviendas, debe conducir a pensar que, si en el espíritu de la ley hubiera estado contemplar el arriendo parcial de la vivienda, lo lógico hubiera sido que se hubiera contemplado alguna norma al respecto del arrendamiento de una parte de la vivienda...

En base a lo expuesto, hemos de estimar que el arrendamiento litigioso no puede considerarse sometido a la normativa especial arrendaticia urbana, sino al régimen general del Código civil.»

Y, también, puede citarse la SAP Madrid (Sección 9ª) 28 marzo 2019, al manifestar que «Según el artículo 2 LAU "se considera arrendamiento de vivienda aquel arrendamiento que recae sobre una edificación habitable cuyo destino primordial sea satisfacer la necesidad permanente de vivienda del arrendamiento".» Y, continúa:

> «Esta característica de satisfacer de modo permanente las necesidades de vivienda del arrendamiento no es predicable de una habitación que no garantiza el desarrollo de la vida doméstica del inquilino con la intimidad y servicios que hoy se consideran indispensables, de los que sólo se dispone de forma compartida. El espacio que se cede en exclusiva es sólo el de una habitación, que no puede entenderse comprendida dentro de la definición del artículo 2 LAU.»[275]

Sentando el Tribunal que «el arrendamiento que nos ocupa no está sometido a la LAU sino a lo pactado por las partes y a lo dispuesto en los artículos 1542 y siguientes del Código civil.»

Entendemos que, en el caso de la cesión de una habitación de uso turístico, nos encontraríamos ante la misma relación jurídica que en el caso de un arrendamiento de habitación para uso residencial[276], con la diferencia

---

cepcional o especial, en contraposición con la normativa general, aunque efectivamente menos aplicable, del Código civil.»

274 SAP Ciudad Real (Sección 1ª), núm. 255/2017, 14 septiembre (JUR 2017, 253797).

275 JUR 2019, 133992.

276 Así lo reconoce MARTOS CALABRÚS, M.ª Angustias, «Régimen jurídico del arrendamiento de habitación para uso turístico», en Pedro A. Munar Bernat *et al.*, (Dirs.), *Turismo, vivienda y economía colaborativa*, Thomson Reuters Aranzadi, Cizur Menor, 2020, pp. 209 a 228: «En el caso de la cesión de habitación para uso turístico, estaríamos ante la misma relación jurídica, es decir, la cesión en exclusiva de una habitación, en una vivienda, por un tiempo determinado, normalmente breve y ocasional, con finalidad turística o vacacional». Añadiendo la autora: «y

que, en el primer caso, la finalidad sería la de satisfacer la necesidad de alojamiento, concretamente, por motivos turísticos. Y, si la cesión de una habitación para uso residencial está excluida de la Ley arrendaticia, con más razón debe estarlo una que se destine a uso turístico.

Por este motivo:

- Si en la Comunidad Autónoma está permitido el contrato de arrendamiento de alojamiento sobre una estancia o habitación, deberemos estar a lo en ella estipulado en relación con los aspectos administrativos, y al Código civil en cuanto a los elementos de Derecho privado.
- Si en la Comunidad Autónoma está prohibido, no podrá celebrarse, so pena de ser sancionado administrativamente.
- En el caso de Extremadura, al carecer de regulación expresa en la materia, en el caso de que se ceda una vivienda completa con finalidades turísticas, el contrato de arrendamiento estará sometido a la Ley locativa, a través del contrato de arrendamiento de uso distinto del de vivienda, tal y como se desprende de la lectura conjunta del Preámbulo transcrito con anterioridad y del art. 5, e) LAU al referirse, en particular, a la «cesión temporal de uso de la totalidad de una vivienda». En cambio, si lo que se cede es únicamente una habitación por motivos turísticos, el contrato de arrendamiento quedará regulado por entero por el Código civil.

7. NATURALEZA JURÍDICA DEL CONTRATO DE ARRENDAMIENTO DE ALOJAMIENTO TURÍSTICO EN VIVIENDA

Una vez fijado el régimen jurídico aplicable a los alojamientos privados para el turismo, veamos a continuación la naturaleza jurídica del contrato. Este también es un aspecto controvertido en la doctrina, y adelantamos que, decantarnos por una o por otra, no es una tarea sencilla.

Dos son las modalidades contractuales que podrá revestir el contrato de arrendamiento de alojamiento turístico en vivienda, según sean las exigencias previstas en la normativa sectorial.

---

comercializada o promocionada en canales de oferta turística, o por plataformas digitales.»

7.1. El contrato de hospedaje

El contrato de hospedaje ha experimentado una «excesiva administravitización»[277], como consecuencia de la importancia adquirida en el ámbito de las actividades turísticas[278].

El Código civil se refiere al contrato de hospedaje de forma tangencial en limitados preceptos, entre ellos, los arts. 1783, 1784, relativos a la responsabilidad de los fondistas y mesoneros en relación con los efectos introducidos por los viajeros en las fondas y mesones. En el art. 1922.5 CC, concerniente a la clasificación de los créditos y su carácter preferente[279]. Y, finalmente, en el art. 1967.4 CC, referido al plazo de tres años prescripción de los créditos por hospedaje[280].

---

277 Y ello a pesar de encuadrarse dentro del Derecho privado, como señala Badenas Carpio, Juan Manuel, «El contrato de hospedaje», en M.ª Victoria Petit Lavall (Coord.), *Lecciones de Derecho del turismo,* Tirant lo Blanch, Valencia, 2000, pp. 283 a 299, p. 285.

278 Díez-Picazo, Luis, «El contrato de hospedaje. El contrato de exposición», *Fundamentos del Derecho civil patrimonial. IV. Las particulares relaciones obligatorias,* Thomson Reuters Civitas, Cizur Menor, 1ª edición, 2010, pp. 681: «Ello significa que, por una parte, las características que deben presentar los establecimientos hoteleros, su calificación, categoría, y otras circunstancias parecidas son objeto de decisiones administrativas, lo mismo que algunos elementos de la relación jurídico-privada que puede surgir, como pueden ser, por ejemplo, desde luego los precios, pero también las fechas de comienzo y terminación en los casos de reservas y algunas otras parcelas.» El mismo autor destaca que «el objeto es fundamentalmente un arrendamiento de cosa, pues su prestación esencial está constituida por un espacio-habitación que pueda ser dedica a alojamiento.»

279 En el sentido de que se considerarán privilegiados los créditos de los que tengan como profesión la hospedería y que nazcan del hospedaje. O'Callaghan Muñoz, Xavier, *Código civil comentado y con jurisprudencia,* La Ley, Madrid, 2001, pp. 2068 y ss., en relación con los arts. 1921 y ss. Al comentar el art. 1922.5 CC, el autor precisa que «Tiene como objeto los efectos introducidos en la posada o establecimientos similares, siempre que sean propiedad del deudor. Se pierde una vez que los bienes salgan de la posada.»

280 *Ibidem,* p. 2129: «Que comprenden la comida y la habitación, como dice el texto legal, y deben añadirse, los de cualquier tipo derivados del hospedaje, como pueden ser los demás servicios del hotel.»

CASTÁN TOBEÑAS[281], enmarca el contrato de hospedaje dentro de los contratos mixtos *lato sensu*[282] y, dentro de éstos, en el subgrupo de los contratos por combinación[283].

Por su parte, MUNAR BERNAT describe el contrato de hospedaje como «aquel vínculo que surge entre el titular de un establecimiento dedicado al alojamiento de viajeros y sus clientes» y que, al perfeccionarse, «el titular del establecimiento hotelero se obliga frente a su cliente a cederle el uso de una habitación, a la prestación de ciertos servicios complementarios, a la custodia de su equipaje y a la reventa de algunos objetos o algunas energías industriales; como contraprestación, el cliente se obliga a satisfacer una suma de dinero.»[284] Calificándolo BADENAS CARPIO de *sui generis*[285].

---

281 CASTÁN TOBEÑAS, José, *Derecho civil español, común y foral, IV, Derecho de obligaciones. Las particulares relaciones obligatorias*, 15ª edición, Reus, Madrid, 1993, quien sigue la tesis adoptada por PÉREZ SERRANO, en PÉREZ SERRANO, Nicolás, *El contrato de hospedaje, en su doble aspecto civil y mercantil*, imp. del Asilo de Huérfanos del S. C. de Jesús, Madrid, 1930, quién, a su vez, lo incluyó en la categoría de los contratos mixtos *lato sensu*, ya que en él «no subsisten dos contratos ligados entre sí, sino que se ha llegado a la fusión unitaria de dos o más figuras contractuales, de tal suerte que éstas no podrían distinguirse y separarse más que entrando ya en el núcleo de las obligaciones asumidas por las partes» (p. 24). *Vid.* también JORDANO, Juan Bautista, «Contratos mixtos y unión de contratos», *Anuario de Derecho Civil* (1951), fascículo 1, pp. 321 a 339. Por su parte, DÍEZ-PICAZO, Luis, «El contrato de hospedaje...», *op. cit.*, p. 681, nos recuerda algunos preceptos del Código civil que hacen referencia al contrato de hospedaje y que permiten denominarlo «contrato mixto», como son los arts. 1783 y 1784 y el. 1922.5.

282 CASTÁN TOBEÑAS, José, *Ibidem*, p. 23, los define como aquellos contratos «en los que se da, no una pluralidad de contratos unidos entre sí, sino un contrato unitario, pero cuyos elementos esenciales de hecho están regulados, en todo o en parte, por disposiciones relativas a diversas especies típicas de contratos».

283 *Ídem*, o también calificados de «gemelos», en los cuales «una de las partes se obliga a varias prestaciones principales que corresponden a diversos tipos de contratos, mientras que la otra promete una contraprestación unitaria».

284 MUNAR BERNAT, Pedro A., «Hospedaje», en Pedro A. Munar Bernat (Coord.), *Derecho privado del turismo. Estudio jurisprudencial*, Aranzadi, Cizur Menor, 2008, pp. 167 a 249, p. 167.

285 BADENAS CARPIO, Juan Manuel, *op. cit.*, pp. 283 y 299: «contrato *sui generis*, de carácter complejo, consensual, bilateral, en virtud del cual una de las partes (el titular del albergue u hotel) se obliga con respecto a la otra (huésped o viajero) a cederle el uso de una o más habitaciones, a prestarle ciertos servicios, a la custodia de su equipaje y a la reventa de ciertos objetos o energías industriales, a cambio de una contraprestación en dinero.»

En cambio, para FUENTES-LOJO RIUS y FUENTES-LOJO LASTRES, «en el contrato de hospedaje, si bien la cesión tiene carácter de temporalidad y a cambio de un precio o renta, su objeto es solamente una habitación o espacio habitable y no la totalidad de una vivienda.»[286] No compartimos dicha postura, pues creemos que el elemento esencial para calificar un contrato como de hospedaje no es el objeto sobre el que recae, que puede ser una habitación o un inmueble, sino los servicios adicionales que se prestan junto al contrato de arrendamiento.

Por lo que se refiere a la jurisprudencia, ésta ha señalado su naturaleza compleja y de tracto sucesivo «en el que se combina arrendamiento de cosas (para la habitación o cuarto), arrendamiento de servicios (para los servicios personales), de obra (para comida) y depósito, para lo efectos que introducen.»[287] Además, ha apuntado que se trata de un contrato sinalagmático[288].

En cuanto a su régimen jurídico aplicable, junto a las normas de carácter administrativo de ordenación del turismo (régimen jurídico administrativo), se aplicarán las disposiciones previstas en el Código civil y señaladas anteriormente (arts. 1783, 1784, 1922.5 y 1967.4 CC) y, supletoriamente, las de arrendamiento de cosa y de servicios del del mismo cuerpo legal[289] (régimen jurídico privado).

7.1.1. Los servicios en la Dirección General de Tributos

La característica principal del contrato de hospedaje es que, junto al servicio de alojamiento, se prestan una serie de servicios complementarios de carácter turístico o propios de la industria hotelera. No obstante, exis-

---

286 FUENTES-LOJO RIUS, Alejandro y FUENTES-LOJO LASTRES, Alejandro, «Aspectos civiles», en Alejandro Fuentes-Lojo Rius y Alejandro Fuentes-Lojo Lastres (Dirs.), *Viviendas de uso turístico y nuevas medidas en materia de alquiler residencial. Especial consideración al RD-Ley 7/2019, de 1 de marzo, de medidas urgentes en materia de vivienda y alquiler,* Bosch, Madrid, 2019, p. 372.

287 STS (1ª) 20 junio 1995, núm. 623/1995 (RJ 1995,4932). Por un análisis jurisprudencial exhaustivo en relación con el contrato de hospedaje, por todos *Vid.* MUNAR BERNAT, Pedro A., *op. cit.,* pp. 167 a 249.

288 SAP Badajoz (Sección 2ª) 19 enero 1999, núm. 18/1999 (AC 1999,10).

289 Como apunta MARTÍNEZ CAÑELLAS, Anselmo, *op. cit.,* p. 166. AMAT LLOMBART, Pablo, *La contratación en el sector turístico. A partir de las nociones de Derecho civil, personal y patrimonial,* Tirant lo Blanch, Valencia, 2002, pp. 322 a 323, en relación con las particularidades que caracterizan al contrato de hospedaje.

ten dudas de cuáles han de ser esos servicios complementarios que deben concurrir y que permitan calificar el contrato como tal.

Como bien apuntó ORTIZ DE MENDÍVIL[290], en relación con el contrato de hospedaje, «hay toda una zona de penumbra», que, a día de hoy, podría decirse que aún perdura.

En el contrato de arrendamiento de alojamiento turístico en vivienda, como mínimo, una de las prestaciones consistirá en la de facilitar alojamiento, que irá acompañada de ciertos servicios o suministros, como son electricidad, agua, gas, etc. debido a su inmediata disposición.

En la calificación de estos servicios como turísticos reside la naturaleza jurídica del contrato. No obstante, no disponemos de una definición de «servicios turísticos». Ahora bien, éstos han sido analizados por la Dirección General de Tributos en distintas resoluciones, por lo que acudir a éstas nos puede ayudar a alcanzar este concepto.

La Dirección General de Tributos, en su consulta n.º V2606-10, 1 enero 2010, llegó a las siguientes conclusiones:

1.ª «La actividad de hospedaje se caracteriza por comprender la prestación de una serie de servicios tales como recepción y atención permanente y continua al cliente en un espacio propio destinado al efecto, limpieza de inmuebles y cambio de ropa periódicas durante la estancia, custodia de maletas o enseres, puesta a disposición del cliente de vajilla, enseres, y aparatos de cocina y, a veces, prestación de servicios de alimentación.»

2.ª «Por su parte, la actividad de arrendamiento, consistente en la puesta a disposición de un inmueble o parte del mismo sin prestar los servicios propios de la actividad de hospedaje señalados y limitándose a poner a disposición del arrendatario las instalaciones en condiciones adecuadas de uso [...]. Por tanto, la clasificación de dicha actividad en las tarifas del impuesto dependerá de los servicios que efectivamente se presten en cada caso concreto, con independencia de los requisitos y autorizaciones previas que establezca la autoridad administrativa competente en materia de turismo para su ejercicio.»

Por su parte, en las resoluciones V0530-05, 30 marzo 2005 y V2981-11, 21 diciembre 2011, la DGT trató de exponer cuándo son servicios complementarios o no:

---

290 ORTIZ DE MENDÍVIL, Juan, «El concepto jurídico de hospedaje», *Estudios Turísticos* (1970), N.º 28, pp. 53 a 85, p. 78.

1.º «En particular, se consideran servicios complementarios propios de la industria hotelera los siguientes: servicio de limpieza del interior del apartamento prestado con periodicidad semanal; servicio de cambio de ropa en el apartamento prestado con periodicidad semanal.»

2.º «Por el contrario, no se consideran servicios complementarios propios de la industria hotelera los que a continuación se dictan: servicio de limpieza del apartamento prestado a la entrada y a la salida del periodo contratado por cada arrendatario; servicio de cambio de ropa en el apartamento prestado a la entrada y a la salida del período contratado por cada arrendatario; servicio de limpieza de las zonas comunes del edificio (portal, escaleras, ascensores), así como de la urbanización en que esté situado (zonas verdes, puertas de acceso, aceras y calles); servicios de asistencia técnica y mantenimiento para eventuales reparaciones de fontanería, electricidad, cristalería, persianas, cerrajería y electrodomésticos.»

7.1.2. Los servicios en la doctrina

También la doctrina se ha posicionado en relación con la naturaleza jurídica del contrato, abogando su mayoría por calificarlo de hospedaje. En este sentido encontramos a Martínez Cañellas[291], Sánchez Jordán y García García[292], González Cabrera[293], o García Saura[294].

---

291 Martínez Cañellas, Anselmo, *op. cit.*, p. 166. Y, acto seguido, declara que «Todas ellas [las modalidades de estancia turística previstas en la Ley 8/2012], son modalidades del contrato de hospedaje o alojamiento, al ser cesiones de uso de inmueble con prestación de servicios complementarios.»

292 Sánchez Jordán, M.ª Elena y García García, Juan Antonio, *op. cit.*, p 188: «la modalidad contractual en la que podría encajar la actividad de cesión de VFT, viviendas vacacionales o viviendas de uso turístico, que se encuentra parcialmente regulada en la normativa turística autonómica, es el contrato de hospedaje.»

293 González Cabrera, Inmaculada, *op. cit.* p. 240: «Estamos, pues, sin duda, ante un hospedaje pero que para diferenciar del estándar hemos venido denominando como *low cost* justificando el menor precio por el que cabe obtener la vivienda vacacional por una correlación en la disminución de los servicios por el anfitrión.» Aunque lo llame de *low cost,* sigue siendo un hospedaje.

294 García Saura, Pilar Juana, *op. cit.* p. 55. Campuzano Tomé, Herminia, "*Las viviendas de uso turístico*". *Marco legal y problemática jurídica en el contexto de la economía colaborativa,* Reus, Madrid, 2019, pp. 27 y ss., en relación con el régimen jurídico aplicable y la naturaleza jurídica del contrato, considera que, «Dejando al margen el contrato de hospedaje», las figuras donde podría tener encaje el contrato de arrendamiento de alojamiento en vivienda son dos: «en el ámbito privado de la

Por su parte, HERRERO SUÁREZ[295], considera que «Si la cesión del uso de la vivienda o habitación se realiza de forma habitual o profesional y además se acompaña de la prestación adicional de servicios (p. e. limpieza, desayuno, etc.), la relación jurídica encontraría cabida en el denominado contrato de hospedaje.» Obsérvese que esta autora se refiere al «desayuno», en cuyo caso no cabría duda de que estamos ante un contrato de hospedaje, pero salvo que lo pacten las partes en virtud del principio de autonomía de la voluntad, no concurrirá este servicio, puesto que la normativa sectorial en estos momentos no lo exige[296].

Hay autores que utilizan el termino alojamiento u hospedaje de forma indiferente[297]. Ambos contratos persiguen un fin común: el servir de alojamiento por motivos turísticos y, también resultará un elemento común la prestación de ciertos servicios anejos al contrato de arrendamiento (electricidad, agua, gas, etc.), como consecuencia del uso inmediato de la estancia. En cambio, en el contrato de hospedaje concurrirán otros servicios, de mayor entidad, que no estarán presentes en el contrato de arrendamiento de alojamiento, que podríamos llamar genérico.

---

legislación civil arrendaticia dentro del marco regulatoria de la Ley de Arrendamientos Urbanos, como arrendamiento de temporada, o en el marco del derecho público del sector turístico, como contrato de alojamiento turístico».

295 HERRERO SUÁREZ, Carmen, *op. cit.*, p. 156.

296 En este mismo sentido, ÁLVAREZ ÁLVAREZ, Henar, *op. cit.*, p. 41: «de la prestación adicional de servicios, como desayuno, limpieza, etc. la relación jurídica sería la de un contrato de hospedaje.» De nuevo, la presencia de un servicio de desayuno despejaría cualquier duda, no obstante, no se exige dicho servicio en la normativa sectorial.

297 GONZÁLEZ CABRERA, Inmaculada, *op. cit.*, p. 236: «el contrato de cesión de viviendas vacacionales o turísticas debe adecuarse, como un traje estándar y no a medida, en la figura conocida como contrato de hospedaje o alojamiento.»; GUILLÉN NAVARRO, Nicolás Alejandro, «La vivienda de…», *op. cit.*, p. 118, para este autor, los servicios son: «que la vivienda se ceda amueblada y equipada en condiciones de uso inmediato, además de ser comercializada o promocionada en canales de oferta turística y realizada con finalidad lucrativa. En el caso que no se dieran estas prestaciones accesorias, no cabe duda en considerar que lo que el propietario está realizando es un arrendamiento de temporada, sin que se pueda contener en esa exclusión del art 5. Sin embargo, cuando estos supuestos se dan, lo que realmente se aplica en estas situaciones es el denominado contrato de alojamiento turístico o de hospedaje».

En contra de calificarlo como hospedaje encontramos a BOTELLO HERMOSA[298]. Para llegar a esta conclusión, diferencia entre «servicios complementarios o añadidos al alojamiento de carácter público o administrativo» y «servicios complementarios o añadidos al alojamiento de carácter privado o civil».

Los primeros hacen referencia a los impuestos por las Comunidades Autónomas «con la finalidad de garantizar una calidad mínima del servicio y la protección al turista». Pone de ejemplo: «la obligatoriedad de recogida de basura, la conservación de la vivienda, la limpieza, la atención permanente al usuario, el alta en un registro de actividades turísticas, la obligación de mostrar una placa identificativa, la presencia de hojas de reclamación, entre otros.»[299]

En cuanto a los segundos, los identifica con «el servicio de depósito, de caja fuerte, de comidas, de habitaciones, entre otros.»[300]

Y finalmente concluye que «los alquileres turísticos no son equiparables a los contratos de hospedaje, precisamente, por carecer los primeros [los alquileres turísticos, entendemos], del elemento esencial que caracteriza a los segundos [los contratos de hospedaje], como son los servicios complementarios o añadidos al alojamiento (de carácter privado).»[301]

7.1.3. Los servicios en la normativa sectorial turística

Aparte de la ropa de cama, menaje, mobiliario, requisitos en las habitaciones, servicio de limpieza antes y después de cada estancia, etc., un elemento que es más o menos coincidente en la normativa sectorial, es la puesta a disposición de los usuarios de un número de teléfono para resolver cualquier duda e incidencia que pueda surgir durante su estancia. Es decir, una especie de servicio de recepción y atención a distancia.

---

298 BOTELLO HERMOSA, José María, «La preponderancia del...», *op. cit.*, p. 1578: «¿el alquiler turístico se puede equiparar al contrato de hospedaje? En este caso, nos posicionamos en contra de esta posibilidad».

299 *Ibidem*, p. 1583.

300 *Ibidem*, p. 1590.

301 *Ibidem*, p. 1605: «llegamos a la conclusión de que finalmente, la existencia de los servicios adicionales al alojamiento no es válida como instrumento jurídico para diferenciar entre arrendamientos vacacionales y los alquileres turísticos». Recordemos, que para este autor la diferencia radicaba en la habitualidad.

Como ha manifestado la DGT, la «recepción y atención permanente y continua al cliente», es un elemento que caracteriza la actividad de hospedaje. Si bien, dicha recepción y atención, en los alojamientos tradicionales, se realizará en «un espacio propio destinado al efecto». Por la morfología del edificio en que se sitúa la vivienda de uso turístico, en contraposición al hotel o apartamento turístico, etc., con toda seguridad no pueda disponer de un espacio destinado a la recepción y atención de los usuarios, por lo que alternativamente se ha optado por la inclusión de un número a través del cual comunicar cualquier incidencia, incluso durante las 24 horas del día.

Así, la concurrencia de este servicio de recepción y atención permanente y continua hacia los inquilinos podría servir como elemento para calificar el contrato de arrendamiento de alojamiento de vivienda de uso turístico de hospedaje.

Y, recordemos que, la DGT, puso de manifiesto que los servicios de limpieza y cambio de ropa del apartamento prestado a la entrada y a la salida del periodo contratado por cada arrendatario; servicio de limpieza de las zonas comunes del edificio (portal, escaleras, ascensores), así como de la urbanización en que esté situado (zonas verdes, puertas de acceso, aceras y calles); servicios de asistencia técnica y mantenimiento para eventuales reparaciones de fontanería, electricidad, cristalería, persianas, cerrajería y electrodomésticos», no son servicios complementario de la industria hotelera.

A) Andalucía

El Decreto 28/2016, de Andalucía, en su art. 6.2, letra a), exige: «Facilitar a las personas usuarias un número de atención telefónica durante las 24 horas del día para atender y resolver de forma inmediata cualquier consulta o incidencia relativa a la vivienda.»

B) Aragón

El Decreto 1/2023, de Aragón, en el art. 1, recoge que, «Los titulares de las viviendas de uso turístico deberán facilitar a los clientes un número de teléfono para atender y resolver de manera inmediata consultas e incidencias sobre el uso de las mismas, así como deberán garantizar un servicio urgente de asistencia y mantenimiento de las viviendas.»

C) Asturias

En ese mismo sentido se pronuncia el art. 15.1 del Decreto 48/2016, de Asturias, al disponer que «En un lugar visible en cada vivienda, estará expuesto un cartel informativo, redactado, al menos, en castellano e inglés, con un número de teléfono de atención las 24 horas del día, que permita resolver cualquier incidencia relativa a la misma».

D) Islas Baleares

La Ley 8/2012, de las Islas Baleares, dispone en su art. 51 la prestación de los siguientes servicios turísticos: limpieza periódica de la vivienda, ropa de cama, lencería, menaje de casa en general y reposición de éstos, mantenimiento de las instalaciones y servicios de atención al público en el horario comercial.

E) Canarias

El art. 7.4, del Decreto 113/2015, de Canarias, establece que «Existirá en cada vivienda vacacional, en un lugar visible, un cartel informativo con un número de teléfono de atención, en horario como mínimo de 8.00 h a 20.00 h, que permita resolver cualquier incidencia relativa a la misma».

F) Cantabria

El art. 6, del Decreto 225/2019, de Cantabria, exige en su apartado c): «Exhibir, en un lugar visible, el número de teléfono previsto para atender de manera inmediata cualquier circunstancia que afecte a la estancia alojativa.»

G) Castilla y León

El Decreto 3/2017, de Castilla y León, dispone en su art. 25 que «La empresa deberá facilitar a los clientes un número de teléfono o dirección de correo electrónico, que estará disponible durante las 24 horas del día, para atender y resolver de manera inmediata consultas e incidencias. Asimismo, deberán garantizar un servicio urgente de asistencia y mantenimiento de las viviendas. El teléfono de contacto y el servicio de asistencia y mantenimiento serán anunciados, al menos en los idiomas castellano e inglés, de forma visible en el tablón de anuncios que se colocará en el interior de la vivienda de uso turístico.»

H) Castilla-La Mancha

El Decreto 36/2018, de Castilla-La Mancha, requiere, en su art. 16, apartado h): «Poner a disposición de los usuarios un número de teléfono para atender y resolver dudas e incidencias relativas a la vivienda de modo inmediato en un lugar visible.»

I) Cataluña

El Decreto 75/2020, de Cataluña, predica en su art. 221-2 que se facilite a las personas usuarios y vecinos el teléfono para atender resolver de manera inmediata consultas e incidencias relativas a la actividad de vivienda de uso turístico, entre otros aspectos.

J) Galicia

Igualmente, el art. 39, apartado 2, letra b), del Decreto 12/2017, de Galicia, exige un «Número de teléfono 24 horas para la atención al/a la usuario/a turístico/a y las incidencias que puedan surgir».

K) Madrid

Asimismo, según el tenor del art. 18.2 del Decreto 79/2014 de Madrid, cada vivienda de uso turístico deberá especificar «un número de teléfono de atención permanente, para las incidencias o consultas que los usuarios puedan plantear».

L) Región de Murcia

El art. 9, del Decreto n.º 256/2019, de la Región de Murcia, exige que en el interior de cada vivienda de uso turístico se anuncie «de forma visible y al menos en los idiomas español e inglés, el teléfono de contacto del responsable del alojamiento.»

M) Navarra

También el art. 18, del Decreto Foral 230/2011, de Navarra, cuando afirma que «El titular, o en caso el encargado, deberá encontrarse a disposición de los clientes dentro del núcleo de población donde se ubique el establecimiento, y tendrá a su cargo el teléfono adscrito al alojamiento turístico.»

N) La Rioja

O el art. 70.3, del Decreto 10/2017 de La Rioja, que recoge: «En los establecimientos que no dispusieran de recepción y en las viviendas de uso turístico el titular está obligado a facilitar al usuario un teléfono y dirección de contacto para su localización».

En cambio, la Comunitat Valenciana, en el art. 34 del Decreto 10/2021, recoge que «El servicio de recepción/conserjería, que se prestará 24 horas al día, no será exigible a las viviendas de uso turístico». El País Vasco no se refieren a este servicio. Y Extremadura carece de regulación, a día de hoy, en materia de viviendas de uso turístico.

Por tanto, si seguimos lo establecido por la DGT, el servicio de atención a los usuarios, aunque se realice a distancia en algunos casos, podría conllevar la calificación del contrato de alojamiento turístico en vivienda como de hospedaje[302].

Si puede recibir la calificación de hospedaje y, por tanto, se encuentra sometido a la normativa sectorial, ésta última será de aplicación en cuanto a lo referido al régimen jurídico administrativo-turístico. Por su parte, el régimen jurídico civil vendrá constituido por los arts. 1783, 1784, 1922.5 y 1967.4 CC y, supletoriamente, los relativos al arrendamiento de cosa y de servicios del mismo cuerpo legal.

---

302 Recordemos que para Soriano Frade, Francisco, *op. cit.*, p. 66: «Los apartamentos turísticos deben disponer de un servicio de personal para la atención de sus clientes, y es en este punto donde estriba su total diferenciación con el arrendamiento simple de un apartamento amueblado, porque es singularmente en ese servicio donde se apoya su poder de captación del cliente sin que suponga una grave carga para la empresa explotadora».

7.2. El contrato de arrendamiento de alojamiento turístico

En contraposición al de hospedaje, encontramos el contrato de arrendamiento de alojamiento por motivos turísticos. En este caso, el alojamiento no va acompañado de la prestación de determinados servicios que, por sus características, permitan calificar el contrato como de hospedaje.

Anteriormente, al referirnos a la recepción y atención, aunque fuere telemática o en línea a los usuarios por parte de los propietarios o intermediarios, hemos apuntado que algunas Comunidades Autónomas carecían de este servicio o no lo contemplaban como obligatorio. Eran el País Vasco y la Comunitat Valenciana.

De este modo, y siguiendo de nuevo lo declarado por la DGT, al no poseer el alojamiento este servicio, podría recibir la naturaleza jurídica, simplemente, de contrato de arrendamiento de alojamiento turístico, salvo que por las partes se pacte otra cosa que permita calificarlo como de hospedaje.

Como consecuencia, si queda sometido a la normativa sectorial, el régimen jurídico administrativo-turístico aplicable lo constituirá esta última. Y, por lo que se refiere al régimen jurídico civil que regirá la relación entre el arrendador y el arrendatario, éste será el previsto en materia de arrendamientos de cosa y de servicios en los arts. 1542 y ss. del Código civil.

8. VIVIENDAS DE USO TURÍSTICO Y DERECHO A LA PROPIEDAD PRIVADA

Como hemos visto en el capítulo precedente, al derecho a la propiedad privada se le reconoce una doble dimensión: una institucional y otra individual, o como derecho subjetivo.

Desde esta última dimensión, el derecho a la propiedad privada se exterioriza a través del ejercicio de diversas facultades reconocidas. Por una parte, el goce, que abarca la posibilidad de uso y disfrute[303]. Y, por otra, la disposición.

---

303 LÓPEZ Y LÓPEZ, Ángel M, «Lección 12.ª: El derecho de propiedad», en Ángel M. López y López y Vicente L. Montés Penadés (Coords.), *Derechos reales y Derecho inmobiliario registral*, Tirant lo Blanch, Valencia, 1994, p. 239.

Se convierte, así, en un título jurídico suficiente, aunque no el único, para celebrar un contrato de arrendamiento de alojamiento privado para el turismo. Y, como consecuencia, la regulación de las viviendas de uso turístico incidirá, *per se*, en el contenido del derecho de propiedad.

Estas facultades permitirán al titular del derecho dominical utilizar el bien para la satisfacción de sus múltiples y variadas necesidades y, al mismo tiempo, hacer suyo lo que éste produzca[304].

Entonces, el derecho dominical faculta a su titular a obtener toda la utilidad que el bien pueda prestarle, incluido, como consecuencia de esa facultad de goce, la percepción de los frutos. Ello, en ocasiones, se traducirá en un aprovechamiento económico del bien[305], subordinado dicho destino, en principio, a la voluntad del titular, hasta donde permitan las leyes y la voluntad plasmada en los contratos.

La facultad de goce a que se refiere el art. 348 CC incluye la de usar el bien, de modo que, a tenor del art. 353 CC, cabe la posibilidad de que el propietario haga suyos por accesión todo lo que la cosa produzca[306].

De esta forma, pertenecerán al propietario, en virtud de lo dispuesto en el art. 354 CC, además de los frutos naturales e industriales, los frutos civiles[307]. Estos últimos, tal y como proclama el art. 355 CC, provienen del alquiler de edificios, el precio de arrendamiento de tierras y el importe de rentas perpetuas, vitalicias y análogas.

---

304 Clemente de Diego, Felipe, *Instituciones de Derecho civil. Tomo I. Introducción. Parte general. Propiedad. Derechos reales,* Madrid, 1959, p. 381: «La facultad de aprovechar consiste en la inmediata utilización del objeto del dominio, o sea en la aplicación del mismo y de lo que produce a la satisfacción de nuestras necesidades.»

305 Al tratar el derecho de propiedad, Albaladejo, Manuel, *op. cit.,* p. 232, lo define en el sentido de «señorío pleno sobre la cosa, consistente en el poder de someterla a nuestra voluntad en todos sus aspectos y obtener de ella toda la utilidad [económica, en este caso] que pueda prestar».

306 Manresa y Navarro, José María, *op. cit.,* p. 239: «Según el espíritu que informa el presente artículo 353, [...] el fundamento del derecho de accesión radica para el Código civil en el mismo derecho de propiedad. El título por el cual nos hacemos dueños o somos dueños de los frutos y productos de los bienes y de cuanto se incorpore a una, es la relación jurídica preexistente en los bienes mismos.»

307 Aunque la doctrina opta por distinguir únicamente entre frutos naturales y frutos civiles. *Vid.* Espín Cánovas, Diego, *op. cit.*, p. 78; Puig Peña, Federico, *op. cit.* p. 155; Manresa y Navarro, José María, *op. cit.*, p. 246, entre otros.

En definitiva, en virtud de un título real como es el derecho de propiedad y las facultades a través de las que éste se manifiesta[308], surge la posibilidad de que su titular pueda ceder el uso de la cosa durante un período de tiempo determinado y a cambio de un precio[309].

El legislador, tanto estatal como autonómico, y los Entes Locales, a través del planeamiento urbanístico, han regulado y ordenado las viviendas de uso turístico. Dictando disposiciones que incidirán en el contenido del derecho de propiedad de los titulares de propiedades inmobiliarias interesados en ceder sus viviendas a satisfacer la necesidad temporal de alojamiento privado para el turismo. Como consecuencia, debemos aproximar la interacción de los elementos de control vistos en el capítulo precedente a la hora de los poderes públicos regular el derecho a la propiedad privada con las viviendas de uso turístico.

8.1. La determinación de la función social del derecho a la propiedad privada en el sector de las viviendas de uso turístico

Es cierto que, en materia de viviendas de uso turístico, no se ha dictado ninguna disposición normativa que permita identificar cuándo un propietario, al ceder su vivienda, directa o indirectamente, para uso privado para el turismo, esté llevando a cabo un ejercicio antisocial del derecho de propiedad —como si vimos en el capítulo precedente en relación con el derecho a la vivienda—. Si bien, lo anterior no es óbice para que se pueda

---

308 SANTOS BRIZ, Jaime, *Derecho civil. Teoría y práctica. Tomo II. Derecho de cosas,* Revista de Derecho privado, Madrid, 1972, p. 117: «Tanto la facultad de disposición como la de uso y disfrute no son derechos autónomos, sino ínsitos en la situación jurídica subjetiva compleja que es la propiedad.» Algunos autores ya han hecho referencia al derecho de propiedad como punto de partida en la cesión de las viviendas de uso turístico, por ejemplo, TORRES LANA, José Ángel, «Alquiler de viviendas para uso turístico», en Silvia Feliu Álvarez de Sotomayor (Dir.), *Plataformas digitales en los alquileres vacacionales,* Reus, Madrid, 2020, 9 a 29, p. 10; GONZÁLEZ CABRERA, Inmaculada, *op. cit.*, p. 87; GARCÍA SAURA, Pilar Juana, *op. cit.*, p. 29, entre otros.

309 LASARTE ÁLVAREZ, Carlos, *La propiedad y derechos reales de goce. Principios de Derecho civil,* 7ª edición, Marcial Pons, Madrid, 2006, pp. 59 y 60: «alcanzar la propiedad de algo tiene por norte y guía obtener el correspondiente uso o, en su caso, rendimiento del objeto que se trate. [...] el goce y disfrute del bien objeto de propiedad es, sin duda alguna, el elemento definidor por excelencia de las facultades del titular dominical, en cuanto el título de propiedad le legitima para ejercer un poder efectivo sobre la cosa [...] que a su vez representa la manifestación ante terceros del dominio sobre la cosa.»

precisar la función social o, en su caso, que el propio titular posea una idea o una convicción generalizada de lo que se entiende por uso antisocial del derecho de propiedad en este sector.

Por su parte, lo que sí han hecho los poderes públicos, regulando y ordenando urbanísticamente las viviendas de uso turístico, es establecer limitaciones o prohibiciones que, sin referirse expresamente a la función social de la propiedad, se fundamentan en la salvaguarda de determinados intereses generales[310].

A modo de ejemplo, en la Exposición de Motivos del Decreto 28/2016, de Andalucía, pueden leerse como razones de interés general que sustentan la necesidad de regulación de las viviendas con fines turísticos y del medio de intervención, «la seguridad pública, la protección de las personas usuarias de servicios turísticos y la protección del medioambiente y entorno urbano». Con alusión, también, a la repercusión que puede tener esta modalidad de alojamiento sobre la convivencia vecinal.

---

310 El reciente Decreto Ley 3/2023, de 7 de noviembre, de medidas urgentes sobre el régimen urbanístico de las viviendas de uso turístico, de Cataluña, alega que las viviendas de uso turístico generan consecuencias negativas, tales como el deterioro de la convivencia vecinal, el fomento de la proliferación de actividades turísticas y de ocio que rompen el equilibrio del entorno urbano «dado que generan un funcionamiento anómalo en la zona al no estar destinadas a residentes locales», contribuyen a la gentrificación turística, a la transformación social de los barrios «a través del deterioro del paisaje urbano» y a la saturación de las infraestructuras y servicios de la ciudad. Además, afirma que «las viviendas de uso turístico pueden sustraer un número importante de viviendas del parque residencial habitual previsto por el planificador para cubrir las necesidades habitacionales de un municipio» y que, a través de dicha medida, se pretende «luchar contra la escasez de la vivienda destinada a la residencia habitual y permanente de la ciudadanía» y «establecer una ordenación urbanística que permita conciliar la satisfacción del derecho a la vivienda de la ciudadanía con el destino de algunas viviendas al uso turístico y el ejercicio de la actividad económica que le es inherente.» Ahora bien, lo que no explica es si las medidas que en él se adoptan son necesarias para que haya más inmuebles destinados a vivienda habitual. Véase el Dictamen 3/2023, del 1 de diciembre sobre el antedicho Decreto Ley, elaborado por el Consell de Garanties Estatutàries de Catalunya. Y, asimismo, Ferré Mestre, Antoni, «Reflexiones (apresuradas sobre el Decreto Ley 3/2023: la nueva regulación de la actividad de vivienda turística en Cataluña», *Diario La Ley* (27 de noviembre de 2023), N.º 10396, y Valentín Peñate, Javier, «Viviendas turísticas y urbanismo. Comentarios a propósito del Decreto Ley 3/2023, de 7 de noviembre, de medidas urgentes sobre el régimen urbanístico de las viviendas de uso turístico, de Cataluña», *Diario La Ley* (12 de diciembre de 2023), N.º 10404.

De forma similar se pronuncia el Preámbulo del Decreto 48/2016, de Asturias, al exponer que la intervención de la Administración en este ámbito se «fundamentada en la protección de los consumidores, así como la protección del medio ambiente, el entorno urbano y la conservación del patrimonio histórico y los objetivos de política cultural.»

Asimismo, la Exposición de Motivos del Decreto 225/2019, de Cantabria, al afirmar que se establecen los «límites imprescindibles para garantizar las condiciones mínimas de orden público, seguridad ciudadana, salud pública y protección de los consumidores.» A continuación, añade que, «Desde el punto de vista del orden público, no debemos olvidar que el tipo de viviendas que el Decreto regula están pensadas para un uso residencial, por lo que se hace necesario imponer una serie de límites que garanticen la correcta convivencia entre los turistas y los residentes.»

De igual manera, puede reproducirse parte del contenido del Preámbulo del Decreto 101/2018, del País Vasco, por cuanto «No puede olvidarse que el alojamiento turístico se desarrolla en un entorno residencial, en el que se hace preciso compatibilizar la actividad alojativa con la normal convivencia vecinal y el derecho de las demás personas a disfrutar de su vivienda sin especiales perturbaciones».

O, la Exposición de Motivos de la Ley 6/2017, de 31 de julio, de modificación de la Ley 8/2012, de 19 de julio, del turismo de las Islas Baleares relativa a la comercialización de estancias turísticas. Ésta fundamenta los límites y las formalidades legales implantadas, en relación con las viviendas de uso turístico, con la salvaguarda del derecho al domicilio libre de inmisiones, el urbanismo, la ordenación del territorio o el medio ambiente adecuado. De igual forma, alega que se ha detectado una «enorme presión sobre el territorio, las carreteras, las infraestructuras, el medio ambiente y los recursos hídricos y energéticos, entre otros». Y, en especial, alude a que se pretende evitar «una subida de los precios del arrendamiento o de la vivienda, así como la falta de oferta de ésta para la población.»[311]

---

311 Concretamente, esta misma Exposición de Motivos, sí que alude a que «el derecho a la propiedad privada nace delimitado por su función social. Por ello, no tan solo diferentes configuraciones legales que tengan que ver con el urbanismo, la ordenación del territorio, el medio ambiente, etc., pueden limitar el derecho de propiedad, sino también las relaciones de vecindad (como las comunidades de propietarios) pueden limitarlo por razones diversas. Estas razones pueden afectar incluso a derechos constitucionales fundamentales, tales como el derecho a la intimidad personal y familiar, el derecho a la seguridad de los residentes habituales o el derecho al medio ambiente adecuado.»

Éstos son algunos de los intereses generales alegados por parte de las Comunidades Autónomas a la hora de regular las viviendas de uso turístico. Lo que nos lleva a recordar que la fórmula de la función social no sólo actúa como un límite en sí misma, sino también de criterio a la hora de delimitar el contenido del derecho de propiedad por parte del legislador competente.

Esta dimensión de la función social, no como límite ahora, sino como criterio de delimitación[312], necesita de una cierta concreción. En el sentido de qué intereses generales pueden ser alegados como necesitados de protección por parte del legislador competente a la hora de regular las viviendas de uso turístico. Lo que, correlativamente, permite reconocer, aunque sea de forma aproximada o, al menos, en medida alguna, cuándo el ejercicio del derecho de propiedad en este ámbito va más allá de lo social.

Hemos aludido a algunos intereses generales invocados por parte de los poderes públicos a la hora de regular las viviendas de uso turístico, dejando al margen ahora la protección de los turistas como consumidores, como son: medio ambiente, convivencia vecinal, entorno urbano, seguridad pública y ciudadana, salud pública, el incremento de los precios del alquiler de las viviendas o la disminución del número de inmuebles destinados a dicho uso. Ir en contra de tales intereses permitiría vislumbrar, de forma aproximada, un ejercicio contrario a la función social del derecho de propiedad. Pero, los anteriores ejemplos no representan la totalidad de intereses generales que pueden ser salvaguardados en el ámbito en el que nos encontramos.

El Tribunal Constitucional, en su sentencia núm. 37/1987, 26 marzo, reconoció que «la incorporación de tales exigencias a la definición misma del derecho de propiedad responde a principios establecidos e intereses tutelados por la propia Constitución»[313].

---

[312] Montés Penadés, Vicente L., *op. cit.*, p. 153, la función social se erige como «el criterio definidor que las leyes han de adoptar para delimitar el contenido de la propiedad».

[313] Y, en este sentido, nos recuerda que «el art. 128.1 de la Constitución subordina toda la riqueza del país, "en sus distintas formas y sea cual fuere su titularidad", al interés general; que el art. 40 impone a todos los poderes públicos la obligación de promover "las condiciones favorables para el progreso social y económico y para una distribución de la renta regional y personal más equitativa", así como realizar una política orientada al pleno empleo; que el art. 45 ordena a los poderes públicos para que velen "por la utilización racional de todos los recursos naturales, con el fin de proteger y mejorar la calidad de la vida y defender y restaurar

Si el concepto de función social debe responder a «principios establecidos e intereses tutelados en la propia Constitución», a pesar de que su proyección pueda ser muy amplia y variada, ello comporta que nos encontremos, como hemos dicho, ante un concepto jurídico, en mayor o menor medida, determinable. Y, en esta operación, será fundamental atender al bien o categoría de bienes sobre el que recae el derecho dominical. En este caso, en el derecho de propiedad que recae sobre los inmuebles que pueden ser objeto de cesión para satisfacer la necesidad temporal de alojamiento privado para el turismo.

Así, en el ámbito de las viviendas de uso turístico podemos concretar un poco más los intereses que pueden ser tutelados a la hora de regular este fenómeno «alojativo». Por este motivo, debemos hacer referencia en este momento, sin perjuicio de que más adelante volveremos sobre este aspecto, al principio de necesidad.

Éste se halla reconocido en el art. 15.3, de la Directiva de Servicios. Que, a su vez, ha sido traspuesto a nuestro ordenamiento jurídico, en el art. 5 de la Ley 17/2009.

En virtud de dicho principio, los Estados Miembros, a la hora de supeditar, en sus respectivos ordenamientos jurídicos, el acceso a una actividad de servicios o su ejercicio al cumplimiento de determinados requisitos[314],

---

el medio ambiente, apoyándose en la indispensable solidaridad colectiva"; o que, finalmente, el art. 130 exige asimismo de los poderes públicos que atiendan a la "modernización y desarrollo de todos los sectores económicos y, en particular, de la agricultura y la ganadería…".»

314 El art. 11 de la Ley 17/2009, titulado «Requisitos de aplicación excepcional sujetos a evaluación previa», recoge, en su apartado primero, que «La normativa reguladora del acceso a una actividad de servicios o de su ejercicio no deberá supeditar dicho acceso o ejercicio a: a) Restricciones cuantitativas o territoriales y, concretamente, límites fijados en función de la población o de una distancia mínima entre prestadores. Los fines económicos, como el de garantizar la viabilidad económica de determinados prestadores, no podrán invocarse como justificación de restricciones cuantitativas o territoriales. b) Requisitos que obliguen al prestador a constituirse adoptando una determinada forma jurídica; así como la obligación de constituirse como entidad sin ánimo de lucro. c) Requisitos relativos a la participación en el capital de una sociedad, en concreto la obligación de disponer de un capital mínimo para determinadas actividades o tener una cualificación específica para poseer el capital social o gestionar determinadas sociedades. d) Requisitos distintos de los exigidos para el acceso a las profesiones reguladas, contemplados en la Directiva 2005/36/CE del Parlamento Europeo y del Consejo, de 7 de septiembre de 2005, relativa al reconocimiento de cualificaciones profesiona-

éstos últimos deberán ser acordes al principio de necesidad, en el sentido de que «los requisitos estén justificados por una razón imperiosa de interés general».

El art. 3.11 de la Ley 17/2009 alude a la razón imperiosa de interés general como aquella «razón definida e interpretada [como tal en] la jurisprudencia del Tribunal de Justicia de las Comunidades Europeas, limitadas las siguientes[315]: «el orden público, la seguridad pública, la protección civil, la salud pública, la preservación del equilibrio financiero del régimen de seguridad social, la protección de los derechos, la seguridad y la salud de los consumidores, de los destinatarios de servicios y de los trabajadores, las exigencias de la buena fe en las transacciones comerciales, la lucha contra el fraude, la protección del medio ambiente y del entorno urbano, la sanidad animal, la propiedad intelectual e industrial, la conservación del patrimonio histórico y artístico nacional y los objetivos de la política social y cultural.»

A lo dicho hay que añadirle que el Tribunal de Justicia de la Unión Europea, en su sentencia 22 septiembre 2020[316], determinó que «la actividad de arrendamiento a cambio de una remuneración de inmuebles amueblados destinados a vivienda a clientes de paso que no fijan en ellos su domicilio,

---

les, que reserven el acceso a una actividad de servicios a una serie de prestadores concretos debido a la índole específica de la actividad. e) La prohibición de disponer de varios establecimientos en el territorio español. f) Requisitos relativos a la composición de la plantilla, tales como tener un número determinado de empleados; ya sea en el total de la plantilla o en categorías concretas, o a la obligación de contratar con una procedencia o modalidad determinada. g) Restricciones a la libertad de precios, tales como tarifas mínimas o máximas, o limitaciones a los descuentos. h) La obligación del prestador de realizar, junto con su servicio, otros servicios específicos o de ofrecer una determinada gama o surtido de productos.» Y, en su apartado segundo, dice que «No obstante, excepcionalmente se podrá supeditar el acceso a una actividad de servicios o a su ejercicio al cumplimiento de alguno de los requisitos del apartado anterior cuando no sean discriminatorios, estén justificados por una razón imperiosa de interés general y sean proporcionados.» Por tanto, en puridad, sí que podrán establecer determinados requisitos, aunque deberán cumplir el requisito de necesidad, que se traduce en que éstos estén justificados por una razón imperiosa de interés general.

315 El art. 4.11 de la Directiva de Servicios, al recoger la definición de razón imperiosa de interés general, no utiliza la expresión «limitadas las siguientes», tal y como hace el legislador español, sino que dice «incluidas las siguientes»; expresión esta última más abierta que la adoptada por España.

316 Asuntos acumulados C-724/18 y C-727/18 (TJCE 2020, 224).

efectuados de forma reiterada y durante breves períodos de tiempo, tanto con carácter profesional como no profesional», está comprendida dentro del concepto de «servicios», del art. 4.1 de la Directiva de Servicios. Y, como consecuencia, las restricciones a dicha actividad quedan sujetas, además de al principio de necesidad, a los no discriminación y proporcionalidad.

Por lo tanto, la función social actúa como un límite en sí mismo al derecho de propiedad. Si bien, como límite que es, requiere ser concretada, para saber cuándo un propietario está ejercitando su derecho de forma social o antisocial, según el bien sobre el que éste recaiga, y si, en cuyo caso, merece algún reproche o una sanción. No obstante, esta operación no se ha llevado a cabo en el ámbito específico de las viviendas de uso turístico, quizá por la dificultad que ello entraña. Pese a ello, sí que disponemos a día de hoy de un elenco de intereses generales y de razones imperiosas de interés general que, al tenerlas en cuenta los poderes públicos a la hora de regular y ordenar las viviendas de uso turístico, nos permiten obtener una aproximación de cuándo un ejercicio del derecho de propiedad se encuentra dentro, o no, del límite de la función social.

8.2. La reserva de ley en materia de viviendas de uso turístico

La reserva de ley a la hora de regular las viviendas de uso turístico no se ha visto comprometida. En líneas generales, los legisladores autonómicos han recabado la colaboración de la Administración para llevar a cabo la regulación completa del fenómeno «alojativo».

No obstante, en este apartado debemos hacer referencia a que, en el ámbito en el que nos encontramos, la delimitación del contenido del derecho a la propiedad privada se llevará a cabo, principalmente, en virtud de dos títulos competenciales autonómicos.

Por una parte, a través de la competencia exclusiva en «promoción y ordenación del turismo en su ámbito territorial», *ex* art. 148.1.18.ª CE. Y, por otra, por medio de la competencia exclusiva en «Ordenación del territorio, urbanismo y vivienda», en virtud del art. 148.1.3.ª CE.

Todo ello, sin perder de vista la potestad que ostentan aquellas Comunidades Autónomas con competencia para la «conservación, modificación y desarrollo» de sus Derechos civiles propios, de acuerdo con el art. 149.1.8.ª CE, de dictar normas de Derecho civil propio, e incidir sobre el contenido del derecho de propiedad.

Por lo tanto, el legislador autonómico que haya asumido las anteriores competencias estará facultado para delimitar, en virtud de la concreta función social del bien, el contenido del derecho de propiedad, de acuerdo con las leyes.

Dentro de este segundo título competencial (art. 148.1.3.ª CE), y como consecuencia de la reserva «flexible» o «relativa» de ley en materia de propiedad privada, adquiere una enorme importancia la figura del reglamento, especialmente, a la hora de ordenar el régimen de la propiedad inmobiliaria.

Cabe tener presente, en relación con la naturaleza de los planes urbanísticos que, en su momento, el Tribunal Supremo, en su sentencia 2 febrero 1987, afirmó que:

> «los Planes Urbanísticos y por tanto los Planes especiales, a pesar de su rango reglamentario, son instrumentos aptos para determinar el contenido del derecho de propiedad sin vulneración constitucional, pues el artículo 33.2 de la Constitución advierte que la función social de la propiedad delimitará su contenido, no por medio de la Ley, sino "de acuerdo con las leyes", y los Planes se dictan en virtud de la remisión hecha por el artículo 76 del Texto Refundido de la Ley del suelo.»[317]

8.3. El contenido esencial del derecho a la propiedad privada y la regulación de las viviendas de uso turístico

En sede de viviendas de uso turístico, el límite que constituye el respeto por parte del legislador autonómico del contenido esencial del derecho de propiedad carecerá de verdadera virtualidad.

En el ámbito de las viviendas destinadas a alojamiento privado para el turismo, la facultad que más se verá constreñida será la de goce, limitando o prohibiendo que los titulares cedan su vivienda para dicho uso. Pero, como decimos, el legislador autonómico no incidirá en el contenido esencial del derecho de propiedad, puesto que no suprime la facultad de goce en términos absolutos, sino, simplemente, en relación con un determinado destino económico —como es el de vivienda de uso turístico—. Y, por

---

317 STS (3ª) 2 febrero 1987 (RJ 1987, 2043). En ese mismo sentido, SSTS (3ª) 16 mayo 1990 (RJ 1990, 4170) y 17 abril 2008 (RJ 2008, 3968).

lo tanto, dejando el resto de los destinos intactos, especialmente, el de uso de vivienda y el de uso distinto del de vivienda[318].

Así, el contenido esencial del derecho de propiedad lo constituye la facultad de goce, disposición y reivindicación[319]. Si se limita, condiciona o prohíbe un determinado uso o destino, por ejemplo, el de vivienda de uso turístico, el contenido esencial se mantiene intacto, al suponer una reducción de la utilidad económica de la propiedad y dejándose indemnes el resto de los usos y las facultades. Ello no supondrá una desnaturalización del derecho de propiedad, y continuará siendo recognoscible al tipo abstracto descrito en el art. 348 CC. Como consecuencia, el contenido esencial no nos servirá de parámetro para saber si el legislador se ha extralimitado a la hora de delimitar el contenido del derecho de propiedad, debiendo centrar nuestra atención en el principio de proporcionalidad.

8.4. El principio de proporcionalidad en el ámbito de las viviendas de uso turístico

Como hemos podido comprobar, en al ámbito general de la regulación del derecho de propiedad, el legislador, junto al necesario respeto del contenido esencial del derecho que predica el art. 53.1 CE, no encuentra otro límite que el de no sobrepasar el equilibrio justo o relación razonable en-

318 El Tribunal Constitucional, en su sentencia núm. 89/1994, 17 marzo (RTC 1994, 89), expuso, en relación con la prórroga forzosa en los contratos de arrendamiento, que «no significa que la prórroga forzosa convierta en inexistente o puramente nominal, el derecho de propiedad del arrendador. Supone, ciertamente, una restricción o limitación de este derecho, en cuanto dificulta que la merced arrendaticia se adecue con total fidelidad a la evolución del mercado de arrendamientos. Pero esa dificultad, y consiguiente limitación, no puede considerarse una supresión del derecho sino, en todo caso, afectación de su contenido que no lo hace desaparecer ni lo convierte en irreconocible. Esa limitación derivada de la prórroga forzosa, queda dentro de las facultades del legislador y queda justificada en virtud de la función social que a la propiedad atribuye el art. 33 de la Constitución.»

319 En cambio, para AGUDO GONZÁLEZ, Jorge, *op. cit.*, p. 16: «Para ser exactos, el verdadero y definitivo contenido esencial del derecho de propiedad desde el plano subjetivo no es necesariamente ningún haz de facultades, ni siquiera el ejercicio rentable de esas facultades, sino que en última instancia la utilidad individual del propietario sencillamente se concreta en la rentabilidad in genere de la apropiación.»

tre los medios empleados y la finalidad pretendida. Criterio de ponderación, éste, que difiere del principio de proporcionalidad.

Pero, la naturaleza de la normativa que regula y ordena las viviendas de uso turístico es de marcado carácter administrativo. Y, en este último sector, sí que encuentra el principio de proporcionalidad carta de naturaleza y goza de reconocimiento expreso en diversas disposiciones normativas.

Anteriormente, hemos visto el art. 129 de la Ley 39/2015 y el art. 4 de la Ley 40/2015, manifestando la posibilidad de que, al principio de proporcionalidad en ellos anunciado, se le pueda otorgar el alcance que ofrece el Tribunal Constitucional al subprincipio de proporcionalidad, en sentido estricto, a la hora de enjuiciar una decisión que incida en un derecho fundamental. Es decir, ponderar que de la decisión adoptada se deriven más beneficios o ventajas para el interés de la colectividad que perjuicios sobre otros bienes o valores en conflicto, como pueden ser los de los sujetos afectados por la medida.

No obstante, en materia de viviendas de uso turístico, cabe tener en cuenta otro contenido del principio de proporcionalidad —junto al de no discriminación y el de necesidad—, recogido en el art. 5, letra c), de la Ley 17/2009. En virtud de dicho precepto, el instrumento adoptado por la Administración pública competente, con ocasión de regular las viviendas de uso turístico, principalmente estableciendo un régimen de autorización, previendo el procedimiento, los requisitos y las autorizaciones necesarias para el acceso o ejercicio de una actividad de servicios, o imponiendo restricciones cuantitativas o territoriales, quedarán sometidas al ámbito de aplicación de la Directiva de Servicios y a la norma de trasposición, a Ley 17/2009, y al principio de proporcionalidad. De forma que el instrumento adoptado sea el «más adecuado para garantizar la consecución del objetivo que se persigue porque no existen otras medidas menos restrictivas que permitan obtener el mismo resultado».

Si comparamos la definición ofrecida por el Tribunal Constitucional del subprincipio de proporcionalidad, en sentido estricto, que a su vez hemos tratado de trasladar al ámbito del Derecho administrativo, *ex* art. 129 de la Ley 35/2015 y art. 4 de la Ley 40/2015, con el contenido del art. 5, letra c) de la Ley 17/2009, se desprende claramente que el principio de proporcionalidad en él reconocido no se identifica con el subprincipio de proporcionalidad, en sentido estricto, sino que, más bien, integra la unión del principio de idoneidad con el de necesidad[320].

9. CONCLUSIONES

1.ª La Ley 4/2013, de 4 de julio, de medidas de flexibilización y fomento del alquiler, supuso un punto de inflexión en la configuración jurídica de las viviendas de uso turístico. Especialmente, en cuanto al régimen jurídico aplicable y a la posible naturaleza jurídica del contrato.

Debe partirse de la premisa de que, en las viviendas de uso turístico, es esencial diferenciar entre los aspectos administrativos del contrato de arrendamiento y los aspectos de Derecho privado. El motivo es que estas dos parcelas estancas de la regulación de las viviendas de uso turístico recaen sobre dos legisladores distintos. La primera, corresponde a los legisladores autonómicos, en virtud de la asumida competencia exclusiva en promoción y ordenación del turismo. La segunda, la ostenta, en exclusiva, el legislador estatal.

A partir de la aprobación de la Ley 4/2013, y la introducción de la letra e), en el art. 5, de la LAU, cuando un contrato de arrendamiento persiga la satisfacción de alojamiento privado para el turismo, y en la Comunidad Autónoma donde esté radicado el inmueble exista normativa sectorial en ese sentido, y encaje en la definición de vivienda de uso turístico que da, el contrato quedará a ella sometido y excluido del ámbito de la LAU. Pero sólo en cuanto a los aspectos administrativos, so pena de sanción administrativa.

Como consecuencia, la reforma operada obligó a acudir a la norma de carácter civil más próxima para regular los aspectos de Derecho privado del contrato de arrendamiento de alojamiento. De este modo, si queda sometido a la normativa sectorial, se aplicarán los arts. 1542 y siguientes del Código civil, en sede de arrendamientos en general y, en ningún caso, la LAU.

---

320 1.º Idoneidad, en el sentido de si la medida adoptada es susceptible de conseguir el objetivo propuesto. 2.º Necesidad, es decir, que no exista otra medida más moderada para la consecución del propósito pretendido con la misma eficacia. 3.º Proporcionalidad, en sentido estricto, o ponderada o equilibrada, al derivarse de la decisión tomada más beneficios o ventajas para el interés de la colectividad que perjuicios sobre otros bienes o valores en conflicto.

Esta regla general anterior tiene alguna excepción.

La primera, la representaría Extremadura, al ser la única Comunidad Autónoma que, a día de hoy, no ha aprobado disposición alguna en la materia. En dicha Comunidad, el contrato de arrendamiento de alojamiento privado para el turismo queda sometido por completo a la LAU, a través del contrato de arrendamiento para uso distinto del de vivienda. A no ser que dicho contrato recaiga, únicamente, sobre una espacio o habitación del inmueble. En cuyo caso, al exigir el art. 5, letra e), LAU la «cesión temporal de uso de la totalidad de una vivienda», quedaría sometido al Código civil, en materia de arrendamientos.

La segunda excepción, la constituyen lo que hemos denominado las presunciones legales del carácter turístico de la cesión. Los legisladores autonómicos se sirven de ellas para atraer prácticamente cualquier contrato de arrendamiento al ámbito de aplicación de la normativa sectorial y a su fiscalización. Y ello a pesar de que, a veces, el contrato no tenga una verdadera finalidad turística. Así, consideramos que cabría la posibilidad de destruir dicha presunción y, como consecuencia, el contrato de arrendamiento que, efectivamente, no perseguiría satisfacer la necesidad de alojamiento por motivos turísticos, no quedaría sometido en parte a la norma sectorial, sino por entero a la LAU.

Y, la tercera, la conformarían las exclusiones expresas que podemos encontrar en determinadas Comunidades Autónomas. En estos casos, al no quedar sometido el contrato a la normativa sectorial, siguiendo los términos del art. 5, letra e), LAU —«cuando esté sometida a un régimen específico», dice el precepto—, pasará a regirse por completo por la LAU, a través del contrato de arrendamiento para uso distinto del de vivienda.

Por este motivo, deberemos estar a lo previsto en cada Comunidad Autónoma para saber cuál es el régimen jurídico aplicable en cada supuesto de hecho.

2.ª El sometimiento de un contrato de alojamiento turístico a la normativa sectorial autonómica, según cuales sean los requisitos administrativos en ella previstos a la hora de comercializar esta modalidad de alojamiento, puede incidir en la naturaleza del contrato.

Consecuencia de ello, nuevamente, tendremos que prestar atención a lo dispuesto en cada Comunidad Autónoma a la hora de regular las viviendas de uso turístico y exigir determinados requisitos para su comercialización.

Por esta razón, y partiendo del hecho de que la cesión queda sometida a la norma sectorial, se ha propuesto que el contrato de arrendamiento de alojamiento pueda encajar en una doble modalidad.

Por una parte, como contrato de hospedaje. En dicho contrato, junto al servicio de alojamiento, se prestan una serie de servicios complementarios de carácter turístico o propios de la industria turística.

En concreto, la Dirección General de Tributos, en su consulta n.º V2606-10, de 1 de enero de 2010, llegó a la conclusión de que el hospedaje se caracteriza por comprender la prestación de una serie de servicios tales como recepción y atención permanente y continua al cliente en un espacio propio destinado al efecto, limpieza de inmuebles y cambio de ropa periódicas durante la estancia, custodia de equipaje, puesta a disposición del cliente de vajilla, enseres, y aparatos de cocina y, a veces, prestación de servicios de alimentación.

La DGT no especifica si deben concurrir todos los servicios o algunos de ellos para poder hablar de un contrato de hospedaje.

Por la modalidad de alojamiento que representan las viviendas de uso turístico, el relativo a la vajilla, enseres y aparatos de cocina con toda seguridad estará presente. Pero este último también podría predicarse del contrato de arrendamiento para uso distinto del de vivienda, debido a su uso inmediato. Por lo que éste no parece un criterio definitivo para calificar el contrato de hospedaje o, simplemente, de arrendamiento de alojamiento.

Ahora bien, algunas Comunidades Autónomas exigen un servicio de atención permanente y continuo al cliente. Por esta razón, y siguiendo el criterio apuntado por la DGT, en aquellos territorios donde se requiera la prestación de un servicio en los términos expuesto, aunque sea en línea, el contrato de arrendamiento de alojamiento de vivienda de uso turístico podría recibir la calificación de hospedaje.

Y, consecuentemente, los aspectos jurídicos administrativos-turísticos quedarían sometidos al régimen previsto en la normativa sectorial, y el régimen jurídico civil aplicable al contrato vendría constituido por los arts. 1783, 1784, 1922.5 y 1967.4 CC y, supletoriamente, los relativos al arrendamiento de cosa y de servicios, arts. 1542 y ss., del mismo cuerpo legal.

Por el contrario, si no se prestan esos servicios, no podrá ser calificado como contrato de hospedaje, sino que se tratará de un simple contrato de arrendamiento de alojamiento.

En este caso, de nuevo los aspectos jurídicos administrativos-turísticos quedarían sometidos al régimen previsto en la normativa sectorial, y el régimen jurídico civil aplicable al contrato sería el previsto en sede de arrendamientos, en los arts. 1542 y ss. del Código civil.

3.ª La finalidad del contrato debería ser el elemento esencial para someter un contrato de alojamiento turístico a la normativa sectorial.

Algunas Comunidades Autónomas, dentro de su definición de vivienda de uso turístico, sí que aluden a la finalidad del contrato, como sería la de satisfacer la necesidad de alojamiento temporal, no permanente, por motivos turísticos.

El legislador autonómico no contempla la finalidad como elemento esencial para someter el contrato a su ámbito de aplicación, sino la concurrencia de toda una serie de requisitos o elementos objetivos, como pueden ser la habitualidad, temporalidad, la comercialización y promoción de la cesión a través de canales de oferta turística, etc. Estos requisitos, efectivamente, pueden contribuir a revelar el carácter turístico de la cesión, pero si el contrato no tiene verdaderamente una finalidad turística, en ningún caso debería quedar sometido a la normativa sectorial, sino por entero a la LAU o al Código civil, en caso de recaer sobre una única habitación.

4.ª El derecho de propiedad se erige como el título jurídico habilitante principal, aunque no exclusivo, para celebrar un contrato de arrendamiento de alojamiento de vivienda de uso turístico.

Si hay una facultad que ocupa un papel protagonista en el derecho de propiedad, ésta es la de goce. Uno de los modos de ejercicio de la misma, es la celebración de un contrato de arrendamiento, en cualquiera de sus formas admitidas en Derecho.

Por lo tanto, la regulación y ordenación de esta modalidad de alojamiento turístico por parte de los poderes públicos incidirá en el contenido del derecho de propiedad.

Conforme a lo anterior, es necesario trasladar los elementos de control que nuestro ordenamiento jurídico les exige a los poderes públicos a la hora de delimitar el contenido del derecho de propiedad.

– En primer lugar, la medida adoptada deberá estar fundamentada en un interés general necesitado de protección. Que es a lo que se refiere, en términos generales, la cláusula de la función social. La función social actuará como criterio delimitador del contenido del derecho de propiedad, de ahí que se haya abordado el estudio del régimen de las viviendas de uso turístico como manifestación de la «nueva propiedad».

Los legisladores autonómicos han identificado una serie de parcelas de la vida jurídico-social que pueden verse afectadas por las viviendas de uso turístico y, por este motivo, han considerado oportuno intervenir a través de su regulación y ordenación. Ello se traducirá, principalmente, en la imposición de requisitos de carácter administrativo. Pero, también, estas normas administrativas, contendrán aspectos de Derecho privado, que se traducirán en limitaciones al contenido del derecho de propiedad, hecho que provocará que, posteriormente, tales preceptos deban ser analizados a la luz de la distribución competencial que proclama la Constitución entre el Estado y las Comunidades Autónomas.

Algunos de estos intereses generales reconocidos han sido: el medio ambiente, la protección de los turistas como consumidores, la convivencia vecinal, el entorno urbano, la seguridad pública y ciudadana, la salud pública, el incremento de los precios del alquiler de inmuebles destinados a uso de vivienda o aumentar la disminución de inmuebles a dicho uso. Pero, también, cabe tener en cuenta la definición de razón imperiosa de interés general que recoge el art. 3.11 de la Ley 17/2009: el orden público, la seguridad pública, la protección civil, la salud pública, la preservación del equilibrio financiero del régimen de seguridad social, la protección de los derechos, la seguridad y la salud de los consumidores, de los destinatarios de servicios y de los trabajadores, las exigencias de la buena fe en las transacciones comerciales, la lucha contra el fraude, la protección del medio ambiente y del entorno urbano, la sanidad animal, la propiedad intelectual e industrial, la conservación del patrimonio histórico y artístico nacional y los objetivos de la política social y cultural.

De este modo, al tener la función social un alcance tan amplio, cualquier regulación de las viviendas de uso turístico alegando alguno de los anteriores intereses resultaría válida.

– En segundo lugar, el siguiente elemento de control, cómo es la reserva formal flexible de ley, no se ha visto comprometido, por ahora. Aunque lo habitual será encontrar en la materia que los legisladores autonómicos recaben la colaboración de la Administración para llevar a cabo una regulación y ordenación completa del fenómeno alojativo.

Lo importante, a nuestro modo de ver, en relación con la reserva de ley, es que se aprecia como la regulación del derecho de propiedad no opera ya en normas de carácter civil procedentes del legislador estatal, únicamente, o de aquellas Comunidades Autónomas con Derecho civil propio.

Sino que, podría decirse, que en materia de derecho de propiedad han adquirido un importante protagonismo los legisladores autonómicos, ya que serán ellos, a través del ejercicio de las competencias sectoriales asumidas en ordenación del territorio y urbanismo, y promoción y ordenación del turismo, quienes incidirán en mayor medida en el derecho dominical.

– En tercer lugar, encontramos el respeto al contenido esencial del derecho de propiedad, que proclama el art. 53.1 CE. Dicho límite, en sede de viviendas de uso turístico, no parece tener mayor relevancia.

El motivo radica en que la regulación del fenómeno alojativo se traduce en el establecimiento de condiciones a su ejercicio y, en los casos más extremos, en prohibiciones. En ninguno de los casos podría hablarse de una vulneración del contenido esencial del derecho de propiedad, puesto que, en el peor de los escenarios, se impedirá destinarlo a una determinada actividad económica. Y, como consecuencia, no se habrá producido una desnaturalización del derecho de propiedad, y continuará siendo recognoscible el tipo abstracto descrito en el art. 348 CC.

Por ello, el contenido esencial no nos servirá de parámetro para saber si el legislador se ha extralimitado a la hora de delimitar el contenido del derecho de propiedad, debiendo centrar nuestra atención en el volátil principio de proporcionalidad, al que ya hemos hecho referencia en la conclusión novena, al ser la normativa que ordena y regula las viviendas de uso turístico de marcado carácter administrativo.

Pero, en determinadas ocasiones, cabrá tener en cuenta el principio de proporcionalidad que prevé el art. 5, letra c), de la Ley 17/2009. Es decir, que el instrumento adoptado sea el «más adecuado para garantizar la consecución del objetivo que se persigue porque no existen otras medidas menos restrictivas que permitan obtener el mismo resultado».

En este sentido, queremos poner de manifiesto que el principio de proporcionalidad recogido en la Directiva de Servicios y en la Ley 17/2009, y que debe informar la actuación de la Administración Pública a la hora limitar el acceso a una actividad, o establecer restricciones cuantitativas o territoriales, no coincide con el principio de proporcionalidad visto a la hora de enjuiciar las medidas que afectan a los derechos fundamentales. Es decir, con el triple test de proporcionalidad.

A la hora de regular los derechos fundamentales, la medida debe ser idónea, necesaria, y proporcionada, en sentido estricto. En cambio, en el caso de la Directiva de Servicios y de la Ley 17/2009, el principio de proporcionalidad sólo lleva implícitos el subprincipio de idoneidad y el de necesidad, pero no el de proporcionalidad, en sentido estricto.

Capítulo Tercero

Las viviendas de uso turístico sometidas a régimen de propiedad horizontal

1. CONSIDERACIONES PREVIAS

De acuerdo con el párrafo primero, del art. 396 CC, y del art. 3, de la Ley 49/1960, de 21 de julio, sobre Propiedad Horizontal, la característica típica de la denominada propiedad horizontal es que en ella concurre, por una parte, un derecho singular y exclusivo de propiedad, sobre un espacio suficientemente delimitado y susceptible de aprovechamiento independiente. Y, por otra, un derecho de copropiedad sobre los restantes elementos, pertenencias y servicios comunes. Ambos derechos, aunque de distinto alcance, se reputan inseparablemente unidos; inherentes el uno del otro[321].

De este modo, desde que en un edificio convergen varios pisos o locales susceptibles de uso y aprovechamiento privado, junto con diferentes elementos comunes, podrá hablarse de esta modalidad de propiedad especial[322]. Así lo reconoce la letra b), del art. 2, LPH: «Esta Ley será de aplicación [...] b) A las comunidades que reúnan los requisitos establecidos en el artículo 396 del Código civil y no hubiesen otorgado el título constitutivo de la propiedad horizontal.»

Como consecuencia de lo anterior, surge la necesidad de compaginar los diferentes derechos e intereses concurrentes; hecho que viene marcado por una eterna y viva tensión. Especialmente, en cuanto al uso o destino que cada propietario quiera dar a su inmueble. Y, en esta línea, la cesión con fines turísticos de las viviendas no ha sido una excepción.

Efectivamente, los edificios sometidos a régimen de propiedad horizontal constituyen el ámbito en el que las viviendas de uso turístico han causa-

---

321 En ese sentido se pronuncia el párrafo segundo del art. 396 CC: «Las partes en copropiedad no son en ningún caso susceptibles de división y sólo podrán ser enajenadas, gravadas o embargadas juntamente con la parte determinada privativa de la que son anejo inseparable», y la propia Exposición de Motivos de la LPH.

322 El art. 396, tal y como dispone su último párrafo, recoge una «forma de propiedad», calificándola el art. 1 de la LPH de «especial».

do un mayor número de pronunciamientos[323]. Ello puede ser debido a una serie de circunstancias.

En primer lugar, como consecuencia de los factores sociales y económicos que se predican de la institución de la propiedad horizontal, y que se traducen en un predominio de inmuebles plurifamiliares frente a los unifamiliares.

Como bien apunta la Exposición de Motivos de la LPH, la esencial razón de ser de su régimen «descansa en la finalidad de lograr el acceso a la propiedad urbana mediante una inversión de capital que, al poder quedar circunscrita al espacio y elementos indispensables para atender a las propias necesidades, es menos cuantiosa y, por lo mismo, más asequible a todos y la única posible para grandes sectores de personas.»[324]

Actualmente, y de acuerdo con la «Encuesta continua de hogares (ECH)» elaborada por el Instituto Nacional de Estadística[325], y que recoge

---

323 Para CERDEIRA BRAVO DE MANSILLA, Guillermo, «Pisos turísticos y comunidades de vecinos: un posible caso de abuso de Derecho», *Revista de Derecho Privado* (2018), n.º 1, pp. 53 a 88, p. 55: «Todo empieza cuando los huéspedes-clientes de los pisos turísticos terminan causando molestias a los vecinos de la comunidad, no tanto por lo que aquéllos hacen dentro del piso, sino por lo que hacen con los elementos comunes del inmueble».

324 Y continúa: «en cambio, conjugando las medidas dirigidas al incremento de la construcción con un bien organizado régimen de propiedad horizontal, se afronta el problema de la vivienda y los conexos a él en un plano más adecuado, que permite soluciones estables». Para GÓMEZ MARTÍNEZ, Carlos y GÓMEZ MARTÍNEZ, Juan, *La Ley de Propiedad Horizontal*, Aranzadi, Navarra, 1999, p. 22: «Es uno de los instrumentos legales que permiten a los ciudadanos hacer efectivo su derecho a disfrutar de una vivienda digna y adecuada». POVEDA DÍAZ, José, «Algunos problemas registrales de la propiedad horizontal», en *Ponencias y comunicaciones presentadas al III Congreso internacional de Derecho registral*, Centro de Estudios Hipotecarios, Madrid, 1978, pp. 165 a 185, p. 169: «Desde que la vida moderna en las grandes ciudades ha impuesto la edificación de grandes bloques de pisos para solucionar la grave necesidad de viviendas». Para un análisis histórico de la institución, *Vid.* por todos FERNÁNDEZ MARTÍN-GRANIZO, Mariano, *La Ley de propiedad horizontal en el Derecho español*, Revista de Derecho Privado, Madrid, 1983, pp. 111 a 157; BATLLE VÁZQUEZ, Manuel, *La propiedad de casas por pisos*, Marfil, Alcoy, 1980, o LACRUZ BERDEJO, José Luis, *Elementos de Derecho civil III. Derechos reales. Volumen II. Derechos reales limitados y situaciones de cotitularidad*, 3ª edición, Dykinson, Madrid, 2009, pp. 417 a 419.

325 Los últimos datos obrantes en la materia responden al año 2020. https://www.ine.es/jaxi/Datos.htm?path=/t20/p274/serie/def/p07/l0/&file=01002.px#!tabs-grafico.

el número de viviendas principales según el tipo de edificación y el régimen de su tenencia[326], durante el año 2020 en España había 12.688.700 de viviendas situadas en edificios plurifamiliares[327]. Frente a las 5.954.200 de viviendas situadas en edificios unifamiliares[328].

Y, conforme a la nota de prensa publicada por el INE el 2 de junio de 2021[329], en el mes de febrero de ese mismo año, el número de viviendas turísticas en España que se anunciaban en plataformas digitales era de 294.698, con un total de 1.495.578 plazas y una media de 5,1 plazas por vivienda. Es decir, un 8,3 % menos que en agosto de 2020[330].

Los datos anteriores merecen dos precisiones. Por una parte, obsérvese que la nota de prensa del INE de 2 de junio de 2021 recoge, únicamente, aquellas viviendas anunciadas en plataformas digitales. Su forma de promoción o comercialización no es —o, de *lege ferenda,* no debería ser—, un requisito esencial para calificarla de uso turístico o no[331], sino su finalidad. Es decir, servir de alojamiento para el turismo, tal y como se desprende de la Exposición de Motivos de la Ley 4/2013, cuando excluye del ámbito de aplicación de la LAU el «uso del alojamiento privado para el turismo» para quedar regulados por la normativa sectorial específica. Por ello, puede afirmarse, con toda seguridad, que el número de plazas turísticas será mayor al recogido.

Y, por otra parte, no existen datos a día de hoy que indiquen cuantas de las anteriores viviendas turísticas estaban, o están, sometidas a régimen de propiedad horizontal. Ahora bien, dado el predominio de los edificios plurifamiliares frente a los unifamiliares, de los datos señalados, puede extraerse, siempre con ciertas cautelas, que gran parte de las plazas turísticas,

---

326 La tenencia se refiere a la propia por compra, totalmente pagada, heredada o donada; propia con pagos pendientes; alquilada y la cedida gratis bajo precio por otro hogar, la empresa, etc.

327 De las cuales 573.700 viviendas estaban situadas en edificios con dos viviendas; 3.253.900 en edificios de 3 a 9 viviendas y 8.861.100 en edificios con 10 o más viviendas.

328 Del total, 2.574.900 responden a viviendas unifamiliares independientes y 3.379.300 a unifamiliares adosadas o pareadas.

329 Disponible en: https://www.ine.es/prensa/experimental_viv_turistica_0221.pdf.

330 En el año 2020, a nivel nacional había contabilizadas 321.496 viviendas turísticas, con un total de 1.627.377 plazas con una media de 5,06 plazas por vivienda turística, https://www.ine.es/jaxiT3/Datos.htm?t=39364.

331 Aunque, sin duda, es un factor a tener en cuenta.

anunciadas a través de plataformas digitales, o no, estarán situadas en edificios plurifamiliares.

El segundo motivo es consustancial a la realidad que constituye la propiedad horizontal.

Como ya se ha mencionado, la característica típica de la propiedad horizontal es la concurrencia de dos clases de derechos que se solapan entre sí (art. 396 CC y art. 3 LPH). Así lo indica la Exposición de Motivos de la LPH: «Mientras sobre el piso "estricto sensu", o espacio, delimitado y de aprovechamiento independiente, el uso y disfrute son privativos, sobre el "inmueble", edificación, pertenencias y servicios —abstracción hecha de los particulares espacios—, tales usos y disfrute han de ser, naturalmente, compartidos»[332].

A causa de la antedicha singularidad, se hace necesario compaginar los diferentes derechos e intereses concurrentes, o destinados a concurrir, de una pluralidad de propietarios y ocupantes. Uno de los cauces previstos para llevar a cabo tal cometido es fijar, ya sea legal o estatutariamente, restricciones o límites a los derechos de uso y disfrute de los inmuebles[333]. Con

---

[332] *Vid.* DÍAZ MARTÍNEZ, Ana, «Comentario al artículo 3», en Rodrigo Bercovitz Rodríguez-Cano (Coord.), *Comentarios a la Ley de Propiedad Horizontal*, 5ª edición, Thomson Reuters Aranzadi, Cizur Menor, 2014, pp. 47 a 103, p. 48: «En efecto, lo que en aquel precepto del Código [el art. 396] se califica de "objeto de propiedad separada" se define, en el artículo 3 LPH, como derecho singular y exclusivo de propiedad, para resaltar la inicial carencia de intereses comunitarios sobre el mismo, que determina la plenitud de facultades dominicales del propietario del piso o local tanto en lo relativo al uso y disfrute como a la disposición, aspectos sobre los que se incide en el último párrafo de este precepto.» Y DE CASTRO VÍTORES, Germán, «Interés particular y poder comunitario en la propiedad horizontal: el criterio de la máxima utilidad del inmueble», *Revista Crítica de Derecho Inmobiliario* (2008), núm. 706, pp. 579 a 596, pp. 579 y 580: «la consistencia de lo que adquiere el propietario de un piso o local, las posibilidades de utilización, el grado de libertad, la mayor o menor exigencia de cuidados y gastos respecto al bien adquirido, depende en buena medida, probablemente secundaria y accesoria pero no por ello menos real, de todo lo que legal y estatutariamente deriva de su condición de comunero del edificio, cotitular de los elementos comunes y partícipe en una particular comunidad de vecindad. Su atribución no puede explicarse por completo sin tener presente el conjunto de sus prerrogativas en el seno de la gestión colectiva.»

[333] STC (Pleno) núm. 301/1993, 21 octubre (RTC 1993,301), STS (1ª) núm. 188/1999, 8 marzo (RJ 1999,1405), STS (1ª) núm. 401/2009, 28 mayo (RJ 2009,4220), STS (1ª) núm. 556/2010, 16 septiembre (RJ 2010,6976), STS (3ª) núm. 2318/2016, 27 octubre (RJ 2016/5382).

especial atención en relación con aquellos edificios en los que concurren viviendas destinadas a uso residencial y aquellas dedicadas a otros usos.

A estas dos circunstancias creemos oportuno añadirle una tercera, de carácter jurídico.

Nos referimos a la normación singular, por parte del legislador estatal y alguno autonómico, de la cesión de viviendas de uso turístico sometidas a régimen de propiedad horizontal. Hecho que ha dado lugar a diversas interpretaciones por parte de diferentes órganos jurisdiccionales y administrativos.

A nivel estatal, originariamente, la LPH fue la disposición normativa encargada de ordenar, *ex novo*, y de forma completa, en todo el territorio nacional, la propiedad por pisos. Ésta, hasta hace relativamente poco, no recogía un régimen jurídico específico de adopción de acuerdos para destinar a fines turísticos una o alguna de las viviendas que conformaban la comunidad de propietarios.

No obstante, el Real Decreto-ley 7/2019 modificó la LPH, introduciendo un nuevo apartado 12.º en su art. 17. Esta modificación supuso un cambio radical en el régimen legal exigido para la adopción de acuerdos relativos al uso o destino turístico de las viviendas. Con dicho precepto, se ha rebajado el requisito de la unanimidad que establece el art. 17.6 LPH, para la adopción de acuerdos de aprobación o modificación de las reglas contenidas en el título constitutivo o en los estatutos de la comunidad, a la mayoría cualificada de 3/5 partes de propietarios y cuotas[334].

A pesar de que los términos del art. 17.12 LPH parecen claros —«limitar» o «condicionar»—, como se verá más adelante, la Dirección General de Seguridad Jurídica y Fe Pública, a la hora de interpretar el precepto, junto con alguna Audiencia Provincial, y respaldados ambos órganos por un sector de la doctrina, ha contribuido a dotar de imprecisiones conceptuales el tenor de dicho precepto, que incorpora importantes novedades:

- El art. 17.12 LPH se refiriere a una modalidad de alojamiento específica: la prevista en el art. 5, letra e), LAU.

---

334 Apunta De Castro Vítores, Germán, *op. cit.*, p. 582: «Así, en el seno de la propiedad horizontal, la necesidad de acuerdo unánime para determinadas decisiones es cauce protector del derecho y del valor atribuido al titular del piso o local, del ámbito de su libertad y poder real. Este aspecto defensivo conviene tenerlo en cuenta, permite al propietario oponerse a iniciativas y decisiones, también colectivas, que intentarán privarle de lo que es suyo».

- El acuerdo que limite o condicione el ejercicio de la modalidad de alojamiento anterior, suponga una modificación, o no, del título constitutivo o de los estatutos, requerirá el voto favorable de las tres quintas partes de los propietarios y cuotas, y no unanimidad, que era la regla general.
- Por la misma mayoría cualificada permite establecer cuotas especiales de gastos o un incremento en la participación de los gastos comunes, siempre que no suponga un incremento superior al 20 %.
- Los acuerdos adoptados en este sentido, limitando o condicionando, no tendrán efectos retroactivos.

Por su parte, algunas Comunidades Autónomas, con fundamento en el Derecho civil propio, han adoptado una ordenación completa e integral de la propiedad horizontal. Fue el caso de Cataluña a través de la Ley 5/2006, de 10 de mayo, del Libro Quinto del Código civil de Cataluña, relativo a los derechos reales. Por lo que, en dicho territorio no serán de aplicación las previsiones de la LPH.

En cambio, otras Comunidades Autónomas, alegando su competencia exclusiva en promoción y ordenación del turismo, *ex* art. 148.1.18.ª CE, han previsto en su normativa sectorial turística una regulación singular de determinados aspectos de las viviendas turísticas sometidas a régimen de propiedad horizontal. Unas se remiten de forma expresa al contenido de la LPH. Y, por contra, una se aparta parcialmente del contenido de la LPH. En este último supuesto encontramos a las Islas Baleares.

Si bien esta última causa no contribuye, al menos de forma directa, a la posible conflictividad en el seno de la comunidad de propietarios, sí que favorece la inseguridad jurídica que reina en el ámbito de las viviendas de uso turístico.

2. EL PRINCIPIO DE AUTONOMÍA DE LA VOLUNTAD EN LOS EDIFICIOS SOMETIDOS A RÉGIMEN DE PROPIEDAD HORIZONTAL

La aproximación al principio de autonomía de la voluntad en los edificios sometidos a régimen de propiedad horizontal pasa, en primer lugar, por prestar atención a la Exposición de Motivos de la LPH[335].

---

[335] DÍEZ-PICAZO, Luis, «Los preámbulos de las leyes (En torno a la motivación y la causa de las aplicaciones normativas)», *Anuario de Derecho Civil*, Vol. 45 (1992), n.º

En virtud de esta última, antes de la aprobación de la Ley 49/1960, la constitución del régimen de propiedad horizontal y la determinación del conjunto de deberes y derechos que lo integraban estaba «entregada, casi de modo total, en defecto de normas legales, a la autonomía privada reflejada en los Estatutos.»

A partir de la entrada en vigor de la Ley 49/1960, se ofrece «una regulación que, por un lado, es suficiente por sí —con las salvedades dejadas a la iniciativa privada— para constituir, en lo esencial, el sistema jurídico que presida y gobierne esta clase de relaciones y, por otro lado, admite que, por obra de la voluntad, se especifiquen, completen y hasta modifiquen ciertos derechos y deberes, siempre que no se contravengan las normas de derecho necesario, claramente deducibles de los mismos términos de la ley.»

La Ley 49/1960, además de representar la ordenación *ex novo* de la institución, dio nueva redacción al art. 396 CC, recogiendo en su párrafo 4.º que «Esta forma de propiedad se rige por las disposiciones legales especiales y, en lo que las mismas permitan, por la voluntad de los interesados.»

La STS (1ª) 8 octubre 1993 puso de manifiesto que, a través de la LPH, se ha tratado, «aplicando los principios socializadores propios de la época en que fue dictada, de recortar el abusivo juego de la autonomía de la voluntad en este tipo de relaciones jurídicas», aunque sin eliminarla por completo[336].

2, pp. 501 a 534, señaló que la primera función de las exposiciones de motivos de las leyes radica en explicar la oportunidad política y los rasgos técnico-jurídicos de las leyes a que acompañan, «constituyendo un valioso instrumento en manos de los juristas para profundizar en el conocimiento del Derecho.» Anteriormente, *Vid.* el estudio monográfico acerca de los preámbulos en la doctrina española de Rovira Flores de Quiñones, M.ª Carolina, *Valor y función de las "Exposiciones de motivos" en las normas jurídicas,* Universidad de Santiago de Compostela, Santiago de Compostela, 1972.

336 STS (1ª) núm. 915/1993, 8 octubre (RJ 1993, 7315): «Es un principio básico del régimen de la PH instituido por la Ley 49/1960, de 21 de julio, la prevalencia del derecho necesario sobre el dispositivo, lógica consecuencia de los abusos que antes de la promulgación de dicha Ley se venían cometiendo en virtud de una no justa y sí exagerada aplicación de la voluntariedad que antes imperaba en este tipo de relaciones.» Y finaliza calificando el carácter necesario de las disposiciones contenidas en la LPH de «necesariedad minuscuamperfecta o atenuada». Hernanz Cano, Luis, *Las comunidades de propiedad urbana,* Colex, 1998, pp. 34 y 35, se pronunció en un sentido parecido: «Hasta la promulgación de la Ley de Propiedad Horizontal, lo cierto era que el régimen de derechos y deberes de estas comunidades se hallaba abierta a la amplia determinación de los contratantes, si

Tiempo atrás, el Tribunal Supremo, en sus sentencias 19 diciembre 1930 y 5 abril 1956 —ambas citadas por la SAP Málaga (Sección 5ª) 7 noviembre 2002[337]—, declaró que:

> «es principio universal del Derecho, consagrado en nuestras leyes desde el Ordenamiento de Alcalá, que, la autonomía de la voluntad de los contratantes es fuente preferente para resolver las cuestiones que afecten a sus convenciones, en todo lo que no se oponga al orden social y al imperio de las leyes prohibitivas.»

De la lectura conjunta de la Exposición de Motivos de la LPH y del art. 396 CC se desprende cuál fue la intención del legislador: confinar la autonomía de la voluntad en un segundo plano, frente a las disposiciones especiales recogidas en la LPH que, por sí mismas, parecen suficientes para organizar la vida en comunidad.

De modo que, a partir de ese momento, concurrirán disposiciones legales, algunas de ellas de derecho necesario o de carácter imperativo; con disposiciones convencionales. Estas últimas adoptadas ya sea de forma unilateral, por el propio promotor o propietario único del edificio, o plurilateralmente, por todos los propietarios existentes en el momento. Principalmente, se harán constar en los estatutos, que suelen recogerse en el título constitutivo por el promotor, o en la primera junta de propietarios.

Calificado el carácter necesario de las disposiciones previstas en la LPH de «minuscuamperfecto» o atenuado[338], lo cierto es que el principio de autonomía de la voluntad, que predica el art. 1255 CC, se erige como presupuesto de admisibilidad para adoptar acuerdos limitativos o prohibitivos en cuanto al uso o destino de los inmuebles sometidos a régimen de propiedad horizontal[339]. Y, como consecuencia, constituye un elemento fundamental a la hora de armonizar los diferentes intereses en juego.

---

bien la intervención dominante del promotor era característica de estas situaciones. Pero una de las innovaciones más características de la referida Ley fue la de brindar una regulación de suyo suficiente, por sí, para la buena ordenación de estas relaciones pero que, al propio tiempo, admite y posibilita que se completen y hasta modifiquen los derechos y deberes, siempre que no pugne con las normas imperativas establecidas en el cuerpo normativo de la Ley.»

337 JUR 2003, 71465.

338 STS (1ª) núm. 915/1993, 8 octubre (RJ 1993, 7315).

339 Podemos reproducir de nuevo en este momento las palabras de PANTALEÓN PRIETO, Fernando, *op. cit.*, p. 61, en relación con el contenido del art. 348 CC, al afir-

Fruto de dicho principio, las limitaciones y restricciones a las facultades de uso de los propietarios fueron ya objeto de atención por el legislador, en la versión originaria de la Ley sobre Propiedad Horizontal, de 21 de julio de 1960[340].

El actual art. 7.2 LPH, tras la modificación llevada a cabo por la Ley 8/1999, de 6 de abril, de Reforma de la Ley 49/1960, de 21 de julio, sobre Propiedad Horizontal, recoge aún dicho tipo de limitaciones. Se refiere a las «actividades prohibidas en los estatutos». En este sentido, no existe un elenco de actividades prohibidas prestablecido —dejando aparte las que sean molestas, insalubres, nocivas, peligrosas o ilícitas—, sino que serán todas aquellas fijadas en los estatutos, o en el título constitutivo, por las personas legitimadas para su otorgamiento, y según sus intereses comunes.

La autonomía de la voluntad de los comuneros no es ilimitada ni absoluta, como bien apunta la Disposición Transitoria primera de la LPH. Ésta reconoce que la «presente Ley regirá todas las comunidades de propietarios, cualquiera que sea el momento en que fueron creadas y el contenido de sus estatutos, que no podrán ser aplicados en contradicción con lo establecido en la misma.» Ni podrá contravenir las normas de derecho necesario, dice la Exposición de Motivos de la LPH, «claramente deducibles de los mismos términos de la ley.»[341]

---

mar que es tan importante lo que dice el precepto como lo que no dice: «sin más limitaciones que las establecidas en las leyes o en los pactos».

340 El primitivo art. 7, en su párrafo 3.º LPH establecía que: «Al propietario y al ocupante del piso les está prohibido desarrollar en él o en el resto del inmueble actividades no permitidas en los estatutos, [...].»

341 El Tribunal Supremo, en su sentencia núm. 621/1997, 7 de julio (RJ 1997, 5969) determinó que: «El motivo, no tiene en cuenta que la invocación de la disposición que hace la sentencia no es para aplicarla al caso, sino para obtener de ella la expresión del legislador de que su voluntad es respetar la voluntad de los comuneros, salvo que contradiga preceptos de derecho necesario.» O la STS (1ª) núm. 215/1994, 8 marzo (RJ 1994,2201), citando las resoluciones del Tribunal Supremo 16 mayo 1967 (RJ 1967,2419); 12 noviembre 1969 (RJ 1969,5171); 20 marzo 1970 (1979,1580); 27 abril 1976 (RJ 1976,1928); 31 enero 1987 (RJ 1988,10209), al considerar que: «la obligatoriedad de los acuerdos, en tanto que, como en el caso debatido, lo consientan las disposiciones legales y no contravengan las normas de derecho necesario.»

La confluencia en un mismo edificio de viviendas destinadas a uso residencial con otros usos ha sido un semillero constante de conflictos[342]. No puede afirmarse en términos generales que dicha conflictividad, ante el incremento de la comercialización de estancias turísticas en vivienda, se haya visto acrecentada. Lo que sí es cierto es que existe una dispersión normativa en la materia, con disposiciones en ocasiones ambiguas, que reflejan el afán de los legisladores de regular al máximo y con el mínimo detalle una modalidad de alojamiento en la que los tipos «alojativos» tradicionales han encontrado un gran competidor.

Como bien expuso BERCOVITZ, disponer de una buena legislación a la hora de interpretar y aplicar el Derecho, es una garantía indispensable para proporcionar seguridad jurídica[343]. Y, desafortunadamente, esta virtud brilla por su ausencia en el conjunto de disposiciones que regulan el régimen jurídico de las viviendas de uso turístico.

La intención de nuestra exposición es, antes de llegar al marco jurídico actual de las viviendas de uso turístico sometida a régimen de propiedad horizontal, abordar los diferentes negocios jurídicos expresivos de la autonomía de la voluntad en este ámbito. Ello implicará, aunque sea de forma somera, detenernos en la naturaleza de las normas por las que se rigen las comunidades de propietarios y, consecuentemente, en su prelación de fuentes.

2.1. *Naturaleza jurídica de la LPH y prelación de fuentes*

Como ya hemos apuntado, la Exposición de Motivos de la LPH determina que la autonomía de la voluntad de los propietarios, plasmada en cualquiera de los negocios jurídicos recogidos en dicha Ley, ya sea el título constitutivo, los estatutos o las normas de régimen interno, no podrá con-

---

342 GUILLÉN NAVARRO, Nicolás Alejandro, «La vivienda de uso turístico y su incidencia en el panorama normativo español», *Revista Aragonesa de Administración Pública* (2015), n.º 45-46, pp. 101 a 144, p. 131, se refiere a las incomodidades que puede suponer para el resto del edificio la existencia de viviendas de uso turístico. Y, ante esta situación, «No es incoherente hablar de la existencia de un deterioro en los niveles de convivencia ciudadana y en la calidad de vida de los residentes, circunstancias a las que pueden hacer frente las comunidades de vecinos a través de diferentes mecanismos.»

343 BERCOVITZ RODRÍGUEZ-CANO, Rodrigo, «Los malos legisladores», *Revista Doctrinal Aranzadi Civil-Mercantil* (2015), núm. 10, pp. 23 a 26.

travenir las normas de derecho necesario, «claramente deducibles de los mismos términos de la ley».

La poca precisión de la propia LPH a la hora de permitir «deducir» cuáles eran —y son— esas normas de derecho necesario, obligó a la jurisprudencia y a la doctrina a señalar qué disposiciones podían revestir ese carácter. Ello es importante, puesto que la autonomía de la voluntad de los comuneros no podrá ir más allá del contenido en ellas recogido.

El Tribunal Supremo, en su sentencia 31 enero 1987[344], y reiterando lo manifestado por la sentencia 7 febrero 1976, confirmó la proyección del principio de autonomía de la voluntad en el cuerpo de la LPH. Y, acto seguido, corrobora el carácter imperativo de la misma, impidiendo, de este modo, la validez de los pactos estatutarios que contravengan dichas disposiciones. En ese mismo sentido se pronunció la STS (1ª) 19 julio 1993, reafirmando que «la ley que regula la propiedad horizontal es eminentemente imperativa»[345].

Más tarde, la STS (1ª) 28 enero 1994, se refirió de nuevo al carácter imperativo de las disposiciones contenidas en la LPH. En particular, consideró que cuando lo pactado implique infracción de las mismas la solución no puede ser otra que «la desestimación de los acuerdos y pactos que impliquen o contengan infracción de las normas cogendi contenidas en la citada LPH, tanto si figuran en el título constitutivo como en los estatutos»[346]. Naturaleza imperativa reiterada en la STS (1ª) 27 noviembre 2007, al señalar el carácter cogente que impregna sus normas[347]. E, igualmente, por la STS (1ª) 1 abril 2009[348].

La jurisprudencia menor no se apartó de la anterior doctrina. Podemos señalar la reciente resolución de la SAP Alicante (Sección 9ª) 5 noviembre

---

344 RJ 1991, 10209. «Que matizando un tanto la imperatividad de la Ley de Propiedad Horizontal, expresamente prevista por la Disposición Transitoria primera, al decir que regirá todas las comunidades de propietarios, cualquiera que sea el momento en que fueron creadas y el contenido de los estatutos, que no podrán ser aplicados en contradicción con lo establecido en la misma, y facilitando con ello la validez de los pactos no contrarios al contenido de la misma».

345 STS (1ª) núm. 749/1993, 19 julio (RJ 1993, 6160).

346 STS (1ª) 28 enero 1994 (RJ 1994, 571).

347 STS (1ª) 26 noviembre 2007 (RJ 2008, 26).

348 STS (1ª) 1 abril 2009 (RJ 2009, 4132).

2020: «Sin que contemple ninguna excepción que excluya la aplicación de dicha normativa, que además es imperativa»[349].

A día de hoy, la jurisprudencia ha ratificado el carácter imperativo o de derecho necesario de algunas de las disposiciones contenidas en la LPH[350]. Pero no la totalidad de su cuerpo normativo reviste tal carácter, como se desprende de la STS (1ª) 7 julio 1997 cuando dice que «la Ley de Propiedad Horizontal tiene preceptos imperativos».

Ello motivó tanto a la doctrina, como a la jurisprudencia, a que se pronunciasen en relación con qué preceptos de la LPH pueden ser de carácter imperativo o de derecho necesario y, por tanto, constituir un límite a la autonomía de la voluntad.

En opinión de Martín-Granizo, son de derecho necesario los siguientes aspectos: la prelación de fuentes establecida en el art. 396, párrafo 4.º CC; que en la propiedad horizontal ha de haber unas partes de aprovechamiento independiente y otras de copropiedad, no susceptibles de división.

---

349 SAP Alicante (Sección 9ª), núm. 499/2020, 5 noviembre (JUR 2021, 197471). Dicha resolución reproduce además el pasaje de la STS (1ª) 1 febrero 2007, anteriormente citada. En ese mismo sentido *Vid.* SAP Valencia (Sección 7ª), núm. 70/2018, 19 febrero (JUR 2018, 96135); SAP Valencia (Sección 6ª), núm. 256/2017, 4 julio (JUR 2018, 24860); SAP Valencia (Sección 6ª), núm. 258/2017, 7 julio (JUR 2018,24515); SAP Valencia (Sección 6ª), núm. 42/2016, 26 enero (JUR 2016, 145998); SAP Madrid (Sección 8ª), núm. 389/2016, 18 julio (JUR 2016, 258511); SAP Vizcaya (Sección 4ª), núm. 719/2015, 29 diciembre (AC 2016, 362); SAP Málaga (Sección 6ª), núm. 243/2013, 23 abril (JUR 2013, 306868); SAP A Coruña (Sección 6ª), núm. 153/2012, 26 junio (AC 2013, 282); SAP La Rioja (Sección 1ª), núm. 274/2010, 25 junio (JUR 2010, 197206); SAP Madrid (Sección 14ª), núm. 181/2009, 26 marzo (JUR 2009,248217); SAP Madrid (Sección 14ª), núm. 182/2009, 31 marzo (AC 2009, 842); SAP Lugo (Sección 1ª), núm. 793/2009, 6 noviembre (AC 2010, 613); SAP Islas Baleares (Sección 3ª), núm. 463/2009, 1 diciembre (AC 2010, 780); SAP Madrid (Sección 21ª), núm. 508/2008, 30 octubre (AC 2008, 2102); SAP Guadalajara (Sección 1ª), núm. 19/2005, 20 enero (AC 2005, 564); SAP Vizcaya (Sección 4ª), núm. 594/2004, 21 julio (JUR 2004, 307174); SAP Granada (Sección 4ª), núm. 791/2002, 17 diciembre (JUR 2003, 82587); SAP Palencia, núm. 47/1998, 2 marzo (AC 1998, 3917); entre otras.

350 Dicho carácter imperativo ha sido también resaltado por algún autor, como puede ser Santos Briz, Jaime, *op. cit.*, p. 289: «Creemos que otra nota que caracteriza a la propiedad horizontal en nuestro ordenamiento es el de venir regida por normas de Derecho necesario, al preceptuar que esta forma de propiedad se rige por las disposiciones legales o especiales, y sólo en lo que las mismas permitan, por la voluntad de los interesados.»

También, la imposibilidad de ejercicio por el resto de comuneros de los derechos de tanteo y retracto; que ha de atribuirse a cada piso o local una cuota de participación; que no resultan de aplicación en esta sede los arts. 400 y 402 CC. Asimismo, la prohibición de actividades contenidas en el anterior art. 7.3, ahora art. 7.2 LPH; el régimen de adopción de acuerdos previsto en los antiguos arts. 16.1 y 2 LPH, ahora arts. 17.6 y 17.7, respectivamente; la competencia objetiva que señalaba el art. 16.5 LPH y la imposibilidad de designar presidente a quien no sea propietario de algún piso o local.

Cabe señalar que el anterior autor fue crítico con la expresión «claramente deducibles de los mismos términos», de la Exposición de Motivos de la LPH. Éste considera que «no siempre aparece con suficiente certeza y diafanidad qué normas son de derecho necesario y, por tanto, de posible especificación, complemento o modificación por la voluntad de los particulares»[351].

De forma parecida se pronunció PERE RALUY. Será indisponible, a través de los estatutos, la naturaleza básica del régimen de propiedad horizontal. Es decir, la concurrencia de derechos privados con la inherente copropiedad de los elementos comunes; la delimitación de las partes privativas y las de copropiedad, la inseparabilidad sobre unos y otros elementos y el establecimiento de una cuota de participación[352].

En cambio, BATLLE estima imperativo el régimen de mayorías[353]. Y, para DE LA CÁMARA, GARRIDO y SOTO, es imperativo el principio de unanimidad a la hora de modificar los estatutos[354].

En opinión de ESCRIVÁ DE ROMANÍ[355], al definir la institución en sí, tanto el art. 396 CC, como el art. 3 de la LPH, tienen carácter imperativo.

Del mismo modo, GARCÍA GIL y GARCÍA NICOLÁS, sin concretar qué artículos tienen carácter imperativo, sí que atribuyen tal cualidad a algu-

---

351 FERNÁNDEZ MARTÍN-GRANIZO, Mariano, *op. cit.*, pp. 248 y 249.

352 PERE RALUY, José, *La propiedad horizontal,* Editorial Ediciones y Publicaciones S.A., Barcelona, 1961, p. 30. Se hace eco de lo anterior también HERNANZ CANO, Luis, *op. cit.*, p. 36.

353 BATLLE VÁZQUEZ, Manuel, *op. cit.*, p. 94: «como garantía establecida de los derechos de los propietarios y considerada con especial cuidado por la Ley».

354 Cita extraída de HERNANZ CANO, Luis, *op. cit.*, p. 37.

355 Citado por FUENTES LOJO, Juan Ventura, *La Ley de propiedad horizontal después de la reforma de 6 de abril de 1999. Tomo I,* Bosch, Barcelona, 2000, p. 53.

nos preceptos de la LPH, al manifestar que: «sin perjuicio de que esta Ley contiene ciertas normas de carácter "imperativo", que prevalecen sobre la voluntad de los propietarios y que, en consecuencia, son de aplicación en todo caso.»[356]

LACRUZ BERDEJO declaró, en cuanto al contenido de la Disposición Transitoria primera de la LPH, que los preceptos de la Ley se presumirán vinculantes y que representan «un mínimo legal organizativo que apenas podía ser derogado por la voluntad de los condueños manifestada en los estatutos y reglas de comunidad: en particular, los referentes a la seguridad y conservación del edificio, respecto a la convivencia, órganos de decisión y representación de la colectividad.»[357] Parece que, para el autor, la materia relativa a estos últimos extremos es de carácter indisponible por los comuneros.

Si descendemos a la jurisprudencia, el Tribunal Supremo, en la ya citada sentencia 7 febrero 1976, y reiterado en la 31 enero 1987 y 3 mayo 1989, consideró imperativo el art. 8, párrafo 2.º LPH[358]. Dicho precepto, no obstante, fue derogado a través de la Ley 8/2013, de 26 de junio, de rehabilitación, regeneración y renovación urbanas[359].

356 GARCÍA GIL, F. Javier y GARCÍA NICOLÁS, Luis Ángel, *Manual práctico de las comunidades de propietarios y su administración*, edita F. Javier García Gil-Luis Ángel García Nicolás, 2005, p. 14.

357 LACRUZ BERDEJO, José Luis, *Elementos de Derecho civil III…*, *op. cit.*, p. 420.

358 Dicho precepto preveía que: «Los pisos o locales y sus anejos podrán ser objeto de división material, para formar otros más reducidos e independientes, y aumentados por agregación de otros colindantes del mismo edificio, o disminuidos por segregación de alguna parte.
En tales casos se requerirá, además, el consentimiento de los titulares afectados, la aprobación de la junta de propietarios, a la que incumbe la fijación de las nuevas cuotas de participación para los pisos reformados con sujeción a lo dispuesto en el artículo quinto, sin alteración de las cuotas de los restantes.»

359 Se adentra en el análisis del art. 8.2 LPH la STS (1ª) 19 julio 1993, comentada por ALBIEZ DOHRMANN, Jochen Klaus, «Comentario a la Sentencia de 19 julio 1993. Propiedad horizontal. El carácter imperativo del artículo 8.2 de la LPH. Norma estatutaria "contra legem". Agrupación y comunicación de departamentos pertenecientes a subcomunidades diferentes. El valor del acta de la junta de propietarios», *Cuadernos Civitas de Jurisprudencia Civil* (1993), núm. 33.

Por otro lado, la STS (1ª) 19 julio 1993, consideró de derecho necesario los arts. 11[360] y 16.1 LPH[361]. El art. 11 fue igualmente derogado a través de la citada Ley 8/2013. Hoy día, el anterior art. 16.1 se corresponde con el actual art. 17.6 LPH.

En definitiva, sin perjuicio de que tanto la Exposición de Motivos de la LPH, como la jurisprudencia y la doctrina hayan prestado atención a cuáles de las disposiciones que integran la LPH son de carácter imperativo y, por lo tanto, indisponibles por los comuneros, lo cierto es que, en ocasiones, ese carácter, no se desprende de forma clara[362]. Recogiendo las palabras de la STS (1ª) 29 junio 1992 «si bien la normativa tiene en principio carácter necesario, su imperatividad no es pluscuamperfecta, sino de grado medio o atenuado [...] en los cuales se pone de relieve cómo en el desarrollo y aplicación de [la] referida normativa se concede un muy interesante juego a la autonomía de la voluntad»[363].

Echeverría Summers apunta que la autonomía de la voluntad debe quedar restringida a aquellas cuestiones en las que expresamente el legislador se remite a ella. Es decir, los arts. 5 y 6, en los que se permite adoptar

---

360 Predicaba dicho precepto: «La construcción de nuevas plantas y cualquier otra alteración en la estructura o fábrica del edificio o en las cosas comunes afectan al título constitutivo y deben someterse al régimen establecido para las modificaciones del mismo. El acuerdo que se adopte fijará la naturaleza de la modificación, las alteraciones que origine en la descripción de la finca y de los pisos o locales, las variaciones de cuotas y el titular o titulares de los nuevos locales o pisos.»

361 Art. 16.1 LPH: «Los acuerdos de la junta de propietarios se sujetarán a las siguientes normas: Primera. La unanimidad para la validez de los que impliquen aprobación o modificación de reglas contenidas en el título constitutivo de la propiedad o en los estatutos.»

362 Echeverría Summers, Francisco M., *El estatuto de la Propiedad Horizontal,* Comares, Granada, 2000, p. 410, considera acertado que el legislador no se pronunciase de manera categórica en relación con qué preceptos se encuentran dotados del mencionado carácter imperativo. Y ofrece tres motivos para ello: «En primer lugar, porque un excesivo rigor hubiese abocado a la ley a casi una automática obsolescencia, [...]. En segundo lugar, porque ello hubiera impedido o dificultado en gran medida a los tribunales aplicar la equidad en la resolución de cuestiones comunitarias, [...]. Por último, [...] la literalidad de la Ley ha posibilitado la existencia de una cierta evolución en la interpretación de los diferentes preceptos, al amparo de la realidad social que se recoge en el art. 3.º Cc».

363 STS (1º) 29 junio 1992 (RJ 1992, 5458).

estatutos y reglamentos de régimen interior, y el párrafo 2.º del art. 7, que autoriza establecer restricciones estatutarias relativas al uso y destino[364].

Efectivamente, la LPH en sus arts. 5, 6 y 7 LPH, entre otros, hace referencia a la autonomía de la voluntad. No obstante, no fija hasta donde pueden disponer los comuneros.

Ahora bien, lo que está claro, y es lo que aquí incumbe, es que, a través de determinados negocios jurídicos, los interesados pueden establecer limitaciones al ejercicio del derecho de propiedad. Dichas restricciones, admitidas de forma unánime por la jurisprudencia y la doctrina, irán referidas al uso o destino de los inmuebles.

La concurrencia de normas imperativas, con otras que reconocen la autonomía de la voluntad de los comuneros, nos lleva a referirnos, someramente, a la prelación de fuentes que regirá la convivencia en una comunidad de propietarios.

Según BATLLE[365], la prelación de fuentes es la que sigue:

1.º Las disposiciones que, con carácter imperativo y especial, se establecen en la LPH, en la LAU, en la Ley Hipotecaria y en su Reglamento, y en otras leyes, citando como ejemplo la Ley de 15 de julio de 1954, sobre viviendas protegidas.

2.º El acuerdo o convenio de los propietarios, que se ha de admitir, salvo que sea contrario al orden público, la moral o a las leyes imperativas, conforme al art. 1255 CC, y por la voluntad de los interesados que admite el párrafo 4.º del art. 396 CC.

3.º Las normas meramente dispositivas, especialmente referidas a la materia, en el art. 396 o en otras disposiciones sobre ella.

---

364 ECHEVERRÍA SUMMERS, Francisco M., *El estatuto de…, op. cit.*, p. 410. Además, señala otros preceptos que admiten la posibilidad del ejercicio de la autonomía de la voluntad, como pueden ser el art 9. 1, e), que reconoce la facultad que tienen los particulares de establecer cuotas especiales para el sostenimiento o reparto de determinados gastos, el art. 12, que permite a los partícipes de estos colectivos fijar las condiciones personales y temporales en las que ha de desarrollarse el funcionamiento orgánico de la comunidad; o el art. 20, que permite ampliar el elenco de funciones atribuidas por la Ley a cargo del administrador.

365 BATLLE VÁZQUEZ, Manuel, *op. cit.*, pp. 67 y 68. Comparte la anterior prelación de fuentes MANRESA Y NAVARRO, José María, *op. cit.*, p. 561.

4.º Las normas comunes aplicables a la copropiedad o a la propiedad individual, según se trate de derechos relativos a las cosas en comunidad o a las cosas privativas, y siempre que estas normas no pugnen con la particular naturaleza de la propiedad por pisos.

5.º La costumbre del lugar que suele concretarse a propósito de ciertas obras, instalaciones, etc.

6.º Los principios generales del derecho.

MARTÍN-GRANIZO no realiza una prelación del sistema de fuentes. No obstante, destaca, acertadamente, que el art. 396 CC otorga preferencia a las disposiciones legales sobre la voluntad de los interesados. Este hecho debe compararse con el contenido de la Exposición de Motivos de la LPH y con la intención del legislador, al aprobar una ley que, por sí misma, es suficiente para ordenar la vida en comunidad.

El mismo autor declara que «la "necesariedad del Derecho viene limitada en la Ley a una serie de aspectos o principios esenciales», y que, «fuera de estos aspectos, los particulares pueden no sólo especificar e incluso completar la Ley, sino hasta modificar ciertos derechos y deberes»[366].

Para LACRUZ BERDEJO, la relación de fuentes es la siguiente:

«1.º Los preceptos imperativos de la Ley de propiedad horizontal; el art. 396 CC y los arts. 8.4.º y 5.º y 107.11 LH.

2.º Los Estatutos de cada comunidad, si existen; y, en el ámbito propio de su eficacia, las ordenanzas de régimen interno (arts. 5 y 6 de la Ley).

3.º Los preceptos no imperativos de las fuentes citadas.

4.º Las disposiciones del CC, referentes a la propiedad y, en particular, a la comunidad de bienes, en cuanto sean compatibles con la finalidad y función de la propiedad horizontal.»[367]

Asimismo, PUIG PEÑA considera que las comunidades de propietarios se rigen por: «1.º Disposiciones generales de carácter imperativo. 2.º Estatutos, con tal que no vayan contra la Ley especial. 3.º Las ordenanzas, siempre que no se oponga a la Ley o los Estatutos. 4.º Ley de Propiedad Horizontal. 5.º Normas del Código civil.»[368]

---

366 FERNÁNDEZ MARTÍN-GRANIZO, Mariano, *op. cit.*, p. 245.

367 LACRUZ BERDERJO, José Luis, *Elementos de Derecho civil, III..., op. cit.* p. 419.

368 PUIG PEÑA, Federico, *op. cit.*, p. 357.

Todos los autores señalados, en algún momento, hacen alusión a las normas imperativas, sin aclarar qué determinados preceptos revisten ese carácter. Ello se debe, en gran parte, a la falta de concreción de ese extremo por parte del legislador, aunque nos ilustre con que dichas normas son «claramente deducibles».

Más acertado nos parece ALBALADEJO, a la hora de establecer el sistema de fuentes que rige esta forma de propiedad. En primer lugar, por la voluntad de los interesados, en cuanto la ley lo permita. En segundo lugar, por sus disposiciones especiales (art. 396 CC y 3 LPH). En tercer lugar, por las reglas de la copropiedad y, en última instancia, por las fuentes jurídicas supletorias[369].

En cuanto a la jurisprudencia, la STS (1ª) 22 diciembre 1994 declaró que:

> «nos encontramos ante un supuesto de propiedad horizontal, al que los aplicables son el artículo 396 de[l] referido cuerpo legal y las normas reguladoras de dicho instituto que se contienen en la Ley 49/1960, de 21 de julio, en cuyo sistema de fuentes, el CC, por aplicación de lo dispuesto en su artículo 13.2 tiene carácter suplementario del que regule el instituto en cuestión, que para la propiedad horizontal será, cual se ha indicado en alguna ocasión, el siguiente artículo 396 del CC a título de regla general; Ley 49/1960; y voluntad de los interesados manifestada en debida forma.»[370]

Reiteraron la anterior doctrina las SSTS (1ª) 26 noviembre 2007[371] y 1 abril 2009[372]. Y, en la jurisprudencia menor, podemos destacar SAP Madrid (Sección 1ª) 24 abril; SAP Valencia (Sección 6ª) 26 enero 2016; SAP Valencia (Sección 6ª) 24 abril 2012; SAP La Rioja (Sección 1ª) 25 junio 2010; SAP Lugo (Sección 1ª) 6 noviembre 2009; SAP Islas Baleares (Sección 3ª) 1 diciembre 2009; entre otras[373].

Aunque la LPH adolezca de cierta imprecisión a la hora de considerar de derecho necesario o carácter imperativo alguno de sus preceptos, lo cierto es que los comuneros tienen margen para regular la vida en comunidad. En este sentido, y como ya se ha adelantado, si hay un acuerdo admitido, tanto por la doctrina, como por la jurisprudencial, y debe reputarse

---

369 ALBALADEJO, Manuel, *op. cit.*, p. 407.

370 STS (1ª) núm. 1189/1994, 22 diciembre (RJ 1994, 10368).

371 STS (1ª) núm. 1270/2007, 26 noviembre (RJ 2008, 26).

372 STS (1ª) núm. 247/2009, 1 abril (2009, 4132).

373 Respectivamente, JUR 2019, 236731; JUR. 2016, 145998; JUR 2012, 152712; JUR 2010, 297206; AC 2010, 613; AC 2010, 780.

plenamente válido, es aquél que se refiere al uso o destino que pueden dar los propietarios a sus inmuebles.

La titularidad de un inmueble sometido a régimen de propiedad horizontal implica, al igual que ocurre en otras situaciones de copropiedad, la existencia de una serie de limitaciones. Especialmente, a la hora de ejercitar cada propietario las facultades de uso y disfrute inherentes a su derecho dominical, tanto de los elementos privativos como de los elementos comunes. Se tratará, entonces, de límites recíprocos, pues cada limitación tiene por causa el correlativo derecho que asiste a los restantes propietarios de ejercitar, a su vez, las facultades que dimanan de su respectivo derecho de propiedad[374].

Los acuerdos restringiendo determinados usos, que atenderán al interés general de la comunidad, constituirán verdaderas delimitaciones, de carácter convencional, al contenido del derecho de propiedad. Y ello gracias al juego del principio de autonomía de la voluntad, proyectado en diferentes negocios jurídicos, como son el título constitutivo, los estatutos, o las normas de régimen interior.

2.2. La proyección del principio de autonomía de la voluntad en el seno de las comunidades de propietarios

Como consecuencia de su carácter especial, al concurrir varios elementos privativos unidos al disfrute de diferentes elementos comunes, la conflictividad en las comunidades de propietarios está servida. Especialmente, cuando confluyen diferentes usos.

En palabras del Tribunal Supremo:

> «La propiedad horizontal constituye una figura en la que, junto a una propiedad exclusiva sobre un espacio concreto, coexiste una copropiedad obligada, necesaria e indivisible sobre unos elementos comunes, y su Ley reguladora pretende configurar o ajustar esa forma de goce mediante determinadas reglas, para conseguir una pacífica coexistencia entre copropietarios

---

374 SAP Castellón (Sección 3ª), núm. 40/2002, 1 febrero 2002 (JUR 2002, 12404): «En suma, cada miembro de la comunidad de propietarios constituida en propiedad horizontal ejercita los derechos inherentes a su título con las limitaciones inherentes al respecto que requiere el uso de su respectivo derecho por los restantes comuneros, a la vez que debe cada uno soportar el correcto ejercicio de las facultades dominicales por los demás miembros de la comunidad.»

> cuyas relaciones de vecindad son susceptibles de conflicto por la interconexión existente por razón de la cosa»[375].

En virtud del art. 5, párrafo 3.º «El título podrá contener, además, reglas de constitución y ejercicio del derecho y disposiciones no prohibidas por la ley en orden al uso o destino del edificio, sus diferentes pisos o locales, instalaciones, servicios, gastos, administración y gobierno, seguros, conservación y reparaciones, formando un estatuto privativo que no perjudicará a terceros si no ha sido inscrito en el Registro de la Propiedad.»

Del anterior precepto se desprende que la comunidad de propietarios, a través de determinados negocios jurídicos, y en interés de la generalidad, podrá regular, en cualquier momento, determinados usos. Estas limitaciones relativas al uso o destino podrán recaer tanto sobre los elementos privativos («sus diferentes pisos o locales», dice el precepto), como los elementos comunes («instalaciones y servicios»).

Estos negocios son, principalmente, el título constitutivo y los estatutos. Y, en menor medida, los reglamentos de régimen interior.

2.2.1. El título constitutivo

Uno de los aspectos más controvertidos en el régimen de la propiedad horizontal ha sido el título constitutivo. O, al menos, hasta la entrada en vigor de la Ley 8/1999, de 6 de abril, de Reforma de la Ley 49/1960, de 21 de julio, sobre Propiedad Horizontal.

La meritada Ley, entre otros aspectos, dio nueva redacción al art. 2 de la Ley 49/1960, en los siguientes términos: «Esta Ley será de aplicación: [...] b) A las comunidades que reúnan los requisitos establecidos en el artículo 396 del Código civil y no hubiesen otorgado el título constitutivo de la propiedad horizontal.»

La ausencia de un precepto en ese sentido obligó a la doctrina y a la jurisprudencia a pronunciarse acerca del carácter esencial del título constitutivo en las comunidades de propietarios.

En palabras de DE LA CÁMARA, el título constitutivo es «el acto o declaración expresa, por el cual el propietario o propietarios del inmuebles

375 STS (1ª) núm. 25/2007, 1 febrero (RJ 2007, 704). La SAP (Sección 8ª), núm. 389/2016, 18 julio (JUR 2016, 258511), recoge, a su vez, el anterior pasaje.

(esté construido o simplemente definido) adscriben éste al régimen de propiedad horizontal y proceden a la determinación y descripción del edificio, de sus diferentes departamentos, fijando y estableciendo las cuotas de participación y, en su caso, los estatutos o reglas que han de regir la comunidad si, dentro de los límites de tolerancia legal, desean en alguna medida completar, modalizar o modificar el régimen previsto en la Ley.»[376]

Considera ÁLVAREZ CAPEROCHIPI, que la propiedad horizontal es un régimen de constitución formal mediante el otorgamiento del título constitutivo. Ello le lleva a afirmar que «el título constitutivo es un presupuesto necesario para poner en funcionamiento las previsiones de la ley»[377].

Para MARTÍN-GRANIZO, el título constitutivo es un elemento esencial de la propiedad horizontal, «en cuanto como su misma denominación indica, sirve para constituir el régimen jurídico de dicha institución.»[378] A dicho autor le siguen LACRUZ BERDEJO, para quien «la propiedad horizontal sólo puede constituirse mediante título *ad hoc*»[379]. O BERCOVITZ, al entender que «para que un edificio, perteneciente a un solo propietario o a varios en comunidad ordinaria, se convierta en un inmueble sometido al régimen de propiedad horizontal, en el que coexistan diferentes propietarios de los

---

376 DE LA CÁMARA ÁLVAREZ, M., «Insuficiencia normativa de la Ley de propiedad horizontal», *Curso de conferencia sobre Propiedad horizontal y urbanizaciones privadas*, Centro de Estudios hipotecarios, Madrid, 1973, p. 75. Para PUIG PEÑA, Federico, *op. cit.*, p. 357, los estatutos no pueden confundirse con el título constitutivo, «El segundo es el que da vida a la misma; los primeros controlan esa vida creada por el título.»

377 ÁLVAREZ CAPEROCHIPI, José Antonio, *op. cit.*, p. 208.

378 FERNÁNDEZ MARTÍN-GRANIZO, Mariano, *op. cit.*, p. 249. DÍEZ PICAZO, Luis, «La llamada prehorizontalidad y su proyección registral», *Ponencias y comunicaciones presentadas al II Congreso internacional de Derecho Registral,* Centro de Estudios Hipotecarios, Madrid, 1978, pp. 135 a 146, p. 138, recoge la opinión del anterior autor a la hora se señalar los requisitos para la válida y plenamente eficaz constitución de la propiedad horizontal. Y, junto al otorgamiento del título constitutivo, se necesitan: «1.º La existencia de un edificio. 2.º La división del mismo en pisos o locales susceptibles de aprovechamiento independiente y 3.º La pertenencia de cada uno de dichos pisos o locales —o al menos de una parte de ellos— a diferentes propietarios.»

379 LACRUZ BERDEJO, José Luis, *Elementos de Derecho civil, III…, op. cit.*, p. 423: «Tal nacimiento requiere *ad solemnitatem* unas formalidades que sólo se pueden cumplir documentalmente: *el título constitutivo*».

respectivos pisos o locales, es necesario realizar un acto de constitución de dicho régimen a través del llamado título constitutivo.»[380]

Se manifiesta en contra del carácter no esencial del título constitutivo PERE RALUY. Para el autor, puede hablarse de propiedad horizontal «desde el momento que por cualquier título idóneo para ello —transmisión mortis causa, división de cosa común, venta de apartamento, donación, permuta, etc. del mismo o cualquier otro similar— coexistan, con relación a una finca, las titularidades dominicales privativas de dos o más personas respecto a departamentos diversos de la misma, es decir, desde que la propiedad de un inmueble pertenezca a varios titulares, no de forma indivisa, sino pro divisa, eso es, con atribución a los diversos propietarios, no de cuotas del conjunto del inmueble, sino de porciones físicamente individualizadas del mismo»[381].

Igualmente, FUENTES LOJO, al manifestar que «en nuestro Derecho, no es necesario, para que surja este régimen especial de propiedad, formalidad especial alguna»[382]. O GÓMEZ CALLE, al afirmar que el título constitutivo «no es realmente constitutivo, si bien su otorgamiento supedita la plena eficacia del régimen de PH.»[383]

También ALBALADEJO, al proclamar que se constituye este tipo de propiedad «de cualquier forma en que sea posible que los pisos de un edificio lleguen a pertenecer a distintos dueños o a uno mismo como cosas diferentes.»[384]

En ese mismo sentido se pronuncia BATLLE VÁZQUEZ, al considerar que la «Ley no exige tal requisito con ese carácter constitutivo y de necesidad, ni alguna otra formalidad.»[385]

---

380 BERCOVITZ RODRÍGUEZ-CANO, Rodrigo, *Manual de Derecho civil…, op. cit.*, pp. 246 y 247. Consideran que el título constitutivo «debe existir necesariamente»; GARCÍA GIL, F. Javier y GARCÍA NICOLÁS, Luis Ángel, *op. cit.*, p. 14.

381 PERE RALUY, José, *La propiedad horizontal, op. cit.*, p. 41.

382 FUENTES LOJO, Juan Ventura, *La Ley de…, op. cit.*, p. 38. Comparte la misma opinión MANRESA Y NAVARRO, José María, *op. cit.*, p. 571.

383 GÓMEZ CALLE, Esther, «La significación del título constitutivo en el régimen de la propiedad horizontal», *Anuario de Derecho Civil* Vol. 45 (1992), N.º 4, pp. 1533 a 1590, p. 1535.

384 ALBALADEJO, Manuel, *op. cit.*, p. 407.

385 BATLLE VÁZQUEZ, Manuel, *op. cit.*, p. 70. Entre otros, y sin ánimo de exhaustividad, podemos señalar: MONET Y ANTÓN, Fernando, «Problemas de técnica notarial ante la nueva Ley de Propiedad Horizontal», *Centenario de la Ley del Notariado,*

La jurisprudencia optó, también, por avalar el carácter no esencial del título constitutivo. El Tribunal Supremo, en su sentencia 1 febrero 1995, puso de manifiesto que «nos encontramos aquí en presencia de una de esas situaciones que tanto la doctrina científica como jurisprudencial califican de "propiedades horizontales de hecho", dada la inexistencia de "título constitutivo"»[386].

A ésta le siguieron otras resoluciones en un sentido similar, por ejemplo, la STS (1ª) 16 junio 1995: «sin que el título constitutivo sea elemento sustancial para la existencia o funcionamiento de la comunidad, como tampoco lo es la inscripción en el Registro, requisito que igualmente carece de efectos constitutivos»[387].

O la STS (1ª) 7 abril 2003: «ya se había declarado la posible existencia de un régimen de facto "sin que el título constitutivo sea elemento sustancial para la existencia y funcionamiento de la Comunidad"»[388]. La STS (1ª) 23 enero 2008 declaró que «el título constitutivo no es elemento sustancial para la existencia o funcionamiento de la comunidad.» Y, más reciente, es la STS (1ª) 21 enero 2020[389], con amplia cita de la jurisprudencial anterior.

Las dudas en cuanto al carácter esencial o no de la necesidad de otorgamiento del título constitutivo en el régimen de propiedad horizontal quedaron despejadas con la modificación del art. 2 LPH a través de la Ley 8/1999, de 6 de abril[390]. De modo que, la LPH será de aplicación tanto a las

---

Sección II, Vol. 1º, Estudios de Derecho Notarial, 1960, p. 273; DE LA CÁMARA ÁLVAREZ, M., *op. cit.*, pp. 77 y ss.; COCA PAYERAS, Miguel, «Comentario a la STS de 25 de mayo de 1984», *Cuadernos Civitas de Jurisprudencia Civil* (1984), núm. 5, pp. 1687 y ss.; ZURILLA CARIÑANA, María Ángeles, *La garantía real y la propiedad horizontal,* Tecnos, Madrid, 1995, pp. 28 y ss.; DÍAZ MARTÍNEZ, Ana, *Propiedad horizontal. El título constitutivo y su impugnación judicial,* Aranzadi, Pamplona, 1996, pp. 29 y ss.

386 STS (1ª) núm. 30/1995, 1 febrero (RJ 1995, 1220).

387 STS (1ª) núm. 593/1995, 16 junio (RJ 1995, 5299).

388 STS (1ª) núm. 357/2003, 7 abril (RJ 2003, 3680). *Vid.* también SSTS (1ª) núm. 236/2004, 15 marzo (RJ 2004,2067); 17 julio 2006 (RJ 2006,4961); núm. 398/2009, 28 mayo (RJ 2009, 3048). Y en la jurisprudencia menor, véase SAP Málaga (Sección 5ª), núm. 142/2001, 27 febrero (JUR 2001,138997); SAP Madrid (Sección 18ª), núm. 457/2012, 21 octubre (JUR 2011,36525); SAP Islas Baleares (Sección 5ª), núm. 327/2012, 6 julio (AC 2012,1367), entre otras.

389 STS (1ª) núm. 33/2020, 21 enero (RJ 2020,59).

390 *Vid.* DÍAZ MARTÍNEZ, Ana, *Propiedad horizontal…*, *op. cit.* p. 32, al señalar que el Tribunal Supremo, en alguna sentencia «si bien no explícitamente, late la idea de la distinción entre nacimiento y constitución de la propiedad horizontal, de modo

comunidades que hayan otorgado el título constitutivo con el contenido indicado en el art. 5 LPH, como aquellas en que, no habiéndolo otorgado, reúnan los requisitos establecidos en el art. 396 CC.

Ahora bien, a pesar de coincidir con la doctrina mayoritaria al considerar que el título constitutivo no es un elemento esencial, no podemos sino traer a colación la opinión manifestada por MEDINA DE LEMUS.

Para este autor, posicionado a favor del sector de la doctrina que aboga por el carácter esencial del título constitutivo, considera que «Las previsiones de derechos y deberes no podrán aplicarse nunca si no se delimita el objeto físico de la propiedad horizontal, describiendo el inmueble en su conjunto y los diferentes pisos, además de las cuotas respecto de los elementos comunes, que son la medida de la contribución a las cargas y el montante de los beneficios en algunos casos. [...] Pero es que, además, hay otras previsiones que se llaman de contenido facultativo que son a veces tan importantes como las de contenido obligatorio, como las prohibiciones de determinadas y concretas actividades, la reserva de derecho de sobreelevación, etc.»[391]

Para DÍAZ MARTÍNEZ, la admisión del carácter no esencial del título constitutivo no es óbice para atribuirle la importancia que tiene en el ámbito de la propiedad horizontal[392].

En cuanto al contenido del título constitutivo, éste se halla recogido en el art. 5 LPH, y deberá precisar:

a) La descripción del inmueble en su conjunto y de todos y cada uno de los pisos o locales, descripción que deberá cumplir las prescripciones establecidas en el art. 9 de la Ley Hipotecaria y los servicios e instalaciones con que cuente el mismo. En particular, en las descripciones de los pisos se expresará su extensión, linderos, planta en la que se hallare y los anejos, tales como garaje, buhardilla o sótano.

b) La cuota de participación que corresponde a cada piso o local, tomándose como base la superficie útil de cada uno de ellos en relación con la totalidad del inmueble, su emplazamiento interior o

---

que podría entenderse que el régimen nace con la pluralidad de propietarios de unidades separadas, si bien se constituye con el otorgamiento del título.»

391 MEDINA DE LEMUS, Manuel, «Retorno al título constitutivo de la Propiedad Horizontal», *Revista Crítica de Derecho Inmobiliario* (2000), N.º 657, pp. 1121 a 1183, p. 1179.

392 DÍAZ MARTÍNEZ, Ana, *Propiedad horizontal…*, *op. cit.*, p. 39.

exterior, su situación, y el uso que se presuma racionalmente que va a efectuarse de los servicios o elementos comunes.

c) Además, podrá contener los denominados estatutos de la comunidad.

Fuentes Lojo, siguiendo a Pere Raluy, entiende que, en el supuesto de que el título constitutivo no se hagan constar las circunstancias expresadas anteriormente, no obsta al nacimiento de la propiedad horizontal, sin perjuicio de que posteriormente se exija el complemento de la titulación defectuosa y subsanando las omisiones padecidas[393].

La referencia a la esencialidad o no del título constitutivo no es baladí, como se verá, en el ámbito de las viviendas de uso turístico sometidas a régimen de propiedad horizontal.

Será poco habitual que hoy en día existan comunidades de propietarios sin título constitutivo. Aunque puede haberlas. Y según lo visto anteriormente, les resultará de aplicación la LPH. El sometimiento de estas comunidades sin título constitutivo a la LPH exige adelantar una precisión. El nuevo art. 17.12 LPH permite que, a través del voto favorable de tres quintas partes de propietarios y cuotas, se adopte un acuerdo por el que se incremente la participación en los gastos comunes de aquellos propietarios que destinen a uso turístico sus inmuebles. Dicho incremento no podrá ser superior al 20 %.

Entendemos que ese incremento en los gastos comunes se hará conforme a un dato objetivo anterior, como sería la cuota de participación prevista en el título constitutivo. ¿Pero qué sucede en caso de no haberse otorgado título constitutivo y, por ende, no haberse fijado una cuota de participación? ¿Cómo se determina ese incremento del 20 %?

Esa misma problemática surgiría con el establecimiento de una cuota especial, tal y como recoge el propio art. 17.12 LPH.

2.2.2. Los estatutos de la comunidad

Los estatutos de la comunidad están previstos en el párrafo 3.º del art. 5 LPH. Barrenechea Maraver los define como el «conjunto de normas

393 Fuentes Lojo, Juan Ventura, *La Ley de…, op. cit.*, p. 110.

impuestas por el dueño o dueños de una finca urbana sobre todo lo relacionado con la propiedad horizontal de la misma.»[394]

Los estatutos de la comunidad son calificados por la doctrina como negocio jurídico[395], de naturaleza normativa[396] y, «por lógica e ineludible razón de su finalidad social», de obligada aceptación, con efectos jurídicos vinculantes para todos los titulares y ocupantes de los inmuebles[397].

Por su parte, la anterior Dirección General de los Registros y del Notariado, en su resolución 20 marzo 2015[398], al definir los estatutos de la comunidad, siguiendo lo establecido en la Ley de Propiedad Horizontal, afirmó que éstos «delimitan el contenido del derecho constituido por la propiedad horizontal y la autonomía de cada uno de los propietarios de elementos privativos».

Entonces, a través de los estatutos se pueden establecer, entre otros aspectos, limitaciones o prohibiciones en relación con los usos o destino del edificio. Es decir, delimitan el contenido del derecho a la propiedad privada. Su otorgamiento es potestativo, por lo que no se erigen, tampoco, como un requisito necesario para la existencia de una comunidad de propietarios, pudiendo contenerse tanto en el título constitutivo —así lo

---

394 BARRENECHEA MARAVER, J. Julio, «Estatutos y ordenanzas de la propiedad horizontal. Juntas de condueños y actas de disposición sobre elementos comunes y privados» en VV.AA., *Estudios de Derecho privado, I,* Editorial Revista de Derecho Privado, Madrid, 1962, pp. 367 a 401, p. 376.

395 BERCOVITZ RODRÍGUEZ-CANO, Rodrigo, *Manual de Derecho civil…, op. cit.,* p. 248.

396 Para ECHEVERRÍA SUMMERS, Francisco M., *El estatuto de… op. cit.,* p. 410, los estatutos permiten «desarrollar la regulación legal y la descripción del edificio y de sus elementos que se contemplan en el título constitutivo. Dicha función determina que el estatuto sea un instrumento accesorio del título; de modo que no puede acceder al Registro de la propiedad sin la previa inscripción.»

397 Así lo estableció la STS (1ª) 26 noviembre 1956, citada por la ya señalada SAP (3ª) 26 marzo 2015, núm. 73/2015.

398 RDGRN núm. 4123/2015, 20 marzo 2015 (RJ 2015,1593). Y continúo diciendo: «[…] de manera que, si pudieran no aplicarse por voluntad unilateral de un propietario, podría producirse un perjuicio a los derechos de los demás, que han adquirido su piso o local en el entendimiento de la aplicación de los mismos. […] En consecuencia, si en los estatutos no consta nada relativo al destino del local, ni limitación respecto a la modificación del citado destino, pueden hacerse las modificaciones y cambios y por lo tanto no se puede sostener tal defecto en la calificación.»

recoge el art. 5.3 LPH—, en un documento independiente o, simplemente, no existir[399].

Por lo que atañe a su contenido, es interesante la STS (1ª) 22 octubre 2008, por cuanto:

> «el estatuto tiene como finalidad la de que se puedan establecer derechos y facultades esenciales, como la exoneración de gastos, la autorización o prohibición de que en las viviendas o locales haya establecimientos profesionales, comerciales o industriales, la posibilidad de división, segregación o agrupación, la determinación de qué elementos comunes son para todos, o cuales, para determinados propietarios, la utilización privativa de terrazas en áticos o patios, etc.»

Y finaliza el Alto Tribunal diciendo que «no cabe hacer una enumeración de todas las cuestiones que puede contener el estatuto, pues la posibilidad de fijar reglas es amplísima si no vulneran las disposiciones de la propia Ley.»[400]

Por su parte, la SAP (Sección 3ª) Guipúzcoa 26 marzo 2015 indicó que las normas estatuarias más comúnmente utilizadas, aparte de las que regulan el uso y utilización de los servicios y elementos comunes y las que se refieren a la exoneración de gastos o al gobierno de la comunidad, son «las que se refieren al uso y destino del edificio.»[401]

De este modo, en el ámbito en el que nos desenvolvemos, tanto los estatutos como el título constitutivo jugaran un papel esencial. A través de los primeros, por regla general, se pretenderá limitar, condicionar o prohibir el uso turístico en el edificio. Y, a través del segundo, gracias a la previa fijación en él de la cuota de participación, establecer el aumento en los gastos comunes o cuotas especiales[402].

---

399 SAP Álava (Sección 1ª), núm. 25/2016, 28 enero (JUR 2016, 66506): «en relación con los estatutos conviene recordar que las comunidades de propietarios se rigen y organizan básicamente por el art. 396 CC y por la LPH. Ésta última contempla dos tipos de normas de muy distinto rango: las contenidas en el título constitutivo de la propiedad y en los estatutos, y aquellas otras integradas en el reglamento de régimen interior.»

400 RJ 2008, 5782.

401 SAP Guipúzcoa (Sección 3ª) 26 marzo (JUR 2015, 121279).

402 Apunta Lasarte Álvarez, Carlos, *Compendio de derechos…*, *op. cit.*, p. 51, que los estatutos suelen tener escasa importancia y cuando existen son frecuentemente inobservados.

2.2.3. Los reglamentos de régimen interior

Junto al título constitutivo y a los estatutos, encontramos a los reglamentos de régimen interior. A ellos se refiere el art. 6 LPH, el cual prevé que tienen por objetivo «regular los detalles de la convivencia y la adecuada utilización de los servicios y cosas comunes».

Como bien señaló la STS (1ª) 26 junio 1995, podemos diferenciar dos clases de normas de muy distinto rango: unas, las contenidas en el título constitutivo de la propiedad y en los estatutos; y otras, integradas en el reglamento de régimen interior. Para las primeras se exige, en líneas generales, la unanimidad y, en cambio, para la validez de los demás acuerdos bastará el voto favorable de la mayoría del total de los propietarios que, a su vez, represente la mayoría de las cuotas de participación[403].

Tal y como sucede con el título constitutivo y los estatutos, el otorgamiento de los reglamentos de régimen interior es potestativo. En caso de hacerse, no podrán ir en contra de lo previsto en la propia Ley, en el título constitutivo o en los estatutos, si los hubiere. Una vez adoptados, obligan a todos los titulares mientras no sean modificados, en cuyo caso no se requiere unanimidad, sino «la forma prevista para tomar acuerdos sobre la administración». Es decir, por simple mayoría. Y, además, tampoco son inscribibles[404].

En cuanto al contenido de los reglamentos de régimen interior y, especialmente, en relación con la posibilidad de introducir limitaciones o restricciones al uso o destino de los elementos privativos, podemos destacar la SAP (Sección 5ª) Alicante, 4 octubre 1999, que señaló que:

> «Un reglamento de régimen interior, de conformidad con lo dispuesto en el artículo 6 de la LPH, sólo sirve para regular los detalles de la convivencia y la adecuada utilización de los servicios y cosas comunes, por lo que no pue-

---

403 STS (1ª) núm. 637/1995 (RJ 1995, 5115). Se hace eco de la anterior doctrina la STS (1ª) núm. 487/2007, 25 abril 2007 (RJ 2007, 4319), o la SAP Álava (Sección 1ª), núm. 25/2016, 28 enero (JUR 2016, 66506), ya citada.

404 Así lo manifiesta PAU PEDRÓN, Antonio, *Manual de Derecho registral,* Fundación para la formación de altos profesionales, Madrid, 1996, p. 137: «Distinguiendo los estatutos de las simples reglas u ordenanzas, que regulan los detalles de la convivencia y de la adecuada utilización de los servicios, previstas en el artículo 6 de la Ley de Propiedad Horizontal, diremos que éstas no constan en el título constitutivo, deben ajustarse a los propios estatutos, su modificación sólo exige mayoría y, sobre todo, no son inscribibles, a diferencia de los estatutos.»

> de utilizarse para determinar la naturaleza privativa o común de los distintos elementos arquitectónicos del conjunto inmobiliario.»[405]

Y, por parte de la doctrina, cabe traer a colación a Álvarez Olalla, quien declara que, en relación con las limitaciones en los elementos privados «no puede ser acordada en reglamentaciones.» Alega que se trata de acuerdos restrictivos de los derechos dominicales de los propietarios, y deben por tanto adoptarse por unanimidad, en los estatutos o en una modificación de los mismos[406].

2.3. Cláusulas que limitan o prohíben determinados usos

A priori, los titulares de las viviendas sometidas a régimen de propiedad horizontal gozan de plena libertad para decidir el destino que quieran dar a sus inmuebles, de acuerdo con sus intereses y necesidades. No obstante, resulta posible que la comunidad de propietarios, a través del título constitutivo y/o de los estatutos establezca limitaciones, e incluso prohibiciones. Dichas previsiones estatutarias delimitaran y configuraran el contenido del derecho a la propiedad privada, exigiéndose una serie de requisitos para su validez y efectos frente a terceros.

Ahora bien, la forma en que deben constar dichas limitaciones o prohibiciones ha sido una cuestión muy discutida.

Dicha discrepancia tuvo su antecedente inmediato en la redacción original del párrafo 3.º del art. 7 de la LPH, que establecía que: «Al propietario y al ocupante del piso les está prohibido desarrollar en él o en el resto del inmueble actividades no permitidas en los estatutos, dañosas para la finca, inmorales, peligrosas, incómodas o insalubres.»

---

405 SAP Alicante (Sección 5ª) núm. 1507/1999 (AC 1999, 8718).

406 Álvarez Olalla, Pilar, «Comentario al artículo 7.2», en Rodrigo Bercovitz Rodríguez Cano (Coord.), *Comentarios a la Ley de Propiedad Horizontal,* 5ª edición, Thomson Reuters, Aranzadi, Cizur Menor, 2014, pp. 219 a 270, p. 237. En cambio, en cuanto a los elementos comunes, la autora considera que la cosa cambia. «A fin de organizar y racionalizar la utilización de elementos y servicios comunes, es posible que las reglamentaciones afectan o se refieran a las facultades de uso sobre los mismos. Ello porque el uso que cada comunero haga de estos elementos o servicios debe ser respetuoso con las facultades de utilización que conforman, asimismo, el derecho de los demás. Precisamente, parece que el contenido habitual de estos reglamentos es regular el uso de elementos comunes».

El precepto dio lugar no sólo a varias interpretaciones jurisprudenciales, sino también doctrinales.

En esta sede podemos señalar la opinión de PERE RALUY, para quien, aunque la ley hable de actividades no permitidas en los estatutos, «esta norma, de redacción desafortunada, no hay que entenderla en el sentido de suponer que es ilegítima toda actividad que no se halle expresamente autorizada en el estatuto; la no permisión hay que entenderla en el sentido de prohibición expresa o tácita, pero inequívoca». Es decir, todo lo que no estaba expresa o tácitamente prohibido, estaba permitido[407].

La anterior tesis fue defendida en un primer momento, también, por FUENTES LOJO. No obstante, más tarde consideró que «el verdadero sentido de dicha frase es el de englobar como no autorizadas, no precisamente las prohibidas, sino las no previstas si se opusieran al destino o naturaleza del apartamento como tal.» Es decir, todo lo no permitido expresamente, debía considerarse prohibido[408].

La admisión de esta última interpretación, como apuntó ÁLVAREZ OLALLA, presentaba algunos inconvenientes. Por una parte, cuando en la comunidad de propietarios no existían estatutos o bien éstos guardaban silencio al respecto del destino de los distintos elementos privativos o comunes del inmueble[409]. Y, por otra, cuando el título constitutivo o los estatutos recogían, de modo ejemplificativo, el posible destino de los elementos privativos[410].

Este supuesto fue el resuelto en la STS (1ª) 5 marzo 1990. En ella se analizó la siguiente cláusula estatutaria: «No podrán destinarse las viviendas a centros de enseñanza oficial o particular, clínicas para hospitalización de enfermos y usos análogos, o actividades contrarias a la moral, o perjudiciales para la higiene, seguridad o bienestar de los convecinos», en el sentido de si cabía la posibilidad de destinar el inmueble a oficina.

---

407 PERE RALUY, José, «El arrendamiento y la propiedad horizontal», *Pretor* (1964), p. 14.

408 FUENTES LOJO, Juan Ventura, *Novísima suma de la propiedad horizontal,* Bosch, Barcelona, 1998, p. 1623.

409 ÁLVAREZ OLALLA, Pilar, «Comentario al artículo 7.2», *op. cit.*, p. 231: «Se planteaba, por ejemplo, el interrogante de si era posible utilizar los pisos, cuyo destino *natural,* por así decirlo, es servir de vivienda, como despachos profesionales.»

410 *Ídem*: «exigido por los arts. 9 LH y 51 RH como requisito de la inscripción.»

El Alto Tribunal falla diciendo que, la cláusula anterior, contiene una específica enumeración de concretas prohibiciones, «entre las cuales no se encuentra la denunciada instalación de una oficina»[411].

No obstante, y a pesar del pronunciamiento anterior, se puede observar que tanto el Tribunal Supremo, como la anterior DGRN, dieron una respuesta vacilante a la situación descrita.

Por parte del Tribunal Supremo, en su sentencia 7 febrero 1989, resolvió que la descripción de las diferentes propiedades individuales que constituyen la comunidad de propietarios, en concreto «local cinematógrafo cubierto» no implican una vinculación[412]. Por este motivo, la realización de obras para su transformación en discoteca y explotación comercial como tal «no constituye una transformación del título constitutivo, por lo que, consecuentemente, no debería haberse adoptado el correspondiente acuerdo por unanimidad de todos los propietarios.»

O la STS (1ª) 20 diciembre 1989, al considerar que:

> «[...] ni quepa tampoco sostener que la alusión que en la escritura de declaración de obra nueva y división de propiedad horizontal se hace del local, al decir que el mismo se halla destinado a restaurante, implique, en modo

---

411 RJ 1990, 1666. Finaliza el Tribunal: «[...] la literalidad de las cláusulas estatutarias (leídas sin mutilación), y la rotundidad de los preceptos legales, disipan toda posibilidad de duda en orden a dejar de entender, que los ocupantes del piso han incurrido en alguna de las prohibiciones legales, conducta provocadora de la resolución de su contrato arrendaticio, que, como medida sancionadora, ha de interpretarse, en todo caso, con carácter restrictivo.»

412 STS (1ª) 7 febrero 1989 (RJ 1989, 672). «[...] no permiten otorgar a la descripción del local litigioso el carácter vinculante y constitutivo que los entonces y ahora recurrentes pretenden, pues no hay prohibición de destinar el "cinematógrafo cubierto" a otro uso.» Y, continua el Tribunal diciendo que: «toda limitación a la propiedad individual, al derecho singular, ha de interpretarse de modo restrictivo, salvo que afecte en esta especial institución y yuxtaposición de propietarios, a los elementos comunes; la interpretación sistemática del título constitutivo, norma primaria a aplicar, y la búsqueda del significado y alcance que le quisieron dar los promotores, no puede conducir a otro resultado, pues no aparece excluido de las normas especiales el local-cinematógrafo; así, ni gramatical, ni lógica (máxime cuando el cambio de destino ni siquiera es esencial), ni tomando en consideración el tiempo, ni sistemáticamente, puede mantenerse la interpretación pretendida por las comunidades recurrentes, que estaría incluso en contra de la realidad social vigente al tiempo de aplicarse la norma.»

> alguno, una prohibición estatutaria de destinarse por su propietario el aludido local o parte del mismo a una actividad diferente»[413].

En idéntico sentido se pronunció la STS (1ª) 17 noviembre 1993: «que la dedicación de los pisos en la escritura de división horizontal del inmueble exclusivamente no es equiparable al supuesto de que los estatutos prohibiesen cualquier destino diferente»[414]. Y continua el Tribunal:

> «"dentro" de la vivienda puede hacerse tal instalación, coexistiendo los dos destinos, interpretación acertada pues en la división horizontal, que es, repetimos, donde únicamente consta el destino de los pisos, no se dice que "exclusivamente", u otra expresión análoga, se dedicarán a viviendas, sino sólo se describe lo que se denominan "pisos-viviendas". Deducir de ello la exclusividad implicaría una limitación de facultades dominicales, que ni pueden presumirse ni interpretar las que existan de modo extensivo.»

Posteriormente, y en contraposición a la doctrina anterior, el Tribunal Supremo, en su sentencia 23 noviembre 1995, se mostró favorable en entender que la expresión «destino a vivienda» excluye cualquier otro uso[415].

Por su parte, se encuentra esa misma oscilación en algunas resoluciones de la antigua DGRN —ahora DGSJFP—.

En un primer momento, la DGRN, en su resolución 12 diciembre 1986, se pronunció diciendo que no es función de los estatutos la definición casuística del contenido dominical sobre los elementos privativos, de modo que «será regla la posibilidad de cualquier uso, siempre que sea adecuado a la naturaleza del objeto y no vulnere los límites genéricos de toda propiedad o los específicos de la propiedad horizontal (moralidad, salubridad, comodidad y no peligrosidad [...])»[416]. O la RDGRN 20 febrero 1989[417].

---

413 RJ 1989, 8855: «prohibición esta que, por comportar una limitación de las facultades dominicales, ni puede presumirse ni interpretarse de manera extensiva».

414 STS (1ª) 17 noviembre 1993 (RJ 1993, 9104). «Y al no constar esta prohibición en los de la Comunidad recurrente, el recurrido puede instalar en su piso una consulta médica.»

415 STS (1ª) 23 noviembre 1995 (RJ 1995, 8898).

416 RJ 1986, 7887: «Así lo confirma, además, la exigencia de interpretación estricta y no presumibilidad de toda hipótesis de excepción, como son las restricciones singulares del derecho de propiedad.»

417 RJ 1989, 1694: «Por tanto, no alterando el título constitutivo de la propiedad horizontal, si la situación fáctica a regular (en este caso, el destino de los locales a garaje) no se halla prohibida en él ni traspasa los límites legales anteriormente citados, la elección de una u otra fórmula para su articulación jurídica no puede

Sin embargo, cambió de criterio en la RDGRN 25 septiembre 1991, al recoger que: «pero no autoriza sin esta aprobación de la junta de condueños a transformar el destino de un elemento privativo de desván-trastero en vivienda»[418].

Más tarde volvió a cambiar de parecer, en la RDGRN 23 marzo 1998[419]. Esta última resolución declara que la amplitud de goce puede ser restringida por el título constitutivo, «dentro del debido respeto a la ley; mas la exigencia de interpretación estricta de tales límites exige que hayan de ser formulados con claridad y precisión, sin que puedan deducirse, como en el caso debatido de una simple descripción, como la de "local de negocio".»[420]

Finalmente, en la STS (1ª) 23 febrero 2006, se empieza a observar, de nuevo, un viraje en la interpretación, contrario a la vinculación por la simple descripción. Considera el Alto Tribunal en dicha resolución, que la mera descripción del uso o destino que se hace constar en el título constitutivo y en los estatutos «no supone limitación del uso o de las facultades

---

ser obstaculizada por el resto de los propietarios del edificio que no resultan afectados».

418 Dicha resolución fue analizada por Gil Rodríguez, Jacinto, «La pretendida vinculación del uso o destino de los espacios privativos en el régimen de propiedad horizontal», *Revista Crítica de Derecho Inmobiliario* (1992), núm. 611, pp. 1817 a 1848. Para el autor «En el escalón constitucional, ya se sabe que todo límite o sacrificio que pretenda imponerse al propietario ha de venir justificado (exigido) por los intereses de la colectividad, esto es, intereses públicos y sociales superiores». Y que «para ver establecida una prohibición de cambio de uso en la propiedad horizontal [...] se exija igualmente la concurrencia y subsistencia de ese mismo interés justo y legítimo.» (pp. 1832 y 1833). «No hay duda, entonces, de que la "planta de desvanes, destinada a trasteros" o, según la otra expresión, "el local situado en el desván", como el situado en la bodega (que ya había sido transformado en vivienda), son unos departamentos más, con las mismas obligaciones y libertades que aquellos que al momento constitutivo estaban acondicionadas para vivienda. [...] Así, se hace, de la excepción, regla, cuando lo indicado —a partir de la presunción de la libertad del dominio, potencialmente absoluto— sería haber mostrado dónde se hallaba la prohibición singular de destinar ese local —insisto, privativo— a vivienda.» (p. 1835).

419 RJ 1998, 1860.

420 En ese mismo sentido *Vid.* STS (1ª) núm. 929/ 2008, 20 octubre 2008 (RJ 2008, 5705), STS (1ª) núm. 1152/2008, 27 noviembre; STS (1ª) núm. 789/2011, 24 octubre (RJ 2012, 431); STS (1ª) núm. 846/2010, 30 septiembre (RJ 2011, 1794); STS (1ª) núm. 535/2013, 12 septiembre (RJ 2013, 6815); STS (1ª) núm. 419/2013, 25 junio (RJ 2013, 4636); STS (1ª) núm. 729/2014, 3 diciembre (RJ 2014, 6502); STS (1ª) núm. 320/2020, 18 junio (RJ 2020, 2276).

dominicales, pues para ello deviene necesaria una cláusula o regla precisa y concreta»[421].

O la STS (1ª) 27 noviembre 2008, que, además de reiterar la doctrina anterior, añade que la descripción del edificio y sus partes contenida en los estatutos o en el título constitutivo, «constituye un elemento relevante en la labor interpretativa que debe llevarse a cabo para determinar el alcance de la aplicación a la realidad concreta de un determinado edificio»[422].

La interpretación que niega la posibilidad de circunscribir un determinado uso o destino a la mera descripción del inmueble fue recogida por el Real Decreto-ley 2/1985, de 30 de abril, sobre medidas de política económica. En su art. 8 previó, de forma expresa, la posibilidad de transformar las viviendas en locales de negocio[423]. Más tarde, el Borrador de Anteproyecto de Ley de conjuntos inmobiliarios del Ministerio de Justicia, de diciembre de 1991, elaborado por la Sección 1.ª de la Comisión General de Codificación, establecía en su art. 45 que: «La simple expresión en el título de constitución del destino que de presente tiene un piso o local a vivienda, a negocio o a otro uso no implica, sin más, que se haya establecido prohibición para dedicarlo a cualquier otra actividad.»

El debate quedó resuelto con la modificación de la LPH a través de la Ley 8/1999, de 6 de abril, que dio nueva redacción el antiguo art. 7, párrafo tercero, sustituyendo: «Al propietario y al ocupante del piso les está prohibido desarrollar en él o en el resto del inmueble actividades *no permitidas*

---

421 STS (1ª) núm. 123/2006 (RJ 2006, 910).

422 RJ 1152, 2008. En esta dirección *Vid.* también STS (1ª) núm. 929/ 2008, 20 octubre 2008 (RJ 2008, 5705); STS (1ª) núm. 1152/2008, 27 noviembre; STS (1ª) núm. 789/2011, 24 octubre (RJ 2012, 431); STS (1ª) núm. 846/2010, 30 septiembre (RJ 2011, 1794); STS (1ª) núm. 535/2013, 12 septiembre (RJ 2013, 6815); STS (1ª) núm. 419/2013, 25 junio (RJ 2013, 4636); STS (1ª) núm. 729/2014, 3 diciembre (RJ 2014, 6502); STS (1ª) núm. 320/2020, 18 junio (RJ 2020, 2276), entre otras.

423 Rezaba dicho precepto: «Los propietarios de fincas urbanas y los arrendatarios de éstas, con el consentimiento de aquéllos, podrán realizar libremente la transformación de viviendas en locales de negocios, salvo disposición contraria, en su caso, de los Estatutos reguladores de las comunidades de propietarios, sin perjuicio de lo dispuesto en el artículo 7, párrafo tercero, de la Ley de Propiedad Horizontal, de 21 de julio de 1960, relativo a actividades estatutariamente no permitidas, dañosas para la finca, inmorales, peligrosas, incómodas o insalubres, y de la obtención de las correspondientes licencias administrativas.» Dicho precepto fue derogado por la Disposición derogatoria única de la Ley 29/1994, de 24 de noviembre, de Arrendamientos Urbanos.

en los estatutos [...]», por: «Al propietario y al ocupante del piso o local no les está permitido desarrollar en él o en el resto del inmueble *actividades prohibidas* en los estatutos [...].»[424]

La anterior interpretación, vigente aún hoy en día, como es permitir cualquier uso o destino, salvo que exista prohibición expresa en contra en el título constitutivo o en los estatutos, además de ser acorde con la Exposición de Motivos de la LPH —«Los derechos de disfrute tienden a atribuir al titular las máximas posibilidades de utilización»—[425], dio lugar a la doctrina jurisprudencial, en virtud de la cual, las limitaciones al contenido del derecho de propiedad han de ser interpretadas de forma restrictiva ya que, en caso contrario, se ocasiona una perturbación o menoscabo al derecho de propiedad de los comuneros[426].

---

424 En la Proposición de Ley 624/000020, de reforma de la Ley 49/1960, de 21 de julio, sobre Propiedad Horizontal, el contenido del art. 7, según el texto remitido por el Congreso de los Diputados al Senado, en fecha de 11 de diciembre de 1998, era: «2. Al propietario y al ocupante del piso o local de negocio les está prohibido desarrollar en él o en el resto del inmueble actividades no permitidas en los estatutos, que resulten dañosas para la finca o que contravengan las disposiciones generales sobre actividades molestas, insalubres, nocivas, peligrosas o ilícitas.» [Disponible en: https://www.congreso.es/public_oficiales/L6/SEN/BOCG/IIIB/IIIB035A.PDF]. No obstante, el texto definitivo quedo redactado de la forma antes transcrita gracias a una enmienda formulada por el Grupo Parlamentario Popular en el Senado (GPP), la enmienda núm. 23. Según su justificación, de este modo, «Deja claro que el propietario y el ocupante del piso o local les está permitido todo lo no prohibido en los estatutos, y no entender prohibido todo lo no permitido en ellos.» [Disponible en: https://www.congreso.es/public_oficiales/L6/SEN/BOCG/IIIB/IIIB035C.PDF].

425 Para Echeverría Summers, Francisco M., «STS 20 de febrero de 1997. Actividades prohibidas en los estatutos. Resolución contrato de arrendamiento de local de negocio. Costas procesales», *Cuadernos Civitas de Jurisprudencia Civil* (1997), N.º 44, pp. 691 a 710, p. 699: «la exigencia de una prohibición expresa resulta más acorde con la idea de que la propiedad se presume libre.»

426 Carrasco Perera, Ángel; Codero Lobato, Encarna; González Carrasco, Carmen, *Derecho de la construcción y la* vivienda, 5ª edición, Dilex, Madrid, 2005, pp. 765 y 766, manifiestan que «el carácter preconstitucional de la LPH antes de la reforma operada por la Ley 8/1999, exigió una adecuación interpretativa "conforme a la Constitución", lo que condujo a nuestros tribunales y a la DGRN a considerar que el contenido esencial de ese derecho incluye la facultad de imprimir al bien determinado destino económico, o prescindir del que el anterior propietario le hubiere atribuido, siempre y cuando no se realicen actividades incómodas, insalubres, peligrosas o específicamente prohibidas en los estatutos.»

Así lo estableció, en un primer momento, la STS (1ª) 7 febrero 1989, por cuanto «toda limitación a la propiedad individual, al derecho singular, ha de interpretarse de modo restrictivo, salvo que afecte en esta especial institución y yuxtaposición de propiedad, a los elementos comunes»[427].

Esa misma tesis fue seguida por otras resoluciones. Es el caso de la STS (1ª) 10 julio 1995 que, además de confirmar la interpretación restrictiva de toda limitación al derecho de propiedad individual, negó tal interpretación cuando la restricción afectase a los elementos comunes[428]. También las SSTS (1ª) 14 octubre 2004[429] y 19 julio 2006: «la interpretación y aplicación de cualquier cláusula estatutaria que impide o limita el derecho dominical tiene que ser restrictiva»[430].

Por lo tanto, la descripción que pueda hacerse en el título constitutivo, en relación con el destino de los elementos privativos, no comporta, necesariamente, una adscripción definitiva. Si no existe una cláusula clara y precisa[431], el destino originario puede transformarse, sin necesidad de modificar el título constitutivo[432]. Lo reitera, recientemente, el ATS (1ª) 9 septiembre 2020[433].

Y si además queremos que esa cláusula clara y precisa relativa al uso o destino de los elementos privativos produzca eficacia real o «erga omnes»,

---

427 STS (1ª) 7 febrero 1989 (RJ 1989, 672). Reiteró la anterior doctrina la STS (1ª) núm. 1152/2006, 13 noviembre (RJ 2006, 7191).

428 STS (1ª) núm. 726/1995, 10 julio (RJ 1995, 5554). Además, dicha resolución diferenció entre destino de viviendas y el de pisos, considerando las primeras como objeto solamente de morada, habitación, hogar. Y los segundos, susceptibles de variado aprovechamiento. Recogió la anterior distinción, la citada STS (1ª) 14 octubre 2004.

429 STS (1ª) núm. 1013/2004, 14 octubre (RJ 2004, 6569).

430 STS (1ª) 19 julio 2006 (RJ 2006, 4731).

431 Lo reitera la STS (1ª) núm. 929/2008, 20 octubre (RJ 2008, 5705), y la STS (1ª) núm. 419/2013, 25 junio (RJ 2013, 4636), siempre que las limitaciones no sean claras, precisas y terminantes, «tratándose de los elementos privativos, ha de ser regla la de la posibilidad de todo uso, siempre que éste sea adecuado a la naturaleza del objeto y no vulnere los límites genéricos de toda propiedad o los específicos de la propiedad horizontal (normalidad, salubridad, comodidad y no peligrosidad)».

432 STS (1ª) núm. 996/2007, 20 septiembre (RJ 2007, 5076). O la STS (1ª) núm. 401/2009, 28 mayo (RJ 2009, 4220).

433 ATS (1ª) 9 septiembre 2020 (JUR 2020, 271962).

debe constar en el Registro de la Propiedad, como bien exige el párrafo 3.º del art. 5 LPH[434].

2.4. La libertad de uso o destino de las viviendas privativas sometidas a régimen de propiedad horizontal

La facultad de goce, siguiendo a Montés Penades, consiste en la utilización directa del bien, por parte del propietario. Ello se traduce en la posibilidad de obtener, de modo directo, las utilidades de que la cosa es capaz. Es decir, implica el desarrollo del «valor en uso» de la cosa[435].

Respecto de la materia que estamos analizando, y como hemos expuesto, salvo que exista una cláusula clara y expresa, los propietarios podrán destinar sus viviendas al uso que consideren más oportuno y acorde con sus intereses, con las salvedades que prevé el numeral 2.º del art. 7 LPH, en cuanto a actividades molestas, insalubres, nocivas, peligrosas o ilícitas.

La justificación de prohibiciones o restricciones radica, en palabras del Tribunal Constitucional, en la necesidad de compaginar los derechos e intereses concurrentes de una pluralidad de propietarios y ocupantes en los pisos y locales[436]. O, como manifiesta Echeverría Summers, en las particulares características que presenta este tipo de propiedad, ya que las

---

434 En este sentido cabe citar la STS (1ª) 29 abril 1970 (RJ 1970, 2053), citada por la STS (1ª) 10 julio 1995; STS (1ª) 20 octubre 2008; STS (1ª) 30 diciembre 2010 y, poco tiempo atrás, la SAP Madrid (Sección 21ª), núm. 90/2018, 13 marzo (JUR 2018, 150232); SAP Santa Cruz de Tenerife (Sección 3ª), núm. 354/2018, 28 septiembre (JUR 2018, 314435); el ATS (1ª) 9 septiembre 2020, o la SAP Asturias (Sección 6ª), núm. 459/2020, 23 diciembre (JUR 2021, 73015); SAP Jaén (Sección 1ª), núm. 855/2021, 21 julio (JUR 2021, 348055). Pau Pedrón, Antonio, *op. cit.*, p. 137.

435 Montés Penades, Vicente L., *op. cit.*, p. 246. O'Callagham, Xavier, «Lección 2ª», *op. cit.*, diferencia dos tipos de facultades de dominio del art. 348 CC: las facultades jurídicas (de libre disposición y exclusión) y las facultades materiales (de libre aprovechamiento). Estas segundas, a su vez, se descompone en las facultades de usar, es decir, utilizar la cosa misma, el *ius utendi*; y la de disfrutar, percibir los frutos, el *ius fruendi*. El art. 348 CC, al definir la propiedad, se refiere, en primer lugar, a la facultad de gozar, y para el autor, también, el «goce implica el desarrollo del valor en uso de la cosa.»

436 STC (Pleno) núm. 301/1993, 21 octubre (RTC 1993, 301).

posibilidades de utilización de los elementos privativos deben encontrarse sujetas al límite adicional que representa el interés general[437].

A continuación, nos centraremos, y siguiendo el tenor del art. 7.2 LPH, en las actividades que contravengan las disposiciones generales acerca de actividades molestas. De modo que, dejaremos al margen las actividades insalubres, nocivas, peligrosas o ilícitas. Ello debido a que, tal y como se desprende del análisis de la jurisprudencia, el uso turístico en inmuebles sometidos a régimen de propiedad horizontal recibirá, en su caso, la calificación de incómoda[438], si tenemos en cuenta la redacción anterior del art. 7 LPH, o molesta, en la redacción actual.

2.4.1. Las «actividades molestas»

2.4.1.1. «Actividades»

El art. 7.2 LPH utiliza la expresión «actividades». En cuanto a su significado, la SAP Valladolid (Sección 1ª) 13 octubre 1995 dejó sentado que el término «actividades» no cabe vincularlo, exclusivamente, a un oficio o profesión, pues su propia significación gramatical y, particularmente, la finalidad de la forma en que se inserta, o la razón de ser de las limitaciones a que se refiere, no ampara una interpretación restrictiva y limitada de dicho término. De este modo, el término «actividades» alcanza cualquier operación o conducta[439].

---

437 ECHEVERRÍA SUMMERS, Francisco M., *El estatuto de…*, *op. cit.* p. 413. Y en ese mismo sentido, RIVERO HERNÁNDEZ, B., «Las restricciones a los derechos de uso en el régimen de la propiedad horizontal», *Revista Aranzadi Civil* (1996), I, pp. 233 y ss., para quien el derecho de propiedad de cada elemento privativo se constituye con un carácter especial, como consecuencia la integración de diferentes propiedades separadas dentro de un único conjunto inmobiliario.

438 La versión original del art. 7 LPH, en su párrafo 3.º preveía que: «Al propietario y al ocupante del piso les está prohibido desarrollar en él o en el resto del inmueble actividades no permitidas en los estatutos, dañosas para la finca, inmorales, peligrosas, incómodas o insalubres.» Con la modificación operada por la Ley 8/1999, de 6 de abril, las actividades prohibidas se calificaron de «molestas, insalubres, nocivas, peligrosas o ilícitas.»

439 SAP Valladolid (Sección 1ª), núm. 489/1995, 13 octubre (AC 1995, 1877). *Vid.* MARTÍN BERNAL, José Manuel, *El vecino molesto y el vecino moroso,* Colex, Madrid, 2000.

En la misma dirección encontramos la STC (1ª) 8 marzo 1999, optando por una interpretación amplia del concepto de «actividad», no solamente a las actividades profesionales o empresariales, sino cualquier conducta personal atribuible a cualquier vecino[440].

Por lo tanto, cuando el precepto se refiere a «actividades» no alude, exclusivamente, a actividades profesionales o mercantiles, sino que el término en cuestión debe interpretarse de forma amplia. Y, de este modo, ampara toda conducta, incluidas las personales de cualquier propietario u ocupante.

2.4.1.2 «Molesta»

La actividad en cuestión debe ir seguida de un carácter molesto.

En cuanto a su calificación como «molesta», el propio precepto exige, para que la actividad sea molesta, insalubre, nociva, peligrosa, que contravenga «las disposiciones generales» acerca de tales actividades.

Calificar como tal las actividades obligó a acudir al Decreto 2414/1961, de 30 de noviembre, por el que se aprueba el Reglamento de actividades molestas, insalubres, nocivas y peligrosas.

El objeto del antedicho Reglamento, en virtud de su art. 1, era evitar que las instalaciones, establecimientos, actividades, industrias o almacenes, fueran oficiales o particulares, públicos o privados, produjesen incomodidades, alterasen las condiciones normales de la salubridad e higiene del medio ambiente ocasionando daños a las riquezas pública o privadas o implicasen riesgos graves para las personas o los bienes.

Quedaban sometidas a las prescripciones del Reglamento, según su art. 2, todas aquellas actividades que, a los efectos de las mismas, fueran calificadas como molestas, insalubres, nocivas o peligrosas.

Recibieron la calificación de «molestas», las actividades que constituían una incomodidad por los ruidos o vibraciones que produjeren o por los humos, gases, olores, nieblas, polvos en suspensión o substancias que eliminasen.

---

440 STC (1ª) núm. 28/1999, 8 marzo (RTC 1999, 28).

Las «insalubres» eran aquellas que daban lugar al desprendimiento o evacuación de productos que pudiesen resultar, directa o indirectamente, perjudiciales para la salud humana.

Las «nocivas», las que ocasionasen daños a la riqueza agrícola, forestal, pecuaria o piscícola.

Y, finalmente, se consideraban «peligrosas» las actividades que tenían por objeto fabricar, manipular, extender o almacenar productos susceptibles de originar riesgos graves por explosiones, combustiones, radiaciones u otros de análoga importancia para las personas o los bienes[441].

De este modo, cuando alguien pretendía establecer una actividad que pudiera ser calificada entre las comprendidas anteriormente, debía solicitar y obtener la correspondiente licencia municipal. Así lo exigía su art. 29[442].

El requisito anterior, en cuanto a la obtención de la correspondiente licencia, dio lugar a que la doctrina y la jurisprudencia se pronunciasen acerca del siguiente aspecto: si la obtención de la licencia administrativa, previo control pertinente por la autoridad competente permitía descartar, de plano, el carácter molesto de la actividad.

2.4.1.3. La obtención de la correspondiente licencia administrativa como presupuesto para rehuir el carácter molesto de la actividad

Respecto a este extremo se pronunció la STS (1ª) 14 febrero 1989. En ella estimó el Tribunal que «el cumplimiento de formalidades administrativas para la instalación de la industria no afecta a las consecuencias del mismo en el orden civil.»[443]

Reproducido lo anterior por la STS (1ª) 16 julio 1993, ésta continúo diciendo que «la determinación de si una actividad es molesta, incómoda, insalubre o peligrosa corresponde a los Tribunales en cada caso». Y tras aclarar que no era necesario que tales circunstancias concurriesen de forma conjunta, concluyó expresando «que el cumplimiento de formalidades administrativas para la instalación no puede paliar en cuanto afecte al or-

---

441 Definiciones, todas ellas, extraídas del art. 3 del Reglamento.

442 El Reglamento 2412/1961, de 30 de noviembre, fue derogado a través de la Disposición derogatoria única, de la Ley 34/2007, de 15 de noviembre, de calidad del aire y protección de la atmosfera.

443 STS (1ª) 14 febrero 1989 (RJ 1989, 834).

den civil, siendo notoriamente incómodo lo que perturba aquello que es corriente en las relaciones sociales»[444].

No obstante, la STS (1ª) 17 noviembre 1993, se apartó del sentido anterior. En el supuesto en cuestión se pretendía la instalación de una clínica radiológica por uno de los propietarios. La comunidad alegó en contra que la actividad que pretendía desarrollar el demandado era «dañosa y peligrosa, nociva e insalubre».

El Alto Tribunal falla afirmando que:

> «Si la actividad está sujeta a un control de la autoridad administrativa, si ésta da la autorización para que se emprenda una vez tomadas las medidas preventivas legalmente para evitar daños, no se ve cómo la comunidad puede sentirse perjudicada alegando una nocividad y un peligro que aquellas medidas quieren evitar.»[445]

Más acertada fue la posterior SAP Salamanca 4 mayo 2000, al concluir que la calificación civil de las actividades como molestas, insalubres, incómodas o peligrosas es independiente del alcance o significado que pudiera atribuírsele en la esfera administrativa, «no hallándose vinculados los Tribunales por la conceptuación que merezcan en aplicación de las ordenanzas municipales y reglamentos administrativos como el de 20-11-1961»[446].

Y finaliza la Audiencia: «El cumplimiento de las formalidades administrativas para la instalación de un negocio o industria no afecta a las consecuencias del mismo en el orden civil, ni condiciona los derechos de esta índole reconocidos en las leyes.»[447]

La STS (1ª) 20 septiembre 2007, nos recuerda que el titular del inmueble puede destinar su propiedad al uso que tenga por conveniente, aunque

---

444 STS (1ª) núm. 739/1993, 16 julio (RJ 1993, 6155).

445 STS (1ª) núm. 1091/1993, 17 noviembre (RJ 1993, 9104).

446 SAP Salamanca núm. 252/2000 (AC 2000, 2306). Y cita las sentencias del Tribunal Supremo de 18 abril 1962; 16 diciembre 1963 o 30 abril 1966.

447 Reprodujo lo ya afirmado la SAP Vizcaya (Sección 4ª), núm. 498/1999, 13 mayo (AC 19999, 871); SAP Asturias (Sección 5ª), núm. 198/2000, 4 abril (AC 2000, 1533); SAP Castellón (Sección 3ª), núm. 40/2002, 1 febrero (JUR 2002, 124204); SAP A Coruña (Sección 4ª), núm. 143/2011, 4 abril (AC 2011, 1076); SAP Islas Baleares (Sección 5ª), núm. 402/2012, 19 septiembre (JUR 2012, 371848); SAP Asturias (Sección 4ª), núm. 361/2015, 17 diciembre (JUR 2016, 32984); SAP Alicante (Sección 9ª), núm. 295/2017, 4 julio (JUR 2017, 251075); SAP Barcelona (Sección 14ª), núm. 328/2019, 4 julio (JUR 2019, 272830); SAP Lugo (Sección 1ª), núm. 346/2019, 11 julio (JUR 2019, 233902); entre otras.

suponga un cambio de destino, siempre y cuando no quebrante alguna prohibición legal. Ahora bien, ello no es óbice para que:

> «los pisos o locales reúnan las correspondientes condiciones técnicas y de la obtención de la licencia administrativa, que constituye una cuestión ajena a la comunidad y no le vincula, ya que el permiso de los organismos oficiales no incide, a favor o en contra, de los acuerdos autónomos e independiente de índole civil, adoptados por la junta de propietarios.»

En un sentido parecido se pronunció la STS (1ª) 28 mayo 2009[448].

Por lo tanto, el hecho de cumplir con los requisitos administrativos exigidos para llevar a cabo una determinada actividad no debe considerarse un presupuesto para descartar el carácter molesto de ésta. Es decir, una actividad podrá ser calificada de molesta con independencia de que se haya solicitado y obtenido la licencia o autorización administrativa correspondiente[449].

Por consiguiente, como ya manifestó la SAP A Coruña (Sección 4ª) 9 julio 1998, lo importante es determinar, en la esfera jurisdiccional, si la actividad llevada a cabo perturba «el mínimo de tranquilidad y sosiego que la habitabilidad del inmueble ha de brinda a sus moradores». La antedicha resolución recoge lo afirmado anteriormente por el Tribunal Supremo en su sentencia 16 julio 1993, al considerar que «es notoriamente incómodo lo que perturba aquello que es corriente en las relaciones sociales.»[450]

---

448 STS (1ª) núm. 996/2007, 20 septiembre (RJ 2007, 5076) y STS (1ª) núm. 401/2009, 28 mayo (RJ 2009, 4220), al reiterar que «el hecho de que la actuación que se impugna se haya adecuado escrupulosamente a la normativa urbanística, de la que deriva una concreta licencia administrativa, no supone sin más su acomodación a la normativa civil, ni sirve para dirimir conflictos de esa naturaleza. [...] El orden administrativo regula aspectos diferentes del civil, siendo ambos compatibles, de tal manera que la construcción de las obras aun cuando cuenten con licencia obtenida al amparo de las normas urbanísticas, pueden ser impedidas por los tribunales del orden civil a instancia de los titulares de un derecho, como el de propiedad, a los que eventualmente puedan afectar».

449 En la STS (1ª), núm. 880/1993, 28 septiembre (RJ 1993, 6750) se consideró incómoda y molesta para la comunidad la salida de humos y olores de un local, a pesar de contar con la licencia, aunque ésta no fuera la correspondiente. El demandado tenía la licencia «Hostelería mixta menor» y requería la licencia de «Hostelería mixta».

450 SAP A Coruña (Sección 4ª), núm. 283/1998, 9 julio (AC 1998, 1397).

Y, recientemente, se ha pronunciado en términos similares la SAP Ourense (Sección 1ª) 16 junio 2020 que, al reproducir la doctrina jurisprudencial previa, declara que:

> «la prioridad del art. 7.2 LPH es preservar las normas de convivencia vecinal y las relaciones de buena vecindad que constituyen un límite al derecho de propiedad en ese ámbito, pues si se trata sólo de infracciones administrativas la respuesta gubernativa a tal ilícito sería suficiente y resultaría innecesaria la respuesta contemplada en el art. 7.2 LPH.»[451]

Así lo entiende también LOSCERTALES FUERTES que, en caso de incumplimiento de las normas administrativas, debería ser el órgano correspondiente que actuara y obligara al cese o cierre de la actividad. Pero «la actuación de la administración no es tan eficaz y obliga a la comunidad a acudir al auxilio judicial.»[452]

Por tanto, es prácticamente unánime la jurisprudencia que declara que, a pesar de que una concreta actividad cumpla con los requisitos administrativos exigidos, no por ello excluye la posibilidad de ser declarada molesta por los tribunales. Como bien expone ÁLVAREZ OLALLA, lo contrario significaría restringir el margen que la autoridad judicial tiene a la hora de determinar o no la procedencia de la sanción, tanto en función de las circunstancias particulares del caso como del efectivo trastorno de la convivencia en la comunidad que la actividad esté originando[453].

Y a esa misma conclusión llega CRESPO ALLUÉ, quien estima que, la referencia a las disposiciones generales sobre actividades implicaría una sumisión de los efectos civiles a las normas administrativas. Y, consecuentemente, se «privaría a la comunidad de propietarios de la posibilidad de accionar, por muy molestas que sean las actividades.»[454]

---

451 SAP Ourense (Sección 1ª), núm. 192/2020, 16 junio (JUR 2020, 233393).

452 LOSCERTALES FUERTES, Daniel, *Propiedad horizontal. Comunidad y urbanizaciones,* 7ª edición, Sepín Madrid, 1995, p. 93. Y también la SAP Las Palmas (5ª), núm. 221/2000, 16 mayo 2001 (JUR 2001, 74875): «En cuanto a las irregularidades administrativas de que adolezca la actividad deben ser denunciadas y, en su caso, corregidas ante la administración correspondiente no siendo esta sede la adecuada para dilucidar tal aspecto.»

453 ÁLVAREZ OLALLA, Pilar, «Comentario al artículo 7.2», *op. cit.*, p. 246.

454 CRESPO ALLUÉ, Fernando, «Artículo 7.2», en Vicente Guilarte Gutiérrez (Coord.), *La reforma de la propiedad horizontal,* Lex Nova, Valladolid, 1999, p. 62. Para el anterior autor «Tal conclusión, sin embargo, sí podría ser aceptable para las actividades insalubres, nocivas, peligrosas o ilícitas, cuyo contenido sí puede ser más precisamente tipificado, en cuyo caso la obtención de la licencia previa al ejercicio

Para CARRASCO PERERA, CORDERO LOBATO y GONZÁLEZ CARRASCO, posicionándose a favor de la doctrina jurisprudencial anteriormente reseñada, las autorizaciones o licencias administrativas son irrelevantes en cuanto a las consecuencias de orden civil contempladas en el art. 7.2 LPH. De modo que, la consecución de la oportuna licencia no obliga a la comunidad a soportar la actividad comprendida en el anterior precepto. Y, asimismo, es incorrecto defender que la prueba de que una actividad es molesta en relación con la comunidad es, sin más, su sometimiento a licencia administrativa[455]. En ese mismo sentido se pronuncian FUENTES LOJO[456] o ÁLVAREZ OLALLA[457].

TORRES LANA considera que las disposiciones administrativas no fundan acciones civiles. Ahora bien, las actuaciones administrativas practicadas al amparo de la normativa de la misma clase acreditarán los hechos a que se refieren. Y no sólo eso, sino que «los describen y caracterizan, a los efectos de su ulterior calificación jurídica.» Afirmando el profesor que las actuaciones administrativas pueden constituir prueba a efectos de ulteriores reclamaciones en el ámbito civil[458].

En definitiva, la previa obtención de la licencia administrativa correspondiente no obsta a calificar de molesta una actividad. Y, en términos generales, antes de calificar una actividad como tal, se requerirá un análisis

de la actividad, y a falta de prohibición estatutaria, impediría a la comunidad de propietarios exigir el cese de la actividad».

455 CARRASCO PERERA, Ángel; CORDERO LOBATO, Encarna, GONZÁLEZ CARRASCO, Carmen, *op. cit.*, p. 768. Ahora bien, «lo anterior no obsta que la existencia de reproche administrativo sí deba incidir en este extremo como indicio probatorio del carácter insalubre, incómodo o dañoso de la actividad a los efectos del art. 7.2 LPH, cuando aquél se deba a la imposibilidad de obtener el nivel de salubridad o seguridad impuesto por la norma administrativa, con más razón hoy, que la norma considera la contravención normativa en ese punto como motivo de cesación o privación.»

456 FUENTES LOJO, Juan Ventura, *La Ley de…*, *op. cit.*, pp. 189 y 190.

457 ÁLVAREZ OLALLA, Pilar, *op. cit.*, p. 245: «que la conducta estuviere recogida como tal en el Reglamento, era simplemente un indicio de que la misma tuviera tal carácter, ya que había de valorar caso por caso, y tener presentes las circunstancias concretas en que la actividad se desarrolla, no pudiéndose catalogar "a priori".»

458 TORRES LANA, José Ángel, «La protección del turista en el ámbito jurídico privado», en José Ángel Torres Lana, M.ª Nélida Tur Faúndez y Joan David Janer Torrens, *La protección del turista como consumidor*, Tirant lo Blanch, Valencia, 2003, pp. 55 a 123, pp. 76 y 77.

fáctico de las circunstancias de la actividad y de su incidencia en las condiciones del inmueble[459].

Y, por todo lo dicho, la existencia de una cláusula que permita de forma expresa el destino turístico de los elementos privado no impedirá que, en un determinado momento, sea declarada actividad molesta. Y, consecuentemente, pueda ejercitarse la acción de cesación. Lo contrario constituiría una sumisión absoluta de la acción a la voluntad de los interesados.

2.4.1.4. El concepto de «molesto»

Decir que para calificar una concreta actividad como molesta hace falta un análisis expreso y específico de ésta sería una tarea sencilla, si no fuera por el hecho de que el término «molesto» se nos presenta como un concepto jurídico indeterminado —al que le siguen otros con ese mismo carácter—. Y, además, es un concepto dependiente de diversos factores.

No obstante, la jurisprudencia, loablemente, ha intentado aproximar qué debe entenderse por «molesto».

La ya citada STS (1ª) 16 julio 1993 consideró que «es notoriamente incómodo lo que perturba aquello que es corriente en las relaciones sociales». Lo que, como decíamos, nos lleva a otro concepto jurídico indeterminado, como es: «aquello que es corriente en las relaciones sociales.»

Lo corriente o usual en las relaciones sociales dependerá —de ahí el carácter dependiente—, de cada comunidad de propietarios, de su ubicación (no es lo mismo el centro de la ciudad, que lo barrios adyacentes), del momento del año en cuestión (no es lo mismo la estación estival en las Islas Baleares que en Madrid, por ejemplo). Y, a todo ello, sin duda alguna, influirá, por una parte, el civismo, la conciencia social y el espíritu de convivencia de cada persona; y, por otra, el nivel de tolerancia de la comunidad de propietarios.

Por su parte, la SAP Salamanca 16 octubre 1997 entendió que el concepto entraña una molestia superior a la que viene impuesta por las relaciones de vecindad. Pero lo cierto es que las relaciones de vecindad, derivadas del régimen especial de la propiedad horizontal, implicarán, *per se*, el trasiego de personas, el uso de ascensor y zonas comunes, ruido, etc.

---

459 Carrasco Perera, Ángel; Codero Lobato, Encarna; González Carrasco, Carmen, *op. cit.*, p. 767.

No obstante, esta molestia iría, dice la Audiencia:

> «más allá de los límites tolerables y asumibles por la comunidad, por ser contrario a la buena disposición de las cosas para el uso normal que ha de hacerse de aquéllas; entendiéndose por actividades incómodas o molestas proscritas por la Ley, todas las que impiden a los demás el adecuado uso de una cosa o derecho.»[460]

Ello enlaza con otro concepto jurídico indeterminado, como es el «adecuado uso de una cosa o derecho». No es una cuestión de cantidad, entonces, sino de calidad del uso.

El Tribunal Supremo, en su sentencia 14 noviembre 1994, incluyó en el concepto de actividades incómodas: «las reuniones numerosas y bulliciosas que ocasionen a los restantes comuneros molestias importantes que exceden de la convivencia en un edificio en régimen de propiedad horizontal.»[461] Y la STS (1ª) 19 septiembre 1972, citada por la anterior resolución, califica de notorias y ostensiblemente incómodas y molestas «aquellas actividades ruidosas perfectamente audibles a altas horas de la noche por los vecinos que residen en el inmueble.»

Es relevante en este sentido la SAP Segovia 5 marzo 1996, que entendió por actividades incómodas:

> «todas aquellas que privan o dificultan a los demás el normal y adecuado uso y disfrute de una cosa o derecho, bien se trate de actos de "emulación" por los que sin producir beneficio alguno al propietario originen un perjuicio a los demás, o bien sean "inmisiones", es decir, actividades desarrolladas por personas dentro del ámbito de su esfera dominical o de su derecho de goce, excedan de los límites de la normal tolerancia proyectando sus consecuencias sobre la propiedad de otros perturbando su adecuado uso y disfrute.»

La Audiencia, citando la STS (1ª) 22 diciembre 1972, concluye que:

> «sin que ello precise siquiera que la incomodidad sea insufrible o intolerable por bastar para la estimación de la causa resolutoria que la industria resulte desagradable para los ocupantes de la finca, aunque les sea soportable y posible su permanencia.»[462]

---

460 SAP Salamanca núm. 545/1997, 16 octubre (AC 1997, 2029).

461 STS (1ª) 14 noviembre 1984 (RJ 1984, 5555).

462 SAP Segovia núm. 27/1996, 5 marzo (AC 1996, 600): «Por ello, en tal concepto tienen cabida actividades comerciales que desarrolladas en un local de la comunidad provoquen incomodidad por los ruidos y vibraciones, y en general que comporten reuniones numerosas y bulliciosas que ocasionen a los restantes comune-

O la SAP Madrid (Sección 9ª) 19 julio 2010, en la que se enjuicia un supuesto producido por el ruido de un aire acondicionado de una clínica oftalmológica. El aparato superaba los límites permitidos por el ayuntamiento en el exterior del edificio, pero no en el interior del mismo. Como consecuencia, en este caso, no se derivaban molestias para los vecinos procedentes del ruido que producían las máquinas.

El Tribunal confirma íntegramente la sentencia de instancia, al considerar que:

> «Para que prospere dicha acción [de cesación] no basta el mero incumplimiento de la normativa administrativa, sino que la actividad en cuestión debe perturbar el régimen o estado de hecho usual, y corriente en las relaciones sociales de manera notoria, requiriéndose una prueba concluyente, plena y convincente, atendida la gravedad de la sanción, respecto de las incomodidades a los vecinos.»

Para Álvarez Olalla, las actividades molestas constituyen verdaderas inmisiones, es decir, actos ejercidos por el titular dentro de su esfera dominical, que proyectan sus consecuencias en la propiedad ajena, causando molestias e impidiendo el adecuado uso y disfrute de la propiedad[463].

La SAP Murcia (Sección 5ª) 18 diciembre 2012[464], ante esta situación de necesidad de concreción, siguiendo a la SAP Málaga (Sección 6ª) 19 noviembre 2010, fijó los siguientes requisitos para que una actividad pueda ser conceptuada de molesta:

– En primer lugar, que la actividad se dé dentro del inmueble (en cualquier parte del mismo), no en el exterior (a no ser que tenga su origen en el interior).

– En segundo lugar, la calificación de una actividad como incómoda o molesta no ha de hacerse apriorísticamente, y sólo por las características generales de la misma, sino atendiendo al modo de realizarse en cada caso concreto, o el modo de desarrollarse, y a la posición contumaz del agente ante las advertencias que le hayan sido hechas.

– En tercer lugar, la actividad ha de exceder y perturbar el régimen o estado de hecho usual y corriente en las relaciones sociales, de ma-

---

ros molestias importantes que exceden de las que la convivencia en un edificio de régimen de propiedad horizontal obliga a soportar.»

463 Álvarez Olalla, Pilar, «Comentario al artículo 7.2», *op. cit.*, p. 246.

464 SAP Murcia (Sección 5ª), núm. 459/2012, 18 diciembre (JUR 2013, 35093).

nera notoria (evidencia, habitualidad y permanencia en la incomodidad).

- En cuarto lugar, quedan comprendidas dentro de las actividades molestas todas aquellas que disminuyen el uso normal y el disfrute de sus respectivos elementos a los demás condueños, los actos de emulación y las inmisiones.
- Y, finalmente, se requiere una prueba concluyente, plena, convincente, atendida la gravedad de la situación.

Lo visto permite concluir que el término «molesto» es un concepto jurídico cuasi indeterminado, puesto que la jurisprudencia, de forma meritoria, ha intentado ofrecer una aproximación al mismo. O, al menos, los requisitos que deben concurrir para ello.

La actividad molesta debe producirse y repercutir dentro del edificio. Parece que lo molesto es lo que se aparta de la esfera de la normal tolerabilidad en el seno de la comunidad. Pero tampoco esto nos sirve para calificar una actividad de molesta, puesto que en ello influirá la conducta del sujeto activo, es decir, el usuario de la vivienda, ya fuere el propio titular o un arrendatario. Pero también, el nivel de tolerancia de los sujetos pasivos (el resto de los propietarios que se consideran perturbados en su nivel de convivencia habitual).

Es cierto que, por los caracteres que informan a las viviendas de uso turístico, se las califica de forma prácticamente unánime de actividad molesta. Ahora bien, como tiene declarado la jurisprudencia, lo cierto es que, en términos generales, una actividad no puede reputarse, *a priori*, molesta. Sino que exige, como bien manifestó la citada SAP Madrid (Sección 9ª) 19 julio 2010, ser objeto de plena, concluyente y convincente prueba por parte del órgano encargado de enjuiciar el asunto. Lo que implica resolver el conflicto acudiendo al principio de normalidad de uso y a la tolerancia de las molestias, según el lugar en que se encuentre el edificio y su naturaleza.

2.4.1.5. En particular, el uso turístico como actividad molesta

Si, como hemos indicado tras el análisis anterior, una determinada actividad no puede ser considerada, *a priori*, molesta, el destino turístico de determinadas viviendas sometidas a régimen de propiedad horizontal no debe constituir una excepción —aunque hay autores que parecen otorgarle ese carácter de forma objetiva—.

El Informe de Exceltur, titulado «Alojamiento turístico en viviendas de alquiler: impactos y retos asociados», de 24 de junio de 2015, recogió que, «Desde el punto de vista del edificio donde se sitúan y los vecinos que comparten el mismo espacio son muchas las incidencias que este fenómeno está introduciendo sobre sus niveles de convivencia. Los más relevantes se traducen en:

- Unos niveles de ruido que perturban el descanso de los vecinos de las propiedades colindantes. Se trata del problema más denunciado por los vecinos de los barrios turísticos de las ciudades analizadas. El 82 % de las asociaciones vecinales encuestadas para el presente estudio destacan los problemas del ruido como uno de los principales inconvenientes de los turistas que alquilan viviendas en los barrios en los que habitan.
- La mayor necesidad de limpieza por la mayor presión de uso sobre los espacios comunes. Se trata de un inconveniente que manifiesta el 67 % de los vecinos de estas ciudades.
- Los inconvenientes percibidos de pérdida de seguridad por la puesta a disposición de las llaves de la puerta de la entrada de cada finca y de su parking a terceras personas sin identificar, son mencionados como un problema por el 42 % de las asociaciones consultadas.

La pérdida de la familiaridad y proximidad que está implícita en la convivencia vecinal y los modelos sociales presentes en las comunidades y los barrios de las zonas urbanas.»[465]

Como señaló la SAP Cantabria (Sección 3ª) 14 mayo 1996, no cabe dar viabilidad a una acción por actividades incómodas por la mera etiquetación de ésta como tal, al no existir ninguna prueba acerca de que el referido hospedaje causare molestia alguna. Para la Audiencia, «no cabe inferir que tal industria por sí misma se haya de incluir en el concepto de incómodas.»[466]

---

465 Informe Exceltur, «Alojamiento turístico en viviendas de alquiler: impactos y retos asociados. Impactos sociales y económicos sobre los destinos españoles derivados del exponencial aumento del alquiler de viviendas turísticas de corta duración, impulsado por los nuevos modelos y canales de comercialización P2P», de 24 de junio de 2015, pp. 26 y 27.

466 SAP Cantabria (Sección 3ª), núm. 173/1996, 14 mayo (AC 1996, 912). Tampoco debe entenderse como una actividad peligrosa, ya que éstas «tienen un riesgo o pueden causar daños, y el que un local o vivienda estén destinados a hospedaje

En la SAP Jaén (Sección 1ª) 27 julio 2002 se enjuicia el acuerdo por el que se prohibió a los inquilinos de la vivienda del actor, en la que se llevaba a cabo la actividad de hospedaje, el uso y disfrute de los elementos comunes. El tribunal entiende que ese acuerdo es totalmente contrario a la Ley y a los estatutos, ya que el derecho dominical permite, en principio [salvo que el título constitutivo o los estatutos prevean lo contrario], a cada propietario, ejercer el arrendamiento que considere más conveniente a sus necesidades.

El disfrute de los elementos comunes es consustancial al elemento privativo, por lo que una cláusula como la anterior no sería posible, aunque sí podrían fijarse limitaciones —no prohibiciones generales— en cuanto a los usos de los elementos comunes.

En el asunto expuesto, durante la tramitación del procedimiento no fue probado que el hospedaje fuera una actividad molesta para el resto de los vecinos. Por consiguiente, al no existir en el supuesto enjuiciado actividad ilícita ni molesta, no hubo lugar a la acción de cesación del art. 7.2 LPH[467].

La SAP Tarragona (Sección 3ª) 23 mayo 2002, acerca del destino a uso turístico de algunos de sus inmuebles, y tras la oportuna práctica de la prueba, concluye que:

> «la actividad llevada a cabo en los apartamentos no es aislada, sino que durante cierta época del año puede calificarse de continua y permanente, privando a los demás vecinos del normal y adecuado uso y disfrute de una cosa o derecho, alterando la tranquilidad de los demás titulares de los pisos que deben ser protegidos»[468].

En el caso de la SAP Barcelona (Sección 1ª) 9 septiembre 2002, si bien pone de manifiesto que la actividad de hospedaje puede ser tenida como actividad molesta, lo cierto es que:

> «La existencia de frecuentes ruidos y alteraciones por la noche alegados por diferentes vecinos, los daños causados a la cerradura de la puerta principal de la finca aceptados por los demandados, y la identificación de su origen en la sucesiva presencia de huéspedes generada por la actividad desarrollada en la vivienda de su propiedad, han de ser bastantes para tener por producida la alteración de la convivencia denunciada.»[469]

---

por sí mismo no ofrece una peligrosidad diferente del resto de los pisos del inmueble.»

467 SAP Jaén (Sección 1ª), núm. 366/2001, 27 julio (JUR 2001, 230016).

468 SAP Tarragona (Sección 3ª) 23 mayo 2002 (JUR 2002, 208317).

469 SAP Barcelona (Sección 1ª) 9 septiembre 2002 (JUR 2003, 104495).

Según la anterior resolución, además de no constituir casos aislados y producir alteración de la convivencia, vemos que los actos en cuestión deben ser «bastantes».

Y, en la SAP Barcelona (Sección 16ª) 8 octubre 2003, a pesar de los testimonios vertidos en el juicio por varios vecinos acerca de las molestias que ocasionaba el uso turístico en algunas de las viviendas de la comunidad —alegando molestias por el trasiego constante de personas, el uso incesante de los ascensores y los movimientos de los carros del servicio de limpieza de habitaciones—, el Tribunal falla diciendo que:

> «la explotación como apartamentos turísticos de hasta 18 pisos de un edificio sometido al régimen de propiedad horizontal, cuyos restantes departamentos son destinados a la estricta función de vivienda (morada habitual de personas físicas), no es por sí misma una actividad molesta a los efectos del artículo 7.2 LPH.»

Dice que «no puede afirmarse que la destinación como apartamentos turísticos de los pisos [...] produzca "vibraciones, radiaciones, calor o ruido", dañinos para la salud humana o, en cualquier caso, superiores a los que originaría su ocupación ordinaria como viviendas permanentes.» El Tribunal fundamenta su decisión en que ninguno de los testigos fue capaz de relatar incidente alguno de importancia, subsumible en el concepto amplio de contaminación ambiental[470].

En ese mismo sentido, el Tribunal Supremo, en su Auto 4 noviembre 2008, afirmó que «el hospedaje, por sí mismo, no supone perturbación alguna en la tranquilidad o comodidad en el uso del resto de los condueños.»[471]

Por contra, en la SAP Barcelona (Sección 1ª) 19 mayo 2009, la actividad de hospedaje fue calificada de molesta, al probarse que existía un trasiego de personas que continuamente se dirigen a dicho apartamento y que en algunas ocasiones se han personado inspectores de policía, preguntando acerca de los ocupantes de la vivienda[472].

Entendemos que el simple trasiego de personas, por numeroso que sea, si es acorde con el uso normal, no debería servir para calificar la actividad

---

470 SAP Barcelona (Sección 16ª), núm. 644/2003, 8 octubre (AC 2003, 2042).

471 ATS (1ª) 4 noviembre 2008 (JUR 2008, 365964).

472 SAP Barcelona (Sección 1ª), núm. 217/2009, 19 mayo (JUR 2009, 401099).

de molesta. O el uso del ascensor. Otra cosa es que dicho uso, además de continuo, sea improcedente[473].

La SAP Barcelona (Sección 13ª) 12 julio 2011 fundamentó la calificación como molesto el uso turístico en el inmueble alegando, además de ruido, trasiego de personas o seguridad del inmueble, problemas de convivencia. Todo ello quedó recogido en el Informe de la Sindicatura de Greuges y del Ayuntamiento de Barcelona, ante situaciones en Ciutat Vella, unido a la necesidad de intervención de la guardia urbana ante una queja vecinal por ruidos y mal comportamiento de los inquilinos.

El Tribunal entiende que:

> «no puede equipararse un arrendamiento a un negocio turístico, en estancias más breves, desconocimiento de las personas, y principalmente, relación jurídica distinta en derechos y obligaciones entre un arrendador y un arrendatario, que entre un cliente de hostelería con la empresa explotadora, en que además, no se halla en el edificio para orientar sobre el uso adecuado del apartamento en relación con la comunidad, ni informar, ni facilitar al cliente la entrada y salida como existe en el negocio que nos ocupa.»[474]

La STSJ Cataluña (Sala de lo Civil y Penal, 1ª) 20 febrero 2012 determinó, de forma acertada que, efectivamente, la calificación de una actividad como molesta puede dar lugar a un amplio elenco de supuesto «que devienen en cuestión casuística».

Para la Sala, lo sancionable es el anómalo y antisocial ejercicio del derecho, incluyéndose dentro de las actividades molestas no sólo las inmisiones intolerables, sino toda actividad que, por la trascendencia de la misma, pueda exceder de lo socialmente admisible, «entendiendo por tal el mínimo respeto a la convivencia de los ocupantes del inmueble cuanto que, además, la ilicitud a que se refiere la norma abarca tanto la administrativa, como la civil y penal.»[475]

Es interesante la SAP Barcelona (Sección 19ª) 21 mayo 2015, ya que, a pesar de haberse constatado la apreciación de ciertas molestias, el Tribunal entiende que «no parece que guarde correspondencia con la conclusión

---

473 Por ejemplo, dando saltos en el propio ascensor o en los rellanos, realizar pintadas, parar y reanudar la marcha del ascensor sin motivo alguno, sobrecargarlo de peso, etc.

474 SAP Barcelona (Sección 13ª), núm. 384/2011, 12 julio (JUR 2011, 318655).

475 STSJ Cataluña (Sala de lo Civil y Penal, 1ª), núm. 17/2012, 20 febrero (RJ 2012, 10019).

de actividad contraria a la normal convivencia, molesta, incómoda, nociva e insalubre que se cuestiona».

Al contrario, la Audiencia considera que:

> «las incidencias y molestas expresadas pueden y deben ser corregidas con una exquisita aplicación de los gestores del apartamento turístico de las obligaciones de limpieza y orden por parte de los ocupantes ocasionales de dicho apartamento turístico y que su incumplimiento pudiera conllevar los graves efectos contemplados en la sentencia de instancia pero, en este momento, no es constatable dicha situación lo que nos ha de llevar a revocar la sentencia de instancia, desestimando la demanda formulada y estimando el recurso entablado.»[476]

Prueba fehaciente de que el destino a uso turístico no puede reputarse, de plano, actividad molesta es la STSJ Cataluña (Sala de lo Civil y Penal, 1ª) 19 mayo 2016, al establecer que:

> «Tampoco la actividad per se en abstracto supone un daño o peligro para el edificio en la medida en que el uso intensivo de los elementos comunes por el trasiego de los ocupantes, que, dicho sea de paso, no es exclusivo de este tipo de actividad, sino de otras como despachos profesionales o locales abiertos al público»[477].

Y, en ese mismo sentido, se pronunciaron las SSTSJ (Sala de lo Civil y Penal, 1ª), núm. 33/2016, 19 mayo[478] y núm. 74/2018, 13 septiembre[479].

O la SAP Alicante (Sección 5ª) 12 marzo 2015, al mantener que:

> «debe partirse de la consideración de que los alquileres turísticos constituyen un régimen que, en principio, no vulnera la esencia del régimen comunitario, pues se trata de unos arrendamientos por corto espacio de tiempo cuya concertación entra dentro del poder de disposición del derecho de propiedad»[480].

La SAP Barcelona (Sección 13ª) 20 marzo 2018 —citando la STSJ 19 mayo 2016—, afirma que:

---

[476] SAP Barcelona (Sección 19ª), núm. 95/2015, 21 mayo (JUR 2015, 166000).

[477] STSJ Cataluña (Sala de lo Civil y Penal, 1ª), núm. 37/2017, 19 mayo (RJ 2016, 3653). La traducción es nuestra.

[478] RJ 2016, 2170.

[479] RJ 2018, 6125.

[480] SAP Alicante (Sección 5ª), núm. 72/2015, 12 marzo (AC 2015, 558). Manifestación realizada anteriormente por la SAP Alicante (Sección 5ª), núm. 430/2008, 24 octubre (JUR 2009, 25546).

> «no puede declarase "en abstracto" que la vivienda de uso turístico comporta una actividad no permitida e incompatible con la normal convivencia cuando se ubique en comunidades de viviendas de uso residencial sometidas a las reglas de la propiedad horizontal. [...] sino que es preciso entrar en el análisis de la concreta actividad llevada a cabo en el inmueble.»[481]

Ahora bien, los ruidos, fiestas, música a altas horas de la madrugada, olor a marihuana, mala utilización de las zonas comunes y la piscina, molestias y llamadas a timbres, etc. constituyen hechos que, sin duda, «van más allá de lo que puede considerarse una mera molestia o incomodidad y exceden de lo socialmente admisible, entendiendo por tal el mínimo respeto a la convivencia de los ocupantes del inmueble, y de la razonable tolerancia vecinal.»

Todas las resoluciones recogidas tienen un nexo común: la actividad probatoria, cualquiera que fuere su medio. Pero, en ocasiones, la prueba aportada consistirá, únicamente, en la testifical de todos o parte de los vecinos que destinan sus inmuebles a uso residencial o constituyen éstos su vivienda habitual. Y, al no existir una prohibición expresa en los estatutos, se ejercita la acción de cesación, como única vía para detener el uso turístico en la vivienda o en el edificio.

Es el caso, por ejemplo, de la SAP Barcelona (Sección 7ª) 11 marzo 2012, al declarar el destino turístico de varios inmuebles sometidos a régimen de propiedad horizontal como molesto por el testimonio de diversos testigos, en el que relataban incidentes tales como: trasiego de mucha gente, mal uso del ascensor y de la puerta de entrada, ruidos, jaleo por la noche, actuaciones incívicas, reparaciones frecuentes del ascensor como consecuencia de exceso de carga, vandalismo, robos, patadas en las puertas, botellas, preservativos, y restos de comida en los rellanos, etc[482].

O la SAP Valencia (Sección 7ª) 30 marzo 2011, que consideró el uso turístico una actividad molesta por entender que el mismo afecta a la convivencia normal y pacífica de la vida en la comunidad de propietarios. Y,

---

481 SAP Barcelona (Sección 13ª), núm. 202/2018, 20 marzo (AC 2018, 360).

482 SAP Barcelona (Sección 7ª), núm. 259/2010, 11 marzo (AC 2010, 367). Además, la resolución manifiesta que «no se trata de que un local o una vivienda cambien de destino, sino de la inserción de una explotación hotelera en una parte considerable de un edificio destinado mayoritariamente a un uso residencial privado, "uso excesivo" de las instalaciones comunes, para el que no está preparada la finca, y que no es sino el reflejo de una de las consecuencias ineludibles de la explotación industrial».

concluye, que «tal actividad causa a los vecinos de la finca molestias de tal entidad que no vienen obligados a soportar al superar las normales que derivan de una relación de vecindad.»

La Resolución pone de manifiesto que, a pesar de que:

> «ningún testigo pueda precisar fechas ni identificar autores, sí que adveran la existencia constante de molestias y daños en el sentido expuesto y que, en todo caso, son inherentes al constante trasiego de gente que implica el alquiler de apartamentos, como los también inherentes mayores ruidos, suciedad, falta de cuidados de elementos comunes frente a los que prestan sus copropietarios por ser tales, e incluso inseguridad de éstos por el reparto de llaves de acceso a ellos, entre gran cantidad de desconocidos.»[483]

Fundamenta el carácter molesto del uso turístico de determinados inmuebles en la testifical de varios propietarios la ya citada STSJ Cataluña (Sala de lo Civil y Penal, 1ª) 20 febrero 2012. Alegando éstos el trasiego de mucha gente, mal uso del ascensor, jaleos por la noche, vandalismo, actividades incívicas, robos, etc[484].

Si la prueba se constituye, exclusivamente, en la versión del resto de vecinos, que pueden estar presididas por razones de interés, el Tribunal debería exigirles a éstos una mínima especificación o concreción de unos u otros hechos y en qué medida resultan afectados por tales acontecimientos. Es decir, lo mejor fundada posible, aportando razones objetivas para fallar a su favor y teniendo en cuenta todas las circunstancias para emitir un dictamen equitativo. O, como indica la STS (1ª) 23 noviembre 1993, la constatación de una «nítida demostración en tal sentido, justificativa de que tales actividades [...] sobrepasan los límites normales de la tolerancia a que obligan las normas de convivencia social.»[485]

Por ejemplo, como sucedió en la SAP Barcelona (Sección 1ª) 3 febrero 2017, en la que se aportaron fotografía de los usuarios de las viviendas de uso turístico, en las que se podía observar restos de basura en la zona de la piscina, preservativos, a personas durmiendo con colchones junto a la piscina, botellas y latas en abundancia esparcidas por el suelo, etc[486]. O la SAP Valencia (Sección 11ª) 20 noviembre 2018, en la que se proporcionaron

---

483 SAP Valencia (Sección 7ª), núm. 174/2011, 30 marzo (JUR 2011, 216182).

484 RJ 2012, 10019.

485 RJ 1995, 8898.

486 SAP Barcelona (Sección 1ª), núm. 34/2017, 3 febrero (JUR 2017, 224786).

diversas denuncias ante la Policía Local, ante la Generalitat, burofax, etc. para acreditar los hechos[487].

En cuanto a la doctrina, para CERDEIRA BRAVO DE MANSILLA los alquileres de viviendas de uso turístico, como cualquier otra actividad profesional o empresarial, no son, de suyo o por sí mismas, una actividad molesta[488].

En sentido parecido se pronuncia MURGA FERNÁNDEZ. El autor, a pesar de manifestar que esta modalidad de alojamiento puede considerarse, en la generalidad de los casos, constitutiva de una actividad molesta, «en la medida que trae consigo un uso excesivo y, por ello, abusivo de los elementos comunes por parte de los sucesivos clientes, quienes con ello superan los límites de la normal razonabilidad o tolerancia», finaliza diciendo que el carácter molesto no puede determinarse de forma apriorística[489]. E, igualmente, RODRÍGUEZ DE ALMEIDA[490].

Parece ir en contra de la tesis anterior CABEZUELO ARENAS, quien empieza diciendo que, por más que nuestros Tribunales se resistan a la hora de otorgarle *a priori* ese calificativo, el arrendamiento turístico «es una actividad potencialmente molesta»[491].

Por nuestra parte, entendemos que los propietarios son libres de decidir el destino de sus inmuebles. Salvo que la comunidad de propietarios establezca limitaciones o restricciones en cuanto a los posibles usos. Si la actividad es molesta —a pesar de estar permitida o no prohibida expresamente—, deberá ser objeto de cumplida prueba. En ningún caso, el uso continuo de un elemento común deberá ser considerado abusivo o anor-

---

487 SAP Valencia (Sección 11ª), núm. 473/2018, 20 noviembre (JUR 2019, 39953).

488 CERDEIRA BRAVO DE MANSILLA, Guillermo, «Pisos turísticos y...», *op. cit.*, p. 54, si bien, afirma que la existencia de pisos turísticos dentro de las comunidades de vecinos constituye una de las cuestiones más polémicas sobre la materia.

489 MURGA FERNÁNDEZ, Juan Pablo, «Viviendas turísticas y comunidades de propietarios: *status quaestionis* y posibilidades de actuación a la luz del nuevo artículo 17.12 de la Ley de Propiedad Horizontal», *Revista Crítica de Derecho Inmobiliario* (2019), n.º 775, pp. 2221 a 2276, p. 2240.

490 RODRÍGUEZ DE ALMEIDA, María Goñi, «El alquiler vacacional como actividad molesta en la Comunidad de propietarios», *Revista Crítica de Derecho Inmobiliario* (2018), n.º 765, pp. 496 a 512, p. 502.

491 CABEZUELO ARENAS, Ana Laura, «Edificios sometidos a propiedad horizontal y arriendo turístico de pisos: tres vías de prevención y/o defensa de la Comunidad frente a una actividad potencialmente molesta», *Revista Aranzadi Doctrinal* (2018), núm. 5, p. 2.

mal y, por tanto, molesto, si no va acompañado de un mal uso de la cosa. Al menos no más que cualquier uso que podría conllevar el ejercicio de cualquier otra actividad.

2.4.2. Las prohibiciones expresas en los estatutos

Las prohibiciones expresas en los estatutos, en especial, cuando vayan referidas al uso turístico, en términos generales, *a priori*, no deben presentar mayores complicaciones.

Si un uso está prohibido de forma expresa, o limitado o condicionado en los estatutos, en caso de llevarse a cabo, o de no observarse lo exigido en los estatutos, podrá acudirse a la acción de cesación, según lo dispuesto en el art. 7.2 LPH.

2.5. Viviendas de uso turístico y cláusulas estatutarias: su interpretación restrictiva

Recientemente, el Tribunal Supremo ha dictado una serie de sentencias que reiteran la doctrina apuntada *supra*, por cuanto, para que las cláusulas que delimiten el contenido del derecho de propiedad sean eficaces, es necesario que consten de manera expresa, a través de una estipulación clara y precisa. Y, en caso de duda, interpretarse de forma restrictiva.

No obstante, dichas resoluciones puede que encierren un posible viraje —poco deseable—, en la doctrina mantenida hasta el momento en relación con la interpretación restrictiva de las cláusulas estatutarias que delimitan el contenido del derecho de propiedad en los edificios sometidos a régimen de propiedad horizontal. Y, en relación con un ámbito muy específico, como son las viviendas de uso turístico.

En la STS 29 noviembre 2023, se plantea si el uso o destino turístico queda comprendido dentro de la cláusula estatutaria, cuyo tenor es el siguiente: «Queda terminantemente prohibido la realización de actividad económica alguna en las viviendas (oficina, despacho, consulta, clínica, etc.) [...].»

Podemos adelantar que, efectivamente, el Tribunal Supremo consideró que el uso o destino turístico quedaba comprendido dentro del supuesto de hecho contemplando en la cláusula y, por tanto, prohibido en el edificio, al suponer las viviendas de uso turístico, dice el Tribunal

> «una actividad económica, equiparable a las actividades económicas que a título ejemplificativo se enumeran en la Norma Quinta de los Estatutos, caracterizadas todas ellas por ser usos distintos del de vivienda y en los que concurre un componente comercial, profesional o empresarial»[492].

Lo primero que hay que objetar de la afirmación anterior, es que las viviendas de uso turístico no pueden considerarse, de plano, una actividad económica[493]. Sino que ello dependerá de lo previsto, en primer lugar, en la normativa sectorial y, en segundo lugar, del sujeto que lleve a cabo la comercialización y explotación de estas viviendas.

Pero, si hay un aspecto en el que debemos detener nuestra atención, es en sí la interpretación llevada a cabo por el Alto Tribunal de la cláusula estatutaria en cuestión es acorde con su doctrina jurisprudencial, por cuanto, —repetimos—, las cláusulas que delimitan el contenido del derecho de propiedad deben constar de forma expresa, precisa, clara e interpretarse de forma restrictiva.

Si prestamos atención a la cláusula, ésta contiene lo que podríamos denominar una limitación o prohibición genérica: «Queda terminantemente prohibido la realización de actividad económica alguna en las viviendas». Ahora bien, tras dicha previsión genérica, la cláusula abre paréntesis, y se refiere, específicamente, a una a serie de usos que, éstos sí, de forma clara, precisa y expresa quedan prohibidos en el edificio. A saber: «oficina, des-

---

[492] Reitera esta doctrina la STS 24 enero 2024 (JUR 2024, 31833). La cláusula en cuestión prevé: «a) Viviendas. Las viviendas se consideran como residencias familiares exclusivamente y en consecuencia no podrá desarrollarse en ellas, por sus propietarios, familiares o inquilinos o terceras personas, ninguna actividad profesional, comercial o industrial o cualquier otro uso no mencionado expresamente que altere el principio de "residencia familiar". [...].»

[493] *Vid.* CERDEIRA BRAVO DE MANSILLA, Guillermo, «Prohibición estatutaria de pisos turísticos en comunidades de vecinos: ¿por ser una actividad económica o potencialmente molesta y abusiva? (Comentario a las SSTS de 27 y 29 de noviembre de 2023)», *Actualidad civil* (2024), N.º 2, para un análisis de la jurisprudencia menor en relación con las viviendas de uso turístico y su consideración, o no, como una actividad económica. Además, el autor secunda la jurisprudencia sentada por el Tribunal Supremo en las resoluciones de 27 y 29 de noviembre de 2023 que consideran las viviendas de uso turístico una actividad económica, pero, precisa que, «son la potencial molestia vecinal y el uso abusivo de los elementos comunes que conlleva aquel alquiler lo que legitima aquella prohibición, como expresión de la función social que pide limitar el ejercicio de la propiedad privada y de la libertad de empresa» (p. 1).

pacho, consulta y clínica», y finaliza con la expresión «etcétera», y cerrando el paréntesis.

Como puede apreciarse, el uso o destino turístico no aparece mencionado expresamente. No obstante, el Tribunal Supremo, como hemos indicado, considera dicho uso proscrito en el edificio, puesto que dicho uso se equipara a las actividades que a título ejemplificativo se enumeran en la cláusula.

Pues bien, si resulta que el listado que ofrece la cláusula es ejemplificativo y, por ende, no exhaustivo, de usos prohibidos o potencialmente a cesar en caso de llevarse a cabo, ello entendemos que puede topar, directamente, con la doctrina mantenida hasta el momento por el Tribunal Supremo. Ofrecer un listado a «título ejemplificativo», no casa bien con el hecho de que las limitaciones al contenido del derecho de propiedad deban constar de manera expresa, clara y precisa y, en caso de duda, interpretarse de forma restrictiva.

Además, téngase en cuenta que, para que dichas cláusulas sean oponibles frente a terceros deben estar inscritas en el Registro de la Propiedad. Y un tercero que pretenda adquirir un inmueble situado en esa concreta comunidad de propietarios no tendrá conocimiento, a ciencia cierta, de qué usos o destinos están prohibidos en el edificio, incluido el uso turístico. Cosa que no sucedería si la cláusula fuera clara y precisa.

Por tanto, debería llevarse a cabo una interpretación restrictiva de la misma, al contener un listado ejemplificativo y no exhaustivo de usos prohibidos, ya que, de lo contario, se estaría permitiendo a la comunidad de propietarios, a partir de una cláusula redactada de forma tan amplia y flexible, ejercer un poder soberano, permitiendo, prohibiendo o cesando unos determinados usos o destinos de forma casuística, según su conveniencia. Hecho que, a nuestro modo de ver, puede contravenir la doctrina expuesta en la materia.

La segunda resolución es la STS 29 enero 2024. La cláusula objeto de controversia es la que sigue: «los pisos deberán destinarse a vivienda u oficio de profesiones liberales o industriales ya establecidas. En ningún caso podrán dedicarse los pisos a colegio, fonda, pensión, clínica para hospitalización de enfermos de cualquier clase y a fines vedados por la moral o la Ley, a industria o depósitos que atenten a la comodidad o higiene de los demás condueños o a la seguridad o integridad de la finca.»

De nuevo, las viviendas de uso turístico no aparecen, de forma expresa, como actividad prohibida en el edificio. No obstante, el Tribunal Supremo afirma que:

> «la inclusión de la actividad turística es perfectamente coherente con su letra y espíritu, ya que es claro que la contraposición entre la vivienda y la pensión como destinos de los pisos debido y prohibido, respectivamente, refleja una diferencia de fines expresiva de la voluntad comunitaria de que aquellos se dediquen a la residencia habitual o permanente de personas y no al simple hospedaje o alojamiento mediante la ocasional estancia de estas a cambio de precio».

Por ello, declara que las viviendas de uso turístico constituyen una actividad prohibida por los estatutos de la comunidad.

No existe una cláusula clara y precisa que vete, no el destino turístico, sino las viviendas de uso turístico en la comunidad, como modalidad de alojamiento diferenciada del resto, y que goza de una regulación específica a día de hoy. Por tanto, la resolución podría encerrar una interpretación extensiva de la cláusula, abarcando supuestos de hecho que no aparecen expresamente proscritos.

Y, finalmente, encontramos la STS 30 enero 2024. En este caso, la norma estatutaria establece que está prohibido «Cambiar el uso de la vivienda por otro distinto de su habitual y permanente, transformándola en local comercial o industrial, ni destinarla, ni aún en parte, a colegios, academias, hospederías, depósitos, agencias, talleres ni a fines vedados por la moral o por Ley.»

El Tribunal Supremo recoge los argumentos vertidos por las sentencias recaídas en primera y segunda instancia, y considera que el uso o destino turístico, a pesar no estar expresamente mencionadas las viviendas de uso turístico, entra dentro del supuesto de hecho prohibido por la cláusula estatutaria, al aludir ésta a «hospedería»:

> «[...] el art. 9.1 de los estatutos veda el destino de las viviendas al uso turístico, mediante la utilización de un persuasivo conjunto argumental, conforme al cual la prohibición estatutaria del destino a "hospedería" proscribe la actividad desempeñada por la sociedad demandada; puesto que si hospedería, según la RAE, es una "casa destinada al alojamiento de visitantes o viandantes, establecida por personas particulares, institutos o empresas", dentro de su contenido semántico tendría cabida la actividad de la demandada por la existencia de identidad de razón.»

Alega, además, el Tribunal, que la interpretación anterior no es errónea:

> «cuando el propio Decreto 101/2018, de 3 de julio, del País Vasco, con referencia a la Ley 13/2016, de 28 de julio, de Turismo, de dicha Comunidad Autónoma, anuncia, como una de las novedades en la ordenación del sector, la regulación del alojamiento en viviendas particulares, y configura a las viviendas y las habitaciones de viviendas particulares para uso turístico como empresas turísticas de alojamiento.»

Si acudimos a la Ley 13/2016, de 28 de julio, de Turismo del País Vasco, veremos que define en su art. 52.1 las «hospederías» como «aquellos establecimientos que formando parte de un santuario, convento o monasterio destinan algunas de sus dependencias al servicio de alojamiento al público en general.» Perfectamente, el Tribunal Supremo podría haber acudido a la definición específica de «hospedería» que recoge la normativa sectorial turística, y no a la definición genérica que prevé la RAE.

De la definición anterior se desprende que, la definición ofrecida por el Tribunal Supremo de la modalidad de alojamiento que constituye la «hospedería», se aleja mucho de la definición dada por el legislador autonómico.

Y, más aún, «hospedería» y «vivienda para uso turístico» aparecen en la Ley mencionada como dos tipologías de alojamiento diferenciadas. De acuerdo con su art. 53, «Son viviendas de uso turístico las viviendas, cualquiera que sea su tipología, que se ofrezcan o comercialicen como alojamiento por motivos turísticos o vacacionales, siendo cedidas temporalmente por la persona propietaria, explotadora o gestora y comercializadas directamente por ella misma o indirectamente, a terceros, de forma reiterada o habitual y a cambio de contraprestación económica, en condiciones de inmediata disponibilidad.»

Por todo ello, creemos que el Tribunal hace una interpretación extensiva de la cláusula en cuestión al incluir las viviendas de uso turístico en el seno de su prohibición. No todas las modalidades de alojamiento son iguales. Cada una viene determinada y caracterizada por unas notas definitorias. La referencia en una cláusula estatutaria adoptada por una comunidad de propietarios de alguna de las modalidades de alojamiento que regula el legislador en la Comunidad Autónoma en la que está sito el inmueble no debe englobar al resto de modalidades, ya que ello va en contra de la doctrina por cuanto han de interpretarse de manera restrictiva las normas que delimitan el contenido del derecho de propiedad.

El Tribunal Supremo tiene —o tenía—, un cuerpo sólido de doctrina, por cuanto las cláusulas que delimiten el contenido del derecho de propiedad en los edificios sometidos a régimen de propiedad horizontal han de constar de manera expresa, ya sea en el título constitutivo o en los estatutos, y ser claras y precisas. Y, en caso de duda, interpretarse de forma restrictiva. Por tanto, las limitaciones no pueden deducirse. Y, si existen, interpretarse de modo extensivo. Con ello, se refuerza la salvaguarda de la esfera de poder que otorga a su titular el derecho de propiedad.

Las resoluciones abordadas anteriormente, ponen de relieve la problemática práctica que dicho uso puede generar en el devenir de la vida en comunidad y lo relevante que resulta la interpretación del contenido de las cláusulas. Y, además, por cuanto aquí interesa, puede que encierren un viraje en la doctrina mantenida hasta el momento.

Téngase en cuenta que las viviendas de uso turístico gozan de una regulación específica, tanto a nivel estatal, como a nivel autonómico. Y, más aún, a nivel estatal, en sede de propiedad horizontal, cobra una especial importancia el art. 17.12 LPH, puesto que este precepto establece un régimen particular para adoptar un acuerdo estatutario por el que se «limite» o «condicione» la modalidad de alojamiento de las viviendas de uso turístico: tres quintas partes del total de los propietarios que, a su vez, representen las tres quintas partes de las cuotas de participación. En cambio, para «prohibir» las viviendas de uso turístico o limitar cualquier otra modalidad de alojamiento —diferente del de las viviendas de uso turístico— deberemos acudir al art. 17.6 LPH, y adoptarse los concretos acuerdos por unanimidad de propietarios y cuotas. Por este motivo, se hace más acuciante que nunca que las viviendas de uso turístico, si quieren ordenarse por parte de la comunidad de propietarios, consten de manera singular en la cláusula estatutaria, como modalidad de alojamiento expresamente regulada, independiente y diferenciada.

3. MARCO JURÍDICO ACTUAL DE LAS VIVIENDAS DE USO TURÍSTICO SOMETIDAS A RÉGIMEN DE PROPIEDAD HORIZONTAL

La aprobación del Real Decreto-ley 7/2019, y su posterior convalidación por el Congreso de los Diputados, supuso un cambio radical en el panorama de las viviendas de uso turístico sometidas a régimen de propiedad horizontal.

El art. 2.3, del Real Decreto-ley 7/2019, introdujo el apartado duodécimo en el art. 17 LPH.

Si prestamos atención al Preámbulo del Real Decreto-ley 7/2019, se identifica como presupuesto de hecho habilitante de extraordinaria y urgente necesidad[494], y que, por tanto, justificarían la inclusión del apartado anterior, entre otros aspectos, el incremento de los precios del mercado de la vivienda.

Se pone de manifiesto que, dicho aumento, ha sido particularmente intenso en entornos territoriales de fuerte dinámica inmobiliaria, caracterizada por una mayor actividad turística, desarrollada sobre el parque de viviendas existentes. Y, entre las provincias en las que los precios de la vivienda se han incrementado destaca: Madrid, Barcelona, Las Palmas, Baleares, Málaga y Santa Cruz de Tenerife.

Y, apunta, como factor explicativo de este incremento, el fenómeno de las viviendas de uso turístico a través de plataformas p2p[495].

3.1. La consecuencia inmediata del art. 17.12 LPH

La consecuencia inmediata, y más importante, de la introducción del art. 17.12 LPH es la quiebra del régimen de mayorías anteriormente exigido para modificar el título constitutivo o los estatutos de la comunidad. Siempre y cuando el acuerdo vaya referido a la actividad prevista en el art. 5, letra e), LAU. Es decir, destinar el inmueble a vivienda de uso turístico.

---

494 *Vid.* SALAS, Javier, *Los Decretos-leyes en la Constitución Española de 1978,* Civitas, Madrid, 1979.

495 El resto de los presupuestos habilitantes, y no por ello menos importantes, vendrían constituidos por: la grave situación de vulnerabilidad económica y social de un gran número de familias y hogares para afrontar los pagos de una vivienda en el mercado. En relación con este extremo, el propio Preámbulo ofrece el siguiente dato: según la Oficina Europea de Estadística (Eurostat), en el año 2017, más del 42 % de los hogares españoles destinaban más del 40 % de sus ingresos al pago del alquiler. En el año 2019 —último período del que constan datos—, un 26,2 % de la población española gastó más del 50 % de sus ingresos al pago del alquiler [Ver gráfico 5 «Porcentaje de población con una carga del coste de la vivienda superior al 50 % de la renta disponible: https://ec.europa.eu/eurostat/statistics-explained/index.php?title=Living_conditions_in_Europe_-_housing&action=statexpseat&lang=es#Asequibilidad_de_la_vivienda.] Asimismo, la escasez del parque de vivienda social que, según datos del propio Preámbulo, en España, esta modalidad ofrece cobertura a menos del 2,5 % de los hogares. Y, también, la situación de especial vulnerabilidad que viven las familias y hogares españoles, después de años de profunda crisis económica, y las deficiencias en materia de accesibilidad que sufren las personas con discapacidad y movilidad reducida.

Inicialmente, la LPH no exigía un quórum determinado para limitar, condicionar, o prohibir un uso, un destino o una actividad específica, en el seno de un inmueble sometido a régimen de propiedad horizontal.

Sabemos que, conforme al párrafo primero, del art. 7.2 *in fine* LPH, no están permitidas las actividades que contravengan las disposiciones generales sobre actividades molestas, insalubres, nocivas, peligrosas o ilícitas. Pero tampoco lo están, además de aquellas que resulten dañosas para la finca, las que estén prohibidas en los estatutos, o en el título constitutivo.

Si se quería adoptar un acuerdo, o cláusula, mediante el cual se prohibiese el uso para alojamiento turístico en el edificio, los comuneros debían acudir a la regla general contenida en el numeral 6.º, del art. 17 LPH. Dicho precepto prevé que: «Los acuerdos no regulados expresamente en este artículo, que impliquen la aprobación o modificación de las reglas contenidas en el título constitutivo de la propiedad horizontal o en los estatutos de la comunidad, requerirán para su validez la unanimidad del total de los propietarios que, a su vez, representen el total de las cuotas de participación.»

De modo que, al suponer dicho acuerdo una modificación del título constitutivo o de los estatutos, éste debía ser adoptado por unanimidad de propietarios y cuotas.

La exigencia de unanimidad creemos que es adecuada con el espíritu que predica la LPH. Según su Exposición de Motivos, «Los derechos de disfrute tienden a atribuir las máximas posibilidades de utilización».

Por tanto, el requisito de la unanimidad, a la hora de limitar o restringir un determinado uso o destino, garantiza el máximo ejercicio del derecho a la propiedad privada por parte de los comuneros. Y, además, ello no obsta para que los condueños, en caso de que dicho uso o destino sea molesto, ejerciten la correspondiente acción de cesación.

Como bien apunta DE CASTRO VÍTORES, la necesidad de acuerdo unánime para determinadas decisiones sirve de cauce protector del derecho y del valor atribuido al titular del inmueble, del ámbito de su libertad y poder real. La unanimidad, como aspecto defensivo permite al propietario oponerse a iniciativas y decisiones, también colectivas, que intentarán privarle de lo que es suyo[496].

---

[496] DE CASTRO VÍTORES, Germán, *op. cit.*, p. 582.

Hemos visto que, tanto la jurisprudencia como la doctrina, admiten la posibilidad de limitar, condicionar o prohibir determinados usos en el edificio. Ahora bien, las cláusulas que prevean tal restricción, al delimitar el contenido del derecho de propiedad de los comuneros, deberán constar de forma expresa, clara y precisa. En caso contrario, tales cláusulas se interpretarán de forma restrictiva, permitiendo el uso por parte de los propietarios en que tengan más interés.

Actualmente, si la comunidad de propietarios quiere limitar o condicionar la actividad concreta que las viviendas se destinen a alojamiento turístico, y a pesar de suponer ello una modificación del título constitutivo o de los estatutos, será suficiente el acuerdo adoptado en ese sentido por mayoría cualificada. Es decir, tres quintas partes de propietarios que, a su vez, representen las tres quintas partes de las cuotas de participación.

3.2. El fundamento del art. 17.12 LPH

La razón de ser del contenido del art. 17.12 LPH creemos que puede fundamentarse en varios motivos.

En primer lugar, en el aumento de la comercialización de estancias turísticas en viviendas.

Es demostrativo de esta causa el Preámbulo del Decreto 28/2016, de Andalucía. En él puede leerse que «Este aumento se vincula a las nuevas formas de viajar, el deseo de las personas turistas de tener una relación más directa con las personas residentes del destino que eligen, la irrupción de las nuevas y rápidas formas de comercialización, directas y sin intermediarios, en especial numerosos portales de Internet, la oferta en este canal es muy amplia».

Efectivamente, Internet ha abierto de forma extraordinaria el abanico de posibilidades a los turistas para elegir el alojamiento que más se adecúe a sus intereses. Ahora bien, en ningún caso las nuevas tecnologías han impuesto una determinada modalidad de alojamiento sobre otra. Simplemente, se ha otorgado al alojamiento turístico en viviendas la posibilidad de concurrir de forma muy competitiva con el resto de las tipologías «alojativas» tradicionales.

Puede que algunas viviendas estén dando cobertura a situaciones de intrusismo y competencia desleal, como arguye el Preámbulo de la Ley 4/2013. Sin embargo, muchas otras cumplirán con los minuciosos requisitos exigidos por las diferentes normas sectoriales autonómicas. En cuyo caso las viviendas de uso turístico constituirán una modalidad de alojamiento legal y válida para aquellos turistas que lo consideren más oportuno.

Estrechamente unido al anterior, en segundo lugar, podemos mencionar el hecho de que las viviendas situadas en edificios plurifamiliares superan a las unifamiliares. Las primeras representan la principal modalidad de propiedad urbana, por lo que, consecuentemente, será normal que la comercialización de estancias turísticas en viviendas tenga mayor repercusión en las viviendas plurifamiliares, que en la unifamiliares.

En tercer lugar, podemos señalar la consideración apriorística de esta modalidad de alojamiento como molesta o perjudicial, en términos generales.

Obsérvese en este sentido el contenido de la Exposición de Motivos de la Ley 6/2017, de las Islas Baleares. En ella se alude a «los grandes perjuicios ya detectados que hace este tipo de oferta ilegal a la población en general de las Islas Baleares, dado que provoca falta de oferta de inmuebles destinados a satisfacer las necesidades permanentes de vivienda, lo cual es especialmente sensible en determinados núcleos del archipiélago». Por este motivo, el legislador balear, a través de la Ley 3/2024, de 3 de mayo, de medidas urgentes en materia de vivienda, modificó el art. 128.1, de la Ley 8/2012, e introdujo en su letra b, como medida provisional, y en relación con las viviendas de uso turístico fraudulentas, su posible clausura temporal. Medida interesante a la hora de aliviar las tensiones en el mercado de acceso a la vivienda que pueden generar las viviendas de uso turístico, principalmente, las fraudulentas. Ahora bien, creemos que esta medida provisional requiere de alguna precisión. Por ejemplo: ¿cómo será la clausura: inmediata o, en caso de existir un contrato de arrendamiento de vivienda de uso turístico podrá esperarse a la finalización de dicho contrato? Puesto que, si es inmediata ¿qué sucede con el turista que de buena fe contrató la vivienda de uso turístico pensando que tenía licencia? Además, se refiere al posible fraude fiscal, a las alteraciones del orden público y a la convivencia.

En cuarto lugar, como predica el Preámbulo del Real Decreto-ley 7/2019, por su posible incidencia en el aumento de los precios del mercado de la vivienda.

Puede que la comercialización de estancias turísticas en viviendas repercuta en el precio del alquiler. Ahora bien, no debe perderse de vista que los propietarios, en el ejercicio de su derecho de propiedad, tienen la potestad de elegir el destino que quieran dar a sus inmuebles. Siendo perfectamente licito destinarlo a un uso turístico.

La mención expresa al incremento de los precios en el mercado de la vivienda y en el alquiler, topa directamente con el siguiente dato, también extraído del propio Preámbulo del Real Decreto-ley 7/2019: «la escasez del parque de vivienda social, que en España ofrece cobertura a menos del 2,5 % de los hogares, una cifra que contrasta con los porcentajes sensiblemente superiores al 15 % registrados en algunos de los principales países de nuestro entorno, como Francia, Reino Unido, Suecia, Países Bajos, Austria o Dinamarca.»[497]

E, igualmente, es trascendental el arrastre de los efectos derivados de la crisis económica mundial.

Y, finalmente, uno muy importante, la imposibilidad de limitar o restringir el destino turístico en el edificio si en ese momento existía un propietario que quería destinar —o ya lo hacía— su vivienda a ese uso[498].

---

[497] Justifican estos datos en «la orientación, durante décadas y casi en exclusiva, de las políticas públicas hacia modelos de vivienda protegida en régimen de propiedad.» Y, llegan a la conclusión de que, ante este escenario «es urgente revertir esta dinámica y eliminar determinadas barreras normativas y de financiación que dificultan el desarrollo de promociones de vivienda en alquiler social por parte de las distintas Administraciones Públicas, con objeto de dotar al conjunto de la sociedad de un instrumento al servicio del cumplimiento efectivo del derecho constitucional a la vivienda, que es especialmente necesario para aquellas personas y hogares que tienen más dificultades para acceder al mercado por sus escasos medios económicos.»

[498] En ese sentido, *Vid.* Román Márquez, Alejandro, «Las viviendas particulares...», *op. cit.*, p. 17: «lo que en la práctica, limitar esta posibilidad una vez que existen viviendas en uso turístico resulta inviable»; Fuentes Lojo-Rius, Alejandro, «Últimas novedades sobre acuerdos comunitarios prohibitivos de viviendas de uso turístico y de otras modalidades de alojamiento turístico: comentarios a la RDGSJFP de 16 de junio de 2020», *Revista Crítica de Derecho Inmobiliario* (2021), n.º 783, pp. 536 a 554, p. 537: «La finalidad de la reforma legal es clara, rebajar el excesivo quórum de la unanimidad que prevé el artículo 17.6 LPH para la modificación del título constitutivo o de los estatutos [...] si bien las comunidades de propietarios ya ostentaban dicha facultad prohibitiva, la misma era inoperante en la práctica dado que el requisito de la unanimidad se convertía en un derecho de veto del comunero que quería explotar su vivienda para uso turístico.» Del mismo autor, *Vid.* «La regulación del negocio de los pisos turísticos en las comunidades de propietarios», *Diario La Ley* (2018), n.º 9234. En ese mismo sentido, Bethencourt Rodríguez, Geraldine, «La comunidad de propietarios ante el fenómeno del alquiler vacacional», *Revista Crítica de Derecho Inmobiliario* (2019), n.º 776, pp. 3040 a 3060.

3.3. Ámbito de aplicación del art. 17.12 LPH

La Ley 49/1960 nació con vocación de unidad y generalidad. En su Exposición de Motivos puede leerse que «La Ley representa, más que una reforma legal vigente, la ordenación "ex novo", de manera completa de la propiedad por pisos.»

Mientras, por una parte, «La Ley brinda una regulación que, por un lado, es suficiente por sí». Por otra, dicha normación «Se lleva a cabo mediante una ley de carácter general, en el sentido de ser de aplicación a todo el territorio nacional.» Extremo, este último, respaldado por la Disposición Transitoria primera de la LPH, que somete a su ámbito de aplicación a «todas las comunidades de propietarios, cualquiera que sea el momento en que fueron creadas y el contenido de sus estatutos.»

Por lo tanto, en un principio, la totalidad de las disposiciones previstas en la LPH regían en cualquier edificio sometido a régimen de propiedad horizontal, con independencia del lugar en que estuviera situado.

No obstante, este panorama se vio alterado. Alteración iniciada en la Comunidad Autónoma de Cataluña, quien, con fundamento en su competencia en Derecho civil propio, ordenó de forma completa e integral la propiedad especial que constituye la propiedad horizontal. Para ello dictó la Ley 5/2006, de 10 de mayo, del Libro Quinto del Código civil de Cataluña, relativo a los derechos reales[499]. Por lo que, en dicho territorio no serán de aplicación las previsiones de la LPH.

---

[499] La regulación recogida en la Ley 5/2006, de 10 de mayo, fue ampliamente criticada por GÓMEZ DE LA ESCALERA, Carlos, *Las competencias legislativas en materia de Derecho civil (art. 149.1.8.ª CE). El caso de la propiedad horizontal*, Iustel, Madrid, 2007. El autor la considera contraria al reparto competencial previsto en la Constitución por los siguientes motivos: «En primer lugar, porque [...] la regulación de la propiedad horizontal, en cuanto *institución civil* normada en una legislación estatal de *aplicación general* en toda España, es una materia propia de la "*legislación civil*" del Estado (art. 149.1.8.ª CE) *ajena* a los Derechos forales o especiales. [...] Y, en segundo lugar, porque la inconstitucionalidad de la referida Ley 5/2006, de 10 de mayo, del Parlamento Catalán, al regular una materia para la que no tenía competencia legislativa, no se salva por el hecho de que gran parte de la regulación material introducida por dicha Ley autonómica se limite a reproducir los contenidos normativos ya incluidos en la legislación estatal sobre propiedad horizontal, ya que esta técnica legislativa, conforme a la doctrina constitucional de las *leges repetitae* [...] resulta censurable constitucionalmente.» (p. 311). También señaló la dudosa constitucionalidad de la Ley 5/2006, de 10 de mayo, CABANAS TREJO, Ricardo, «Constitución, Autonomía, Derecho privado y razón —o sinra-

3.3.1. Las viviendas de uso turístico sometidas a régimen de propiedad horizontal en Cataluña

En la Ley 5/2006, de 10 de mayo, del Libro Quinto del Código civil de Cataluña, relativo a los derechos reales, en su Título V («De las situaciones de comunidad»), Capítulo III, se recoge el régimen jurídico de la propiedad horizontal[500].

Similar al art. 396 CC y al art. 3 LPH, el art. 553-1.1 prevé que «El régimen de la propiedad horizontal implica, para los propietarios, el derecho de propiedad en exclusiva sobre los elementos privativos y en comunidad con los demás propietarios sobre los elementos comunes.» Y, acto seguido, apartándose del contenido del art. 2, b) LPH, manifiesta que «El régimen jurídico de la propiedad horizontal requiere el otorgamiento del título de constitución».

El art. 553-40.1, determina que «Los propietarios y los ocupantes no pueden hacer en los elementos privativos, ni en el resto del inmueble, actividades contrarias a la convivencia normal de la comunidad o que dañen o hagan peligrar el inmueble. Tampoco pueden llevar a cabo las actividades que los estatutos, la normativa urbanística o la ley excluyen o prohíben de forma expresa.»

Por tanto, en términos similares a los previstos en la Ley estatal (arts. 5 y 7 LPH), los comuneros, a través de los estatutos, pueden establecer limitaciones a su contenido del derecho de propiedad (arts. 553.11[501] y 554-

---

zón— política», *El Notario del siglo XXI* (2021), n.º 100, quien manifiesta que «En los treinta años que he pasado como notario en activo en Cataluña, he sido testigo de ese crecimiento exponencial de su Derecho especial, en términos que nunca han dejado de sorprenderme.» Y, continúa: «sigo sin ver qué conexión puede existir en materia de propiedad horizontal con el derecho catalán preexistente, sobre todo cuando el preámbulo de la Ley 5/2006, de 10 de mayo, reconoce que adopta, actualizándolo, el modelo de la Ley estatal de 1960».

500 Para un análisis de la institución en la Comunidad Autónoma, *Vid.* Garrido Melero, Martín, *La regulación de la propiedad horizontal y las situaciones de comunidad en Cataluña,* Bosch, Barcelona, 2008; o Del Pozo Carrascosa, Pedro; Vaquer Aloy, Antoni y Bosch Capdevilla, Esteve, *Derecho civil de Cataluña. Derechos reales,* Marcial Pons, Madrid, 2008, pp. 207 a 242.

501 Art. 553-11.1, a): «Los estatutos regulan los aspectos referentes al régimen jurídico real de la comunidad y pueden contener reglas sobre las siguientes cuestiones: a) El destino, uso y aprovechamiento de los elementos privativos y de los elementos comunes.»

40.1). E, igualmente, para que tales restricciones tengan eficacia *erga omnes*, deberán constar inscritas en el Registro de la Propiedad (art. 553-11.3).

Ahora bien, la normativa autonómica se aparta de la ley estatal en cuanto al quórum exigido para modificar el título constitutivo y los estatutos.

Si en la LPH la regla general, prevista en el art. 17.6, era la unanimidad y, la excepción, en relación con las viviendas de uso turístico, la mayoría cualificada, en la ley autonómica la cosa cambia.

Cabe destacar que ambas normas utilizan el vocablo «limitar», tanto el art. 17.12 LPH, como el art. 553-11.2, e): «Las que limitan las actividades que pueden realizarse en los elementos privativos.»

Con independencia del uso, destino o aprovechamiento que quiera limitarse, incluido el turístico, para la adopción de un acuerdo en ese sentido y que supondrá la modificación del título constitutivo o de los estatutos, conforme al art. 553-26.2, a), será necesario contar con el voto favorable de las cuatro quintas partes de los propietarios, que deben representar, a su vez, las cuatro quintas partes de las cuotas de participación.

Por lo tanto, todas aquellas comunidades de propietarios radicadas en Cataluña, si quieren adoptar un acuerdo por el que se limite el destino turístico, deberán hacerlo constar así, de forma clara y precisa, a través de un quórum legal de cuatro quintas partes de propietarios y cuotas[502].

3.3.2. Comunidades Autónomas que se remiten a la LPH

A) Andalucía

El art. 1.3, letra b), del Decreto 28/2016, de Andalucía, dispone que «Las viviendas ubicadas en inmuebles suyos títulos constitutivos o estatutos de la comunidad de propietarios contengan alguna prohibición expresa para la actividad de alojamiento turístico, de conformidad con lo establecido en la Ley 49/1960, de 21 de julio, sobre propiedad horizontal», no podrán ser viviendas de uso turístico.

---

502 Aunque más tarde volveremos sobre este extremo, en relación con las viviendas de uso turístico sometidas a régimen de propiedad horizontal en Cataluña *Vid.* ampliamente FUENTES-LOJO Rius, Alejandro y FUENTES-LOJO LASTRES, Alejandro, *op. cit.*, pp. 365 a 394.

B) Asturias

De conformidad con el art. 30.1, letra k), del Decreto 48/2016, de Asturias, la declaración responsable previa al inicio de la actividad, si la vivienda se ubica en un edificio sometido a régimen de propiedad horizontal, deberá contener «declaración de que los estatutos de la comunidad de propietarios no prohíben ese uso o, si existiera tal prohibición, declaración de existencia de autorización expresa por escrito de la misma.»

En este caso, se condiciona la obtención de la licencia al hecho de que en la comunidad de propietarios no exista una prohibición. Y, a pesar de existir, se podrá destinar la vivienda a uso turístico si se obtiene una autorización en ese sentido.

C) Canarias

Por su parte, el apartado 2.º, del art. 12, del Decreto 113/2015, de Canarias, prevé lo siguiente: «Cuando se trate de viviendas sometidas al régimen de propiedad horizontal, sólo podrán comercializarse como viviendas vacacionales aquellas en las que expresamente no se prohíba dicha actividad por los estatutos de la Comunidad de propietarios.»

En este caso, salvo que conste una prohibición expresa, y no, por tanto, una mera descripción del inmueble, los propietarios podrán destinar sus viviendas a uso turístico. Y, para adoptar un acuerdo en ese sentido, deberá estarse a lo contenido en la LPH.

D) Cantabria

En términos similares a lo que ocurre en Asturias, el Decreto 225/2019, de Cantabria, en su art. 5.1, letra d), exige que la declaración responsable de inicio de actividad incluya «En el caso de viviendas ubicadas en inmuebles sometidos al régimen de propiedad horizontal, declaración acerca de que los estatutos o acuerdos adoptados por la comunidad de propietarios no prohíben ni establecen restricciones del uso del inmueble al destino de la vivienda de uso turístico.»

De nuevo, la normativa cántabra no recoge el tenor del art. 17.12 LHP, sino que, simplemente, exige que en la comunidad de propietarios no exista un acuerdo limitativo o prohibitivo del uso turístico en el inmueble, adoptado según lo preceptuado en la LPH. Es decir, subordina la obtención de la correspondiente licencia a la ausencia de un acuerdo en ese sentido.

E) Galicia

Para el Decreto 12/2017, de Galicia, conforme a su art. 41.5, «El destino como vivienda de uso turístico no es posible si está prohibido por la ordenación del sector donde se encuentre, o está prohibida por los estatutos de la comunidad debidamente inscritos en el Registro de la propiedad, en edificios sometidos al régimen de propiedad horizontal.»

Así, en Galicia, para limitar o restringir el uso turístico en los edificios sometidos a régimen de propiedad horizontal, deberemos ajustarnos a lo previsto en la LPH. Y, de nuevo, estamos ante una condición para poder destinar la vivienda a dicha actividad.

F) Comunidad de Madrid

El Decreto 79/2014, de Madrid, nos remite de forma expresa a la Ley estatal.

Así lo recoge su art. 5, al prever que: «Los apartamentos turísticos y las viviendas de uso turístico deberán cumplir las normas sectoriales en la materia, concretamente las normas de seguridad, urbanismo, accesibilidad, sanidad, medio ambiente y propiedad horizontal.» Y, a continuación, en su art. 17.5, dice que: «Cuando se trate de viviendas de uso turístico sometidas al régimen de la Ley 49/1960, de 21 de julio, sobre propiedad horizontal, el destino de vivienda al uso turístico podrá limitarse o condicionarse en los términos establecidos en la referida ley.» Es decir, según lo previsto en el art. 17.12 LPH.

G) Región de Murcia

El Decreto n.º 256/2019, de la Región de Murcia, no nos remite de forma específica a la LPH, ni tiene un precepto que recoja el contenido del art. 17.12 LPH.

Sin embargo, en su Preámbulo puede leerse que: «Estas viviendas, bien cedidas en su totalidad o por habitaciones, se ubican, en la gran mayoría de los casos, en comunidades de propietarios reguladas por la Ley de Propiedad Horizontal y por sus propios estatutos, si los tienen. En los arts. 3.2

y 29.3 se hace mención a la obligación del cumplimiento, por los titulares de las viviendas o por los explotadores, de la normativa sectorial que sea de aplicación donde se encuadra la de propiedad horizontal y los estatutos o reglamento interno de la comunidad de propietarios. A estos efectos, cabe mencionar la modificación de la Ley 49/1960, de 21 de julio, sobre propiedad horizontal mediante el Real Decreto-ley 7/2019, de 1 de marzo.»

Por lo tanto, los edificios sometidos a régimen de propiedad horizontal sitos en la Región de Murcia, si quieren limitar o restringir el uso turístico en las viviendas que lo conforman, deberán seguir lo previsto en la LPH.

H) País Vasco

El Decreto 101/2018, del País Vasco, dispone en su art. 19 que, en los casos de viviendas constituidas en régimen de propiedad horizontal, la actividad de alojamiento en vivienda para uso turístico no podrá ejercerse si los estatutos o normas que regulen la comunidad de propietarios, debidamente inscritos en el Registro de la Propiedad, contienen una prohibición expresa al efecto. Acuerdo que deberá adoptarse según las prescripciones establecidas en la LPH.

I) La Rioja

El Decreto 10/2017, de La Rioja, tampoco contiende ninguna previsión en cuanto a las viviendas de uso turístico sometida a régimen de propiedad se refiere. Por ende, deberá estarse a lo dispuesto en la LPH.

3.3.3. Comunidad Autónoma de las Islas Baleares

Encontramos un supuesto que se aparta, parcialmente, del contenido previsto en la LPH —dejando al margen Cataluña, que tiene su propia normativa en la materia—. Nos referimos a las Islas Baleares.

A continuación, haremos una simple aproximación, puesto que el marco jurídico de las viviendas de uso turístico sometidas a régimen de propiedad horizontal en esta Comunidad Autónoma será analizado pormenorizadamente en un momento posterior.

De acuerdo con el art. 50.7 de la Ley 8/2012, de las Islas Baleares, si en la comunidad de propietarios el uso turístico no está permitido explícitamente, necesitamos un acuerdo que lo autorice. Dicho acuerdo podrá acordarse por mayoría simple de propietarios y cuotas. Ahora bien, la LPH no exige un acuerdo expreso para poder destinar las viviendas a uso turístico. Sino que, todo lo que no está prohibido, está permitido.

Si en el título constitutivo o en los estatutos está prohibido, para modificarse dicho acuerdo será necesario la unanimidad, conforme al art. 17.6 LPH. Y ese mismo quórum se exigirá si ya está permitido expresamente, y quiere modificarse la cláusula en cuestión.

El contenido del art. 50.7 fue introducido por la Ley 6/2017, de las Islas Baleares. En ese momento, aún no estaba vigente el actual art. 17.12 LPH. Por lo que, si se quería modificar el título constitutivo o los estatutos, se exigía unanimidad, como regla general. No obstante, recordemos que el apartado 12.º, del art. 17 LPH fue introducido a través del Real Decreto-ley 7/2019, y previó un quórum especial en caso de adopción de acuerdos por la junta de propietarios en relación con «limitar o condicionar» el uso turístico en las viviendas.

Todo ello provoca un desfase en el contenido del art. 50.7 de la Ley turística balear en relación con la LPH. Y, como estableció la STC 21 diciembre 2005, la repetición de una norma estatal por una norma autonómica, puede llevar a una situación de confusión normativa y conducir a la inconstitucionalidad derivada de la norma, «como ocurre en aquellos supuestos en los que el precepto reproducido pierde su vigencia o es modificado, manteniéndose vigente, sin embargo, el que lo reproducía.»[503]

3.4. El contenido del art. 17.12 LPH

Avanzamos que, la interpretación actual del art. 17.12 LPH por un sector de la doctrina, provoca una enorme inseguridad jurídica en un ámbito, de por sí, muy complejo.

En palabras del profesor De Castro, interpretar, en un sentido jurídico, consiste en «determinar por los signos externos el mandato contenido en la norma.»[504] Procedamos, entonces, a interpretar el art. 17.12 LPH[505].

---

503 STC (Pleno) núm. 341/2005, 21 diciembre (RTC 2005, 341).

504 De Castro y Bravo, Federico, *op. cit.*, p. 377.

505 Para facilitar nuestra tarea, pasamos a reproducir su tenor: «Los acuerdos de la Junta de propietarios se sujetarán a las siguientes reglas: [...] 12. El acuerdo por el que se limite o condicione el ejercicio de la actividad a que se refiere la letra e) del artículo 5 de la Ley 29/1994, de 24 de noviembre, de Arrendamientos Urba-

3.4.1. «Limitar o condicionar el ejercicio de la actividad»

Según la Real Academia Española, el término «limitar» se refiere a poner límites a algo; acortar, ceñir; fijar la extensión que pueden tener la autoridad o los derechos y facultades de alguien.

Y, por su parte, el vocablo «condicionar», alude a hacer depender algo de una condición; influir de manera importante en el comportamiento o en el desarrollo de algo.

Por lo que se refiere al significado de «actividad», podemos traer a colación lo expuesto a la hora de analizar el art. 7.2 LPH, que utiliza el mismo término. Por lo tanto, cuando el precepto se refiere a «actividades» no alude, exclusivamente, a actividades profesionales o mercantiles, sino que el término en cuestión debe interpretarse de forma amplia. Y, de este modo, ampara toda conducta, incluidas las personales de cualquier propietario u ocupante.

3.4.2. «La actividad a que se refiere la letra e) del artículo 5, de la Ley 29/1994, de 24 de noviembre, de Arrendamientos Urbanos»

El art. 5, letra e), LAU no fija de forma precisa a qué actividad se refiere. Obsérvese que nos señala únicamente una serie de presupuestos: «La cesión temporal de uso de la totalidad una vivienda amueblada y equipada en condiciones de uso inmediato, comercializada o promocionada en canales de oferta turística o por cualquier otro modo de comercialización o promoción, y realizada con finalidad lucrativa, cuando esté sometida a un régimen específico, derivado de su normativa sectorial turística.»

Aunque su contenido permite deducir a qué actividad se alude, es el Preámbulo de la Ley 4/2013, en el último párrafo del apartado II, el que lo deja claro: «el uso del alojamiento privado para el turismo.»

---

nos, en los términos establecidos en la normativa sectorial turística, suponga o no modificación del título constitutivo o de los estatutos, requerirá el voto favorable de las tres quintas partes del total de los propietarios que, a su vez, representen las tres quintas partes de las cuotas de participación. Asimismo, esta misma mayoría se requerirá para el acuerdo por el que se establezcan cuotas especiales de gastos o un incremento en la participación de los gastos comunes de la vivienda donde se realice dicha actividad, siempre que estas modificaciones no supongan un incremento superior al 20 %. Estos acuerdos no tendrán efectos retroactivos.»

La actividad a la que se refiere, por tanto, consistirá en destinar una determinada vivienda a alojamiento privado para el turismo.

3.4.3. «En los términos establecidos en la normativa sectorial turística»

La presente expresión nos remite a lo que debe considerarse alojamiento privado para el turismo en cada norma sectorial autonómica en concreto.

Así, a partir de este momento debemos dejar aparte lo previsto en el art. 5, letra e), LAU y acudir a la normativa turística autonómica en cuestión para averiguar qué debe entenderse por vivienda de uso turístico o cuando se presumirá que ésta existe. Es decir, no se refiere el art. 17.12 LPH a cualquier uso turístico, sino a uno específico: aquél en que concurran los «términos establecidos en la normativa sectorial turística.»

Así lo consideró la RDGSJFP 5 abril 2020[506]. Los hechos son los que siguen:

Mediante escritura de 23 de diciembre de 2019, se elevó a público el siguiente acuerdo, de fecha de 29 de octubre de ese mismo año, adoptado por la junta de propietarios; acuerdo que supuso la modificación de los estatutos: «Las viviendas o pisos del edificio no podrán destinarse a alquiler vacacional, apartamento turístico o vivienda de uso turístico que suponga la explotación de la vivienda como uso hotelero.»

Presentada la escritura en el Registro de la Propiedad, fue objeto de calificación negativa por parte del registrador.

Éste fundamentó su negativa en que no se había acreditado que el acuerdo de la junta aprobando el establecimiento de la referida norma de la comunidad hubiese sido adoptado por unanimidad de todos los propietarios y cuotas de participación. La razón esgrimida por el registrador a la hora de exigir la unanimidad radica en que «ese acuerdo pretende prohibir, vedar, impedir el uso o ejercicio de lo acordado», siendo de aplicación el art. 17.6 LPH y no el art. 17.12 del mismo texto legal.

Tras las alegaciones pertinentes por parte del presidente de la comunidad de propietarios, el registrador informó y elevó el expediente a la Dirección General, mediante escrito de 14 de abril.

---

506 Resolución núm. 8792/2020, 5 abril (RJ 2020, 3018).

La DGSJFP confirma la calificación impugnada, diciendo que:

> «Es indudable que esta nueva norma reduce la mayoría necesaria para adoptar el acuerdo que limite o condicione el alquiler turístico en el marco de la normativa sectorial, que regule el ejercicio de la actividad de uso turístico de viviendas y del régimen de usos establecidos por los instrumentos de ordenación urbanística y territorial, pero no permite que esa excepción a la norma general de la unanimidad alcance a otros acuerdos relativos a otros usos de la vivienda, como es el mero alquiler vacacional en régimen distinto al específico derivado de la normativa sectorial turística.»

Fíjense que el acuerdo adoptado no sólo se refiere al uso turístico previsto en el art. 17.12 LPH, en relación con el art. 5, letra e) LAU, sino que, además, incluye otras modalidades: «alquiler vacacional, apartamento turístico o vivienda de uso turístico».

La calificación del fenómeno en cuestión varía de una Comunidad Autónoma a otra. En Andalucía, Aragón, Cantabria, Castilla-La Mancha, Castilla y León, Cataluña, La Rioja, Madrid, Murcia y País Vasco se denominan «viviendas de uso turístico»; en Asturias «viviendas vacacionales o viviendas de uso turístico»; en las Islas Baleares «estancias turísticas en viviendas»; en Canarias, «viviendas vacacionales»; en Galicia «vivienda turística» o «vivienda de uso turístico» y, en Navarra y Valencia «viviendas turísticas».

Vemos que, aunque se pueda utilizar, no se emplea la expresión «alquiler vacacional» en las distintas disposiciones normativa autonómicas, frente a la habitual denominación de «viviendas de uso turístico». Si que utiliza «alquiler vacacional», en cambio, alguna autora para referirse al fenómeno de las «viviendas de uso turístico»[507]. Ahora bien, en ningún caso debe asimilarse un «apartamento turístico», con una «vivienda de uso turístico».

El apartamento turístico se aparta de la realidad recogida en el art. 17.12 LPH. Por ello, para limitar, condicionar o prohibir esa modalidad de alojamiento turístico no será suficiente la mayoría cualificada, sino unanimidad.

En ese mismo sentido se pronunció la RDGSJFP 16 junio 2020[508]. En este caso, la cláusula controvertida fue la siguiente: «Prohibir, con fundamento en el nuevo apartado 12 del artículo 17 de la Ley de propiedad

---

507 Por ejemplo, González Carrasco, M.ª del Carmen, «La pendiente resbaladiza de las cláusulas estatutarias sobre alquiler vacacional», *Revista CESCO*, 18 diciembre 2020.

508 Resolución núm. 9053/2020, 16 junio (2020, 3393).

horizontal desarrollado por el Real Decreto-ley 7/2019, de 1 de marzo, de medidas urgentes en materia de vivienda y alquiler, la utilización de cualquier vivienda o departamento del edificio de la comunidad a fines turísticos, estableciéndose que «ningún piso o departamento podrá destinarse a hospedería, alquiler vacacional, apartamento turístico o vivienda de uso turístico que suponga la explotación de la vivienda como uso hotelero.»

No obstante, la presente resolución, en contraposición a la anterior, permitió la inscripción parcial del acuerdo. En concreto, permitió la inscripción de aquella parte referida a el «apartamento turístico o vivienda de uso turístico», puesto que entra dentro del supuesto de hecho previsto en el art. 17.12 LPH. Y dejó al margen a la «hospedería» y al «alquiler vacacional», que exigirían unanimidad.

En este caso, no llegamos a entender por qué admite la inscripción de la referencia al «apartamento turístico», cuando éste se aparta, notablemente, de una vivienda de uso turístico.

Como hemos expuesto, la diferenciación entre un apartamento turístico y una vivienda de uso turístico radica, por una parte, en la situación en que se localiza el inmueble. En el caso de un apartamento turístico, en suelo terciario y, en el caso de una vivienda de uso turístico, en suelo residencial —compartiendo así la opinión de la CNMC[509]—. Pero también, y especialmente, en la morfología del inmueble. En el primero nos situamos ante un conjunto de unidades de alojamiento, sometidas a régimen de propiedad horizontal originaria o tumbada, y dedicado exclusivamente a esta actividad. Y, en la segunda, ante una única unidad, ya sea unifamiliar o sometida a régimen de propiedad horizontal.

FUENTES-LOJO, a la hora de analizar el contenido de la presente resolución, se planteó «¿qué sentido tiene que la norma solamente haga referencia a una modalidad concreta de alojamiento turístico, siendo el resto potencial e igualmente molestas?». Para el autor no hay razón alguna que

---

509 Aunque, como hemos señalado, en ocasiones la normativa turística autonómica puede prever lo contrario, como es el caso del art. 2, Decreto Foral 230/2011, de Navarra, que define los apartamentos turísticos como «los establecimientos de estancia de temporada que ofrezcan alojamiento, mediante precio, por días, semanas o meses, en viviendas de uso *residencial público*, individualmente o por bloques o conjuntos [...].» (las cursivas son nuestras). Dicho precepto fue derogado a través de la Disposición Derogatoria Única, apartad segundo, letra h), de la Ley Foral 19/2020, de 16 de diciembre, de modificación de la Ley Foral 7/2003, de 14 de febrero, de Turismo de Navarra.

lo justifique. Simplemente «se trata de otro error de técnica legislativa, olvidando el "legislador" con las prisas del momento que nada impide que se puedan instalar en un edificio residencial otras modalidades de alojamiento distintas de la popularizada VUT, y que tampoco es infrecuente en la práctica.»[510]

Quizá la respuesta a este interrogante podemos buscarla en la diferenciación arriba aportada, entre un «apartamento turístico» y una «vivienda de uso turístico».

En términos parecidos se pronunció la RDGSJFP 16 octubre 2020[511]. El acuerdo controvertido tenía el siguiente tenor: «Se prohíbe expresamente a los propietarios de las viviendas, destinar las mismas a alquiler turístico, vacacional, de corta duración o cualquier otra modalidad de alquiler que suponga un continuo y excesivo tránsito y estancia de personas ajenas a la comunidad.»

La DGSJFP declaró que la excepción a la unanimidad prevista en el art. 17.12 LPH no permite:

> «que alcance a otros acuerdos relativos a otros usos de la vivienda, como es el mero alquiler vacacional o el referido en la norma estatutaria debatida, "de corta duración o cualquier otra modalidad de alquiler que suponga un continuo y excesivo tránsito y estancia de personas ajenas a la Comunidad", en régimen distinto al específico derivado de la normativa sectorial turística.»

La Dirección revoca la calificación negativa de la registradora a inscribir el acuerdo, puesto que, aun cuando se excede del contenido previsto en el art. 17.12 LPH, lo cierto es que el acuerdo se adoptó por unanimidad de propietarios y cuotas. Por ello, a través de dicho quórum, se alcanzó la mayoría requerida para la parte que excede del art. 17.12 LPH, y al mismo tiempo, la parte que sí que entra dentro del supuesto de hecho del precepto anterior, que requiere mayoría cualificada[512].

Ante el criterio mantenido por la DGSJFP, creemos que una cláusula que entraría dentro del contenido del art. 5, letra e) LAU y, por tanto, excluida del requisito de unanimidad y sometida a la mayoría cualificada se-

---

510 Fuentes-Lojo Rius, Alejandro, «Últimas novedades sobre ...», *op. cit.*, pp. 541 y 542.

511 Resolución núm. 13328/2020, 16 octubre (RJ 2020, 4307).

512 Recientemente, *Vid.* González Carrasco, M.ª del Carmen; «Las limitaciones al alquiler no vacacional requieren el voto favorable expreso del total de los propietarios», *Revista CESCO*, 13 de enero de 2022.

ría aquella que previera que se limita o condiciona destinar las viviendas a servir de alojamiento privado para el turismo[513], de acuerdo con la normativa sectorial vigente en el territorio en el que esté radicado el inmueble.

3.4.4. «Suponga o no modificación del título constitutivo o de los estatutos, requerirá el voto favorable de las tres quintas partes del total de los propietarios que, a su vez, representen las tres quintas partes de las cuotas de participación»

Simplemente decir, en relación con este extremo, que ello supone una excepción al régimen previsto en el art. 17.6 LPH. Dicho precepto exige unanimidad de propietarios y cuotas para modificar las reglas contenidas en el título constitutivo de la propiedad horizontal o en los estatutos de la comunidad.

No obstante, a pesar de suponer una modificación del título constitutivo o los estatutos, si se quiere limitar o condicionar el uso para alojamiento privado para el turismo en un edificio sometido a régimen de propiedad horizontal, de acuerdo con lo previsto en la normativa sectorial, será suficiente mayoría cualificada de propietarios y cuotas.

3.4.5. «Asimismo, esta misma mayoría se requerirá para el acuerdo por el que se establezcan cuotas especiales de gastos o un incremento en la participación de los gastos comunes de la vivienda donde se realice dicha actividad, siempre que estas modificaciones no supongan un incremento superior al 20 %»

El contenido del art. 17.12 LPH permite diferenciar entre:

- Por una parte, el establecimiento de cuotas especiales, o;
- Por otra, el incremento en los gastos comunes de la vivienda.

BATLLE, contrapone la cuota de participación del edificio y sus elementos comunes[514], a la cuota de participación en los gastos «que puede ser

---

513 Como ya hemos hecho referencia, la expresión «uso del alojamiento privado para el turismo», es la que utiliza la Ley 4/2013.

514 BATLLE VÁZQUEZ, Manuel, *op. cit.*, p. 84, ésta es «la fijación cuantitativa de la medida en que cada uno de los dueños de los pisos o locales participa en los beneficios o cargas del total del inmueble y a la par tiene otra finalidad, pues en el seno de la

distinta y especialmente establecida» tal y como se desprende del art. 9.1, e) LPH.

Dicho precepto dice son obligaciones de cada propietario «Contribuir, con arreglo a la cuota de participación fijada en el título o a lo especialmente establecido, a los gastos generales para el adecuado sostenimiento del inmueble, sus servicios, cargas y responsabilidades que no sean susceptibles de individualización.»

La cuota especial a la que alude el art. 17.12 LPH parece similar a la prevista en el art. 9.1, letra e) LPH, puesto que servirá para sufragar gastos y responsabilidades derivadas de destinar la vivienda a fines turísticos.

El incremento en la participación de los gastos comunes o la fijación de una cuota especial, aunque el precepto no lo diga, depende de un dato objetivo preestablecido. Este dato será la cuota de participación en el título constitutivo.

El precepto dice que para la adopción de un acuerdo en ese sentido será suficiente la mayoría cualificada «siempre que estas modificaciones no supongan un incremento superior al 20 %.»

De lo anterior se desprende que la mayoría prevista en el art. 17.12 LPH sólo ampara aquellos incrementos iguales o inferiores al 20 % de la cuota de participación. Pero nada impide que los copropietarios establezcan otro porcentaje superior. No obstante, este último supuesto, no entraría dentro de la excepción del art. 17.12 LPH, sino que, al ser superior al 20 % y modificarse la cuota previamente establecida en el título constitutivo, se requeriría unanimidad.

Pero, aunque pueda ser inusual hoy en día, hemos visto al inicio que el otorgamiento del título constitutivo no es un requisito esencial para que la LPH resulte de aplicación en un inmueble donde concurren diferentes elementos privativos con otros de carácter comunal.

En estos casos ¿cómo puede establecerse el incremento o la cuota especial? Conforme al art. 5 LPH, el título constitutivo podrá otorgarse, en cualquier momento, por el propietario único del edificio, o por acuerdo

comunidad de propietarios, y para los acuerdos adoptados por la misma, no sólo se tiene en cuenta el número de personas votantes, sino que para ciertas decisiones, se requiere la voluntad de los propietarios cuyas partes reunidas representen una mayoría de cuotas o un cierto porcentaje.»

de todos los propietarios existentes. Y, en caso de discrepancia, por laudo o resolución judicial.

De este modo, para poder incrementar la participación en los gastos comunes o establecer una cuota especial, antes deberemos haber fijado la cuota de participación. Si no supera el 20 % de la cuota, será suficiente mayoría cualificada de propietarios y cuotas. En cambio, si es superior, se requerirá unanimidad[515].

3.4.6. «Estos acuerdos no tendrán efectos retroactivos»

Antes de exponer la opinión de la doctrina acerca de la irretroactividad de los acuerdos adoptados al amparo del art. 17.12 LPH[516], recordemos cuáles son los acuerdos que en él quedan amparados:

- Los que limiten o condicionen el ejercicio de la actividad recogida en el art. 5, letra e) LAU.
- El que prevea el incremento en la participación en los gastos comunes, siempre que no sea superior al 20 %, o la fijación de una cuota especial.

A continuación, veamos cuál ha sido el sentir de la doctrina en cuanto a la irretroactividad que predica el precepto.

---

515 CARRASCO PERERA, Ángel, «Acuerdos comunitarios contra los alquileres turísticos», *Actualidad Jurídica Aranzadi* (2019), n.º 948, pone de manifiesto, al referirse al incremento del 20 % que: «Sucede entonces que estos acuerdos no "supon(drán) un incremento superior al 20 %". Como dice el refrán, *una vez maté un gato y me llaman matagatos*. Una vez alquilé mi vivienda tres días a unos turistas y ya me quieren cargar todos los meses una cuota de gastos comunes incrementada en el 20 %. ¿O sólo un incremento del 20 % en la cuota del mes en que alquilé? ¿Cuántos días del mes tendrá que estar alquilada la vivienda a turistas para que se dispare el incremento? ¿Paga igual el que alquiló fugazmente dos días y el que mantiene todos los días ocupada su vivienda con turistas? ¿Se exige habitualidad? ¿Carga el incremento también en las derramas que se hagan, por ejemplo, para cambiar el solado de la finca?»

516 En relación con la irretroactividad, *Vid.* por todos VERDERA IZQUIERDO, Beatriz, *La irretroactividad: problemática general*, Dykinson, Madrid, 2007, versión electrónica, al señalar que «El principio de irretroactividad es expresión o efecto del valor seguridad jurídica y, por tanto, fundamento del mismo. A través del referido principio [...], se trata de mantener un estado de certeza e inamovilidad de las situaciones a fin de que los sujetos actúen amparados por una determinada legislación, siendo conscientes de que no será modificada arbitrariamente por el legislador.»

Por una parte, encontramos a Fuentes-Lojo. Para el autor, es un requisito para que el acuerdo no tenga efectos retroactivos que el propietario se oponga al acuerdo. Obsérvese que el art. 17.12 LPH no exige tal oposición. No obstante, lo considera un elemento necesario en virtud de la doctrina de los actos propios. Y, como consecuencia, anuncia los siguientes escenarios posibles:

a) Propietarios disidentes que en el momento de la adopción del acuerdo no hubieran iniciado la actividad de uso turístico en su vivienda ni hubieran realizado actos preparatorios para ello, pero que tenían expectativas de realizar dicha actividad en un futuro.

b) Propietarios disidentes que, aun no habiendo iniciado dicha actividad, hubieran realizado actos preparatorios para ello, como es la solicitud de la habilitación administrativa necesaria para realizar dicha actividad[517].

c) Propietarios disidentes que hubieran iniciado la actividad en el momento de adopción del acuerdo de prohibición.

Según su opinión, el acuerdo en cuestión no debería afectar a «los propietarios que se opongan al acuerdo, con independencia de si en el momento de adopción del acuerdo estaban desarrollando la actividad o no, ya que lo relevante es que en el momento en que dicho comunero adquirió la vivienda, lo hizo libre de limitaciones dominicales, esto es, confiando legítimamente en que tenía incólume la facultad de goce y disfrute sobre la finca.»[518]

---

[517] En la SAP A Coruña (Sección 3ª), núm. 436/2021, 23 noviembre (JUR 2022, 47397), los propietarios de una vivienda sometida a régimen de propiedad horizontal presentaron la declaración pertinente ante la Axencia de Turismo de Galicia, para la inscripción en el Rexistro de Empresas e Actividades Turísticas para destinar su inmueble a vivienda de uso turístico. Posteriormente, la junta de propietarios adoptó un acuerdo en el senito de «Prohibición del desarrollo de la actividad como piso turístico» de la vivienda titular de los anteriores propietarios. Ante este escenario, la Sala considera que «Al no poder tener la limitación efectos retroactivos, el acuerdo, tal y como está redactado, vulnera el artículo 17.12 de la Ley de Propiedad Horizontal, pues afecta nominativamente a una vivienda que estaba autorizada para ser utilizada en esa modalidad turística.»

[518] Fuentes-Lojo Rius, Alejandro y Fuentes-Lojo Lastres, Alejandro, *op. cit.*, p. 383. Y, en ese mismo sentido, se pronuncia Fuentes-Lojo Rius, Alejandro, «Últimas novedades sobre…», *op. cit.*, 542 y ss.; y «El Real Decreto Ley de medidas urgentes en materia de vivienda y alquiler: aspectos de propiedad horizontal, arrendaticios y viviendas de uso turístico», *Diario La Ley* (2018).

En términos similares se pronuncia BETHENCOURT RODRÍGUEZ, al afirmar que «la comunidad de propietarios no puede limitar el uso de los elementos privativos y pretender que dicha limitación afecte a los propietarios que se oponen al acuerdo»[519].

En contra de la anterior opinión encontramos a CERDEIRA BRAVO DE MANSILLA, quien destaca que no es un requisito necesario la oposición de los propietarios al momento de adoptarse el acuerdo. De lo contrario, dice el autor, el acuerdo «sólo afectaría a los vecinos que han votado favorablemente a tal acuerdo (precisamente, a quienes quieren proteger de abusos y molestias) y a futuros adquirientes de los pisos, quedando, entonces, a salvo de tal prohibición los que se opusieron al acuerdo»[520].

Por este motivo, el autor considera que tales acuerdos operan sólo para el futuro[521].

Para SALAS CARCELLER, los efectos no se proyectarán en los contratos de cesión que se estén cumpliendo en el momento de adopción del acuerdo[522]. Por contra, sí que se producirán tales efectos retroactivos en relación

---

519 BETHENCOURT RODRÍGUEZ, Geraldine, *op. cit.*, p. 3055. Se plantea el problema de los efectos, también, aunque sin posicionarse, GONZÁLEZ CARRASCO, M.ª del Carmen, «Si los estatutos de tu comunidad no prohíben el alquiler vacacional... ¡No preguntes! (A propósito de la RDGRN de 19 de diciembre de 2019 [RJ 2020, 790])», *Revista CESCO*, de 1 de septiembre de 2020: «En cuanto a la eficacia temporal de la norma, la aparente simplicidad del carácter no retroactivo de la norma se enfrenta a un problema de interpretación de primera importancia [...]: ¿La irretroactividad se refiere al período de alquiler vacacional iniciado, al destino vacacional una vez autorizado, o mucho más allá de esto último, a la imposibilidad de afectar la libertad del propietario en la elección de actividad mientras que no enajene la vivienda a un tercero a quien habrán de perjudicar las nuevas prohibiciones estatutarias?»

520 CERDEIRA BRAVO DE MANSILLA, Guillermo, «De nuevo, sobre pisos turísticos y comunidades de vecinos: a propósito del nuevo art. 17.12 LPH», *Revista de Derecho Privado* (2019), núm. 3, pp. 3 a 33, pp. 32 y 33.

521 CERDEIRA BRAVO DE MANSILLA, Guillermo, «Pisos turísticos y...», *op. cit.*, p. 342. E, igualmente, PACHECO JIMÉNEZ, M.ª Nieves, «El alojamiento colaborativo: problemas regulatorios y conflictos vecinales», *Revista de Derecho Privado y Constitución* (2019), n.º 34, pp. 97 a 138, p. 134: «En mi opinión, acorde con esta última tesis, la prohibición estatutaria debe operar pro futuro por razones de seguridad jurídica.»

522 SALAS CARCELLER, Antonio, «La oponibilidad de los acuerdos limitativos de viviendas de uso turístico», *Actualidad Civil* (2020), n.º 7-8. Y continúa diciendo el autor que «no afectarán tales acuerdos restrictivos al propietario-arrendador ni al

con «los contratos que, aunque se hayan celebrado con anterioridad a su efectividad, aún no haya llegado el período de cesión y, por tanto, de cumplimiento por parte del cedente.»[523]

Y finaliza diciendo que la irretroactividad cobra pleno sentido cuando se refiere al establecimiento de cuotas especiales o incremento de las existentes, «las cuales sólo podrán ser exigidas en relación con el período posterior a la adopción del acuerdo.»

Por su parte, Magro Servet opina que los acuerdos no podrán afectar a los comuneros que ya vienen ejerciendo el alquiler vacacional. Exigiendo que «estén en regla con la Administración»[524].

Por el contrario, considera el anterior autor, que la medida sí que podría afectar a aquellos comuneros que se dedicaban al alquiler vacacional, pero no estaban dados de alta en el registro, ni legalizada su situación y no disponían de su documentación en regla. Y, también, a aquellos que a la fecha de entrada en vigor del acuerdo no tenían habilitación administrativa para dedicarse al alquiler vacacional[525].

---

cesionario que se encuentre en el uso de la vivienda o apartamento en el momento en que deba producir efecto el acuerdo en cuestión.»

523 Dice el autor que «En estos casos, no se trata de retroactividad, según entiendo, porque los acuerdos se aplican a cesiones que se producen de hecho en fecha posterior a la vigencia de los acuerdos. En caso contrario, se daría la circunstancia —no querida por la ley— de que quedan fuera de las limitaciones los casos en que un propietario haya celebrado a principio de año un número de contratos que ocupen por fines de semana el apartamento o apartamentos durante todo el año.» Comparte su opinión: Berenguer Albaladejo, M.ª Cristina, «Acuerdos comunitarios para regular el ejercicio del arrendamiento turístico de viviendas: exégesis del art. 17.12 LPH», en Cristina López Sánchez (Coord.), *El alojamiento colaborativo. Problemática jurídica actual de las viviendas de uso turístico*, Dykinson, Madrid, 2021, pp. 153 a 219, p. 207.

524 Magro Servet, Vicente, «La oponibilidad de los acuerdos limitativos de viviendas de uso turístico», *Actualidad Civil* (2020), n.º 7-8: «Esto es, que se hayan inscrito y tengan la correspondiente licencia y estén dados de alta.»

525 Concluye que «aunque se adopten estas medidas, aquellos comuneros que tengan en regla su destino al alquiler vacacional, bien de forma privada, o en plataformas de oferta de este servicio, no quedan afectados por cualquier limitación que pretenda adoptar la junta, y sólo lo estarían los que no estén en regla». Comparte la opinión del magistrado, Serrano Chamorro, M.ª Eugenia, «Viviendas de uso turístico y limitaciones por las comunidades de propietarios», en Pedro A. Munar Bernat *et al.*, (Dirs.), *Turismo, vivienda y economía colaborativa*, Thomson Aranzadi, Cizur Menor, 2020, pp. 447 a 464, p. 460.

ESPINET ASENSIO afirma que la no retroactividad del acuerdo indica que sus efectos se proyectaran hacia los futuros adquirentes de los elementos privativos, y no hacia los que ya lo son en el momento de la adopción del acuerdo. No obstante, en relación con estos últimos, dice que a través de la irretroactividad se resalta el respeto a los derechos adquiridos de los propietarios «que ya lo fueran en el momento de la adopción del acuerdo en cuestión, sobre todo de los propietarios disconformes (respecto de los conformes, en la medida que autorizan que la limitación les afecte, la irretroactividad dejaría de tener sentido para ellos).»[526]

Se aparta totalmente ECHEVERRÍA SUMMERS, quien considera que se cofunde lo que es la retroactividad del acuerdo, con lo que es su oponibilidad frente a determinados propietarios. Dice el autor: «¿Acaso alguien duda de que cualquier acuerdo adoptado en junta tiene eficacia sólo a partir de su adopción? Nadie está pensando que la comunidad pueda exigir responsabilidad al propietario por haber llevado a cabo una actividad concreta con anterioridad a la fecha de aprobación del acuerdo de desarrollo de la misma en el seno de la comunidad.»[527]

Al hilo de la postura vertida por el autor anterior, efectivamente, no cabe duda de que el acuerdo adoptado tiene sólo eficacia desde su aprobación. Pero, puede suceder que el legislador, en relación con el hecho de que dichos acuerdos no tengan efectos retroactivos lo que haya querido es proteger a los propietarios que ya estaban destinando su vivienda a fines turístico o que hayan llevado a cabo algún acto preparatorio, impidiendo que los comuneros dispongan que el acuerdo adoptado tenga efectos retroactivos. Es decir, tales acuerdos no tendrán efectos retroactivos, incluso cuando se disponga lo contrario por parte de la comunidad de propietarios.

Compartimos la opinión de MAGRO SERVET, al considerar que, desde la obtención de la correspondiente licencia, y el cumplimiento de los demás requisitos administrativos, el acuerdo adoptado al amparo del art. 17.12 LPH no tendrá efectos para dichos propietarios.

---

526 ESPINET ASENSIO, Josep Maria, La oponibilidad de los acuerdos limitativos de viviendas de uso turístico», *Actualidad Civil* (2020), n.º 7-8.

527 ECHEVERRÍA SUMMERS, Francisco M., «La oponibilidad de los acuerdos limitativos de viviendas de uso turístico», *Actualidad Civil,* (2020), n.º 7-8. Parece hacer referencia a ello también PACHECO JIMÉNEZ, M.ª Nieves, *op. cit.*, p. 134, al decir que: «Quizá el momento a considerar era el de adquisición de vivienda por el propietario, entendiendo si entonces estaba o no libre de limitaciones dominicales».

Lo que no queda claro es ¿qué sucede con aquellos propietarios que, a pesar de haberla solicitado, no cuentan, en el momento de adoptarse el acuerdo, con la correspondiente licencia? Entendemos que estos propietarios deben quedar igualmente amparados por la irretroactividad de los efectos del acuerdo. En este sentido, es interesante la posibilidad que señala MOLINA ILLESCAS, cuando afirma que los propietarios de las viviendas que gocen de la correspondiente autorización administrativa para ejercer la actividad turística pueden inscribir esta última en el Registro de la Propiedad[528].

Por su parte, no alberga ninguna duda que, los acuerdos por los que se limite o condicione el destino a vivienda de uso turístico, o se incremente la participación en los gastos comunes o se establezca una cuota especial, si no constan inscritos en el Registro de la Propiedad, no serán oponibles a terceros adquiriente de buena fe. Salvo que, en el momento de la adquisición de la vivienda hubieran podido conocer de la existencia de tales acuerdos por otras vías[529].

---

528 MOLINA ILLESCAS, Santiago, «Inscripción en el Registro de la Propiedad de acuerdos comunitarios sobre limitación, condicionamiento y prohibición de viviendas turísticas», *Propiedad Horizontal* (2020), n.º 346, pp. 12 a 20, p. 19: «Ante una eventual prohibición estatutaria de la actividad, el destino a uso turístico de una determinada vivienda se puede hacer constar en el Registro de la Propiedad mediante certificación administrativa, la cual puede consistir, bien en la licencia de autorización (en aquellos casos en que la legislación local impone este requisito para iniciar la actividad), bien mediante la certificación administrativa que acredite la declaración responsable en el registro administrativo autonómico correspondiente.» Y, «Esta actividad turística del alojamiento se hará constar en el Registro de la Propiedad como nota al margen de la inscripción de dominio del titular en virtud del art. 9 LH: "Cuando conste acreditada se expresará por nota al margen la calificación urbanística, medioambiental o administrativa correspondiente, con expresión de la fecha a la que se refiera.»

529 DÍAZ VALES, Fernando, «Aspectos jurídico-civiles...», *op. cit*, pp. 158 y 159. El autor nos recuerda que la inscripción de los estatutos no es constitutiva, ni, por lo tanto, obligatoria, ni la falta de aquélla afecta a la validez de éstos. Lo reitera FUENTES-LOJO RIUS, Alejandro, «Últimas novedades sobre ...», *op. cit.*, p. 549: «la inscripción de estos acuerdos comunitarios no tiene carácter constitutivo y, por lo tanto, no es garantía de validez ni de eficacia de dichas normas comunitarias». O ECHEVERRÍA SUMMERS, Francisco M., *El estatuto de...*, *op. cit.*, p. 424 y 425: «[...] necesidad de que estas cláusulas sean debidamente inscritas en el Registro de la propiedad, con el objetivo de garantizar su eficacia frente a los sucesivos adquirientes de pisos o locales que ingresen en la comunidad.»

3.5. ¿«Limitar» y «condicionar» incluye la posibilidad de «prohibir»?

Si hay un aspecto controvertido en el ámbito de las viviendas de uso turístico sometidas a régimen de propiedad horizontal, es el relativo a si los términos «limitar» y «condicionar» incluyen la posibilidad de prohibir.

La cuestión es de capital importancia, puesto que de ello dependerá que se exija un quórum u otro —mayoría cualificada para limitar o condicionar, y unanimidad para prohibir—[530].

Recordemos los significados ofrecidos por la Real Academia Española. El término «limitar» alude a poner límites; acortar, ceñir; fijar la extensión que pueden tener la autoridad o los derechos y facultades de alguien. Y, por su parte, «condicionar» significa hacer depender algo de una condición; influir de manera importante en el comportamiento de alguien o en desarrollo de algo.

En cambio, el vocablo «prohibir», se refiere a vedar o impedir el uso o la ejecución de algo.

De las tres definiciones recogidas, vemos que al limitar y condicionar los propietarios conservan, aún, un cierto ámbito de ejercicio de su derecho dominical, que les permite destinar sus viviendas a uso turístico, aunque limitado o condicionado.

En cambio, al prohibir, el propietario perderá totalmente la posibilidad de ceder su inmueble para un uso turístico. Dicho uso quedará, por tanto, excluido del abanico de destinos económicos que le otorga al propietario el contenido del derecho de propiedad.

No obstante lo anterior, tanto la DGSJFP, como la jurisprudencia menor y un sector de la doctrina, entienden que la excepción a la unanimidad prevista en el art. 17.12 LPH abarca también la posibilidad de «prohibir».

---

530 Aunque, a juicio de FUENTES-LOJO RIUS, Alejandro, «Últimas novedades sobre ...», *op. cit.*, p. 538: «se trata de una cuestión meramente gramatical y estéril en cuanto a su trascendencia jurídica.»

3.5.1. La Dirección General de Seguridad Jurídica y Fe Pública

La comunidad de propietarios, en fecha de 11 de junio de 2019[531], aprobó una nueva norma estatutaria, según la cual se prohíbe el uso turístico de las viviendas y locales que no tienen acceso directo e independiente desde la vía pública.

Dicho acuerdo fue elevado a escritura pública el 5 de noviembre de 2019. Y tras su presentación en el Registro de la Propiedad, la registradora denegó su inscripción al realizar una calificación negativa del mismo. En concreto, suspendió su inscripción «Por no haberse acreditado que el acuerdo de la Junta aprobando el establecimiento de una nueva norma de comunidad haya sido adoptado por unanimidad de todos los propietarios que, a su vez, representen el total de las cuotas de participación.»

Contra la anterior calificación se interpuso el correspondiente recurso, alegando que el acuerdo en cuestión se había adoptado por las tres quintas partes de propietarios y cuotas, con fundamento en el art. 17.12 LPH.

Obsérvese que la cláusula estatutaria en cuestión utiliza el término «prohibir», y no «limitar» o «condicionar».

La registradora informó y elevó el expediente a la Dirección General. Así, la cuestión a dirimir residía en si esta prohibición, que constituye una modificación del título constitutivo o de los estatutos, y que requiere, como regla general, el acuerdo adoptado por unanimidad queda amparado bajo el supuesto especial previsto en el art. 17.12 LPH que, recodemos, rebaja el quórum necesario para «limitar» o «condicionar», a la mayoría de tres quintos del total de propietarios y cuotas.

El Centro Directivo considera de aplicación, en este caso, el tenor literal del art. 17.12 LPH, requiriendo para la validez del acuerdo prohibiendo el uso turístico en las viviendas el voto favorable de las tres quintas partes de los propietarios y de las cuotas de participación, lo que supone un claro debilitamiento del contenido al derecho a la propiedad privada. Dice:

> «Lo que ocurre en el presente caso es que, al tratarse de un acuerdo para el que la Ley sobre Propiedad horizontal no exige unanimidad sino únicamente el voto favorable de las tres quintas partes del total de los propietarios que, a su vez, representen las tres quintas partes de las cuotas de participación, es evidente que, habiendo sido consentido por todos los restantes propietarios, no es ya necesario que también haya sido aprobado por los propietarios que hayan adquirido uno de los pisos con posterioridad a la adopción

---

531 Resolución núm. 7654/2020, 1 junio (RJ 2020, 2953).

de tal acuerdo por la junta de propietarios. Por ello, debe entenderse que el acuerdo será inscribible.»

Y, en esa misma dirección, se pronunciaron las resoluciones de la DGSJFP 16 junio 2020[532]; 27 abril 2021[533]; 29 abril 2021[534]; 8 junio 2021[535], 21 diciembre 2022[536].

Otro supuesto es el recogido en la RDGRN 19 diciembre 2020[537]. A pesar de haber sido la primera resolución de la Dirección General interpretando, en parte, el art. 17.12 LPH, hemos considerado oportuno dejar su análisis en un momento posterior, ya que el supuesto de hecho se aparta de los anteriormente vistos.

En este caso se aborda una cláusula estatutaria que «autorizaba», de forma expresa, la cesión de las viviendas para uso turístico.

El art. 17.12 LPH no dice nada en relación con la posibilidad de permitir o autorizar el alquiler turístico en las viviendas. Sólo se refiere a la posibilidad de limitar o condicionar, y según la doctrina de la Dirección General, se incluye también la facultad de prohibir.

Pero, además, es de destacar, que la escritura por la que se elevaba a público el acuerdo autorizando el uso turístico o vacacional en las viviendas que conformaban la comunidad, fue presentada en el Registro de la Propiedad de Mahón.

En este sentido, la Comunidad Autónoma de las Islas Baleares, a través de la Ley 6/2017, de las Islas Baleares, modificó el apartado 7 del art. 50 de la Ley 8/2012, que se refiere al ejercicio del alquiler turístico en las viviendas sometidas al régimen de propiedad horizontal; precepto que será objeto de análisis posteriormente.

Prestemos atención a la Resolución y al acuerdo adoptado. Se dio nueva redacción al artículo 25 de los estatutos de la comunidad en el siguiente tenor[538]: «Los distintos departamentos de la urbanización, sólo podrán

---

532 Resolución núm. 9053/2020, 16 junio (RJ 2020, 3393).

533 Resolución núm. 8318/2021, 27 abril (RJ 2021, 3444).

534 Resolución núm. 8321/2021, 29 abril (RJ 2021, 3452).

535 Resolución núm. 1079/2021, 8 junio (RJ 2021, 3901).

536 Resolución núm. 2893/2023, 21 diciembre (RJ 2013, 547).

537 Resolución núm. 3557/2020, 19 diciembre (RJ 2020, 790).

538 La redacción inicial del artículo 25 disponía lo siguiente: «Los distintos departamentos de la urbanización sólo podrán dedicarse a vivienda. A) Queda expre-

dedicarse a vivienda, para uso propio, arrendamiento de temporada, explotación turística o vacacional. A) Queda expresamente prohibido destinarlos a industrias, comercios, talleres, granjas, garajes públicos, clínicas, colegios, parvularios, cafeterías, bares, salas de fiesta, juegos o negocios de similar naturales». Y, además, se añadió un artículo 33: «Los alquileres turísticos o vacacionales quedan autorizados por la comunidad y se rigen por las disposiciones legales vigentes».

La cuestión por dilucidar es si la aclaración autorizando el uso turístico o vacacional de los inmuebles supone una modificación de los estatutos que ha de quedar amparada por el art. 17.12 LPH, cuyo acuerdo es suficiente para su adopción el voto favorable de las 3/5 partes de los propietarios y de las cuotas de participación, o si se trata de una modificación que encaja en el supuesto del art. 17.6 LPH que exige unanimidad, por modificarse el título constitutivo o los estatutos. En este caso, el acuerdo se adoptó por las 3/5 partes, con fundamento en el art. 17.12 LPH.

La Dirección General declara que el art. 17.12 LPH sólo se refiere a los supuestos de limitar o condicionar, no al de autorizar, por lo que para adoptar un acuerdo permitiendo el uso turístico o vacacional será necesario unanimidad.

Pero, antes de la modificación estatutaria, el alojamiento turístico o vacacional no estaba prohibido, aunque sí que existían ciertas prohibiciones específicas en relación con los usos que los propietarios podían dar a sus inmuebles. Lo que había era una cláusula general que preveía el destino exclusivo de los inmuebles a vivienda; única y exclusivamente a vivienda.

Si recordamos, el Tribunal Supremo tiene un cuerpo consolidado de doctrina[539], donde la mera descripción del inmueble no supone una limitación del uso o de las facultades dominicales, sino que la eficacia de una prohibición de esta naturaleza exige de una estipulación clara y precisa

---

samente prohibido destinarlos a industrias, comercios, talleres, granjas, garajes públicos, clínicas, colegios, parvularios, cafeterías, bares, salas de fiesta o de juegos y, en general, todo lo que exceda del uso propio de la vivienda o alojamiento familiar».

539 En este sentido, *Vid.* STSS (1ª) 23 febrero 2006 (RJ 2006,910); 18 septiembre 2006 (RJ 2006, 6364); 20 octubre 2008 (RJ 2008, 5705); 30 diciembre 2010 (RJ 2011, 1794); 24 octubre 2011 (RJ 2012, 431); 3 diciembre 2018 (RJ 2014, 6502); 18 abril 2017 (RJ 2017, 1874), entre otras. Y por parte de la doctrina registral Vid. RDGRN 20 marzo 2015 (núm. 4123/2015); 13 noviembre 2013 (núm. 13126/2013); 15 julio 2013 (núm. 9914/2013), entre otras.

que la establezca. En definitiva, lo que no está prohibido expresamente, está permitido. Por tanto, ya antes de la modificación estatutaria los propietarios podían destinar sus inmuebles a usos turísticos o vacacionales al no existir una prohibición expresa en ese sentido.

De este modo, siguiendo la anterior doctrina, en este último caso analizado, no nos encontramos, como declara la Dirección General, ante un supuesto que tenga encaje en el art. 17.6 LPH que exige unanimidad, sino más bien en el supuesto del art. 17.7 LPH que exige la mayoría de los propietarios y cuotas de participación. Si optamos por la aplicación del art. 17.7 LPH, el acuerdo se debería haber inscrito, puesto que el art. 17.12 LPH, que es el que ha servido de fundamento a la comunidad para adoptar el acuerdo, requiere mayoría cualificada de 3/5 partes de propietarios y cuotas de participación —quórum que sí fue alcanzado—, por lo que, indirectamente, se logró la mayoría necesaria del art. 17.7 LPH para aprobar el acuerdo.

Ahora bien, no sólo discrepamos en el artículo alegado, sino también en la ley aplicable al caso. En esta última resolución el acuerdo en cuestión, por el que se autorizaba de forma expresa el alquiler turístico o vacacional, fue adoptado en una comunidad de propietarios situada en la Comunidad Autónoma de las Islas Baleares (en Mahón) y, en el momento de adoptarse el acuerdo (el 17 de julio de 2019), la Ley 6/2017 ya estaba en vigor, por lo que, parece, que se debiera haber aplicado el tenor literal del art. 50.7 LTIB que exige mayoría simple de propietarios y cuotas para adoptar el acuerdo autorizando el alquiler turístico. No obstante, se aplicó la Ley estatal.

3.5.2. El art. 17.12 LPH en la jurisprudencia

En la jurisprudencia menor, en primer lugar, podemos apuntar la SAP Segovia (Sección 1ª) 21 abril 2020[540].

De nuevo, la cuestión a dirimir por el Tribunal es si la regla comprendida en el art. 17.12 LPH ampara, con la mayoría de tres quintos requerida, la posibilidad por parte de la comunidad de prohibir el uso turístico en el edificio. O si, por lo contrario, sólo permite limitar o condicionar dicha actividad.

---

540 SAP Segovia (Sección 1ª), núm. 129/2020, de 21 abril (AC 2020, 1212).

El juez *a quo* falló en el sentido de que «el acuerdo que limite o condicione el ejercicio de la actividad», no se refiere a prohibir dicho ejercicio.

No obstante, la Audiencia se aparta de la opinión anterior. Para ello realiza, a nuestro modo de ver, una interpretación extensiva del precepto, y alega lo siguiente:

> «No es cierto que el legislador quisiera que se pudiera limitar y no prohibir, sin unanimidad, el uso turístico. La razón de esta norma es muy clara en su exposición de motivos, aumentar la oferta de vivienda en alquiler, afrontar los retos que en la actualidad se ligan a la dificultad de su acceso, no se han conseguido los resultados esperados en lo relativo al incremento de la oferta de vivienda y moderación de precios. Específicamente señala al fenómeno creciente del alquiler turístico de la vivienda como vinculado al incremento de precios. Al punto que llega a apreciar la urgencia del decreto ley, y que no ratificado fue reiterado. El alquiler turístico es competidor directo del residencial y se quiso primar éste a costa de aquél. Ya se ha visto que no resulta fácil al interesado señalar límites que no supongan prohibición pura y simple. Hay quien ha propuesto que se podrán admitir limitaciones temporales, por ejemplo, permitirlo en días laborales o en días festivos o vacaciones. Esta sería una interpretación que encajaría en la literalidad de la norma y que permitiría diseñar limitaciones equivalentes funcionalmente a la prohibición en una casuística formalista, con las quejas que cabría de esperar contra esos límites que harían inviable el destino turístico. El problema es que si entendemos que solo caben límites que permitan el destino turístico, como debiera ser así si partimos de que queda vedada la prohibición, que queda vedado el impedir ese destino, la regla es contradictoria con la voluntad expresa del legislador, que no quiso tanto limitar la oferta el arrendamiento turístico como incrementar la del arrendamiento residencial. Y es evidente que un uso turístico de un piso, aunque limitado, es incompatible con el uso residencial de ese piso. Esta fue la decisión del legislador. El problema en las comunidades de propietarios no se movía en estos parámetros, pero existía, no podía desconocerlo el legislador. Y es que el uso turístico de un piso produce, por lo general, el rechazo entre los vecinos del mismo, con razones o sin ellas, ese no es debate que aquí deba ser analizado. Esto explica que comunidades como ésta, que ya conocían lo que era tener pisos turísticos en su seno, reaccionasen con celeridad como lo hicieron. El legislador con esta reforma incide en el mercado de la oferta de la vivienda, pero lo hace de esta vía indirecta, sabedor de que en las comunidades de propietarios están planteado este debate, interviene en favor de los contrarios a las viviendas turísticas y dispensa de la unanimidad. Pues lo que busca, el fin de la norma, es aumentar la oferta de alquiler residencial y así se consigue.»[541]

---

541 Y finaliza diciendo: «Conocedor de que ya existen apartamentos de ese uso limita su retroactividad, no podrán cerrarse los que ya existen. Pero si impedir la apertura de nuevos. Con lo que consagra el trato desigual. En cuanto a la justificación, cabe entender que también la dispensa, pues la da por supuesta, al punto que en la misma norma se permite que a las viviendas en que se realice esa actividad se les

En definitiva, la Audiencia se posiciona a favor de la tesis defendía por la DGSJFP. Y, por lo tanto, la excepción prevista en el art. 17.12 LPH a la unanimidad, incluye también la posibilidad, no sólo de limitar o condicionar, sino también prohibir por mayoría cualificada[542], forzando que la norma diga algo que, realmente, no dice.

Cabe tener presente también la SAP Córdoba (Sección 1ª) 12 julio 2022[543]. Ésta resuelve el recurso de apelación interpuesto por una comunidad de propietarios, contra la sentencia dictada por el Juzgado de Primera Instancia n.º 7 de Córdoba, en fecha de 23 de febrero de 2022, en virtud de la cual se declaró la nulidad del acuerdo adoptado por la junta de pro-

incremente la participación en los gastos comunes hasta un 20 %. Ese uso supone un plus de afección a la propiedad común y a los vecinos del inmueble que lo justifica su prohibición lo mismo que su sobrepago.»

542 La SAP Guipúzcoa (Sección 2ª), núm. 383/2022, 20 mayo (JUR 2022, 311841), consideró «que comprender dentro del objeto de los acuerdos que precisa el voto favorable de 3/5 del total de los propietarios que, a su vez, representen las 3/5 de las cuotas de participación, aquellos que prohíben la actividad de uso de piso turístico en los pisos del edificio de la comunidad no supone realizar una interpretación extensiva del art. 17.12 LPH, sino una interpretación acomodada a su tenor literal. Es cierto que el citado precepto no utiliza la expresión "prohibir", sino "limitar", pero entre las diversas acepciones de dicho verbo, la primera es "poner límites a lago"; y prohibir el desarrollo de una concreta actividad en las viviendas del inmueble constituye un límite a su uso, no una prohibición absoluta del mismo.» O la SAP Alicante (Sección 9ª), núm. 109/2022, 7 marzo (JUR 2022, 270105) que recoge que: «El art. 17.12 supone una excepción a la regla de la unanimidad, basta esa doble mayoría de 3/5 para limitar el derecho de propiedad en el uso al que se refiere, prohibiendo ese uso. No es cierto que el legislador quisiera que se pudiera limitar y no prohibir, sin unanimidad, el uso turístico.» En sentido parecido, véase la SAP Cantabria (Sección 4ª), núm. 893/2022, 23 noviembre (JUE 2022, 391255), en la que se aborda si el acuerdo de «No autorizar (prohibir) la instalación de pisos turísticos en la comunidad basta la mayoría cualificada de 3/5 de propietarios y cuotas o se exige unanimidad». La Sala entiende que «comprender dentro del objetivo de los acuerdos que precisan el voto favorable de 3/5 del total de propietarios que, a su vez, representen las 3/5 de las cuotas de participación, aquellos que prohíben la actividad del uso de piso turístico en los pisos del edificio de la comunidad no supone realizar una interpretación extensiva», sino que «dicha interpretación se acomoda a su tenor literal», ya que el precepto «no utiliza la expresión "prohibir", sino "limitar" pero una de las acepciones de dicho verbo es "poner límites a algo" y prohibir el desarrollo de una concreta actividad en las viviendas privativas del inmueble constituye un límite a su uso, no una prohibición absoluta del mismo».

543 SAP Córdoba (Sección 1ª), núm. 690/2022, 12 julio (JUR 2022, 337427).

pietarios el 1 de junio de 2021, «consistente en la prohibición del establecimiento de apartamentos turísticos». En concreto, el Tribunal *a quo* declaró la nulidad del acuerdo por ser contrario a la ley y adoptarse con abuso de derecho.

En primer lugar, lo que llama la atención es que la cláusula acordada es en el sentido de prohibir los apartamentos turísticos. Si bien el acuerdo fue adoptado por el quórum previsto en el art. 17.12 LPH (tres quintas partes del total de los propietarios que, a su vez, representen las tres quintas partes de las cuotas de participación). Dicho precepto no se refiere a los apartamentos turísticos, sino a otra modalidad de alojamiento, como son las viviendas de uso turístico.

Vaya por delante que la Audiencia Provincial desestima el recurso de apelación, al considerar «ajustada a Derecho la decisión adoptada en la instancia».

No obstante, dicho esto, de la sentencia no se desprende con suficiente claridad cuál es el motivo que lleva al Tribunal a considerar que el acuerdo adoptado es nulo por ser contrario a la ley. Empero, se vislumbra que el motivo principal es que el acuerdo en cuestión no se ha adoptado con el quórum necesario para ello. Pero, la sentencia merece alguna precisión.

El acuerdo adoptado por la junta de propietarios era en el sentido de prohibir los apartamentos turísticos. Dicho acuerdo fue alcanzado por la mayoría de tres quintas partes de propietarios y cuotas, con fundamento en el art. 17.12 LPH. No obstante, recordemos que dicho precepto, por una parte, utiliza los términos «limitar» o «condicionar», y no prohibir, como sucede en el presente supuesto. Y, por otra, el art. 17.12 LPH no alude a los apartamentos turísticos, sino a las viviendas de uso turístico. Por lo tanto, el art. 17.12 LPH no sería aplicable al caso en concreto por los anteriores dos motivos.

Si la comunidad de propietarios quiere prohibir los apartamentos turísticos, el acuerdo no tiene cabida en el art. 17.12 LPH, sino en la cláusula prevista en el art. 17.6 LPH que, al tratarse de una modificación de las reglas contenidas en el título constitutivo o en los estatutos, requiere para su validez la unanimidad del total de los propietarios que a su vez representen el total de las cuotas de participación.

No obstante, por otra parte, la resolución es interesante puesto que critica la redacción dada por el legislador del art. 17.12 LPH, cuando dice que «hemos de convenir que el texto de la norma podría ser más claro, evitando diversas interpretaciones como es el caso».

Tras lo cual, reconoce el consolidado criterio jurisprudencial por el cual se «impone una interpretación restrictiva de las limitaciones al derecho de propiedad». Y, acto seguido, entiende que dicho modo de interpretación «se ha de predicar de las normas que puedan incidir en ese derecho de propiedad».

Añade, además, que las normas «han de ser claras y, en otro caso, no cabe hacer una interpretación extensiva o correctora de su sentido ordinario». Extremo este último que compartimos, y que parece ser lo que verdaderamente hace la DGSJFP al permitir ampararse en el tenor del art. 17.12 LPH para prohibir la cesión, a través de un acuerdo adoptado por mayoría de tres quintas partes del total de propietarios y cuotas.

Y finaliza diciendo que «En el caso al acuerdo al que aquí nos referimos no es que se limite la actividad, sino que se prohíbe en base a una redacción que cuando menos suscita dudas». A nuestro modo de ver, la redacción del art. 17.12 LPH es clara: permite «limitar» o «condicionar» las viviendas de uso turístico; no prohibir.

Cabe citar, asimismo, la SAP Las Palmas (Sección 5ª) 23 junio 2022[544], al considerar que un acuerdo que implique la prohibición de destinar un inmueble a alquiler vacacional, éste debe ser adoptado por unanimidad, *ex* art. 17.6 LPH, y no por la mayoría cualificada prevista en el art. 17.12 del mismo cuerpo legal. Entiende que una interpretación distinta «iría en contra de la propia literalidad de la norma», y de la Exposición de Motivos del Real Decreto-ley 7/2019, que emplea los mismos términos que el art. 17.12 «limitar» o «condicionar». Y, además, declara que, las viviendas de uso turístico, «en abstracto y per se no pueden reputarse como molesta».

O, también, la SAP Vizcaya (Sección 3ª) núm. 404/2022, 20 octubre[545]. A través de la misma se resuelve el recurso de apelación interpuesto contra la sentencia dictada en primera instancia en virtud de la cual se declara la validez del acuerdo adoptado por la junta propietarios por el que «se prohíbe la utilización de viviendas de uso turístico en la comunidad».

En concreto, dos son los aspectos sobre los que se centra el recurso de apelación. Por una parte, el primero, relativo a la forma de citación y de convocatoria de la junta. Y, por otra, se denuncia la infracción de lo dispuesto en el art. 17.12 LPH.

---

544 SAP Las Palmas (Sección 5ª), núm. 552/2022, 23 junio (JUR 2023, 5125).

545 JUR 2023, 31700.

El primero de los motivos es rechazado, considerando el Tribunal que «la convocatoria general a Junta Extraordinaria, impugnada, cumplió los requisitos de convocatoria exigidos». Igualmente, señala que «respecto a los aspectos formales, resulta que el mencionado acuerdo y redacción del acta, se ajusta a la legalidad». Por ello, «procede confirmar la sentencia recurrida en tanto que, en este aspecto, insistimos, no se desvirtúa la parte apelante».

Detengamos ahora en el segundo motivo, relativo a la infracción del art. 17.12 LPH. La Sala entiende que lo esencial es «analizar el contenido del acuerdo adoptado y, en definitiva, la capacidad de la junta de propietarios para determinar la prohibición en los términos que se constatan en la mencionada acta». Es decir, la prohibición de instalación de viviendas o habitaciones de uso turístico; y no «el cómputo de las mayorías que en su consideración fueron tenidas en cuenta a la adopción del acuerdo».

Pero, desde nuestro punto de vista, lo verdaderamente esencial es el quórum necesario para adoptar un acuerdo en un sentido en concreto, como es el apuntado anteriormente, puesto que es de sobra conocido que, en el seno de las comunidades de propietarios, ya sea a través del título constitutivo o de los estatutos, se pueden establecer limitaciones e incluso prohibiciones en relación con determinados usos o destinos. Y, lo fundamental, es conocer cuál es el quórum necesario para ello.

En la sentencia se alude en varias ocasiones al quórum en virtud del cual se adoptó el acuerdo «por unanimidad de los presentes» se «prohíbe la instalación de viviendas o habitaciones de uso turístico en la comunidad de propietarios». El Juzgado *a quo* dictó sentencia desestimando la demanda, «al entender en primer lugar y desde el análisis de la prueba practicada [...] que la convocatoria a Junta General Extraordinaria cumplió con los requisitos legales». Y, asimismo, desestimo «la impugnación instada en la demanda respecto del Acuerdo y del Acta en su totalidad, al considerar que fue aprobado con las mayorías exigidas conforme a lo preceptuado en la LPH».

Parece, entonces, que la mayoría a través de la cual se adoptó el acuerdo —unanimidad— no es un hecho controvertido; si bien no aparece con fundamento a qué precepto de la LPH el acuerdo «fue aprobado con las mayorías exigidas».

En relación con el art. 17.12 LPH, el propietario apelante manifiesta que el acuerdo «prohíbe instalar viviendas o habitaciones turísticas», y el precepto en cuestión «no permite a la junta de propietarios prohibir el alquiler vacacional, sólo regularlo».

Nos llaman la atención las palabras de la Audiencia, cuando afirma que «simplemente se trata de [un] acuerdo para el que regiría la regla de la unanimidad». Que el acuerdo en cuestión se adoptó por unanimidad no parece ser un hecho controvertido, según se desprende del cuerpo de la resolución.

Afirma la Sala que «en las acepciones del diccionario de la RAE de los verbos limitar y condicionar, se trata bien de poner límites o condiciones a algo». Verbos que están presentes en el seno del art. 17.12 LPH, y no el de prohibir, que es el acuerdo adoptado en el caso en cuestión.

Además, en relación con el art. 17.12 LPH, declara que a través del mismo se limita o condiciona «"el ejercicio" de una concreta actividad, que no prohibirla». Es decir, «cabe pensar que la actividad podría ejercitarse, pero con los límites derivados de ese acuerdo».

Considera que «Aquí se trata de que una comunidad de propietarios prohíbe una actividad en su ámbito, pero el precepto de cobertura [el art. 17.12 LPH] dice "limite" el ejercicio de esa actividad». Hasta aquí estamos de acuerdo con la opinión del Tribunal. Añade que:

> «La referencia a ese acuerdo se adopta con esa mayoría cualificada "suponga o no modificación del título constitutivo o de los estatutos" no permite, a juicio de esta Sala, otra respuesta puesto que la limitación en el ejercicio de esa actividad que pueda acordar sometiéndola a determinadas reglas supondría una modificación del título constitutivo».

Por todo ello, «surge la duda de qué contenido podrá tener ese acuerdo que ponga límite o condiciones al ejercicio de esa actividad de arrendamientos turísticos». Y recoge como ejemplos el de limitar el número de usuarios, permitir o no mascotas, establecer días u horas de ingreso o salida, obligaciones de aseguramiento específico por daños, presencia del propietario o arrendador a la entrada para comunicar específicamente al usuario las reglas de uso de elementos comunes, etc. Entendemos que todas estas acciones encontrarían cobijo en los términos «limitar» o «condicionar» del art. 17.12 LPH y, por tanto, un acuerdo en ese sentido exigiría para su validez la mayoría de tres quintos de propietarios y cuotas. Pero no prohibir, en virtud de ese mismo quórum. Que, en el caso en cuestión, el acuerdo fue adoptado por unanimidad.

Igual que en la resolución anterior, considera que «el texto de la norma podría ser más claro, evitando diversas interpretaciones como es el caso». Entiende que:

> «De lo que se trataría con esos acuerdos sería el de mantener un uso ordenado del edificio en el que se asienta evitando molestias que pueden derivarse de esos arrendamientos sucesivos, rápidos y de difícil identificación y control en cuanto a las personas concretas que allí pernoctan, finalidad preventiva de problemas y que sería la justificación inmediata de esa interpretación».

Nuevamente, se refiere al criterio jurisprudencial en virtud del cual las limitaciones al derecho de propiedad deben interpretarse de forma restrictiva.

Y, finalmente, concluye diciendo que:

> «resulta indudable que el acuerdo que aquí nos ocupa de prohibición de instalación de viviendas de uso turístico excede a los presupuestos determinados en la Ley de Propiedad Horizontal y en este sentido el Acuerdo impugnado ha de ser declarado nulo»[546].

Pero ¿por qué declara la nulidad del acuerdo? Recordemos que, o al menos eso no se desprende del cuerpo de la resolución, no es un hecho controvertido el quórum que concurrió para adoptarse: unanimidad. Es por ello que no llegamos a comprender el fallo del Tribunal.

Tal y como consta «la regla general para la modificación del título constitutivo sería la unanimidad». Efectivamente, al prohibir que las viviendas privativas se destinen a uso turístico se estaría modificado el título constitutivo, y la acción de prohibir no encontraría encaje en el art. 17.12 LPH, que sólo se refiere a «limitar» o «condicionar». Por este motivo, el acuerdo en cuestión debería ser válido, no por una falta de claridad del art. 17.12 LPH, sino por un error en la invocación del precepto adecuado, como sería el art. 17.6 LPH, que exige unanimidad de propietarios y cuotas, justo el quórum que ha concurrido, para modificar el título constitutivo o los estatutos.

---

546 La SAP Madrid (Sección 20ª) núm. 218/2022, 15 junio (JUR 2022, 295848) afirma que el art. 17.12 LPH lo que permite es que «mediante una mayoría cualificada, se establezcan limitaciones o condiciones a dicha actividad, pero en el caso que nos ocupa mediante esa mayoría lo que se acuerda, en realidad, es una modificación estatutaria que hubiera requerido de unanimidad (artículo 17.6 LPH), al tratarse de un supuesto de prohibición que carece de encaje en el artículo 17.12 LPH. No es cierto, como afirma la juzgadora de instancia, que la comunidad de propietarios pueda prohibir el ejercicio de la actividad turística, sino que lo único que se le reconoce en dicho precepto es la posibilidad de limitarlo o condicionarlo». Opinión que compartimos.

3.5.3. El art. 17.12 LPH en la doctrina

En este supuesto, la doctrina se encuentra dividida. Existe un sector, que defiende con vehemencia que el art. 17.12 LPH incluye la posibilidad de prohibir. En cambio, hay otro que lo niega rotundamente.

Veamos, en primer lugar, los que se posicionan a favor de incluir en los términos «limitar» o «condicionar», la posibilidad de «prohibir».

Uno de los defensores de esta postura es FUENTES-LOJO. Para el autor, «el verbo "limitar" no es incompatible con el verbo "prohibir"; más bien al contrario, hay una relación de sinonimia entre dichos verbos. Para ser más precisos, la prohibición es la limitación de mayor intensidad. Más aun cuando el legislador utiliza la conjunción "o" entre los verbos "limitar" o "condicionar", de tal forma que dicha disyuntiva indica que se refiere a supuestos distintos y alternativos, reconociendo a la comunidad de propietarios facultades limitativas del derecho de dominio de los comuneros de mayor a menor intensidad.»

Y continua su exposición diciendo que, «en puridad, el verbo "limitar" es más idóneo que el verbo "prohibir" para hacer referencia a la prohibición de una forma concreta de ejercitar la facultad de uso y disfrute del derecho de propiedad. De tal forma que no se prohíbe la facultad de uso y disfrute de forma absoluta, sino que tan sólo se restringe o se limita dicha facultad, pudiendo destinarse la vivienda a otros usos distintos al que la comunidad quiere prohibir.»[547]

Efectivamente, si se prohíbe la posibilidad de destinar las viviendas a uso turístico, se estarán restringiendo las facultades de uso y disfrute que reconoce el derecho de propiedad. Aunque no de forma absoluta, puesto que el propietario podrá destinar su vivienda a otros usos.

Pero también es cierto que el art. 17.12 LPH no se refiere a cualquier destino. Sino a uno en concreto: el uso turístico. De modo que, si la comunidad prohíbe el uso turístico en el inmueble, se habrá cercenado la posibilidad de los propietarios de destinar sus inmuebles a dicha actividad o destino económico.

Es decir, además de producirse una disminución de las facultades dominicales en general, al mismo tiempo, se produce una restricción total de una modalidad de ejercicio, como es el uso turístico.

---

547 FUENTES-LOJO RIUS, Alejandro, «Últimas novedades sobre…», *op. cit.*, p. 539.

En cambio, si sólo lo limitan o condicionan, seguirán conservando cierto margen para ejercitar las facultades de uso inherentes al derecho de propiedad, como decimos, en relación con un determinado destino.

En este sentido encontramos también a Cerdeira Bravo de Mansilla[548]. Para el autor «no parece que haya obstáculo alguno para entender que quepa acordar la prohibición absoluta de dicha actividad por la comunidad de vecinos».

Fundamenta su opinión, por una parte, en la interpretación gramatical del precepto: «tal prohibición, si bien no condiciona el destino turístico, sí lo limita, conforme prevé la norma, haciéndolo con carácter absoluto, general». Y, por otra, en su interpretación teleológica. En relación con esta última apunta: «si la razón general del Decreto-ley 21/2018 ha sido la de incentivar el mercado de la vivienda para su compraventa o su alquiler, y ha considerado que uno de los actuales obstáculos para ello es el reciente fenómeno del alquiler turístico, ¿cómo no va a ser conforme a tal espíritu la posibilidad de prohibir el fenómeno?».

Murga Fernández suscribe totalmente la interpretación del anterior autor[549]. También, Puche Ramos parece inclinarse por esta doctrina, al afirmar que «una limitación temporal a su ejercicio se convierte en la práctica en una prohibición, al menos, parcial.»[550] Igualmente, Polo Portilla, al considerar «que la finalidad no pudo ser otra que la prohibición»[551].

---

548 Cerdeira Bravo de Mansilla, Guillermo, «De nuevo, sobre…», *op. cit.*, pp. 14 y 15. Y, del mismo autor, *Pisos turísticos y comunidades de vecinos (Comentario al art. 17.12 de la Ley de Propiedad Horizontal),* Reus, Madrid, 2022, pp. 107 y ss. A favor de la opinión del anterior autor se posiciona Martínez Calvo, Javier, «Alojamiento colaborativo y propiedad horizontal: regulación de las viviendas turísticas por parte de las comunidades de propietarios», en Pedro A. Munar Bernat *et al.,* (Dirs.), *Turismo, vivienda y economía colaborativa,* Thomson Aranzadi, Cizur Menor, 2020, pp. 465 a 483, p. 474: «una interpretación teleológica nos conduce a admitir la posibilidad de que la prohibición del uso turístico de las viviendas se lleve a cabo por la vía prevista en el artículo 17.12 de la Ley de Propiedad Horizontal».

549 Murga Fernández, Juan Pablo, «Viviendas turísticas y…», *op. cit.*, p. 2249.

550 Puche Ramos, Aurelio, «Limitar sí es prohibir. El acuerdo de prohibición del ejercicio de alquiler vacacional no necesita unanimidad, sino doble mayoría de tres quintos», *Propiedad horizontal* (2021), n.º 350, pp. 20 a 27, pp. 23 y 24.

551 Polo Portilla, María José, «Negativa del registrador a inscribir un acuerdo de prohibición del alquiler turístico o la necesidad de una correcta definición de la decisión adoptada», disponible en: https://blog.sepin.es/2020/11/registro-acuerdo-prohibicion-alquiler-turistico/.

Para BERENGUER ALBALADEJO, el precepto no admite margen de duda de que avala también la prohibición. Bajo el punto de vista de la autora, «el argumento para alegar que no se permite la prohibición no puede ser que se omita su referencia expresa, ya que incluso hubiera bastado con que se utilizara el término "limitar" para dar cobertura a cualquiera de los supuestos descritos (limitación, condicionamiento o prohibición en sentido estricto), ya que cuando se supedita el ejercicio de una actividad al cumplimiento de requisitos previos o simultáneos también podría entenderse que se está "limitando" en la medida en que no se podría realizar legítimamente sin ellos, o incluso que se está "prohibiendo" su ejercicio a quien no los cumpla.»[552]

En relación con esta última precisión, consideramos más apropiado que, cuando se supedita el ejercicio de una actividad al cumplimiento de unos requisitos, no se está limitando, sino condicionándose a su cumplimiento.

Y, finaliza la autora: «Una interpretación no sólo sistemática y teológica del precepto, sino también sociológica e incluso gramatical en la medida en que el verbo "limitar" no es incompatible con el verbo "prohibir", sino que es una cuestión de grado o intensidad, no puede llevarnos a otra conclusión.»[553]

E, igualmente, para DÍAZ VALES[554], al afirmar que «el vocablo "limitar" empleado por la norma abarca, sin duda, la prohibición»; o MARTÍNEZ NADAL[555].

---

552 BERENGUER ALBALADEJO, M.ª Cristina, *op. cit.*, pp. 183 y 184.

553 «Lo contrario sería un contrasentido si tenemos en cuenta también que el reclamo social iba por la senda de que se abriera una vía legal para que las comunidades de propietarios pudieran hacer frente a esta actividad prohibiéndola, y no sólo limitando o condicionando su ejercicio, opiniones estas últimas consideradas en muchos casos insuficientes e ineficaces para proteger adecuadamente el interés general de la comunidad.»

554 DÍAZ VALES, Fernando, «Viviendas de uso turístico y propiedad horizontal en Cataluña», en Pedro A. Munar Bernat *et al.*, (Dirs.), *Turismo, vivienda y economía colaborativa*, Thomson Aranzadi, Cizur Menor, 2020, pp. 507 a 523, p. 511.

555 MARTÍNEZ NADAL, Apol·lònia, *Alquiler turístico de…*, *op. cit.*, p. 110: «consideramos que la interpretación razonable, desde un punto de vista teleológico, sistemático y contextual, es entender que tal flexibilización también alcanza a la adopción de acuerdos prohibitivos.»

Contra la tesis que los términos «limitar» o «condicionar» admiten la posibilidad de «prohibir», se alza GOMÁ LANZÓN[556]. Para el autor limitar supondría establecer restricciones[557], y condicionar sería establecer requisitos previos o simultáneos para poder ejercer la actividad[558].

Niega, por tanto, la posibilidad de prohibir, alegando que «cuando el legislador ha querido introducir la posibilidad de prohibir algo, lo ha dicho expresamente, por ejemplo, en el art. 42.2.g) de la Ley de prevención del blanqueo de capitales, que prevé la posibilidad de "prohibir, limitar o condicionar…"».

También GONZÁLEZ CARRASCO, al manifestar que «todas las prohibiciones limitan, pero una prohibición añade un plus de restricción de derechos sobre el mero límite, condición o exigencia»[559]. O MAGRO SERVET, para quien en el art. 17.12 LPH no se introdujo la acción de prohibir «como mecanismo de ejecución de medidas. Las opciones pasan en muchos casos, y este más, porque afectan al ejercicio del derecho de posesión por cada propietario, por la vía de regular y no la de prohibir.»[560]

Encontramos aquí también la postura de MESA MARRERO, que afirma que «el precepto citado no alude a la posibilidad de adoptar un acuerdo para prohibir el uso turístico de las viviendas, por lo que parece que la

---

556 GOMÁ LANZÓN, Fernando, «Limitación del uso turístico de las viviendas en el RDLey 21/2018, de 12 de diciembre», disponible en: https://www.hayderecho.com/2019/01/21/limitacion-del-uso-turistico-de-las-viviendas-en-el-rdley-21-2018-de-14-de-diciembre/. Comparte la opinión del anterior autor y sus ejemplos: MOLINA ILLESCAS, Santiago, *op. cit.*

557 Y cita como ejemplos: que no más de un tanto por ciento de los inmuebles del edificio se dediquen a esto, que exista un horario de entrada y salida de usuarios, impedir celebrar fiestas por parte de los inquilinos, no permitir que usen la piscina o el gimnasio u otras instalaciones comunes, etc.

558 Tales como: tener un seguro que específicamente cubra los daños que pudieran derivarse a instalaciones de la comunidad, que solamente se estén utilizando simultáneamente un determinado porcentaje de las viviendas totales para este uso, etc.

559 GONZÁLEZ CARRASCO, M.ª Carmen, «La pendiente resbaladiza…», *op. cit.*

560 MAGRO SERVET, Vicente, «Acerca de la resolución de 29 de abril de 2021 de la Dirección General de Seguridad Jurídica y Fe Pública sobre las posibilidades de prohibición del alquiler vacacional: ¿es posible inscribir ese acuerdo?», disponible en: https://elderecho.com/acerca-de-la-resolucion-de-29-de-abril-de-2021-de-la-direccion-general-de-seguridad-juridica-y-fe-publica-sobre-las-posibilidades-de-prohibicion-del-alquiler-vacacional-es-posible-inscribir-es.

junta de propietarios no podría impedir el ejercicio de esa actividad en los términos previstos en el citado art. 17.12 LPH.»[561]

Desde Savigni, se acepta que los elementos o criterios de la interpretación son el gramatical, el lógico, el histórico y el sistemático[562]. El apartado 1.º del art. 3 CC dice que «Las normas se interpretarán según el sentido propio de sus palabras, en relación con el contexto, los antecedentes históricos y legislativos, y la realidad social del tiempo en que han de ser aplicadas, atendiendo fundamentalmente al espíritu y finalidad de aquellas.»

El punto de partida para la interpretación de la disposición normativa en cuestión viene constituido por la letra del precepto, su tenor, su elemento literal y filológico. Es decir, su interpretación gramatical.

Para ello, aplicaremos las reglas de la semántica, con el fin de averiguar el sentido que poseen las palabras. Y, en relación con el art. 17.12 LPH, se centra en si cabe admitir que una interpretación amplia de los verbos «limitar» o «condicionar», acoge la posibilidad de «prohibir».

DÍEZ-PICAZO y GULLÓN, al referirse a la interpretación gramatical y al «sentido propio de sus palabras» del art. 3.1 CC, afirma que ésta se refiere al significado de la palabra en el lenguaje usual. Aunque el legislador tenga también su propio lenguaje técnico-jurídico, antepone el uso del lenguaje común sobre este último[563].

---

561 MESA MARRERO, Carolina, «Las viviendas de…», *op. cit.*, p. 30. Por su parte, no queda clara la opinión de MARTÍNEZ ORTEGA, Juan Carlos, «Las comunidades de propietarios pueden regular el establecimiento de los apartamentos turísticos», *El Notario del siglo XXI* (2021), n.º 100, al manifestar que: «La junta de propietarios, como órgano soberano, podrá dar el visto bueno a la posibilidad de destinar las viviendas de uso turístico o prohibirlo.» No se pronuncia en relación con la posibilidad de prohibir a la luz del art. 17.12 LPH LOSCERTALES FUERTES, Daniel, «Acuerdo de junta de propietarios prohibiendo el "uso turístico"», *El Notario del siglo XXI* (2021), n.º 100.

562 DÍEZ-PICAZO, Luis y GULLÓN, Antonio, *Sistema de Derecho civil. Vol. I. Parte general del Derecho civil y personas jurídicas*, 13ª edición, Tecnos, Madrid, 2016, p. 153. Y así lo manifestó anteriormente DE CASTRO Y BRAVO, Federico, *op. cit.*, p. 391.

563 DÍEZ-PICAZO, Luis y GULLÓN, Antonio, *Sistema de Derecho civil. Vol. I, op. cit.* p. 154. LACRUZ BERDEJO, José Luis, *Elementos de Derecho civil, Vol. I, introducción*, 4ª edición, Dykinson, Madrid, 2006, p. 236, cita como ejemplos del lenguaje técnico jurídico la palabra «tradición» del art. 609 CC, o el término «repetir» en el art. 1904, que, sin duda alguna, tienen un significado distinto al usual.

En el lenguaje común, los vocablos «limitar», «condicionar» y «prohibir», aunque se usen con frecuencia de forma indistinta, no se refieren a una misma realidad.

Cuando a un derecho se le impone un límite, el sujeto goza de un reducto, mayor o menor, para ejercitar su derecho, pero hasta cierto punto. Si lo sobrepasa, se habrá extralimitado en su ejercicio y, por tanto, podrá ser reprochada su actitud.

Por su parte, cuando se establecen condiciones al ejercicio de un derecho, de nuevo, el sujeto abriga un ámbito de libertad de actuación. No obstante, su ejercicio lícito y válido queda subordinado al cumplimiento de las condiciones previamente establecidas. Si no las cumple y se mantiene en su ejercicio, su conducta será reprendida.

En cambio, cuando se prohíbe el ejercicio de un derecho, se despoja a su titular de la posibilidad de ejercitarlo. El sujeto, desde el primer momento, llevará a cabo una actividad ilícita y, por tanto, reprochable.

Esta es, entendemos, la interpretación gramatical acorde con el uso común, usual, de los términos controvertidos. Y compartimos la opinión de GOMÁ LANZÓN, cuando manifiesta que el legislador, cuando ha querido prohibir algo, así lo ha hecho[564].

En el art. 17.12 LPH los verbos «limitar» y «condicionar», a pesar de hacer referencia a realidades distintas, son alternativos, e incluso no excluyentes. Podría condicionarse el ejercicio de la actividad a un determinado requisito y, una vez cumplido, limitarse hasta cierto punto. En cambio, prohibir, excluye cualquier posibilidad de ejercicio.

Pero, como bien manifestó el profesor DE CASTRO, en ningún caso basta la interpretación gramatical[565]. Sino que, además, deberán ponerse en relación con su contexto.

El precepto controvertido se inserta dentro de la Ley 49/1960, de 21 de julio, sobre Propiedad Horizontal. Como reza su Exposición de Motivos «Los derechos de disfrute [como el derecho de propiedad] tienden a atribuir al titular las máximas posibilidades de utilización.»

Algunas actitudes vendrán limitadas por la propia Ley, como son las actividades molestas, insalubres, nocivas, peligrosos o ilícitas, que deberán ser

---

564 GOMÁ LANZÓN, Fernando, *op. cit.*

565 DE CASTRO Y BRAVO, Federico, *op. cit.*, p. 391.

objeto de prueba. Ahora bien, como indica la Exposición de Motivos «La Ley brinda una regulación que, por un lado, es suficiente por sí, —con las salvedades dejadas a la iniciativa privada— para constituir, en lo esencial, el sistema jurídico que presida y gobierno esta clase de relaciones.» Pero, al mismo tiempo, permite el juego de la autonomía de la voluntad en el seno de la comunidad, para que los comuneros especifiquen, completen y hasta modifiquen ciertos derechos y deberes.

El Tribunal Supremo ha admitido, como hemos visto, acuerdos recogidos en los estatutos limitativos del derecho dominical. Pero también ha admitido cláusulas prohibitivas, que atiendan al interés general de la comunidad[566].

La exégesis del precepto en relación con la norma en que se inserta, que proclama las máximas posibilidades de utilización del bien, nos parece más acorde con la interpretación restrictiva del art. 17.12 LPH. Es decir, que sólo permite «limitar» o «condicionar», y no «prohibir».

Si nos detenemos en los antecedentes históricos y legislativos del Real Decreto-ley 7/2019, en el sentido de conocer la problemática a la que la norma trata de dar solución, como ya ha expuesto parte de la doctrina, una de las cuestiones a las que se debe su nacimiento es que se ha observado un

---

566 SSTS (1ª) núm. 123/2006, 23 febrero (RJ 2006, 910); núm. 846/2010, 20 diciembre (RJ 2011, 1794); núm. 542/2013, 1 octubre (RJ 2013, 6886); núm. 729/2014, 3 diciembre (RJ 2014, 6502); entre otras. E, igualmente, la DGSJFP en su resolución núm. 917/2017, 5 julio (RJ 2017, 3783). La doctrina también ha exigido la existencia de un interés legítimo o atendible a su aprobación, *Vid.* DÍAZ VALES, Fernando, «Aspectos jurídico-civiles ...», *op. cit.*, p. 159; FUENTES-LOJO RIUS, Alejandro, «Medidas legales para una reforma de la Ley de propiedad horizontal: la regla de la unanimidad debe quedar relegada a los supuestos estrictamente necesarios», *Diario La Ley* (2018), n.º 9269. Para MURGA FERNÁNDEZ, Juan Pablo, «Viviendas turísticas y...», *op. cit.*, p. 2246: «La prohibición es perfectamente admisible [...] debiendo servir a un interés legítimo, digno de protección. No puede tratarse de una prohibición o restricción que responda al mero capricho o a la mera arbitrariedad.»; MOLINA ILLESCAS, Santiago, *op. cit.*, p. 19; MAGRO SERVET, Vicente, «Sobre la necesaria unificación en la regulación legal del alquiler vacacional y normativa actual autonómica», *Revista de jurisprudencia El Derecho* (2017), n.º 1, p. 12: «La prohibición de alquiler debe serlo por causa motivada y no por la simple decisión de la junta de no querer que en una comunidad exista el alquiler vacacional.»; ECHEVERRÍA SUMMERS, Francisco M., *El estatuto de...*, *op. cit.*, p. 425: «estos límites deben encontrarse siempre amparados en un interés superior, justo y legítimo para que sean dignos de protección.»

incremento de los precios del mercado por una mayor actividad turística desarrollada.

Puede que se hayan incrementado los precios de la vivienda, pero no sólo ha contribuido a este hecho el aumento de la comercialización de estancias turísticas en viviendas. El propio Preámbulo del Real Decreto-ley 7/2019 así lo manifiesta, al hacerse eco de las consecuencias de la grave situación de vulnerabilidad que se encuentran los hogares españoles tras la crisis económica acaecida. Pero también alude a la gran escasez de vivienda social que existe en España.

No se desprende que ésta sea la causa principal del aumento del precio de los alquileres. Ni el legislador pone en relación dicha causa con la introducción del art. 17.12 LPH. Si no, simplemente, explicita la reducción del quórum necesario para limitar o condicionar el destino de los inmuebles a alojamiento privado para el turismo.

No perdamos de vista que los propietarios son libres de destinar sus inmuebles al uso que tengan por conveniente y, consecuentemente, obtener su valor económico. Ninguna restricción prestablecida al derecho de propiedad puede presumirse.

Las viviendas de uso turístico se han convertido en una modalidad de alojamiento muy demandada por los turísticas. Ésta intenta complementar la oferta turística tradicional, a pesar de los numerosos requisitos administrativos que se le exigen. En determinados casos, desproporcionados, si tenemos en cuenta que nos situamos ante unos propietarios que disponen de una segunda vivienda libre y quieren obtener su máximo rendimiento. Situación que no puede compararse con la que se encuentran los hoteles o apartamentos dirigidos por empresarios o grandes cadenas hoteleras.

Y, por otra, como apuntan los profesores Díez-Picazo y Gullón, la interpretación teleológica no debe ser el faro que guía al interprete, que tiene el alcance de expresar el predominio de una interpretación objetiva, por encima de la voluntad que tuviere el legislador[567].

La voluntad del legislador es, simple y llanamente, explicitar la mayoría cualificada necesaria para que las comunidades de propietarios puedan «limitar o condicionar el ejercicio de la actividad, o establecer cuotas especia-

567 Díez-Picazo, Luis y Gullón, Antonio, *Sistema de Derecho civil. Vol. I... op. cit.* pp. 157 y 158.

les o incremento en la participación de los gastos comunes de la vivienda». Ni el propio Preámbulo, ni el precepto en cuestión, utilizan la expresión prohibir.

Facultar el hecho de limitar o condicionar el uso turístico por mayoría cualificada, y reservar la posibilidad de prohibir por unanimidad, permite compaginar todos los intereses en juego en el seno de la comunidad.

Ambas partes se ven claramente beneficiadas. Ahora, en comparación con el régimen anterior que exigía unanimidad en todo caso, los comuneros podrán ver satisfechas sus prerrogativas cuando cuenten con la mayoría de tres quintos de propietarios y cuotas. A pesar de ser una mayoría cualificada, es inferior al requisito de la unanimidad. Ello permitirá, al mismo tiempo, el ejercicio del derecho de propiedad con mayor amplitud a aquellos propietarios que decidan ceder sus viviendas para uso turístico.

Y, por todo, debemos tener en cuenta la doctrina jurisprudencial sentada por el Tribunal Supremo. Recordemos que no toda limitación al contenido de propiedad debe interpretarse de forma restrictiva y a favor de permitir cualquier uso. Si no, únicamente, aquellas disposiciones poco claras y precisas.

Si consideramos que el art. 17.12 LPH es poco preciso al permitir «limitar» o «condicionar», cuando también quería «prohibir», la interpretación restrictiva del precepto aboga por amparar, únicamente, por la posibilidad de «limitar» o «condicionar».

Como hemos manifestado, con tal interpretación, se garantiza una mayor posibilidad de ejercicio del derecho de propiedad. Ahora bien, ello no obsta que la comunidad de propietarios pueda prohibir el alojamiento turístico en las viviendas, si bien deberá adoptarse por unanimidad.

Y, tras esta organización de derechos e intereses, en cualquier caso, le quedará a la comunidad en última instancia la posibilidad de interponer la acción de cesación, tanto si el propietario no respeta los límites o condiciones fijadas; como si lo lleva a cabo a pesar de la prohibición en los estatutos; y también, aunque observe todos los requisitos previstos, si se demuestra que la actividad es molesta.

4. LAS VIVIENDAS DE USO TURÍSTICO SOMETIDAS A RÉGIMEN DE PROPIEDAD HORIZONTAL: EL CASO DE LAS ISLAS BALEARES

Tras analizar la regulación estatal de las viviendas sometidas a régimen de propiedad horizontal, consideramos oportuno analizar el régimen jurídico autonómico balear, de forma separada.

El motivo radica en que, como hemos introducido, el legislador balear se apartó del resto de legisladores autonómicos a la hora de ordenar las viviendas de uso turístico situadas en comunidades de propietarios. Recordemos que las demás Comunidades Autónomas o no decían nada al respecto, por lo que debíamos acudir a la norma estatal. O ya fuere en las diferentes exposiciones de motivos o en el propio cuerpo de la norma, nos remitían, de forma expresa, a la Ley estatal.

Por el contrario, las Islas Baleares optaron por no remitirse explícitamente a lo previsto a la LPH, sino por incluir en su norma turística el artículo 50.7 del siguiente tenor[568]:

> «No se pueden presentar declaraciones responsables para comercializar turísticamente viviendas sometidas al régimen de propiedad horizontal si lo impiden el título constitutivo o los estatutos de la comunidad de propietarios, en el sentido de que determinen la no posibilidad de uso para finalidades diferentes a las de vivienda. Para uso diferente del de vivienda se tiene que entender todo uso que permitiría una utilización diferente a la de satisfacer la necesidad permanente de vivienda. Para las modificaciones de estas previsiones se deberá estar al régimen determinado en el artículo 17.6 de la Ley 49/1960, de 21 de julio, de propiedad horizontal.
>
> Si el título constitutivo o los estatutos no impiden la comercialización turística de las viviendas en los términos expuestos en el párrafo anterior o en su defecto, es necesario, para llevar a cabo la comercialización turística, y solamente a este efecto, un acuerdo de la junta de propietarios en el que la mayoría de personas propietarias, que a su vez constituyen la mayoría de cuo-

---

568 Precepto que, según la doctrina, presenta dudas de su constitucionalidad. *Vid.* González Carrasco, M.ª del Carmen, «La pendiente resbaladiza...», *op. cit.*: «a) Se extralimita competencialmente»; o Doménech Pascual, Gabriel, «La regulación autonómica y local de las viviendas de uso turístico», *Anuario de Derecho Municipal* (2017), n.º 11, pp. 43 a 73, p. 64: «no parece que el art. 50.7 de la Ley balear 8/2012 sea conforme con el orden constitucional de competencias». Las Islas Canarias quieren recoger en su ordenamiento jurídico una disposición normativa en los mismos términos que el legislador balear, tal y como aparece en el Anteproyecto de ley de ordenación sostenible del uso turístico de viviendas [art. 5.1, letra e)].

> tas de propiedad, acepten expresamente la posibilidad de comercialización turística de las viviendas, acuerdo que la misma mayoría puede modificar. En este supuesto, resulta de aplicación el régimen determinado en el artículo 17.7 de la Ley 49/1960, de 21 de julio, de propiedad horizontal. Este acuerdo se inscribirá en el Registro de la Propiedad, siempre que sea posible conforme a la normativa sectorial (a fin de informar a posibles terceras personas adquirentes de viviendas)[569].

Este acuerdo no es necesario si el título constitutivo o los estatutos ya admiten expresamente la posibilidad de comercialización turística de las viviendas. Para la modificación de estas previsiones se deberá estar al régimen determinado en el artículo 17.6 de la Ley 49/1960, de 21 de julio, de propiedad horizontal.

Cuando el número de propietarios no exceda de cuatro la aceptación de la posibilidad de comercialización turística se podrá acordar por mayoría en la forma que determina el artículo 13.8 de la Ley 49/1960 en remisión al artículo 398 del Código Civil.

En todos los casos, en el momento de cambios en los estatutos o acuerdos de la junta de propietarios que impidan la comercialización turística, esta tendrá que cesar en el plazo máximo de un año, siempre que no exceda el plazo máximo de cinco años o el que se determine reglamentariamente fijado por el punto 3 de este mismo artículo. Estos cambios se tienen que comunicar a la administración turística.»

Procedamos, entonces, a su análisis.

A) Párrafo primero

Este primer párrafo subordina —es decir, condiciona—, la presentación de la declaración responsable a que en la comunidad de propietarios en cuestión no exista una prohibición en el título constitutivo o en los estatutos «en el sentido de que determine la no posibilidad de uso para finalidades diferentes a las de vivienda.»[570]

---

569 Redacción dada por la Ley 3/2022, de 15 de junio, de medidas urgentes para la sostenibilidad y la circulación del turismo de las Illes Balears. *Vid.* el análisis de la Ley realizado por PANIZA FULLANA, Antonia, «Replanteamiento del turismo en las Illes Balears: sostenibilidad y circularidad en la Ley 3/2022, de 15 de junio», *Rivista Italiana di diritto del turismo* (2023), 39.

570 Dicha sumisión no es un fenómeno extraño en las distintas regulaciones autonómicas, como hemos señalado.

Lo anterior no revestiría mayor interés si no fuera porque el legislador balear contradice, de forma palmaria, la doctrina jurisprudencia del Tribunal Supremo, por cuanto toda delimitación del derecho de propiedad ha de estar prevista de forma clara y precisa. En caso contrario, se realizará una interpretación restrictiva de la cláusula, permitiendo cualquier uso que no esté expresamente restringido.

Pues bien, el legislador balear, como puede observarse, no exige una cláusula de prohibición expresa. Sino que considera suficiente, cual una típica descripción del inmueble prevista en el título constitutivo, la previsión de la «no posibilidad de uso para finalidades diferentes a las de vivienda.»

Y, a continuación, específica que debe entenderse para uso diferente del de vivienda: «todo uso que permitiría una utilización diferente a la de satisfacer la necesidad permanente de vivienda». Si se predica la validez de dicha cláusula para excluir de forma expresa el uso turístico, ello debería ser extrapolable a la totalidad de usos (despacho profesional, etc.). Es decir, la eficacia de esta cláusula, en términos generales, podría impedir cualquier otro uso distinto al de vivienda, aun cuando dicha disposición se halla recogida en una norma turística.

Finalmente, este primer párrafo *in fine* prevé cuál será el quórum necesario para modificar el acuerdo por el que no se permite otro uso salvo el de servir de vivienda. Para ello nos remite al art. 17.6 LPH.

El antedicho precepto recoge el quórum general para la adopción de acuerdos que modifiquen el título constitutivo o los estatutos de la comunidad: la unanimidad de propietarios y cuotas.

Si bien, como hemos indicado, el precepto va en contra de la interpretación restrictiva de las cláusulas limitativas o prohibitivas del derecho de propiedad, el requisito de exigir unanimidad para «prohibir» el uso turístico, nos parece acertado.

Sin embargo, el legislador balear debería modificar el precepto por ir en contra de la doctrina jurisprudencial del Tribunal Supremo. Exigiendo una cláusula prohibitiva o limitativa expresa, y no la simple previsión en relación con no permitir cualquier uso salvo el de destinar el inmueble a vivienda.

Si nos fijamos, pero, el precepto no hace referencia a «limitar» o a «condicionar» el ejercicio del uso turístico. Ello sea debido, seguramente, a que el art. 50.7 de la ley turística balear fue aprobado con anterioridad a la entrada en vigor del Real Decreto-ley 7/2019, por el que se introdujo el apartado 12.º del art. 17 LPH.

Por este motivo, entendemos que si la comunidad, en vez de prohibir, quiere simplemente «limitar» o «condicionar», sería suficiente el acuerdo adoptado por mayoría cualificada de tres quintos de propietarios que, a su vez, representen las tres quintas partes de la cuota de participación.

Pero el precepto merece otra precisión. Dice que, para modificar el acuerdo por el que sólo está permitido el destino a vivienda habitual, se requerirá unanimidad.

¿Pero y si queremos modificarlo en el sentido de permitir el uso turístico? ¿Cuál será el quórum? ¿O si, por el contrario, sólo queremos limitarlo o condicionarlo? ¿Cuál será el régimen de adopción del acuerdo?

El legislador no se pronuncia en dicho párrafo. En este sentido, entendemos que, si está prohibido de forma genérica, y quiere únicamente limitarse o condicionarse, al suponer una modificación del título constitutivo o de los estatutos, y estar prevista dicha posibilidad en el art. 17.12 LPH, será suficiente mayoría cualificada.

En cambio, si está prohibido de forma genérica, y quiere permitirse, no podríamos acudir al párrafo segundo del art. 50.7 —que a continuación abordaremos—, puesto que aquí existe una cláusula previa a modificar, y en el párrafo segundo no. Por ello, sólo nos queda acudir a la normativa estatal que, al suponer, de nuevo, una modificación de los estatutos o del título constitutivo, exigiría unanimidad, de acuerdo con el art. 17.6 LPH

B) Párrafo segundo

En caso de que en la comunidad de propietarios no exista una prohibición genérica —en el sentido de no estar permitido cualquier uso salvo el de vivienda habitual— y, por tanto, presunta, del alquiler turístico, o no se haya otorgado el título constitutivo o los estatutos, será necesario contar con un acuerdo de la junta, adoptado por mayoría simple de propietarios y cuotas, que permita, ahora sí, de forma expresa, la comercialización turística de las viviendas[571].

---

571 Para GONZÁLEZ CARRASCO, M.ª del Carmen, «La pendiente resbaladiza…», *op. cit.*, p. 9: «somete a mayoría "simple" la posibilidad de realizar una actividad no prohibida allí donde no exista prohibición (en el sentido anterior), cuando la regla de las actividades no expresamente prohibidas es la libertad.» A juicio de MESA MARRERO, Carolina, *op. cit.*, p. 27, el legislador balear, con esta disposición, introduce «una restricción desproporcionada en el ejercicio de las facultades de uso y

En este caso, nos remite al quórum previsto en el art. 17.7 LPH. Y, además, exige que dicho acuerdo, permitiendo el uso turístico, conste inscrito en el Registro de la Propiedad, con el fin de informar a terceras posibles personas adquirientes de viviendas.

Si bien se agradece esta última precisión, la inscripción debería predicarse de cualquier acuerdo, para no perjudicar a terceros adquirientes de buena fe, aunque ésta no sea constitutiva.

C) Párrafo tercero

En este apartado, el precepto prescinde del acuerdo anterior —es decir, por el que se permite expresamente el uso turístico—, si dicho uso ya estaba explícitamente admitido.

El legislador exige, en este caso, la constancia en el título constitutivo o en los estatutos de la admisión de dicha actividad. Es decir, una cláusula clara y terminante, en contraposición a lo previsto en el párrafo primero.

Acto seguido, dispone que, para modificar el acuerdo expreso admitiendo el uso turístico en el inmueble, deberá estarse a lo previsto en el art. 17.6 LPH. A saber: unanimidad de propietarios y cuotas.

Si la comunidad cuenta ya con un acuerdo expreso permitiendo el uso turístico, dicha cláusula puede modificarse en dos sentidos. Por una parte, limitando o condicionándolo. Y, por otra, prohibiéndolo.

En el primer supuesto, al ser la disposición autonómica previa al art. 17.12 LPH, es normal que exija aún unanimidad. Estamos ante una modificación del título constitutivito o de los estatutos de la comunidad y, por tanto, la regla general es que su modificación requiera unanimidad.

Pero el Real Decreto-ley 7/2019 rebajó el quórum general de unanimidad, con la introducción del art. 17.12 LPH, a mayoría cualificada para los casos de limitar o condicionar.

---

disposición para el titular del derecho de propiedad, pues la falta de una cláusula prohibitiva en el título constitutivo o en los estatutos sobre la comercialización turística debería considerarse, en todo caso, un argumento a favor de la posibilidad de ejercitar tal actividad; entiendo que no está justificado que el legislador autonómico introduzca este requisito adicional.»

Por lo tanto, el legislador balear debería modificar dicha precisión para adaptarla a la realidad actual, prevista en el art. 17.12 LPH, solamente en caso de limitar o condicionar.

Por el contrario, si consta una cláusula autorizando el uso turístico en el inmueble, y ésta quiere modificarse en el sentido de prohibirse, sí que es acertado remitirse al art. 17.6 LPH, puesto que, al no quedar amparada en el art. 17.12 LPH, será necesario unanimidad, y no mayoría cualificada.

D) Párrafo cuarto

En este apartado, el legislador autonómico recoge el contenido de su homónimo estatal, el art. 13.8 LPH[572].

Como apunta LOSCERTALES FUERTES, los titulares pueden optar por acogerse a la comunidad ordinaria, a tenor del art. 398 CC. Ello supondrá que todos los propietarios tienen la misma capacidad y facultades, sin otros órganos intermedios. Se reunirán y tomarán las decisiones de acuerdo con el quórum exigido en cada caso.

E) Párrafo quinto

En virtud de este último párrafo, el legislador balear exige que, en cualquier caso de los vistos anteriormente, en el supuesto de modificarse los estatutos impidiendo la comercialización turística, dicha actividad deberá cesar en el plazo máximo de un año.

En esta ocasión, el legislador no prevé cómo debe estar recogido ese acuerdo impidiendo el uso turístico. ¿Será suficiente una prohibición genérica similar al párrafo primero? ¿O requerirá, aquí sí, que sea expresa y clara?

Acorde con la doctrina jurisprudencial, por cuanto las cláusulas limitativas del dominio, en caso de ser imprecisas, se interpretarán de forma

---

572 LOSCERTALES FUERTES, Daniel, *Propiedad horizontal… op. cit.*, p. 186. En este sentido también. *Vid.* GONZÁLEZ CARRASCO, M.ª del Carmen, «Artículo 13», en Rodrigo Bercovitz Rodríguez-Cano (Coord.), *Comentarios a la Ley de Propiedad Horizontal*, 5ª edición, Aranzadi, Cizur Menor, 2014, pp. 427 a 499, pp. 496 a 499. O GUILARTE ZAPATERO, Vicente, «Artículo 13», en Vicente Guilarte Gutiérrez (Coord.), *La reforma de la Propiedad Horizontal*, Lexnova, Valladolid, 1999, p. 280.

restrictiva, la cláusula en cuestión debería ser expresa, no bastando una simple genérica.

Hecha esta precisión, veamos lo relevante de este apartado. En caso de adoptarse una cláusula expresa prohibiendo —puesto que el precepto utiliza el vocablo «impedir», y si se limita o condiciona, si se cumplen los requisitos, podría continuarse con la actividad—, el propietario deberá concluir en el ejercicio de su actividad en el plazo de un año.

Actualmente, de acuerdo con el apartado 3.º, del art. 50 de la Ley balear, la presentación de la Declaración responsable de inicio de actividad (DRIAT), para comercializar estancias turísticas en viviendas sometidas a régimen de propiedad horizontal, habilita para su ejercicio por un plazo de 5 años.

A día de hoy, según el Acuerdo de la Junta Rectora del Consorcio de la Bolsa de Alojamientos Turísticos (CBAT), de 3 de julio de 2018, de aprobación de la modificación de los precios de las plazas turísticas[573], cada plaza turística en inmuebles plurifamiliares tiene un coste de 875,00 €. Las plazas adquiridas pueden disfrutarse durante un período de 5 años, que será renovable[574].

Según datos del INE, en España, la media de plazas por vivienda es de 5,1. Ello supone un desembolso de 4.462,5 €. No parece un precio elevado, si se tiene en cuenta la alta rentabilidad que puede llegar a ofrecer la comercialización de estancias turísticas en viviendas.

No obstante, lo anterior topa con el contenido del párrafo 5.º, del art. 50.7 de la Ley del turismo de las Islas Baleares. Y, conforme a este último, una vez se impida de forma expresa la posibilidad de destinar las viviendas a uso turístico, los propietarios se habrán visto despojados de los derechos que les otorgaba la correspondiente licencia. Ya que tendrán que cesar en el plazo de un año «siempre que no exceda del plazo máximo de 5 años», en su actividad.

---

573 PDF disponible en: http://www.caib.es/govern/sac/fitxa.do?codi=3430503&coduo=138779&lang=es.

574 El resto de los precios son: 3.500,00 € por plaza de alojamiento turístico (hoteles, agroturismo, etc.); 3.500,00 € por plaza en edificios unifamiliares (en este caso, la compra es definitiva), y, finalmente, 291,67 € por plaza en vivienda habitual, que admite comercializaciones de corta duración (2 meses al año), durante un período de 5 años, renovable.

La doctrina, al analizar este apartado, se ha referido a la retroactividad del acuerdo de prohibición. Mas, en nuestra opinión, creemos que no puede hablarse de retroactividad, en términos jurídicos, sino simplemente que, desde la adopción del acuerdo, éste resultará de obligado cumplimiento, tanto por los propietarios presentes como futuros[575].

5. LAS COMUNIDADES DE PROPIETARIOS ANTE LAS VIVIENDAS DE USO TURÍSTICO

Una vez expuesto el marco jurídico, estatal y autonómico, en cuanto a las viviendas de uso turístico sometidas a régimen de propiedad horizontal, a continuación, nos centraremos en los instrumentos puestos a disposición de las comunidades de propietarios para el caso de que el ejercicio de la actividad cause molestia al resto de comuneros o daños al edificio.

Una de las principales características del alojamiento es su duración. Éste viene marcado por un breve período de tiempo. Normalmente días o semanas o, como mucho, meses. Esta brevedad, en particular, en el seno de las viviendas sometidas a régimen de propiedad horizontal, puede desvirtuar, en algunos casos, el propósito perseguido por la comunidad a través del ejercicio de la acción de cesación, prevista en el art. 7.2 LPH.

Lo anterior, quizá, es justificativo de que un número elevado de Comunidades Autónomas prevean otras alternativas, ante conductas molestas o dañosas.

Ahora bien, en cualquier caso, debemos partir de tres premisas. En primer lugar, la comercialización de estancias turísticas en viviendas sometidas a régimen de propiedad horizontal no es, *per se*, una actividad molesta, sino que, tal carácter, debe ser objeto de cumplida prueba.

En segundo lugar, lo que no está expresamente prohibido, está permitido —salvo la excepción prevista por el legislador balear—.

---

575 Es el caso de GONZÁLEZ CARRASCO, M.ª del Carmen, «La pendiente resbaladiza ...», *op. cit.*: «contradice el carácter no retroactivo del acuerdo de prohibición que se ha recogido de forma definitiva en el art. 17.12 LPH en virtud de lo dispuesto en el RDLey 7/2019.». O CERDEIRA BRAVO DE MANSILLA, Guillermo, «Pisos turísticos y...», *op. cit.*, p. 66: «[...] y también en las Islas Baleares, donde incluso la retroacción alcanza la necesidad del permiso expreso y puntual que el dueño del piso requiere cuando en los estatutos de la comunidad no haya a priori prohibición, ni permiso expreso y general a tal respecto.»

Y, en tercer lugar, el destino de las viviendas privadas para satisfacer la necesidad de alojamiento, a pesar de cumplir todos los requisitos administrativos exigidos, y su admisión por parte de la comunidad, ya sea de forma expresa o implícita, no es óbice para despojarle de su posible carácter molesto e, incluso, dañoso, para el resto de los propietarios y elementos comunes. Y, como consecuencia, surgirá el deber de cesar en la actividad o de reparar los daños causados por los usuarios.

5.1. El seguro de responsabilidad civil

5.1.1. El seguro de responsabilidad civil en las Comunidades Autónomas

5.1.1.1. Como requisito o condición

Una parte de las normas autonómicas que regulan las viviendas de uso turístico en su respectivo territorio exigen, como requisito o condición para llevar a cabo la actividad, la suscripción de un seguro de responsabilidad civil.

Las diferentes normas autonómicas no precisan que la declaración responsable haya de ser presentada, necesariamente, por el titular del inmueble; sino por la persona interesada.

La persona interesada puede recaer sobre el mismo propietario y, por tanto, sería él quien debiera contratar el seguro de responsabilidad civil. Pero también puede suceder que el titular del inmueble decida ceder su explotación o gestión, desde un primer momento, a un tercero. En este caso, el interesado sería el tercero y, consecuentemente, el encargado de suscribir la póliza en cuestión, al ser éste el que realiza la actividad. Si, posteriormente, la gestión de la vivienda pasa a otras manos, entendemos que este hecho debería notificarse a la aseguradora.

A) Comunidad de Madrid

Por los motivos que ahora se verán, consideramos necesario empezar el análisis de la cuestión por la normativa de la Comunidad Autónoma de Madrid.

El Decreto 79/2014, de Madrid, preveía en el apartado 5.º de su art. 18, que: «Los propietarios, o en su caso, sus representantes, deberán disponer de seguro de responsabilidad civil que cubra los riesgos de los usuarios por los daños corporales, materiales y los perjuicios económicos causados por el ejercicio de su actividad.»

No obstante, dicho precepto fue declarado nulo, recientemente, por la STSJ Madrid (Sala de lo Contencioso-Administrativo, 8ª) 10 junio 2021[576].

La Asociación Española de la Economía Digital (ADIGITAL) alegó, como motivos de impugnación, los siguientes:

- Que, conforme al punto primero de la Disposición adicional segunda, de la Ley 20/2015, de 14 de julio, de ordenación, supervisión y solvencia de las entidades aseguradoras y reaseguradoras, sólo podrá exigirse la suscripción de un seguro u otra garantía equivalente, que cubra los daños y perjuicios que puedan provocar y de los que sean responsables, a quienes «ejerzan determinadas actividades que presenten un riesgo directo y concreto para la salud o la seguridad de las personas, incluida la seguridad financiera».

  La parte actora sostiene que, de los casos regulados en el Decreto 79/2014, de Madrid, no resulta evidente cuál es el riesgo directo y concreto que podría derivarse de la actividad de las viviendas de uso turístico. Y, por tanto, nada justificaría la obligación de aseguramiento.

- Que, de acuerdo con el punto segundo de la anterior Disposición, la suscripción de seguros deberá establecerse mediante normas con rango de Ley[577].

  Requisito o condición que, según el recurrente, «no reúne el Decreto impugnado».

- Que, según el art. 5 de la Ley 20/2013, de 9 de diciembre, de garantía de la unidad de mercado, las actuaciones de las autoridades competentes deberán estar informadas por el principio de necesidad y proporcionalidad[578].

---

576 STSJ Madrid (Sala de lo Contencioso-Administrativo, 8ª), núm. 794/2021, 10 junio 2021 (JUR 2021, 315595).

577 Y, continúa: «que deberán contar con un informe preceptivo de la Dirección General de Seguros y Fondos de Pensiones, o del órgano competente de las Comunidades Autónomas, con el objeto de que puedan formular observaciones en materia de técnica aseguradora.»

578 Dice el precepto: «1. Las autoridades competentes que en el ejercicio de sus respectivas competencias establezcan límites al acceso a una actividad económica o su ejercicio de conformidad con lo previsto en el artículo 17 de esta Ley o exijan

- Que, tal y como recoge el tenor de los arts. 9.3 y 12.3, de la Ley 17/2009, respectivamente: «El acceso a una actividad de servicio o su ejercicio se regirá por el principio de igualdad de trato y no discriminación.» Y, sólo «Excepcionalmente, podrá supeditarse el acceso de estos prestadores a una actividad de servicios o su ejercicio temporal en territorio español al cumplimiento de los requisitos que en cada caso determine la legislación sectorial aplicable, únicamente cuando estén justificados por razones de orden público, de seguridad pública, de salud pública o de protección del medio ambiente; y sean, de conformidad con el artículo 5 de esta Ley, proporcionados y no discriminatorios y de forma suficientemente motivada.»

La recurrente considera vulnerados todos los anteriores preceptos mencionados. Y ello por no haber sido la imposición de la contratación del seguro suficientemente motivada, y ser discriminatoria respecto de otros prestadores de servicios de alojamiento, ya que en la normativa aplicable a los establecimientos de hostelería de la Comunidad Autónoma (hoteles, pensiones, hostales y casa de huéspedes), no se exige la suscripción de un contrato de seguro.

Y, finalmente, alega la parte actora que, de considerarse ajustada a Derecho la obligación de aseguramiento, no lo sería, sin embargo, exigir su cumplimiento al propietario de la vivienda o a su representante «al no ser el titular de la actividad»[579].

Ante las anteriores alegaciones vertidas, la Sala inicia su razonamiento apuntando que, la aplicación de los principios de necesidad y proporcionalidad en las actuaciones de las autoridades competentes «tiene como finalidad delimitar el alcance y extensión de la intervención administrativa en el acceso y ejercicio de una actividad económica.»

---

el cumplimiento de requisitos para el desarrollo de una actividad, motivarán su necesidad en la salvaguarda de alguna razón imperiosa de interés general de entre las comprendidas en el art. 3.11 de la Ley 17/2009, de 23 de noviembre, sobre el libre acceso a las actividades de servicios y su ejercicio.
2. Cualquier límite o requisito establecido conforme al apartado anterior, deberá ser proporcionado a la razón imperioso de interés general invocada, y habrá de ser tal que no exista otro medio menos restrictivo o distorsionador para la actividad económica.»

579 Ello, dice la demandada, constituiría una barrera encubierta al ejercicio de la actividad por parte de sus verdaderos titulares.

Acto seguido, niega el carácter desproporcionado de la obligación de contratar una póliza de seguro. Considera que la cobertura de esta obligación en normas de rango legal es proporcionada tanto por la legislación sectorial autonómica como por la estatal reguladora del libre acceso a las actividades de prestación de servicios, «por lo que puede afirmarse que la proporcionalidad y la necesidad de la misma encuentran amparo suficiente en nuestro ordenamiento jurídico.»

En relación con este extremo, la Sala concluye que:

> «la imposición de una obligación de exigir la suscripción de un contrato de seguro no puede ser considerada como una medida contraria al principio de proporcionalidad cuando, de proteger la salud y seguridad de personas (usuarios y terceros) y de bienes relacionadas con el ejercicio de la actividad de alojamiento, se trata.»

No obstante, a reglón seguido, el Tribunal establece un matiz en relación con el último argumento esgrimido por la parte recurrente. Es decir, el relativo a la improcedencia de que la concreta obligación de aseguramiento se imponga al propietario, o a su representante, y no al titular de la actividad «cuya prestación originaría los riesgos» que estarían cubiertos por la póliza.

Por ello, el Tribunal, diferencia entre el propietario del alojamiento y el titular de la actividad[580].

Aunque los propietarios pueden comercializar de forma directa la vivienda, en otras muchas ocasiones lo encargarán a un tercero para que lo haga. Por ello, la Sala falla a favor de la exigencia de aseguramiento de los riesgos derivados de la actividad y para la protección frente a los mencionados en el precepto, «pero no en la medida en que la repetida obligación se entienda impuesta a los "propietarios" (se entiende de las viviendas turísticas), siempre que aquéllos no resulten ser, simultáneamente, los prestadores del servicio».

Según lo anterior, la previsión de la obligación de contratación de un seguro de responsabilidad civil, por parte de las normas autonómicas, debe ser lo suficientemente amplia como para comprender no sólo al titular del inmueble, sino al encargado de su gestión como vivienda de uso turístico.

---

580 «Especialmente, cuando de lo que se trata en el precepto examinado es de cubrir los riesgos derivados del ejercicio de la actividad y no de la vivienda en sí; riesgos, estos últimos, a cuya cobertura vendría, en su caso, el propietario del inmueble cualquiera que fuese el uso o actividad que en el mismo se desarrollase.»

En definitiva, el Tribunal considera acorde al principio de proporcionalidad y necesidad la exigencia de la contratación de un seguro de responsabilidad civil. Y, además, declara que la cesión de viviendas de uso turístico puede llevar aparejado un riesgo directo y concreto para los usuarios y terceros. Sin embargo, pone de manifiesto que la necesidad de contratar un seguro debe ir referida siempre a aquél que desarrolla la actividad o presta el servicio, que en ocasiones podrá recaer sobre el titular de la vivienda y, en otras, no.

Traer a colación, en un primer momento, el Decreto de la Comunidad de Madrid y la anterior resolución no es casual. Además de ser el único supuesto en que el seguro de responsabilidad civil ha sido declarado nulo, ello nos servirá para comparar el contenido y los términos utilizados por otras normas autonómicas a la hora de exigir su contratación. Exigencia que se erige como condición para destinar las viviendas a alojamiento privado para el turismo.

B) Andalucía

El propio Decreto 28/2016, de Andalucía, no alude expresamente a la necesidad de contratar un seguro de responsabilidad civil. No obstante, el apartado 4.º de su art. 2 dice que: «Los derechos y obligaciones de las personas usuarias y explotadoras serán los contemplados en la Ley 13/2011, de 23 de diciembre.»

El art. 39, de la Ley 13/2011, de 23 de diciembre, del turismo de Andalucía prevé: «De conformidad con lo establecido en la Ley 17/2009, de 23 de noviembre, sobre el libre acceso a las actividades de servicios y su ejercicio, se exigirá a los prestadores de los servicios turísticos de intermediación, de organización de actividades de turismo activo y de alojamiento en campamentos de turismo, como requisito para el ejercicio de la actividad y con carácter previo a la inscripción en el Registro de Turismo de Andalucía, la suscripción de un seguro de responsabilidad civil profesional adecuado u otra garantía equivalente, que cubra los daños que se puedan provocar en la prestación de dicho servicio turístico, cuyos términos se determinarán reglamentariamente.»

Transcrito el anterior precepto, corresponde determinar si, las denominadas viviendas de uso turísticos en Andalucía deben contratar un seguro de responsabilidad civil. Fíjese que el precepto anterior no las menciona expresamente, pero sí que alude a «los prestadores de los servicios turísticos».

El servicio de alojamiento prestado en tales viviendas revestirá un carácter «turístico». Así lo manifiesta la Exposición de Motivos del Decreto 31/2024, de 29 de enero y sus arts. 2.1 y 3.

La letra c), del art. 2, de la Ley 13/2011, define «servicio turístico» como «La actividad que tiene por objeto atender alguna necesidad, actual o futura, de las personas usuarias turísticas o de aquellas otras personas que lo demanden, relacionada con su situación de desplazamiento de su residencia habitual y que, asimismo, haya sido declarada por esta Ley o por sus reglamentos de desarrollo.»

Entendemos que la necesidad de alojamiento que satisfacen las viviendas de uso turístico entraría dentro del concepto de «servicio turístico» anterior. Y, por tanto, debería contar con un seguro de responsabilidad civil.

El encargado de contratar el seguro será la empresa explotadora de la vivienda de uso turístico que, de conformidad con la nueva redacción del art. 3.2 del Decreto 38/2016, puede ser la persona física o jurídica que sea cesionaria de la administración y gestión de una o más viviendas de uso turístico con independencia del título habilitante para ello, debiendo figurar como titulares de la explotación en la declaración responsable.

Además, de acuerdo con este mismo precepto, la administración y gestión del alojamiento se presumirá «cuando se desarrollen los principales servicios inherentes al hospedaje y, en particular, cuando se realicen las tareas de entrega de llaves, recepción de huéspedes, atención durante la estancia, conservación y mantenimiento de las instalaciones y enseres de la unidad de alojamiento, limpieza a la entrada y salida o facturación.»[581]

En cuanto a los hechos cubiertos por el seguro, el citado art. 39, de la Ley 13/2011, se refiere a «los daños que se puedan provocar en la prestación de dicho servicio turístico, cuyos términos se determinaran reglamen-

[581] Y, añade. «La administración y gestión corresponderá a un único titular cuando se oferten servicios complementarios cuya prestación se lleve a cabo por empresas distintas a la entidad explotadora de aquél, debiéndose informar a la persona usuario de dicha circunstancia. A tal efecto, se pondrá a disposición de las personas usuarias la información con la relación de estos servicios y la identificación de las empresas prestatarias, todo ello sin perjuicio de la responsabilidad de la empresa explotadora.
En los supuestos de separación entre el titular y explotación y cuando la titularidad del inmueble se encuentre en régimen de copropiedad, comunidad o similar, la empresa explotadora deberá obtener de todas las personas propietarias el título jurídico válido en Derecho que habilite para la explotación.»

tariamente.» No nos consta que exista ningún desarrollo reglamentario en ese sentido, por lo que, acudiendo, de nuevo, a una interpretación amplia del precepto, el seguro cubrirá todos los daños derivados de la actividad turística. Ello incluiría los causados a los propios usuarios y, en el caso de las viviendas sometidas a régimen de propiedad horizontal, al resto de propietarios y elementos comunes.

C) Asturias

Igualmente, exige la contratación de un seguro de responsabilidad civil el art. 26, del Decreto 48/2016, de Asturias.

El tenor del precepto es el que sigue: «Las empresas explotadoras de las viviendas reguladas en este decreto deberán tener permanentemente vigente un seguro de responsabilidad civil que cubra los daños y lesiones que sufra la clientela, con una cuantía mínima de cobertura de 150.250 euros, sin que en su caso la franquicia sea superior a 602 euros.»

La comercialización de estancias turísticas en viviendas puede hacerse por el propio titular o por un tercero. No obstante, el art. 26 del Decreto asturiano, en sede de seguro de responsabilidad civil, se refiere a «las empresas explotadoras».

La letra d), del art. 3, define a las empresas explotadoras como «las personas físicas o jurídicas, propietarios o intermediarios, que faciliten o medien en el alojamiento turístico, a cambio de precio, cuya actividad, principal o no, consista en la cesión a título oneroso del uso y disfrute de las viviendas que cumplan los requisitos previstos en este decreto.»

Su art. 26 empieza diciendo que «las empresas explotadoras de las viviendas reguladas en este decreto». Por lo tanto, de la lectura conjunta de los arts. 3, letra d) y 26, se desprende que la obligación de contratar un seguro de responsabilidad civil abarca tanto a las viviendas vacacionales como a las viviendas de uso turístico —que constituyen modalidades de alojamiento diferenciadas, como se verá—, y a las personas físicas como a las jurídicas, ya sean propietarios de los inmuebles o simples intermediarios.

Por el contrario, el art. 26 sólo exige que el seguro de responsabilidad civil cubra los daños y lesiones que sufra la clientela. Parece, pues, que no sería necesario que quedaran sometidos a la cobertura del seguro los daños que pudieran padecer el resto de los propietarios o elementos comunes. Y, por último, requiere una cuantía mínima de cobertura.

D) Islas Baleares

Otra Comunidad Autónoma que exige la suscripción de una póliza de seguro de responsabilidad civil, son las Islas Baleares. En concreto, en el numeral 16.º del art. 50, de la Ley 8/2012.

Dice el precepto: «Las empresas comercializadoras de estancias turísticas en viviendas residenciales tienen que suscribir una póliza de seguro que cubra la responsabilidad civil por los daños corporales o materiales que puedan sufrir las personas usuarias de las viviendas durante las estancias en éstas y, asimismo, en el caso de viviendas sometidas al régimen de propiedad horizontal, que cubra los daños que eventualmente puedan ocasionar las personas usuarias a la comunidad de propietarios.»

Obsérvese que el legislador balear califica al fenómeno en cuestión como «empresas comercializadoras de estancias turísticas en viviendas residenciales». En este caso, el término utilizado —«empresas comercializadoras»— nos parece, aparte de desafortunado, confuso. Extremos que pueden trasladarse, igualmente, al caso de Asturias, al utilizar la expresión «empresas explotadoras».

Desafortunado, puesto que no es un requisito exigido que la comercialización se lleve a cabo, necesariamente, por personas jurídicas; en cualquiera de sus modalidades, ya sea empresario individual o social. Y, confuso, debido a que, el propio art. 49 LTIB —al conceptuar el fenómeno—, atribuye el carácter de «empresa comercializadora» tanto a las personas físicas, como a las jurídicas.

El contenido del art. 50.16, siguiendo lo manifestado por el Tribunal Superior de Justicia de Madrid en la resolución anterior, permitiría englobar, en la exigencia de contratar un seguro de responsabilidad, no sólo al propietario del inmueble si es, simultáneamente, el sujeto que lleva a cabo la actividad, sino también a la posible persona explotadora o gestora.

En relación con los supuestos de hecho que deben quedar cubiertos por el seguro, no podemos, sino, alabar su contenido. Ello debido a que el seguro comprenderá cualquier daño, corporal o material que pueda sufrir el usuario, pero, también, y especialmente en relación con aquellas viviendas sometidas a propiedad horizontal, los daños que puedan ocasionar los usuarios al resto de propietarios, incluidos, entendemos, los elementos comunes.

E) Comunitat Valenciana

Igualmente, exige un seguro de responsabilidad civil el art. 59, de la Ley 15/2018, de la Comunitat Valenciana.

Conforme a dicho precepto: «A las personas que realicen las actividades o presten los servicios turísticos a que se refiere el artículo 52 de esta ley, se les exigirá la suscripción de un seguro de responsabilidad civil, u otra garantía equivalente, para cubrir los daños y perjuicios que puedan provocar en el desarrollo de su actividad.»

Entre otros, se considerarán actividades y servicios turísticos, según el referido art. 52, el alojamiento. Como consecuencia, los interesados en destinar una vivienda a uso turístico deberían contratar un seguro de responsabilidad civil, ya sea ésta gestionada por el mismo propietario o por un tercero.

Lo reitera el art. 23, letra e), del Decreto 10/2021, al reconocer que la declaración responsable contendrá que el responsable de la vivienda de uso turístico o la empresa gestora de las misma, «dispone de un seguro de responsabilidad civil u otra garantía para cubrir los daños y perjuicios que puedan provocarse en el desarrollo de la actividad».

En cuanto a la cobertura, el art. 26, del anterior cuerpo legal, prevé, además de la obligación de la persona titular de la actividad de contratar una póliza de seguro de responsabilidad civil, «que cubra los daños y perjuicios a la salud o a la integridad física de las personas usuarias del alojamiento o de terceras personas que puedan ocasionarse como consecuencia de la actividad alojativa, así como los relativos a la seguridad financiera», recoge, en su apartado segundo, la cuantía mínima del capital asegurado, que se determinará en función de las plazas máximas admisibles en el alojamiento [a) Hasta 25 plazas: 150.000 euros].

Igual que sucede en Asturias, el legislador valenciano únicamente exige que el seguro de responsabilidad civil cubra los daños y perjuicios personales, de los usuarios y de los terceros, o la seguridad financiera. Nada dice en relación con los daños materiales, especialmente los que puedan ocasionarse en los elementos comunes.

F) Galicia

Esta Comunidad Autónoma, en el art. 41.2, e), 5.º, de su Decreto 12/2017, exige contar con un «Seguro de responsabilidad civil que cubra los riesgos de las personas usuarias del establecimiento por daños corporales, daños materiales y los perjuicios económicos causados que se deriven del desarrollo de su actividad.»

Nuevamente, junto a la declaración responsable, el interesado, ya sea el propietario del inmueble o un tercero, deberá justificar la previa contratación de un seguro de responsabilidad civil.

Los daños cubiertos, tras una interpretación amplia del precepto, incluirían los riesgos corporales y los materiales de las personas usuarias, así como los perjuicios económicos que se deriven de la actividad.

G) Región de Murcia

Hace referencia al seguro de responsabilidad civil, también, el art. 8, del Decreto n.º 256/2019, de la Región de Murcia.

Reza dicho precepto: «Los titulares de la explotación de alojamiento turístico del presente decreto deberán tener suscrito un contrato de seguro de responsabilidad civil que cubra, de forma suficiente, los posibles riesgos de la actividad turística. En cualquier caso, la cuantía mínima de cobertura será de trescientos mil euros por siniestro. Los contratos de seguro deberán mantenerse en vigor durante todo el tiempo de prestación de la actividad de alojamiento. Estas coberturas deben incluir toda clase de siniestros: daños corporales, daños materiales y los perjuicios económicos causados.»

De conformidad con el apartado 1.º de su art. 5, la explotación —expresión utilizada por el art. 8—, puede hacerse por los propietarios o por las empresas gestoras[582]. Por tanto, según quien sea el encargado de gestionar la vivienda, ya sea el propietario o un tercero, el obligado a contratar el seguro será uno u otro.

En cuanto al ámbito de cobertura del seguro. El art. 8 dice que el seguro deberá cubrir «de forma suficiente», los riesgos de la actividad turística. Y, finalmente, se refiere a qué clases de siniestros deben quedar amparados.

---

582 El contenido del precepto es el siguiente: «1. La explotación, ya sea por sus propietarios o por empresas gestoras, de las viviendas de uso turístico que se cedan en su totalidad se efectuará para el uso y disfrute de ésta, considerada como una unidad indivisible. Por tanto, en esta modalidad no se permite la coincidencia de usuarios que hayan formalizado contratos diferentes dentro de la misma vivienda.»

Éstos serán todos los relacionados con «los daños corporales, los daños materiales y los perjuicios económicos causados.»

No cabe duda de que una vivienda de uso turístico sometida a régimen de propiedad horizontal, además de los daños que pueda sufrir el usuario en la vivienda arrendada, éstos pueden propagarse al resto de propietarios y elementos comunes. Por lo tanto, en virtud de una interpretación amplia del tenor del art. 8, entendemos que estos últimos quedarían amparados por el seguro contratado.

H) Navarra

Por su parte, el art. 9.1, a), 3, del Decreto Foral 230/2011, de Navarra, exige, previamente al inicio de la actividad, que la declaración responsable haga referencia acerca del «Contrato de seguro de responsabilidad civil de explotación, con una cobertura de 3.000 euros por plaza de alojamiento y un mínimo de 150.000 euros.»

El título del Decreto navarro únicamente se refiere a los apartamentos turísticos. No obstante, y de conformidad con el art. 3 «Podrán adscribirse a la modalidad de vivienda turística los apartamentos turísticos tipo casa, villa, chalet, cueva, construcciones prefabricadas o similares de carácter fijo y los adosados o las partes independientes de un edificio, que cumplan con los siguientes requisitos mínimos: a) Superficie útil mínima de 90 metros cuadrados; b) Acceso independiente; c) Segregación vertical.»

De lo anterior se desprende que, el requisito de contar con un seguro de responsabilidad civil no se predica, únicamente, de los apartamentos turísticos, sino también de las viviendas turísticas.

El encargado de suscribir el contrato de seguro será el titular de la explotación. O eso permite concluir el contenido del precepto, al referirse al «seguro de responsabilidad civil de explotación». Y, en cuanto a la cobertura a contratar, el artículo no se pronuncia acerca de este extremo. Por este motivo, para saber si un determinado hecho queda amparado en él, deberemos estar a lo previsto en la póliza correspondiente.

I) País Vasco

Debe contar con un seguro de responsabilidad civil, igualmente, según el art. 17 del Decreto 101/2018, del País Vasco, la persona titular de la actividad.

Dice el apartado 1.º del precepto que: «La persona titular de la actividad está obligada a contratar una póliza de seguro de responsabilidad civil que garantice los daños a la salud o a la seguridad física de las personas usuarias de la vivienda o de terceras personas, así como los relativos a la seguridad financiera de las personas usuarias, que puedan ocasionarse como consecuencia de la actividad alojativa.»[583]

El precepto se refiere a «la persona titular de la actividad». Por lo tanto, dicho término es lo suficientemente amplío como para englobar tanto al propietario, como a un tercero encargado de la gestión.

Y, también, especifica qué daños quedarían cubiertos por la póliza contratada: daños para la salud o la seguridad física de las personas usuarias de la vivienda o de terceras personas. Parece, que sólo se refiere a los daños personales, y no a los materiales. Por lo que, no quedarían amparados los daños materiales que se causaren en la comunidad de propietarios.

5.1.1.2. Ausencia del requisito de contar con un seguro de responsabilidad civil

Hasta ahora hemos visto las Comunidades Autónomas que supeditaban o condicionaban el ejercicio de la actividad a la contratación de un seguro de responsabilidad civil. Unas fijaban la cuantía y las coberturas mínimas. En cambio, otras, no y, por lo tanto, deberíamos estar a lo recogido en la póliza.

Pero junto a estas Comunidades Autónomas, hay otras en las que no se exige un seguro de responsabilidad civil.

Dentro de este segundo grupo, encontramos las Comunidades Autónomas de Aragón, Canarias, Cantabria, Castilla la Mancha, Castilla y León, Cataluña, Madrid y Extremadura.

Y, asimismo, encontramos a La Rioja. Efectivamente, ésta no exige la contratación de un seguro de responsabilidad civil, pero en el apartado II de la introducción del Decreto 10/2017, de 17 de marzo, por el que se aprueba el Reglamento General de Turismo de La Rioja, puede leerse lo

---

583 Y, continúa diciendo: «2. La cuantía mínima de capital asegurado se determinará en función del número de plazas máximo admisible en la vivienda contemplado en la declaración responsable, a razón de 35.000 euros por plaza.
3. La póliza a que se refiere este artículo deberá mantenerse vigente mientras no se proceda a dar de baja a la actividad en el Registro de Empresas y Actividades Turísticas de Euskadi.»

siguiente: «Se ha eliminado la exigencia de que las empresas tengan suscrito un seguro de responsabilidad civil, al tratarse de una materia que entra dentro de la órbita de las relaciones privadas contractuales y de las decisiones que, como gestor de la empresa, competen a sus directivos.» Salvo las agencias de viaje y las empresas de turismo activo, que sí que se les exige[584].

A pesar de no ser un requisito para el inicio de la actividad, es recomendable en cualquiera de los casos.

5.1.2. Los seguros incluidos en la comercialización de estancias turísticas a través de plataformas digitales de intermediación

5.1.2.1. El caso de Airbnb

Airbnb, como plataforma intermediaria, ofrece dos modalidades de seguro. Ambos incluidos en el precio y compatibles con cualquier otro seguro que el propietario o tercero explotador de la vivienda ya tuviera contratado; pero con coberturas claramente diferenciadas.

La primera modalidad es la protección frente a daños para anfitriones.

Ésta, proporciona una cobertura de hasta tres millones de dólares para el [improbable, dice *Airbnb*] caso de que un huésped provoque desperfectos en el alojamiento o en las pertenencias de un anfitrión durante una estancia[585].

---

584 A las agencias de viaje «se les exige una garantía para casos de insolvencia que cubra en especial la repatriación debido a que el usuario se encuentra en estos supuestos en una clara situación de indefensión, además de que viene obligado como consecuencia de la aplicación de la normativa comunitaria.» Y a las empresas de turismo activo se les exige el seguro de responsabilidad civil «debido a la existencia del mayor riesgo material y personal inherente a este tipo de actividad.» Conforme al art. 176.2, a) se entiende por «Actividades de turismo activo: las relacionadas con actividades deportivas que se practiquen sirviéndose básicamente de los recursos que ofrece la naturaleza en el medio ambiente en el que se desarrolle, a las cuales les es inherente el factor riesgo o cierto grado de esfuerzo físico o destreza.» A las empresas de turismo activo se les exige el seguro de responsabilidad civil «debido a la existencia del mayor riesgo material y personal inherente a este tipo de actividad.»

585 Véase: https://www.airbnb.es/help/article/279/. En cambio, no cubre: los daños causados por el deterioro normal; la pérdida de dinero; las pérdidas causadas por catástrofes naturales; las lesiones o daños a la propiedad que sufran los huéspedes y u otras personas.

En concreto, dicho seguro cubre: los daños que puedan causar los huéspedes o sus acompañantes en el alojamiento o en las pertenencias del anfitrión; los daños a coches, barcos y otros vehículos estacionados que puedan causar los huéspedes o sus acompañantes; los gastos derivados de una limpieza extraordinaria o más exhaustiva de lo habitual como consecuencia del comportamiento de un huésped o de sus acompañantes durante una estancia, y las pérdidas de ingresos ocasionadas por tener que cancelar reservas confirmadas a través de *Airbnb*, debido a daños causados por los huéspedes u otras personas.

La segunda modalidad, *es el seguro de responsabilidad civil para anfitriones.*

Ésta ofrece, igualmente, una cobertura de hasta un millón de dólares. No obstante, su ámbito lo constituyen las lesiones de los viajeros, los daños causados a sus pertenencias o que alguien les robe algo durante una estancia en un determinado alojamiento. Y, también, quedan amparados por este seguro las personas que ayudan a hospedar, como los coanfitriones y los profesionales de la limpieza[586].

En especial, el seguro cubre: las lesiones corporales de los viajeros u otras personas; los daños o el robo de las pertenencias de los sujetos anteriores, y los daños causados por los huéspedes u otras personas en las zonas comunes, como el vestíbulo de un edificio o las propiedades cercanas.

De este modo, aquellos interesados en comercializar las estancias turísticas a través de *Airbnb* se verán beneficiados de ambos seguros, siempre y cuando el siniestro se produzca durante la estancia y que la reserva se haya realizado a través de dicha plataforma.

Los anfitriones no deberán abonar ningún importe para contar con la protección que ofrecen estos seguros. Y, más aún, tendrán la opción de recurrir, en primer lugar, a este seguro, en vez de presentar una reclamación a través de la póliza que tengan contratada, siempre que esta última lo permita[587].

Vemos, por tanto, que el seguro de responsabilidad civil para anfitriones cubre los daños causados por los huéspedes u otras personas en las zonas comunes. Entendemos que dichas zonas comunes irían referidas a

---

586 Véase: https://www.airbnb.es/help/article/937. Y, no cubre: los daños o las lesiones producidas como consecuencia de una acción intencional o los daños que los huéspedes ocasionen en el alojamiento o en las pertenencias del anfitrión.

587 *Vid.*: https://www.airbnb.es/aircover.

las existentes en un edificio sometido a régimen de propiedad horizontal. En este sentido, *Airbnb* alude, expresamente, a los vestíbulos de un edificio. Consideramos que ello es meramente ejemplificativo, y que incluiría cualquier otro elemento común, como podría ser un rellano, un ascensor, las escaleras, etc.

No obstante, el hecho de que la comercialización de una estancia turística a través de *Airbnb* lleve implícita una cobertura como la anterior, plantea una cuestión: ¿el seguro ofrecido por *Airbnb* permitiría ver cumplido el requisito exigido por algunas normas autonómicas en relación con el seguro de responsabilidad civil?[588]

Las coberturas ofrecidas a través del seguro de protección frente a daños para anfitriones y el de responsabilidad civil para anfitriones, abarcan numerosas situaciones dañosas que pueden derivarse de un alojamiento privado para el turismo en una vivienda, incluidas aquellas sometidas a régimen de propiedad horizontal.

A ello hay que añadirle la cantidad cubierta: hasta tres o un millón de dólares. Dicha cobertura es mucho más elevada que cualquier otra exigida en la normativa turística.

Estos dos aspectos jugarían a favor de considerar el seguro ofrecido por la plataforma *Airbnb* como suficiente. Y, por tanto, verían cumplido el requisito de contar con un seguro de responsabilidad civil, previsto en la norma turística.

Empero, ello topa con un inconveniente. En la declaración responsable el interesado debería comprometerse a comercializar la estancia, única-

---

588 Para GIMENO BEVIÁ, Vicente, «El aseguramiento en las viviendas de uso turístico», *Revista de Estudios Europeos* (2017), n.º 70, pp. 98 a 110, p. 104, la cuestión genera ciertas dudas. Según el autor, una de las dudas radica en el procedimiento de reclamación, que presenta diferencias con respecto a la dinámica habitual del seguro de responsabilidad civil. En este último «el perjudicado se dirige contra la compañía aseguradora a través de la acción directa reconocida en el art. 76 LCS, contra el asegurado causante del daño o contra ambas. Concretamente, para las reclamaciones con base en el "programa de seguro de protección del anfitrión" es el tomador del contrato, Airbnb —por tanto, ni el asegurado ni el asegurador— quien se presenta como el encargado de la tramitación a través de su formulario de contacto, de modo que, por el mero anuncio de la vivienda en la citada plataforma, el anfitrión acepta su vinculación con la política de reclamación de la mercantil.»

mente, a través de *Airbnb*, ya que dichos seguros sólo cubren las estancias comercializadas por ese canal.

La comercialización a través de canales de oferta turística no debe ser considerado por las normas autonómicas como un requisito esencial e incuestionable a la hora de calificar un arrendamiento como turístico. Sin duda alguna, contribuirá al carácter turístico de la cesión, pero no de forma determinante, si se demuestra que la causa no era servir de alojamiento para el turismo, sino otra.

Este último extremo se observa con las nuevas modalidades de arrendamiento que permite *Airbnb*. Dicha plataforma admite los denominados «alquileres de larga duración» o de «larga estancia», que normalmente son superiores a 28 días. Éstos, en muchas ocasiones, no responderán a motivos turísticos, sino más bien a causas laborales, principalmente. Y, en estos casos, los huéspedes podrán beneficiarse de todas las salvaguardas que ofrece la plataforma, esencialmente en relación con el pago que, incluso, puede prorratearse.

En definitiva, el hecho de no poder calificar todas las comercializaciones realizadas a través de *Airbnb* de turísticas, unido a que sólo las realizadas mediante su plataforma quedarían cubiertas por los seguros anteriores, permitiría considerar el resto de las comercializaciones fraudulentas, por no cumplir con uno de los requisitos exigidos —como es el de contar con un contrato de responsabilidad civil— y, consecuentemente, en su caso, serían objeto de la correspondiente sanción administrativa.

Por este motivo consideramos que la cobertura ofrecida por *Airbnb* no permite ver cumplido el requisito exigido por las diferentes normas autonómicas, en relación con el seguro de responsabilidad civil.

5.1.2.2. El caso de Vrbo

Otra de las plataformas que merece nuestra tención es *Vrbo*, conocido anteriormente como *HomeAway*. En su página web, alude a un seguro de responsabilidad civil[589]. En concreto, dice que: «El seguro de responsabilidad civil proporciona protección de responsabilidad a propietarios y profesionales inmobiliarios para todas aquellas reservas que se procesen online a través del proceso de pago de *Vrbo*. Para ello, ofrece una cobertura máxima de un millón de dólares (por propiedad y año) como protección

---

589 https://www.vrbo.com/es-es/l/seguro-de-responsabilidad-civil//

de responsabilidad principal, independientemente de su póliza actual y sin incurrir en costes adicionales para usted.

Por lo tanto, si no dispone de seguro de responsabilidad civil, esta póliza responderá primero en el caso de que alguien presente una reclamación contra usted. Si su propiedad ya dispone de un seguro de responsabilidad civil, podrá considerar añadir este seguro como cobertura adicional. De este modo, ambos seguros responderán conjuntamente y le cubrirá frente a posibles reclamaciones presentadas contra usted.»

Acto seguido, expone el ámbito de protección. Protege, por una parte, contra reclamaciones por lesiones del viajero[590]. Y, por lo que aquí interesa, protege también frente a reclamaciones por daños a terceros.

En relación con esta última protección dice: «Si el viajero daña accidentalmente la propiedad de un tercero (de un vecino, por ejemplo) durante la estancia en su propiedad, dicho tercero podrá presentar una reclamación contra usted. En este caso, este seguro podrá cubrirlo frente a dichas reclamaciones.»

Podría plantearse, por tanto, igual que sucedió con *Airbnb*, si dicho seguro de responsabilidad civil es suficiente para ver cumplidas las exigencias autonómicas en materia de viviendas de uso turístico.

Sin embargo, la respuesta, de nuevo, debe ser negativa, y ello debido a la precisión que realiza *Vrbo* a continuación: «Recuerde que el Seguro de Responsabilidad civil no ofrece cobertura por daños a su propiedad ocasionados por el viajero.»

Y añade, en relación con la protección de responsabilidad para alquileres vacacionales: «Por lo general, la cobertura de responsabilidad civil de las pólizas no se aplica cuando la propiedad se alquila como casa de vacaciones. Este seguro le proporciona la cobertura necesaria para aquellos casos en que se considera responsable de un accidente ocurrido durante la estancia en su propiedad.»

Por lo tanto, aunque es un elemento a tener en cuenta el hecho de que la cesión a través de determinadas plataformas incluya un seguro de responsabilidad civil, éste no debe considerarse sustituto del requisito previsto en la normativa autonómica.

---

[590] Es decir, «Si el viajero resulta herido a causa de un accidente ocurrido durante la estancia en su propiedad, este seguro podrá cubrirlo frente a posibles reclamaciones presentadas contra usted.»

5.1.3. El seguro de responsabilidad civil como condición impuesta por parte de la comunidad de propietarios

El art. 17.12 LPH permite a la junta de propietarios «limitar» o «condicionar» el ejercicio de la actividad de alojamiento privado para el turismo, suponga o no una modificación del título constitutivo o de los estatutos, a través de un acuerdo adoptado en ese sentido, por las tres quintas partes del total de los propietarios que, a su vez, representen las tres quintas partes de las cuotas de participación.

Hemos visto como la exigencia de contar con un seguro de responsabilidad civil difiere de una Comunidad Autónoma a otra. Unas no lo contemplan como requisito necesario para llevar a cabo la actividad. Otras, en cambio, sí que lo recogen, pero con un alcance diverso.

Ya sea tenido como un requisito necesario o no, las comunidades de propietarios, con fundamento en el art. 17.12 LPH, podrían supeditar la posibilidad de destinar la vivienda de uso turístico a que el interesado, además de contar con todos los requisitos administrativos exigidos, disponga de un seguro de responsabilidad civil en vigor.

Se ha observado que, en algunos casos, la cobertura está clara, y una interpretación amplia permite incluir en su ámbito todos los daños corporales o materiales causados al resto de propietarios y de zonas comunes. No obstante, en otros deberemos estar a lo previsto en la póliza suscrita.

Por ello, en estos casos ambiguos o que, simplemente, la normativa sectorial no lo exija, podría ser conveniente que la comunidad de propietarios adoptara un acuerdo condicionando el ejercicio de la actividad, por mayoría cualificada, a la necesidad de contar con un seguro de responsabilidad que cubra, de forma específica, y entre otros extremos, los daños causados al resto de comuneros y elementos comunes.

Éste sería, en nuestra opinión, el caso paradigmático de condicionamiento que prevé el art. 17.12 LPH[591], además de constituir otro instrumento puesto en manos de la comunidad a la hora de afrontar posibles molestias y daños al edificio.

---

591 En este mismo sentido *Vid.* GOMÁ LANZÓN, Fernando, *op. cit.* cuando dice que «Y condicionando sería establecer requisitos previos o simultáneos para poder ejercer esa actividad, quizá uno podría ser tener un seguro que específicamente cubra los daños que pudieran derivarse a instalaciones de la comunidad».

5.2. El requerimiento de desalojo o abandono inmediato de la vivienda de uso turístico

Otra de las medidas que prevén algunas normas autonómicas, es la posibilidad de que la persona comercializadora de la vivienda requiera al usuario para que abandone el inmueble, en un plazo determinado.

Como consecuencia de la brevedad de las estancias turísticas, nos parece una medida que puede resultar efectiva.

A) Andalucía

El apartado 5.º, del art. 2, del Decreto 28/2016, de Andalucía, prevé que: «Cuando las personas usuarias incumplan alguna de las obligaciones que establece la Ley 13/2011, de 23 de diciembre, especialmente las relativas a las reglas de convivencia, las personas o entidades explotadoras podrán denegar la permanencia de las personas usuarias y requerir el abandono de la vivienda, en el plazo de 24 horas.»

Dichas obligaciones aparecen recogidas en el art. 22 de la Ley 13/2011. Y, entre otras, cabe destacar la obligación de observar las reglas de convivencia e higiene para la adecuada utilización de los establecimientos turísticos (letra a), o la de respetar las normas de régimen interior para la adecuada utilización siempre que no sean contrarias a la ley (letra b).

Se nos plantea la duda acerca de si el incumplimiento del reglamento de régimen interior adoptados por la comunidad de propietarios da lugar a denegar la permanencia del turista en la vivienda, y a requerir su abandono.

Sabemos que las reglas de convivencia constituyen el contenido típico de los reglamentos de régimen interior en las comunidades de propietarios. Si tenemos en cuenta que las zonas comunes son anejas a los elementos privativos y, por tanto, inherentes e indivisibles, parece que la inobservancia de las reglas de convivencia para la adecuada utilización de los establecimientos turísticos —en este caso, una vivienda con fines turísticos—, podría llevar aparejada la denegación de la permanencia del turista o el requerimiento para su abandono.

B) Aragón

Podemos destacar en esta sede, también, el art. 13.1, letra e), del Decreto 1/2023, de Aragón, al prever que: «Queda prohibido, en todo caso, a los clientes, [...] e) Realizar cualquier actividad que entre en contradicción con los usos de convivencia, higiene y orden público habituales, o que impida el normal descanso de otros usuarios del inmueble [...].»

Y, a reglón seguido, en su apartado segundo, dice que: «El incumplimiento de estas normas facultará a los titulares de las viviendas de uso turístico para solicitar la resolución del contrato y para efectuar un requerimiento de abandono de la vivienda a sus infractores.»

C) Asturias

Una prohibición similar encontramos en el art. 28, del Decreto 48/2016, de Asturias. De conformidad con su letra e), queda prohibido «Realizar cualquier actividad que entre en contradicción con los usos de convivencia higiene y orden público, o que impida el normal descanso de otros usuarios del inmueble.»

Para, a continuación, determinar que el incumplimiento de dichas normas facultará a la empresa para proceder a la expulsión de los infractores de las mismas, para lo cual podrán recabar el auxilio de las fuerzas de orden público (art. 28.2).

Dicha prohibición, dice el apartado 3.º del art. 28, deberá ser incorporada en el reglamento de régimen interior, en el supuesto de que éste se haya formulado y, en todo caso, deben estar anunciadas de forma visible en una zona de fácil lectura dentro de la vivienda vacacional o de uso turístico.

D) Islas Baleares

Así lo contempla el apartado 15.º, del art. 50, de la Ley 8/2012, de las Islas Baleares.

Esta medida está prevista, en concreto, en caso de «alteraciones graves de la convivencia o de infracción grave de las normas de régimen interior de las comunidades»[592]. En cuyo caso, el plazo para el abandono será de veinticuatro horas.

---

592 El contenido íntegro del precepto es el siguiente: «12. Las personas usuarias alojadas tienen que cumplir los usos de convivencia y de orden público, así como, en los casos de propiedad horizontal, las normas de régimen interior de la comunidad de propietarios donde la vivienda esté ubicada. En caso de alteraciones graves de la convivencia o de infracción grave de las normas de régimen interior de las

E) Canarias

Una prohibición similar recogía el art. 5, del Decreto 113/2015, de Canarias. Su apartado 2, letra c), prohibía a los usuarios contravenir las normas de régimen interior de la comunidad de propietarios donde la vivienda vacacional se ubique. Si bien, en este caso, no se hace referencia a cuál será la consecuencia en caso de incumplimiento.

Sin embargo, la totalidad del art. 5.2 fue declarado nulo por la STSJ Canarias (Sala de lo Contencioso-Administrativo, 2ª) 5 julio 2017[593].

El recurrente alegó que el precepto en cuestión vulneraba el art. 33.1 CE «Al limitar el ejercicio al derecho a la propiedad privada en ese inmueble que es precisamente eso, una vivienda.»

El Tribunal niega que el artículo imponga nuevas limitaciones al derecho de propiedad, y expone que el precepto se circunscribía a recordar al turista el deber de hacer un uso civilizado de la vivienda vacacional. No obstante:

> «la Ley del turismo de Canarias no regula la actividad del turista ni habilita al Reglamento para imponer deberes al turista, pues según su exposición de motivos la habilitación se limita a determinar "qué tipo de establecimiento debe entenderse comprendido dentro de cada una de las modalidades" hotelera y extrahotelera.»[594]

F) Cantabria

Por su parte, el Decreto 225/2019, de Cantabria, no prevé una prohibición en ese sentido. Sin embargo, en su art. 7, que lleva por rúbrica «Uti-

---

comunidades, la persona comercializadora de la vivienda tiene que requerir que el abandono de esta por el cliente se haga en un plazo máximo de veinticuatro horas.»

593 STSJ Canarias (Sala de lo Contencioso-Administrativo, 2ª), núm. 179/2017, 5 julio (JUR 2018, 57291).

594 «Aunque el precepto reglamentario cuestionado no imponga nuevas limitaciones al derecho de propiedad, ya implícitas en su normal contenido y en lo pactado en el contrato en función de la previa declaración responsable presentada ante la Administración turística, ésta ha de velar por los intereses generales afectados por la actividad turística pero dentro de su contenido *no se incluye la regulación directa de la conducta de los turistas para lo cual no ha sido expresamente habilitada por la Ley del Turismo de Canarias, donde únicamente se establecen derechos del turista y ningún deber.*» (las cursivas son nuestras)

lización de la vivienda de uso turístico», en su numeral quinto, recoge la obligación de informar a los usuarios de las viviendas de uso turístico sobre el régimen de funcionamiento de las instalaciones comunes del bloque o urbanización[595].

G) Castilla y León

El art. 19, del Decreto 3/2017, de Castilla y León, en su apartado 1.º, dice que la empresa podrá elaborar un reglamento de régimen interno que deberá poner a disposición del turista.

Dicho reglamento de régimen interno parece diferenciarse de los reglamentos de régimen interior que recoge el art. 6 LPH, puesto que es la empresa y no la comunidad de propietarios la que lo elaborará. No obstante, en su apartado 2.º exige que el reglamento incluya, entre otros extremos, las normas de uso y ocupación de los elementos y zonas comunes para la correcta convivencia de los turísticas.

Por tanto, a pesar de ser la empresa de alojamiento la que confeccione dichas normas[596], nada impide que se recojan en ellas los reglamentos de régimen interior adoptados por la comunidad. Lo que no está claro es si el incumplimiento de las normas de régimen interior de la comunidad da lugar a la consecuencia que prevé el apartado 2.º del art. 27.

Según el anterior precepto, el incumplimiento de las prohibiciones previstas en él facultará a la empresa para requerir el abandono de la vivienda de uso turístico. No obstante, de entre las 9 prohibiciones que recoge, ninguna se refiere de forma expresa a los reglamentos de régimen interno de la comunidad, ni a las normas adoptadas por la propia empresa de alojamiento.

El contenido que más se acerca a dicha cuestión lo configuran las letras e) e i), del art. 27.1. Éstas prevén, respectivamente, que queda prohibido:

---

595 En su Preámbulo apunta el Decreto cántabro que «no debemos olvidar que el tipo de viviendas que el Decreto regula están pensadas para un uso residencial, por lo que se hace necesario imponer una serie de límites que garanticen la correcta convivencia entre los turistas y los residentes.»

596 La letra a), del art. 4 define «empresa de alojamiento en la modalidad de vivienda de uso turístico (en adelante, empresa)», como «los titulares de establecimientos de alojamiento en la modalidad de vivienda de uso turístico, pudiendo ser tanto persona física como jurídica.»

«Realizar actividades que atenten contra las normas usuales de convivencia o el régimen normal de funcionamiento de vivienda de uso turístico, debiendo dejar ésta en las mismas condiciones que la recibieron.»; y «Realizar cualquier actividad que altere la convivencia o impida el normal descanso de otros usuarios del inmueble, de acuerdo a lo dispuesto en las ordenanzas municipales de aplicación.»

La primera alude a la propia vivienda, y no a los posibles elementos comunes existentes. Y, la segunda, a las ordenanzas municipales.

Por lo que, de la lectura conjunta de los art. 19 y 27, no se desprende de forma clara que el incumplimiento de las normas de régimen interior de la comunidad de propietarios faculte a la persona encargada del alojamiento a requerir al usuario para que abandone la vivienda. Aunque una interpretación amplia de la anterior letra e), al hacer referencia a las normas usuales de convivencia, podría ser causa justificativa de ello.

H) Cataluña

Menos dudas genera el apartado 5.º, del art. 221-1, del Decreto 75/2020, de Cataluña. El tenor del precepto es el que sigue: «El propietario o propietaria de la vivienda, o la persona gestora en quien delegue, debe entregar a las personas usuarias un documento que recoja las normas de convivencia acordadas por la comunidad de propietarios donde se integra la vivienda, si lo hay.»

Acto seguido, prevé que, en caso de inobservancia de las anteriores normas de convivencia [o del incumplimiento de las ordenanzas municipales], el precepto faculta al propietario de la vivienda o el gestor de la misma a requerir al cesionario para que abandone la vivienda inmediatamente.

I) Comunitat Valenciana

En términos similares a lo que ocurre en Castilla y León, el art. 37, del Reglamento 10/2021, de la Comunitat Valenciana, dentro del Capítulo VII, rubricado «Requisitos generales comunes a los establecimientos de alojamiento turístico», dispone que «la dirección de cada establecimiento podrá acordar normas de régimen interior sobre el uso de los servicios e instalaciones, a las que dará suficiente publicidad y que serán de obligado cumplimiento para su clientela.» Y añade que, el «incumplimiento de estas normas que pueda alterar la normal convivencia o poner en riesgo la seguridad o integridad física del resto de clientes y clientas o del personal del establecimiento, será causa suficiente para la resolución del contrato de alojamiento y desalojo del establecimiento».

Del precepto anterior, no se desprende sí contravenir las normas de régimen interior adoptadas por la comunidad de propietarios, que parecen diferenciarse de aquellas normas aprobadas por la dirección de cada establecimiento, se erige como causa suficiente para proceder al desalojo de la vivienda de uso turístico.

J) Galicia

Análogamente se pronuncia el apartado 5.º, del art. 40, incluido dentro del Capítulo IV, que lleva por rúbrica «Viviendas de uso turístico», del Decreto 12/2017, de Galicia.

En concreto, dicho precepto dice que, «En caso de que la persona usuaria de la vivienda atente contra las reglas básicas de la convivencia o incumpla las ordenanzas municipales dictadas al efecto, la persona titular de la propiedad o la persona gestora de la vivienda de uso turístico debe requerir a la persona usuaria para que abandone la vivienda.»

A pesar de no referirse, explícitamente, a las normas de régimen interior de la comunidad de propietarios, sí que alude a las reglas básicas de convivencia. Reglas básicas que forman el núcleo duro del contenido de los reglamentos de régimen interior. Por lo tanto, una vez informados de las mismas, en caso de incumplimiento, el propietario o la persona gestora tiene el deber de requerir los usuarios para que abandonen la vivienda.

K) Comunidad de Madrid

En similares términos se pronuncia el Decreto 79/2014, de Madrid. Dentro de los deberes de los usuarios, en su art. 5.3.2.º, b), prevé la obligación de cumplimiento de las reglas básicas de convivencia o cívicas previstas en las normas de régimen interior aprobadas por las comunidades de propietarios.

Y, en caso de incumplimiento, «el propietario o representante de la actividad requerirá por una sola vez al usuario para que cese en su inobservancia, o en caso de gravedad, para que abandone la vivienda. De no ser atendido dicho requerimiento, dará debido parte a la Policía o autoridad competente.»

L) Región de Murcia

El apartado 9.º, del art. 5, del Decreto n.º 256/2019, de la Región de Murcia, dispone que cuando las personas usuarias incumplan alguna de las obligaciones relativas a las reglas de convivencia, el titular de la explotación podrá denegar la permanencia y requerir el abandono del alojamiento en el plazo de veinticuatro horas.

Por lo tanto, una vez informados los usuarios acerca de las normas de régimen interior de la comunidad de propietarios, si las hay, en caso de inobservancia, cabría la posibilidad de denegar su permanencia en la vivienda y proceder a su abandono, en el plazo fijado.

M) País Vasco

Por lo que respecta al País Vasco, el apartado 5.º, del art. 21, de su Decreto 101/2018, manifiesta que: «Así mismo, la persona titular de la actividad deberá comunicar a las personas usuarias la obligación que asumen de utilizar la vivienda con pleno respeto a las normas de uso o de régimen interior, así como las reglas habituales de convivencia del edificio.»[597]

Y, por su parte, el art. 24, en su apartado 1.º, en relación con las obligaciones de las personas usuarias, entre otros extremos, exige observar las normas de régimen interior y de convivencia. Para, en su apartado 3.º, autorizar al titular de la actividad a negarse a continuar prestando el servicio de alojamiento cuando se incumplan manifiestamente dichas normas de convivencia.

N) Navarra

En contra, el art. 12, del Decreto foral 230/2011, de Navarra, únicamente manifiesta que: «Los establecimientos deberán acordar normas de régimen interno sobre el uso de los servicios e instalaciones, que estarán a disposición de los clientes.»

---

597 Y, continúa el precepto: «Específicamente, les deberá transmitir su obligación de observar las disposiciones habituales sobre higiene, educación, convivencia social, vestimenta y respeto a las personas y costumbres del lugar y, especialmente, el derecho al descanso de las demás personas que residan en el inmueble.»

Según el anterior precepto, acordar normas de régimen interno es un deber —dice: «deberán acordar»—, para los establecimientos. Será, de nuevo, el titular del establecimiento el que deberá adoptar dichas normas, y no la propia comunidad de vecinos.

No obstante, ello no es óbice para que el encargado de la gestión de la vivienda turística incluya o se remita al reglamento de régimen interior fijado por la comunidad en sus normas de régimen interno.

En este caso, ante un incumplimiento de las mismas, no se recoge consecuencia alguna.

O) La Rioja

Y, finalmente, cabe mencionar la letra e), del art. 71, del Decreto 10/2017, de La Rioja.

Dicho precepto, en sede de normas comunes para las viviendas de uso turístico y establecimientos de apartamentos turísticos, y en términos similares a otras normas turísticas anteriormente analizadas, determina que queda prohibido realizar cualquier actividad que atente contra las normas usuales de convivencia o el régimen normal de funcionamiento del alojamiento[598].

Dicho cuanto antecede, se pone de manifiesto el protagonismo que las disposiciones autonómicas otorgan a los reglamentos de régimen interior en las comunidades de propietarios, ya sea de forma directa y expresa, o indirecta, al referirse a las reglas de convivencia.

Una vez adoptado, el reglamento de régimen interior obliga a todos los titulares y ocupantes del edificio, incluidos los turistas, mientras no sea modificado. Éste, como ya indicó la citada SAP Alicante (Sección 5ª) 4 octubre 1999, sólo sirve para regular los detalles de la convivencia y la adecuada utilización de los servicios y cosas comunes.

Con fundamento en lo previsto en la norma autonómica correspondiente, su inobservancia podrá llevar aparejado el requerimiento de aban-

598 Téngase en cuenta, también, el art. 20, letra a), al establecer que: «Sin perjuicio de las obligaciones específicas dispuestas en las regulaciones de cada establecimiento o actividad, el turista atenderá a las obligaciones siguientes: a) A respetar las normas particulares de los proveedores cuyos servicios disfrute o contraten y, particularmente, los reglamentos de uso o de régimen interior, [...].»

dono de la vivienda de uso turístico. Ciertamente, a pesar de que dicho requerimiento cae en manos de los propietarios de la vivienda o de los gestores de la misma, ello no impide que la propia comunidad de propietarios ponga en conocimiento los hechos al propietario o gestor, para que proceda al desalojo de la vivienda.

5.3. La acción de cesación

La posibilidad de requerir el abandono de la vivienda en caso de inobservancia de los reglamentos de régimen interior se convierte en un instrumento rápido para poner fin a las molestias que puedan ocasionar las viviendas de uso turístico, que concurren con otras destinadas a uso residencial, en un edificio sometido a régimen de propiedad horizontal.

También, la obligación, en algunos casos, y la facultad, en otras —en manos de la comunidad—, para condicionar el destino de las viviendas a uso turístico a la contratación de un seguro de responsabilidad, constituye una salvaguarda para los posibles intereses dañados de la comunidad.

Pero, en cualquier caso, y con independencia de que las viviendas de uso turístico estén permitidas, a las comunidades de propietarios siempre les quedará la posibilidad de ejercitar la acción de cesación.

El art. 7.2 LPH dispone que: «Al propietario y al ocupante del piso o local no les está permitido desarrollar en él o en el resto del inmueble actividades prohibidas en los estatutos, que resulten dañosas para la finca o que contravengan las disposiciones generales sobre actividades molestas, insalubres, nocivas, peligrosas o ilícitas.»

Siguiendo la distinción realizada por la STS (1ª) 27 noviembre 2008[599], dentro de dicho artículo podemos diferenciar tres supuestos de actividades no permitidas a los propietarios y ocupantes de los pisos o locales:

- Por una parte, aquellas actividades prohibidas en los estatutos. Estas limitaciones, de carácter convencional, son fruto del ejercicio de la autonomía de la voluntad por los interesados.
- Por otra, las actividades que resulten dañosas para la finca.

---

599 STS (1ª) núm. 1152/2008, 27 noviembre (RJ 2008, 6069).

- Y, finalmente, aquellas que contravengan las disposiciones generales acerca de actividades molestas, insalubres, nocivas, peligrosas o ilícitas[600].

La acción civil que constituye la acción de cesación no se ve afectada por el cumplimiento de los requisitos administrativos. Ni, tampoco, la admisibilidad por parte de la comunidad de su comercialización impide calificarla de molesta, si se demuestra lo contrario por cualquier medio de prueba admitido en derecho.

La SAP Barcelona (Sección 17ª) 9 octubre 2015, recogió los requisitos exigidos para el éxito de la acción de cesación. En concreto, señaló los siguientes elementos necesarios:

1) Que se dé una actividad, lo que supone cierta continuidad o permanencia de la realización de actos singulares.
2) Que la actividad sea incómoda, es decir, molesta para terceras personas que habiten o hayan de permanecer en algún lugar del inmueble en el que se desarrolle la actividad. En el sentido de que exista un sujeto pasivo determinado al que la actividad incómoda pueda afectar, y no personas inconcretas.
3) Que la molestia sea notoria y ostensible. En el sentido de que no basta una pequeña dificultad o trastorno, sino que se exige una dosis de gravedad, una afectación de entidad a la pacífica convivencia jurídica[601].

---

600 La nueva redacción del art. 7.2 LPH recogió la terminología utilizada por la letra e), del numeral segundo, del art. 27 LAU, que prevé como causa de resolución del contrato la realización en la vivienda de actividades molestas, insalubres, nocivas, peligrosas o ilícitas. Igualmente, son causa de resolución del contrato para uso distinto del de vivienda, conforme al art. 35 LAU.

601 SAP Barcelona (Sección 17ª), núm. 379/2015, 9 octubre (AC 2016,24). Y, además, señaló dicha resolución, en cuanto a este último requisito, que la afectación a la convivencia pacífica obliga a «una ponderación de cada caso concreto (STS 8 abril 1965), teniendo sentado el Tribunal Supremo que la base de la notoriedad está constituida por la "evidencia y permanencia en el peligro o en la incomodidad" (STS 20 abril 1965), entendiendo, asimismo que "… en el concepto de actividad notoriamente incómoda debe incluirse aquella actividad cuyo funcionamiento en un orden de convivencia, excede y perturba aquel régimen de estado de hecho que es usual y corriente en las relaciones sociales.»

Los anteriores requisitos han sido acogidos por la SAP Madrid (Sección 9ª) 24 octubre 2019[602].

Si concurren todos los anteriores elementos, de conformidad con el art. 7.2 LPH, el presidente de la comunidad, a iniciativa propia o de cualquiera de los propietarios u ocupantes, requerirá a quien realice la actividad molesta la inmediata cesación de la misma bajo apercibimiento de iniciar las acciones judiciales procedentes.

En caso de que el infractor persista en su conducta, el presidente, previa autorización de la junta de propietarios, debidamente convocada al efecto, podrá entablar contra él la acción de cesación.

Tanto el requerimiento, como la autorización de la junta a los que se refiere el precepto anterior, tiene declarado la jurisprudencia, son requisitos de procedibilidad para el ejercicio de la acción de cesación. El primero es un requisito formal necesario, de orden público, de *ius cogens*, y el segundo persigue dotar al presidente de una específica habilitación para formular la demanda en cuestión. Si no concurren ambos, la acción no podrá ser deducida[603].

Sin perjuicio de lo anterior, como apuntó la SAP Islas Balears (Sección 4ª) 4 diciembre 2020, haciéndose eco de lo previsto en la STS 18 mayo 2016[604], el art. 7.2 «no impone la actuación del presidente como exclusiva y excluyente». De modo que:

> «si el presidente o la junta de propietarios, no toma ninguna iniciativa, el propietario individual que sufre en su persona o familia las actividades ilícitas de un copropietario y tras los requerimientos oportunos no puede quedar indefenso y privado de la defensa judicial efectiva, por lo cual tiene la acción de cesación que contempla dicha norma y ante la inactividad del presidente o de la junta (o de ambos) está legitimado para ejercer esta acción en interés propio (no en el de la comunidad) en defensa de su derecho, que no ha ejercido la comunidad.»[605]

---

602 SAP Madrid (Sección 9ª), núm. 522/2019, 24 octubre (JUR 2020, 88934).

603 Por todos *Vid.* SAP La Rioja (Sección 1ª), núm. 71/2017, 26 abril (AC 2017, 1395); SAP Pontevedra (Sección 6ª), núm. 153/2016, 22 marzo (AC 2016, 722). De acuerdo con la SAP Guipúzcoa (Sección 2ª) núm. 475/2022, 20 junio (JUR 2022, 334232): «es válido el requerimiento de cese en la actividad llevada a cabo por el letrado en representación de la comunidad sin que tenga que ser específicamente el presidente el que haga dicho requerimiento».

604 STS (1ª) núm. 321/2016, 18 mayo (RJ 2016, 3676).

605 SAP Islas Baleares (Sección 4ª), núm. 514/2020, 4 diciembre (JUR 2021, 67831).

El requerimiento de cesación irá dirigido contra el propietario o arrendador —aunque no sea él el encargado de la gestión de la vivienda— o, en su caso, contra el ocupante de la vivienda[606].

Ahora bien, como indicó la SAP Salamanca (Sección 1ª) 12 diciembre 2019, no es un requisito dirigir la demanda contra los inquilinos[607]. Estos terceros inquilinos, en el caso enjuiciado, dice el Tribunal, se verán afectados de forma indirecta y refleja por el ejercicio de la acción de cesación, pero, en realidad, son personas sin identificar, puesto que a la fecha de ejecución de la sentencia tales terceros serán los que en aquel momento sean inquilinos de dicha vivienda. Hecho extrapolable a los terceros alojados en una vivienda de uso turístico[608].

Así, tras el análisis de las pruebas aportadas por el juez, éste podrá determinar, con carácter cautelar, y con fundamento en el párrafo 4.º del art. 7.2 LPH, la cesación inmediata de la actividad[609]. Asimismo, podrá adoptar

[606] Así lo considera COSTAS DE VICENTE, Begoña, «Actividades molestas en las viviendas de uso turístico», *Propiedad Horizontal: cuaderno jurídico* (2022), n.º 352, pp. 15 a 17: «Ante esta situación, la única solución será dirigir el requerimiento de cesación directamente al propietario, arrendador de este tipo de viviendas de uso turístico, contra quien posteriormente se interpondrá la demanda a través del juicio ordinario, previo acuerdo de la junta de propietarios.» (p. 17).

[607] SAP Salamanca (Sección 1ª), núm. 611/2019, 12 diciembre (AC 2020, 686): «Es claro, pues, que en el presente caso no existe ningún litisconsorcio pasivo necesario, ya que la afectación de los diferentes inquilinos es indirecta o refleja, no directa en tanto en cuanto en la demanda se ejerce la acción de cesación de actividades molestas en un piso vivienda de propiedad horizontal en el que se lleva a cabo un negocio de arrendamiento continuado de la vivienda por años a estudiantes. De manera que las pretensiones afectan exclusivamente al titular dueño de la vivienda, en orden a que cese en la realización de esas actividades molestas y dañosas».

[608] La SAP Málaga (Sección 4ª), núm. 414/2020, 17 julio (JUR 2020, 329978), afirmó que «Respecto a la falta de legitimación pasiva de la propietaria por no ostentar la posesión mediata del inmueble, el art. 7.2 de la Ley de Propiedad Horizontal es claro y la falta de posesión mediata no es óbice para el ejercicio de la acción contra el propietario».

[609] *Vid.* la SAP Valencia (Sección 8ª), núm. 471/2020, 27 julio (JUR 2020, 293141), que considera probado que «los inquilinos del demandado han causado numerosas molestias, con un comportamiento que se deben calificar como mínimo de incívico y con desprecio de la convivencia vecinal, situación que se agravó porque el demandado a pesar de ser conocedor de estos hecho, prefiriendo el rendimiento económico, nunca adoptó medida alguna para evitar la reiteración de las molestias que sus inquilinos venían causando a los miembros de la comunidad desde hacía años.»

cuantas medidas cautelares fueran precisas para asegurar la efectividad de la orden de cesación.

Pero, además, y este es el aspecto más importante introducido a través de la Ley 8/1999, de 6 de abril, si la sentencia es estimatoria de la acción, junto a la cesión definitiva de la actividad prohibida y la indemnización de daños y perjuicios que proceda, podrá disponer el juez la privación del derecho al uso de la vivienda por tiempo no superior a tres años.

Es decir, en virtud del párrafo 5.º del art. 7.2 LPH, en función de la gravedad de la infracción y de los perjuicios ocasionados a la comunidad, se podrá privar al propietario por un período no superior a tres años, de su derecho a destinar su inmueble a uso turístico[610].

Y, sólo en caso de que el infractor no fuera el propietario, la sentencia podrá declarar extinguidos, definitivamente, todos sus derechos relativos a la vivienda, así como su lanzamiento inmediato (art. 7.2, párrafo 5.º, *in fine* LPH).

6. CONCLUSIONES

1.ª Si hay un ámbito especialmente sensible en el que las viviendas de uso turístico pueden incidir, sin ánimo de generalizar, éste es el de los edificios sometidos a régimen de propiedad horizontal.

Uno de los cauces previstos para tratar de armonizar los derechos e intereses en liza en las viviendas de uso turístico sometidas a régimen de propiedad horizontal, es fijar estatuariamente limitaciones, condiciones o prohibiciones a los derechos de uso y disfrute de los inmuebles.

El principio de autonomía de la voluntad, que predica el art. 1255 CC, se erige, así, como un presupuesto de admisibilidad para adoptar acuerdos en ese sentido. Por lo tanto, la delimitación del contenido del derecho de propiedad no sólo debe buscarse en las leyes, sino también en los pactos o negocios.

---

610 En este sentido, la SAP Valladolid (Sección 1ª), núm. 391/2020, 16 noviembre (JUR 2021, 39767), estableció un plazo de privación de uso de dieciséis meses, manifestando el Tribunal que «La Juzgadora ha sido incluso generosa al establecer el plazo de 16 meses cuando la ley permitía haber establecido hasta un máximo de tres años.» O, la SAP Cádiz (Sección 2ª), núm. 310/2020, 10 noviembre (JUR 2021, 52370), que fijo un plazo de privación de uso durante el período de un año.

Dichos negocios son el título constitutivo y, principalmente, los estatutos. A través del título constitutivo, gracias a la previa fijación en él de la cuota de participación, podrá establecerse un aumento en los gastos comunes o cuotas especiales. Y, por medio de los estatutos, por regla general, se pretenderá limitar, condicionar o prohibir el uso turístico en el edificio.

2.ª Todos aquellos usos o destinos que no estén expresamente prohibidos en el título constitutivo o en los estatutos de la comunidad, han de considerase permitidos, incluso, el turístico.

La descripción que pueda hacerse en el título constitutivo, con miras a que los elementos privativos se destinen a vivienda, no comporta, necesariamente, una adscripción definitiva.

La doctrina jurisprudencial exige que las cláusulas estatutarias se interpreten de forma restrictiva, inclusive aquellas referidas a los usos turísticos. De este modo, la alusión en la cláusula a una determinada modalidad de alojamiento no debe servir para amparar y considerar proscritas en el edificio el resto de las modalidades, puesto que cada una viene definida por unas notas que las caracterizan. Lo contrario iría en contra de la doctrina jurisprudencial por cuanto las limitaciones al contenido del derecho de propiedad deben interpretarse de forma restrictiva.

Y, además, no debe perderse de vista la importancia práctica que tiene dejar sentado de forma clara, expresa y precisa a que modalidad de alojamiento se refiere la cláusula, ya que, según a qué tipología de alojamiento afecte el acuerdo en concreto, se exigirá un quórum u otro para su adopción.

De modo que, si no existe una cláusula clara y precisa, el destino originario puede transformarse, sin necesidad de modificar el título constitutivo o los estatutos.

Y, además, para que dicha cláusula clara y precisa relativa al uso o destino de los elementos privativos produzca eficacia *erga omnes*, es necesario que conste inscrita en el Registro de la Propiedad.

3.ª Si el uso turístico está prohibido de forma expresa, o limitado o condicionado, en caso de llevarse a cabo, o de no observarse lo exigido en los estatutos, podrá acudirse a la acción de cesación, según el procedimiento previsto en el art. 7.2 LPH. También podrá emplearse dicho cauce, si se reputa como una actividad molesta, en caso de estar permitido expresa o tácitamente, al no existir disposición alguna en la materia.

En cualquier caso, abogamos por considerar que la comercialización de estancias turísticas en viviendas sometidas a régimen de propiedad horizontal no es, *per se*, una actividad molesta, sino que, tal carácter, debe ser objeto de cumplida prueba.

Así, tras el análisis de las pruebas aportadas por el juez, éste podrá determinar, con carácter cautelar, y con fundamento en el párrafo 4.º del art. 7.2 LPH, la cesación inmediata de la actividad. Asimismo, podrá adoptar cuantas medidas cautelares fueran precisas para asegurar la efectividad de la orden de cesación.

Pero, además, y este es el aspecto más importante, si la sentencia es estimatoria de la acción, junto a la cesión definitiva de la actividad prohibida y la indemnización de daños y perjuicios que proceda, podrá disponer el juez la privación del derecho al uso de la vivienda por tiempo no superior a tres años. Es decir, en virtud del párrafo 5.º del art. 7.2 LPH, en función de la gravedad de la infracción y de los perjuicios ocasionados a la comunidad, se podrá privar al propietario por un período no superior a tres años, de su derecho a destinar su inmueble a uso turístico.

En caso de que el infractor no fuera el propietario, la sentencia podrá declarar extinguidos, definitivamente, todos sus derechos relativos a la vivienda, así como su lanzamiento inmediato (art. 7.2, párrafo 5º, *in fine* LPH).

Igualmente, la previa obtención de la licencia administrativa correspondiente o de cumplir con los requisitos administrativos, no pueden considerarse presupuestos para descartar el carácter molesto de esta actividad.

La jurisprudencia menor ha establecido una serie de requisitos para poder conceptuar una actividad como molesta.

- En primer lugar, que la actividad se dé dentro del inmueble (en cualquier parte del mismo), no en el exterior (a no ser que tenga su origen en el interior).
- En segundo lugar, la calificación de una actividad como incómoda o molesta no ha de hacerse apriorísticamente, y sólo por las características generales de la misma, sino atendiendo al modo de realizarse en cada caso concreto, o el modo de desarrollarse, y a la posición contumaz del agente ante las advertencias que le hayan sido hechas.
- En tercer lugar, la actividad ha de exceder y perturbar el régimen o estado de hecho usual y corriente en las relaciones sociales, de ma-

nera notoria (evidencia, habitualidad y permanencia en la incomodidad).

- En cuarto lugar, quedan comprendidas dentro de las actividades molestas todas aquellas que disminuyen el uso normal y el disfrute de sus respectivos elementos a los demás condueños, los actos de emulación y las inmisiones.
- Y, finalmente, se requiere una prueba concluyente, plena, convincente, atendida la gravedad de la situación.

4.ª La consecuencia inmediata, y más importante, de la introducción del art. 17.12 LPH, es la quiebra del régimen de mayorías anteriormente exigido para modificar el título constitutivo o los estatutos de la comunidad.

Antes de la reforma de la LPH, a través del Real Decreto-ley 7/2019, si se quería adoptar un acuerdo, o cláusula, mediante el cual se limitase, condicionase o prohibiese el uso para alojamiento turístico en el edificio, los comuneros debían acudir a la regla general contenida en el numeral 6.º, del art. 17 LPH. De modo que, al suponer dicho acuerdo una modificación del título constitutivo o de los estatutos, éste debía ser adoptado por unanimidad de propietarios y cuotas.

La exigencia de unanimidad creemos que es adecuada con el espíritu que predica la LPH. Según su Exposición de Motivos, «Los derechos de disfrute tienden a atribuir las máximas posibilidades de utilización», ya que garantiza el pleno ejercicio del derecho a la propiedad privada por parte de los comuneros. Y, además, ello no obsta para que el resto de los propietarios, en caso de que dicho uso o destino sea molesto, ejerciten la correspondiente acción de cesación.

Actualmente, si la comunidad de propietarios quiere limitar o condicionar la actividad concreta de que las viviendas se destinen a alojamiento turístico, y a pesar de suponer ello una modificación del título constitutivo o de los estatutos, será suficiente el acuerdo adoptado en ese sentido por mayoría cualificada. Es decir, tres quintas partes de propietarios que, a su vez, representen las tres quintas partes de las cuotas de participación.

5.ª Limitar o condicionar, en los términos previstos en el art. 17.12 LPH, no es lo mismo que prohibir.

En el lenguaje común, los vocablos «limitar», «condicionar» y «prohibir», aunque se usen con frecuencia de forma indistinta, no se refieren a una misma realidad.

Cuando a un derecho se le impone un límite, el sujeto goza de un reducto, mayor o menor, para ejercitarlo, pero hasta cierto punto. Si lo sobrepasa, se habrá extralimitado en su ejercicio y, por tanto, podrá ser reprochada su actitud.

Por su parte, cuando se establecen condiciones al ejercicio de un derecho, de nuevo, el sujeto abriga un ámbito de libertad de actuación. No obstante, su ejercicio lícito y válido queda subordinado al cumplimiento de las condiciones previamente establecidas. Si no las cumple y se mantiene en su ejercicio, su conducta será reprendida.

En cambio, cuando se prohíbe el ejercicio de un derecho, se despoja a su titular de la posibilidad de ejercitarlo. El sujeto, desde el primer momento, llevará a cabo una actividad ilícita y, por tanto, reprochable.

En el art. 17.12 LPH los verbos «limitar» y «condicionar», a pesar de hacer referencia a realidades distintas, son alternativos e, incluso, no excluyentes.

Facultar el hecho de limitar o condicionar el uso turístico por mayoría cualificada, y reservar la posibilidad de prohibir a la unanimidad, aún permite compaginar todos los intereses en juego, en el seno de la comunidad. Aquellos que quieran destinar su vivienda a uso turístico podrán hacerlo, garantizándose su ejercicio del derecho de propiedad de la forma más plena posible, si bien de forma limitada o condicionada, para evitar posibles perjuicios al resto de comuneros y respetar, al mismo tiempo, el goce pacífico de su derecho de propiedad.

Capítulo Cuarto

La delimitación del contenido del derecho a la propiedad privada a través de la regulación de las viviendas de uso turístico

1. CONSIDERACIONES PREVIAS

En el presente capítulo, analizaremos aquellas disposiciones normativas dictadas por las diferentes Comunidades Autónomas regulando las viviendas de uso turístico y que inciden en el derecho a la propiedad privada. Disposiciones que, a la hora de establecer los elementos caracterizadores de esta modalidad de alojamiento, definirán la esfera de actuación de los propietarios de inmuebles situados en suelo de uso residencial.

Cabe tener presente que las viviendas de uso turístico son un fenómeno multidisciplinar. Y, como tal, a la hora de abordar el estudio de su ordenación, a partir del derecho de propiedad, deberán tenerse en cuenta diferentes sectores del ordenamiento jurídico[611].

Este hecho implica que el análisis de la delimitación del contenido del derecho a la propiedad privada, a través de las normas reguladoras de las viviendas de uso turístico, deba hacerse, ante todo, a partir de la comprobación de dos circunstancias:

---

611 Así lo ponen de manifiesto VIDAL MARTÍ, Ernesto; PARDINES HERNÁNDEZ, Andrea y DE LA TORRE VERA, F. Javier, «Urbanismo y viviendas de uso turístico: ¿una relación válida?», *Práctica Urbanística* (2021), N.º 169, p. 2: «Se trata por tanto de un asunto multidisciplinar, con implicaciones de la regulación tanto civil, como administrativa, y en especial urbanística.» Ahora bien, justifican la importancia del Derecho civil en la materia objeto de estudio «debido a que las VUT se comercializan a través de lo que en el ordenamiento jurídico español conocemos como contrato de arrendamiento. [...] Cuestión diferente es el apellido que debamos poner a dicho arrendamiento (turístico). Y aquí es donde entra en juego la normativa autonómica de carácter administrativo que todas las CC. AA. han ido aprobando o renovando».

1.ª Que la regulación en cuestión se encuentre amparada por algún título competencial asumido por la Comunidad Autónoma[612].

2.ª Que la delimitación del contenido del derecho de propiedad que se realice sea proporcional con el objetivo que se persigue.

En cuanto a la primera. Ésta consistiría, en palabras del profesor COCA PAYERAS, en «llevar la ley de que se trate, al marco competencial de la Comunidad Autónoma concreta». Lo que exige buscar «el apoyo genérico de esa competencia, tanto en la Constitución, como en los Estatutos de Autonomía correspondientes»[613].

En este sentido, podemos adelantar que, la competencia invocada será, principalmente, la que ostentan la totalidad de las Comunidades Autónomas en materia de promoción y ordenación del turismo, prevista en el art. 148.1.18.ª CE.

Ahora bien, la anterior competencia está estrechamente ligada con otra, no menos importante en el ámbito en que se circunscribe nuestro estudio, como es la concerniente a la ordenación del territorio, urbanismo y vivienda, recogida en el art. 148.1.3.ª CE.

La conexión existente entre una y otra competencia se justificaría, como nos recuerda BARRADO TIMÓN, en que «de forma más o menos consciente la mayor parte de los turistas acaban consumiendo no un producto, sino algo más complejo, un ámbito territorial. Es decir, un destino, que por tanto debe ser entendido al mismo tiempo como una realidad sectorial y territorial.»[614] Para el autor, dicha relación sectorial-territorial «no es unidireccional, sino de ida y vuelta.»[615]

---

612 En palabras de DESDENTADO DAROCA, Eva, *op. cit.*, pp. 44: «son diversas las materias cuya regulación entra en juego en la ordenación del fenómeno de las viviendas de uso turístico (legislación civil, turismo, urbanismo, condiciones básicas en el ejercicio de los derechos ...) y esas materias tienen una determinada distribución competencial que no puede olvidarse».

613 COCA PAYERAS, Miguel, *Tanteo y retracto...*, *op. cit.*, p. 319.

614 BARRADO TIMÓN, Diego A., «Ordenación territorial y desarrollo turístico. Posibilidades, modelos y esquemas de ordenación territorial del turismo en la España de las autonomías», *Estudios Turísticos* (2001), n.º 149, pp. 3 a 22, p. 5.

615 *Ibidem*, p. 6. Y, como consecuencia «esto implica que los objetivos de la ordenación territorial y los de la planificación sectorial se superpongan en gran medida, obligando a conseguir una simbiosis que va más allá de una opción ética para convertirse en un referente inevitable.»

Esta idea del protagonismo que adquirió el espacio geográfico en el escenario turístico fue puesta de manifiesto en un momento anterior por LÓPEZ PALOMEQUE, al expresar que «El turismo, como fenómeno de naturaleza diversa y estructura compleja, presenta diversas singularidades» que se explican «por el papel que en este fenómeno desempeña el "espacio geográfico"»[616].

Así pues, la delimitación del contenido del derecho de propiedad que se pretende analizar se apoyará sobre la base de la confluencia de dos competencias legislativas autonómicas —calificadas por COCA PAYERAS de indirectas o instrumentales[617]—. A saber: la promoción y ordenación del turismo, y la ordenación del territorio, urbanismo y vivienda.

Pero puede suceder que, en determinadas Comunidades Autónomas, la ordenación de esta modalidad de alojamiento turístico, a través de las dos competencias anteriores, se vea reforzada por otra. Nos referimos a la competencia en Derecho civil propio, *ex* art. 149.1.8.ª CE. Circunscrita, en este caso, a las Comunidades Autónomas de Aragón, Baleares, Cataluña, Galicia, Navarra, País Vasco y Valencia[618].

El precepto anterior es relevante por dos motivos. Por una parte, por servir como posible refuerzo en la regulación de determinados aspectos civiles de las viviendas de uso turístico contenidos en disposiciones de naturaleza administrativa. Y, por otra, por recoger una serie de materias que, en todo caso, quedarán fuera del ámbito competencial de las Comunidades Autónomas, dispongan, o no, de competencia en Derecho civil propio. En especial, las reglas relativas a las «bases de las obligaciones contractuales».

La propiedad privada es considerada la institución civil por excelencia[619]. Ello, no obstante, no debe llevar a pensar que, con fundamento en

---

616 LÓPEZ PALOMEQUE, Francisco, «Política turística y territorio en el escenario de cambio turístico», *Boletín de la Asociación de Geógrafos Españoles* (1999), N.º 28, pp. 23 a 38, p. 27. Y concluye haciendo referencia a la «importancia que tiene el espacio geográfico, que además se acentúa en este nuevo escenario turístico en el que el "producto" ("productos agregados") se asocia con el "destino", el "entorno", el "lugar" o, en términos operativos, el "municipio turístico".»

617 COCA PAYERAS, Miguel, *Tanteo y retracto…*, *op. cit.*, p. 318.

618 *Ibidem*, p. 320: «Esa otra posible regla, con la que voy a especular, sería, en su caso, la atributiva de competencia para la "conservación, modificación y desarrollo" del Derecho civil propio.»

619 DÍEZ-PICAZO Y PONCE DE LEÓN, Luis, «Las competencias del Estado y de las Comunidades Autónomas en materia de Derecho civil», en Bernardo Moreno Que-

el art. 149.1.8.ª CE, la incidencia en las facultades dominicales de los propietarios quede reservada al Estado y a aquellas Comunidades Autónomas con Derecho civil propio, de acuerdo con la legislación aprobada por los respectivos parlamentos autonómicos, exclusivamente. Sino que emanarán de otros títulos competenciales autonómicos, de predominante naturaleza administrativa[620], como es la relativa a la promoción y ordenación del turismo, y a la ordenación del territorio, urbanismo y vivienda, íntimamente relacionados con el contenido del derecho a la propiedad privada.

Por ende, la delimitación del derecho de propiedad no puede buscarse ya, únicamente, en normas de carácter civil[621]. En este sentido lo declaró el Tribunal Constitucional, en la ya citada sentencia núm. 37/1987, 26 marzo, de Reforma Agraria de Andalucía.

La resolución anterior ha obligado a reflexionar acerca del estudio del derecho de propiedad, a partir de la legislación sectorial dictada en el ámbito de las competencias asumidas por las Comunidades Autónomas[622].

Debido a que un análisis conjunto de la delimitación del contenido del derecho a la propiedad privada a través de ambos títulos competenciales

---

sada (Coord.), *Competencia en materia civil de las Comunidades Autónomas,* Tecnos, Madrid, 1989, pp. 13 a 21, p. 19: «No puede dudarse de que la propiedad es una institución de Derecho civil. Es una de las instituciones centrales.»

620 Como expone TUR FAÚNDEZ, M.ª Nélida, «La perspectiva civil del derecho de consumo en la Comunidad Autónoma Balear», *Revista Jurídica de las Illes Balears* (2005), N.º 3, pp. 61 a 84: «no por anunciarse "administrativa" una norma dejan de ser civiles las disposiciones que en ella tengan tal carácter». *Vid.* FERNÁNDEZ RODRÍGUEZ, Carmen, *Derecho administrativo del turismo,* 5ª edición, Marcial Pons, Madrid, 2010, pp. 197 y ss. en relación con la intervención administrativa sobre las viviendas turísticas.

621 O como señala BARRAL VIÑALS, Inmaculada, «Los indeterminados límites del Derecho autonómico civil», en Antonio Cabanillas Sánchez (Coord.), *Estudios jurídicos en homenaje al profesor Luis Díez-Picazo, Vol. 1,* Civitas, 2002, pp. 237 a 254, p. 248: «El estudio de la propiedad en las coordenadas propuestas significa buscar la materia civil en las leyes que normalmente se atribuye el carácter de administrativas».

622 Para DELGADO ECHEVERRÍA, Jesús, «Doctrina reciente del Tribunal Constitucional sobre la competencia legislativa de las Comunidades Autónomas en materia de Derecho civil», *Iuris: Quaderns de política jurídica* (1994), N.º 1, pp. 37 a 76, p. 39, la STC 37/1987 «contiene algunas de las más importantes puntualizaciones sobre el ámbito en que es posible una legislación autonómica que incida sobre el Derecho civil, al margen totalmente de la competencia sobre el Derecho civil foral o especial [...] y con fundamento en otros títulos competenciales».

—promoción y ordenación del turismo, por una parte, y urbanismo, por otra— resultaría muy extenso, optaremos por realizarlo en capítulos diferenciados. No obstante, las conclusiones de ambos capítulos se recogerán al final del Capítulo quinto. En el capítulo actual, nos detendremos en analizar aquellas disposiciones dictadas al amparo de la normativa sectorial turística.

Procedamos, entonces, a su examen. No sin antes dejar sentado un aspecto importante. La normativa sectorial turística en materia de viviendas de uso turístico no constituye un nuevo modelo de propiedad o una propiedad especial, sino que, únicamente, disciplinará el contenido del derecho de propiedad de unos sujetos en un ámbito concreto: el de los inmuebles situados en suelo residencial destinados a alojamiento privado para el turismo.

2. LA COMPETENCIA AUTONÓMICA EN MATERIA DE PROMOCIÓN Y ORDENACIÓN DEL TURISMO

2.1. La distribución de competencias entre el Estado y las Comunidades Autónomas

La Constitución Española, en su art. 2, tras manifestar la indisoluble unidad de la Nación española, reconoce y garantiza el derecho a la autonomía de las nacionalidades y regiones que la integran y la solidaridad entre todas ellas[623].

---

[623] PÉREZ MORENO, Alfonso, «El concepto de "autonomías integradas": una clave interpretativa de la Constitución española», en José María Baño León (Coord.), *Memorial para la reforma del Estado: estudios en homenaje al profesor Santiago Muñoz Machado. Vol. 2. Tomo II*, Centro de Estudios Políticos y Constitucionales, Madrid, 2016, pp. 1187 a 1208, p. 1195: «La Constitución española de 1978 ha introducido la novedad de hacer posible la descentralización política mediante la creación —a iniciativa de los territorios interesados y caso por caso— de Comunidades Autónomas. Sin embargo, los artículos 1 y 2 dejan a salvo la indivisibilidad de la soberanía nacional, que el primero declara "reside en el pueblo español, del que emanan los poderes del Estado", y el segundo vincula a "la indisoluble unidad de la Nación española"». MUÑOZ MACHADO, Santiago, *Derecho público de las Comunidades Autónomas. I*, Civitas, Madrid, 1982, p. 329, destaca que los arts. 2 y 137 CE recogen los dos principios generales sobre los que se asienta la distribución de competencias: «por un lado, en el mismo frontispicio de la Constitución (art. 2), queda claro que todo el sistema se ordena en clave de "unidad" y "autonomía", por otro, en el

La autonomía, en palabras de PÉREZ MORENO, «que se puede reconocer con carácter máximo a las Comunidades Autónomas, es una modalidad de participación en el ejercicio del poder legislativo del Estado.»[624]

De acuerdo con el art. 137 CE, el Estado español se organiza territorialmente en municipios, en provincias y en las Comunidades Autónomas que se constituyan.

Por lo que se refiere a los municipios y a las provincias, la Constitución sólo prevé, como criterio delimitador general de su autonomía «la gestión de sus respectivos intereses» (art. 137 CE, *in fine*)[625]. Mientras que, en orden a las Comunidades Autónomas, establece, además, un listado de competencias que libremente podrán asumir a través de sus Estatutos de Autonomía en el momento de constituirse (art. 147.2, d) CE), o transcurridos cinco años, y mediante la reforma de sus Estatutos, que podrán ampliar sucesivamente sus competencias dentro del marco establecido en el art. 149 CE (art. 148.2 CE). Y, asimismo, competencias que las Cortes Generales podrán atribuirles, transferirles o delegarles (arts. 150.1 y 2 CE)[626].

En palabras del Tribunal Constitucional, el art. 137 CE «refleja una concepción amplia y compleja del Estado, compuesto por una pluralidad de organizaciones de carácter territorial, dotadas de autonomía.» Y, como consecuencia, resulta «necesario delimitar cuál es el ámbito de autonomía»[627].

El máximo intérprete de la Constitución ha reiterado que «autonomía no es soberanía». Y, en ningún caso «el principio de autonomía puede oponerse al de unidad», sino que es precisamente dentro de éste «donde alcanza su verdadero sentido»[628].

---

artículo 137, se afirma que el *criterium* central de la operación de reparto de poder es la asignación a cada instancia de lo que concierne a sus "respectivos intereses".»

624 PÉREZ MORENO, Alfonso, *op. cit.*, p. 1195.

625 «Todas estas entidades [municipios, provincias y Comunidades Autónomas] gozan de autonomía para la gestión de sus respectivos intereses.»

626 PÉREZ MORENO, Alfonso, *op. cit.*, p. 1196.

627 STC (Pleno) núm. 4/1981, 2 febrero (RTC 1981, 4).

628 STC (Pleno) núm. 100/1984, 8 noviembre (RTC 1984, 100). Y, continúa el Tribunal diciendo que «La raíz misma del Estado autonómico postula la necesaria articulación entre unidad y diversidad, pues el componente diferenciador, sin el cual "no existiría verdadera pluralidad ni capacidad de autogobierno, notas ambas que caracterizan al Estado de las Autonomías", tiene límites establecidos por el constituyente, unas veces en garantía de la unidad, otras en aras de una mínima homogeneidad sin la cual no habría unidad ni integración de las partes en el con-

Podría decirse que, dicha autonomía, alcanza su mayor expresión en relación con las Comunidades Autónomas. Ya que, la organización territorial del Estado requiere, por cuanto aquí interesa, precisar qué competencias quedan reservadas al Estado, frente a aquellas otras que pueden ser asumidas por las diferentes Comunidades Autónomas legalmente constituidas[629].

Como apunta PÉREZ MORENO, las autonomías constituyen «modalidades de participación en el ejercicio de los poderes del Estado que emanan del pueblo español, y cuya justificación reside en la finalidad de gestión de los intereses de la parte del territorio integrado en cada Comunidad Autónoma.»[630]

La Constitución, en sus arts. 143 y ss., prevé la posibilidad de que determinados territorios accedan a su autogobierno y se constituyan en Comunidades Autónomas, con arreglo a lo previsto en su Título VIII, —que lleva por rúbrica «De la Organización Territorial del Estado»—, y en los respectivos Estatutos de Autonomía[631]. Conforme al art. 147.1 CE, estos últimos serán la norma institucional básica de cada Comunidad Autónoma, y debe-

---

junto estatal [STC 76/1983, FJ 2, a)] y otras en función de un interés nacional, que aun siendo compatible en cuanto interés del todo con el de las partes, puede entrar en colisión con el de una determinada Comunidad.» O, como lo expresa la STC (Pleno) núm. 247/2007, 12 diciembre (RTC 2007, 247): «nuestro sistema constitucional descansa en la adecuada integración del principio de autonomía en el principio de unidad, que lo engloba.»

629 TORRES LANA, José Ángel, «Ordenación territorial y ordenación turística en España: alguna reflexión sobre ese laberinto», en Francisco de Paula Blasco Gascó *et al.*, (Coords.), *Estudios jurídicos en homenaje a Vicente L. Montés Penadés*, Tirant lo Blanch, Madrid, 2011, pp. 2619 a 2630, p. 2623.

630 PÉREZ MORENO, Alfonso, *op. cit.*, p. 1196: «La *soberanía* estatal retiene el ejercicio de un núcleo de *autonomía* a través de las Cortes Generales, mientras que el de otros núcleos —no necesariamente homogéneos— se atribuye a entes no soberanos en atención a la gestión de los intereses más próximos de sus territorios, que son también intereses del Estado, y que deben estar por ello al menos armonizados con el "interés general de España" (garantizado expresamente en el artículo 155 de la Constitución).»

631 En palabras de DELGADO ECHEVERRÍA, Jesús, «Los Derechos civiles forales en la Constitución», *Revista Jurídica de Cataluña*, Vol. 78 (1979), N.º 3, pp. 643 a 668, p. 651: «la Constitución no crea directamente las Comunidades Autónomas, sino que reconoce y garantiza el derecho a la autonomía de las nacionalidades y regiones que integran la Nación española (art. 2), establece los presupuestos y los procedimientos para el ejercicio de este Derecho (artículos 143 y 22.) y determina el límite de las competencias que, en cada caso, podrá asumir una Comunidad Autónoma.»

rán contener las competencias asumidas dentro del marco establecido en la Constitución [art. 147.2. d) CE][632].

Con arreglo al principio dispositivo[633], las competencias que pueden asumir las Comunidades Autónomas, a través de sus respectivos Estatutos de Autonomía, aparecen recogidas en el art. 148.1 CE. En contraposición a aquellas previstas en el art. 149.1 CE, que corresponden en «exclusiva», según el tenor del precepto, al Estado. Y, conforme al art. 149.3 CE, todas aquellas materias no atribuidas expresamente a este último, podrán corresponder a las Comunidades Autónomas, en virtud de sus respectivos Estatutos. Todo ello, sin perjuicio de las competencias que las Cortes Generales puedan atribuir, transferir o delegar en las Comunidades Autónomas, mediante ley orgánica, facultades correspondientes a materias de titularidad estatal que por su propia naturaleza sean susceptibles de transferencia o delegación (arts. 150.1 y 2 CE).

Obsérvese que el art. 149.1 califica de «exclusivas» las competencias que se atribuyen al Estado. Ahora bien, una lectura atenta del largo listado que describe permite apreciar que las Comunidades Autónomas pueden ostentar, en determinados casos, tanto facultades legislativas como ejecutivas. De ahí, que GARCÍA DE ENTERRÍA distinguiera, dentro del precepto, entre

---

632 LEGUINA VILLA, Jesús, «Las Comunidades Autónomas», en Alberto Predieri y Eduardo García de Enterría (Dirs.), *La Constitución Española de 1978*, Civitas, Madrid, 1981, pp. 771 a 828, pp. 791 y 792: «Los Estatutos ofrecen, pues, una doble naturaleza o, si se prefiere, pueden ser contemplados dentro de las fuentes del Derecho desde una doble perspectiva ordinamental: el ordenamiento regional y el ordenamiento del Estado.» Desde el primer plano, «constituye la fuente normativa superior del ordenamiento autonómico, es la "norma institucional básica" o Constitución de la Comunidad Autónoma, a cuyos preceptos están jerárquicamente subordinados todas las demás normas (leyes y reglamentos) que integran el ordenamiento jurídico propio del ente autonómico». Desde la segunda perspectiva, «una vez aprobado por las Cortes Generales, el Estatuto pasa a integrarse en aquél [en el ordenamiento general del Estado], formando un corpus normativo único con la ley orgánica aprobatoria del mismo.»

633 FOSSAS ESPADALER, Enric, «La competència sobre les bases de les obligacions contractuals. Una aproximació constitucional», *Revista Jurídica de Cataluña* (2014), N.º 2, pp. 355 a 372, p. 370, alude a este principio, al manifestar que: «*Per a conèixer quina és la distribució de competències en el Dret constitucional espanyol s'acudeix en primer lloc a les normes d'atribució competencial: la Constitució, i en el nostre sistema, l'Estatut d'Autonomia, [...], que és la norma atributiva de competències a cada Comunitat Autònoma en virtut de l'anomenat principi dispositiu.*»

diferentes grados de exclusividad. En concreto, reconoce cuatro categorías[634]. A saber:

- Competencias exclusivas absolutas. Éstas «excluyen tanto la participación de las Comunidades Autónomas en su ordenación y en su gestión como cualquier forma de transferencia o delegación en su favor que pudiese decidir unilateralmente el propio Estado, como alude el artículo 150.2, por no ser "por su propia naturaleza susceptibles de transferencia o delegación"».
- Competencias exclusivas, «y como tales, inseparables de la titularidad estatal, pero algunas de cuyas facultades de gestión pueden ser objeto de transferencia o delegación a las Comunidades Autónomas, en los términos del artículo 150.2.»
- Competencias exclusivas «que admiten en su desarrollo y ejecución una participación de las Comunidades Autónomas»[635].
- Y, en última instancia, y de forma especial, se refiere al art. 149.1.8.ª CE, para quien, dicho precepto, «no se configura como mero desarrollo de unas "bases" estatales previas, sino como un ámbito material separado de la legislación civil del Estado». Por este motivo, «la competencia autonómica no se articula en este caso como una participación en una competencia exclusiva del Estado, sino como una competencia exclusiva y completa de la Comunidad Autonómica, lo que sitúa el supuesto fuera de la técnica común del art. 149.1»[636].

Así, como resume Ruiz-Rico Ruiz-Morón, las Comunidades Autónomas constituyen «formas de cooperación en la labor básica del Estado, caracterizadas por la voluntariedad en su constitución (art. 143), por la subordinación al interés general (art. 155) y por la delimitación legal de su ámbito objetivo (arts. 148, 149 y 150).»[637]

---

634 García de Enterría, Eduardo, «La significación de las competencias exclusivas del Estado en el sistema autonómico», *Revista Española de Derecho Constitucional* (1982), N.º 5, pp. 63 a 94.

635 Dentro de esta categoría competencial el autor sitúa las materias comprendidas en los numerales 6, 7, 11, 13, 15, 16, 17, 18, 19, 22, 23, 25, 27, 28 y 29.

636 *Ibidem*, p. 89: «Simplemente, el párrafo 8.º del artículo 149.1, en cuanto se refiere a los Derechos forales, está situado asistemáticamente o, si se prefiere, no es coherente con el resto del contenido del precepto; es más bien una competencia autonómica de la misma naturaleza que las del art. 148.1.»

637 Ruiz-Rico Ruiz-Morón, Julia, «Las competencias de la Comunidad Autónoma andaluza en materia de propiedad urbana», en Bernardo Moreno Quesada

Por su carácter necesario, las materias atribuidas al Estado como «exclusivas» se elevarán como un límite al principio dispositivo de las Comunidades Autónomas[638].

A continuación, nos centraremos en la asunción por parte de los entes autonómicos de la competencia relativa a la «promoción y ordenación del turismo», prevista en el art. 148.1.18.ª CE. Y, además, veremos si, de nuevo, como sucede a nivel estatal, puede hablarse de una «exclusividad» en términos absolutos o, al menos, de una inexistente interferencia en la competencia en cuestión por parte del Poder Central.

2.2. La asunción de la competencia «exclusiva» en promoción y ordenación del turismo por parte de las Comunidades Autónomas

La Carta Magna, a lo largo de todo su articulado, sólo alude al turismo en una ocasión. En concreto, en el art. 148.1.18.ª CE, al prever que: «1. Las Comunidades Autónomas podrán asumir competencias en las siguientes materias: [...] 18.ª Promoción y ordenación del turismo en su ámbito territorial.»

Vemos, por tanto, que el precepto anterior no contiene un mandato imperativo hacia las Comunidades Autónomas, sino que les ofrece, sencillamente, la posibilidad de asumir competencias en ese ámbito.

Ahora bien, si al principio dispositivo, a la hora de adquirir determinadas competencias las Comunidades Autónomas, le añadimos la identificación del turismo —junto a sus repercusiones, tanto en sentido positi-

---

(Coord.), *Competencia en materia civil de las Comunidades Autónomas*, Tecnos, Madrid, 1989, p. 251 a 263, p. 251.

638 Para GARCÍA DE ENTERRÍA, Eduardo, «La significación de...», *op. cit.*, pp. 71 y 72: «La significación de esta reserva constitucional de un núcleo de competencias determinadas a favor del Estado, justamente por su carácter necesario y de *ius cogens*, como límite del principio autonómico dispositivo, hay que interpretarla en el sentido del aseguramiento de los elementos estructurales básicos que sostienen la construcción entera del Estado conjunto». Continúa diciendo el autor que «tienen todas ellas una connotación de superiores, en el sentido dicho, esto es, ser correspectivas con la soberanía del pueblo español conjunto e instrumentos directos de la misma y si eficacia.» (p. 73). Y concluye que, de este modo, «el conjunto de las competencias exclusivas del Estado definidas en el artículo 149.1 de la Constitución se nos aparecen netamente como ordenadas a construir, preservar y reforzar de manera permanente la unidad nacional y su cohesión última.» (p. 75).

vo como negativo— como un auténtico «interés» (tal y como establece el art. 137 CE, *in fine*), y que, «son los territorios autónomos quienes mejor conocen sus territorios, sus parajes, los lugares que pueden ser atractivos para que pueda desarrollarse el turismo»[639], se justifica el hecho de que la totalidad de las Comunidades Autónomas, con pequeñas variaciones de redacción[640], hayan asumido dicha competencia.

Por su parte, el art. 149.1 CE no contiene ninguna reserva competencial a favor del Estado acerca del turismo.

---

639 Enmienda presentada el 14 de junio de 1978, por Benegas Haddad, miembro del Grupo Socialista del Congreso, al Anteproyecto de Constitución, a través de la que propuso que se añadiera una letra «o» bis, «en el sentido de incluir dentro de las competencias exclusivas de las Comunidades Autónomas la promoción y ordenación del turismo en el ámbito territorial de cada Comunidad Autónomas». Alegando, junto a la anterior, otras dos razones fundamentales: «quizá es que ha existido una experiencia centralista de política turística, de fomento del turismo en España de consecuencia no muy rentables para lo que ha sido el país. Una política desafortunada en diversos temas en épocas pasadas, al estar totalmente centralizada la ordenación del turismo en España, y nos hace pensar que es una experiencia en este tema que es preciso rectificar y dar atribuciones profundas a las comunidades autónomas, para que puedan ordenar y desarrollar el turismo en los territorios de su jurisdicción.» Y, por último, «hay una razón que es práctica: en las propias comisiones de transferencias que están funcionando tanto en la Generalidad de Cataluña como en el Consejo General del País Vasco, éste es un tema que ya va a ser transferido a los propios órganos de autogobierno preautonómico. En este proceso de transferencia de competencias, ésta es una razón práctica que abunda, ya que, si están siendo transferidas a las comunidades autónomas estas competencias en el período preautonómico, por razón de más deberán ser transmitidas en el período autonómico.» Diario de Sesiones del Congreso de los Diputados, núm. 88, de 14 de junio de 1978, p. 3292.

640 Por todos *Vid.* Coca Payeras, Miguel, «Delimitació competencial de l'activitat de la CAIB sobre el turisme», en *Llibre Blanc del Turisme a les Illes Balears, Vol. II*, Universitat de les Illes Balears, 1987, pp. 160 a 246, quien analiza las diferentes fórmulas utilizadas por los entes autonómicos, dentro de sus respectivos Estatutos de Autonomía, y las consiguientes consecuencias interpretativas (pp. 175 y ss.). Y, para Rodríguez-Arana Muñoz, Jaime, «Sobre la distribución de competencias en materia de turismo», *Revista Aragonesa de Administración Pública* (2008), núm. 32, pp. 369 a 406, p. 376: «Lógicamente, en todos los Estatutos de Autonomía se recoge la competencia exclusiva de las Comunidades Autónomas en materia de turismo y al respecto no son relevantes las distintas expresiones utilizadas en los respectivos Estatutos de Autonomía, ya que el nivel competencia asumido por las Comunidades Autónomas es similar en todas ellas.»

Entonces, conforme al sistema dual del listado de competencias que ofrecen los arts. 148 y 149 CE, las Comunidades Autónomas, a través de sus respectivos Estatutos de Autonomía, pueden asumir la competencia en materia de promoción y ordenación del turismo[641].

Dichos términos —«promoción» y «ordenación»—, en palabras de COCA PAYERAS, permitirían a las Comunidades Autónomas asumir la totalidad de las competencias en materia de turismo, puesto que la cláusula residual del art. 149.3 CE así lo contempla, al prever que «Las materias no atribuidas expresamente al Estado por esta Constitución podrán corresponder a las Comunidades Autónomas, en virtud de sus respectivos Estatutos»[642].

---

641 COCA PAYERAS, Miguel, «Delimitació competencial de...», *op. cit.*, p. 169: «La materia turística está en el art. 148.1 CE, como una de las competencias que "pueden asumir" las Comunidades Autónomas, con la siguiente adjetivación: "promoción y ordenación del turismo en el ámbito territorial". Cabe añadir, la ausencia en el catálogo del art. 149.1 CE (donde se fijan las competencias exclusivas del Estado) cualquier referencia a la actividad turística, por la cual cosa las competencias pueden ser asumidas por las CCAA con carácter exclusivo.» Dicho esto, el autor se plantea dos cuestiones. En primer lugar, si la competencia en materia turística viene definida por los adjetivos que la acompañan, como es la «promoción» y «ordenación». Y, en segundo lugar, el ámbito espacial de la competencia. Llega a la conclusión que, los términos «promoción y ordenación, sobre todo el último, nos sitúan ante cualquier tipo de actividad; es decir, es difícil, por no decir imposible, toparnos con actuaciones de la Administración autonómica en el sector turístico que no sean reconducibles a la "promoción" o a la "ordenación".» Y, en cuanto al límite espacial, «mientras que la actividad de "ordenación" por parte de la CA tiene este límite espacial [...], la de "promoción" no tiene por qué tenerlo en puridad».

642 COCA PAYERAS, Miguel, «Delimitació competencial de l'activitat de la CAIB...», *op. cit.*, p. 169. STC (Pleno) 20 diciembre 1984, núm. 125/1984 (RTC 1984, 125): «En ellos [en los Estatutos de Autonomía] y no en los Reales Decretos de transferencia, que, lejos de ser normas de atribución de competencias, se limitan a ejecutar las que sí lo son y, por tanto, a confirmar en nuestro caso el carácter exclusivo de las competencias comunitarias sobre turismo. Siendo esto así, no tiene por qué entrar aquí en juego la cláusula de reserva residual del art. 149 de la CE ("la competencia sobre las materias que no hayan asumido por los Estatutos de Autonomía corresponderá al Estado"), puesto que los Estatutos de las Comunidades en conflicto sí que han sido cauce explícito de asunción de las competencias sobre turismo.» Para BLANQUER CRIADO, David, *Derecho del Turismo*, Tirant lo Blanch, Valencia, 1999, p. 32: «El artículo 148.1.18 de la Constitución atribuye a las Comunidades Autónomas la competencia para promover y ordenar el turismo, pero en la práctica se ha desbordado al alcance de la segunda atribución competencial; la ordenación del turismo no equivale al monopolio autonómico sobre ese sector socioeconómico. [...] son competencia estatal las relaciones civiles patrimoniales

Sin excepción alguna, las Comunidades Autónomas a la hora de asumir la competencia en materia de turismo la tildan de «exclusiva»[643]; término éste que no aparece, expresamente, en el art. 148.1 CE.

En cuanto a dicha calificación, el Tribunal Constitucional, sin referirse a la competencia objeto de atención, destacó, en la STC (Pleno) 16 noviembre 1981, «el sentido marcadamente equívoco con el que el adjetivo "exclusivo" se utiliza tanto en el texto de la Constitución como en el de los Estatutos de Autonomía»[644].

Como pone de manifiesto VIVER I PI-SUNYER, «es vano todo intento de configurar los distintos ámbitos competenciales como ámbitos exentos. Siempre habrá entre ellos solapamientos, interferencias y zonas grises». Y en relación con el turismo destaca que cuando la Constitución se refiere a

---

que no inciden en la familia (por ejemplo, las contractuales). *No es lo mismo la publificación del Derecho Privado que el desapoderamiento estatal del Derecho Civil y Mercantil.*»

643 Así lo prevén el art. 71 de la Ley Orgánica 2/2007, de 19 de marzo, de reforma del Estatuto de Autonomía para Andalucía; el art. 71.51 de la Ley Orgánica 5/2007, de 20 de abril, de reforma del Estatuto de Autonomía de Aragón; el art. 10.22 de la Ley Orgánica 7/1981, de 30 de diciembre, de Estatuto de Autonomía para Asturias; el art. 30.11 de la Ley Orgánica 1/2007, de 28 de febrero, de reforma del Estatuto de Autonomía de las Islas Baleares; el art. 129 de la Ley Orgánica 1/2018, de 5 de noviembre, de reforma del Estatuto de Autonomía de Canarias; el art. 20.24 de la Ley Orgánica 8/1981, de 20 de diciembre, de Estatuto de Autonomía para Cantabria; el art. 70.26 de la Ley Orgánica 14/2007, de 30 de noviembre, de reforma del Estatuto de Autonomía de Castilla y León; el art. 31.18 de la Ley Orgánica 9/1982, de 10 de agosto, de Estatuto de Autonomía de Castilla-La Mancha; el art. 171 de la Ley Orgánica 6/2006, de 19 de julio, de reforma del Estatuto de Autonomía de Cataluña; el art. 49.12 de la Ley Orgánica 5/1982, de 1 de julio, de Estatuto de Autonomía de la Comunidad Valenciana; el art. 9.19 de la Ley Orgánica 1/2011, de 28 de enero, de reforma del Estatuto de Autonomía de la Comunidad Autónoma de Extremadura; el art. 27.21 de la Ley Orgánica 1/1981, de 6 de abril, de Estatuto de Autonomía para Galicia; el art. 26.1.1.21 de la Ley Orgánica 3/1983, de 25 de febrero, de Estatuto de Autonomía de la Comunidad de Madrid;; el art. 10.16 de la Ley Orgánica 4/1982, de 9 de junio, de Estatuto de Autonomía para la Región de Murcia; el art. 44.13 de la Ley Orgánica 13/1982, de 10 de agosto, de reintegración y amejoramiento del Régimen Foral de Navarra; el art. 10.36 de la Ley Orgánica 3/1979, de 18 de diciembre, de Estatuto de Autonomía para el País Vasco; el art. 8.9 de la Ley Orgánica 3/1982, de 9 de junio, de Estatuto de Autonomía de La Rioja.

644 STC núm. 37/1981, 16 noviembre (RTC 1981/37). Y, posteriormente, lo reiteró en la STC (Pleno) núm. 5/1982, 8 febrero 1982 (RTC 1982, 5).

dicha materia competencial, «no alude a todo lo relativo a ese fenómeno social, a todas las actuaciones públicas que pueden realizarse en torno al turismo jurídicamente definido.»[645]

Para SALGADO CASTRO, el hecho de que el art. 149 CE no reserve ninguna atribución directa sobre la materia turística al Estado no significa que este último no vaya a intervenir, de forma más o menos intensa, sobre el turismo. Dicha «intervención, en realidad, y con carácter general, no va a suponer una injerencia en competencias propias de los entes territoriales, sino que es una consecuencia inevitable del carácter multidisciplinar del turismo.»[646]

Es decir, el ejercicio de la competencia en materia de promoción y ordenación del turismo, sí que es exclusiva. Ahora bien, la adjetivación como tal no debería impedir que el Estado incidiera en la regulación del turismo a través de otros títulos competenciales.

En relación con el carácter multidisciplinar del turismo, la ya citada STC (Pleno) 20 diciembre 1984, reconoció que:

> «la promoción exterior del turismo adquiere desde esta perspectiva una dimensión que la sitúa dentro de la competencia estatal del 149.1.10.ª de la CE. Pero ello no debe llevarnos a una interpretación expansiva de este título que permitiera observar bajo él, como competencia estatal, cualquier medida que, dotada de una cierta incidencia, por remota que fuera, en el comercio exterior, produjera directamente una reordenación de la actividad turística, vulnerando con ello las competencias estatutarias. Una vez más, la posible concurrencia imperfecta de título obliga al intérprete del bloque de la constitucionalidad y de la norma o normas constitutivas del objeto de un conflicto a una tarea de ponderación, difícilmente conceptualizable y, por fuerza, ca-

---

645 VIVER I PI-SUNYER, Carles, *Materias competenciales y Tribunal Constitucional*, Ariel Derecho, Barcelona, 1989, p. 21. Y, continúa diciendo: «Si así fuera sería imposible distinguirlo del comercio, de la industria, del urbanismo y de otras muchas materias que inciden en este ámbito objetivo. En rigor, en el concepto de turismo se incluyen tan sólo un tipo concreto de actividades de los poderes públicos (por ejemplo, ciertas actividades de policía, de fomento, etc.) relacionadas con el fenómeno turístico jurídicamente acotado.» (p. 39) Apunta a la conflictividad que se deriva del término «exclusivo», también, AZNAR JORDÁN, Domingo Antonio, «Disposiciones normativas en el ámbito turístico ¿ley o reglamento?», en José Tudela Aranda (Dir.), *Estudios sobre el régimen jurídico del turismo*, Diputación Provincial de Huesca, Huesca, 1997, pp. 169 a 211, p. 177.

646 SALGADO CASTRO, Alfonso, «La distribución de competencias en materia de turismo. El turismo en la Comunidad Autónoma de Aragón. Una propuesta», en José Tudela Aranda (Dir.), *Estudios sobre el régimen jurídico del turismo*, Diputación Provincial de Huesca, Huesca, 1997, pp. 73 a 168.

suística. En el caso que nos ocupa, el objeto directo de la norma impugnada es el turismo y los efectos que su ejercicio pudiera producir en el comercio exterior serían indirectos y de escasa entidad.»

Junto a la competencia estatal en materia de comercio exterior, prevista en el art. 149.1.10.ª CE, otro título que justificaría la intervención del Estado en la materia turística sería la relativa a las bases y coordinación de la planificación general de la actividad económica (art. 149.1.13.ª CE).

En este sentido, la STC (Pleno) 2 junio 1987 reconoció a la Administración estatal «la posibilidad de conceder subvenciones y ayudas en materia de turismo [...]. Resulta claro que la norma contenida en el Real Decreto 3168/1982 no quiebra los límites de las competencias del Estado y la Generalidad de Cataluña»[647].

Y lo reitera la STC (Pleno) 24 abril 1989:

> «La previsión de estas subvenciones, definir las actuaciones protegibles, el nivel de protección y la aportación de recursos estatales ha de estimarse que entra dentro de las competencia que al Estado concede el art. 149.1.13 de la Constitución, pues le permite la realización de las correspondientes actuaciones que garantizan la consecución de los objetivos de la política económica nacional en el sector del turismo y ha de considerarse como un elemento indispensable "para alcanzar los fines de política económica en general propuestos" (STC 152/1988, de 20 de julio). Por consiguiente, la mera previsión de estas subvenciones y la regulación genérica de sus condiciones, al entrar dentro de la competencia del Estado de la ordenación general de la economía, no ha invadido las competencias de la Comunidad Autónoma, quien no podría reivindicar para sí misma esa regulación de alcance nacional.»

De nuevo, vemos, que a pesar de que las diferentes Comunidades Autónomas califiquen de «exclusiva» su competencia en materia de promoción y ordenación del turismo, éste no es un ámbito estanco puesto en manos de los legisladores autonómicos. El Estado, a través de diversas materias, como pueden ser el comercio exterior (art. 149.1.10.ª CE); las bases

---

647 STC (Pleno) núm. 88/1987, 2 junio 1987 (RTC 1987, 88). Y, termina diciendo el Tribunal: «A esta norma [...] que, en definitiva, se limita a establecer el procedimiento mediante el cual el Estado, en su función de coordinación (art. 149.1.13), ha de distribuir unos recursos limitados incluidos globalmente en sus Presupuestos General entre los posibles solicitantes de todo el territorio nacional, respetando la competencia de la Generalidad tanto para excluir de esa distribución a aquellas empresas o actividades que no considera necesitadas o merecedoras de la ayuda, como para ponderar por medio de un informe no vinculante el mérito relativo de las que, estando situadas en su territorio, considera acreedoras de ella.»

y coordinación de la planificación general de la actividad económica (art. 149.1.13.ª CE) o, incluso, a través de la regulación de las condiciones de obtención, expedición y homologación de títulos académicos y profesionales (art. 149.1.30.ª CE), y sin suponer una injerencia en las facultades autonómicas de «promoción» y «ordenación», sí que podrá intervenir en el sector turístico[648].

La interferencia del Estado a través de otros títulos competenciales plantea, a nuestro modo de ver, una primera cuestión: ¿hasta dónde puede intervenir?

El límite lo fijaría el contenido de los términos «promoción» y «ordenación» del turismo. O, como dijo el Tribunal Constitucional:

> «Pero ello no debe llevarnos a una interpretación expansiva de este título que permitiera observar bajo él, como competencia estatal, cualquier medida que, dotada de una cierta incidencia, por remota que fuera, en el comercio exterior, produjera directamente una reordenación de la actividad turística, vulnerando con ello las competencias estatutarias.»

De este modo, las competencias estatutarias vendrían fijadas por la «promoción» y «ordenación» del turismo. Éstas serían el límite a la intervención del legislador Estatal.

Así, la expresión «promoción», en palabras de la RAE, identificada con el «Conjunto de actividades cuyo objetivo es dar a conocer algo o incrementar sus ventas», parece no albergar dudas interpretativas en cuanto a su alcance.

Mayores dificultades parece encerrar la acción de «ordenación» del turismo que, como ya hemos destacado, en opinión de BLANQUER, «se ha desbordado el alcance» de esta atribución competencial[649].

En términos jurídicos, consideramos que la «ordenación» del turismo equivaldría a la regulación de las relaciones entre la Administración y los

---

648 Indica MARTÍNEZ PALLARÉS, Pedro Luis, «La organización administrativa del turismo. La administración turística de la Comunidad Autónoma», en José Tudela Aranda (Dir.) *El derecho del turismo en el Estado autonómico. Una visión desde la Ley del Turismo de la Comunidad Autónoma de Aragón*, Cortes de Aragón, 2006, pp. 143 a 186, p. 146, que: «Es un lugar común que el ejercicio de la mencionada competencia exclusiva se vea condicionado y modulado por la existencia de dichos títulos competenciales de carácter transversal que habilitan al Estado a dictar normas y a realizar actuaciones con incidencia turística en todo el territorio nacional.»

649 BLANQUER CRIADO, David, *op. cit.*, p. 32.

diferentes operadores turísticos, sin perjuicio de que ello pudiese tener un cierto reflejo en la relación entre estos últimos y los turistas (por ejemplo, servicios mínimos, mobiliario, etc.). Así entendida dicha potestad, no debería identificarse, por el contrario, y en ningún caso, con la posibilidad de incidir directamente en las relaciones *inter privatos*, es decir, aquellas que van más allá de las que surgen entre la Administración y los administrados. Ni, mucho menos, alcanzar ámbitos esenciales, de competencia exclusiva del Estado, pertenecientes al Derecho de contratos, como serían las «bases de las obligaciones contractuales», previstas en el segundo apartado del art. 149.1.8.ª CE.

Pero, lo cierto, es que el Estado normó en materia de viviendas de uso turístico. Aunque lo hizo en un sentido negativo: excluyéndolas de la Ley de Arrendamientos Urbanos, a través de su letra e), del art. 5.

El legislador estatal, ni en la Ley 4/2013, ni en el Real Decreto-ley 7/2019, alegó ninguna competencia de las calificadas de «exclusivas», y contenidas en el art. 149.1 CE, para la regulación de las viviendas de uso turístico. Simplemente, se hace alusión a un principio rector de la política social y económica como es el derecho a disfrutar de una vivienda digna y adecuada, previsto en el art. 47 CE.

El art. 5, letra e), de la LAU alude a aspectos que incidirán en la relación *inter privatos* (cesión temporal, modo de comercialización, finalidad lucrativa) del contrato de arrendamiento de vivienda de uso turístico, y no a los requisitos que debe exigir la Administración para asegurar un cierto nivel de calidad. Aspecto este último que sí que entraría dentro de la competencia en materia de «ordenación» de las Comunidades Autónomas.

El Estado otorgó una definición de vivienda de uso turístico. Pero, al hacerlo, dejó ciertos interrogantes abiertos que las Comunidades Autónomas, a través de su competencia en materia de promoción y ordenación del turismo han tratado de despejar. Nos referimos, por ejemplo, a qué se entiende por cesión temporal en el ámbito turístico, y que nos permita diferenciar dicho arrendamiento del de para uso distinto del de vivienda. O cuál es el concepto de canal de oferta turístico o cualquier otro modo de comercialización o promoción.

Los anteriores conceptos no es que sean totalmente ambiguos, sino más bien que se dan a una interpretación amplia por parte de las Comunidades Autónomas. Y que, en cualquier caso, requieren de una imperiosa concreción por parte del legislador estatal. Con ello se evitarían numerosas limitaciones al contenido del derecho de propiedad. Y, de forma paralela, se evitaría la interferencia de los entes autonómicos en ámbitos competenciales de titularidad exclusiva del Estado, como serían las «bases de las obligaciones contractuales».

En definitiva, entendemos que el Estado estaría legitimado para intervenir, de la forma menos invasiva posible en las competencias «exclusivas» autonómicas, y ofrecer seguridad jurídica en el ámbito en el que se circunscribe nuestro estudio que, a día de hoy, no existe. Por ejemplo, ofreciendo no sólo un concepto uniforme e inamovible por parte de los entes autonómicos del fenómeno —que, en verdad, lo tenemos, sin entrar en los aspectos administrativos, que son de competencia autonómica—, sino dotando de contenido los elementos esenciales que integran dicho concepto: duración, finalidad, etc.

2.3. La competencia en promoción y ordenación del turismo como fundamento a la licitud de la delimitación del contenido del derecho de propiedad

Vista la distribución competencial entre las Comunidades Autónomas y el Estado, y la posible intervención de este último en la ordenación de las viviendas de uso turístico a través de otros títulos competenciales, veamos a continuación la licitud de la delimitación del derecho de propiedad a partir de la de promoción y ordenación del turismo

La propiedad, como hemos destacado, es una institución civil[650]. Y, conforme al art. 149.1.8.ª CE, es el Estado quien tiene competencia exclusiva sobre la legislación civil, sin perjuicio de la conservación, modificación y desarrollo por las Comunidades Autónomas de los Derechos civiles propios, allí donde existan.

A priori, lo anterior se traduciría en que sólo el Estado, junto con algunas Comunidades Autónomas —siempre a partir de la legislación aprobada por los parlamentos autonómicos— estaría legitimado para delimitar y configurar, a través de la competencia en legislación civil, el contenido del derecho de propiedad.

650 LÓPEZ LÓPEZ, Ángel M., «El derecho de propiedad: perspectivas para una reconstrucción técnica y su inserción en las competencias autonómicas» en *El futur del Dret patrimonial a Catalunya (Materials de les Desenes Jornades de Dret Català a Tossa)*, Tirant lo Blanch, Valencia, 2000, pp. 269 a 294, p. 285: «Ésta, como es bien notorio, es una institución civil, forma parte del Derecho civil, es su núcleo más íntimo y esencial, como el derecho subjetivo por excelencia.»

Como consecuencia, en primer lugar, debemos referirnos al concepto de legislación civil. Para ello, la doctrina se ha servido de la jurisprudencia del Tribunal Constitucional dictada a la hora de interpretar la noción de legislación laboral.

En cuanto al término «legislación». El Tribunal Constitucional, con ocasión de analizarla en el ámbito laboral, prevista en el art. art. 149.1.7.ª CE, afirmó que debe entenderse en sentido material y no formal, incluyéndose dentro del término «legislación» a los reglamentos ejecutivos.

La STC (Pleno) 4 mayo 1982 destacó que:

> «Ante todo, es menester huir de interpretaciones meramente literales, pues tanto los conceptos de "legislación" como de "ejecución" son lo suficientemente amplios para que deba rechazarse la interpretación que asimila, sin más, legislación al conjunto de normas escritas con fuerza o valor de ley, y la interpretación que asimila "ejecución" al conjunto de actos concretos de ejecución relativos a una determinada materia.
>
> En este contexto [...] no puede desconocerse el carácter que la moderna doctrina atribuye a la potestad reglamentaria como una técnica de colaboración de la Administración con el poder legislativo, como instrumento de participación de la Administración en la ordenación de la sociedad, que relativiza la distinción entre los productos normativos de la Administración con mero valor reglamentario y los que adquieren fuerza de ley y acentúan, por el contrario, el elemento de la delegación legislativa a la Administración para ejercer facultades normativas.
>
> La distinción entre ley y reglamento acentúa los perfiles en el terreno de eficacia y de los instrumentos de control, pero pierde importancia cuando se contempla desde la perspectiva de la regulación unitaria de una materia, que es la que tiene presente el constituyente al reservar al Estado la legislación laboral, pues desde esta perspectiva, si no siempre, es evidente que en muchas ocasiones aparecen en íntima colaboración la ley y el reglamento o menor amplitud de la habilitación implícitamente concebida para su desarrollo reglamentario. En todo caso, resulta cierto que la materia cuya ordenación jurídica el legislador encomienda al reglamento puede en cualquier momento ser regulada por aquél, pues en nuestro ordenamiento no se reconoce el principio de reserva reglamentaria.»[651]

---

[651] STC núm. 18/1982 (RTC 1982, 18). Y lo reitera en la SSTC (Pleno) núm. 35/1982, 14 junio (RTC 1982, 35); núm. 39/1982, 30 junio (RTC 1982, 39); núm. 57/1982, 27 julio (RTC 1982, 57): «el término "legislación laboral" incluye los reglamentos ejecutivos que complementa o desarrollan la ley».

Y, la STC (Pleno) 28 junio 2010 afirmó que:

> «el término legislación ha de entenderse en sentido material, comprendiendo, no sólo la Ley formal, sino también los reglamentos ejecutivos y hasta las circulares si tienen naturaleza normativa ad extra. [...]
>
> En efecto, el tipo de reglamento que la doctrina constitucional incluye dentro de la "legislación" es el reglamento ejecutivo o reglamento de ejecución de las leyes, complemento y pormenorización de la ley con eficacia ad extra.»[652]

Mayores problemas plantea el adjetivo «civil». Volviendo al ámbito laboral, el Tribunal Constitucional, en la ya citada sentencia de 14 de junio de 1982, precisó que:

> «el contorno de los grandes sectores sistemáticos del ordenamiento no es en modo alguno preciso y la referencia a éstos como criterio de delimitación competencial hace depender esta delimitación de la opción que se adopte dentro de una polémica doctrinal siempre viva.
>
> Un problema tan necesitado de soluciones claras como es el de la determinación del ámbito de competencia de una Comunidad Autónoma no puede plantearse a partir de datos extrínsecos, sino, en cuanto sea posible, a partir de nociones intrínsecas a la propia Constitución.
>
> El concepto de "legislación laboral", cuyo primer término tiene la considerable fuerza expansiva que ya hemos señalado, no puede ser entendido también como potencialmente ilimitado en función del segundo, cosa que inevitablemente sucedería si el adjetivo "laboral" se entendiera como indicativo de cualquier referencia al mundo del trabajo. Es por ello forzoso dar a ese adjetivo un sentido concreto y restringido, coincidente por lo demás con el uso habitual»[653].

El profesor BERCOVITZ trató de trasladar las orientaciones anteriores relativas al concepto de «legislación laboral» al de «legislación civil», y llegó a las siguientes conclusiones[654].

---

652 STC núm. 31/2010 (RTC 2010, 31). Y, en este mismo sentido, se ha pronunciado LÓPEZ LÓPEZ, al manifiesta que: «por legislación hay que entender legislación material, comprendiendo los reglamentos ejecutivos.» (LÓPEZ LÓPEZ, Ángel M., «El derecho de propiedad: ...», *op. cit.*, p. 285.) o BERCOVITZ RODRÍGUEZ-CANO, Rodrigo, «Las competencias de las Comunidades Autónomas en materia de Derecho civil», en *La actualidad del Derecho civil. Primer Congreso de Derecho Vasco*, Instituto Vasco de Administración Pública, 1983, pp. 73 a 109, p. 75.

653 STC núm. 35/1982 (RTC 1982, 35).

654 BERCOVITZ RODRÍGUEZ-CANO, Rodrigo, «Las competencias de...», *op. cit.*, pp. 78 y ss.

- En primer lugar, quedan excluidas de la legislación civil el resto de legislaciones (mercantil, penal, penitenciaria, procesal, laboral, sobre propiedad intelectual e industrial, sobre pesas y medidas, de recursos y aprovechamientos hidráulicos) y legislaciones básicas (de la Seguridad Social, sobre contratos y concesiones administrativas, sistema de responsabilidad de las Administraciones públicas, protección del medio ambiente, montes, aprovechamientos forestales y vías pecuarias), aludidas en otros apartados del artículo 149.1 CE.
- En segundo lugar, quedan también excluidas de la legislación civil todas las materias mencionadas en los artículos 148.1 CE (urbanismo y vivienda, transporte, agricultura y ganadería, montes y aprovechamientos forestales, aguas minerales y termales, pesca, caza, patrimonio monumental, promoción del deporte y utilización del ocio, sanidad e higiene) y 149.1 CE (nacionalidad y extranjería, seguros, pesca, transporte, circulación de vehículos a motor, régimen minero, patrimonio cultural, artístico y monumental), que pudiesen tener alguna relación con el Derecho civil, más o menos intensa.
- En tercer lugar, las materias enumeradas en el propio art. 149.1.8.ª CE, como competencia exclusiva del Estado, en todo caso, puesto que «la redacción del precepto implica necesariamente su consideración como formando parte de la legislación civil».
- En cuarto lugar, quedan incluidas las materias reguladas por el Código civil y las Compilaciones, salvo cuando hayan sido mencionadas en otros apartados de los artículos 148.1 y 149.1 CE.
- Y, en quinto lugar, destaca que «aunque no se opte por una concepción expansiva de lo civil, cabe defender que la legislación civil incluye los temas civiles de las leyes cuyo contenido se extiende, en mayor o menor medida, a materias administrativas». Hecho que se da con notoria frecuencia en la regulación de las viviendas de uso turístico.

Para Roca i Trías, el concepto legislación civil comprendería «todas aquellas materias que han sido calificadas tradicionalmente como Derecho privado, y que no aparezcan recogidas en otros apartados del artículo 149.1»[655].

---

655 La cita se ha obtenido de Bercovitz Rodríguez-Cano, Rodrigo, «Las competencias de…», *op. cit.*, p. 79, y de Sánchez González, María Paz, «Competencia de los Parlamentos autónomos en la elaboración del Derecho civil: Estudio del artículo 149.1.8.ª de la Constitución», *Anuario de Derecho Civil*, Vol. 39 (1986), n.º 4, pp.

La anterior opinión es suscrita por SÁNCHEZ GONZÁLEZ. Especificando, además, de forma análoga a BERCOVITZ, que el concepto de legislación civil incluiría «las materias que el art. 149.1.8 considera como competencia exclusiva del Estado, en todo caso.» Entre ellas, la relativa a las bases de las obligaciones contractuales. Y «las materias que aparecen reguladas en el Código civil y en las Compilaciones, salvo que no hayan sido recogidas en otros apartados de los artículos 148.1 y 149.1, como sucede, por ejemplo, con la nacionalidad»[656].

SÁNCHEZ CALERO, señala que «no tiene la consideración de "legislación civil", a los efectos del artículo 149.1.8.ª, la legislación relativa a las demás materias comprendidas en el propio artículo 149.1, así como en el 148.1, a pesar de que algunas de ellas integran el contenido del Derecho civil, o cuando menos, guardan una íntima conexión con él.»[657]

LÓPEZ LÓPEZ afirma que «todas las materias a que se refieren las atribuciones competenciales del art. 149.1 CE están excluidas de lo que por "legislación civil" se entiende en el 149.1.8.ª CE». Por el contrario, sí que formarían parte de la legislación civil, «las materias del Código civil y las Compilaciones forales, y el segundo inciso del art. 149.1.8ª CE.»[658]

1121 a 1168, p. 1129. Esta última autora cita el estudio de ROCA I TRÍAS, Encarnación, «El Derecho civil catalán en la Constitución de 1978», *Revista Jurídica de Cataluña* (1979), n.º 1, pp. 15 y ss. No obstante, no hemos podido localizar dicho trabajo. Únicamente nos consta ROCA I TRÍAS, Encarnación, «El Derecho civil catalán en la Constitución de 1978», *Revista Jurídica de Cataluña,* Vol. 78 (1979), N.º 1, pp. 7 a 36, y en él no aparece la opinión transcrita.

656 SÁNCHEZ GONZÁLEZ, María Paz, «Competencia de los...», *op. cit.*, p. 1128 y ss. Y, por el contrario, quedaría excluidas del ámbito de la legislación civil, a los efectos del art. 149.1.8ª CE: «a) Todas las demás legislaciones a las que se hace referencia en otros números del artículo 149.1, [...] b) Las legislaciones básicas a las que se hace referencia en los distintos apartados del artículo 149.1, [...] c) Las restantes materias recogidas en el artículo 149.1 que pudiesen tener alguna relación con el Derecho civil: [...] d) Todas las materias recogidas en el artículo 148.1, algunas de las cuales guardan con el Derecho civil una relación más o menos estrecha, pero que, sin embargo, no pueden considerarse como legislación civil a los efectos del 149.1.8.»

657 SÁNCHEZ CALERO, Francisco Javier, «Competencia de la Comunidad Autónoma andaluza en materia de propiedad», en Bernardo Moreno Quesada (Coord.), *Competencia en materia civil de las Comunidades Autónomas,* Tecnos, Madrid, 1989, pp. 53 a 66, p. 53.

658 LÓPEZ LÓPEZ, Ángel M., «El derecho de propiedad...», *op. cit.*, p. 286.

En opinión del profesor Díez-Picazo, es legislación civil la contenida en el Código civil o en las leyes civiles especiales y, más en concreto, aquellas «que se refiere a la ordenación jurídica de la persona, capacidad, estados civiles, derechos de la personalidad, la que regula el sistema del derecho de propiedad y de los derechos reales sobre los bienes, la que regula los contratos en general y los contratos atípicos, que no han pasado a formar parte de otras disciplinas pertenecientes a la órbita del Derecho privado, así como el régimen de la responsabilidad civil o el Derecho de daños y, de forma indiscutible, la que regula el Derecho de familia, matrimonio y relaciones paterno-filiales e instituciones tutelares y el Derecho de sucesiones.»[659]

Pasquau Liaño sugiere que «cualquier esfuerzo de interpretación de los términos "legislación civil" utilizados por el art. 149.1.8.ª está condenado al fracaso si quiere hacerse con rigor conceptual, histórico o semántico». A su juicio, «no cabe acudir a un concepto incontrovertido de Derecho civil, sencillamente, porque no existe ni puede existir», más allá de su significado estrictamente académico, como área de conocimiento o disciplina que integra un plan de estudios[660].

Y, por su parte, el Tribunal Constitucional, en su sentencia 10 marzo 2022, afirmó que «la legislación civil comprende "la regulación de las relaciones *inter privatos*"»[661].

No es nuestra intención ofrecer un concepto del término legislación civil previsto en el art. 149.1.8.ª CE. Legislación civil no se identifica, única y exclusivamente, con el Código civil. Disponemos, a día de hoy, de un concepto prácticamente coincidente en la mayor parte de la doctrina. Y, si bien es importante manejar una noción clara de legislación civil, consideramos más relevante, debido al objetivo de nuestro estudio, tener en cuenta que, en la actualidad, el binomio «propiedad» o, si se quiere, «delimitación del derecho de propiedad», y «legislación civil», no se corresponden[662].

---

659 Díez-Picazo y Ponce de León, Luis, «Las competencias del Estado...», *op. cit.*, p. 18.

660 Pasquau Liaño, Miguel, «Sobre la interpretación de los términos "legislación civil" del artículo 149.1.8.ª de la Constitución», en Bernardo Moreno Quesada (Coord.), *Competencia en materia civil de las Comunidades Autónomas*, Tecnos, Madrid, 1989, pp. 220 a 224, p. 223.

661 STC (Pleno) 37/2022, 10 marzo (RTC 2022, 37).

662 Esta idea se vislumbra de López López, Ángel M., «El derecho de propiedad...», *op. cit.*, p. 285, al observar que «Conjugando ambos datos (la propiedad es una ins-

La anterior afirmación adquiere su máxima expresión en un pasaje de la ya citada STC (Pleno) 26 marzo 1987, al manifestar que:

> «esta delimitación no se opera ya sólo en la legislación civil, sino también en aquellas otras Leyes que cuidan principalmente de los intereses públicos a los que se vincula la propiedad privada. [...] Así las cosas, resulta también evidente que, si la Comunidad Autónoma andaluza es titular de una competencia específica para legislar en materia de "reforma y desarrollo del sector agrario", [...] dicha competencia incluye la posibilidad de legislar asimismo sobre la propiedad de la tierra y su función social, dentro del territorio de Andalucía.»

Según la STC (Pleno) 22 febrero 2018, la anterior resolución «ya se pronunció acerca de en qué medida la disciplina normativa del derecho de propiedad privada se incardina en el título competencial "legislación civil" que atribuye al Estado el art. 149.1.8.ª CE.»[663] Así, distinguió, dentro del derecho de propiedad, una vertiente individual y otra institucional, derivada esta última de la función social que el art. 33.2 CE le asigna. Ratificando la sentencia que «Esta delimitación no se opera ya sólo en la legislación civil». Y, termina diciendo:

«En otras palabras, según el criterio expuesto en la STC 37/1987, la regulación de la dimensión institucional del derecho de propiedad privada, dado que no puede desligarse de la regulación de los concretos intereses generales que la justifican, incumbe al titular de la competencia sectorial para tutelar tales intereses y al que lo es en materia de legislación civil ex art. 149.1.8.ª CE. En conclusión, al no encuadrarse en la materia "legislación civil" la definición de un deber u obligación concreta del propietario de la vivienda prevista en función del logro de un fin de interés público, procede declarar que el legislador foral, al regular como parte del derecho de propiedad sobre la vivienda un deber de ocupación efectiva [...], no invade las atribuciones estatales ex art. 149.1.8.ª CE».

---

titución civil, la legislación civil es competencia exclusiva del Estado), y permaneciendo en la esfera de esa primera aproximación, podríamos concluir que la propiedad privada es objeto de la legislación civil y, como consecuencia, su régimen es competencia exclusiva del Estado. No sólo el de sus condiciones básicas como una garantía institucional, sino todo el régimen por obra del título competencial concreto ex artículo 149.1.8.ª CE. Sin embargo, no podemos aquietarnos con tal conclusión, pese a su atractiva realidad lógica.»

663 STC (Pleno) núm. 16/2018, 22 febrero (RTC 2018, 16).

Si se observa, en ninguna de las sentencias el Tribunal Constitucional aclara qué debe entenderse por «legislación civil». Si que lo hace, en cambio, como ya hemos apuntado, en la reciente STC 27/2022, 10 marzo, identificando «legislación civil» con «la regulación de las relaciones *inter privatos*».

Como se verá, las normas de ordenación de las viviendas de uso turístico, a pesar de tener un claro carácter administrativo, incidirán en las relaciones *inter privatos*, a través de instituciones civiles como el derecho de propiedad y, por consiguiente, en el contrato de arrendamiento.

De Elizalde y de Aymerich ya destacó que, en la actualidad, es habitual en la doctrina civilista hacer notar la cada vez mayor incidencia en el ámbito jurídico-privado de las normas calificadas como Derecho público. «Se habla así de una administrativación o publicación del Derecho civil.»[664]

Pero, a nuestro juicio, éste no es el elemento a tener en cuenta. Sino que la delimitación del contenido del derecho de propiedad no puede hallarse, únicamente, en la competencia exclusiva a favor del Estado y de determinadas Comunidades Autónomas con Derecho civil propio, sino en otros títulos competenciales que pueden ser asumidos por la totalidad de los entes autonómicos.

Como afirmó la doctrina, con ocasión de la sentencia relativa a la Ley 8/1984, de 3 de julio, de Reforma Agraria, de la Comunidad Autónoma de Andalucía, negar a esta Comunidad «competencia para legislar en materia de propiedad urbana o de propiedad agraria sería tanto como reducir a la nada las competencias que corresponden a esa Comunidad en materia de urbanismo y agricultura.»[665]

Si descendemos a las viviendas de uso turístico, el fundamento de su regulación no encontraría cobijo en la competencia en materia de «legislación civil», sino en la competencia sectorial en «promoción y ordena-

---

664 De Elizalde y de Aymerich, Pedro, «El Derecho civil en los Estatutos de Autonomía», *Anuario de Derecho Civil,* Vol. 37 (1984), N.º 2, pp. 389 a 436, p. 389.

665 Sánchez Calero, Francisco Javier, *op. cit.*, p. 54. Y, en ese mismo sentido López López, Ángel. M., «El derecho de propiedad...», *op. cit.*, p. 289: negar la posibilidad a la Comunidad Autónoma de actuar sobre el ejercicio del derecho dominical de los propietarios «tendría como consecuencia el vaciamiento de la competencia.» Y continúa este último autor: «De esta manera, la sentencia se ve en la necesidad de cumplir una operación doble: por un lado, atribuir a la Comunidad autónoma una cierta capacidad legislativa en el rea de las instituciones civiles; por otra, negar que el resultado del ejercicio de esa capacidad sea "legislación civil"».

ción del turismo». Y, a pesar del carácter eminentemente administrativo del contenido de las normas reguladoras del fenómeno «alojativo», ésta contiene una regulación civil o *inter privatos.*

Así lo afirma la propia Exposición de Motivos de la Ley 6/2017, de las Islas Baleares, donde puede leerse que: «En este sentido, al margen de la regulación civil contenida en la regulación turística, [...].»

No nos consta que haya ninguna norma en materia de viviendas de uso turístico, o de turismo en general, que contenga una afirmación como la anterior[666]. Sin embargo, una lectura atenta de la normativa en vigor permite vislumbrar toda una serie de disposiciones que no sólo afectarán al derecho de propiedad —institución civil por excelencia—, sino también al contrato de arrendamiento de vivienda, tal y como se verá en un momento posterior.

Hasta tiempos recientes, coincidiendo con el auge en la comercialización de estancias turísticas en viviendas, la competencia en promoción y ordenación el turismo no se consideraba muy vinculada a la propiedad privada, al menos no en relación con la propiedad inmobiliaria situada en suelo residencial. En contraposición, por ejemplo, con la competencia en ordenación del territorio, urbanismo y vivienda, que desde antaño sí que se ha relacionado con la delimitación del contenido del derecho de propiedad de los particulares.

Como consecuencia, el siguiente extremo a dilucidar es hasta qué punto la competencia en promoción y ordenación del turismo habilita a las Comunidades Autónomas a incorporar la regulación de aspectos civiles del contrato de arrendamiento para la satisfacción de la necesidad de alojamiento por motivos turísticos. O, como lo expresa LÓPEZ LÓPEZ «una vez atribuida una competencia en un determinado campo a una Comunidad,

---

666 Por su parte, el Decreto 31/2024, de 29 de enero, por el que se modifican diversas disposiciones en materia de viviendas de uso turístico, establecimientos de apartamentos turísticos y hoteleros de la Comunidad Autónoma de Andalucía, contempla en su Exposición de Motivos, que, en el marco normativo de la actividad de alojamiento en viviendas de uso turístico, «las competencias autonómicas en materia turística se limitan a la ordenación planificación y promoción del sector turístico; esto es, a las condiciones y requisitos para la prestación de un servicio turístico. De esta forma, sobre una misma realidad y, más concretamente en el recurso físico sobre el que se desarrolla la actividad turística, intervienen diversos títulos competenciales, como son la legislación civil, la vivienda o el urbanismo, que se reparten el Estado, las Comunidades Autónomas u los municipios, según el caso.»

establecer los límites en que la legislación sectorial autonómica correspondiente puede incluir aspectos civiles, sin adentrarse en los dominios prohibidos del artículo 149.1.8.ª CE, por estar reservados al Estado.»[667]

3. LA COMPETENCIA EN DERECHO CIVIL PROPIO COMO POSIBLE REFUERZO

En determinadas Comunidades Autónomas, podría suceder, y siempre según el contenido de su Compilación, que la delimitación del derecho de propiedad, previamente instaurada por una competencia sectorial, como es la de promoción y ordenación del turismo, se viera reforzada con fundamento en otra competencia. Nos referimos a la relativa a la «conservación, modificación y desarrollo» del Derecho civil propio[668].

Según la actual doctrina jurisprudencial, la configuración del contenido del ejercicio del derecho de propiedad no opera sólo en la legislación civil, sino en otros títulos competenciales. Consecuentemente, como indica Coca Payeras, este refuerzo no sería imprescindible ni necesario. No obstante, una Comunidad Autónoma ha alegado, aunque de forma modesta, la competencia en Derecho civil propio para apoyar su regulación de las viviendas de uso turístico.

Nos referimos a la Comunidad Autónoma de las Islas Baleares. En la Exposición de Motivos de su Ley 6/2017, se afirma que: «La base competencial para llevar a cabo estas determinaciones es, por una parte, la competencia exclusiva en turismo [...]. El otro fundamento competencial se encuentra en el art. 30.27 del Estatuto de Autonomía, que determina como competencia exclusiva de la Comunidad Autónoma el *desarrollo* del Derecho civil propio[669], siempre que no entre en determinadas competencias que se reservan al Estado. En este sentido, al margen de la regulación civil

---

667 López López, Ángel M., «El derecho de propiedad...», *op. cit.,* p. 287.

668 Esta idea fue apuntada ya por Coca Payeras, Miguel, *Tanteo y retracto..., op. cit.,* p. 320, con ocasión de analizar la competencia por parte de las Comunidades Autónomas para legislar estableciendo derechos de tanteo y retracto a favor de particulares, o de los propios entes autonómicos, citando la sentencia del Tribunal Constitucional de 30 de noviembre de 1982, que recogía que «la competencia además de apoyarse en la definitoria del sector», pueda también «justificarse por otra regla». En palabras del autor ello «reforzaría la solución, a pesar de que tal refuerzo no sea imprescindible, ni siquiera necesario, para el caso que planteamos.»

669 La cursiva es nuestra.

contenida en la regulación turística, se tiene que mencionar la existencia de un Derecho civil propio de las Islas Baleares relativo a la propiedad y otros derechos reales.»

Del anterior pasaje destacan dos aspectos. En primer lugar, el reconocimiento expreso de que la regulación de las viviendas de uso turístico incide en aspectos civiles o, en palabras del legislador, contiene una «regulación civil». Y, en segundo lugar, junto a la competencia exclusiva en turismo, se alega la competencia para el «desarrollo» del Derecho civil propio, «siempre que no entre en determinadas competencias que se reservan al Estado.»

Es decir, el legislador balear, al ordenar las viviendas de uso turístico, no se refiere a la facultad de conservar o modificar su Derecho civil propio, sino que, tal y como puede apreciarse en el pasaje transcrito, lleva a cabo un «desarrollo». Y, además, es consciente de que existen parcelas competenciales que quedan reservadas, en exclusiva, al Estado.

La Exposición de Motivos de la Ley 6/2017 alude al Derecho civil propio relativo a la propiedad y otros derechos reales[670]. No obstante, por una parte, no precisa cuál es la regulación civil incluida en la norma turística. Ni, por otra, diferencia en qué título competencial —ya sea la promoción y ordenación del turismo o el Derecho civil propio— se apoya dicha legislación en materia civil[671].

Ahora bien, creemos que, a modo de ejemplo, sería un claro supuesto de «regulación civil» el apartado séptimo del art. 50, de la Ley 8/2012, de las Islas Baleares, ya analizado al abordar las viviendas de uso turístico sometidas a régimen de propiedad horizontal.

---

670 El Decreto Legislativo 79/1990, de 6 de septiembre, por el que se aprueba el Texto Refundido de la Compilación del Derecho civil de las Islas Baleares, dedica el Título III, del Capítulo IV, del Libro Primero, a los derechos reales (arts. 54 a 63). Así, cabe destacar la figura del denominado «estatge», a través del cual, en virtud del art. 54, «confiere el derecho personalísimo e intransmisible de habitar gratuitamente en la casa, ocupando privativamente las habitaciones necesarias y compartiendo el uso de las dependencias comunes con los poseedores legítimos del inmueble, sin concurrir a los gastos, cargas y tributos que le afecten.» Y, también, los censos, los alodios «y demás derechos de naturaleza análoga», dice el art. 55.

671 Recordemos que, a través de títulos competenciales sectoriales, como puede ser, en este caso, el de promoción y ordenación del turismo, las Comunidades Autónomas pueden incidir en instituciones civiles, sin que sea requisito necesario poseer competencia en Derecho civil, foral o especial, para ello.

No nos consta que ninguna otra Comunidad Autónoma haya alegado su competencia en Derecho civil propio para apoyar la regulación de las viviendas de uso turístico, salvo las Islas Baleares. Ni, especialmente, ha introducido un precepto que altera, parcialmente[672], por una parte, el régimen estatal para la adopción de acuerdos previsto en el art. 17 de la LPH, ni contradice, por otra, la doctrina jurisprudencial del Tribunal Supremo por cuanto la mera descripción del inmueble no supone una limitación del uso o de las facultades dominicales, sino que la eficacia de una prohibición en ese sentido exige una estipulación clara y precisa que la establezca.

Cabe recordar que únicamente Cataluña dispone de una regulación completa e integral de la propiedad horizontal, introducida a través de la Ley 5/2006, de 10 de mayo, del Libro Quinto del Código civil de Cataluña, relativo a derechos reales. Por lo que, al resto de los territorios, hayan asumido la competencia en Derecho civil propio o no, les será de aplicación las previsiones de la LPH.

Para un sector de la doctrina, este precepto presenta dudas de cierta inconstitucionalidad[673]. En este sentido, podría suceder que la Comunidad de las Islas Baleares, con ocasión de la introducción de un precepto del tenor del art. 50.7, haya ido más allá, no sólo de la competencia en promoción y ordenación del turismo, sino, más aún, de la relativa al Derecho civil propio. Y, más en concreto, en cuanto a la facultad de «desarrollo» del mismo.

Pero, además, tal y como se tendrá ocasión de observar, la regulación de las viviendas de uso turístico, en prácticamente todas las Comunidades Autónomas, disciplina aspectos del contrato de arrendamiento, íntimamente relacionado con el contenido del derecho de propiedad. Ello supone una

---

672 Decimos parcialmente ya que, en ocasiones, innova el régimen de adopción de acuerdos, pero, en otras, nos remite al sistema previsto en la Ley de Propiedad Horizontal.

673 Así lo entienden GONZÁLEZ CARRASCO, M.ª del Carmen, «La pendiente resbaladiza...», *op. cit.*, p. 9, o DOMÉNECH PASCUAL, Gabriel, «La regulación autonómica y local de las viviendas de uso turístico», *op. cit.*, p. 64. En cambio, MESA MARRERO, Carolina, *op. cit.*, p. 29, manifiesta que «parece que la Ley balear cuestionada no incurriría en vulneración de la competencia estatal en materia civil porque prevalece la competencia sectorial específica.»

incidencia directa en las relaciones entre particulares, que se consideran «legislación civil» o de Derecho civil[674].

Para que opere la competencia en Derecho civil propio asumida por las Comunidades Autónomas de Aragón, Baleares, Cataluña, Galicia, Navarra, País Vasco o Valencia, deberá estarse, en todo caso, a lo previsto en la correspondiente legislación aprobada por los Parlamentos autonómicos. Y, especialmente, a la doctrina jurisprudencial sentada por el Tribunal Constitucional en relación con el significado y alcance del término «desarrollo» del art. 149.1.8.ª CE.

En cualquier caso, la competencia relativa al «desarrollo» del Derecho civil propio no es ilimitada, ya que el precepto anterior recoge una serie de límites al poder legislativo de cualquier Comunidad Autónoma, tenga o no competencia en Derecho civil. O, mejor dicho, contiene una serie de materias que quedan reservadas, en exclusiva, y en todo caso, al Estado.

---

674 PARRA LUCÁN, M.ª Ángeles, «La doble codificación en España y la frustración del proceso de unificación del Derecho privado», *Revista Jurídica del Notariado* (2015), n.º 94, pp. 107 a 148, p. 116: «Finalmente, conviene señalar cómo, además del Derecho civil foral, se ha venido hablando también de un "Derecho civil autonómico no foral", existente en todas las Comunidades Autónomas, forales o no forales. La Constitución española permite, y todos los Estatutos han asumido, algunas competencias sobre temas tales como reforma agraria, urbanismo, protección de los consumidores y usuarios, comercio interior, fundaciones, cooperativas. Algunas Comunidades Autónomas han legislado sobre estas materias y sus normas, junto a aspectos administrativos, en muchos casos disciplinan directamente relaciones entre particulares que suelen considerarse como Derecho civil (derecho de propiedad, distintos aspectos de la contratación, responsabilidad, …).» Diferencia también entre «Derecho civil propio, foral o especial» y «Derecho civil autonómico», PLAZA PENADÉS, Javier, «El Derecho civil, los Derechos civiles forales o especiales y el Derecho civil autonómico», *Revista de Derecho Valenciano* (2012), N.º 12, p. 10: «Junto con la competencia en materia de Derecho civil propio, foral o especial que tienen algunas Comunidades Autónomas, ha aparecido, tras la Constitución española y el desarrollo del Estado autonómico, una serie de Leyes y disposiciones normativas que tienen su base en el desarrollo en competencias concretas que ha asumido y desarrollado la Comunidad Autónoma, dando lugar al llamado Derecho civil autonómico. Por tanto, la diferencia esencial entre Derecho civil foral o especial y Derecho civil autonómico estriba en que sobre Derecho civil foral o especial sólo tiene competencias algunas Comunidades Autónomas, mientras que sobre Derecho civil autonómico pueden tener competencias todas, tanto las que tiene Derecho civil propio como las que [no], siempre que dicha ley sea desarrollo de una o varias competencias propias.»

3.1. El alcance de los términos «conservación, modificación y desarrollo» de los Derecho civiles, forales o especiales, allí donde existan, en la doctrina

De conformidad con el art. 149.1.8.ª CE, el Estado tiene competencia exclusiva sobre legislación civil, sin perjuicio de la conservación, modificación y desarrollo por las Comunidades Autónomas de los Derecho civiles propios, allí donde existan. Y, en todo caso, las reglas relativas a la aplicación y eficacia de las normas jurídicas, relaciones jurídico-civiles relativas a las formas del matrimonio, ordenación de los registros e instrumentos públicos, bases de las obligaciones contractuales, normas para resolver los conflictos de leyes y determinación de las fuentes del Derecho, con respecto, en este último caso, a las normas de derecho foral o especial.

El precepto en cuestión, a lo largo de los más de cuarenta años de vigencia, ha dado lugar a una variedad de interpretaciones, tanto en la jurisprudencia del Tribunal Constitucional, como en la doctrina[675]. Problemática que, en ningún caso, se ha apaciguado, y que cobra una importante relevancia en el ámbito de la regulación de las viviendas de uso turístico, por dos motivos ya apuntados.

En primer lugar, por poder servir de competencia de refuerzo, en determinadas Comunidades Autónomas, en la inicial ordenación de esta modalidad de alojamiento a través de la competencia en materia de promoción

---

675 Díez-Picazo y Ponce de León, Luis, *op. cit.*, p. 13, destaca su «indudable ambigüedad y oscuridad, que aparece construido de una forma retorcida». Y, García Rubio, M.ª Paz, «Presente y futuro del Derecho civil español en clave de competencias normativas», *Revista de Derecho Civil*, Vol. IV (2017), N.º 3, pp. 1 a 33, p. 2, apunta a que, a través de su carácter «ambiguo y torturador, ha convertido el sistema de Derecho civil español en uno de los más complejos e incoherentes del panorama comparado». Fernández de Villavicencio Arévalo, Francisco, «La materia civil desde el punto de vista competencial: algunas presiones», *Revista Jurídica de Catalunya*, Vol. 82 (1983), N.º 1, pp. 181 a 196, p. 181, manifiesta que los aspectos implicados en el precepto son «intrincados y de difícil dominio». Martínez de Aguirre Aldaz, Carlos, «Notas para la interpretación del inciso "...allí donde existan" del artículo 149.1.8.ª de la Constitución», en VV. AA., *La actualización del Derecho civil: Primer Congreso de Derecho Vasco*, Instituto Vasco de Administración Pública, San Sebastián, 1983, pp. 231 a 239, p. 233, destacó que todo es «discutible y discutido», en torno al art. 149.1.8.ª CE, «tanto a su alcance general como a la interpretación de cada una de sus frases, incisos y hasta palabras.» O Cerdà Gimeno, José, «Baleares ante el artículo 149.1.8ª de la Constitución», *Revista de Derecho Privado* (1982), N.º 1, pp. 787 a 802, al recurrir a la distinción de la doctrina alemana entre «zona de certeza» (Begriffkern) y «zona de incertidumbre» (Begriffhof), sitúa en esta última el art. 149.1.8.ª CE.

y ordenación del turismo. Por lo tanto, del precepto se desprende que no toda la legislación civil emanará del Estado[676]. Sino que la Constitución permite a determinadas Comunidades Autónomas —en concreto, a aquellas que en el momento de su entrada en vigor existiera un Derecho civil propio—, asumir, por medio de su Estatuto, la competencia para su «conservación, modificación y desarrollo». Y, en segundo lugar, por los límites que el precepto impone no sólo a las Comunidades Autónomas con Derecho civil propio, sino a todas ellas[677], y que pueden verse comprometidos a la hora de regular las viviendas de uso turístico. Entre los cuales sobresale, por lo que aquí interesa, el referido a las «bases de las obligaciones contractuales».

El interés que suscitó el precepto en la doctrina, de ahí las numerosas interpretaciones realizadas, respondió al afán de determinar el alcance de dos conceptos en él recogidos. Nos referimos a «desarrollo» y a las «bases de las obligaciones contractuales».

Abordaremos, en primer lugar, el alcance del término «desarrollo»; no sin antes referirnos a los relativos a la «conservación» y a la «modificación».

---

676 PARRA LUCÁN, M.ª Ángeles, *op. cit.*, pp. 113 y 114, al abordar el estudio del art. 149.1.8.ª CE parece identificar legislación civil con Derecho civil, al manifestar que «El Código civil español recoge el Derecho civil, pero no todo el Derecho civil español está en el Código civil. Ello por dos motivos de razones. De una parte, porque hay leyes especiales de Derecho civil, que regulan Derecho fuera civil fuera del Código. Pero también, y, en segundo lugar, porque además del Derecho civil estatal hay unos Derecho civiles autonómicos.» En relación con el Derecho civil, foral o especial, manifiesta que «Esta pluralidad se explica históricamente por la existencia de distintos territorios que fueron independientes, cada uno con su propio ordenamiento jurídico. La unidad política de nuestro país a principios de la edad moderna no supuso la unidad jurídica, y hasta hoy se ha mantenido la diversidad en materia jurídico-privada. Ni siquiera cuando se prueba el Código civil español en 1889, que pretendía unificar y sistematizar todo el Derecho civil, se derogan los llamados Derechos forales, [...] Por el contrario, el Código civil, que recoge sustancialmente le Derecho civil castellano, espeta la vigencia de los Derechos forales en aquellos territorios en los que estuvieran vigentes.»

677 BERCOVITZ RODRÍGUEZ-CANO, Rodrigo, «La conservación, modificación y desarrollo de los Derecho civiles, forales o especiales, allí donde existan», *Derecho Privado y Constitución* (1993), N.º 1, pp. 15 a 82, p. 27, destaca de forma correcta que «Cuando nuestros constituyentes quisieron atribuir desde un principio competencias a todas las Comunidades Autónomas (la posibilidad de tal competencia) sobre una determinada materia, excluida de las competencias estatales del art. 149.1, la incluyeron expresamente en el artículo 148».

En virtud de la STC (Pleno) 12 marzo 1993, el concepto constitucional de conservación del Derecho civil propio permite:

> «la asunción o integración en el ordenamiento autonómico de las Compilaciones y otras normas derivadas de las fuentes propias de su ordenamiento y puede hacer también viable, junto a ello, la formalización legislativa de costumbre efectivamente vigentes en el propio ámbito territorial»[678].

Y continúa el Tribunal:

> «Lo que la Constitución permite es la "conservación", esto es el mantenimiento del Derecho civil propio, de modo que la mera invocación a los precedentes históricos, por expresivos que sean de viejas tradiciones, no puede resultar decisiva por sí sola a los efectos de lo dispuesto en el art. 149.1.8.ª CE.»

El párrafo anterior, fue recogido por la STC (Pleno) 13 noviembre 2019, que añadió, además, en cuanto al término modificación, que «puede implicar "no sólo la alteración y reforma del derecho preexistente, sino, incluso, las reglas contenidas en el mismo".» [679]

Delgado Echeverría[680] y Sánchez González[681], en relación con tales conceptos, se hacen eco de lo manifestado previamente por Sancho Rebullida[682], para quien «La conservación del Derecho foral es más bien un límite a la competencia legislativa regional que un contenido de la misma, ya que, para conservar el Derecho vigente, basta con no cambiarlo. Y la modificación y desarrollo suponen conceptualmente una relación de con-

---

678 STC (Pleno) núm. 88/1993, 12 marzo (RTC 1993, 88).

679 STC (Pleno) 132/2019, 13 noviembre (RTC 2019, 132). Recoge las anteriores definiciones de «conservación» y «modificación»: Egusquiza Balmaseda, María Ángeles, «Conexión institucional necesaria: "desarrollo" de los Derechos civiles propios en la última jurisprudencia del Tribunal Constitucional», *Derecho Privado y Constitución* (2018), N.º 33, pp. 47 a 78, p. 54.

680 Delgado Echeverría, Jesús, «Los Derechos civiles…», *op. cit.*, p. 658.

681 Sánchez González, María Paz, «Competencia de los…», *op. cit.*, p. 1134.

682 Sancho Rebullida, Francisco de Asís, «El futuro de los Derecho forales», *Revista General de Legislación y Jurisprudencia,* Tomo 253 (1977), N.º 4, pp. 311 a 322, pp. 315 a 319. Y, De Elizalde y de Aymerich, Pedro, «El Derecho civil…», *op. cit.*, pp. 423 y 424, considera que: «No suscita dificultades especiales el ejercicio autonómico de las competencias de conservación y modificación de los Derechos compilados; modificación, además, que resulta ineludible y urgente por la necesidad de acomodar sus textos a los principios constitucionales.»

tinuidad con el pasado, una evolución acorde con el espíritu del Derecho foral, con su tradición histórica, con los principios en que se inspira.»

Una mayor atención requiere el concepto constitucional de desarrollo. Para ello, consideramos oportuno recoger, primeramente, las diferentes interpretaciones doctrinales en torno a dicho término para, finalmente, detenernos en la corriente jurisprudencial actual adoptada por el Tribunal Constitucional.

Tras un análisis de los autores que más se han dedicado al análisis de la expresión desarrollo del Derecho civil propio, podemos diferenciar, en líneas generales, cuatro sectores.

Un primer sector de la doctrina vendría representado por DE ELIZALDE Y DE AYMERICH, LASARTE ÁLVAREZ o DÍEZ-PICAZO. Estos autores propugnan, a grandes rasgos, que el desarrollo de los Derecho civiles se circunscribe a las instituciones reguladas en las propias Compilaciones.

En este sentido, DE ELIZALDE Y DE AYMERICH alega que el Derecho civil propio «en cuanto supone la inaplicación del Derecho común, excepcional y especial, carece de la eficacia expansiva propia de éste; por consiguiente, el "desarrollo" al que la Constitución se refiere no puede suponer su extensión a instituciones ajenas, que por ello han quedado sometidas al Derecho general, sino exclusivamente al complemento de la regulación de instituciones propias forales.»[683]

Para LASARTE, «el desenvolvimiento de los Derecho forales ha de ceñirse a los supuestos institucionales —esto es, realidades materiales peculiares o reguladas con criterios peculiares—, tradicionalmente característicos de los respectivos territorios y divergentes —por su propia materia o por los criterios de regulación— del sector del ordenamiento jurídico-civil (llamado Derecho común)». Y, concluye que el desarrollo de los Derecho civiles propios ha de atender a su estado actual «a los supuestos institucionales regulados en las Compilaciones». Lo contrario «supone una alteración gravemente perturbadora del propio precepto constitucional, en cuanto

683 DE ELIZALDE Y DE AYMERICH, Pedro, «Prelación de normas civiles en el sistema de fuentes de las Comunidades Autónomas», en *La Constitución española y las fuentes del Derecho. Vol. II,* Instituto de Estudios Fiscales, Madrid, 1979, p. 756. El autor reitera esta misma idea en «El Derecho civil...», *op. cit.*, p. 424.

manipulación del planteamiento historicista en que se asienta la misma Constitución.»[684]

En palabras de DÍEZ-PICAZO, «el desarrollo tiene su límite en el conjunto institucional al que el Derecho foral se refiere, y que, en puridad, no hay desarrollo del Derecho foral si se regulan materias que nunca estuvieron regidas por el Derecho foral o que no lo estaban en el momento de ponerse en vigor la Constitución»[685].

Un segundo sector vendría representado por DELGADO ECHEVERRÍA, a quien no le interesa el Derecho foral que es, sino el que puede ser. Es decir, «el ámbito en que las Comunidades Autónomas correspondientes podrían legislar.» Para el autor, este ámbito no vendría determinado por los preceptos forales vigentes, «pues por ser los ya vigentes no pueden servir de objeto a una legislación posterior.» Por ello, dice que «Tendríamos que referirnos, entonces, no a los preceptos, sino a las materias o instituciones que ahora encuentran determinada expresión normativa en las Compilaciones.»

Obsérvese que DELGADO ECHEVERRÍA diferencia entre los «preceptos legales vigentes» y las «materias o instituciones que ahora encuentran determinada expresión normativa en las Compilaciones». Y, para aclarar su postura, pone de ejemplo la Compilación de Cataluña, y dice que ésta «establece un régimen matrimonial legal de separación de bienes, a la vez que regula como subsidiarios otros determinados regímenes matrimoniales. Pues bien, la competencia legislativa posible de la futura Comunidad Autónoma de Cataluña no viene delimitada por el contenido actual de estos preceptos, [...] sino por el ámbito institucional en que se manifiesta, que podemos caracterizar como el de los regímenes económicos matrimoniales.» Concluyendo que «Esta operación conceptual, consiste en pasar de los artículos de las Compilaciones a las instituciones»[686].

---

684 LASARTE ÁLVAREZ, Carlos, *Autonomías y Derecho privado en la Constitución española,* Civitas, Madrid, 1980, pp. 104 a 106.

685 DÍEZ-PICAZO Y PONCE DE LEÓN, Luis, *op. cit.*, pp. 20 y 21.

686 DELGADO ECHEVERRÍA, Jesús, «Los Derechos civiles ...», *op. cit.*, p. 655. Y, en relación con la tesis apuntada por el anterior autor, BERCOVITZ Y RODRÍGUEZ-CANO, Rodrigo, «Las competencias de...», *op. cit.*, p. 87, manifiesta al respecto que: «La competencia de las Comunidades Autónomas llagaría, pues, según esta tesis, hasta donde alcance la fuerza expansiva de los principios informadores.»

En tercer lugar, encontramos la posición de ROCA I TRÍAS, BADOSA COLL, COCA PAYERAS o SÁNCHEZ GONZÁLEZ, para quienes la competencia en materia de desarrollo de la legislación civil no se circunscribe a la actual Compilación, sino que permite su ampliación a todas aquellas materias cuya regulación no ha sido reservada en exclusiva al Estado, en el segundo inciso del art. 149.1.8.ª CE.

En concreto, ROCA I TRÍAS fundamenta su posición en dos argumentos. Uno gramatical y otro sistemático. En relación con el gramatical, dice que un «derecho civil codificado puede conservarse o modificarse sin salirse de los límites temáticos que le marca la propia Compilación, pero mal puede desarrollarse, porque lo que la palabra significa es expansión, lo que nos lleva a la conclusión que la propia terminología constitucional permite la legislación en materias no contenidas en la actualidad en la vigente Compilación.»

Y, en cuanto al sistemático, salvo unas determinadas materias civiles reservadas en exclusiva al Estado, «son competentes las Comunidades Autónomas para legislar, y como la parte no reservada es mucho más amplia que lo que actualmente está contenido en la Compilación catalana, debe decirse que la competencia legislativa civil de la Comunidad Autónoma catalana no se circunscribe a los límites de su actual Compilación, sino que se amplía a todas aquellas materias cuya regulación no ha sido reservada en exclusiva al Estado»[687].

En términos parecidos se pronuncia COCA PAYERAS, al apuntar que la competencia de las Comunidades Autónomas para desarrollar su Derecho civil propio tiene como límite constitucional, únicamente, las materias recogidas en el segundo apartado del art. 149.1.8.ª CE. Y, por tanto, «salvando estas materias, las Comunidades Autónomas en cuestión, pueden dictar normas civiles, en uso de su competencia legislativa sobre "legislación civil", de cualquier índole»[688].

BADOSA COLL considera que la expresión «en todo caso», del art. 149.1.8ª CE, es el único límite que pone la Constitución «porque es el único capaz de cumplir "perfectamente" su función.»[689] Y, SÁNCHEZ GONZÁLEZ defien-

[687] ROCA I TRÍAS, Encarna, «El Derecho civil...», *op. cit.,* p. 28.

[688] COCA PAYERAS, Miguel, *Tanteo y retracto..., op. cit.,* p. 321.

[689] BADOSA COLL, Ferran, «La recent jurisprudència constitucional sobre les competències de les Comunitats Autònomes en Dret civil», *Iuris: Quaderns de Política jurídica* (1994), N.º 1, pp. 11 a 36. Y, añade que: «*L'exigència d'una prèvia base nor-*

de que cuando la Constitución dice que las Comunidades Autónomas con Derecho civil propio gozan de competencia para conservarlo, modificarlo y desarrollarlo, «está indicando que tales Comunidades podrán legislar sobre todo el Derecho civil» y, para quien, la competencia exclusiva del Estado en materia de legislación civil está pensada para los territorios sometidos a Derecho común, «derogándose la regla sólo a favor de aquellas Comunidades Autónomas en las que existen Derecho forales.» Concluyendo que, para estas últimas, no habría más límites que los enumerados en la parte segunda del art. 149.1.8.ª CE[690]. Esta misma postura parece desprenderse de la opinión vertida por Llodrà Grimalt[691].

Y, en última instancia, encontramos la opinión de Bercovitz. El profesor, en la ponencia realizada los días 16 a 19 de diciembre de 1982, en el I Congreso de Derecho Vasco: la actualización del Derecho civil, celebrado en San Sebastián, recalcó que «no pueden caber interpretaciones que, vaciando de contenido, dejen sin sentido la primera frase del artículo estudiado, donde se realiza la atribución al Estado de la competencia en materia civil.» Y añadió que «La Constitución permite la actualización de estos derechos. Esto supone conservar y modificar los preceptos contenidos en las Compilaciones y desarrollar éstas y las instituciones conexas y colindantes a las actualmente reguladas.»[692]

---

mativa como a inherent al concepte de "desarrollo" és incorrecte. El "desarrollo" pressuposa certament la prèvia existència de quelcom. Però quan "quelcom" és el "Dret" i hom tracte de "competència" no equival a norma preexistent.» (pp. 16 y 17)

690 Sánchez González, María Paz, «Competencia de los...», *op. cit.*, p. 1138.

691 Llodrà Grimalt, Francesca, «La competencia autonómica en turismo como vía para legislar en materia civil. Especial referencia a la regulación de la vivienda turística vacacional», en Pedro A. Munar Bernat (Dir.), *Turismo residencial. Aspectos económicos y jurídicos*, Bernat, Dykinson, Madrid, 2010, pp. 291 a 322, al afirmar que: «El no uso de la competencia en desarrollo del Derecho civil al regular aspectos privados del turismo supone una pérdida de la oportunidad de desarrollo del Derecho civil propio. [...] Siendo así, la afirmación que hemos hecho presupone que se parte de la base de que el desarrollo del Derecho civil propio no puede entenderse ceñido al desarrollo de la materia contenida en la Compilación, sino que adoptamos una postura más amplia.» (p. 301) «El desarrollo se refiere a los "derechos civiles, forales o especiales", al "Derecho civil", no como norma existente, sino como ámbito de competencia normativa.» (p. 303).

692 Las anteriores referencias se han obtenido de las notas publicadas por Asúa González, Clara y Igartua Arregui, Fernando, «I Congreso de Derecho vasco. La actualización del Derecho civil», *Anuario de Derecho Civil*, disponible en https://www.boe.es/biblioteca_juridica/anuarios_derecho/abrir_pdf.php?id=ANU-C-1983-20047300496. Posteriormente, fueron recogidas en Bercovitz y Rodrí-

Hemos optado por situar al anterior autor en un sector diferenciado, puesto que, salvo error por nuestra parte, es el primero que se refiere, de forma expresa, a las «instituciones conexas o colindantes». Y, lo más relevante, es que parece que su postura fue la seguida por el Tribunal Constitucional en relación con el alcance del término «desarrollo», en su sentencia núm. 88/1993, 12 marzo, que resolvió el recurso de inconstitucionalidad contra la Ley 3/1988, de 25 de abril de 1988, de las Cortes de Aragón, sobre equiparación de hijos adoptivos[693].

Veamos, entonces, cual es la doctrina jurisprudencial vigente, hoy en día, en relación con el significado de «desarrollo» de los Derecho civiles, forales o especiales, allí donde existan.

3.2. El alcance del término «desarrollo» de los Derecho civiles, forales o especiales, allí donde existan, en la jurisprudencia del Tribunal Constitucional

El art. 1 de la Ley 3/1988, de 25 de abril, sobre la equiparación de los hijos adoptivos, dio nueva redacción al Capítulo II, del Título III, del Libro Primero, de la Compilación civil de Aragón, introduciendo en el apartado primero de su art. 19 el siguiente contenido: «Los hijos adoptivos tendrán en Aragón los mismos derechos y obligaciones que los hijos por naturaleza.» Y, conforme al apartado segundo «Siempre que la legislación civil aragonesa utilice expresiones como "hijos y descendientes" o similares, en ellas se entenderán comprendidos los hijos adoptivos y sus descendientes.»[694]

Tal y como se estableció en su Exposición de Motivos, el precepto surgió como consecuencia de las «fundadas dudas acerca de si los hijos adoptivos tienen o no en este ordenamiento jurídico iguales derechos y obligaciones que los hijos biológicos.»

GUEZ-CANO, Rodrigo, «Las competencias de las...», *op. cit.*, p. 94 y ss. Y, ratificó su opinión en «La conservación, modificación y desarrollo de los Derechos civiles, forales o especiales», *Derecho Privado y Constitución* (1993), N.º 1, pp. 15 a 82, p. 61: «Entiendo que la doctrina sentada por el Tribunal Constitucional sobre la interpretación de la palabra *desarrollo* es básicamente correcta».

693 STC (Pleno) núm. 88/1993, 12 marzo (RTC 1993, 88).

694 Dicho precepto fue derogado anteriormente por el art. 9, de la Ley 3/1985, de 21 de mayo, sobre la Compilación del Derecho civil de Aragón: «Se deroga el capítulo segundo del título tercero del Libro Primero de la Compilación Civil de Aragón, en su artículo 19, que se suprime, quedando sin contenido.»

Cabe apuntar que, de forma previa a la reforma operada por la Ley 3/1988, de 25 de abril, ni la Compilación de 1925, ni la Ley 15/1967, de 8 de abril, sobre Compilación del Derecho civil de Aragón, ni la Ley 3/1985, de 21 de mayo, sobre la Compilación del Derecho civil de Aragón, contenían ninguna disposición que regulara la «filiación adoptiva».

El Tribunal Constitucional confirma así la alegación vertida por la abogacía del Estado, por cuanto «la referida Compilación no contenía antes de su modificación por esta Ley precepto alguno atinente, de modo expreso y directo, a la adopción y a sus efectos».

No obstante lo anterior, el máximo intérprete de la Constitución admite la constitucionalidad del precepto en cuestión, a la luz del contenido del art. 149.1.8.ª CE. En concreto, en relación con la competencia de las Comunidades Autónomas para «conservar, modificar y desarrollar» su Derecho civil propio, dice el Tribunal, que son estos conceptos los que «dan positivamente la medida y el límite primero de las competencias así atribuibles y ejercitables.»

De este modo, el Tribunal, tras descartar que nos encontremos ante un supuesto de «conservación» o «modificación» del Derecho civil propio, en los términos vistos *supra*, se centra en la expresión «desarrollo». Y, alega que:

> «La Constitución permite, así, que los Derecho civiles especiales o forales preexistentes puedan ser objeto [...] de una acción legislativa que haga posible su crecimiento orgánico y reconoce, [...], no sólo la historicidad y la actual vigencia, sino también la vitalidad hacia el futuro, de tales ordenamientos preconstitucionales. [...] El término "allí donde existan" a que se refiere el art. 148.1.8.ª CE, al delimitar la competencia autonómica en la materia, ha de entenderse más por referencia al Derecho foral en su conjunto que a instituciones forales concretas.»

En palabras del Tribunal, la noción de desarrollo «permite una ordenación legislativa de ámbitos hasta entonces no normados por aquel Derecho», negando, de esta forma, la tesis que reduce el concepto de «desarrollo» al más restringido de «modificación».

De ahí que, tras afirmar que el desarrollo de los Derecho civiles propios enuncia «una competencia autonómica en la materia que no debe vincularse rígidamente al contenido actual de la Compilación u otras normas de su ordenamiento», permita a estas Comunidades Autónomas regular «instituciones conexas con las ya reguladas en la Compilación, dentro de una actualización o innovación de los contenidos de ésta, según los principios informadores peculiares del Derecho foral.»

Obsérvese que el término «allí donde existan», según el Tribunal, «ha de entenderse más por referencia al Derecho civil en su conjunto que a instituciones forales concretas».

Ahora bien, lo anterior no significa una competencia legislativa civil ilimitada *ratione materiae.*

El Tribunal entiende que la Ley impugnada no disciplina la constitución de la adopción, sino simplemente «un aspecto general de sus efectos». Y, a pesar de ser un instituto ajeno hasta el momento, ello no es obstáculo para calificarlo de constitucional, puesto que existe una «relación entre la adopción y el Derecho propio de Aragón», en concreto, «como una norma que se incardina en el Derecho familiar y sucesorio de Aragón.»

Por todo ello, el Tribunal Constitucional concluye que no existe duda alguna en cuanto a la constitucionalidad del contenido del art. 19, al encuadrarse dentro del concepto de desarrollo del Derecho civil propio, pues la equiparación en Aragón de «los derechos y obligaciones de hijos adoptivos e hijos por naturaleza se entiende ceñida a las relaciones e instituciones jurídicas ordenadas en el Derecho civil aragonés propio.»

Sin perjuicio de lo anterior, la STC 88/1993, cuenta con dos votos particulares. Ambos coinciden en el fallo desestimatorio, pero discrepantes en cuanto al alcance del término desarrollo.

Así, para el magistrado D. Carles Viver i Pi Sunyer, la sentencia parte de la premisa de que las facultades de conservación, modificación y desarrollo de ese Derecho deben «referirse a "instituciones conexas con las ya reguladas" en el mismo.» Lo que se traduce, en que la competencia autonómica «no tiene su límite material únicamente en las materias que de forma explícita reserva el segundo párrafo del art. 149.1.8.ª CE al Estado, sino que ese Derecho civil foral o especial, preexistente constituye el punto de partida y el límite de la referida competencia.»

Como consecuencia, «la competencia autonómica sobre el Derecho civil aragonés se extiende a toda la materia del Derecho civil, con excepción de los ámbitos materiales que el art. 149.1.8.ª CE reserva al Estado de forma explícita.». Y concluye diciendo que al «Estado le corresponde todo el Derecho civil en las Comunidades que no tengan ese Derecho —o, teniéndolo, no asuman esa competencia— y las materias que explícitamente le reserva este precepto constitucional en su segundo apartado». Así, para el magistrado, «cobra pleno significado la competencia exclusiva sobre "Derecho civil aragonés" que reserva a la Comunidad Autónoma el art. 35.1.4 de su Estatuto, "sin perjuicio de las competencias exclusivas del Estado".»

Suscribe el segundo voto particular el magistrado D. Julio Diego González Campos. El autor coincide en que el término desarrollo «constituye una competencia autonómica que "no debe vincularse rígidamente al contenido actual de la Compilación u otras normas de su ordenamiento"». Por el contrario, no estima justificado constitucionalmente que se exija, «una conexión necesaria entre el contenido de las nuevas normas que adopte el legislador autonómico y el ya existente en el ordenamiento civil.»

Como bien apunta, este criterio de proximidad deja abiertos no pocos interrogantes. Entre ellos, el de si la proximidad debe ser inmediata o también puede ser mucho más remota.

En relación con este último extremo, Bercovitz, una vez calificado el concepto de conexión como de indeterminado, afirma que la conexión deberá ser inmediata, «so pena de carecer de todo sentido esta exigencia o requisito». Y que, además, «sea con las materias o instituciones reguladas en el momento de la promulgación de la Constitución, y no con otras reguladas posteriormente»[695]. En contra se pronunció Badosa Coll, para quien las instituciones conexas «imponen la identificación de la institución de partida» pero «no exigen la inmediatez respecto de la compilada»[696].

---

695 Bercovitz Rodríguez-Cano, Rodrigo, «La conservación, modificación...», *op. cit.*, pp. 59 y 60: «El artículo 149.1.8.ª CE no es cauce para resucitar Derechos históricos, sino para actualizar Derechos vigentes "allí donde existan"». Como señala el autor, «el Tribunal Constitucional considera pues que la introducción de la palabra *desarrollo* en el artículo 149.1.8.ª CE autoriza a las Comunidades Autónomas que han asumido la competencia correspondiente no sólo a modificar la regulación de las instituciones ya contenidas en las normas de su Derecho civil propio, vigente en el momento de la promulgación de la Constitución, sino también a regular *ex novo* otras figuras e instituciones no reguladas, siempre que la actualización de su Derecho civil propio lo requiera, y en consonancia con los principio informadores del mismo. Se trata pues de que las Comunidades Autónomas en cuestión puedan actualizar sus respectivos Derechos civiles de acuerdo con sus propios principios generales, extendiéndose, si ello es necesario, a materias conexas con las ya reguladas.» (p. 58)

696 Badosa Coll, Ferran, «Sentencia 31/2010, de 28 de junio», *Revista Catalana de Dret Públic. Especial Sentencia 31/2010, del Tribunal Constitucional, sobre el Estatuto de Autonomía de Cataluña de 2006,* pp. 332 a 339, p. 335: «Con las "instituciones conexas" la STC 88/1993 pretende asegurar el carácter incompleto o lleno de lagunas de las normativas civiles autonómicas y por consiguiente hacer efectiva la aplicabilidad supletoria de la norma civil estatal. [...] Se debe constatar que las "instituciones conexas" imponen la identificación de la institución de partida y, por tanto, excluyen la legislación *per saltum.* Pero no exigen la inmediatez res-

Lo que es cierto es que la expresión de «instituciones conexas» no aparece en el Texto Constitucional, como bien indica GARCÍA RUBIO, y «ni conduce a buenos resultados, al menos en términos de seguridad jurídica»[697].

La anterior doctrina, en relación con el alcance del concepto de «desarrollo», fue reiterada y reproducida literalmente, poco después, en la STC (Pleno) 6 mayo 1993[698]. Aunque, como veremos, ha sufrido oscilaciones a lo largo de estos años.

Pero no sólo puede ser objeto de desarrollo el Derecho escrito, sino también el Derecho consuetudinario. Así lo afirmó el Tribunal Constitucional a través de su STC (Pleno) 28 septiembre 1992, relativa a la Ley

---

pecto de la compilada y, por tanto, no limitan la expansividad indefinida de la normativa.»

697 GARCÍA RUBIO, María Paz, «Presente y futuro del Derecho civil español en clave de competencias normativas», *Revista de Derecho Civil,* Vol. IV (2017), núm. 3, pp. 1 a 33, pp. 27 y 28: «En mi opinión se trata de un concepto oscuro y ambiguo [el de "conexión suficiente"] que genera una fuerte inseguridad jurídica y con el que casi nadie se encuentra, a día de hoy, plenamente conforme. Además, se ha mostrado en la práctica, o bien como totalmente inoperante en algunos casos, o bien como un instrumento de oportunidad política absolutamente manipulable, en otros. Pero es que, además, y sobre todo, es una idea que no está en la Constitución, por lo que mal se comprende su cuasi-sacralización y la obstinación del máximo intérprete de la norma fundamental por seguir aferrado a ella.» Y, más tarde, reitera su opinión en «Incertidumbre y alguna cosa más en la interpretación constitucional del poder normativo sobre la materia civil. Comentario a la STC 132/2019, que resuelve el recurso de inconstitucionalidad contra determinados artículos de la Ley 3/2017, de 15 de febrero, del Libro VI del CCCAT», *Revista de Derecho Civil,* Vol. VI (2019), núm. 4, pp. 1 a 43, p. 18: «porque ni está en el texto constitucional ni conduce a buenos resultados». Y, en ambos casos, recoge las palabras de APARICIO PÉREZ, Miguel A., «Alguna consideración sobre la sentencia 31/2010 y el rol atribuido al Tribunal Constitucional», *Revista Catalana de Dret Públic. Especial Sentencia 31/2010, del Tribunal Constitucional, sobre el Estatuto de Autonomía de Cataluña de 2006,* pp. 23 a 28, p. 26, por cuanto: «Se olvida así que el Tribunal Constitucional es un poder constituido y que no puede dar contenido alguno a la Constitución si la Constitución no tiene en sí misma ese contenido: interpretar es descubrir, no inventar.»

698 STC (Pleno) núm. 156/1993, 6 mayo (RTC 1993, 156), admitiendo, así, la constitucionalidad del nuevo artículo 52 de la Compilación de las Islas Baleares, según el cual en los testamentos otorgados ante notario no será necesaria la presencia de testigos, salvo cuando el notario no conozca al testador; en caso de que el testador sea ciego o enteramente sordo; cuando el testador no sepa o no pueda firmar y en los supuestos en que el notario lo considere necesario o lo manifieste el testador. *Vid.* COCA PAYERAS, Miguel, «El despliegue del...», *op. cit.*

6/1986, de 15 de diciembre, de la Generalidad Valenciana, sobre arrendamientos históricos valencianos.

En dicha resolución se avaló que la expresión «allí donde existan», permitía alcanzar no sólo los Derechos civiles propios compilados al momento de entrar en vigor la Constitución, sino también normas civiles de formación consuetudinaria, preexistentes a la Constitución[699]. El Tribunal ha reiterado esta postura en resoluciones posteriores, también en relación con la Comunitat Valenciana, tal y como se verá a continuación.

Más tarde, la STC (Pleno) 28 junio 2010 aplicó la doctrina sentada en la STC 88/1993, al art. 129, de la Ley Orgánica 6/2006, de 19 de julio, de reforma del Estatuto de Autonomía de Cataluña[700], en relación con el alcance del concepto de «desarrollo», y la posibilidad de que las Comunidades Autónomas dotadas de Derecho civil propio regulen instituciones conexas.

Para una mejor comprensión pasamos a transcribir el precepto, que dispone lo siguiente: «Corresponde a la Generalitat la competencia exclusiva en materia de derecho civil, con la excepción de las materias que el artículo 149.1.8.ª de la Constitución atribuye en todo caso al Estado. Esta competencia incluye la determinación del sistema de fuentes del derecho civil de Cataluña.»

La parte recurrente (el Grupo Parlamentario Popular del Congreso) alegó que el artículo en cuestión sustituía el criterio de distribución competencial del art. 149.1.8.ª CE. Y, en contra, el abogado del Estado alegó que el precepto no atribuía a la Generalitat una competencia legislativa ilimitada *ratione materiae*, sino únicamente para la conservación, modificación y desarrollo del Derecho civil catalán.

El Tribunal rechaza la posición de la parte recurrente y considera acorde a la Constitución el art. 129. Para llegar a esta conclusión, recoge en idénticos términos la doctrina sentada por este mismo Tribunal en su sentencia núm. 88/1993,12 marzo.

Por lo que atañe al contenido del art. 129, precisa que, la competencia exclusiva en materia de Derecho civil propio a que se refiere el precepto ha de entenderse circunscrita, estrictamente, a «esas funciones de "conservación, modificación y desarrollo", del Derecho civil catalán, que son "la

---

699 STC (Pleno) núm. 121/1992, 28 septiembre (RTC 1992, 121), Fundamento Jurídico 1º.

700 STC (Pleno) núm. 31/2010, 28 junio (RTC 2010, 31), Fundamento Jurídico 76º.

medida y el límite primero de las competencias ... atribuibles y ejercitables" por las Comunidades Autónomas en virtud del art. 149.1.8.ª CE (STC 88/1993, F. J. 1º).»

Y, añade que:

> «Obviamente, el hecho de que el art. 129 EAC no se refiera expresamente a la competencia exclusiva del Estado en materia de legislación civil no perjudica, en absoluto, a la prescripción del primer inciso del art. 149.1.8.ª CE, pues es evidente que las competencias atribuidas por la Constitución al Estado no precisan de confirmación alguna en los Estatutos de Autonomía. Con mejor propiedad, el Estatuto ha de limitarse a la atribución de competencias a la Comunidad Autónoma respectiva, siendo así que la única que el Estatuto catalán puede atribuir a la Generalitat, en el ámbito de la legislación civil, es la que tenga por objeto la conservación, modificación y desarrollo del Derecho civil de Cataluña».

El Tribunal, finaliza afirmando que el art. 129 no se refiere, ni podría hacerlo, a la totalidad del Derecho civil español, sino sólo al Derecho civil propio de Cataluña, «respecto del que la Generalitat puede perfectamente ostentar una competencia exclusiva que tenga por objeto la conservación, modificación y desarrollo de ese Derecho»[701].

---

701 EGEA FERNÁNDEZ, Joan, «Competencia en materia de Derecho civil», *Revista Catalana de Dret Públic. Especial Sentencia 31/2010, del Tribunal Constitucional, sobre el Estatuto de Autonomía de Cataluña de 2006*, pp. 340 a 345, pone de manifiesto que el objetivo del art. 129 del Estatuto de Autonomía era «evitar que dicha competencia se identificara exclusivamente con el desarrollo legislativo de las instituciones civiles compiladas el año 1960». Es decir, «quiso dejar claro que la materia "Derecho civil catalán" —que era la expresión utilizada el año 1979— no se circunscribe al que existía en Cataluña al entrar en vigor la Constitución, sino que comprende todo el derecho civil, salvo, obviamente, las reglas relativas a la aplicación y a la eficacia de las normas jurídicas, las relaciones jurídico-civiles relativas a las formas del matrimonio, la ordenación de los registros e instrumentos públicos, las bases de las obligaciones contractuales y las normas para resolver los conflictos de leyes.» (pp. 340 y 341). Si bien, como hemos visto, el Tribunal Constitución rechaza esta posición, y circunscribe la competencia en materia de Derecho civil de Cataluña a la conservación, modificación y desarrollo de su Derecho civil, foral o especial, en los términos sentados en la STC 88/1993. Para GARCÍA RUBIO, María Paz, «Presente y futuro...», *op. cit.*, p. 5, el Tribunal Constitucional «optó por forzar una interpretación imposible del art. 129 del nuevo Estatuto catalán», y «hace decir a la norma estatutaria lo que de ninguna manera dice, transformándola en otra norma muy distinta [...]. Con ello no hizo sino contribuir a incrementar la brecha entre lo que el máximo intérprete de la Constitución quería manifestar y lo que la realidad constataba.»

Posteriormente, en la STC (Pleno) 23 abril 2013, que resuelve el recurso de inconstitucionalidad interpuesto por el Grupo Parlamentario Popular, contra la Ley Foral de Navarra 6/2000, de 3 de julio, para la igualdad jurídica de las parejas estableces, se apreció lo que podría ser un posible cambio de criterio[702].

Los recurrentes alegan, entre otros motivos, que la citada norma ha sido dictada en relación con una materia que pertenece, en exclusiva, al Estado, como es la referida a las «relaciones jurídico-civiles relativas a las formas del matrimonio», prevista en el segundo apartado del art. 149.1.8.ª CE. El abogado del Estado comparte la anterior posición.

En concreto, aducen que la norma en cuestión introduce en el ordenamiento jurídico navarro una nueva forma de matrimonio para la que la Comunidad Foral carece de competencia. No obstante, el asesor jurídico-letrado de la Comunidad Foral y la letrada del Parlamento Autonómico defienden su constitucionalidad, al ampararse la Ley en la competencia de Navarra en Derecho civil foral y en que «no regula una forma de matrimonio, sino que se limita a atribuir consecuencias jurídicas al fenómeno social de las parejas estables.»[703]

El Tribunal reitera la doctrina sentada en su STC 88/1993, por cuanto:

> «El sentido de esta, por así decir, segunda reserva competencial a favor del Legislador estatal no es otro, pues, que el delimitar un ámbito del cual nunca podrá estimarse subsistente ni susceptible, por tanto, de conservación, modificación o desarrollo, Derecho civil especial o foral alguno, ello sin perjuicio,

---

702 STC (Pleno) núm. 93/2013, 23 abril (RTC 2013, 93). Así lo consideró parte de la doctrina: Asúa González, Clara I., «Conexión y bases de las obligaciones contractuales: a propósito de la STC 132/2019», *Derecho privado y Constitución*, p. 241: «Pero se vieron señales de un posible viraje o modificación de criterio»; o García Rubio, María Paz, «Presente y futuro…», *op. cit.*, p. 6: «en esta ocasión el Tribunal Constitucional, aunque es cierto que no lo afirma de modo expreso, implícitamente asume que Navarra tiene competencia legislativa sobre parejas de hecho con base en su competencia en materia de Derecho civil. […] Lo que resulta ciertamente curioso es que tan importante giro en la interpretación del art. 149.1.8.ª se hace aquí de tapadillo, como el que no quiere la cosa». Para Martín-Casals, Miguel, «El derecho a la "convivencia anómica en pareja": ¿Un nuevo derecho fundamental? Comentario general a la STC de 23.4.2013 (RTC 2013, 93)», *InDret* (2013), núm. 3, pp. 8 y 9, simplemente, y «Sin grandes pronunciamientos programáticos, opta claramente por dejar de lado la conocida doctrina de las materias conexas».

703 Fundamento Jurídico 1°.

> claro está, de lo que en el último inciso del art. 149.1.8.ª se dispone en orden a la determinación de las fuentes del Derecho.»

El máximo intérprete de la Constitución manifiesta que la competencia estatal, *ex* art. 149.1.8.ª CE, se extiende al sistema matrimonial y al contenido personal del matrimonio, con exclusión del régimen económico matrimonial en los territorios con competencias propias en Derecho civil propio. Y añade que Navarra «goza de una amplia libertad de configuración legal» en el ejercicio de su competencia en materia de Derecho civil foral. Para afirmar, a continuación, que lo que se regula no es el matrimonio, «sino la convivencia *more uxorio* desarrollada al margen del matrimonio.»[704]

Por tanto, al no considerar el matrimonio y la convivienda extramatrimonial realidades equivalentes, «no se produce invasión alguna de la competencia exclusiva estatal sobre las relaciones jurídico-civiles relativas a las formas de matrimonio»[705].

Finaliza el Tribunal diciendo que «el legislador foral no está creando una forma de matrimonio distinta a las previstas por el legislador estatal» y, además, que el hecho de regular determinados efectos jurídicos derivados de la relación entre los que conviven de hecho, entra en el ejercicio de las competencias de que dispone en materia de Derecho civil.

Obsérvese que no se alude, en ningún momento, a las «instituciones conexas». Lo que podría significar que, para el Tribunal, la Ley impugnada no constituye un «desarrollo» del Derecho civil foral. No obstante, a pesar de que sí que considera que la Ley encuentra amparo en la competencia en materia de Derecho civil propio, que aparece en el art. 48 de la LORAFNA[706], el motivo principal de su constitucionalidad es que el matrimonio

---

704 En relación con este aspecto, cita su sentencia núm. 184/1990, de 15 de noviembre (RTC 1990, 184), en cuyo Fundamento Jurídico 3º, afirma que, en la Constitución, «el matrimonio y la convivencia extramatrimonial no son realidades equivalentes.»

705 Añade el Tribunal que, «en este sentido, el Parlamento Foral de Navarra, que ciertamente no puede regular el matrimonio, sí se encuentra facultado para valorar el fenómeno que las parejas estables suponen en el marco de sus competencias, y para extraer, en el campo específico de la realidad correspondiente a las mismas, las consecuencias que estime procedentes dentro de su ámbito competencial. Pero ello no incide en la competencia exclusiva que corresponde al Estado para regular la institución matrimonial de acuerdo con el art. 149.1.8.ª CE.»

706 En virtud de dicho precepto: «1. Navarra tiene competencia en materia de Derecho Civil Foral. 2. La conservación, modificación y desarrollo de la vigente Com-

no es equiparable a las parejas estables extramatrimoniales y, por tanto, estas últimas no constituyen una materia reservada en exclusiva al Estado, según el segundo apartado del art. 149.1.8.ª CE.

Sí se refiere a la antedicha expresión, por su parte, el magistrado D. Manuel Aragón Reyes en su voto particular, al que se adhiere el magistrado D. Ramón Rodríguez Arribas. Ambos discrepan no sólo en el fallo, sino también en la fundamentación jurídica de la sentencia.

En su opinión, el recurso de inconstitucionalidad debió ser estimado en su integridad, con la consiguiente declaración de nulidad de la totalidad de la Ley impugnada, al carecer la Comunidad Foral de Navarra de competencia para dictar la citada Ley.

Para ello aduce dos motivos. En primer lugar, por cuanto sólo el legislador estatal ostenta competencia para regular uniones de hecho estables como una institución análoga al matrimonio. Los autores entienden que «el término "matrimonio" que emplea el precepto constitucional ha de abarcar cualquier otra regulación jurídica de las parejas estables ligadas por una relación de afectividad análoga a la conyugal, aunque esa otra institución no lleve, claro está, el *nomen iuris* de matrimonio».

Consideran que el art. 149.1.8.ª CE, al atribuir al Estado la competencia acerca de las relaciones jurídico-civiles relativas a las formas del matrimonio, «lo que persigue es que la regulación jurídica de las parejas estables sea igual para todos los españoles». Por este motivo, «no cabe que en ningún caso que las Comunidades Autónomas regulen las uniones de hecho estables de manera análoga a lo establecido para la institución matrimonial.»

Y, en segundo lugar, puesto que la Ley Foral «incurre en un exceso competencial que vulnera la competencia estatal exclusiva ex art. 149.1.8.ª CE». A su entender, al no existir en la Compilación de Derecho civil Foral o Fuero Nuevo de Navarra una institución jurídica análoga a la del matrimonio en el momento de entrar en vigor la Constitución, la Comunidad en cuestión carecería de competencia para dictar la Ley objeto de controversia.

Para ello, trae a colación la STC 28 junio 2010 y el alcance del concepto «desarrollo». Así, llegan a la conclusión que la Comunidad Foral de Navarra carecía de competencia para abordar una regulación como la contenida en la Ley Foral 6/2000, al no existir en la Compilación, en el momento

---

pilación del Derecho Civil Foral o Fuero Nuevo de Navarra se llevará a cabo, en su caso, mediante ley foral.»

de la entrada en vigor de la Constitución, «ninguna institución que guardase la menor conexión con la institución de las parejas de hecho estables».

Acto seguido, debemos referirnos a las sentencias del Tribunal Constitucional (Pleno) 28 abril 2016[707], 9 junio 2016[708] y 17 noviembre 2016[709].

La primera de ellas resuelve el recurso de inconstitucionalidad interpuesto contra la totalidad de la Ley de la Comunitat Valenciana 10/2007, de 20 de marzo, de Régimen Económico Matrimonial Valenciano. Y, para ello, el Tribunal arguye la doctrina sentada en la STC 12 marzo 1993, en relación con el alcance del término «desarrollo» y a la figura de las «instituciones conexas».

Se afirma que, para el ejercicio de la anterior competencia legislativa, «la acreditación de su existencia [de la institución jurídico civil] en el momento de entrada en vigor de la CE se erige como presupuesto indispensable.» Y precisa a continuación, alegando la STC (Pleno) 28 septiembre 1992, relativa a los arrendamientos históricos valencianos, que:

> «el art. 149.1.8.ª CE permite entender que la garantía de foralidad se extiende no sólo a aquellos derechos civiles especiales que habían sido objeto de compilación al tiempo de entrada en vigor de la CE, sino también a normas civiles de ámbito regional o local y de formación consuetudinaria preexistentes a aquel momento.»[710]

Así las cosas, la validez del régimen económico matrimonial valenciano queda sujeto, o bien, a la acreditación de «la existencia de reglas consuetudinarias que en materia de régimen económico matrimonial existieran en vigor de la CE». O bien, a «otra institución civil diferente a la regulada, pero "conexa" con ella, de manera que pueda servir de base para apreciar un "desarrollo" de su Derecho civil propio.»

Sin embargo, el Tribunal declara que «no basta la posible conexión entre los antiguos y derogados Furs del Reino de Valencia y las instituciones económico-matrimoniales» reguladas en la Ley impugnada. Sino que, «lo

---

707 STC (Pleno) núm. 82/2016, 28 abril (RTC 2016, 82).

708 STC (Pleno) núm. 110/2016, 9 junio (RTC 2016, 110).

709 STC (Pleno) núm. 192/2016, 17 noviembre (RTC 2016, 192).

710 El Tribunal especifica que «En el caso de la Comunidad Autónoma de Valencia, como ya pusimos de manifiesto, la costumbre es susceptible de legislarse, de tal modo que el ejercicio de la competencia legislativa autonómica, del derecho consuetudinario pasa a ser derecho legislado.»

que debe probarse es la pervivencia de la costumbre que sirve de punto de conexión».

El Tribunal manifiesta que el ordenamiento jurídico exige que se pruebe la existencia de la costumbre y, en el caso en cuestión, no se ha probado dicha pervivencia. Por ello, al no haberse acreditado la existencia de costumbre vigente que le sirva de apoyo para el desarrollo de su Derecho civil propio, se declara la nulidad de la Ley impugnada.

A la anterior resolución le formuló un voto particular el magistrado D. Juan Antonio Xiol Ríos. En concreto, manifestó que:

> «parece inexplicable que la posible calificación de la ley impugnada como integrante del Derecho foral se busque en unos hipotéticos antecedentes consuetudinarios, exigiendo la prueba de su existencia en el momento de la entrada en vigor de la Constitución, y no, de acuerdo con la jurisprudencia constitucional reiterada, en la posible relación de conexión existente entre la ley impugnada y las instituciones reconocidas como forales, las cuales han adquirido, como la opinión de la que disiento reconoce, rango legislativo.»[711]

Por su parte, la STC núm. 110/2016, 9 junio, resuelve el recurso de inconstitucionalidad interpuesto contra la Ley 5/2012, de 15 de octubre, de uniones de hecho formalizadas, de la Comunitat Valenciana. En este caso, el Tribunal alude a la anterior STC 28 abril 2016, al considerar que «la identidad de la materia y de las alegaciones de las partes obligan, en consecuencia, a seguir los criterios de ese precedente mencionado».

Partiendo de la doctrina sentada en la resolución previa, el Tribunal considera que no existe costumbre asentada en su Derecho civil propio en el momento de la entrada en vigor de la Constitución y subsistente en el

---

[711] Además, considera el magistrado discrepante que «entender que una frase tan genérica como "allí donde existan", utilizada por el artículo 149.1.8.ª CE exige el dato de la vigencia efectiva del Derecho foral o especial en el momento de la entrada en vigor de la Constitución, que es la tesis que propugna la opinión mayoritaria en que se funda la sentencia, tiene su fundamento, a mi juicio, en una concepción restrictiva de los Derecho civiles territoriales, entendidos como realidades históricas residuales que deben conservarse provisionalmente o "por ahora", en los territorios donde "subsistan" como decía en su redacción original el CC. No parece necesario esforzarse en demostrar que esta concepción residual no es la que mantiene la CE, que habla de una manera amplia de la legislación en materia de "derecho forales o especiales" como competencia ordinaria de determinadas CC.AA. y reserva al Estado concretas materias que son las que verdaderamente se considera necesario mantener frente a estos derechos en el ámbito de su competencia exclusiva».

momento de la aprobación de la Ley. Para ello transcribe el primer párrafo del Preámbulo de la Ley recurrida, por cuanto «las formas de convivencia *more uxorio* han aparecido solamente en los últimos años». Por este motivo, consideran que sería inútil «buscar en los antiguos fueros, o en las costumbres de ellos derivadas, una institución legitimadora de la regulación.»

Y, por otra, aunque las partes apuntan a alguna posible conexión con el Derecho civil foral o especial preexistente, y aludir a la pervivencia de alguna norma consuetudinaria que se pretende conexa, «como la costumbre testamentaria de "un per l'altre" o el "fideicomiso foral"», la existencia y contenido de esa costumbre, considera el Tribunal, «sí es aquí dudosa».

Por lo expuesto, el Tribunal Constitucional declara la nulidad de la Ley recurrida.

Y, finalmente, la STC 17 noviembre 2016, que resuelve el recurso de inconstitucionalidad interpuesto contra la totalidad de la Ley de la Comunitat Valenciana 5/2011, de 1 de abril, de relaciones familiares de los hijos e hijas cuyos progenitores no conviven. Resolución a la que se le aplicarán, en gran medida, los mismos razonamientos expuestos en las dos sentencias analizadas anteriormente[712].

La validez de la Ley 5/2011 impugnada, dice el Tribunal, depende, una vez más, de la acreditación por parte de la Comunidad Autónoma de «la pervivencia de reglas consuetudinarias en materia de relaciones paterno-filiales que estuvieran en vigor al aprobarse la Constitución Española de 1978». O, en su caso, que «pudiera acreditarse la pervivencia de otra institución civil diferente a la regulada, pero "conexa"».

En el supuesto planteado, el Tribunal entiende que no se ha acreditado la subsistencia de tales costumbres, «lo que resultaba imprescindible» de conformidad con su doctrina.

Por todo ello, la Ley impugnada, a través de la cual se pretendían regular las consecuencias civiles de las relaciones paterno-filiales tras la ruptura

---

712 Así lo afirma en su Fundamento Jurídico 1º: «Hay que subraya que la cuestión sometida a nuestra decisión es, si no idéntica, muy similar a la planteada, por un lado [...] contra la Ley de la Comunitat Valenciana 10/2007, de 20 de marzo, de Régimen Económico Matrimonial Valenciano, y resuelta en la reciente STC 82/2016, de 28 de abril; y, por otro, [...] contra la Ley 5/2012, de 15 de octubre, de uniones de hecho formalizadas de la Comunitat Valenciana, y resuelta en la STC 110/2016, de 9 de junio.»

de la convivencia de los progenitores, se declara inconstitucional en su totalidad, ya que:

> «a pesar de que efectivamente este Tribunal ha reconocido la posibilidad legítima de la Comunitat Valenciana de legislar las normas civiles consuetudinarias, en el caso de la materia de derecho de familia concernida no se ha probado su vigencia en el territorio autonómico y, en consecuencia, no se cumplen los requisitos exigidos por el art. 149.1.8.ª CE para el reconocimiento de la competencia a la Comunidad Autónoma.»

En relación con la Comunitat Valenciana, Asúa González apunta a la particularidad de su competencia en materia civil. Así, por motivos históricos, en el momento de entrada en vigor de la Constitución de 1978, no existían en su territorio normas de carácter privado escritas[713]. No obstante, como hemos dicho, ello no fue óbice para que el Tribunal Constitucional, a través de su STC 28 septiembre 1992, relativa a la Ley 6/1986, de 15 de diciembre, de la Generalidad Valenciana, sobre arrendamientos históricos valencianos, avalará que la expresión «allí donde existan», permitía alcanzar no sólo los Derecho civil especiales compilados al momento de entrar en vigor la Constitución, sino también normas civiles de formación consuetudinaria, preexistentes a la Constitución[714].

Acto seguido, nos referimos a la STC 6 de julio 2017, en virtud de la cual se resuelve el recurso de inconstitucionalidad interpuesto contra la Ley de la Generalidad de Cataluña 19/2015, de 29 de julio, de incorporación de la propiedad temporal y de la propiedad compartida al Libro Quinto del Código civil de Cataluña[715].

En esta ocasión, el Tribunal, una vez más, recoge la doctrina sentada en su STC 12 marzo 1993, en cuanto al alcance del término «desarrollo», y concluye que:

> «la competencia legislativa autonómica de desarrollo del Derecho civil propio comprende la disciplina de instituciones civiles no preexistentes, siempre y cuando pueda apreciarse alguna conexión con aquel derecho, criterio de la conexión que, [...] debe ir referido al Derecho civil propio en su conjunto,

---

713 Asúa González, Clara I., «Conexión y base...», *op. cit.*, p. 242.

714 STC (Pleno) núm. 121/1992, 28 septiembre (RTC 1992, 121), Fundamento Jurídico 1°.

715 STC (Pleno) núm. 95/2017, 6 julio (RTC 2017, 95).

esto es, que se puede verificar respecto de otra institución que sí formase parte del mismo o en relación a los principios jurídicos que lo informan.»[716]

Para el Tribunal, el legislador catalán podría disciplinar situaciones temporales de la propiedad, innovando la regulación preexistente a la Constitución de 1978, en virtud de instituciones tales como los legados bajo condición o término, las donaciones a condición o plazo o sujetas a reversión y en la compraventa a carta de gracia[717].

La sentencia estima la constitucionalidad de la Ley impugnada, al considerar que la propiedad temporal representa un dominio dividido, de forma paralela a la enfiteusis. Ambas figuras persiguen un fin socioeconómico, «como es facilitar el acceso a la propiedad, en la enfiteusis a la propiedad inmobiliaria, mientras en la propiedad temporal es el acceso a la vivienda.»[718]

Ultima el Tribunal calificando la regulación recurrida conforme a su doctrina, «como un supuesto de crecimiento orgánico del Derecho civil especial de Cataluña».

Abundando en la expresión desarrollo, llegamos a la STC 16 noviembre 2017, en relación con los arts. 27 a 45 de la Ley de Galicia 2/2006, de 14 de junio, de Derecho civil de Galicia[719], en cuyos preceptos se regulaba la adopción y la autotutela.

---

716 Insistiendo en que «la institución o principio jurídico integrante de un Derecho civil especial respecto del que se pretenda trazar una conexión que justifique una legislación autonómica innovadora en materia civil, si bien puede estar recogido en cualesquiera normas positivas o consuetudinarias, debe estar vigente al tiempo de promulgarse la Constitución, pues la ratio de esta atribución competencial a las Comunidades Autónomas es la garantía del Derecho civil especial o foral que rigiera en su territorio en aquel momento.» (Fundamento Jurídico 4º)

717 Fundamento Jurídico 8º: «En otras palabras, la Generalidad de Cataluña resulta competente, según el artículo 129 EAC, para regular, incluso de un modo innovador, cada una de las situaciones temporales de propiedad que, como hemos visto con detalle, pueden surgir del desenvolvimiento de algunas modalidades de legados, de donaciones y de ventas a carta de gracia.»

718 Para BERCOVITZ RODRÍGUEZ-CANO, Rodrigo, «El requisito de la conexión para el desarrollo de los Derecho civiles forales o especiales», *Revista Doctrinal Aranzadi Civil-Mercantil* (2018), núm. 7: «La conexión entre la propiedad temporal y la enfiteusis es cuestionable, pero necesaria para alcanzar el fallo pretendido. La conexión entre propiedad temporal y sustitución fideicomisaria es rechazable, e innecesaria para alcanzar ese fallo.»

719 STC (Pleno) núm. 133/2017, 16 noviembre (RTC 2017, 133).

Este es un supuesto especial, que difiere del caso valenciano, puesto que Galicia dispone de Derecho civil compilado, y hasta ese momento no nos consta que el Tribunal Constitucional hubiera declarado la nulidad de la normativa civil impugnada por falta de conexión.

Para probar la conexión con alguna institución a la adopción y, de este modo, apreciar un desarrollo del Derecho civil propio de Galicia, los letrados autonómicos apelan a instituciones como «el prohijamiento de lo expósitos, las casas de adopción, los afillamientos, la compañía familiar gallega, la aparcería agrícola, el petruicio y los muiós, destacando su incidencia sobre las relaciones familiares.»[720]

No obstante, el Tribunal considera que no se ha acreditado de forma fehaciente «la existencia de costumbres relativas a una forma específica de adopción u otra institución similar» en Galicia en el momento de la entrada en vigor de la Constitución. Y, como consecuencia, el legislador gallego, al regular la adopción, «no está codificando una antigua realidad existente, sino innovando su Derecho, para lo que en este caso no posee competencia».

En cuanto a la autotutela, igualmente, el Tribunal aprecia una «falta de conexión con las tradicionales y arraigadas instituciones familiares y sucesorias de Galicia». Se rechaza, así, la conexión de la autotutela con el sistema sucesorio o con las disposiciones testamentarias a favor de las personas que cuidan del testador, al considerarse que «ninguno de ellos puede rectamente considerarse un instrumento de autoprotección de la persona, a los que la autotutela venga a sumarse con un natural encaje, como facultad del individuo de autogestionar sus propios intereses».

Igualmente, se rechazó la conexión entre la autotutela y la situación de ausencia no declarada judicialmente, ya que la autotutela «permite a la persona autorregular sus intereses para el caso de que en el futuro se vea impedida de gobernarse por sí misma.» Y, en la situación de ausencia no

---

720 Al respecto, el Letrado de la Xunta, considera, sobre la doctrina sentada en la STC 88/1993, «que es suficiente constatar la existencia en el Derecho civil gallego de normas relativas a relaciones de familia, aunque sean posconstitucionales.» No obstante, el Tribunal rechaza la anterior alegación, apreciando que «no basta para apreciar la existencia de un Derecho civil foral susceptible de desarrollo en el sentido indicado, la relación con la concreta institución de la adopción que ahora nos ocupa, con el hallazgo de alguna norma o institución gallega que de alguna forma incida, siquiera remotamente, o incluso de forma tácita, en las relaciones familiares.» (Fundamento Jurídico 6°)

declarada, «es la propia Ley la que arbitra el mecanismo de protección, no estando presente, ni en juego el principio de autonomía de la voluntad o del libre desarrollo de la personalidad.»

Y, en última instancia, se negó la conexión de la autotutela con la regulación de las declaraciones de voluntad anticipadas y del consentimiento por sustitución, a pesar, dice el Tribunal, de que «es quizá la que más relación puede tener con el instituto de la autotutela».

Por todo ello, al no probarse la conexión de la adopción y de la autotutela con ninguna institución compilada o consuetudinaria vigente en el momento de entrar en vigor la Constitución, el Tribunal declara la inconstitucionalidad de los preceptos en cuestión.

La sentencia, que cuenta con dos votos particulares discrepantes, cuyos autores son los magistrados D. Juan Antonio Xiol Ríos y D. Cándido Conde-Pumpido Tourón, que sí que consideran suficientemente probada la conexión de la adopción y de la autotutela con otras instituciones civiles propias gallegas, ha sido calificada por la doctrina de discriminatoria[721]. O de más exigente, entendiendo que «la conexión con el sistema se sustituye por la conexión con particulares relaciones jurídicas.»[722]

---

721 GARCÍA RUBIO, María Paz, «Incertidumbre y alguna...», *op. cit.*, p. 19. Y, de la misma autora: «La competencia del legislador gallego sobre Derecho civil tras la sentencia del Tribunal Constitucional 133/2017, de 16 de noviembre ¿Interpretación del artículo 149.1.8.ª CE asimétrica o sencillamente discriminatoria?», *Foro Gallego: Revista Xurídica* (2018), N.º 205, pp. 9 a 39.

722 Así lo puso de manifiesto XIOL RÍOS, Juan Antonio, «Reflexiones sobre la competencia en Derecho civil en el siglo XXI», en María del Carmen Bayod López (Coord.), *La Constitución Española y los Derecho civiles españoles cuarenta años después: su evolución a través de las sentencias del Tribunal Constitucional*, Tirant lo Blanch, 2019, pp. 207 a 226, p. 213: «por lo general ha venido aplicando en los casos de Navarra, Aragón y Cataluña un concepto amplio de conexión entendida como relación con las materias reguladas en el sistema foral, recogidas posteriormente en las compilaciones. En el caso de Galicia, el Tribunal, apoyándose en la referencia a las "instituciones" de Derecho civil gallego que se contiene en el EAG, se muestra más exigente en cuanto a la concreción de esta relación de conexión, exigiendo una identidad de naturaleza con particulares relaciones jurídicas suficientemente caracterizadas subsistentes en el ámbito de Galicia por vía consuetudinaria.» Reitera su parece en la p. 221 y añade que «la jurisprudencia constitucional en esta materia resulta difícilmente previsible, pues puede decirse que algunas declaraciones no tienen ya el carácter de *obiter dicta*, sino francamente de *flatus vocis* como expresiones carentes de contenido real fuera del alcance retórico.»

En un momento posterior, el Tribunal Constitucional sí que aprecia la conexión suficiente en su STC 26 abril 2018, al resolver el recurso de inconstitucionalidad formulado contra los artículos 15 y 16 de la Ley Foral 14/2007, de 4 de abril, del patrimonio de Navarra[723], que prevén, respectivamente, la atribución a la Comunidad Foral de Navarra de los inmuebles vacantes situados en su territorio; y de los saldos y depósitos abandonados en entidades financieras situadas en Navarra[724].

Y, asimismo, cabe señalar la STC 26 abril 2018[725], en relación con la Disposición Adicional Sexta de la Ley 5/2011, de 10 de marzo, del Patrimonio de Aragón, y la Disposición Adicional Sexta del Texto Refundido de la Ley de Patrimonio de Aragón, aprobado por el Decreto Legislativo 4/2013, de 17 de diciembre.

La primera Disposición, prevé la atribución a la Comunidad Autónoma de Aragón de las fincas que reemplacen a las parcelas cuyo dueño no fuese conocido durante un proceso de concentración parcelaria y, la segunda, reproduce la Disposición Adicional Sexta de la Ley 5/2011.

La sentencia afirma que Aragón «está habilitada para disciplinar instituciones civiles no preexistentes en el Derecho civil aragonés, siempre, claro está, que revista alguna conexión con él.»

Para la resolución del conflicto, el Tribunal se sirve de la doctrina constitucional en relación con el significado del término desarrollo, precisando que:

---

723 STC (Pleno) núm. 40/2018, 26 abril (RTC 2018, 40).

724 En su Fundamento Jurídico 7º el Tribunal reconoce que «se observa la concurrencia de conexión suficiente entre la figura de los inmuebles vacantes y depósito y saldos abandonados con los vacantes abintestatos, que no dejan de pertenecer a una misma clase o institución, que es la de los bienes abandonados y sin dueño conocido, que, paralelamente, se proyectan sobre un instituto propio del derecho civil foral navarro como son los "bienes" y, en particular, la propiedad y la posesión [...] Existe, por tanto, relación entre la atribución de los bienes mostrencos y el derecho propio de Navarra que legitima constitucionalmente su regulación por los preceptos impugnados, y que no puede considerarse ajena o desvinculada del Derecho civil foral, sino más bien como una norma que se incardina en su derecho patrimonial.» Y, concluye diciendo que «el legislador navarro no está creando una nueva institución, sino desarrollando la ya existente, y posee indudablemente competencia para ello, de conformidad con la constante doctrina constitucional» refiriéndose, expresamente, a las SSTC 12 marzo 1993 y 6 mayo 1993.

725 STC (Pleno) núm. 41/208 (RTC 2018, 41).

«el propio Derecho civil puede dar lugar a la actualización y crecimiento orgánico de éste y, en concreto, a la regulación de materias que, aun ausentes del texto originario de la compilación, guarden una relación de conexión suficiente con institutos ya disciplinados en aquélla o en otras normas integrantes del propio ordenamiento civil.»

El Tribunal concluye que es posible apreciar la conexión exigida en la doctrina constitucional. En concreto, en relación con el régimen relativo a la sucesión intestada a favor de la Comunidad Autónoma. Y, por tanto, declara la constitucionalidad de las disposiciones impugnadas[726].

Y, finalmente, llegamos a la STC 13 noviembre 2019 y, con ella, un importante y notorio cambio en la doctrina constitucional mantenida hasta el momento, en relación con el alcance del término desarrollo del Derecho civil propio y con la noción de «bases de las obligaciones contractuales». Ambos aspectos íntimamente relacionados con el objeto de estudio que aquí se propone.

Hasta ese momento, el Tribunal Constitucional, había seguido una senda jurisprudencial más o menos lineal, en cuanto al desarrollo del Derecho civil propio. Aunque, eso sí, el requisito de la «suficiente conexión» no se ha aplicado de forma homogénea en todos los supuestos.

La STC 12 marzo 1993, expuso que el término "allí donde existan" ha de entenderse más por referencia al Derecho foral en su conjunto que a instituciones forales concretas, al momento de entrar en vigor la Constitución.

Es decir, y siguiendo la opinión de GARCÍA RUBIO, para que opere el desarrollo del Derecho civil propio «no es necesario que exista una institución determinada en conexión con la cual se legisle, sino que basta con que exista Derecho foral y alguna conexión entre la nueva y el conjunto de las instituciones preexistentes, o mejor, entre aquella y el Derecho civil autonómico en su conjunto.»[727]

---

726 La sentencia cuenta con el voto particular del magistrado Pedro José González-Trevijano, al que se han adherido los magistrados Andrés Ollero Tassara, Antonio Narváez Rodríguez, Alfredo Montoya Melgar y Ricardo Enríquez Sancho. En su opinión no concurre la conexión exigida, especialmente, puesto que la sucesión abintestato es una institución típica del derecho sucesorio y, la atribución de los bienes inmuebles vacantes se relaciona con su condición de abandonados, «esto es, que carecen de dueño porque no lo han tenido nunca o por el abandono o renuncia de su anterior propietario.»

727 GARCÍA RUBIO, María Paz, «La competencia del...», *op. cit.*, p. 12.

Así lo ha reiterado el Tribunal Constitucional en su sentencia núm. 95/2017, 6 julio, en relación con la Ley 19/2015, de 29 de julio, de incorporación de la propiedad temporal y la propiedad compartida al Libro Quinto del Código civil de Cataluña[728].

Como bien apunta el magistrado don Juan Antonio Xiol Ríos, en su voto particular a la STC 16 noviembre 2017, «desde sus inicios [con cita a la STC 156/1993, de 6 de mayo] el Tribunal ha dibujado un sistema interpretativo en el que la conexión con las materias contenidas en las antiguas compilaciones debe ser considerada como orgánica, es decir, referida al conjunto del ordenamiento a comprar y no a una concreta institución civil.»

No obstante, la anterior jurisprudencia no fue seguida en el caso de la STC 16 noviembre 2017, en cuanto a la regulación de la adopción y la autotutela, a través de la Ley 2/2006, de 14 de junio de 2006, de Derecho civil de Galicia. Y, con ello, la crítica por parte de la doctrina acerca de la «ductilidad del criterio de la conexión»[729].

Pero, al margen de que pueda ser considerado un criterio que, según lo visto en las sentencias apuntadas, se utiliza a conveniencia y de forma discrecional por el Tribunal, el cambio más relevante viene de la mano de la STC (Pleno) 132/2019, 13 noviembre, y ello porque se amplía el radio

---

728 En el Fundamento Jurídico 4º de la resolución mencionada, el Tribunal manifiesta que: «En conclusión, la competencia legislativa autonómica de desarrollo del Derecho civil propio comprende la disciplina de instituciones civiles no preexistentes, siempre y cuando pueda apreciarse alguna conexión con aquel Derecho, criterio de la conexión que, [...] debe ir referido al Derecho civil propio en su conjunto, esto es, que se puede verificar respecto de otra institución que sí formase parte del mismo en relación a los principios jurídicos que lo informan.» La anterior doctrina, por cuanto la conexión ha de predicarse en relación con el conjunto del Derecho civil, foral o especial, se recoge en las ya citadas SSTC 40 y 41/2018, 25 abril. Aunque en esos supuestos el Tribunal apreció la conexión con una determinada institución compilada.

729 Así lo manifestó García Rubio, María Paz, «La competencia del...», *op. cit.*, p. 34, añadiendo que «Lo que me parece indefectible es que, en función de criterios que no se terminan de explicar, el Tribunal Constitucional mantenga un concepto más laxo de "conexión suficiente" para unas Comunidades Autónomas que para otras.» Refiriéndose a la «conexión suficiente» como una «herramienta que se maneja "a la carta" en función de que se esté analizando la legislación civil de una o de otra Comunidad Autónoma.» lo que, reitera, implicaría «un trato discriminatorio entre legisladores autonómicos que, por principio, están en pie de igualdad». (p. 36).

de la conexión para preciar la constitucionalidad de la regulación de una determina institución.

Debemos transcribir un pasaje de la sentencia, ubicado en su Fundamento Jurídico 3º:

> «En consecuencia, aunque la norma estatutaria disponga que la Comunidad Autónoma tiene competencia exclusiva para conservar, modificar y desarrollar su derecho civil, esto no le otorga, desde la óptica constitucional, mayor competencia material que la de legislar sobre aquellas instituciones que ya aparecieran recogidas en su ordenamiento jurídico a la entrada en vigor del texto constitucional, *en su ordenación posterior* o bien tengan conexión con ellas.»[730]

Se introduce, de este modo, la referencia a la «ordenación posterior», a la entrada en vigor de la Constitución, como posible ámbito en el que buscar y, en su caso, probar, la conexión suficiente.

Como pone de manifiesto el magistrado D. Alfredo Montoya Melgar, en su voto particular a la sentencia:

> «La incorporación de la expresión "en su ordenación posterior" es completamente novedosa y totalmente ajena a la justificación constitucional de la correspondiente competencia, a saber, la garantía del Derecho civil propio existente en el momento de promulgarse la Constitución, no ningún otro posterior.»[731]

Este hecho no ha pasado desapercibido por alguno de los magistrados del Tribunal, que emitieron varios votos particulares discrepando de la conclusión a la que llega la mayoría y de la fundamentación jurídica para alcanzar el fallo en cuestión.

En relación con la nueva doctrina y su conexión con la «ordenación posterior» a la entrada en vigor de la Constitución, cabe hacer la siguiente reflexión. En ocasiones, el Derecho compilado actual de una determinada Comunidad Autónoma procederá de un previo desarrollo orgánico del Derecho civil propio. Y dicho crecimiento no se predica a partir de instituciones ya previstas, sino del conjunto del Derecho civil o de los principios que lo informan. Este hecho ofrece un margen más amplio —que el re-

---

730 Las cursivas son nuestras.

731 Y añade: «La sentencia de la que discrepamos da un paso más adelante, pues, aunque nominalmente conserva esta exigencia de conexión, la aplicación que hace de ella es tan sumamente abierta que dicho requisito queda diluido hasta prácticamente desaparecer.»

lativo a la conexión con instituciones ya reguladas— para poder desarrollar el Derecho civil, foral o especial. Y, asimismo, como bien apunta Asúa González, «el apoyo en normativa posconstitucional puede provocar una difícil situación: que se haya establecido la conexión respecto de normas que posteriormente se declaren inconstitucionales»[732].

Inicialmente, y sin perjuicio de que la norma sea escrita o consuetudinaria, la institución que se pretendía regular debía estar relacionada con una anterior, pero vigente en el momento de entrar en vigor la Constitución, o con el conjunto del Derecho civil especial. Requisito que, como hemos visto en el caso de Galicia, se ha intensificado.

Pero, con la necesidad de la conexión con la «ordenación posterior», los legisladores autonómicos verían incrementado su ámbito de «desarrollo» muy notablemente. No sería ilimitada la competencia, puesto que, por una parte, se mantiene el requisito de la «conexión suficiente»; y, por otra, hay materias cuya titularidad la ostenta, en exclusiva, el Estado. Pero sí muy amplia. E, incluso, se podría ver más dilatada la competencia para desarrollar si tenemos en cuenta las diferentes varas de medir utilizadas por el Tribunal a la hora de apreciar dicha conexión.

La simple alegación de la competencia en Derecho civil propio y, paralelamente, afirmar la constitucionalidad de una determinada regulación de aspectos civiles, no opera, en ningún caso, de forma automática. Sino que, el correspondiente legislador autonómico, debe probar la existencia de la conexión, según el alcance del término desarrollo ofrecido por la actual jurisprudencia. Y, a continuación, en caso de conflicto, el Tribunal apreciar si, efectivamente, esta conexión concurre en el caso enjuiciado.

Por ejemplo, en el caso de las Islas Baleares, el legislador autonómico únicamente se refiere a la competencia en Derecho civil, pero en ningún momento prueba, ni de forma somera, la conexión que pueda existir entre la regulación y el término desarrollo. Simplemente, como apuntamos, lo cita.

En definitiva, las Comunidades Autónomas que hayan adquirido competencia en materia de conservación, modificación y desarrollo de su Derecho civil propio, podrían ver reforzada la regulación de las viviendas de uso turístico en el anterior título competencial. Aunque ello no sería nece-

---

732 Asúa González, Clara I, «Reparto competencial en materia civil: conexión y bases de las obligaciones contractuales en la reciente jurisprudencia constitucional», *Cuadernos de Derecho Privado* (2022), 3, pp. 11 a 44, p. 29.

sario, puesto que el principal título habilitante para ordenar la cesión de viviendas para servir de alojamiento privado para el turismo lo constituirá la promoción y ordenación del turismo. Pudiendo incidir el legislador autonómico, a través de tales títulos competenciales sectoriales, en instituciones civiles, como tiene declarado el Tribunal Constitucional.

No obstante, mantienen abierta la competencia en Derecho civil propio para un posible refuerzo. En caso de existir, y de acuerdo con la doctrina constitucional actual, el legislador autonómico deberá probar el requisito de la «suficiente conexión» en relación con el conjunto del Derecho civil propio, o con una institución, compilada o consuetudinaria, existente en el momento de entrar en vigor la Constitución u ordenada en un momento posterior.

Pero, como hemos adelantado, existen una serie de materias en el segundo apartado del art. 149.1.8.ª CE que quedan reservadas, en exclusiva, al Estado. Ello significaría que no cabría, bajo ningún concepto, la participación de la Comunidad Autónoma. Y, uno de los límites vendrá constituido, tenga la Comunidad la competencia exclusiva en Derecho civil propio o no, por las «bases de las obligaciones contractuales».

3.3. Las «bases de las obligaciones contractuales» como competencia exclusiva, en todo caso, del Estado

El art. 149.1.8.ª CE, en su segundo apartado, prevé toda una serie de materias cuya titularidad queda sometida en exclusiva al Estado. En concreto, y «En todo caso, las reglas relativas a la aplicación y eficacia de las normas jurídicas, relaciones jurídico-civiles relativas a las formas del matrimonio, ordenación de los registros e instrumentos públicos, bases de las obligaciones contractuales, normas para resolver los conflictos de leyes y determinación de las fuentes del Derecho, con respeto, en este último caso, a las normas de derecho foral o especial.»

A continuación, nos centraremos en uno de esos límites. Nos referimos a las bases de las obligaciones contractuales. El motivo es que, por la conexión entre éstas y algunos requisitos fijados por determinadas Comunidades Autónomas a la hora de destinar una vivienda a uso turístico a través de un contrato, como mínimo, de arrendamiento, puede que dicho límite se vea comprometido. Y, consecuentemente, debiera ser tildada la disposición en cuestión de inconstitucional.

Podemos adelantar que la regulación del fenómeno «alojativo» por parte de algunos entes autonómicos influye en materia de obligaciones y contratos. Dicha incidencia se realiza a través de normas de naturaleza administrativa, en el ejercicio de su competencia en la promoción y ordenación del turismo, sin perjuicio de que, en determinadas Comunidades Autónomas, esta regulación podría verse reforzada a través de su competencia en Derecho civil propio.

Cabe remarcar, pero, que el límite que constituyen las bases de las obligaciones contractuales no se predica, únicamente, de las Comunidades Autónomas con competencia en Derecho civil propio, sino del conjunto de ellas. Y ello a pesar de que el análisis de dichas bases se ha realizado, principalmente, con ocasión de recursos de inconstitucionalidad en el que se enjuiciaba la potestad de desarrollo del Derecho civil propio.

Sin perjuicio de lo anterior, entendemos que carecería de sentido privar, únicamente, a las Comunidades Autónomas con Derecho civil propio de la posibilidad de legislar acerca de tales bases, y no a las que no tiene competencia en legislación civil, cuando las primeras tienen mayores competencias, en términos generales, que las segundas.

A la hora de abordar un concepto como éste, debemos partir del siguiente hecho no controvertido: el ejercicio de la competencia en materia de las bases de las obligaciones contractuales pertenece, en exclusiva, al Estado. Así lo ha puesto de manifiesto la doctrina y la jurisprudencia, tal y como se verá acto seguido.

Ahora bien, sí que es un hecho controvertido el alcance o significado que deba darse a dichas «bases». Para ello, una vez más, tal y como hicimos a la hora de analizar el término desarrollo, veremos cuál es la opinión de la doctrina que más se ha dedicado a su estudio; seguidamente, el criterio jurisprudencial del Tribunal Constitucional y, finalmente, procuraremos aportar nuestra opinión al respecto.

Con claridad, DÍEZ-PICAZO manifestó que en el art. 149.1.8.ª CE pueden diferenciarse tres líneas diferentes. En primer lugar, la que denomina «pórtico», que atribuye la competencia al Estado en exclusiva de la legislación civil, por regla general. En segundo lugar, el respeto a las Comunidades Autónomas con Derecho civil propio, allí donde exista, de conservarlo, modificarlo y desarrollarlo, en los términos vistos anteriormente. Y, finalmente, por lo que aquí interesa, diferencia una tercera línea, que la titula «reserva final» de «competencias al Estado en materia de legislación civil», remarcando la expresión «en todo caso»[733].

Y, finaliza diciendo el autor, que la «idea de "desarrollo" puede interpretarse amplia o estrictamente, pero, aun cuando prepondere la tesis ampliatoria, la reserva final es límite infranqueable.»[734]

Prácticamente, todos los autores identifican el límite de las bases de las obligaciones contractuales con la potestad de algunos legisladores autonómicos de desarrollar su Derecho civil propio. No obstante, el segundo inciso del art. 149.1.8.ª constituye un ámbito de actuación, en exclusiva, al Estado. Y, por tanto, predicable frente a la totalidad de las Comunidades Autónomas, puesto que todas pueden incidir en instituciones civiles, como puede ser el derecho de propiedad.

Consecuentemente, en todas las Comunidades Autónomas las bases de las obligaciones contractuales deben operar como un límite infranqueable a la ordenación de las viviendas de uso turístico, aunque la naturaleza de las disposiciones sea eminentemente administrativa, a través de la competencia en promoción y ordenación del turismo; o de carácter civil, en virtud de la competencia en Derecho civil propio.

En la doctrina del Tribunal Constitucional, acudiendo de nuevo a la sentencian núm. 88/1993, 12 marzo, como resolución de referencia en materia de desarrollo y de límites a dicha potestad, puede transcribirse el siguiente pasaje:

---

733 DÍEZ-PICAZO Y PONCE DE LEÓN, Luis, *op. cit.*, p. 13. En términos parecidos se pronuncia PARRA LUCÁN, M.ª Ángeles, *op. cit.*, p., 117, para quien: «b) La competencia para legislar sobre determinadas materias de Derecho civil previstas en la Constitución sólo corresponde al Estado, en todo caso, sea cual sea la competencia de la Comunidad sobre su propio Derecho civil (en particular, son competencia exclusiva del Estado las reglas sobre las "bases de las obligaciones contractuales"». GAYA SICILIA, Regina, *Las "bases de las obligaciones contractuales"*, Tecnos, Madrid, 1989, p. 94, dice que «Existe, sin embargo, un punto indiscutido: está claro que, por encontrarse situada en el marco que delimita el inciso "en todo caso", las "bases de las obligaciones contractuales" corresponden a la exclusiva competencia del Estado.» O, FOSSAS ESPADALER, Enric, *op. cit.*, p. 74: «*En canvi, en les matèries específiques que figuren en l'apartat segon del precepte, l'Estat, en principio, no comptaria amb cap limitació material, ni en el pla de la validesa ni en el de l'eficàcia, excepte en el cas de la "determinació de les fonts del Dret", […]. Per tant, es podria entendre com un límit o excepció a la competència que poden assumir les CCAA sobre "conservació, modificació i desenvolupament del drets civils, forals o especials allà on n'hi hagi".*»

734 *Ibidem*, p. 17.

«El citado precepto constitucional, tras atribuir al Estado competencia exclusiva sobre la "legislación civil", introduce una garantía de la foralidad civil a través de la autonomía política, garantía que no se cifra, pues, en la intangibilidad o supralegalidad de los Derechos civiles especiales o forales, sino en la previsión de que los Estatutos de las Comunidades Autónomas en cuyo territorio aquéllos rigieran a la entrada en vigor de la Constitución puedan atribuir a dichas Comunidades competencia para su "conservación, modificación y desarrollo". Son estos los conceptos que dan positivamente la medida y el límite primero de las competencia así atribuibles y ejercitables y con arreglo a los que habrá que apreciar [...] la constitucionalidad o inconstitucionalidad de las normas en tal ámbito dictadas por el Legislador autonómico. La ulterior reserva al Estado, por el mismo art. 149.1.8 de determinadas regulaciones "en todo caso" sustraídas a la normación autonómica no puede ser vista, en coherencia con ello, como norma competencial de primer grado que deslinde aquí los ámbitos respectos que corresponden al Estado y que pueden asumir ciertas Comunidades autónomas, pues a aquél —vale reiterar— la Constitución le atribuye ya la "legislación civil", sin más posible excepción que la "conservación, modificación y desarrollo" autonómico del Derecho civil especial o foral. El sentido de ésta, por así decir, segunda reserva competencial a favor del Legislador estatal no es otro, pues que el de delimitar un ámbito dentro del cual nunca podrá estimarse subsistente ni susceptible, por tanto, de conservación, modificación o desarrollo, Derecho civil especial o foral alguno»[735].

Ya sea en virtud de una competencia sectorial o en la propia de Derecho civil, foral o especial, las Comunidades Autónomas no podrán ir más allá del ejercicio de las competencias en relación con materias asignadas, en exclusiva, al Estado. Y, entre ellas, las bases de las obligaciones contractuales. Lo anterior se justifica si tenemos en cuenta que muchas de las normas dictadas alegando competencias sectoriales inciden en instituciones de Derecho civil, tal y como manifestó el Tribunal Constitucional en su sentencia núm. 37/1987.

Despejada cualquier duda de que la materia relativa a las bases de las obligaciones contractuales queda en manos del Estado, debemos fijar su alcance y contenido. Este hecho es importante para averiguar si las Comu-

---

735 Esta doctrina se reproduce en las SSTC (Pleno) núm. 156/1993, 6 mayo (RTC 1993, 156) [Fundamento Jurídico 1º]; núm. 31/20120, 28 junio (RTC 2010, 31) [Fundamento Jurídico 76º]; núm. 93/2013, 23 abril (RTC 2013, 93) [Fundamento Jurídico 5º]; núm. 95/2017, 6 julio (RTC 2017, 95) [Fundamento Jurídico 3º]; núm. 133/2017, 16 noviembre (RTC 2017, 133) [Fundamento Jurídico 4]; núm. 40 y 41/2018, 26 abril, (RTC 2018, 40 y 2018, 41, respectivamente) [Fundamentos Jurídicos 6º y 4º]; o núm. 157/2021, 16 septiembre (RTC 2021, 157) [Fundamento Jurídico 4º].

nidades Autónomas, a la hora de ordenar la regulación de las viviendas de uso turístico, han ido más allá del contenido de esas «bases» y, por ende, procederse a declarar la correspondiente disposición de inconstitucional.

Antes, pero, de entrar en el posible alcance y contenido de las bases de las obligaciones contractuales, debemos referirnos a la opinión manifestada por DELGADO ECHEVERRÍA, en 1979.

En concreto, el anterior autor, al referirse a las bases de las obligaciones contractuales, alude al hecho de que «en el día de hoy, están vigentes en los Derechos forales diversos preceptos relativos a estos temas (v. gr. prohibición de afianzar la mujer, rescisión por lesión, plazo de prescripción en la Compilación catalana; un título dedicado a "las obligaciones en general" en el Fuero Nuevo de Navarra).» [736]

No obstante lo anterior, considera que «no habría contradicción formal en que tales cuestiones, aun siendo, hoy y en el futuro, Derecho foral vigente, quedaran sin embargo excluidas de las competencias legislativas de las Comunidades Autónomas, reservadas por tanto al legislador central». Sin embargo, piensa que ello sería una «incoherencia de fondo». Y fundamenta su opinión en la enmienda que presentó la Minoría Catalana en el Congreso, en el sentido de que «se aclaraba que la reserva al Estado de las bases de las obligaciones contractuales se hacía "sin perjuicio del mantenimiento de las peculiaridades de las mismas que estuvieren en el Derecho sustantivo de los territorios autónomos".»

Con todo, la enmienda fue rechazada, concluyendo DELGADO ECHEVERRÍA que «teniendo en cuenta la elasticidad del concepto de "bases" de las obligaciones contractuales, que éstas no recortan la potestad legislativa regional sobre temas de Derecho de obligaciones hoy regulados en las Compilaciones». Afirmó el autor citado que el «precepto legal forzaría —y ésta sería su virtualidad— a interpretar restrictivamente la competencia legislativa regional en materia de Derecho de obligaciones y contratos en general, en las que no podría irse más allá de lo que hoy es Derecho foral vigente.»[737]

ROCA I TRÍAS sostuvo que todos los regímenes civiles nacionales tienen sus propias normas en materia de obligaciones y contratos, «algunas veces reveladoras de la existencia de principios distintos en esta materia». Con-

---

736 DELGADO ECHEVERRÍA, Jesús, «Los Derechos civiles...», *op. cit.*, p. 162.

737 LASARTE ÁLVAREZ, Carlos, *Autonomías y Derecho...*, *op. cit.*, p. 136, expresa que: «A semejante entendimiento de la cuestión me adhiero de forma plena.»

secuentemente, «se indicará a las Comunidades Autónomas las pautas a las que, en este tema, deberá ajustarse la legislación de las distintas comunidades autónomas». Y finaliza diciendo que no ve «la justificación de esta competencia, teniendo en cuenta, además, la existencia de normas sobre la materia en los distintos derechos civiles españoles.»[738]

En el plano contrario encontramos a BERCOVITZ, para quien «el art. 149.1.8.ª CE sustrae toda competencia a las Comunidades Autónomas con propio Derecho civil sobre las bases de las obligaciones contractuales»[739]. En un sentido similar se pronuncia GAYA SICILIA[740].

Por último, BERCOVITZ recuerda que «la atribución de competencia al Estado sobre las materias enumeradas en la segunda frase del art. 149.1.8.ª no supone derogación alguna de normas vigentes, tanto por lo que se refiere a la legislación civil general como a la legislación civil foral, concretamente a las Compilaciones. Lo que ocurre es que a partir de ahora las modificaciones que se hayan de producir en las normas relativas a esas materias únicamente podrán ser llevadas a cabo a través de la legislación del Estado»[741].

Pero, como hemos anticipado, la mayor discusión doctrinal se centra en el alcance y contenido de las bases de las obligaciones contractuales, que a continuación pasamos a exponer.

---

[738] ROCA I TRÍAS, Encarna, «El Derecho civil catalán...», *op. cit.*, pp. 31 y 32.

[739] BERCOVITZ RODRÍGUEZ-CANO, Rodrigo, «Las bases de...», *op. cit.*, p. 107. Y, a continuación, justifica tal reserva a favor del Estado en «las exigencias de seguridad jurídica dentro de un mercado nacional que se pretende unitario.» (p. 108). El anterior autor, alega en «Las competencias de...», *op. cit.*, p. 107 y 108 que, «a pesar de la existencia de tal norma (sobre las obligaciones contractuales, por ejemplo, o sobre aplicación y eficacia de las normas jurídicas) en la Compilación de que se trate, a partir de ahora el Estado tendrá competencia exclusiva sobre la norma en cuestión, [...]. La idea de que, por el contrario, si la materia aparece ya tratada en alguna Compilación hay que entender que la reserva de competencia exclusiva a favor del Estado no se aplicará, carece de toda base.» Entiende el autor que el art. 149.1.8.ª CE, en su segundo apartado, «garantiza frente a cualquier Derecho civil foral y a cualquier desarrollo del mismo por una Comunidad Autónoma unas competencias esenciales para el Estado.»

[740] GAYA SICILIA, Regina, *op. cit.*, pp. 105 y ss.

[741] BERCOVITZ RODRÍGUEZ-CANO, Rodrigo, «Las bases de...», *op. cit.*, pp. 108 y 109.

Para GETE-ALONSO, las bases de las obligaciones contractuales deben buscarse, únicamente en la Constitución[742]. Dejando claro la autora que «*las bases de les obligacions contractuals no s'identifiquen ni amb les regles que determinen el tipus bàsic (el contracte), ni amb els seus elements (l'estructura i la funció), ni amb les disposicions comunes a tots els contractes. D'altra banda, les bases tampoc impliquen que el contingut dels contractes estigui reservat a l'Estat*»[743].

Por su parte, VAQUER ALOY, tras manifestar que «esas "bases" hoy están claras, pues basta mirar cuál es la fuente de inspiración que comúnmente adoptan los legisladores y prelegisladores españoles y la jurisprudencia», considera que éstas se encuentran «en el *soft law* del Derecho de contratos europeo, que constituye la fuente de inspiración compartida espontáneamente en el desarrollo y la modernización del Derecho contractual»[744].

---

742 GETE-ALONSO I CALERA, M.ª del Carme, «El llibre sisè del Codi civil de Cataluña sobre les obligacions i els contractes. Quan, com i per què hem de codificar-lo», *InDret* (2009), N.º 1, p. 12: «*Però, on es troben aquestes bases? Al nostre parer, deriven dels principis econòmics constitucionals que regeixen amb caràcter comú, per exemple: la unitat de mercat, la llibertat d'empresa, el reconeixement de l'autonomia privada (article 38 CE), la protecció al consumidor (article 51), la garantia de la lliure circulació de persones i mercaderies en l'espai europeu, el principi de la tutela judicial (articulo 24 CE), que garanteix les accions judicial per tal de fer efectives les relaciones obligatòries, etc. Això no significa que el legislador estatal sigui l'únic que té competència per a regular la matèria contractual o obligatòria, sinó que els legisladors autonòmics no poder fer-ho sense respectar aquest seguit de principis.*» De forma similar a la anterior autora, PARRA LUCÁN, M.ª Ángeles, *op. cit.* pp. 120 y 121, manifiesta que «Parece razonable entender que las bases derivan de los principios económicos constitucionales que rigen con carácter común, por ejemplo: la unidad de mercado, la libertad de empresa, el reconocimiento de la autonomía privada (art. 38 de la Constitución), la protección del consumidor (art. 51 de la Constitución), la garantía de la libre circulación de personas y mercancías en el espacio europeo, el principio de tutela judicial (art. 24 de la Constitución), que garantiza las acciones judiciales para hacer efectivas las relaciones obligatorias…»

743 GETE-ALONSO I CALERA, M.ª del Carme, *op. cit.*, p. 13.

744 VAQUER ALOY, Antoni, «La conexión suficiente y las bases de las obligaciones contractuales», en Carmen Bayod López (Dir.), *La Constitución española y los Derechos civiles españoles cuarenta años después. Su evolución a través de las sentencias del Tribunal Constitucional,* Tirant lo Blanch, Valencia, 2019, pp. 47 a 79, p. 78. El autor, reproduce lo manifestado por GARCÍA RUBIO, M.ª Paz, «Sociedad líquida y codificación», *Anuario de Derecho civil,* Tomo LXIX (2016), fasc. III, pp. 743 a 780, p. 764: «la Propuesta de Modernización del Código civil en materia de obligaciones y contratos (en adelante, PMCC), elaborada por la Sección Primera de la Comisión General de Codificación y pública en 2009, que fue concebida con la pretensión de constituir el Derecho general de obligaciones y contratos español y además

En relación con la anterior opinión, García Rubio expresa que la «frase, en sí misma, no es incorrecta; lo que si lo sería, a mi juicio, es entender que el legislador europeo y no el estatal es el poder legitimado para dictarlas.»[745]

Y arguye para contradecir las dos posturas anteriores que: «baste decir que si la sede de las bases de las obligaciones contractuales fuera únicamente la Constitución o, como opinan otros, las normas de Derecho contractual europeo, carecería de todo sentido que estas se ubicasen en un precepto constitucional que incluye esta competencia en la legislación civil que se reserva en exclusiva al Estado, pues es del todo evidente que ni la Constitución ni el Derecho europeo pueden ser nunca competencia exclusiva del legislador del Estado.»[746]

En el plano jurisprudencial, hasta la ya citada sentencia núm. 132/2019, 13 noviembre, el Tribunal Constitucional no había intentado elaborar «una doctrina general sobre el concepto de bases de las obligaciones contractuales del art. 149.1.8.ª CE»[747]. Pero sí que se encuentran concretas referencias en otras resoluciones del Tribunal[748].

---

conformar las bases de las obligaciones contractuales a los efectos del artículos 149.1.8.ª», lo que le lleva a firmar que «Si se tiene en cuenta que se inspira en la Convención de Viena sobre la compraventa internacional de mercaderías y el *soft law* europeo, puede concederse que las "bases" no sólo lo es la Propuesta sino, en general, los principios esenciales de este *soft law.*», *Ídem*, nota a pie de página 47.

745 García Rubio, M.ª Paz, «Incertidumbre y alguna...», *op. cit.*, p. 16, nota a pie de página 21. Y añade: «Insertos en una unidad política como la Unión Europea, creadora de un mercado único al que pertenecemos y en el que la aproximación de legisladores en materia contractual es un hecho progresivo, pero incontrovertible, es lógico que las bases (esto es, lo esencial, lo fundamental) sean comunes a los Estados de la Unión; eso no quiere decir que esta sea la competente para establecerlas al menos por tres razones: una porque a día de hoy no lo es según el propio Derecho de la Unión; dos, porque los Estados pueden considerar básico algo que no lo es en otro Estado, siempre que no contradiga el Derecho de la Unión, y tres, porque en el caso español el artículo 149.1.8.ª esa competencia se atribuye directamente al Estado».

746 *Ídem.*

747 Así lo manifiesta el magistrado D. Ricardo Enríquez Sancho en su voto particular a la sentencia dictada, y al que se le adhiere el magistrado D. Antonio Narváez Rodríguez.

748 Fossas Espadaler, Enric, *op. cit.*, pp. 76 y 77, alude a la STC (Pleno) núm. 61/1997, 20 marzo (RTC 1997, 61) y a la STC (pleno) núm. 15/1998, 22 enero (RTC 1998, 14). La primera de ellas dice que el «art. 137.5 TRLS en el que se establece el derecho de retorno de los arrendatarios cuando el propietario decida

En el resto de las ocasiones, dice ASÚA GONZÁLEZ, en relación con la legislación de consumo, el Tribunal Constitucional siempre había evitado hacer referencia a las bases de las obligaciones contractuales. La impresión, dice la autora, «era la de que se obviaba la calificación de una materia como base de las obligaciones contractuales si se podía conseguir el objetivo de reservarla a la competencia exclusiva del Estado por expedientes distintos.»[749]

No obstante, la STC 13 noviembre 2019, en su Fundamento Jurídico 6º, rubricado «La noción de "bases de las obligaciones contractuales" del art. 149.1.8.ª CE y la ausencia de la dimensión formal de las bases», intenta arrojar un poco de luz a un concepto para nada pacífico.

---

demoler el edificio y reconstruirlo por no ser disconforme con el planeamiento la nueva edificación en el mismo solar, [...] contiene una norma que se inserta en el régimen de la relación arrendaticia urbana (un derecho del arrendatario frente al propietario) y encuentra, por consiguiente, su cobertura en el art. 149.1.8.ª CE» (Fundamento Jurídico 26º, b). Y, en la segunda, en su Fundamento Jurídico 6º, el Tribunal considera que: «Mas, con este razonamiento se confunden dos planos jurídicos distintos: por una parte, el de la validez y eficacia inter privatos de las relaciones jurídicas derivadas de aquellos contratos; por otra, el de los requisitos de obligado cumplimiento para la obtención de los pertinentes permisos y autorizaciones en relación con el ejercicio de la caza y su aprovechamiento. El primero de los apuntados aspectos pertenece al ámbito propio de la legislación civil, más concretamente, al de las bases de las obligaciones contractuales, y que, por ende, su regulación compete en exclusiva al Estado [...]. En cambio, no puede decirse lo mismo respecto del segundo de ellos. En efecto, no es dudosa una interpretación del mencionado art. 26 de la Ley de Caza de Extremadura limitada a la esfera de las relaciones entre Administración y administrados, de suerte que la exigencia de formalización escrita de los contratos y su visado por la Agencia tiene únicamente efectos en las relaciones con la Administración autonómica, desplegando su eficacia jurídica única y exclusivamente en lo que atañe a la obtención de los correspondientes permisos y autorizaciones para la constitución de acotados o para la práctica de la caza. Esta interpretación del citado art. 26 de la Ley, acorde con la competencia exclusiva que en materia de caza ostenta la Comunidad Autónoma de Extremadura, en modo alguno contraviene lo dispuesto en el art. 149.1.8.ª de la Constitución, ni supone una invasión de la competencia del Estado en materia de legislación civil.»

749 ASÚA GONZÁLEZ, Clara I., «Conexión y bases...», *op. cit.*, p. 261, recogiendo, de este modo, la opinión vertida por SÁNCHEZ GONZÁLEZ, María Paz, «Breves reflexiones sobre la doctrina constitucional relativa a las "bases de las obligaciones contractuales"», *Derecho Privado y Constitución* (1993), N.º 1, pp. 151 a 176, p. 152. Reiterada, a su vez, por VAQUER ALOY, Antonio, «La conexión suficiente...», *op. cit.*, p. 70.

Para ello, el Tribunal, en primer lugar, y después de afirmar que el régimen contractual impugnado entra dentro del alcance del término desarrollo del Derecho civil de Cataluña, se plantea la cuestión de si tal regulación es compatible con las bases de las obligaciones contractuales.

El máximo intérprete de la Constitución parte de la idea de que «bases» se identifica con «básico». De ahí que fije la cuestión a dilucidar en «qué debe entenderse básico en materia civil contractual». Para, acto seguido, afirmar que «no todo el derecho contractual lo es, sino sólo lo serán aquellas reglas que contengan los elementos esenciales que garanticen un régimen contractual común para todos los ciudadanos.»

La referencia anterior a «régimen (contractual) común» no es extraña en la doctrina del Tribunal Constitucional. Con lo cual, ya se vislumbra la verdadera intención del Tribunal: identificar las «bases» de las obligaciones contractuales con el concepto de «bases» previsto en otros títulos competenciales. Por ejemplo, las bases de la ordenación de crédito, banca y seguros (art. 149.1.11.ª CE), las bases de la planificación general de la actividad económica (art. 149.1.13.ª CE), o las bases del régimen minero y energético (art. 149.1.25.ª CE).

Recordemos, aunque sea brevemente, la doctrina del Tribunal Constitucional en relación con el término «bases». Y, para ello, debemos referirnos a la STC (Pleno) 7 abril 1983, que, en cuanto al término «bases» previsto en el art. 149.1.18.ª CE[750], declaró que:

> «Por "principios", "bases" y "directrices" hay que entender los criterios de regulación de un sector del ordenamiento jurídico o de una materia jurídica que deben ser comunes a todo el Estado. Por ello, la mencionada idea posee un sentido positivo y otro negativo: el sentido positivo manifiesta los objetivos, fines y orientaciones generales para todo el Estado, exigidos por la unidad del mismo y por la igualdad de todos sus miembros; en sentido negativo, por la misma razón, constituye el límite dentro del cual tienen que moverse los órganos de las Comunidades Autónomas en el ejercicio de sus compe-

[750] Art. 149.1.18.ª CE: «El Estado tiene competencia exclusiva sobre las siguientes materias: [...] 18.ª Las bases del régimen jurídico de las Administraciones públicas y del régimen estatutario de sus funcionarios que, en todo caso, garantizarán a los administrados un tratamiento común ante ellas; el procedimiento administrativo común, sin perjuicio de las especialidades derivadas de la organización propia de las Comunidades Autónomas; legislación sobre expropiación forzosa; legislación básica sobre contratos y concesiones administrativas y el sistema de responsabilidad de todas las Administraciones públicas.»

> tencias cuando, aun definiéndose éstas como exclusivas, la Constitución y el Estatuto las dejan así limitadas.»[751]

Pero, según esta doctrina, «el establecimiento por parte del Estado de las bases de la ordenación no puede llegar a tal grado de desarrollo que deje vacía de contenido la correlativa competencia de la Comunidad.»[752]

Por su parte, la STC (Pleno) 22 marzo 1988[753], en su Fundamento Jurídico 3º, equiparó la expresión «bases», prevista en los arts. 149.1.11.ª y 13.ª CE, con «básico». Esto es «el común denominador normativo para asegurar la unidad fundamental prevista por las normas del bloque de la constitucionalidad que establece la distribución de competencias.»

Más tarde, en la STC (Pleno) 4 julio 1991, el Tribunal precisó que:

> «La definición de bases, en el ámbito de la legislación compartida, tiene por objeto crear un marco normativo unitario, de aplicación a todo el territorio nacional, dentro del cual las Comunidades Autónomas dispongan de margen de actuación que les permita, mediante la competencia de desarrollo legislativo, establecer los ordenamientos complementarios que satisfagan sus peculiares intereses»[754].

Y debe entenderse que excede de lo básico toda aquella ordenación que, «por su minuciosidad y detalle, no deja espacio alguno a la competencia autonómica de desarrollo legislativo», produciéndose en tal caso «un resultado de vulneración competencial que priva a lo presentado como básico de su condición de tal.»

Ya en un momento anterior, por medio de la STC (Pleno) 28 enero 1982, el Tribunal manifestó que las bases «deben tener estabilidad, pues con ellas se atiende a aspectos más estructurales que coyunturales.»[755] Y

---

751 STC (Pleno) núm. 25/1983, 7 abril (RTC 1083, 25), Fundamento Jurídico 4º.

752 STC (Pleno) núm. 1/1982, 28 enero (RTC 1092, 1), Fundamento Jurídico 1º.

753 La STC (Pleno) núm. 48/1988, 22 marzo (RTC 1988, 48), resuelve el recurso de inconstitucionalidad promovido por el Gobierno de la Nación contra la Ley del Parlamento de Cataluña 15/1985, de 1 de julio de 1985, de Cajas de Ahorros de Cataluña, y contra la Ley del Parlamento de Galicia 7/1985, de 4 de julio de 1985, de Cajas de Ahorro Gallegas.

754 STC (Pleno) núm. 147/1991, 4 julio (RTC 1991, 147). Fundamento Jurídico 4, c).

755 STC (Pleno) núm. 1/1982, 28 enero (RTC 1982, 1). Fundamento Jurídico 1º. Y, añadió: «Ahora bien ciñéndonos, en concreto, a la ordenación de sectores económicos como el crédito, la consecución de aquellos intereses generales perseguidos por la regulación estatal de las bases del crédito exigirá que, atendiendo

afirma que la fijación de dichas bases es competencia del Estado, y que en ningún caso «el establecimiento por parte del Estado de las bases de la ordenación no puede llegar a tal grado de desarrollo que deje vacía de contenido la correlativa competencia de la Comunidad.»

Ahora bien, la regulación o desarrollo por parte de la Comunidad llegará hasta donde haya asumido en su Estatuto y en su Compilación. El resto, pertenecerá al Estado[756].

Por lo tanto, las «bases», en general, se identifican con lo «básico» de una determinada materia o sector del ordenamiento jurídico. Ello conlleva una competencia, más o menos, compartida entre el Estado y las Comunidades Autónomas. Al primero le corresponde fijar las bases, dejando así un margen para que las Comunidades Autónomas puedan desarrollar la materia en cuestión —a excepción de lo básico— según lo contenido en su Estatuto[757].

Posteriormente, la STC (Pleno) 28 noviembre 1996, reiteró la doctrina anterior en relación con las «bases del régimen minero y energético»[758].

---

a circunstancias coyunturales y a objetivos de política monetaria y financiera, el Gobierno de la Nación proceda a la concreción e incluso a la cuantificación de medidas contenidas en la regulación básica del crédito, pues al Gobierno de la Nación le corresponde tanto la dirección de la política financiera nacional y de la política monetaria general [...] en cuanto partes de la política económica general [...] como la coordinación de las mismas con las que pueda tener cada Comunidad en su ámbito respectivo».

756 «Por otra parte, el hecho de que en una materia determinada la Constitución sólo atribuya al Estado la fijación de sus bases no significa en modo alguno que a una Comunidad determinada le corresponda ya, sin más, la regulación de todo lo que no sea básico, pues a cada Comunidad sólo le corresponderán aquellas competencias que hayan asumido en su Estatuto, perteneciendo las demás al Estado.»

757 La STC (Pleno) núm. 1/1982, 28 enero, en relación con la intervención de las Comunidades Autónomas expresó que: «Lo que la Constitución persigue al conferir a los órganos generales del Estado la competencia exclusiva para establecer las bases de la ordenación de una materia determinada (en nuestro caso, las de los números 11 y 13) es que tales bases tengan una regulación normativa uniforme y de vigencia en toda la Nación, con lo cual se asegura, en aras de intereses generales superiores a los de cada Comunidad Autónoma, un común denominador normativo a partir del cual cada Comunidad, en defensa del propio interés general, podrá establecer las peculiaridades que le convengan dentro del marco de competencia que la Constitución y su Estatuto lo hayan atribuido sobre aquella misma materia.»

758 STC (Pleno) núm. 197/1996, 28 noviembre (RTC 1996, 197).

Pero, además, con cita en las SSTC (Pleno) 80/1988[759] y 227/1988[760], añadió, en su Fundamento Jurídico 5°, que:

> «No obstante, este Tribunal no ha dejado de prestar atención a una exigencia que puede calificarse de formal de la noción de "bases" y cuya finalidad esencial es la de excluir la incertidumbre jurídica que supondría que el Estado pueda oponer como norma básica a las Comunidades Autónomas, sin previa advertencia "cualquier clase de precepto legal o reglamentario, al margen de cuál sea su rango y estructura".»

Por ello, se puso de manifiesto en la STC núm. 1/1982, que «dado el carácter fundamental y general de las normas básicas, el instrumento para establecerlas con posterioridad a la Constitución es la Ley.»[761]

---

759 STC (Pleno) núm. 80/1988, 28 abril (RTC 1988, 80). En su Fundamento Jurídico 5° puede leerse que: «la tarea de este Tribunal [...] cuando entra en juego, como ahora, la competencia estatal para la ordenación de lo básico, se debe orientar en atención a dos finalidades esenciales, consistente la primera en procurar que la definición de lo básico no quede, en cada caso, a la libre disposición del Estado, [...] la segunda, en la preservación de que el cierre del sistema no se mantenga en la ambigüedad permanente que supondría reconocer al Estado la facultad para oponer sin advertencia a las Comunidades Autónomas, como norma básica, cualquier clase de precepto legal o reglamentario».

760 STC (Pleno) núm. 227/1988, 29 noviembre (RTC 1988, 227).

761 Precisando que «la justificación de esta exigencia de Ley formal se encuentra en que "sólo a través de este instrumento normativo se alcanzará, con las garantías inherentes al procedimiento legislativo, una determinación cierta y estable de los ámbitos respectivos de ordenación de las materias en las que concurren y se articulan las competencias básicas estatales y las legislativas y reglamentarias autonómicas". De suerte que, "la propia Ley puede y debe declarar expresamente el carácter básico de la norma o, en su defecto, venir dotada de una estructura que permita inferir, directa o indirectamente, pero sin especial dificultad, su vocación o pretensión básica." [...] En suma, la claridad y certeza normativa, la propia estabilidad de una materia y el equilibrio del sistema de fuentes son los elementos determinantes de la forma que han de adoptar las bases."» Aunque, excepcionalmente «"pueden considerarse básicas algunas regulaciones no contenidas en normas con rango legal e incluso ciertos actos de ejecución cuando, por la naturaleza de la materia, resultan complemento necesario para garantizar la consecución de la finalidad objetiva a que responde la competencia estatal sobre las bases" [...] Sin embargo, no cabe olvidar en contrapartida, que la atribución de carácter básico a normas reglamentarias, a actos de ejecución o incluso a potestades administrativas ha sido entendida por este Tribunal como una "dispensa excepcional". Y, de otro lado, que esta excepción venía impuesta por una situación de transición, en la que era necesario "adecuar la legislación preconstitucional a situaciones nuevas derivadas del orden constitucional", como ya se dijo en la STC 69/1988.»

Vemos, así, que en materia de «bases» se identifica, por una parte, un aspecto material, relativo al «común denominador normativo dirigido a asegurar, de manera unitaria y en condiciones de igualdad, los intereses generales». Ello permite a las Comunidades Autónomas «introducir las peculiaridades que estime convenientes y oportunas», siempre dentro del marco competencial fijado en el correspondiente Estatuto[762]. Y, por otro, un aspecto formal, relativo al instrumento a través del cual deben ordenarse dichas bases, como hemos visto anteriormente.

Y, según ha declarado el Tribunal Constitucional, la legislación autonómica de desarrollo debe acomodarse a la legislación básica, que estará esta última sujeta a variaciones y modificaciones, sin que la anticipación de la normativa autonómica invalide el carácter básico de la normativa estatal aprobada en un momento posterior[763].

Dicho cuanto antecede, detengámonos en el concepto de bases de las obligaciones contractuales ofrecido por el Tribunal Constitucional en su sentencia núm. 132/2019.

Ante todo, el Tribunal advierte que, en materia civil, «el legislador estatal no ha llevado una concreción formal de lo que ha de considerarse

---

762 Así nos lo recuerda la STC (Pleno) 34/2013, 14 febrero (RTC 2013, 34).

763 STC (Pleno) 146/2013, 11 julio (RTC 2013, 146): «Es la segunda [la legislación autonómica de desarrollo] la que debe acomodarse a la primera [la legislación básica] [...], siempre que ésta reúna la doble exigencia material y formal con que nuestra jurisprudencia ha caracterizado la legislación básica, y a ese marco básico, que está sujeto a variaciones y modificaciones, queda sometida en todo momento la competencia autonómica de desarrollo legislativo. Como hemos señalado recientemente en cuanto a la variabilidad de las bases estatales, la anticipación de la normativa autonómica no invalida el carácter básico de la normativa aprobada con posterioridad por el Estado, "con las consecuencias correspondientes para las normas de todas las Comunidades autónomas en cuanto a su necesaria adaptación a la nueva legislación básica" (STC 158/2011, de 19 de octubre [RTC 2011, 158], F. J. 8), pues "no puede pretenderse que el ejercicio previo de una competencia autonómica en una materia ... produzca, por esa sola razón, una suerte de efecto preclusivo que impida al Estado el ejercicio de sus propias competencia ... De este modo, si se reconoce que el Estado tiene la competencia para desarrollar las bases de una determinada materia, esa competencia integra la capacidad para modificar la regulación básica, de modo tal que el ejercicio de la competencia autonómica de desarrollo no puede bloquear esa capacidad de revisión por parte del Estado, bajo el argumento de que la nueva normativa básica va contra los dictados de las disposiciones autonómicas previas" [STC 99/2012, de 8 de mayo (RTC 2012, 99) F. J. 2, b)].»

"bases de las obligaciones contractuales".» Como consecuencia, las Comunidades Autónomas «no quedan obligadas a esperar el pronunciamiento específico del legislador estatal y pueden ejercer su competencia respetando los principios que se deriven de la CE y de la legislación existente.»

Ahora bien, a partir de este pronunciamiento, las Comunidades Autónomas deberán tener en cuenta el concepto de bases de las obligaciones contractuales establecido por el Tribunal Constitucional.

No obstante, al aplicar el concepto general de «bases», afirma que el art. 149.1.8.ª CE atribuye al legislador estatal la competencia para establecer «los criterios de ordenación general del sector de la contratación privada». O, como dice, «las normas estatales que fijen las líneas directrices y los criterios globales de ordenación de los contratos.»[764]

Por este motivo, destaca que nos encontramos ante una «situación de concurrencia de competencias», entre el Estado y las Comunidades Autónomas en materia de legislación civil contractual. Por una parte, la fijación de las bases de las obligaciones contractuales por parte del Estado y, por otra, la posibilidad de los legisladores autonómicos de desarrollar la materia, dejando al margen lo denominado «básico», y siempre según lo previsto en su Estatuto[765].

Pero, y más tarde incidiremos sobre este aspecto, no siempre existirá esta concurrencia, ya que la posibilidad de legislar en materia contractual estará supeditada a que converjan una serie de circunstancias o elementos.

Además, el Tribunal expone que al Estado no se le «permite regular pormenorizadamente aspectos materiales concretos de estas obligaciones», pues, en su opinión, «tal regulación menoscabaría las competencias de las comunidades autónomas que tengan un derecho civil foral o especial.»[766]

---

[764] Por ello «la competencia estatal de las bases de las obligaciones contractuales del art. 149.1.8.ª CE debe ser entendida como una garantía estructural del mercado único y supone en sí un límite directo desde la Constitución a la diversidad regulatoria que pueden introducir los legisladores autonómicos.»

[765] Nos recuerda, así, la doctrina por cuanto «la definición de lo básico ha de permitir a las comunidades autónomas su desarrollo a través de la consecución de opciones legislativas propias, de forma que la legislación básica no agote completamente la materia.»

[766] Y, a continuación, añade, con amplia cita de otras de sus resoluciones, que: «"Nuestro texto constitucional garantiza tanto la unidad de España como la autonomía de sus nacionalidades y regiones, lo que necesariamente obliga a buscar un adecuado equilibrio entre ambos principios, pues la unidad del Estado no es

Esta supuesta distribución de competencias entre el Estado y las Comunidades Autónomas —correspondiendo a cada ente, respectivamente, la legislación básica y la legislación de desarrollo—, implica que la norma autonómica se ajuste a la legislación básica estatal. Ya que, en caso contrario «se vulnerará de modo mediato el art. 149.1.8.ª CE».

Por este motivo, en palabras del Tribunal, «es preciso contrastar si la norma autonómica es acorde con la legislación básica estatal»[767].

El legislador central no ha establecido formalmente cuáles son las bases de las obligaciones contractuales, por lo que el Tribunal considera que éstas se encuentran reguladas en el Código civil, que es una norma preconstitucional. Y, tras la manifestación anterior, la resolución añade que:

> «Por ello, para poder despejar las dudas competenciales planteadas y dar respuesta a las alegaciones formuladas por el Gobierno de la Nación sobre la inclusión en el CCC de normas relativas a la compraventa, la permuta, el mandato y la gestión de negocios ajenos es preciso inferir de la regulación que efectúa el Código Civil de estos contratos aquellas obligaciones que materialmente tienen esta naturaleza. Para realizar la tarea ha de partirse de la idea de que la necesidad de una mínima regulación uniforme en materia de contratos, al ser el contrato un instrumento jurídico al servicio de la economía ha de orientarse al cumplimiento de los principios de unidad de mercado y

---

óbice para la coexistencia de una diversidad territorial que admite un importante campo competencial de las Comunidades Autónomas. Ello otorga a nuestro ordenamiento, además, una estructura compuesta, por obra de la cual puede ser distinta la posición jurídica de los ciudadanos en las distintas partes del territorio nacional [...] La unidad a la que se refiere la Constitución "no significa uniformidad, ya que la misma configuración del Estado español y la existencia de Entidades con autonomía política, como son las Comunidades Autónomas, supone necesariamente una diversidad de régimen jurídicos", [...] pues "la autonomía significa precisamente la capacidad de cada nacionalidad o región para decir cuándo y cómo ejercer sus propias competencias, en el marco de la Constitución y del Estatuto. Y si, como es lógico, de dicho ejercicio derivan desigualdades en la posición jurídica de los ciudadanos residentes en cada una de las distintas Comunidades Autónomas, no por ello resultan necesariamente infringidos los arts. 1, 9.2, 14, 31.1, 38, 139, 149.1.1 y 149.1.13 de la Constitución, ya que estos preceptos no exigen un tratamiento jurídico uniforme de los derechos y deberes de los ciudadanos en todo tipo de materias y en todo el territorio del Estado, lo que sería frontalmente incompatible con la autonomía».

767 Recuerda éste que «la norma autonómica puede reproducir las bases estatales cuando sea necesario para hacer más comprensible el desarrollo normativo que, en ejercicio de sus competencias propias, realice. En tales casos, concurre la excepción que, de acuerdo con la doctrina de este Tribunal, permite al legislador autonómico introducirse en el terreno de lo básico.»

libre circulación de personas y bienes (art. 139 CE), solidaridad y equilibrio económico (arts. 2 y 138 CE) y planificación general de la actividad económica (art. 131 CE). Todas estas normas constitucionales persiguen la ordenación general del orden público económico y son reglas esenciales en el orden jurídico global al ser las normas que determinan la estructura y el sistema económico de la sociedad.»

Y, precisa, que, en materia contractual:

«sólo deba considerarse normativa básica aquellas reglas que incidan directamente en la organización económica, en las relaciones inter partes y en la economía interna de los contratos, comprobando, por ejemplo, si se respetan las directrices básicas tales como el principio de la iniciativa privada y la libertad de contratación, la conmutatividad del comercio jurídico, la buena fe en las relaciones económicas, la seguridad del tráfico jurídico o si el tipo contractual se ajusta al esquema establecido en la norma estatal.»[768]

El fundamento de fijar como básicas las directrices anteriores reside, dice el Tribunal, «en la propia naturaleza del derecho contractual, pues, salvo excepciones justificadas, estamos en presencia de un sistema jurídico eminentemente dispositivo en que debe regir y rige el principio de libertad de pactos.»[769] Y, asimismo, «el Código Civil, entendido como ordenamiento estatal regulador de las relaciones contractuales entre privados, contempla como regla básica la autonomía de la voluntad y la libertad de pactos (art. 1255 CC).»

---

768 GARCÍA RUBIO, M.ª Paz, «Incertidumbre y alguna...», *op. cit.*, p. 13, destaca que «afirma la sentencia que las *directrices* básicas que, a título de ejemplo, han de ser respetadas (no se dice por quién, aunque supongo que se refiere al legislador autonómico), no son reglas, sino concretamente directrices, término caracterizado por una marcada dosis de imprecisión, que tal vez pudiera haber sido buscada a propósito.»

769 «El fundamento mismo de la institución del contrato se encuentra ante todo en el principio general de libertad que se deduce del art. 10 CE, al consagrar el principio de la dignidad de la persona y del libre desarrollo de la personalidad, y del art. 1.1 CE, que encuentra necesariamente su reflejo en el ámbito económico. Por ello, esta institución encuentra también fundamento constitucional en el art. 38 CE, por el que se reconoce la libertad de empresa en el marco de la economía de mercado, lo que supone innegablemente la libertad de iniciativa privada en el campo económico y la libertad de los particulares de constituirse en agentes económicos mediante la contratación.» Lo reitera el Tribunal Constitucional en las SSTC (Pleno) núm. 157/2021, 16 septiembre (RTC 2021, 157); núm. 37/2022, 10 marzo (RTC 2022, 37), núm. 118/2022, 29 septiembre (RTC 2022, 118), núm. 150/2022, 29 noviembre (RTC 2022, 150).

Además, junto a la autonomía de la voluntad y la libertad de pacto, el máximo intérprete de la Constitución incluye en el término bases de las obligaciones contractuales los principios comprendidos en los Títulos I y II, del Libro IV del Código civil, que incluye los arts. 1088 a 1314, con especial referencia a las normas relativas a las fuentes de las obligaciones (arts. 1089 y ss. del Código civil); la fuerza vinculante del contrato (art. 1091 CC), y las que regulan sus elementos esenciales y efectos (arts. 1253 a 1280 CC).

E, igualmente, destaca los «principios materiales que se extraen de estas normas», como son la autonomía de la voluntad, la prevalencia del principio espiritualista en la perfección del contrato, la eficacia obligacional del contrato en relación con los modos de traslación del dominio, la obligatoriedad del contrato, la buena fe contractual, el sistema de responsabilidad por incumplimiento, la responsabilidad universal del deudor, los requisitos de la validez y la eficacia del contrato o la defensa de los consumidores.

Todo ello conformaría el núcleo básico de las relaciones contractuales[770]. Éste «no constituye el punto de partida abierto al desarrollo de las comunidades autónomas, sino que, por el contrario, son exclusivamente un límite a la actividad legislativa de estas».

La finalidad de tal reserva estatal radicaría en el hecho de «garantizar un común denominador en los principios que deben regir las obligaciones contractuales, lo que se logra cuando las categorías generales son las mismas en todo el territorio nacional.»

Y aquí viene un aspecto importante. El Tribunal finaliza afirmando que, cuando el art. 149.1.8.ª CE reserva al Estado la fijación de las bases de las obligaciones contractuales «no se la otorga para regular concreta y detalladamente un determinado tipo contractual, sino para dictar aquellas normas que sean esenciales para preservar una estructura de relaciones contractuales con idéntica lógica interna».

---

770 Y determina que: «lo que no significa considerar que todas las normas contractuales contenidas en su libro IV lo sean. Muy al contrario, de una lectura atenta del mismo se extrae sin dificultad la idea de que en este cuerpo legal se insertan numerosas reglas optativas en orden a resolver problemas concretos y otras en las que se fijan los perfiles, esquemas o estructuras de lo que debe ser cada uno de los tipos contractuales y de los principios generales en los que se inspiran, como por ejemplo, el principio favor *debitoris* y favor *creditoris*, las reglas sobre los modos de producirse la responsabilidad por el incumplimiento del contrato o el problema de distribución de los riesgos derivado de la ejecución del mismo.»

Es decir, dichas bases tendrán un carácter general y común a todos los contratos «o categorías amplias de los mismos», afirmando que «no pueden comprender la regulación de cada tipo contractual».

No obstante, reconoce una excepción a esta última precisión, como es:

> «salvo en la parte y medida que esta suponga una concreción complementaria de las reglas generales o generalizables a la clase a que por su naturaleza jurídica pertenece y, en todo caso, deben quedar opciones diversas para que el legislador autonómico pueda ejercitar su competencia.»

Cabe apuntar que, DE ELIZALDE Y AYMERICH, en 1979, ya ofreció una aproximación del alcance de las bases de las obligaciones contractuales o principios fundamentales de la contratación, en un sentido muy similar al fijado por el Tribunal Constitucional.

En concreto, el autor, manifestó que éstas «se reflejan en la actualidad en los siguientes artículos del Código: 1089 (fuentes de las obligaciones), 1091 (los contratos como fuente de obligaciones), y los tres primeros Capítulos del Título II, Libro IV (arts. 1254 a 1280, que regulan las disposiciones generales, requisitos y efectos de los contratos), exceptuando los artículos 1257, párrafo 2º (estipulaciones a favor de terceros), 1261, párrafo 2º (aceptación por carta), y 1271, párrafo 21 (prohibición de los contratos sucesorios), que por su especifidad no pueden considerarse bases de la contratación.»[771]

Y, también, ya adelantó BERCOVITZ que las bases de las obligaciones debían hallarse en la legislación vigente, «hoy en día principalmente preconstitucional». Afirmando que dichas bases se «encuentran en (o se inducen de) el Libro IV del Código civil». Declarando, además, que lo anterior «no excluye que excepcionalmente puedan encontrarse en otras partes del Código.»[772]

Y, asimismo, parece que se anticipó a la doctrina manifestada por el Tribunal Constitucional, en su sentencia núm. 132/2019, en relación con la excepción relativa a los concretos tipos de contratos.

Suscribimos la opinión del profesor BERCOVITZ, por cuanto las bases «también se encuentra en las regulaciones concretas de los tipos de contratos, sobre todo de los que tiene una mayor significación en el tráfico jurídico, así como en aquelles leyes civiles especiales de vigencia general que se

---

771 DE ELIZALDE Y AYMERICH, Pedro, «Prelación de normas...», *op. cit.*, p. 764.

772 BERCOVITZ RODRÍGUEZ-CANO, Rodrigo, «Las bases de...», *op. cit.*, p. 108.

ocupan de determinadas figuras contractuales (incluido, en su caso, el Reglamento de las mismas)»[773]. Aseverando que las «bases de las obligaciones contractuales comprenden no sólo la regulación general de los contratos, sino también la regulación de cada tipo contractual.»

El autor, destaca, entre ellos, el contrato de compraventa. No obstante, entendemos que, a día de hoy, y especialmente en el ámbito en que se circunscribe nuestro estudio, ha adquirido una gran importancia el contrato de arrendamiento.

Consecuentemente, en nuestra opinión, dichas bases, junto a las manifestadas por el Tribunal Constitucional, predicables de cualquier tipo de contrato, deberemos buscarlas, además, en los preceptos que el Código civil destina al contrato de arrendamiento (arts. 1542 y ss. CC), y, en su caso, en la ley especial vigente a nivel estatal, como es la Ley de Arrendamientos Urbanos.

Ninguna Comunidad Autónoma tiene competencia en materia de arrendamientos urbanos[774]. De ahí que los preceptos del Código civil y de la Ley de Arrendamientos Urbanos se apliquen a todos los contratos de arrendamiento. Por ello, las Comunidades Autónomas no podrán incidir en dicho contrato.

No obstante, un número importante de Comunidades, a la hora de ordenar las viviendas de uso turístico, ha incidido en lo que, a nuestro juicio, conforman las «bases» del contrato de arrendamiento. Nos referimos, principalmente, al objeto sobre el que recae el contrato y la duración del mismo, tal y como se tendrá ocasión de comprobar. Y que, a su vez, se configuran como limitaciones al contenido del derecho de propiedad.

Compartimos así el pronunciamiento del Tribunal Constitucional en cuanto al alcance de las bases de las obligaciones contractuales, al equipararlas con «los criterios de ordenación general del sector de la contratación privada» o «común denominador».

Sin perjuicio de lo anterior, cabe apuntar que la sentencia cuenta con varios votos particulares, y uno de los aspectos en los que discrepan los

---

773 *Ibidem*, p. 109. Y, en ese mismo sentido, pareció entenderlo Arce Janáriz, Alberto, *Constitución y Derechos civiles forales*, Tecnos, Madrid, 1987, p. 143.

774 Si bien, será interesante estar atento al *iter* del Anteproyecto de ley de incorporación del contrato de arrendamiento de bienes al Libro Sexto del Código civil de Cataluña.

magistrados es en el concepto de bases de las obligaciones contractuales adoptado por la mayoría. Veámoslo.

En especial, están en desacuerdo en otorgarles el concepto de «bases» que el Tribunal Constitucional ha dado en relación con otros títulos competenciales recogidos en el art. 149.1 CE, y que también cuentan con la expresión «bases».

El magistrado D. Andrés Ollero Tossara pone de manifiesto que «si hubiera decidido aplicar a la legislación civil el esquema de bases (principios comunes a todo el territorio nacional definidos por el Estado) y desarrollo (legítimas opciones autonómicas dentro de los principios comunes), la Constitución habría optado por la "vía autonomista" reconociendo un ámbito de competencia en materia de derecho civil a todas las comunidades autónomas.»

Por su parte, el magistrado D. Ricardo Enríquez Sancho, al que se le adhiere D. Antonio Narváez Rodríguez, tras afirmar en su voto particular que «La sentencia identifica ese concepto de "bases" del art. 149.1.8.ª CE, con el concepto de "bases", "legislación básica" o "normas básicas", a que se refieren otros apartados del art. 149.1 CE, y les aplica la doctrina de este tribunal sobre la relación entre legislación básica y legislación de desarrollo», considera que la doctrina anterior «supone una restricción a las competencias legislativas del Estado cuando impide una regulación completa de la materia regulada, toda vez que debe quedar un espacio reservado a las comunidades autónomas para que, en él, pueda desarrollar políticas propias.»

Efectivamente, la relación entre «legislación básica y legislación de desarrollo» supone una restricción a las competencias legislativas del Estado, pero también es cierto que el Estado, en legislación civil, no ostenta una competencia plena.

La sentencia pretende que se garantice un espacio para que, según sus peculiares conveniencias, las Comunidades Autónomas con competencia en Derecho civil propio regulen aspectos del Derecho de contratos o, mejor dicho, de determinados tipos contractuales civiles. Sin embargo, no podrán regular lo básico, sólo reproducirlo, siempre y cuando «sea necesario para hacer más comprensible el desarrollo normativo que, en ejercicio de sus competencias propias, realice»[775].

---

775 En tales casos, continua el Tribunal «concurre la excepción que, de acuerdo con la doctrina de este Tribunal, permite al legislador autonómico introducirse en el

Y, además, la regulación de todo aquello que exceda de lo básico deberá someterse y ajustarse al requisito de la «suficiente conexión» ofrecido con ocasión del análisis del término desarrollo. Es decir, que la regulación llevada a cabo se ponga en relación con una institución, ya sea compilada o consuetudinaria, vigente en el momento de entrar en vigor la Constitución, con los principios que informan el conjunto del Derecho civil foral o especial, o con una regulación postconstitucional.

Por lo tanto, ciertamente, se restringen las competencias legislativas del Estado al impedir una regulación completa en la materia, pero ello es debido a la configuración de España en un estado autonómico «foralista» en el que conviven diferentes Derechos civiles y concurre una competencia sobre la «legislación civil» entre el Estado y las Comunidades Autónomas.

Continúa diciendo el magistrado discrepante que, la anterior concepción, «es difícilmente trasladable a las bases de las obligaciones contractuales», ya que «en materia civil no hay competencia entre el Estado y las Comunidades Autónomas.»

Esta última afirmación no podemos compartirla, por cuanto si hay una materia en la que existe esa compartición, esa es la legislación civil. Y no sólo por el hecho de que existan varios Derecho civiles propios en diferentes Comunidades Autónomas. Sino también por el hecho de que a través de otras competencias sectoriales se interfiere en la legislación civil o, al menos, en instituciones civiles.

De ahí, que no pueda hablarse de una verdadera separación en relación con la regulación de la materia civil entre el Estado y las Comunidades Autónomas. Sino que, la influencia de estas últimas sobre la materia es más intensa que nunca, si se tiene en cuenta la posibilidad de incidir en ella a través de otros títulos competenciales sectoriales que sí que ostentan la totalidad de entes autonómicos.

Sí que compartimos, no obstante, la opinión del magistrado cuando alega que las Comunidades Autónomas «con competencia en materia de legislación civil no desarrollan las bases estatales, como dice la sentencia, sino su propio derecho civil foral o especial.» Ésta es, a nuestro entender, la clave de bóveda que merece, a continuación, nuestra atención.

Como expresa la resolución, al referirse al aspecto material del concepto «bases», éstas aluden a un común denominador, sustraído de cualquier

---

terreno de lo básico».

interferencia por parte de los legisladores autonómicos. Estos últimos no podrían desarrollar las bases. Consiguientemente, las bases deberían ser las mismas para todos los territorios.

Lo único que podría ser objeto de desarrollo son determinadas instituciones o, en este caso, modalidades contractuales civiles, sin interferir en esas bases, puesto que, el ir más allá de tales bases, conllevaría la inconstitucionalidad de la disposición. Y, en cualquier caso, ese desarrollo de su Derecho civil quedará sometido a la concurrencia del requisito de la conexión suficiente.

Expone el magistrado discrepante que «La finalidad de la atribución de esta competencia al Estado no es otra que la de conseguir una regulación común en todo el territorio nacional en materias en que están en juego intereses supranacionales, en el caso de las obligaciones contractuales, la de coadyuvar a conseguir la unidad de mercado, evitando regulaciones que directa o indirectamente obstaculicen la libre circulación de bienes en todo el territorio español (art. 139.2 CE), para cuya consecución el Estado cuenta con una reserva competencial en ámbitos materiales concretos de manera exclusiva y excluyente, entre ellos, el recogido en el art. 149.1.8.ª CE.»

Y es precisamente a partir del concepto de «bases» que el Tribunal ha otorgado como se garantiza, no sólo la unidad, la estabilidad y la igualdad en un ámbito en concreto, y en todo el territorio, sino también la posibilidad de intervención en este ámbito, por parte de determinadas Comunidades Autónomas, facultando la diversidad de regímenes jurídicos, acorde con el Estado autonómico que reconoce nuestra Constitución. O, como dice el Tribunal: «la definición de lo básico ha de permitir a las comunidades autónomas su desarrollo a través de la consecución de opciones legislativas propias, de forma que la legislación básica no agote completamente la materia.»

Consideramos acertada la anterior manifestación, aunque debe tenerse en cuenta que la potestad de desarrollo no es ilimitada *ratione materiae*. Además de una serie de materias que pertenecen en exclusiva al Estado, como son las bases de las obligaciones contractuales, las Comunidades Autónomas con Derecho civil propio no podrán desarrollar una institución o materia en cuestión si no concurre el requisito de la «suficiente conexión». Es decir, no se puede regular una materia sobre la que no se tiene competencia, ya sea en virtud de títulos competenciales sectoriales o con fundamento en la «suficiente conexión» en el momento de desarrollar el Derecho civil propio.

Asimismo, el Tribunal afirma que:

> «Este precepto constitucional atribuye al Estado la competencia para establecer los criterios de ordenación general del sector de la contratación privada en aquellos territorios autonómicos que cuenten con legislación propia, pero no le permite regular pormenorizadamente aspectos materiales concretos de esas obligaciones, pues tal regulación menoscabaría las competencias de las Comunidades Autonómicas que tengan un Derecho civil, foral o especial, propio.»

El Estado tiene y debe de regular pormenorizadamente estas obligaciones, puesto que no nos olvidemos de que existen territorios que carecen de Derecho civil propio, o que la potestad de desarrollo no es ilimitada. En caso de no existir Derecho civil propio o, existiendo, si la Comunidad Autónoma no demuestra la «conexión suficiente», la concreta materia estará sometida al Derecho civil común o a la ley estatal civil correspondiente.

Por lo tanto, el Estado tiene la obligación de regular de la forma más completa posible una materia, puesto que ello no impediría la intervención de los legisladores autonómicos a la hora de desarrollar su Derecho civil propio y prever un régimen legal especial. Lo contario generaría una enorme inseguridad jurídica.

Siguiendo con las bases de las obligaciones contractuales, podemos destacar, igualmente, que si los constituyentes hubieran querido diseñar un espacio exclusivo y excluyente a favor del Estado en materia de obligaciones contractuales, o en Derecho de contratos, no se hubieran servido de la expresión «bases» recogidas en el art. 149.1.8.ª CE. Sino que, simplemente, hubieran previsto, a modo de ejemplo, «las reglas relativas a las obligaciones contractuales», obviando la referencia a las «bases».

Por esto, no se entiende la opinión de los magistrados discrepantes por cuanto en relación con las bases de las obligaciones contractuales no deba de aplicarse el mismo alcance y concepto que con el resto de «bases» recogidas en el art. 149.1 CE.

Y, finalmente, dice el último de los magistrados disconformes, que: «La reducción de las bases de las obligaciones contractuales a la enunciación de principios generales o directrices que pueden ser objeto de regulación por las Comunidades Autónomas con competencia sobre la materia, excluyendo del parámetro de control la concreta regulación que en este caso efectúa el Código civil de cada contrato, contradice además una reiterada doctrina de este tribunal que, desde la Sentencia 71/1982 (RTC 1982, 71) a la STC 13/2019 (RTC 2019, 13), viene declarando que el ámbito competencial autonómico "tiene como límite, entre otros, que no se produzca un *novum* en el contenido contractual, en otras palabras, que no se introduzcan derechos ni obligaciones en el marco de las relaciones contractuales privadas".»

Por esto, no puedo compartir la conclusión de la sentencia de que las bases no pueden extenderse a la regulación de cada tipo contractual.

El Tribunal no impide extender las bases a cada tipo contractual. Recuérdese el pasaje de la resolución en el que se establece que:

> «Las bases, por tanto, deben referirse con carácter general y común a todos los contratos o categorías amplias de los mismos [...] y no pueden comprender la regulación de cada tipo contractual, salvo en la parte y medida que esta suponga una concreción complementaria de las reglas generales o generalizables a la clase que por su naturaleza pertenece».

Aunque no lo diga de forma clara, el Tribunal admite la existencia de singulares «bases» en concretos tipos contractuales.

Dicho cuanto antecede, lo que nos corresponde, a continuación, es analizar las diferentes disposiciones normativas dictadas por los legisladores autonómicos a la hora de regular las viviendas de uso turístico. Y, paralelamente, resaltar la incidencia en el derecho de propiedad, a modo de delimitación de su contenido y, como consecuencia, en el contrato de arrendamiento. Ello debido a que una de las facultades que integran el derecho dominical es la de goce, y con ella la posibilidad de arrendar la vivienda.

Pero, antes de abordar la delimitación del derecho de propiedad llevada a cabo por los legisladores autonómicos, es necesario que nos refiramos a lo que hemos denominado «presunciones legales del carácter turístico de la cesión».

El motivo es que, para que pueda entrar en juego la concreta limitación al contenido del derecho de propiedad, es necesario, ante todo, que la cesión quede, efectivamente, sometida a la normativa sectorial. No obstante, como presunción que es, cabría la posibilidad de destruirla. Si esto sucediera, no podría hablarse, en puridad, de «vivienda de uso turístico» en los términos recogidos por un determinado legislador autonómico. Y, por ende, no operarían las limitaciones al derecho de propiedad en ella establecidas.

4. PRESUNCIONES LEGALES DE ORIGEN AUTONÓMICO DEL CARÁCTER TURÍSTICO DE LA CESIÓN

4.1. Ideas previas

A pesar de que las viviendas de uso turístico no son un fenómeno novedoso, puesto que se observa desde hace tiempo en determinadas Comunidades Autónomas[776], la aprobación de la Ley 4/2013, supuso, en parte, el punto de partida para la normación de esta modalidad de alojamiento turístico.

Decimos en parte, puesto que, como hemos visto, algunas Comunidades Autónomas ya preveían dicha forma «alojativa». Por lo que éstas, únicamente, adaptaron su normativa vigente siguiendo, con mayor o menor exhaustividad, la senda marcada por la letra e), del art. 5 LAU. Otras, en cambio, sí que introdujeron las viviendas de uso turístico como una modalidad de alojamiento antes no contemplada. Y, de nuevo, lo hicieron en términos similares a los del art. 5, letra e) LAU.

En cualquier caso, con independencia de la introducción *ex novo* de las viviendas de uso turístico en unas Comunidades Autónomas, o la adaptación de la anterior normación a la realidad actual, por otras, lo que sí impulsó la entrada en vigor de la Ley 4/2013 fue un proceso de reflexión en los diferentes legisladores autonómicos. Ello se tradujo en una multitud de disposiciones normativas exigiendo a los interesados, no sólo todo un listado de requisitos a la hora de iniciar y mantenerse en la comercialización, sino también un abanico de presunciones para calificar la cesión de «turística». Seguido, asimismo, de una serie de limitaciones al contenido del derecho de propiedad y a la facultad de goce que lo integra.

Todo ello, debido, como pone de manifiesto su Preámbulo, a que «El mercado inmobiliario español se caracteriza por una alta tasa de propiedad y un débil mercado del alquiler». Apuntando, además, que «la realidad, por tanto, es que el mercado de alquiler no es una alternativa eficaz al mercado de la propiedad en España, puesto que, o bien la oferta de viviendas en alquiler es insuficiente, o bien no es competitiva por estar sujeta a rentas muy elevadas.» Y, en especial, a que «en los últimos años se viene produciendo un aumento cada vez más significativo del uso del alojamiento privado para el turismo, que podría estar dando cobertura a situaciones

---

776 Como se ha visto en el Capítulo segundo, en Andalucía, Asturias, las Islas Baleares, Galicia o el País Vasco.

de intrusismo y competencia desleal, que van en contra de la calidad de los destinos turísticos».

Algunas normas sectoriales turísticas como las de Aragón[777], Asturias[778], Canarias[779], Castilla y León[780], Castilla-La Mancha[781], Galicia[782], Madrid[783] o Murcia[784], aluden, de forma expresa, a la Ley 4/2013 a la hora de regular las viviendas de uso turístico o adaptar su normativa.

Veremos que cada Comunidad Autónoma, con excepción de Extremadura, ha regulado, en términos ciertamente parecidos, las viviendas de uso turístico. Por ello, para saber si un determinado contrato de arrendamiento queda sometido a la normativa sectorial turística deberemos estar a lo en ella previsto. Así lo dice el art. 5, e) LAU: «Quedan excluidos del ámbito de aplicación de esta Ley: [...] e) La cesión temporal [...], cuando esté sometida a un régimen específico, derivado de su normativa sectorial turística.»

---

777 Decreto 1/2023, de Aragón.

778 Puede observarse en el Preámbulo del Decreto 48/2016, de Asturias, tras aludir a la Ley 4/2013, que «se hace precisa una norma que regule la oferta de viviendas privadas para el uso turístico, que en estos últimos años ha proliferado, las viviendas de uso turístico. Así, se pretende equiparar normativamente estos alquileres con los alojamientos vacacionales. Se considera adecuado dotar a esta figura de una regulación turística específica que permita legalizar la citada oferta de vivienda privada para uso turístico siempre que ésta cumpla con una serie de requisitos.»

779 El Decreto 113/2015, de Canarias.

780 En el Preámbulo del Decreto 3/2017, de Castilla y León, puede leerse que «la necesidad de regular las viviendas de uso turístico se deriva de la modificación de la Ley 29/1994, de 24 de noviembre, de Arrendamientos Urbanos, por la Ley 4/2013, de 4 de junio, de medidas de flexibilización y fomento del mercado de alquiler de viviendas».

781 El Preámbulo del Decreto 36/2018, de Castilla-La Mancha, utiliza los mismos términos que el Decreto 3/2017 de Castilla y León.

782 En las Disposiciones Generales del Decreto 12/2017, de Galicia, se alude a que «El punto de partida en la regulación de esta figura se sitúa en la Ley 4/2013, de 4 de junio, de medidas de flexibilización y fomento del mercado de alquiler de viviendas».

783 En su Introducción, el Decreto 79/2014, de Madrid, prevé que «La regulación de las viviendas de uso turístico va en la línea marcada por la reforma de la Ley de Arrendamientos Urbanos efectuada a través de la Ley 4/2013, de 4 de junio, de medidas de flexibilización y fomento del mercado de alquiler de viviendas, que deja abierta a las Comunidades autónomas la vía de regulación autonómica.»

784 Decreto n.º 256/2019, de la Región de Murcia.

Por lo tanto, la expresión «sometida», presupone, en primer lugar, la existencia de una normativa sectorial en vigor en la materia. Si concurre dicho presupuesto, el alojamiento privado para el turismo que se realice en viviendas deberá cumplir con los mandatos exigidos en dicha normativa, so pena de incurrir en una infracción administrativa con el consiguiente inicio del régimen sancionador.

Como hemos apuntado, nuestro objetivo es analizar las limitaciones al contenido del derecho de propiedad derivadas de la normativa sectorial turística. Para ello, debemos partir de que, efectivamente, la cesión quede sometida a la normativa sectorial turística. Pero lo que sucede en muchos casos es que, dichas normas, utilizan toda una serie de indicios a través de los cuales otorgan a una determinada cesión un carácter «presuntamente» turístico. De este modo, consiguen, *a priori*, atraer, si no todas las cesiones que no encajen en el ámbito del contrato de arrendamiento de vivienda, al menos sí un número muy elevado, a su ámbito de aplicación.

Ello, sin duda, es interesante para la Comunidad Autónoma. Especialmente, desde el punto de vista económico-fiscal. Al tratarse de verdaderas presunciones, deberían admitir prueba en contrario. Y, por tanto, el supuesto de hecho que en un primer momento el legislador autonómico ha atraído a su ámbito de aplicación, por entenderse cumplida una presunción y, de forma automática, calificar la cesión de turística, resulta que, posteriormente, destruida la presunción, la cesión vuelve a quedar sometida por completo al régimen jurídico previsto en la Ley de Arrendamientos Urbanos.

Veamos, entonces, en primer lugar, cuáles son las presunciones de las que se sirven los diferentes legisladores autonómicos para considerar un determinado arrendamiento como turístico. Y, como consecuencia, someter el inicio de su comercialización a los requisitos previstos en su norma sectorial turística.

Si seguimos el orden de los efectos esenciales de las normas jurídicas establecido por Díez-Picazo y Gullón, el primero de ellos consistirá en el deber jurídico de cumplimiento de las previsiones establecidas por la norma. Y, en segundo lugar, en caso de inobservancia del deber primario anterior, anudar una determinada consecuencia[785].

---

785 Díez-Picazo, Luis y Gullón, Antonio, *Sistema de Derecho civil. Volumen I…*, *op.* cit., p. 167. Y el tercer efecto de la norma jurídica, —después de lo que denominan el *deber jurídico de cumplimiento de la norma* y la *eficacia sancionadora de las normas* en

Las normas son vinculantes y deben ser respetadas por todos[786]. Ahora bien, en concreto, las leyes sectoriales autonómicas en materia de viviendas de uso turístico van dirigidas a una categoría o grupo específico de sujetos: los encargados de la explotación de la vivienda para fines turísticos, ya sea el propietario del inmueble o un tercero.

Por lo tanto, todos aquellos interesados en destinar una vivienda a alojamiento privado para el turismo deberán ajustar su comportamiento a los mandatos previstos en la normativa sectorial de la Comunidad Autónoma en que esté radicado el inmueble. So pena de incurrir en la comisión de una infracción administrativa en materia de turismo.

Pero, además de unos destinatarios concretos, la norma sectorial regula una concreta realidad jurídica. Ésta consistirá en lo que, en términos generales, se denominan viviendas de uso turístico. Y, a pesar de que las diferentes disposiciones autonómicas utilicen elementos definitorios semejantes, lo cierto es que no disponemos aún, a día de hoy, de un concepto vigente y uniforme en todo el territorio español[787].

La consecuencia inmediata de esta diversidad conceptual será que, lo que deba entenderse por vivienda de uso turístico, dependerá de la definición dada por cada legislador autonómico, en un momento y un lugar determinado.

Si en el supuesto de hecho coinciden de forma clara y exacta todos los caracteres esenciales previstos por el legislador, la cesión quedará sometida a la normativa sectorial en cuanto a los aspectos administrativos, y al Código civil en relación con los elementos de Derecho privado. Pero, si, por el motivo que sea, no concurre alguno de los elementos, se nos plantea cuál deberá ser el régimen jurídico aplicable al contrato en cuestión.

Por este motivo, debemos partir, en primer lugar, de qué entiende el legislador autonómico por vivienda de uso turístico. Y, puesto que se sirve

---

caso de inobservancia— consistirá en su *eficacia constitutiva*, es decir, «la norma acota una porción de la realidad social y, en cuanto planea sobre ella un determinado orden jurídico, la transmuta o convierte en realidad jurídica.» (Las cursivas son nuestras). Para LACRUZ BERDEJO, José Luis, *Elementos de Derecho civil, I…, op. cit.*, p. 108: «la condición de *mandato* de toda regla de Derecho sólo se puede afirmar de la proposición jurídica *completa*, es decir, de la que contiene el supuesto antecedente y la consecuencia jurídica».

786 LASARTE ÁLVAREZ, Carlos, *Curso de Derecho civil patrimonial. Introducción al Derecho*, 14ª edición, Tecnos, 2008, p. 81.

787 Sin perjuicio del contenido previsto en la letra e), del art. 5, de la LAU.

de toda una serie de elementos para conceptuarla, acto seguido, debemos observar la definición que ofrece de cada uno ellos.

Ello nos permitirá apreciar que, en ocasiones, estos elementos no se predican de datos incontrovertibles, reales u objetivos. Sino mediante ciertas presunciones legales que no deberían actuar de forma inmediata; sino admitir previamente prueba en contrario. En cuyo caso, el contrato en cuestión no debería quedar sometido a la normativa sectorial y al Código civil, para regirse por la Ley de Arrendamiento Urbanos, a través de contrato de arrendamiento para uso distinto del de vivienda.

Este extremo lo confirmaría la lectura del art. 5, e), de este último texto normativo, al hacer referencia a la expresión «sometida».

Por lo tanto, si se destruye la presunción de la que se sirve el legislador para afirmar la hipotética existencia de alguno de los elementos esenciales que se predican de la definición de vivienda de uso turístico, el contrato de cesión no podrá entenderse sometido a la normativa sectorial. Y si no está sometido a la normativa sectorial, no formaría parte del listado de arrendamientos excluidos del art. 5 de la LAU. Por lo que se regiría por el régimen relativo al arrendamiento para uso distinto del de vivienda.

La posibilidad de destrucción de la presunción es un primer paso que impediría hablar de vivienda de uso turístico en los términos recogidos por un determinado legislador autonómico. Y, por ende, no sólo la inobservancia de la norma sectorial no debería llevar aparejada sanción alguna, sino que, y por lo que aquí interesa, no operarían las delimitaciones al contenido del derecho de propiedad en ella establecidas.

Por este motivo, a continuación, abordaremos dichos indicios de los que se hacen eco los legisladores autonómicos, a través de la utilización de expresiones tales como «se presumirá» o «se presume». Como hemos destacado, su finalidad será predicar, de forma inicial y automática, aunque inciertamente, el cumplimiento de determinados elementos incluidos en la definición de vivienda de uso turístico, y someter el mayor número posible de contratos de cesión al ámbito de aplicación de la normativa sectorial.

4.2. Presunciones legales autonómicas y consecuencia en caso de destrucción

A) Andalucía

De conformidad con el apartado primero, del art. 3, del Decreto 28/2016, de Andalucía, «Se entiende por viviendas de uso turístico aquellas viviendas equipadas en condiciones de uso inmediato, ubicadas en inmuebles donde se vaya a ofrecer mediante precio el servicio de alojamiento en el ámbito de la Comunidad Autónoma de Andalucía, de forma habitual y con fines turísticos.»

El precepto anterior enumera una serie de elementos que, a juicio del legislador autonómico, definen esta modalidad de aojamiento turístico, incluyendo la finalidad turística y lucrativa de la cesión, y la expresión «de forma habitual».

En cuanto a la finalidad turística, el párrafo tercero, del art. 3.1. nos dice que ésta se *presumirá* cuando la vivienda sea comercializada o promocionada en canales de oferta turística. Acto seguido, este mismo precepto, considera canales de oferta turística «las agencias de viaje, las empresas que medien u organicen servicios turísticos y los canales en los que se incluya la posibilidad de reserva de alojamiento.»

De este modo, el legislador autonómico identifica la «finalidad turística» con la «comercialización o promoción en canales de oferta turística». No obstante, no define en qué consiste la «forma habitual» a la que alude en el art. 3.1.

Cabe destacar que en la letra e), del art. 5 de la LAU, no aparece la «habitualidad». Ni tampoco se ofrece una definición de «canales de oferta turística», a pesar de formar parte del contenido de dicho precepto. Como consecuencia, lo que se entienda por «canal de oferta turística» dependerá del contenido que cada legislador autonómico le haya otorgado.

La utilización de un canal de oferta turística, en los términos dados por el legislador autonómico, no debería servir para otorgar, *per se*, finalidad turística a la cesión. Sino que, en un mundo globalizado como es el actual, estos medios o canales permiten llegar a más usuarios, ya sean verdaderos turistas o simples arrendatarios[788]. Y satisfacer la necesidad temporal de alojamiento, aunque en contextos diferenciados[789].

---

788 Aquí nos referiríamos a todos aquellos arrendatarios que no buscan la satisfacción de la necesidad de alojamiento por motivos turísticos, sino por otras razones.

789 Recordemos las palabras de NÚÑEZ IGLESIAS, Álvaro, *op. cit.* p. 223: «Aunque el arrendamiento de vivienda es un contrato para el alojamiento, y podría decirse que lo es más que ningún otro, pues proporciona alojamiento definitivo, por contrato de alojamiento entendemos todo contrato por el que se cede el uso de una unidad de alojamiento (vivienda, habitación) a un viajero o turista por un precio, y por unidades de tiempo muy cortas: días, semanas o meses, siempre muy

El legislador a tales canales los califica de «oferta turística», pero la definición que ofrece va mucho más allá de simples medios turísticos. Se refiere a las agencias de viaje, a las empresas que medien u organicen servicios turísticos. Pero, además, utiliza como cláusula de cierre la expresión: «y los canales en los que se incluya la posibilidad de reserva del alojamiento». Ello permitiría atraer a su ámbito de aplicación cualquier contrato de arrendamiento, principalmente el contrato de arrendamiento para uso distinto del de vivienda, pero también el de arrendamiento de vivienda, si tenemos en cuenta que el objetivo en ambos casos es también ofrecer alojamiento.

Como decimos, la «finalidad turística» se presume cuando la vivienda sea comercializada o promocionada en canales de oferta turística. Esta inicial presunción, si concurre con el hecho de que medie un precio, conllevaría, *a priori*, el sometimiento de la cesión a la normativa sectorial y, como consecuencia, el cumplimiento de los requisitos administrativos previstos en sus disposiciones.

Y el primero de ellos que exige el Decreto 28/2016, de Andalucía, para el inicio de la prestación del servicio de alojamiento en vivienda con fines turísticos, es que la persona o entidad que explota este servicio formalice la correspondiente declaración responsable[790].

En caso contrario, de conformidad con el art. 11, se considerará que la actividad es clandestina[791], estando tipificada como una infracción grave, según el art. 71.1 de la Ley 13/2011, de 23 de diciembre, del Turismo de Andalucía.

Dicha infracción, calificada como grave, conforme al art. 78.2 del mismo cuerpo legal, sería sancionada con una multa de 2.001 a 18.000 euros. Y, accesoriamente, podría imponerse la suspensión del ejercicio de servi-

---

por debajo del año, por lo que no sirve para cubrir la necesidad permanente de vivienda.»

790 Así lo establece su art. 9.

791 Reza el art. 30.4 de la Ley 13/2011, de 23 de diciembre, del Turismo de Andalucía que: «La publicidad por cualquier medio de difusión o la efectiva prestación de servicios turísticas, sin haber cumplido el deber de presentación de la declaración responsable prevista en el art. 38.2, de la comunicación contemplada en el art. 54.4 de esta Ley o, en su caso, el otorgamiento de la correspondiente habilitación contemplada en el artículo 54.2, será considerada actividad clandestina.»

cios turísticos, o la clausura temporal del establecimiento, en su caso, por un período inferior a seis meses[792].

No obstante, también puede suceder que el arrendador ceda su vivienda situada en suelo residencial a cambio de un precio y a través de «canales de oferta turística» al arrendatario, y que la finalidad del contrato no sea satisfacer una necesidad de alojamiento por motivos turísticos. Es decir, a pesar de concurrir todos los elementos de la definición de vivienda con fines turísticos al cumplirse la presunción, en realidad, la cesión, carece de uno de ellos, como es el de tener «finalidad turística». Y, por tanto, al no tener tal finalidad, el arrendador no debería haber presentado, como mínimo, la correspondiente declaración responsable.

Pero este hecho puede resultar irrelevante a ojos de la Administración Pública, al entender que se cumplen todos los elementos de la definición de vivienda con fines turísticos y, al no haber presentado, al menos, la declaración responsable, iniciar el oportuno procedimiento sancionador.

De acuerdo con el art. 82.1 de la Ley 13/2011, de 23 de diciembre, el procedimiento sancionador podrá iniciarse de oficio. Y, como establece el art. 88.2 del mismo texto legal, el acuerdo de iniciación, entre otros extremos, deberá contener la identificación de la persona o personas presuntamente responsable y los hechos, sucintamente expuestos, que motivan la incoación del procedimiento, su posible calificación y las sanciones que pudieran corresponder.

En este caso, el hecho alegado podría consistir en la no presentación de la declaración responsable, al ser presuntamente necesaria, al concurrir todos los elementos que conforman la modalidad de alojamiento denominada viviendas con fines turísticos. Pero el interesado tiene derecho a formular las alegaciones que considere oportunas y de servirse de todos los medios de prueba válidos en Derecho.

Así, a pesar de haber utilizado «canales de oferta turística» —teniendo en cuenta el amplio abanico de situaciones que incluye el concepto—, si se demuestra que el contrato de arrendamiento no tenía finalidad turística, al haberse destruido la presunción, éste no debería quedar sometido al

---

792 Estas sanciones, como prevé el art. 79, podrán ser graduadas. Para ello, se tendrán en cuenta «las circunstancias concurrentes cuando se produjo la infracción administrativa. A este respecto se tendrán en cuenta especialmente los siguientes criterios: a) La existencia de intencionalidad. [...].»

ámbito de aplicación de la normativa sectorial y al Código civil, sino por entero a la LAU.

B) Aragón

El art. 2, del Decreto 1/2023, de Aragón, define en su apartado a), a las viviendas de uso turístico como «aquellos inmuebles sometidos a régimen de propiedad horizontal, viviendas unifamiliares aisladas u otras pertenecientes a complejos inmobiliario privados, que son cedidas de modo temporal por sus propietarios, directa o indirectamente, a terceros para su alojamiento turístico, amuebladas y equipadas en condiciones de uso inmediato, comercializadas o promocionadas en canales de oferta turística y con finalidad lucrativa.»

El legislador aragonés incluye en su definición el elemento relativo a la comercialización o promoción a través canales de oferta turística, junto a la finalidad lucrativa, y a la temporalidad. Pero no dice nada de la «habitualidad».

Y, a continuación, en el apartado tercero, de su art. 4, establece que: «Se *presumirá* que la cesión de uso de una vivienda se encuentra sujeta a este Reglamento cuando su promoción o comercialización se efectúe a través de canales de oferta turística, o cuando se ceda por un período igual o inferior a un mes por usuario.»

El anterior precepto genera ciertas dudas, en relación con los requisitos necesarios para comprender sometida una determinada cesión al ámbito de aplicación de la norma sectorial. El art. 3, apartado a), al ofrecer la definición de «viviendas de uso turístico», alude a otros extremos, además de a la promoción o comercialización a través de canales de oferta turística o a la duración de la cesión, y que no se recogen en el art. 4.3.

Parece, entonces, a raíz de este último precepto, de ahí la duda, de que es suficiente para someter la cesión al presente Decreto la promoción o comercialización de la vivienda a través de canales de oferta turística, o cuando se ceda por un período igual o inferior a un mes por usuario. Sin que sea necesario, en cambio, la finalidad lucrativa que exige la definición de vivienda de uso turístico del art. 3, apartado a).

Si bien la comercialización de la cesión a través de canales de oferta turística y la temporalidad, entendida esta última como «un período igual o inferior a un mes por usuario» [letra c) del art. 2], forman parte de los elementos definitorios de lo que entiende el legislador por vivienda de uso turístico, y deben concurrir para quedar sometida la cesión a la normativa sectorial turística, lo que pretende el legislador autonómico a través del art. 4.3, al utilizar la expresión «se presumirá», es atraer a su normativa sectorial toda cesión que:

1.ª Se promocione o comercialice a través de canales de oferta turística, o;

2.ª Tenga una duración igual o inferior a un mes por usuario.

Por lo tanto, de acuerdo con el art. 4.3, y con independencia de que, efectivamente, tenga carácter turístico la cesión, si concurre alguna de las anteriores presunciones, con el amplio rango de situaciones que ampara, la cesión quedaría sometida, en todo caso, a la normativa sectorial.

Lo anterior, de nuevo, exigiría que el interesado cumpliese los requisitos previstos en el Decreto 1/2023 para el inicio y ejercicio de la actividad. Entre ellos, según el art. 15, la formalización de la correspondiente declaración responsable. Y su inobservancia sería considerada una infracción grave, a tenor del art. 84.1 del Decreto Legislativo 1/2016, de 26 de julio, del Gobierno de Aragón, por el que se aprueba el Texto Refundido de la Ley del Turismo de Aragón. Dicha infracción, tal y como establece el art. 91, en sus apartados 1, a) y 2, respectivamente llevaría aparejada una multa de 601 a 6.000 euros y, además, podría acumularse a la multa la suspensión del ejercicio de las actividades o clausura del establecimiento o instalación por un período de hasta seis meses.

No obstante, como hemos apuntado, el art. 4.3 sólo se trata de una presunción y, por tanto, debería poder ser objeto de destrucción. El arrendador tendría que poder servirse de cualquier medio, incluidos los canales de oferta turística, para promocionar o comercializar su vivienda, o celebrar contratos de arrendamiento de duración igual o inferior a un mes, y no por ello tener que quedar sometidos a la normativa sectorial. Salvo que, efectivamente, se demuestre que la finalidad del contrato es satisfacer la necesidad de alojamiento por motivos turísticos.

En cuanto a los canales de oferta turística, la letra b), del art. 2, los define como «las agencias de viajes, centrales de reserva; otras empresas de mediación y organización de servicios turísticos, incluidos los canales de intermediación virtuales; así como la inserción de publicidad en los espacios de los medios de comunicación social relacionados con los viajes y estancias en lugares distintos a los del entorno habitual de los turistas.»

Como decimos, la norma sectorial no establece limitación en cuanto al tiempo que debe durar la cesión, sino simplemente una presunción temporal. En virtud de la cual, toda cesión inferior a un mes por usuario será considerada turística y, por tanto, sometida al ámbito de aplicación de la norma.

La duración igual o inferior a un mes es el tiempo normal que duran las cesiones con finalidad turística. Por lo que, *a priori*, ciertamente, dicha presunción puede servir para considerar una cesión de carácter turístico. Ahora bien, puede haber otras cesiones por tiempo inferior o igual a un mes que no tengan este carácter, y que encajen en el contrato de arrendamiento para uso distinto del de vivienda. E, igualmente, puede haber también cesiones superiores que sí que tengan carácter turístico.

Por lo tanto, aunque puede servir dicha presunción para atraer un número elevado de cesiones, tengan finalidad turística, o no, al ámbito de aplicación de la norma sectorial, puesto que, en ambos casos, pueden ser inferiores o iguales a un mes, también es cierto que las cesiones de un mes y un día, por muy turísticas que sean, podrían quedar fuera de su ámbito de aplicación, al escaparse de los parámetros fijados al referirse al requisito de la «cesión temporal».

De nuevo, queremos poner de manifiesto que sortear las presunciones conllevaría la no sujeción del contrato de arrendamiento de alojamiento al ámbito de la normativa sectorial, en cuanto a sus aspectos administrativos, y al Código civil en relación con los elementos de Derecho privado, sino a la LAU, a través del contrato de arrendamiento para uso distinto del de vivienda.

C) Asturias

El Decreto 48/2016, de 10 de agosto, de Asturias, diferencia entre:

- Por una parte, las viviendas vacacionales que, de acuerdo con el art. 4, consisten en aquellas edificaciones que, «reuniendo los requisitos establecidos en este Decreto, se presta únicamente el servicio de alojamiento mediante precio, de forma habitual y profesional».
- Y, por otra parte, las viviendas de uso turístico que, conforme al art. 12, son «aquellas viviendas independientes ubicadas en un edificio de varias plantas sometido a régimen de propiedad horizontal, que son cedidas temporalmente por su propietario o persona con título habilitante, directa o indirectamente, a terceros y en las que, reuniendo los requisitos establecidos en este Decreto, se presta únicamente el servicio de alojamiento mediante precio, de forma habitual.»

De ambas definiciones pueden observarse una serie de elementos comunes, pero también alguna diferencia. Una y otra modalidad aluden a la prestación, únicamente, del servicio de alojamiento —sin calificarlo de turístico—, a cambio de un precio y de forma habitual. Por su parte, el concepto de «vivienda vacacional» menciona, expresamente, la «profesionalidad». Elemento este último que no se predica en relación con las «viviendas de uso turístico»[793].

Aparte de lo anterior, entendemos que el principal elemento diferenciador entre una y otra modalidad de alojamiento es, ante todo, su situación. Es decir, las «viviendas de uso turístico» se refieren a aquellos inmuebles sometidos a régimen de propiedad horizontal. Y, las «viviendas vacacionales», en contraposición a las primeras, aluden a inmuebles unifamiliares.

Una vez fijados los puntos comunes y diferenciadores entre ambas figuras, debemos detenernos en el art. 1, que lleva por rúbrica «Objeto y ámbito de aplicación», en cuyo apartado 2 se establece: «Se *presumirá* que la cesión de uso de una vivienda se encuentra sujeta a este decreto cuando su comercialización se efectúe a través de cualquier canal de comunicación con connotaciones de oferta turística.»

Fíjese que el precepto anterior no diferencia entre una y otra modalidad, sino que, simplemente, dice «cesión de uso de una vivienda». Por ello, entendemos que dicha presunción se predica tanto de las «viviendas vacacionales» como de las «viviendas de uso turístico».

Hecha la anterior precisión, el artículo en cuestión presumirá que existe una cesión con carácter turístico y, consecuentemente, sometida a su ámbito de aplicación, cuando ésta se realice a través de cualquier canal de comunicación[794]. Y, añade el artículo —apartándose del resto de Comunidades Autónomas a la hora de referirse a los canales de oferta turística—, «con connotaciones de oferta turística».

Acto seguido, el art. 3, en su letra b), define los canales de oferta turística como «las empresas de intermediación turística, como agencias de viajes y centrales de reserva, incluidos los canales de intermediación virtuales; páginas web de promoción, de alquiler, marketplaces; cualquier canal que permita la posibilidad de reserva de alojamiento o realice publicidad por

---

[793] Además, en las «viviendas de uso turístico», tal y como puede leerse en el art. 12, se alude a que la cesión la realice el propio titular del inmueble o una persona con título habilitante.

[794] Presunción similar a la establecida en el art. 4.3, del Decreto 1/2023, de Aragón.

cualquier medio o soporte de oferta de alojamiento con connotaciones turísticas.»

Recordemos que, en el Decreto, al diferenciar entre una y otra modalidad, no incluye entre los elementos definidores el requisito de la comercialización a través de canales de comunicación con connotaciones turísticas. Sino que alude a otros requisitos ya apuntados, como son: la prestación de alojamiento, la finalidad lucrativa, la habitualidad o la profesionalidad. Este último referido, en exclusiva, a la «vivienda vacacional».

De modo que, la tónica habitual sería que, si el supuesto de hecho reúne los anteriores elementos, queda sometido al ámbito de aplicación de la normativa sectorial. No obstante, el art. 1.2 prescinde de cualquier otro requisito, salvo el de que la cesión se realice a través de cualquier canal de comunicación con connotaciones de oferta turística, para presumir el contrato en cuestión sometido a su ámbito de aplicación.

Asimismo, vemos que el legislador autonómico, al definir los «canales de oferta turística», ofrece un listado ejemplificativo de canales que deberían recibir, según su parecer, y de forma automática, este carácter. No obstante, finaliza con una cláusula de cierre o cajón de sastre, en este caso: «páginas web de promoción, de alquiler, marketplaces; cualquier canal que permita la posibilidad de reserva de alojamiento o se realice publicidad por cualquier medio o soporte de alojamiento con connotaciones turísticas». Dicha cláusula permitiría, con cierta discrecionalidad, considerar cualquier canal apto para que entrase en juego la presunción y, de este modo, someter la cesión a su ámbito de aplicación.

Ello se traduce, también, en una cierta inseguridad jurídica. Ya que, si bien los interesados disponen de un listado ejemplificativo de canales que recibirán la consideración de turísticos, la cláusula de cierre que recoge la definición podría generar dudas entre el interesado y la administración y el hecho de determinar sí, realmente, dicho canal tiene, o debería tener, «connotaciones de oferta turística», con las consecuencias que ello comportaría. Principalmente, la obligación de presentar una declaración responsable con antelación al inicio de la actividad[795].

---

795 Así lo recoge el art. 29 del Decreto 48/2016, de Asturias: «1. Los titulares o empresas explotadoras de las viviendas vacacionales, así como las de uso turístico, con antelación al inicio de la actividad, deberán presentar ante la Administración competente en materia de turismo, una declaración responsable sobre el cumplimiento de las condiciones que resulten exigibles para el ejercicio de las actividades de alojamiento referidas, que se ajustará al modelo que se determine

De conformidad con el art. 71, apartado a), de la Ley del Principado de Asturias 7/2001, de 22 de junio, de Turismo, la prestación de servicios o la realización de actividades turísticas por quien no haya realizado la declaración responsable, se considerará una infracción administrativa de carácter grave. Dicha infracción, tal y como establece el apartado 2, del art. 77, conllevará la imposición de alguna o algunas de las siguientes sanciones: a) Multa de entre 601,02 y 6.010,12 euros, que en su grado mínimo se situará entre los 601,02 y 1.202,02 euros; en su grado medio de 1.202,03 a 3.005,06 euros y en su grado máximo, 3.005,07 a 6.010, 12 euros; b) Suspensión del ejercicio de las actividades empresariales o profesionales por un plazo no superior a 6 meses.

Por lo que se refiere a la «habitualidad», elemento coincidente en ambas modalidades de alojamiento, el art. 3, en su apartado c), establece que: «se *presumirá* la habitualidad cuando se oferte el alojamiento por cualquier canal de oferta turística o se preste el servicio al menos una vez al año.»

Es decir, la presunción de la «habitualidad» abarca dos situaciones bien diferenciadas, puesto que el precepto utiliza la conjunción «o». A saber:

- Una, cuando se oferte el alojamiento por cualquier canal de oferta turística, o;
- Dos, se preste el servicio al menos una vez al año.

Ante el concepto de «habitualidad» ofrecido por el legislador autonómico debemos traer de nuevo a colación la definición de «habitual» que recoge la RAE: que se hace, padece o posee con continuación o por hábito.

Pues bien, una lectura conjunta de ambas definiciones —la dada por el legislador autonómico y la ofrecida por la RAE—, demuestra que el concepto de «habitualidad» que recoge el art. 3, en su apartado c) se aparta, de forma absoluta, de lo que se entiende por «habitual» en el lenguaje usual.

Efectivamente, en el caso de las viviendas turísticas, comúnmente, el término «habitual» no debe identificarse con el medio utilizado para la comercialización ni, mucho menos, con la prestación del servicio «al menos

---

por resolución de la Conserjería competente en la materia. En dicha declaración, la persona que represente a la empresa manifestará bajo su responsabilidad que cumple con los requisitos establecidos en la normativa vigente y que dispone de la documentación que así lo acredita, comprometiéndose a mantener su cumplimiento durante el período de tiempo inherente al ejercicio de la actividad. Tales requisitos estarán recogidos en la declaración de manera expresa, clara y precisa. [...].»

una vez al año». En todo caso, más de una vez, puesto que una única cesión no cumple el carácter de «continuación» o «hábito» al que alude la RAE.

En definitiva, que la comercialización se realice a través de canales de oferta turística no forma parte de la definición de ninguna de las modalidades reguladas por el Decreto 48/2016, de Asturias. Por lo que, *a priori*, no es un requisito esencial. Sí que lo es, en cambio, la «habitualidad», que se identifica, en parte[796], con la forma con la que se lleva a cabo dicha comercialización.

No obstante, el legislador autonómico, al identificar «habitualidad», además de con el número de comercializaciones realizadas durante el año —al menos una—, con la comercialización a través de canales de oferta turística, la utilización de estos canales, de forma indirecta, formará parte de la definición de las «viviendas vacacionales» y de las «viviendas de uso turístico».

De modo que, el simple hecho de servirse de un «canal de oferta turística»[797], en los términos dados por el legislador asturiano, o que, por parte de este último, pueda tener «connotaciones de oferta turística»; o que se ceda «al menos una vez al año», haciendo un claro uso equivocado del término «habitual», conllevaría que, prácticamente, toda cesión que podría encajar en un arrendamiento para uso distinto del de vivienda, quedaría sometido al ámbito de aplicación de la normativa sectorial y al Código civil, salvo que la presunción se destruya. En cuyo caso, quedaría sometido a la LAU.

D) Islas Baleares

De conformidad con el art. 49, de la Ley 8/2012, de las Islas Baleares, «Son empresas comercializadoras de estancias turísticas en viviendas las personas físicas o jurídicas que comercialicen turísticamente la totalidad de una vivienda residencial por períodos de corta duración, en condiciones de uso inmediato y con finalidad lucrativa, comercialización que se puede alternar con el uso propiamente de vivienda que las caracteriza.»

---

[796] Decimos «en parte», puesto que, además de la comercialización a través de canales de oferta turística, la «habitualidad» se asocia a la prestación del servicio de alojamiento «al menos una vez al año».

[797] De forma similar se recoge en el Decreto 1/2023, de Aragón.

Destaca de la anterior definición, además de la finalidad turística y lucrativa, la referencia a «por períodos de corta duración». Obsérvese, en cambio, que no alude ésta ni a la habitualidad, o a los canales de oferta turística. Extremos estos últimos a los que nos tienen ya acostumbrados los legisladores autonómicos.

No obstante, si acudimos al art. 50, que lleva por título «Requisitos para la comercialización», en su apartado primero, nos dice que: «Se pueden comercializar estancias turísticas de corta duración en viviendas de uso residencial siempre que lleve a cabo esta comercialización la persona propietaria o se haga por medio de operadores o cualquiera de los canales de comercialización turística, en los términos de esta ley y en los del desarrollo reglamentario.»

Dicho requisito exige que la comercialización se realice por el propio titular del inmueble, o por un tercero, o por un canal de comercialización turística. En este sentido, la letra n), del art. 3, define los canales de oferta turística como «todo sistema mediante el cual las personas físicas o jurídicas, directamente o a través de terceros, comercializan, publicitan o facilitan, mediante enlace o alojamiento de contenidos, la reserva de estancias turísticas en vivienda, bien sea por plazos de días o semanas con el límite establecido en el artículo 50 de esta ley, bien sea con prestación de algunos de los servicios previstos en el artículo 5 de la misma.»

Entre ellos, las agencias de viajes; las centrales de reserva; otras empresas de mediación u organización de servicios turísticos, incluidos los canales de intermediación a través de internet u otros sistemas de nuevas tecnologías de información y comunicación; las agencias inmobiliarias; así como la inserción de publicidad en medios de comunicación social, cualquiera que sea su tipo o soporte.

El legislador balear recoge también alguna presunción. Por ejemplo, la prevista en el art. 50.14, que reza: «Se *presume* que hay comercialización de estancias turísticas si se comercializan en condiciones de uso inmediato, por períodos de corta duración y no se puede acreditar la finalidad de la comercialización es diferente a la turística.»

Dicho precepto, como vemos, se refiere, y dejando al margen la necesidad de las condiciones de uso inmediato que son consustanciales de esta modalidad de arrendamiento, a «períodos de corta duración». Ambos requisitos, no son propios y exclusivos de los alojamientos turísticos, sino también del arrendamiento para uso distinto del de vivienda.

A pesar de referirse en los arts. 49, 50.1 y 50.14 a la corta duración de la cesión, el legislador balear no establece cuándo la cesión tendrá ese carácter. Simplemente, se refiere en el art. 3, letra n), al definir los canales de oferta turística, a «días o semanas». Y, en el art. 50.13, nuevamente, identifica los períodos de corta duración con «días o semanas», para, acto seguido, establecer que «sin que una estancia pueda ser superior a un mes».

Este último inciso no es propiamente un indicio que permita calificar la cesión como turística y, consecuentemente, someterla a la normativa sectorial. Sino que, efectivamente, la duración no superior a un mes de la estancia se erige como una verdadera limitación al contenido del derecho de propiedad.

El requisito de «corta duración», podría consistir en una cesión inferior o igual a un mes, si tenemos en cuenta que el art. 50.13 establece que «sin que una estancia pueda ser superior a un mes».

Pero esta duración podrá darse también en un contrato de arrendamiento para uso distinto del de vivienda. Y, el art. 50.12 *in fine* dice que se presume que hay comercialización de estancias turísticas si «no se puede acreditar la finalidad de la comercialización es diferente a la turística».

Y, destaca en este sentido el apartado 4.°, del art. 103, cuyo tenor es el siguiente: «En cuanto a la comercialización de estancias turísticas en viviendas, son responsables de las infracciones las personas propietarias del inmueble junto con las personas o entidades comercializadoras, salvo prueba en contrario. La presentación de contratos de arrendamiento no constituirá causa exculpatoria si se prueba que son en fraude de ley.»

Este precepto, en su último inciso, reduce las posibilidades de demostrar que el contrato de «corta duración» no tiene finalidad turística.

Por tanto, si el órgano competente entiende, definitivamente, que el arrendamiento tiene finalidad turística, a pesar de no tenerla, dará por iniciada la actividad turística y, al no haber presentado la correspondiente declaración responsable en ese sentido, el arrendatario incurrirá en una infracción grave, del art. 106.b).

Dicha infracción llevará aparejada una sanción pecuniaria de 4.001 a 40.000 euros, a la que se le podrá imponer otra accesoria consistente en la suspensión temporal de la actividad de la empresa o del ejercicio profesional o la clausura temporal del establecimiento (art. 109. 2).

E) Canarias

El Decreto 113/2015, de Canarias, adelantamos que, a lo largo de su articulado, no guarda presunción alguna. No obstante, queremos aprovechar la ocasión para realizar una serie de observaciones en relación con el concepto de «vivienda vacacional» que ofrece.

En concreto, el art. 2, en su apartado a), las define como «las viviendas, que amuebladas y equipadas en condiciones de uso inmediato y reuniendo los requisitos previstos en este Reglamento, son comercializadas o promocionadas en canales de oferta turística, para ser cedidas temporalmente y en su totalidad a terceros, de forma habitual, con fines de alojamiento vacacional y a cambio de un precio.»

Muchos de los elementos que recoge coinciden con las definiciones ya analizadas anteriormente. Sería el caso, por ejemplo, de la necesidad de ser «comercializadas o promocionadas en canales de oferta turística», la «temporalidad», la «habitualidad» o la satisfacción de alojamiento por motivo vacacional y la finalidad lucrativa.

En su apartado b), el Decreto Canario define a los canales de oferta turística como «las agencias de viajes, centrales de reserva y otras empresas de intermediación y organización de servicios turísticos, incluidos los canales de intermediación virtuales; páginas webs de promoción, publicidad, reserva o alquiler; y publicidad realizada por cualquier medio de comunicación.»

Por su parte, el apartado c), del mismo art. 2, define «forma habitual» como «la cesión de la vivienda, dos o más veces dentro del período de un año o una vez al año, pero en repetidas ocasiones.»

De la definición anterior se desprende que podrá hablarse de «habitualidad» en dos sentidos:

1.º Cuando en un año la vivienda se ceda dos o más veces; o

2.º Una vez al año, pero en repetidas ocasiones.

Este apartado *in fine* del art. 2, c), puede generar cierta duda. ¿A qué se refiere el legislador canario, exactamente, cuando dice «una vez al año, pero en repetidas ocasiones»?

La expresión «una vez al año» podría ir referida a la celebración de un único contrato. Y «en repetidas ocasiones» apuntaría a que, en ese único contrato, arrendador y arrendatario han concertado la estancia de forma no continuada.

De este modo, la definición de «habitualidad» dada por el legislador canario coincidiría, en parte, con el concepto dado por la RAE de «habitual». Y, además, se apartaría del concepto ofrecido por otros legisladores autonómicos, que lo identificaban, como hemos visto, con la comercialización o promoción a través de canales de oferta turística o, con «al menos una cesión al año», como establece el Decreto 48/2016, de Asturias.

Y, decimos en parte, puesto que la «habitualidad» entendida como «una vez al año, pero en repetidas ocasiones», al existir un único contrato, pensamos que no terminaría de encajar en la definición al uso de la palabra «habitual».

Y, en último lugar, la «temporalidad». El apartado d), del art. 2, define la cesión temporal como «toda ocupación de la vivienda por un período de tiempo, que no implique cambio de residencia por parte de la persona usuaria. La horquilla temporal que puede abarcar el «no cambio de residencia de la persona usuaria» puede ser muy extensa.

Por ejemplo, el art. 9, rubricado «Contribuyente que tiene su residencia habitual en territorio español», de la Ley 35/2006, de 28 de noviembre, del Impuesto sobre la Renta de las Personas Físicas y de modificación parcial de las leyes de los Impuestos sobre Sociedades, sobre la Renta de no Residentes y sobre el Patrimonio prevé que:

> «1. Se entenderá que el contribuyente tiene su residencia habitual en territorio español cuando se dé cualquiera de las siguientes circunstancias:
> a) Que permanezca más de 183 días, durante el año natural, en territorio español. Para determinar este período de permanencia en territorio español se computarán las ausencias esporádicas, salvo que el contribuyente acredite su residencial fiscal en otro país. [...].»

De acuerdo con el anterior precepto, y como tiene declarado la Dirección General de Tributos, «una persona física será considerada residente fiscal en España, en un determinado período impositivo, en la medida en que concurra alguno de los criterios anteriormente expuestos: es decir, sobre la base de: la permanencia más de 183 días, durante el año natural, en territorio español, computándose, a tal efecto, las ausencias esporádicas, salvo que se acredite la residencia fiscal en otro país.»[798]

---

798 En este sentido, *Vid.* recientemente la consulta vinculante de la Dirección General de Tributos núm. V0193/22, 7 febrero (JUR 2022, 135815), o las SSTS (3ª) núm. 358/2018, 6 marzo (RJ 2018, 954); núm. 357/2018, 6 marzo (RJ 2018, 957); núm. 354/2018, 6 marzo (RJ 2018, 961), núm. 353/2018, 6 marzo 2018 (RJ 2018, 955); entre otras.

El período de tiempo de más de 183 días, aunque puede tener carácter turístico, por regla general, carecerá de él. Puesto que el alojamiento turístico se identifica normalmente por su brevedad, días, semanas o, a lo sumo, meses.

Es verdad que el legislador canario no se sirve de presunciones para atraer determinadas cesiones a su ámbito de aplicación, pero algunas de las definiciones de los elementos que deben concurrir en esta modalidad de alojamiento generan ciertas dudas. Y no nos referimos sólo al de la «temporalidad». Si no, en especial, al de la «habitualidad».

Supongamos que estamos ante un contrato de arrendamiento que recae sobre la totalidad de una vivienda, a cambio de un precio, con clara finalidad turística. El período de duración es inferior a 183 —si entendemos esta duración como el límite que permite diferenciar entre residente o no residente—, de forma continuada y, además, se ha comercializado o promocionado en canales de oferta turística. Pero, como decimos, sólo se ha celebrado un contrato, con un único usuario, y de forma continuada.

Lo anterior exige recordar que la definición de «vivienda vacacional» alude a que la vivienda sea cedida «de forma habitual». Entendiendo por «habitual» cuando en un año la vivienda se ceda dos o más veces; o una vez al año, pero en repetidas ocasiones.

En el caso planteado, vemos que se sortea el requisito de la habitualidad tal y como lo define el legislador. En este caso ¿qué régimen sería aplicable al contrato en cuestión? ¿La normativa sectorial y el Código civil, puesto que, efectivamente, tiene finalidad turística y se cumplen todos los requisitos salvo el de la cesión «de forma habitual»? ¿O la Ley de Arrendamiento Urbanos al no encajar la cesión en la definición dada de vivienda vacacional al no concurrir la «habitualidad»?

Parece que la cesión no quedaría sometida a la normativa sectorial, a pesar de tener una clara finalidad turística. Y, en este caso, como recoge el Preámbulo de la Ley 4/2013, al no encajar en el supuesto del art. 5, letra e), de la LAU, se le aplicaría «el régimen de los arrendamientos de temporada, que no sufre modificación.»

Este hecho pone de manifiesto que la voluntad del legislador, al acotar de forma tan precisa lo que debe entenderse por vivienda de uso turístico y la definición de los elementos que la integran, puede volverse en su contra. Y, ello a pesar de que la finalidad del contrato sea turística.

Y, en último lugar, manifestar que el uso de la referencia a «que no implique cambio de residencia por parte de la persona usuaria», al definir la «cesión temporal», necesita de una mayor precisión por su parte.

F) Cantabria

El art. 3, del Decreto 225/2019, de Cantabria, clasifica las viviendas de uso turístico en dos modalidades:

a) Viviendas de cesión completa: «aquella que se cede temporalmente con fines turísticos en condiciones de inmediata disponibilidad y con las características establecidas como mínimas en la legislación de habitabilidad que le sea de aplicación, no permitiéndose la cesión por estancias.»

b) Vivienda de cesión compartida: «aquella que se cede temporalmente con fines turísticos por habitaciones, amuebladas y equipadas en condiciones de inmediata utilización, con derecho de uso del baño o baños y que dispone de cédula de habitabilidad. En esta modalidad el propietario deberá residir en la vivienda.»

El concepto de ambas modalidades no incluye ni la «habitualidad» ni la «promoción o comercialización de la cesión a través de canales de oferta turística» como elementos definidores de estas clases de alojamiento. En cambio, sí que alude, de forma expresa a la «temporalidad».

En este sentido, el apartado 2.º, del art. 1, establece que: «Se *presumirá* que la cesión es temporal y con fines turísticos, cuando la oferta se realice y comercialice a través de cualquier canal de oferta turística o por cualquier otro modo de comercialización o promoción.»

Es decir, según el anterior precepto, se presumirán que concurren los requisitos que recogen las definiciones de ambas modalidades, como son el fin turístico y la temporalidad, cuando la oferta y la comercialización de la cesión se realice a través de «cualquier canal de oferta turística o por cualquier otro modo de comercialización o promoción.»

Según la definición que ofrece la RAE de «temporal», ésta alude a perteneciente o relativo al tiempo o que dura por algún tiempo.

Por lo tanto, de nuevo, observamos que el legislador autonómico se aparta, en esta ocasión, con la definición de «temporalidad», del verdadero significado que tiene la palabra en el lenguaje usual[799].

---

[799] Recordemos que en el Decreto 48/2016, de Asturias, la promoción o comercialización de la cesión a través de canales de oferte turística no se identificaba con «temporalidad», sino con «habitualidad».

Por su parte, el apartado c), del art. 2, recoge la definición de «canal de oferta turística», en el sentido de: «Empresas de intermediación turística, tales como agencias de viajes y centrales de reserva, incluidos los canales de intermediación virtuales, las páginas webs de promoción, alquiler o marketplaces.»

Obsérvese, no obstante, que, el art. 1.2, al referirse a la presunción de la «temporalidad» y de la «finalidad turística», identifica ambos requisitos con el hecho de que «la oferta se realice y comercialice a través de cualquier canal de oferta turística» y, además, «por cualquier otro modo de comercialización o promoción». Por lo que, el listado que ofrece el apartado c), del art. 2, al definir «canal de oferta turística» es, de nuevo, simplemente ejemplificativo, puesto que se presumirá que la cesión es temporal y con fines turístico no sólo cuando se utilicen canales de oferta turística, sino «cualquier otro canal de comercialización o promoción.»

Como consecuencia de lo anterior, dicha presunción permitirá abarcar toda cesión, puesto que ésta se realizará siempre a través de un «modo de comercialización o promoción», ya sea un canal de oferta turística en el sentido ofrecido por la norma sectorial o por cualquier otro. Por lo tanto, de forma automática, aunque no lo tenga, se otorgará carácter o finalidad turística a la cesión, cumpliéndose, de este modo, el requisito de finalidad turística y temporalidad que recoge la definición.

De este modo, el arrendador vulneraría, *a priori* y de forma presunta, el deber de presentar ante la Dirección General competente en materia de turismo la preceptiva declaración responsable. Así lo recoge el art. 5 del Decreto 225/2019, de Cantabria[800].

---

800 Y continua el art. 5: «[...] En dicha declaración afirmará, bajo su responsabilidad, que cumple los requisitos establecidos en el presente Decreto para ejercer la actividad en los términos propuestos, que dispone de la documentación que así lo acredita y que se compromete a mantener su cumplimiento hasta el cese en el ejercicio de dicha actividad. En todo caso, esta declaración responsable se referirá expresamente al cumplimiento de los siguientes requisitos: a) Disponer de un extintor por planta, instalado en lugar visible y de fácil acceso. b) Disponer de título jurídico suficiente acreditativo de la propiedad de la vivienda. c) Disponer de cédula de habitabilidad. d) En el caso de viviendas ubicadas en inmuebles sometidos al régimen de propiedad horizontal, declaración acerca de que los estatutos o acuerdos adoptados por la comunidad de propietarios no prohíben ni establecen restricciones del uso del inmueble al destino de la vivienda de uso turístico. e) Declaración responsable acerca de que la vivienda no está calificada como protegida.

Y, a diferencia de lo visto anteriormente, en este caso, la oferta de prestación de servicios y/o realización de actividades turísticas, sin haber realizado la declaración responsable, conforme al art. 58.1, de la Ley 5/1999, de 24 de marzo, de Ordenación del Turismo de Cantabria, será considerada una infracción muy grave. Cuya sanción podrá ser: a) Multa de 6.001 euros hasta 30.000 euros; b) Suspensión del ejercicio profesional o actividades turísticas o clausura del establecimiento por el período no superior a tres años; c) Inhabilitación por un período de hasta tres años para recibir ayudas y subvenciones otorgadas por el Gobierno de la Comunidad Autónoma de Cantabria (art. 62).

En conclusión, por una parte, el legislador debería revisar el concepto de «temporalidad» que ofrece. Y, por otra, promocionar o comercializar una vivienda a través de cualquier canal, turístico o no, no debería servir para atribuir directamente finalidad turística a la cesión y, por ende, someterla a la normativa sectorial.

Si se alcanza a destruir la presunción de la «finalidad turística», la cesión no quedaría sometida al ámbito autonómico y al Código civil, sino por entero a la LAU. Puesto que, por mucho que el legislador se empeñe en ello, si una cesión no sirve a la satisfacción de la necesidad temporal de alojamiento para el turismo, no debería quedar sometida al ámbito de aplicación de la normativa sectorial turística.

G) Castilla y León

De conformidad con el apartado primero, del art. 3, del Decreto 3/2017, de Castilla y León, las viviendas de uso turístico son «pisos, casas, bungalós, chalés u otros inmuebles análogos, amueblados y equipados en condiciones de uso inmediato, que son comercializados o promocionados en canales de oferta turística para ser cedidos temporalmente y en su totalidad a terceros, de forma habitual, con fines de alojamiento turístico y a cambio de contraprestación económica.»

Del anterior precepto se observa que, junto a la finalidad turística de la cesión, tanto los canales de oferta turística, como la «temporalidad» y la

2. La declaración responsable efectuada en los términos establecidos facultará para el ejercicio de la actividad turístico desde el mismo día de su presentación. [...].»

«habitualidad» forman parte del contenido de la definición de las «viviendas de uso turístico».

Por su parte, los canales de oferta turística se definen, en la letra b), del art. 4, como «las agencias de viajes; centrales de reservas, otras empresas de mediación y organización de servicios turísticos, incluidos los canales de intermediación virtuales; así como la difusión por Internet, u otros medios de información, difusión y comunicación.»

En la senda del resto de definiciones analizadas hasta el momento, de nuevo, el legislador, se sirve de un listado ejemplificativo de lo que debe entenderse por canal de oferta turística, para cerrar la definición con la expresión «u otros medios de información, difusión y comunicación», que permitiría abarcar cualquier otro canal, a discreción del legislador.

Por su parte, la letra c), del mismo precepto, define la «habitualidad» como «práctica común, frecuente y generalizada de facilitar alojamiento. Se *entenderá* que existe habitualidad cuando se facilite alojamiento en una o más ocasiones dentro del mismo año natural por tiempo que, en conjunto, exceda de un mes.»

Vemos, por tanto, que la «habitualidad», como elemento integrador de la definición de vivienda de uso turística dada por el legislador autonómico, se exteriorizará a través de ciertos indicios —puesto que utiliza la expresión «se entenderá»— cuando:

- Se facilite alojamiento en una ocasión[801]; o
- En más ocasiones.

Ello, siempre, dentro del mismo año natural, y por un tiempo que, en su conjunto, exceda de un mes.

En relación con el concepto de habitualidad, vemos que, una vez más, éste puede aceptarse parcialmente, a la luz del uso habitual de la palabra. La facilitación de alojamiento «en una ocasión» no debería permitir hablar de habitualidad. No obstante, en este caso, además de referirse al número de cesiones, entendida como contratos celebrados, alude a la duración temporal de los mismos.

801 El Decreto 48/2016, de Asturias, también consideraba suficiente para apreciar la «habitualidad» el hecho de ceder la vivienda al menos una vez al año.

Por lo tanto, vemos que el legislador identifica la «habitualidad» no sólo con el número de cesiones, sino con la duración de las mismas, que, en su conjunto, deberá exceder de un mes.

Ahora bien, la referencia al elemento temporal —más de un mes— no puede pasar desapercibida, puesto que ¿qué sucede si una duración o varias en su conjunto son inferiores a un mes? ¿Ya no podría hablarse de habitualidad? Recordemos que dicha duración es simplemente un indicio del que se sirve el legislador para poder hablar de «habitualidad», y no una verdadera limitación al contenido del derecho de propiedad.

Si optamos por esta última opción, en una cesión, con claro carácter turístico y a pesar de reunir el resto de los requisitos, si es inferior a un mes ya no se le presumiría la «habitualidad» y, por tanto, carecería de uno de los requisitos exigidos. Consecuentemente, la cesión no quedaría sometida a la normativa sectorial y al Código civil, sino a la Ley de Arrendamientos Urbanos.

Pero cabe todavía otra interpretación del precepto. ¿El alojamiento en una o más ocasiones dentro del mismo año natural por tiempo que en su conjunto, exceda de un mes, debe facilitarse a un único usuario?

El precepto no aclara este extremo, por lo que no se alcanza a comprender sí el requisito de la habitualidad se refiere al contrato de alojamiento celebrado con un único usuario, para disfrutar de la vivienda durante un período continuo o discontinuo durante un año, siempre y cuando exceda de un mes. O si, para superar el cómputo de un mes, se tendrán en cuenta todas las cesiones, es decir, las realizadas a más de un único usuario.

Y, acto seguido, en la letra d), se refiere a la «temporalidad», al preverse que el «servicio de alojamiento en la modalidad de vivienda de uso turístico: consiste en la prestación de hospedaje de forma habitual y con carácter temporal, esto es, por un plazo máximo de dos meses seguidos a un mismo turista, a cambio de contraprestación económica y en un establecimiento abierto al público en general.»

En este caso, el precepto anterior sí que prevé la forma en qué se computará la duración de la cesión. Es decir, se tendrá en cuenta la permanencia en la vivienda durante un plazo máximo de dos meses seguidos, y a un único turista.

Pero, además, hay que fijarse en que no utiliza la expresión «se entenderá», como hacía a la hora de abordar la «habitualidad», sino que dice «consiste». Esto nos permite adelantar que, este hecho conlleva que no pueda hablarse de una presunción en materia de «temporalidad», sino de una verdadera limitación al contenido del derecho de propiedad en relación con la duración del contrato de alojamiento.

Lo anterior apunta a que la cesión no podrá tener una duración superior a dos meses a un mismo turista, so pena de incurrir en una infracción administrativa y la consiguiente sanción.

H) Castilla-La Mancha

La letra c), del art. 2, del Decreto 36/2018, de Castilla-La Mancha, define a las viviendas de uso turístico como los «pisos, casas, chalés u otros inmuebles análogos, amueblados y equipados en condiciones de uso inmediato, que son comercializados o promocionados en canales de oferta turística para ser cedidos temporalmente y en su totalidad a terceros, de forma habitual, con fines de alojamiento turístico y a cambio de contraprestación económica.»

Una vez más, nos encontramos que la propia definición, junto a la finalidad turística y lucrativa, alude a los canales de oferta turística como medio de comercialización o promoción de las viviendas de uso turístico, a la «temporalidad» y a la «habitualidad».

En relación con la «habitualidad», el apartado d), del art. 2, la define como «práctica común, frecuente y generalizada de facilitar alojamiento. Se entenderá que existe habitualidad cuando se facilite en dos o más ocasiones por anualidad, publicitándose en cualquier tipo de canal de comercialización propio o de tercero.»

Por lo tanto, según el tenor del anterior precepto, el legislador autonómico presumirá —puesto que, de nuevo, utiliza la expresión «se entenderá»— que se cumple el requisito de la habitualidad, cuando: se facilite alojamiento en dos o más ocasiones por año y, además, se publicite en cualquier tipo de canal de comercialización propio o tercero.

La primera parte de la definición relativa al número de cesiones, al exigirse dos o más durante un año, sí que coincidiría con la utilizada en el lenguaje usual. No obstante, no es suficiente con ceder la vivienda dos o más veces al año, sino que, además, debe publicitarse en cualquier tipo de canal de comercialización. Esta última parte del precepto se aparta, claramente, de lo que se entiende por habitualidad y no determina de forma absoluta que exista una continuidad o un hábito en la cesión, que es a lo que se refiere la «habitualidad».

Sin embargo, a pesar de aludir tanto en la definición de vivienda de uso turístico, como en la de habitualidad, a los canales de comercialización, el legislador autonómico no ofrece una definición de los mismos.

Si al disponer de una definición de canales de oferta turística, los interesados pueden, en ocasiones, desconocer sí un concreto canal recibe la calificación de «oferta turística», al incluir todas las legislaciones autonómicas analizadas hasta ahora una cláusula de cierre en su definición, que permitiría entender cualquier canal y, por ende, cumplir con uno de los elementos definidores de las viviendas de uso turístico en cada territorio concreto. Este desconocimiento, con la inseguridad que genera, se ve incrementado en esta Comunidad Autónoma al carecer de una definición de «canales de oferta turística».

Como consecuencia, la comercialización de la vivienda tenga, *a priori*, finalidad turística o no, se realizará a través de algún canal. Por lo que, quedará en manos de la Administración si el medio utilizado puede ser calificado de «turístico».

En caso de comercializarse a través de un canal de oferta que reciba por parte del órgano competente el adjetivo de «turístico», se habrá visto alcanzado el requisito que prevé la definición de «vivienda de uso turístico» de que éstas sean comercializadas o promocionadas en canales de oferta turística.

Pero ¿qué sucede con la habitualidad? La letra d), del art. 2, la identifica, además de a partir del número de cesiones durante un año, con «publicitándose en cualquier tipo de canal de comercialización propio o tercero.» Aquí, puede apreciarse que no se califican estos canales de «turísticos».

Ahora bien, la norma sectorial no sólo carece de la definición de «canal de oferta turística», sino también de lo que debe entenderse por «temporalmente».

El defecto de la definición relativa a los canales de oferta turística y a la cesión temporal, junto con la identificación de la «habitualidad» con la publicación de la vivienda a través de cualquier tipo de canal de comercialización, puede conllevar que lo que deba entenderse como «vivienda de uso turístico» quede al albur de la Administración Pública. E, igualmente, su sometimiento a la normativa sectorial.

Por tanto, si un interesado, por ejemplo, no ha presentado la declaración responsable de inicio de actividad[802],por considerar que la cesión que va a llevar a cabo no encaja en la definición de vivienda de uso turístico ofrecida por el legislador, la Administración Pública, en un primer momento, podrá entender que se ha producido una infracción administrativa por no cumplir con alguno de los requisitos, e iniciar el procedimiento sancionador.

En concreto, el hecho de prestar, presuntamente, un servicio turístico, sin la preceptiva habilitación correspondiente, o sin la inscripción en los Registros correspondientes, de conformidad con el art. 63.1 de la Ley 8/1999, de 26 de mayo, de Ordenación del Turismo de Castilla-La Mancha, constituiría una infracción muy grave.

Dicha infracción podría ser sancionada con a) una multa de 6.011 euros a 60.010 euros; b) Suspensión del ejercicio de empresas o actividades turísticas o clausura del establecimiento hasta tres años; c) Revocación de la habilitación para el ejercicio de la actividad turística. La sanción de la multa en su grado mínimo se situará entre 6.011 euros a 24.000 euros, en su grado medio de 24.001 a 42.000 euros y en su grado máximo de 42.001 a 60.010 euros [art. 66.1. c)].

I) Cataluña

El apartado primero, del art. 221-1, del Decreto 75/2020, de Cataluña, prevé que «Tiene la consideración de vivienda de uso turístico aquella que es cedida por su propietario, directa o indirectamente, a terceros, a cambio de contraprestación económica para su estancia de temporada y en condiciones de inmediata disponibilidad.»

En este caso, la definición alude a la «estancia de temporada». Y, tal y como consta en el apartado segundo, del precepto anterior, «Se considera estancia de temporada toda ocupación de la vivienda por un período de tiempo continuado igual o inferior a 31 días.» Por tanto, estamos de nuevo

---

802 El art. 6.1 del Decreto 36/2018, de Castilla-La Mancha prevé que: «Las empresas o titulares de la explotación de los apartamentos turísticos y de las viviendas de uso turístico antes del inicio de la actividad y de cualquier tipo de publicidad de la misma, deberán presentar la correspondiente declaración responsable de inicio de actividad, en los términos establecidos en el artículo 5 de la Ley 7/2013, de 21 de noviembre, de adecuación de procedimientos administrativos y reguladora del régimen general de la declaración responsable y comunicación previa, [...].»

ante un indicio —al utilizar la expresión «se considera»—, del que se sirve el legislador para determinar que la cesión llevada a cabo encaja en la figura de vivienda de uso turístico.

Pero la duración podría ser superior, en cuyo caso no se cumpliría uno de los requisitos —el de «estancia de temporada»— que recoge la definición. Y, como consecuencia, la cesión no quedaría sometida a la normativa sectorial y al Código civil, sino a la Ley de Arrendamientos Urbanos.

Y, otro interrogante que genera la definición de «estancia de temporada» es ¿qué sucede si la cesión no es continua, sino discontinua? ¿Se les aplicaría el límite de 31 días también? ¿O las estancias intermitentes eludirían el requisito anterior y, por tanto, no quedarían tampoco sometidas a la normativa sectorial?

No podemos ofrecer una respuesta a tales interrogantes. No obstante, lo más racional sería entender que se aplicase el requisito temporal anterior a las estancias también intermitentes.

J) Comunitat Valenciana

El art. 65, de la Ley 15/2018, de la Comunitat Valenciana, en su apartado primero, define las viviendas de uso turístico como «los inmuebles completos, cualquiera que sea su tipología, que, contando con el informe de compatibilidad urbanística que permita dicho uso, se ceden mediante precio, con habitualidad en condiciones de inmediata disponibilidad y con fines turísticos, vacacionales o de ocio.» Definición que coincide, prácticamente en los mismos términos, que la recogida en el art. 47.1 del Reglamento 10/2021, de la Comunitat Valenciana.

En términos similares a los ya observados al analizar las definiciones ofrecidas por otros legisladores, el valenciano recoge como elementos definidores de las viviendas de uso turístico, además de la finalidad turística y lucrativa, la «habitualidad».

En concreto, el apartado segundo del precepto anterior establece que «Se *considerará* que existe habitualidad cuando se dé alguna de las siguientes circunstancias respecto del inmueble:

a) Sea cedido para su uso turístico por empresas gestoras de viviendas turísticas;

b) Sea puesto a disposición de los usuarios turístico por sus propietarios o titulares, con independencia de cuál sea el período de tiempo contratado y siempre que se presten servicios propios de la industria hotelera.

c) Cuando se utilicen canales de comercialización turística. Se *considera* que existe comercialización turística cuando se lleva a cabo a través de operadores turísticos o cualquier otro canal de venta turística, incluido Internet y otros sistemas de nuevas tecnologías.»

Una vez más, el legislador autonómico identifica la habitualidad con realidades que no se asemejan al uso habitual de la palabra, como puede ser: la persona que cede la vivienda; que se presten servicios propios de la industria hotelera o que se utilicen canales de comercialización turística.

Sólo es necesario que concurra alguna de las situaciones anteriores para que se pueda considerar que existe habitualidad y, por tanto, que, inicialmente, se cumpla dicho requisito. Y, consecuentemente, someter la cesión a la normativa sectorial. Vemos, en este sentido, que la definición de «habitualidad» abarca un gran número de situaciones de hecho que pueden dar lugar a que la Administración Pública hable de «habitualidad» y, por tanto, considerar que estamos ante una cesión de «vivienda de uso turístico».

Las letras a y b no se refieren a la habitualidad en un sentido de hábito o continuidad, sino que lo hacen a partir de la persona encargada de comercializar la vivienda, ya sea una empresa gestora de viviendas turísticas o los propietarios o titulares.

Llama la atención que la referencia a la prestación de servicios propios de la industria hotelera sólo se predique de las cesiones por parte de los propietarios o titulares, y no de las empresas gestoras de viviendas turísticas.

Además, el contenido de la letra b) merece alguna otra apreciación. Además de ser irrelevante el plazo de duración de la cesión, fijando, como hemos apuntado, la atención en el sujeto encargado de la cesión, y que exige que se presten servicios propios de la industria hotelera. Esta última precisión nos lleva a preguntarnos ¿cuáles son los servicios propios de la industria hotelera o cuáles recibirían tal consideración por parte del legislador valenciano? ¿Sería suficiente el alojamiento con fines turísticos? ¿O el alojamiento debe ir acompañado de alguna otra prestación?

Lo cierto es que la norma sectorial no recoge en su articulado qué debe entenderse por «servicios propios de la industria hotelera». En cambio, lo que sí define es «servicio turístico» en la letra m), de su art. 3, en los siguientes términos: «acción o prestación que tiene por objeto atender algún interés o necesidad de las personas usuarias de servicios turísticos, identificables por separado, y que no está necesariamente ligada con otros productos y servicios en el desarrollo de la actividad turística.»

Según la anterior definición, la vivienda de uso turístico satisface un interés o necesidad de la persona usuaria de servicios turísticos. En concreto, la de alojamiento. Por lo que, en principio, la simple prestación de alojamiento, sin ir acompañado de ningún servicio complementario, podría considerarse suficiente para que entrase en juego lo previsto en la presunción de la letra b) del art. 65.2, relativo a que «se presten servicios propios de la industria hotelera».

Pero, también es cierto, que podría exigirse, junto al alojamiento, la prestación de otros servicios, tal y como estableció la DGT en su consulta n.º V2606-10, 1 enero de 2010. Y, en las resoluciones V0530-05, 30 marzo 2005 y V2981-11, 21 diciembre 2011, expuestas en el Capítulo segundo.

Consideramos, en cualquier caso, que el legislador autonómico debería adaptar la definición de «habitualidad» a su concepción usual.

K) Galicia

El Decreto 12/2017, de Galicia, recoge dos modalidades de alojamiento en viviendas.

Por una parte, según el tenor del art. 4.1, se entiende por viviendas turísticas «los establecimientos unifamiliares aislados en los que se preste servicio de alojamiento turístico, con un número de plazas no superior a diez y que disponen, por estructura y servicios, de las instalaciones y del mobiliario adecuado para su utilización inmediata, así como la conservación, elaboración y consumo de alimentos dentro del establecimiento.» Y, en su apartado segundo precisa que «La comercialización de la vivienda turística deberá consistir en la cesión temporal del uso y disfrute [...].»

Y, por otra, de acuerdo con el art. 5, son viviendas de uso turístico «las cedidas a terceras personas, de manera reiterada y a cambio de contraprestación económica, para una estancia de corta duración, amuebladas en condiciones de inmediata disponibilidad y con las características previstas en este decreto.»

En la definición de las primeras alude, de forma expresa, a la situación en que se encuentran: en los establecimientos unifamiliares aislados. Ello nos lleva a considerar que las «viviendas de uso turístico» se identificarían con aquellas sometidas a régimen de propiedad horizontal.

De ambas modalidades debemos prestar atención a ciertos elementos que incluyen sus definiciones. En el caso de las «viviendas turísticas» la «cesión temporal». Y, por parte de las «viviendas de uso turístico» la «corta duración» o la expresión «manera reiterada».

El art. 5.2, en relación con las «viviendas de uso turístico», establece que «constituyen estancias de corta duración aquellas en las que la cesión de uso es inferior a treinta días consecutivos, quedando fuera del ámbito de aplicación las que sobrepasen esa duración. Se c*onsiderará* cesión reiterada cuando la vivienda se ceda dos o más veces dentro del período de un año.»

El anterior precepto concreta dos de los elementos definidores de las «viviendas de uso turístico»: la corta duración y la reiteración en la cesión.

Si la cesión tiene una duración inferior a treinta días consecutivos, se cumplirá el requisito de la «corta duración». No obstante, el precepto afirma que quedarán fuera del ámbito de aplicación de la norma sectorial las que sobrepasen dicho plazo, es decir, 30 días o más, y, por tanto, sometidas por entero a la Ley de Arrendamientos Urbanos.

La anterior exclusión no termina de comprenderse; mas si tenemos en cuenta que una cesión de 30 días o más entraría dentro de la duración habitual de los alojamientos con finalidad turística. De modo que, a pesar de satisfacer la necesidad de alojamiento por motivos turísticos, este contrato, de forma consciente, será expulsado del ámbito de aplicación de la norma sectorial —cuando lo normal sería que quedase a ella sujeta—, para regirse por la LAU.

Ahora bien ¿qué sucede con las cesiones inferiores a treinta días, pero que se llevan a cabo de forma discontinua? También podrían tener carácter turístico y, sin duda alguna, deberían ser consideradas cesiones de corta duración.

Por su parte, se entenderá que existe «reiteración» cuando la vivienda se ceda dos o más veces dentro del período del año, definición, ésta, que se asemeja más a la habitualidad que exigen otros legisladores autonómicos.

Hechas las anteriores precisiones, debemos volver al concepto de «vivienda turística», ya que el art. 4.2 alude a la «cesión temporal». ¿Qué debe entenderse por tal?

El art. 9, rubricado «duración de la estancia», comprendido dentro del Capítulo II, titulado «Apartamentos y viviendas turísticas», prevé, en su apartado primero que: «El plazo de duración de la estancia será el que libremente se acuerde entre las partes en el momento de la contratación.»

Por lo tanto, parece que la duración podrá ser la establecida por las partes en virtud del principio de autonomía de la voluntad. No obstante, el anterior precepto, continúa diciendo «El período de alojamiento continuado no podrá exceder de tres meses, circunstancia que se reflejará en el documento de admisión.»

Existe, entonces, en el seno de dicho precepto, una clara contradicción. En un primer momento, afirma que la duración de la cesión podrá ser libremente pactada para, acto seguido, limitar el período de alojamiento continuado a tres meses.

En este caso, nos encontramos ante una verdadera limitación al contenido del derecho de propiedad, puesto que los interesados en ceder sus viviendas no podrán celebrar contratos de alojamiento en la modalidad de «vivienda turística» superiores a tres meses, de forma continuada. Pero ¿y la cesión se realiza de forma discontinua? El legislador no aclara este extremo.

L) Madrid

El apartado segundo, del art. 2, del Decreto 79/2014, de Madrid, define las viviendas de uso turístico como «aquellos pisos, apartamentos o casas que, de forma habitual, amueblados y equipados en condiciones de uso inmediato, son comercializados y promocionados en canales de oferta turística, para ser cedidos en su totalidad, por sus propios propietarios a terceros, con fines de alojamiento y a cambio de un precio.»

Junto al deber de concurrir una finalidad de alojamiento —sin calificarlo de turístico— y lucrativa, la definición incluye la «comercialización y promoción en canales de oferta turística» y la «forma habitual».

Además, el art. 3.2 establece que «La prestación del servicio de alojamiento en viviendas de uso turístico se ejercerá bajo el principio de unidad de explotación, mediante precio, de forma profesional y sin carácter de residencia para los usuarios.»

Cabe señalar que, a diferencia de la definición de «vivienda de uso turístico» que ofrece el art. 2.2, el art. 3.2, por su parte, alude a la «profesionalidad» y «sin carácter de residencia para los usuarios».

En cuanto a la habitualidad, el art. 2.3 dispone que «la actividad de alojamiento turístico se ejerce de forma habitual desde el momento en que el interesado se publicita por cualquier medio y presenta la preceptiva Declaración Responsable de inicio de actividad [...].»

Por tanto, «habitualidad» se identifica con: publicidad de la posibilidad de alojamiento por cualquier medio, junto a la necesidad de presentar la Declaración Responsable de inicio de actividad. No son dos requisitos alternativos, sino necesarios y concurrentes. Ambos extremos se presentan alejados de la definición de la palabra «habitual» en el lenguaje usual.

La norma sectorial no identifica qué medios de publicidad permitirían ver alcanzado el requisito de la «habitualidad». Por ejemplo, en una cesión directa entre el propietario y el usuario no habría publicidad alguna. En este caso ¿se cumpliría el elemento de «habitualidad» exigido? Si la respuesta es negativa, la cesión no debería entenderse sometida a la normativa sectorial y al Código civil, sino a la Ley de Arrendamientos Urbanos, a pesar de tener un claro carácter turístico.

Tampoco define el Decreto 79/2014, el significado de «forma profesional».

En última instancia, decir que, ciertamente, la presentación de la correspondiente Declaración Responsable de inicio de actividad, si bien no es sinónimo de habitualidad ni se identifica como tal en términos absolutos, sí que puede presumir la intención del interesado de destinar la vivienda a uso turístico de forma habitual y, por tanto, ver cumplido una de las dos exigencias previstas para poder entender que concurre la «habitualidad»[803].

M) Región de Murcia

El art. 2.1, del Decreto n.º 256/2019, de la Región de Murcia, define las viviendas de uso turístico como «aquellas que se ceden con fines vacacionales, amuebladas y equipadas en condiciones de uso inmediato, comercializadas o promocionadas en canales de oferta turística para ser cedidas temporalmente a terceros, con habitualidad y mediante precio, y que cumplan las especificaciones del presente decreto según el tipo de que se trate».

A pesar de que el art. 2.2 diferencia entre las viviendas de uso turístico *cedidas en su totalidad* y aquellas *cedidas por habitaciones destinadas a dormitorio*, los elementos previstos en la definición recogida en el art. 2.1 deben predicarse de ambas modalidades.

---

[803] Por ejemplo, la persona interesada puede haber presentado la Declaración Responsable de inicio de actividad, pero que la vivienda no sea atractiva, por el motivo que sea, para los turistas y, por tanto, no llevarse a cabo cesión algún.

En concreto, este último precepto recoge el concepto de «vivienda de uso turístico» en el siguiente tenor: «aquellas que se ceden con fines vacacionales, amuebladas y equipadas en condiciones de uso inmediato, comercializadas o promocionadas en canales de oferta turística para ser cedidas temporalmente a terceros, con habitualidad y mediante precio, y que cumplan las especificaciones del presente decreto según el tipo de que se trate.»

Según el contenido del art. 2.3, «se considera canal de oferta turística: las agencias de viaje, las centrales de reservas, las empresas de mediación y organización de servicios turísticos, incluidos internet y cualesquiera otros canales de intermediación a través de las nuevas tecnologías, los canales en los que se incluya la posibilidad de reserva del alojamiento, páginas webs de promoción, publicidad, reserva o alquiler, así como cualquier forma de ofrecer o publicitar la vivienda.»

Una vez más, lo que más llama la atención de la definición de canal de oferta turística, siguiendo la misma estela que, prácticamente, todos los legisladores, es el amplio abanico de supuestos de hecho que abarca, por no decir la totalidad de ellos, al recogerse siempre una cláusula de cierre que actúa como cajón de sastre. Con ello, el legislador se asegura atraer a su ámbito de aplicación un mayor número de cesiones.

Por lo que se refiere a la «habitualidad», el art. 2.4 recoge que: «se *presumirá* la habitualidad en la actividad turística de hospedaje en viviendas y habitaciones de uso turístico cuando se haga publicidad por cualquier medio de la oferta de dicho servicio en el correspondiente alojamiento, y se considerará que tal habitualidad es efectiva cuando, aun sin constar previa publicidad, se constante que se ha contratado dicho alojamiento en dos o más ocasiones dentro del mismo año o una vez al año, pero en repetidas ocasiones.»

Vemos, por tanto, que de la anterior definición se desprenden dos modelos de habitualidad:

– Una que puede llamarse relativa, que tendrá lugar cuando se haga publicidad por cualquier medio de la oferta de dicho servicio. Entendemos que, la publicidad se deberá hacer en los canales de oferta turística, en el sentido que los define el art. 2.3.

  Este extremo lo ratifica el art. 5.4 al prever que «Se *considera* que existe comercialización cuando la vivienda de uso turístico o las habitaciones sean ofertadas, ofrecidas y promocionadas en canales de oferta turística o por cualquier otro modo de comercialización o promoción.»

– Y otra efectiva o real, cuando, sin figurar publicidad previa, se constate que se ha contratado dicho alojamiento en dos o más ocasiones dentro del mismo año, o una vez al año, pero de forma discontinua.

  Pero, obsérvese, que en la que hemos denominado habitualidad efectiva o real, no puede hablarse de presunción, en términos estrictos. Ello es debido a que se exige un paso más, como es la «constatación». Es decir, la presunción no entraría en juego por el simple hecho de ceder el alojamiento en dos o más ocasiones dentro del mismo año, o una vez al año, pero de forma discontinua, sino hasta que se constátese que, efectivamente, se ha producido esta continuidad, este hábito, en la cesión.

La habitualidad efectiva encajaría, en parte, en el concepto que tiene la palabra en el lenguaje común, pero con una cierta puntualización ya puesta de manifiesto a la hora de abordar otras legislaciones autonómicas.

La expresión «o una vez al año, pero en repetidas ocasiones», podría suponer un encaje forzoso en la definición de «habitualidad», puesto que, realmente, sólo se ha celebrado un único contrato, con un único usuario entendemos, pero el tiempo de alojamiento se produce de forma discontinua.

En contra, la norma sectorial no recoge ni una presunción ni una definición de lo que debe entenderse por «temporalmente»; elemento utilizado para caracterizar el alojamiento privado en viviendas en cualquiera de las modalidades admitidas.

N) Navarra

El Decreto foral 230/2011, de Navarra, no contiene presunción alguna.

Ahora bien, llama la atención que el título del Decreto sólo se refiera a los «apartamentos turísticos».

No obstante, a pesar de ello, el art. 3 del mismo, rubricado «Modalidad de vivienda turística» establece que: «Podrán adscribirse a la modalidad de vivienda turística los apartamentos turísticos tipo casa, villa, chalet, cueva, construcciones prefabricadas o similares de carácter fijo y los adosas o las partes independientes de un edificio que cumplan con los siguientes requisitos mínimos:

a) Superficie útil mínima de 90 metros cuadrados;

b) Acceso independiente;

c) Segregación vertical.»

El precepto anterior puede llevar a confusión, al parecer que compara los «apartamentos turísticos» con las «viviendas turísticas». Por ello, quizá, la clave del artículo transcrito esté en la expresión «o las partes independientes de un edificio», que serían las que verdaderamente se identificarían con las viviendas de uso turístico.

Más claro es el art. 22, apartado segundo, de la Ley Foral 7/2003, de 14 de febrero, de Turismo de Navarra, que define las viviendas turísticas como «los chalés, casas independientes, adosados u otros inmuebles análogos, comercializados o publicitados en canales de oferta turística o por cualquier otro modo de comercialización o promoción, cuyo uso y disfrute es cedido de modo temporal a terceras personas para su alojamiento turístico mediante precio, amuebladas y equipadas en condiciones de uso inmediato.»

O) País Vasco

El Decreto 101/2018, del País Vasco, recoge en su art. 1 dos modalidades de alojamiento en vivienda.

Por una parte, según su apartado segundo, se entiende por vivienda de uso turístico «la que se ofrezca, comercialice o ceda temporalmente, en su totalidad, como alojamiento por motivos turísticos, de modo reiterado o habitual, a cambio de contraprestación económica, en condiciones de inmediata disponibilidad.»

Y, por otra, conforme a su apartado tercero, se entiende por alojamiento en habitación de vivienda particular para uso turístico «el que se ofrezca, comercialice o ceda por habitaciones, de forma temporal, por motivos turísticos, de modo reiterado o habitual, a cambio de contraprestación económica, en condiciones de inmediata disponibilidad.»

Ambas modalidades se diferencian, únicamente, en que la primera se refiere a la cesión de la totalidad de la vivienda, y la segunda a la cesión por habitaciones. Pero el resto de los elementos definitorios, como son la temporalidad, la finalidad turística y lucrativa o la habitualidad o reiteración, son coincidentes en ambos tipos.

En la legislación del País Vasco encontramos una presunción que no aparece en ninguna otra norma sectorial. En el apartado primero, del art. 2, correctamente, se aclara que «La presente regulación no será de aplicación a las cesiones de viviendas o de habitación que estén sometidas a la legislación de arrendamientos urbanos.» Para, acto seguido, establecer, en su apartado segundo que: «Salvo prueba en contrario, se presume que las viviendas y habitaciones de viviendas particulares para uso turístico no se encuentra sometida a la legislación sobre arrendamientos urbanos, siendo por tanto de aplicación lo dispuesto en este Decreto.»

Es decir, con fundamento en dicha presunción, y salvo prueba en contrario, el legislador vasco considerará cualquier arrendamiento, ya sea de vivienda o de habitación, y ya tenga o no carácter turístico, sometido a las disposiciones previstas en su Decreto.

Pero, además, el Decreto recoge otra presunción, que podríamos calificar de absoluta. En su art. 2.3 establece que: «No obstante lo dispuesto en el párrafo precedente, cuando medie comercialización o promoción de la cesión a través de canales de oferta turística, el alojamiento se sujetará imperativamente a lo dispuesto por este Decreto.» Obsérvese que el precepto dice «imperativamente».

Y, a efectos del Decreto, constituirán canales de oferta turística «las personas físicas o jurídicas que, con carácter exclusivo o no, comercialicen o promocionen la reserva o cesión de viviendas y habitaciones de viviendas particulares para uso turístico, incluyendo las siguientes:

a) Agencias de viajes.

b) Centrales de reserva.

c) Otras empresas de mediación y organización de servicios turísticos, incluidos los canales de intermediación a través de internet y otras nuevas tecnologías de información y comunicación, que faciliten su contratación o reserva, o permitan el enlace o inserción de contenidos por medios telemáticos.

d) Agencias o empresas intermediarias del mercado inmobiliario.

e) Empresas que inserten publicidad de viviendas para uso turístico en medios de comunicación social, cualquiera que sea su tipología o soporte.»

Vemos que el abanico de canales que incluye la anterior definición es suficientemente amplio para entender cualquier medio de comercialización o promoción incluido dentro del concepto de canal de oferta turístico. Especialmente, con fundamento en la letra c) del artículo transcrito. Y, consecuentemente, someter, de forma imperativa —sirviéndonos de las palabras utilizadas por el precepto— la cesión a las disposiciones del Decreto, a pesar de no tener la cesión un carácter turístico como tal.

El no presentar la declaración responsable de inicio de actividad, en los términos exigidos en el art. 5.1 del Decreto, conlleva calificar la actividad de clandestina y, como tal, tendrá la consideración de una infracción grave, de conformidad con el art. 94.1 de la Ley 13/2016, de 28 de julio, de Turismo. A dicha infracción, el art. 100.1, b) les asigna una multa de entre 10.001 euros y 100.000 euros, y la posibilidad de completarla con otras sanciones accesorias, conforme al art. 101.1 del mismo texto legal.

Pero el legislador vasco aún recoge una última presunción. En el apartado cuarto, de su art. 2, establece que: «Se *presume* que la actividad alojativa es habitual y, por tanto, se encuentra sometida a las prescripciones del presente Decreto, cuando concurra una de las siguientes condiciones:

a) Que se realice publicidad o comercialización de las viviendas a través de un canal de oferta turística.

b) Que se facilite alojamiento por un período de tiempo continuo igual o inferior a 31 días, dos o más ves dentro del mismo año.»

Por tanto, sí concurre alguna de las anteriores circunstancias, se presumirá la habitualidad. Requisito éste que sí que aparece en las definiciones de ambas modalidades de alojamiento.

Pero de nuevo vemos que el legislador yerra al identificar «habitualidad» con el hecho de realizar publicitar o comercializar las viviendas a través de lo que él entiende por canal de oferta turística. En cambio, se acerca más a la definición de «habitual» utilizada en el lenguaje común la presunción prevista en la letra b). Ahora bien, dicha presunción genera ciertas dudas.

Dice: «Que se facilite alojamiento por un período de tiempo continuo igual o inferior a 31 días, dos o más veces dentro del mismo año.»

¿El período continuo igual o inferior se predica de la totalidad de las cesiones anuales o de una única cesión? ¿Y qué sucede si se supera el plazo de 31 días? ¿Ya no podrá hablarse de habitualidad?

Lo cierto es que, dicha presunción, podría decirse, queda un poco relegada a un segundo plano. Puesto que, recordemos, si existe comercialización o promoción de la cesión a través de canales de oferta turística, según los términos en los que los define el legislador, la cesión quedará, imperativamente, sometida al ámbito de aplicación al Decreto.

Lo que no define es el aspecto «temporal» de la cesión, que se incluye también en ambas definiciones. Pero, de nuevo, dicho requisito carece de cierta relevancia, si tenemos en cuenta la presunción absoluta e imperativa y el sometimiento de la cesión a la normativa sectorial cuando se realice a través de un canal de oferta turística, en los términos tan amplios que el legislador los define.

P) La Rioja

Conforme al apartado primero, del art. 66, del Decreto 10/2017, de La Rioja, son viviendas de uso turístico aquellas «amuebladas y equipadas en condiciones de uso inmediato, comercializadas o promocionadas con finalidad lucrativa en canales de oferta turística, que sean objeto de una cesión temporal de uso en su totalidad y no formen parte de un establecimiento de apartamentos.»

Vemos que la definición de vivienda de uso turístico incluye la comercialización o promoción en canales de oferta turística y, además, la temporalidad de la cesión.

En cuanto a los canales de oferta turística, la norma sectorial no recoge una definición de éstos. Sirva en este punto lo expresado en relación con la ausencia de una definición de canal de oferta turístico con ocasión de analizar el Decreto 36/2018, de Castilla-La Mancha, y la inseguridad jurídica que genera.

Y, por lo que se refiere a la «temporalidad» de la cesión de las viviendas de uso turístico, tampoco recoge el legislador autonómico una definición de la misma. No obstante, ésta podría desprenderse de la lectura a contrario del art. 66.2[804]. Por lo que, una cesión igual o inferior a tres meses no permitiría considerarla vivienda de uso turístico, pero, en cambio, en caso de que la duración sea superior, sí.

De este modo, no queda suficientemente claro cuándo se estaría ante una «vivienda de uso turístico» y, por tanto, sometido el contrato de aloja-

---

804 Art. 66.2: «No tendrán la consideración de vivienda de uso turístico, aun cuando cumpla con los requisitos del apartado anterior, la vivienda que se destine al alquiler durante un único período consecutivo igual o inferior a tres meses al año, independientemente de la efectiva ocupación en ese período.»

miento a la normativa sectorial. Sería la Administración Pública la que lo decidiría, de forma discrecional, y caso por caso.

En este sentido, la definición de «vivienda de uso turístico» no se diferencia en prácticamente nada del arrendamiento para uso distinto del de vivienda sometido a la LAU. Este último, por la finalidad que persigue, seguramente cuente con mobiliario y equipo que permitan el uso del inmueble de forma inmediata, en el que mediará un precio, y un tiempo, puesto que todo arrendamiento es temporal. Lo único que le queda al legislador de La Rioja es servirse del hecho de que la comercialización o promoción de la vivienda se haya realizado por medio de canales de oferta turística, y presumir una finalidad turística.

No obstante, no disponemos de una definición de «canales de oferta turística». En este caso, lo adecuado sería hacer una interpretación restrictiva de lo que debe entenderse por tal, sin que se pueda recurrir a una cláusula de cierre, como es habitual, para atraer cualquier comercialización a través de canales que, *a priori*, no tiene carácter turístico o, al menos, no lo tiene de forma exclusiva, sino que se utilizan para poner en contacto todo tipo de arrendadores y arrendatarios.

Como consecuencia de todo ello, será la Administración Pública la que deberá determinar si una concreta cesión, por tener finalidad turística, queda sometida a su ámbito de aplicación. Y, en caso afirmativo, podría iniciar el procedimiento sancionador, al entender que el arrendatario ha celerado un contrato de alojamiento en «vivienda de uso turístico» y, presuntamente, debía comunicar a la Conserjería competente en materia de Turismo el inicio de su actividad, tal y como establece el art. 8 de la Ley 2/2001, de 31 de mayo, de Turismo de La Rioja. Cuya inobservancia podría revestir una infracción grave, conforme al art. 39, apartado k), del mismo cuerpo legal.

4.3. A modo de recapitulación

Llegados a este punto, y una vez expuestas todas las presunciones del carácter turístico de la cesión que recogen las normas autonómicas, vemos que hay un elemento que sobresale por encima del resto y que está presente, prácticamente, en todas las Comunidades Autónomas. Nos referimos a la comercialización o promoción a través de canales de oferta turística. Su uso puede ser indicativo del carácter turístico de la cesión. No obstante, las definiciones de «canal de oferta turística» que ofrecen los legisladores, en términos generales, no sólo aluden a canales estrictamente turístico —el caso típico sería el de *Airbnb*—, sino que se preocupan de incluir «cualquier otro canal de comercialización o promoción».

Vivimos en un mundo globalizado, e Internet ha facilitado la puesta en contacto de las diferentes partes que integrarán la relación contractual. Incluidos, claro está, aquellos interesados en satisfacer su necesidad de alojamiento temporal por motivos turísticos, cualquiera que sea la modalidad elegida. Pero no conviene olvidar que aún siguen plenamente en vigor otros tipos de contratos de arrendamiento de alojamiento. Especialmente, por las características similares que puede tener con el de vivienda de uso turístico, el arrendamiento para uso distinto del de vivienda, sometido a la Ley de Arrendamientos Urbanos.

La ambición del legislador autonómico no puede llevar a considerar y calificar, de plano, cualquier tipología de arrendamiento como turístico, por el simple hecho de que medie un canal de oferta turística —en los términos definidos en su norma sectorial—. Este hecho conllevaría la absoluta desvirtualización de otros tipos de arrendamientos. Y, además, se traduciría en un constreñimiento de forma indirecta hacía los particulares a no celebrar este tipo de contratos, bajo la amenaza de ser considerado turístico y, por tanto, sometido a la normativa sectorial, con todo lo que ello implicaría. Principalmente, el régimen sancionador aplicable, puesto que, en cualquier caso, el particular hubiera infringido la obligación elemental en materia de viviendas de uso turístico, como es presentar la correspondiente declaración responsable de inicio de actividad.

5. LA DELIMITACIÓN DEL DERECHO A LA PROPIEDAD PRIVADA RESULTANTE DE LA NORMATIVA TURÍSTICA

En las páginas inmediatamente anteriores hemos podido apreciar el doble juego de las presunciones.

Por una parte, éstas se convierten en un recurso esencial, puesto que les permiten a los entes autonómicos atraer numerosos contratos de arrendamiento de alojamiento a su ámbito de aplicación. Y ello a pesar de no tener una seguridad cierta de que el contrato persiga satisfacer la necesidad de alojamiento en vivienda con una finalidad turística.

Y, por otra, en ocasiones, estas presunciones deberían poder ser rebatidas por los interesados, o incluso soslayadas. Esto es debido al afán de las Comunidades Autónomas a la hora de concretar al máximo los elementos definitorios de las viviendas de uso turístico, que a veces puede jugar en su contra. Y, lo que sería en un primer momento un contrato con finalidad turística y, por tanto, sometido al ámbito autonómico correspondiente en cuanto a los aspectos administrativos, y al Código civil, en relación con los elementos de Derecho privado, finalmente escapará de su alcance y pasará a regirse por la Ley de Arrendamientos Urbanos.

A continuación, centraremos nuestra atención en las limitaciones al contenido del derecho de propiedad y a la facultad de goce que lo integra. Para ello, es necesario, primeramente, que el contrato de arrendamiento de alojamiento privado para el turismo quede efectivamente sometido a la normativa sectorial. Por este motivo hemos optado por analizar en primera instancia las presunciones, ya que abarcan un momento previo al de la acción de las limitaciones al contenido del derecho dominical. E, igualmente, cabe tener en cuenta también las exclusiones expresas que recogen algunas normas autonómicas.

Por ello, cuando la cesión entre dentro de los parámetros de la definición de viviendas de uso turístico dada por el legislador autonómico, teniendo en cuenta las presunciones y las exclusiones expresas, podrá hablarse de limitaciones al contenido del derecho de propiedad.

5.1. Referida al objeto del contrato

A) Andalucía

El art. 5.1, apartados a) y b), del Decreto 28/2016, de Andalucía, recoge dos modalidades de «vivienda de uso turístico»: las completas, cuando la vivienda se cede en su totalidad, y por habitaciones, cuando la vivienda no se ceda en su totalidad, debiendo residir en ella la persona titular de la explotación o la persona física propietaria o usufructuaria, debiendo estar la persona, en estos supuestos, empadronada en la vivienda.

Por lo tanto, en Andalucía no existe en sentido estricto una limitación al objeto del contrato, puesto que puede recaer tanto sobre la totalidad de la vivienda como sobre una única estancia. No obstante, en este último caso, la cesión está condicionada. Las personas interesadas podrán ceder habitaciones con el fin de satisfacer la necesidad de alojamiento por motivos turísticos, siempre y cuando el propietario de la vivienda resida en ella.

El Decreto no alude a la fundamentación de esta condición, aunque podría buscarse en el hecho de que el propietario lleve a cabo una acción de vigilancia, evitando que los usuarios utilicen otros espacios que le quedan vetados, por ser utilizados por el mismo propietario o por otros usuarios concurrentes en el inmueble.

Si se comprueba por parte de la Comunidad Autónoma que el propietario no residía en la vivienda en el momento en que se produce la cesión de la habitación, éste incurriría en una infracción administrativa, tal y como establece el art. 10.2[805].

B) Aragón

El art. 3, del Decreto 1/2023, de Aragón, afirma que «Las viviendas de uso turístico deberán ser cedidas al completo y no se permitirá la cesión por estancias.»

El anterior precepto recoge una prohibición absoluta, en relación con la posibilidad de ceder únicamente habitaciones y, por lo tanto, revestiría una verdadera limitación al contenido del derecho de propiedad[806]. Se restringe el objeto sobre el que puede recaer el contrato de arrendamiento, como parte integrante de la facultad de goce que otorga el derecho dominical.

En caso de que, a pesar de la anterior prohibición, el interesado cediera una habitación con una finalidad turística, podría entrar en juego el régimen sancionador, previsto en el art. 18, dando lugar a la correspondiente sanción administrativa y, en su caso, a la adopción de medidas accesorias, de conformidad con lo dispuesto en los Capítulos III y IV del Título Sexto del Texto Refundido de la Ley del Turismo de Aragón.

Precisando el art. 18.2, que podrán ser responsables de las infracciones administrativas tanto los titulares de la vivienda de uso turístico, así como los canales de comercialización o promoción de la oferta turística que desatiendan los requerimientos efectuados por las Administraciones públicas con competencia en materia de turismo.

---

805 Dicho precepto nos remite al régimen sancionador recogido en el Título VIII, de la Ley 13/2011, de 23 de diciembre, del Turismo de Andalucía.

806 En la Comunidad Autónoma de Andalucía, la cesión de una habitación con finalidad turística, recordemos, estaba condicionada a que el propietario residiera en el inmueble. En cambio, aquí, directamente, está prohibido ceder habitaciones.

C) Asturias

Como hemos visto *supra,* con ocasión del análisis de las presunciones contenidas en el Decreto 48/2016, de Asturias, éste diferencia entre viviendas vacacionales y vivienda de uso turístico. Y expusimos que el principal elemento diferenciador entre una y otra modalidad de alojamiento es su situación. Es decir, las viviendas de uso turístico se refieren a aquellos inmuebles sometidos a régimen de propiedad horizontal. Y, por su parte, las viviendas vacacionales, aluden a inmuebles unifamiliares.

El art. 4, tras ofrecer el concepto de vivienda vacacional, afirma que, «En todo caso, se referirán sólo al alojamiento íntegro y no por habitaciones, con la exclusión de pisos.»

Prestemos atención al contenido del anterior precepto. En virtud de dicho artículo, las viviendas vacacionales —referidas a inmuebles unifamiliares—, no podrán ser cedidas por habitaciones. Por lo tanto, estamos ante una verdadera limitación al contenido del derecho de propiedad, puesto que prohíbe la celebración de contratos de arrendamiento que consistan únicamente en la cesión de habitaciones.

Pero, el inciso final excluye los pisos. Ello puede significar que, por un motivo que no alcanzamos a comprender, en las cesiones sometidas a régimen de propiedad horizontal, y que recibirían la denominación de «viviendas de uso turístico», sí que cabría la cesión por habitaciones, sin condición alguna.

La anterior afirmación se apoya, igualmente, en el concepto de «vivienda de uso turístico» recogido en el art. 12, cuyo precepto no contiene ninguna alusión ni a la cesión íntegra de la vivienda, ni a las habitaciones. Por tanto, cabría la posibilidad de que ambos elementos fueran objeto del contrato de arrendamiento de alojamiento.

Ahora bien, si no se comprende la diferenciación entre vivienda vacacional y vivienda de uso turístico, cuando ambas figuras recaen sobre un inmueble, tienen finalidad turística y se aplica el mismo régimen jurídico, menos entendemos el anterior tratamiento en cuanto a la cesión por habitación, en una y otra modalidad. En todo caso, encontraríamos más adecuado prohibir la cesión de habitaciones en las viviendas de uso turístico, situadas en comunidades de propietarios, teniendo en cuenta los intereses en juego en relación con el resto de los comuneros.

D) Islas Baleares

El art. 49, de la Ley 8/2012, de las Islas Baleares, a la hora de definir las «empresas comercializadoras de estancias turísticas en viviendas», se refiere a «la totalidad de una vivienda residencial».

Y, el apartado 13.°, del art. 50, insiste de nuevo en este aspecto, al prever que «Las estancias que se comercialicen turísticamente tienen que consistir en la cesión temporal del derecho de disfrute de la totalidad de la vivienda». Reafirmándose ello en el aparatado 15.°, del mismo precepto: «Las estancias reguladas en este capítulo son incompatibles con la formalización de contratos por habitaciones».

No obstante, la Ley 8/2012 recoge una modalidad especial de comercialización de «vivienda de uso turístico», diferente de la anterior, que sí que admitiría la cesión por habitación. O, como dice el último apartado del art. 50.20, «en esta modalidad se permite la convivencia de las personas residentes en la vivienda con las personas usuarias».

Dicha modalidad se denomina de «alquiler de vivienda principal», y está regulada en el art. 50.20.

En concreto, esta tipología, exige que la comercialización se lleve a cabo, exclusivamente, por parte de las personas físicas propietarias del inmueble[807]. Y que, a su vez, constituya su vivienda principal.

E) Canarias

En la versión original del art. 12, del Decreto 113/2015, de Canarias, rubricado «Régimen de explotación», se establecía, en su apartado 1.°, que: «Las viviendas vacacionales deberán ser cedidas íntegramente a una única persona usuaria, que figurará como responsable en todo caso de la reserva realizada, y no se permitirá la cesión por habitaciones, existiendo prohibición de formalizar varios contratos al mismo tiempo respecto a la misma vivienda, no permitiéndose, por tanto, el uso compartido de la misma.»

De la lectura del precepto se desprende que quedaba prohibida la cesión por habitaciones, constituyendo ello una limitación al contenido del derecho de propiedad. No obstante, el anterior apartado fue declarado

---

807 Art. 50.20, segundo apartado: «En la presentación de la declaración responsable la persona comercializadora deberá acreditar que se trata de su vivienda principal de la forma que se determine reglamentariamente. [...].»

nulo, en virtud de las SSTSJ (Sala de lo Contencioso-Administrativo, 2ª) 21 marzo 2017[808] y 5 julio 2017[809].

En la primera de las resoluciones, el Tribunal manifiesta que:

> «sí debe prosperar la impugnación del artículo 12.1 (régimen de explotación) por el que se exige que las viviendas vacacionales sean cedidas en su totalidad al cliente, y no puedan ser arrendadas por habitaciones. Aquí la intervención administrativa en la calidad del producto no está justificada, y se vulnera la libre oferta de servicios. No hay razones para exigir a un cliente que sólo desea contratar una habitación para alojarse, asumir el coste del arrendamiento de la totalidad de la vivienda, si el propietario desea ofrecerle este servicio. La norma persigue de manera evidente que se ponga en el mercado un producto que por su precio reducido compita con la oferta de alojamiento hotelero, lo cual lesiona la libre competencia.»

Si bien, dice que la intervención administrativa no está justificada, no alude al principio de proporcionalidad. Ni, mucho menos, a la competencia exclusiva del Estado en materia de «legislación civil», previsto en el art. 149.1.8.ª CE, ni al límite que representan las bases de las obligaciones contractuales a la potestad legislativa de todas las Comunidades Autónomas.

F) Cantabria

El art. 3, del Decreto 225/2019, de Cantabria, afirma que las «viviendas de uso turístico» se clasifican en dos modalidades:

a) Viviendas de cesión completa.

b) Viviendas de cesión compartida.

Por lo tanto, el legislador cántabro admite la cesión por habitaciones, siempre y cuando, igual que recoge el Decreto 28/2016, de Andalucía, el propietario resida en la vivienda.

Por su parte, podemos adelantar que la normativa cántabra no prevé ninguna limitación en cuanto a la duración de la cesión. Así lo establece el apartado 1.º, del art. 7: «El hospedaje durará el tiempo convenido que ha de figurar en la hoja de admisión que a tal efecto haya firmado el usuario a la entrada».

---

808 STSJ Islas Canarias, Santa Cruz de Tenerife (Sala de lo Contencioso-Administrativo, 2ª) núm. 41/2017, de 21 de marzo (RJCA 2017, 645).

809 STSJ Islas Canarias, Santa Cruz de Tenerife (Sala de lo Contencioso-Administrativo, 2ª), núm. 17972017, de 5 de julio (JUR 2018, 57291).

G) Castilla y León

El art. 3.1, del Decreto 3/2017, de Castilla y León, al ofrecer el concepto de «vivienda de uso turístico», especificaba que éstas debían ser cedidas en su totalidad a terceros. Declarando, en su apartado 2.º, que «Las viviendas de uso turístico constituyen una única unidad de alojamiento que se cede al completo, no permitiéndose la cesión por estancias.»

No obstante, este último aparato fue declarado nulo en virtud de la STSJ Castilla y León (Sala de lo contencioso-Administrativo, 1ª), 2 febrero 2018[810]. Por su parte, llama la atención que no se impugnase y se declarase nulo el inciso del art. 3.1, relativo a: «son cedidos temporalmente y en su totalidad a terceros».

La parte recurrente alega que «la Comunidad Autónoma no tiene competencia para prohibir el alquiler parcial de una vivienda, pues el art. 5 de la LAU excluye de su ámbito de aplicación únicamente la cesión de uso de la totalidad de una vivienda». Y, añade que «la prohibición fijada en este precepto constituye una barrera de entrada al mercado no justificada en la norma.»

Destaca la opinión vertida por la Comunidad Autónoma, que mantiene que «esta norma no prohíbe el alquiler por estancias, sino que no se considera como una modalidad de alojamiento turístico, por lo que sí está permitido por otra norma este alquiler puede realizarse.»[811]

---

[810] STSJ Castilla y León (Sala de lo contencioso-Administrativo, 1ª), núm. 86/2018, 2 febrero 2018 (RJCA 2018, 5), Fundamento Jurídico 8º.

[811] En relación con este último extremo, el Tribunal manifiesta que: «La exclusión del alquiler de la vivienda por estancias no deriva del art. 5 e) de la Ley de Arrendamiento Urbanos. La LAU define el arrendamiento de vivienda como el que recae sobre una edificación habitable con la finalidad de satisfacer la necesidad permanente de vivienda del arrendatario. Ese concepto de habitabilidad no puede predicarse del arrendamiento de vivienda cuyo objeto se ciñe a una dependencia o habitación, por lo que la jurisprudencia del orden civil ha declarado, reiteradamente, que al alquiler de habitación de una vivienda no le es aplicable la legislación especial arrendaticia (SAP de Ciudad Real de 14/09/2017 (PROV 2017, 153797), recurso 211/2017, SAP de Madrid de 26/09/2017, y SAP Valladolid sección 3ª del 15 de diciembre de 2015, entre otras muchas). Es decir, la exclusión de la aplicación de la LAU dispuesta en su artículo 5, e) se refiere únicamente al alquiler de la vivienda completa porque el arrendamiento por estancias no está contemplado en la misma, luego ni lo prohíbe ni lo permite.»

En cuanto a la prohibición de cesión de habitaciones, el Tribunal expone que:

> «En lo que respecta a la necesidad de la medida y su proporcionalidad y siempre en relación con la protección del consumidor o usuario del [turismo], no se [aprecian] razones para exigir a un cliente que sólo desea contratar una habitación para alojarse, asumir el coste del arrendamiento de la totalidad de la vivienda, por lo que no se estima este límite al desarrollo de la actividad esté justificado, debiendo estimarse el recurso en este punto.»

Por tanto, el Tribunal anula la prohibición de cesión por habitación, que constituía una limitación al ejercicio del derecho de propiedad. No obstante, se nos plantean dudas de si, realmente, dicha prohibición ha desaparecido del cuerpo del Decreto. Puesto que, como hemos apuntado, el apartado 1.º, del art. 3, aún alude a la cesión en su totalidad de las viviendas de uso turístico.

H) Castilla-La Mancha

La regulación en esta Comunidad Autónoma en cuanto al objeto sobre el que recaer el contrato de arrendamiento de alojamiento creemos que plantea ciertos interrogantes.

De la definición de viviendas de uso turístico que ofrece el art. 2, en su letra c), del Decreto 36/2018, de Castilla-La Mancha, parece que sólo cabe la cesión completa del inmueble, y no por habitaciones.

Ahora bien, si vamos al art. 1, en su apartado segundo, dispone que quedan excluidos del ámbito de aplicación del Decreto, además de las viviendas que, por motivos vacacionales o turísticos se cedan sin contraprestación económica [letra a)] y las diferentes modalidades de alojamientos rurales, que se regirán por lo dispuesto en su normativa específica [letra b)], «La cesión por estancias o habitaciones de las viviendas de uso turístico reguladas por este decreto» [letra c)].

Parece, entonces, que el Decreto diferencia entre:

- Por una parte, viviendas de uso turístico, que deberán cederse íntegramente y que, si se cumplen el resto de los parámetros, quedarán sometidas a la normativa sectorial administrativa-turística y al Código civil, y excluidas de la LAU.
- Y, por otra, «las estancias o habitaciones de las viviendas de uso turístico», en cuyo caso no quedarán sometidas a la normativa sectorial, por una exclusión expresa, pero tampoco a la LAU, según la doctri-

na mayoritaria en materia de arrendamientos de habitaciones. Sino que quedará sometida por completo, y ello a pesar de tener carácter turístico, al Código civil.

I) Cataluña

El art. 221-1, del Decreto 75/2020, de Cataluña, tras recoger en su apartado 1.º una definición de «vivienda de uso turístico»; afirma en su apartado 3.º que: «Las viviendas de uso turístico se ceden entera y no se permite la cesión por estancias.»

Por lo tanto, nos encontramos, de nuevo, ante una limitación al contenido del derecho de propiedad que, tampoco, encuentra justificación por parte del legislador autonómico.

J) Comunitat Valenciana

Al igual que otros legisladores autonómicos, en el apartado 1.º, del art. 65 de la Ley 15/2018, de la Comunitat Valenciana, se recoge una limitación al contenido del derecho de propiedad.

En concreto, dicho precepto, afirma que «Son viviendas de uso turístico: los inmuebles completos». Así lo reitera el art. 47 del decreto 10/2021, de la Comunitat Valenciana. La referencia de «completos» en relación con los inmuebles, sin que se pronuncie expresamente en relación con las estancias o las habitaciones, aboca a que únicamente la cesión integra de las viviendas está permitida. Vedándose, por tanto, la cesión de estancias o habitaciones para servir de alojamiento privado para el turismo.

K) Galicia

El Decreto 12/2017, de Galicia, como ya hemos expuesto, recoge dos modalidades de alojamiento en viviendas: las «viviendas turísticas (art. 4.1) y las «viviendas de uso turístico (art. 5.1).

Una y otra tipología prohibían, en un momento inicial, la cesión por habitaciones. Ello se traducía en una limitación al contenido del derecho de propiedad. En relación con las viviendas turísticas, el art. 4.2 preveía que «La comercialización de la vivienda deberá consistir en la cesión temporal del uso y disfrute de la totalidad de la vivienda, por lo que no se permite la formalización de contratos por habitaciones o la coincidencia dentro de la vivienda de usuarios que formalicen distintos contratos.»

Y, respecto a las viviendas de uso turístico, dicha restricción se manifestaba en el art. 5.1. *in fine.*

No obstante, la STS (3ª) 21 octubre 2019[812], anuló el art. 4.2 y el segundo inciso del párrafo primero del art. 5.1.

En concreto, la Sala consideró que «la remisión a las razones de interés general alegadas con anterioridad no es suficiente para justificar la prohibición del alquiler por habitaciones.» Recuerda, en este sentido, la STS 12 diciembre 2018 en relación con el Decreto 113/2015 de las Islas Canarias.

El Tribunal expone que no pueden acoger, como hace la recurrente, la alegación relativa a la concurrencia de razones de interés general, como es el orden público, para justificar la prohibición de alquiler por habitaciones «fundada en que la coexistencia en un mismo edificio de viviendas residenciales y de viviendas vacacionales "perturba la convivencia entre el residente habitual con el usuario turístico que está de vacaciones y tiene horarios y costumbre diferentes".»

La Sala considera que esa hipotética perturbación «debiera resultar, en todo caso, inevitable e intolerable por exceder de las meras incomodidades que, de manera natural, comporta la vida compartida en el ámbito de una comunidad de vecinos.»

Y, termina diciendo que:

> «tampoco ofrece la recurrente explicación alguna sobre el motivo por el que la prohibición propugnada por ella debiera considerarse como la única solución para evitar la indicada perturbación de la convivienda (en caso de que ésta se llegara a producir). En realidad, dicha parte ni siquiera ha mencionado la posibilidad de que esa eventual perturbación de la convivencia no pudiera ser corregida o neutralizada mediante la adopción de otro tipo de medidas que, pudiendo ser consideradas como remedio idóneo y proporcionado a tal fin, resultaran menos limitativas de la libertad de prestación de servicios.»

Por todo ello, el Tribunal Supremo anula la prohibición de ceder habitaciones tanto en relación con las viviendas turísticas como con las viviendas de uso turístico.

---

812 STS (3ª) núm. 1401/2019, 21 octubre (RJ 2019, 4086), Fundamento Jurídico 3º.

L) Comunidad de Madrid

El apartado 2.º, del art. 2, del Decreto 79/2014, de Madrid, al definir las «viviendas de uso turístico», establece una limitación al contenido del derecho de propiedad, en la senda marcada por otros legisladores autonómicos. En concreto, exige que esta modalidad de alojamiento sea cedida «en su totalidad»[813].

M) Región de Murcia

Según el apartado 2.º, del art. 2, del Decreto n.º 256/2019, de la Región de Murcia, las «viviendas de uso turístico» podrán revestir dos modalidades. Por una parte, las cedidas en su totalidad y, por otra, las cedidas por habitaciones, destinadas a dormitorio, dice el precepto.

Vemos, por tanto, que en el caso de la Región de Murcia se permite la cesión de habitaciones —aunque la expresión «destinadas a dormitorio» añada poco o nada a esta tipología de alojamiento en vivienda—.

Ahora bien, en el caso de las habitaciones se exige, según el art. 5.2, que la explotación sea ejercitada, solamente, «por una persona física que deberá estar empadronada y tener su residencia efectiva en la vivienda en que se desarrolla la actividad.»[814]

En contra, nada dice en relación con la duración del alojamiento, pudiendo ser pactada libremente por las partes interesadas.

---

[813] Art. 2.2: «Definición de vivienda de uso turístico: tienen la consideración de viviendas de uso turístico aquellos pisos, estudios, apartamentos o casas que, de forma habitual, amueblados y equipados en condiciones de uso inmediato, son comercializados y promocionados en canales de oferta turística o por cualquier otro modo de comercialización, para ser cedidos en su totalidad con fines de alojamiento turístico y a cambio de un precio.»

[814] El requisito de la residencia se ratifica en el art. 13.2, al prevé que: «En el supuesto de viviendas de uso turístico cedidas por habitaciones, las viviendas deberán contar con cocina, cuarto de baño, salón-comedor y, al menos, un dormitorio destinado al alojamiento turístico distinto al reservado al titular, que debe tener en la vivienda su residencia efectiva. En este supuesto no se permitirán viviendas tipo estudio.» Obsérvese el último inciso del anterior precepto en relación con las viviendas tipo estudio. Éstas quedan excluidas de ser cedidas por habitaciones. Su justificación, radicaría en la presunción de que, por norma general, en los estudios sólo existe una habitación, y en la cesión por habitaciones se requieren, como mínimo, de dos: una para el residente y la otra para el usuario.

N) País Vasco

El art. 1, del Decreto 101/2018, del País Vasco, define «vivienda de uso turístico» y «alojamiento en habitación de vivienda», en sus apartados 2.º y 3.º, respectivamente.

En el caso de cesión de habitaciones, el art. 3.2. exige que «la persona ha de estar empadronada y tener su residencia efectiva en la vivienda en la que desarrolle la actividad. Dicho requisito ha de mantenerse durante todo el tiempo de desarrollo de la actividad, hasta que comunique formalmente su cese.»

El incumplimiento de las obligaciones anteriores, de residencia y empadronamiento, advierte el art. 3.3, «constituirá infracción grave», sancionable, según el art. 100, de la Ley 13/2016, de 28 de julio, de Turismo, con una multa de entre 10.001 euros y 100.000 euros, con posibilidad de acordarse la imposición de una sanción accesoria, en los términos previstos en el art. 101.

Por tanto, vemos que el legislador vasco permite la cesión de habitaciones con finalidades turísticas, siempre y cuando la persona esté empadronada y resida en la vivienda, so pena de ser sancionado administrativamente.

Por su parte, no establece ninguna referencia en cuanto a la duración del contrato de alojamiento.

O) La Rioja

De conformidad con el apartado 1.º, del art. 66, del Decreto 10/2017, de La Rioja, sólo cabe la cesión íntegra de la vivienda. Corroborando este aspecto el apartado 3.º, al prever que «El alojamiento comprenderá la unidad completa». Y, precisando, además, que «La cesión por habitaciones se someterá, en su caso, al régimen aplicable a las pensiones y requerirá la comunicación de inicio de actividad como tal.»

En este sentido, cabe tener en cuenta lo previsto en su Exposición de Motivos, por cuanto «Se excepcionan de la aplicación de este reglamento a las viviendas que sean el domicilio habitual del cedente.» Es decir, el interesado (cedente) debería contar, como mínimo, con dos inmuebles. Uno destinado a vivienda habitual, excluido del ámbito de aplicación del Reglamento; y, otro, que sí que podría quedar incluido en él.

Ello parece significar que, con independencia que se ceda la totalidad de la vivienda o alguna de sus estancias, y a pesar del claro carácter turístico de la cesión, si la vivienda que se arrienda, total o parcialmente, constituye el domicilio habitual del cedente, el contrato celebrado no quedará sometido a la normativa sectorial, sino que se aplicará otro régimen jurídico.

En caso de la cesión, con finalidad turística, de la totalidad de la vivienda, ante una exclusión en los términos vistos, el régimen jurídico aplicable vendría constituido por el contrato de arrendamiento para uso distinto del de vivienda, previsto en la Ley de Arrendamientos Urbanos. Y, en caso de cesión de una habitación, también con claro carácter turístico, el régimen jurídico aplicable sería el general previsto para los arrendamientos en el Código civil.

Sin perjuicio de lo anterior, debemos prestar atención al art. 25 que, tras disponer que los establecimientos hoteleros se clasifican en hoteles, hostales y pensiones, define estas últimas [letra c)] como «aquellos otros establecimientos que, ofreciendo alojamiento en habitaciones, con o sin otros servicios complementarios, por sus estructuras y características no alcanzan los niveles exigidos para ser calificados como hostales.»

Y, según el art. 54, titulado «Requisitos básicos de los hostales y pensiones», en su apartado 2.º, «Las pensiones deberán cumplir con los siguientes requisitos:

- Un lugar para estancia de clientes cuando el número de habitaciones sea igual o superior a 5, que podrá ser comedor cuando se ofrezca este servicio.
- Un mínimo de tres habitaciones destinadas a huéspedes, siendo sus dimensiones mínimas de 10 y de 8 metros cuadrados, según se trate de dobles o individuales.
- Un cuarto de baño o aseo por cada tres habitaciones o fracción que no dispongan de baño o aseo.»

Tras la lectura de los anteriores preceptos, debemos manifestar la ambigüedad con la que el legislador de La Rioja regula una materia que, por su complejidad, exige de un mínimo de claridad con el que ofrecer seguridad jurídica.

A nuestro parecer, las viviendas de uso turístico constituyen una modalidad diferenciada de las «pensiones». La primera podría prever, sin lugar a duda, además de la cesión completa de la vivienda, la cesión de habitaciones o estancias. No obstante, el legislador de La Rioja aboga por someterlas a un régimen jurídico diferenciado, como es el de las pensiones. Así, a modo de ejemplo, y salvo error por nuestra parte, un inmueble en el que perfectamente podría concurrir los requisitos exigidos en el art. 52.2, no podría destinarse a vivienda de uso turístico por habitaciones, sino que debería revestir otra categoría «alojativa», la de pensión, con una comunicación diferenciada que aparece en el punto 2 del Anexo de «Comunicaciones de inicio de actividad».

Visto lo anterior, llama la atención que, ante los antecedentes jurisprudenciales existentes, como es el caso de Castilla y León, Canarias o Galicia, existan aún, a día de hoy, Comunidades Autónomas que sólo permitan la cesión de inmuebles completos por motivos turísticos, y prohíban que el contrato de arrendamiento de alojamiento recaiga sobre una estancia o habitación. Este escenario debería hacer reflexionar a los legisladores autonómicos rezagados, y eliminar de sus normativas dicha prohibición, si no quieren que, tarde o temprano, sea anulada por los Tribunales.

5.2. Referida a la duración del contrato

A) Andalucía

El art. 1, del Decreto 28/2016, de Andalucía, establece una serie de exclusiones expresas del ámbito de aplicación del Decreto. En concreto:

- Las viviendas que, por motivos vacacionales o turísticos, se cedan, sin contraprestaciones económica [art. 1.2, a)].

  Por lo tanto, vemos que el ánimo de lucro es un elemento esencial de las «viviendas de uso turístico». Este requisito aparece en el cuerpo de la definición dada por el legislador, en el art. 3.1, al referirse a: «donde se vaya a ofrecer mediante precio el servicio de alojamiento».

- Las viviendas arrendadas por un tiempo superior a dos meses computados de forma continuada a un mismo arrendatario [art. 1.2, b)].

Somos conscientes de que el apartado anterior, como puede observarse, no recoge una limitación al contenido del derecho de propiedad en el sentido de limitar la duración del contrato de alojamiento, sino que se trata de una exclusión expresa del ámbito de aplicación del Decreto. No obstante, lo traemos a colación para dar respuesta a la siguiente cuestión: ¿cuál será el régimen jurídico aplicable a los contratos de arrendamiento de alojamiento privado para el turismo celebrados por un único usuario de duración superior a dos meses continuados? ¿Y si la duración es interrumpida?

Si el objeto del Decreto es la ordenación de las viviendas con fines turístico[815], no se comprende por qué el legislador, a pesar de poder tener la cesión un claro contenido turístico, expulsa de su ámbito de aplicación aquellos que se adaptan al supuesto de hecho previsto en el art. 1.2, b).

En cuanto al régimen jurídico aplicable, el apartado e), del art. 5 de la LAU es claro en este aspecto. Quedará excluido del ámbito de aplicación de la LAU la cesión temporal «cuando esté sometida a un régimen específico, derivado de su normativa sectorial turística.» Afirmando la Exposición de Motivos de la Ley 4/2013, «para que queden regulados por la normativa sectorial específica o, en su defecto, se les aplique el régimen de los arrendamientos de temporada, que no sufre modificación.»

Por tanto, el régimen jurídico aplicable a los contratos de arrendamiento de alojamiento privado para el turismo celebrados por un único usuario de duración superior a dos meses continuados, ante una exclusión expresa por parte del legislador autonómico, quedarán sometidos a la LAU, a través del contrato de arrendamiento para uso distinto del de vivienda.

Por su parte, el Decreto no alude a qué sucede si la duración del contrato, celebrado con un único usuario, y superior a dos meses, es computado de forma interrumpida. Por ello, al no entrar este supuesto de hecho dentro de la excepción prevista en el art. 1.2, b), el régimen jurídico aplicable sería la normativa sectorial turística autonómica, y en lo no previsto en ella por el Código civil.

B) Islas Baleares

Por cuanto se refiere a la limitación temporal de la duración de la estancia, el apartado 13, del art. 50 de la Ley 8/2012, prevé que la comercialización de la totalidad de la vivienda se realizará «por períodos de corta duración, entendidos como estancias por días o semanas, sin que una estancia pueda ser superior a un mes.»

---

815 Asimismo, la Exposición de Motivos del Decreto afirma que el objeto del mismo es regular las viviendas que oferten el servicio de alojamiento a fin de establecer unas mínimas garantías de calidad y seguridad para las personas usuarias turísticas.

El anterior precepto encierra una limitación de carácter temporal, puesto que las cesiones de las «viviendas de uso turístico» en las Islas Baleares deberán ser inferiores o iguales a un mes, so pena de sanción administrativa.

En cambio, en la modalidad denominada de «alquiler de vivienda principal», regulada en el art. 50.20, el plazo máximo de días que el propietario podrá destinar su vivienda a alojamiento turístico es de 60[816]. Y se exige que se indique «en la forma en que se determine reglamentariamente, la distribución de los plazos de comercialización durante el año, que no podrá superar los 60 días.»[817] Es decir, parece que el legislador exige por adelantado que el propietario fije cuándo tendrá lugar la comercialización de la vivienda.

C) Castilla y León

En Castilla y León sí que encontramos una limitación al contenido del derecho de propiedad de carácter temporal. Así se desprende del tenor del aparado d), del art. 4, del Decreto 3/2017, al restringir el servicio de alojamiento en la modalidad de vivienda de uso turístico a un plazo máximo de «dos meses seguidos a un mismo turista».

En este sentido, el Tribunal Superior de Justicia de Castilla y León, en su sentencia de 2 febrero 2018, manifestó que:

> «Un elemento definitorio del servicio de alojamiento turístico es su temporalidad, así el art. 29 de la Ley 14/2010, de 9 de diciembre, de Turismo de Castilla y León, define este como el que "consiste en la prestación de hospedaje de forma temporal, a cambio de contraprestación económica, a las personas desde un establecimiento abierto al público en general, con o sin otros servicios de carácter temporal.", por ello la fijación de un límite de dos meses de alquiler al mismo turista, a fin de que se sujete a las normas del Decreto, no viene sino a dar seguridad en la interpretación de la norma.»

Efectivamente, el art. 29 prevé que el servicio de alojamiento turístico consiste en la prestación de hospedaje de forma temporal. Pero esta tem-

---

816 El precepto no alude a si deben ser continuos o interrumpidos.

817 Segundo inciso, del art. 50.20, segundo apartado. De conformidad con la letra a), del art. 50.22: «La distribución de los plazos de comercialización turística de los 60 días se tendrá que indicar en la DRIAT por meses completos. En caso de cambios, se tendrá que presentar comunicación en el mes de enero de cada año.»

poralidad no se predica de ninguna otra modalidad de alojamiento turístico. Únicamente en relación con las viviendas de uso turístico.

Por tanto, si el art. 4, d), según la opinión del Tribunal, es una concreción de la expresión «temporal» prevista en el art. 29 de la Ley 14/2010, de 9 de diciembre, de Turismo de Castilla y León, este límite en la duración del arrendamiento de alojamiento debería predicarse de la totalidad de las modalidades de alojamiento[818], y no sólo de una de ellas.

En relación con el art. 4, d), la STS (3ª) 24 septiembre 2019, sostuvo que:

> «esta previsión reglamentaria, aunque pueda incidir en las facultades de organización del operador, tiene cobertura en el artículo 29 de la Ley 14/2010, de 9 de diciembre, de Turismo de Castilla y León, que establece que la prestación del servicio de hospedaje debe tener carácter temporal, de modo que la fijación del límite de duración de dos meses, por su propia naturaleza, no puede considerarse como una restricción ilegítima al ejercicio de la actividad, y, por ello, no requiere una específica justificación de obedecer a razones imperiosas de interés general, dado el margen de configuración normativa que, en desarrollo de la citada Ley 14/2010, corresponde a la Junta de Castilla y León.»[819]

D) Galicia

Galicia, en su Decreto 12/2017, también prevé una limitación de carácter temporal.

Así, el art. 9, al referirse a la duración de la estancia, en su apartado 1.º, declara que «El plazo de la estancia será el que libremente se acuerde entre las partes en el momento de la contratación.» Para, a continuación, concretar, que «El período de alojamiento continuado no podrá exceder de tres meses, circunstancia que se reflejará en el documento de admisión.»

---

818 Según el art. 30, de la Ley 14/2010, de 9 de diciembre, de Turismo de Castilla y León, «La actividad de alojamiento turístico se podrá ejercer en los siguientes establecimientos: a) Alojamiento hotelero; b) Alojamiento de turismo rural; c) Apartamento turístico; d) Camping; e) Albergue en régimen turístico; f) Cualquier otro establecimiento de alojamiento turístico que se determine reglamentariamente.»

819 STS (3ª) núm. 1237/2019, 24 septiembre (RJ 2019, 3729), Fundamento Jurídico 3º, b).

El art. 9, encargado de recoger la anterior limitación temporal, se sitúa dentro del Capítulo II, que lleva por título «Apartamentos y viviendas turísticas». Como consecuencia, dicho apartado, que establece el período máximo de alojamiento de tres meses, se predicará, únicamente, de las «viviendas turísticas», y no de las «viviendas de uso turístico». Sin embargo, para estas últimas encontramos un precepto que alberga otra limitación temporal, aunque de menor duración.

Nos referimos al art. 5.2, por cuanto, «A efectos del presente decreto constituyen estancias de corta duración aquellas en las que la cesión de uso es inferior a treinta días consecutivos, quedando fuera del ámbito de aplicación las que sobrepasen esa duración.»

Vemos, por tanto, que ambos constituyen, a primera vista, limitaciones al contenido del derecho de propiedad. No obstante, cabe hacer una matización por lo que se refiere a las mismas.

Por una parte, la Instrucción interpretativa 1/2017, de 9 de mayo, para la aplicación del Decreto 12/2017, de 26 de enero, por el que se establece la ordenación de apartamentos turísticos, viviendas turísticas y viviendas de uso turístico en la Comunidad Autónoma de Galicia, dice que: «El artículo 9.1, segundo inciso, del decreto, dispone, en relación con los apartamentos y con las viviendas turísticas [...].» Y, además, añade, en su punto tercero, que: «Dicho inciso establece el período de alojamiento máximo para establecimientos turísticos y concreta reglamentariamente la propia definición de establecimiento de alojamiento turístico como aquellos en los que se proporciona alojamiento de forma temporal a las personas (artículo 53 de la Ley 7/2011, de 27 de octubre, de turismo de Galicia), de manera que los supuestos de alojamiento por períodos continuados superiores a los tres meses no entrarán dentro del concepto de viviendas turísticas o apartamentos turísticos, por lo que no les será de aplicación el decreto, y quedarán sometidos a la normativa de arrendamientos o a aquella otra que les resulte de aplicación.»

Tanto el art. 9.1, apartado 2.º, (referido a las «viviendas turísticas»), como el art. 5.2 (relativo a las «viviendas de uso turístico»), incluyen una limitación temporal. La primera de tres meses continuados, y la segunda de un mes, también computado de forma continua.

Ahora bien, también es cierto que, ya sea a través de la interpretación efectuada por la anterior Instrucción, como por el propio contenido del art. 5.2, el legislador autonómico realiza una exclusión expresa del ámbito de aplicación del Decreto, cuando el tiempo de la cesión supere la duración de tres meses o treinta días, ambos consecutivos.

Este aspecto es importante, y se diferencia de otras Comunidades Autónomas que recogen en su cuerpo normativo limitaciones temporales al ejercicio del derecho de propiedad.

Así, en Galicia, al realizarse una exclusión expresa en los términos vistos, ello podría considerarse beneficioso para los interesados a la hora de arrendar sus viviendas por motivos turísticos, por medio de cualquiera de las modalidades «alojativas».

Sucedería, entonces, que lo que realmente es un alojamiento privado para el turismo, al superar los umbrales máximos fijados (tres meses o treinta días, continuados en uno y otro caso), quedaría expulsado del ámbito de aplicación del Decreto, que viene marcado por su minuciosidad y encorsetamiento en relación con los requisitos exigidos. Y, de este modo, someterse a la Ley de Arrendamientos Urbanos a través del contrato de arrendamiento para uso distinto del de vivienda, con el mayor juego de la autonomía de la voluntad que lo impregna. Por lo tanto, no estaríamos ante una limitación *strictu sensu*, sino ante un elemento determinante para conocer cuál es el régimen jurídico aplicable: si la normativa sectorial y el Código civil, o la Ley de Arrendamientos Urbanos.

Lo que queremos destacar es que, si la Comunidad Autónoma contiene una limitación temporal y no establece que si ésta se supera el régimen jurídico aplicable al contrato será otro distinto del previsto en la norma sectorial (como es el caso de Galicia), ello parece que conllevaría, al incumplir una disposición normativa en ella incluida, la iniciación del correspondiente expediente sancionador.

En cambio, si la Comunidad Autónoma, como sucede en la presente, sí que afirma que, en caso de superar el límite temporal, la cesión quedará sometida a otro régimen jurídico, aquí no entraría en juego el régimen sancionador, sino que el contrato de arrendamiento de alojamiento, a pesar de tener carácter turístico, pasaría a regirse por la LAU en virtud del contrato de arrendamiento para uso distinto del de vivienda.

Pero el contenido de los preceptos es claro, al utilizar los términos «consecutivo» y «continuado». Por tanto, aquellas cesiones superiores a treinta días o a tres meses, pero de forma discontinua, seguirían sometidas al Decreto 12/2017, de Galicia.

E) Comunidad de Madrid

El art. 17.3 del Decreto 79/2014, de Madrid, en su redacción inicial, establecía lo siguiente: «Las viviendas de uso turístico no podrán contratarse por un período inferior a cinco días y no podrán utilizarse como residencia permanente, ni alegar la condición de domicilio para impedir la acción de la inspección competente.»

No obstante, dicho apartado fue declarado nulo por la STSJ Madrid (Sala de lo Contencioso-Administrativo, 8ª) 31 mayo 2016[820], y reiterado en la STSJ Madrid (Sala de lo Contencioso-Administrativo, 8ª) 2 junio 2016[821].

La primera de las resoluciones declaró, en relación con el contenido del art. 17.3 y la limitación temporal, esta vez no de máximos, sino de mínimos, de 5 días, lo siguiente:

> «[...] se extraen dos relevantes consecuencias a los efectos que ahora nos ocupan, a saber, que la regulación o limitación de tales actividades debe obedecer a motivos de interés general relativos a seguridad pública, orden público o salud pública; y, asimismo, que las limitaciones autorizaciones o restricciones administrativas concretamente establecidas han de ser proporcionadas a tal finalidad y necesarias para conseguir la misma.»[822]

El Tribunal consideró que el único interés general que se protegía sería el de los usuarios y consumidores, y no:

> «los fines u objetivos consistentes en el control descontrolado de la oferta o las situaciones de competencia desleal, que además tiene su protección propia a través de diversa legislación estatal, resultan excluidos como fines legítimos que justifiquen el interés público general a que debe atender la restricción, de conformidad con la normativa comunitaria y estatal quela traspone.»

El art. 17.3 se impugna por entender que no se adapta a los principios de necesidad y proporcionalidad, en relación con los fines que persigue: la protección de los consumidores y usuarios. El Tribunal no entiende de qué manera dicha medida contribuirá a la protección de los consumidores y usuarios. Expone que estos últimos no se encuentran más protegidos en sus derechos por el hecho de que se limite su estancia temporal en la vi-

---

820 STSJ Madrid (Sala de lo Contencioso-Administrativo, 8ª), núm. 291/2016, 31 mayo (RJCA 2016, 760).

821 STSJ Madrid (Sala de lo Contencioso-Administrativo, 8ª), núm. 302/2016, 2 junio (RJCA 2016, 713).

822 Fundamento Jurídico 3º.

vienda. Tampoco aparece la medida como proporcionada en relación con el fin que se persigue, ya que «no se demuestra en modo alguno que sea la menos gravosa para el sector en la consecución del fin al que se afirma responder».

Por el contrario, según el Tribunal, lo que se desprende de la limitación en cuestión «es la restricción a la competencia»:

De forma que, al demandarse el alojamiento turístico cuantitativamente en mayor medida para estancias más cortas de esos cinco días (fines de semana esencialmente) resulta perjudicado únicamente el sector de viviendas de uso turístico, único al que se impone tal restricción en la libre concurrencia, frente a las otras modalidades de alojamiento en relación con las cuales no se establece limitación temporal alguna.» [823]

Por todo ello, la Sala declara la nulidad del inciso «no podrán contratarse por un período inferior a cinco días», al entender que dicha limitación temporal resulta una restricción «injustificada y un obstáculo al mantenimiento de la competencia efectiva en el mercado entre los operadores turísticos en materia de alojamiento».

De modo que, hoy en día, no consta en la Comunidad de Madrid una limitación de carácter temporal. La duración del alojamiento se entenderá fijada por ambas partes en virtud del principio de autonomía de la voluntad, concretando, únicamente, el art. 4, que las estancias se «computarán por días, semanas, o meses, a efectos de precios.»

F) La Rioja

En cuanto a las limitaciones al contenido del derecho de propiedad de carácter temporal, el Decreto 10/2017, de La Rioja no contempla ninguna en este sentido. No obstante, debemos prestar atención, de nuevo, a su art. 66.2.

En virtud de dicho precepto, «No tendrá la consideración de vivienda de uso turístico, aun cuando cumpla con los requisitos del apartado anterior, la vivienda que se destine a alquiler durante un único período consecutivo igual o inferior a tres meses al año, con independencia de la efectiva ocupación en ese período.»

---

[823] Fundamento Jurídico 5.º

El artículo dice que «la vivienda se destine a alquiler». El alquiler, en términos generales, puede satisfacer diversas necesidades: la de vivienda permanente o temporal, o por motivos turísticos. Si tenemos en cuenta que el apartado 2.º reproducido, además de aludir, en primer lugar, a que «no tendrá la consideración de vivienda de uso turístico», se incluye en el art. 66, que se titula «Definición de vivienda turísticas», dentro de la Sección 2.ª, Rubricada «Viviendas de uso turístico», del Decreto en cuestión, la expresión «alquiler» iría acompañada del adjetivo «turístico». O, lo que es lo mismo, un contrato de arrendamiento celebrado para la satisfacción de la necesidad de alojamiento temporal por motivos turísticos.

Esta aclaración nos parece importante, si tenemos en cuenta que el art. 66.2 lo que hace es expulsar del ámbito de aplicación de la normativa sectorial turística los alquileres —que hemos considerado turísticos— iguales o inferiores a tres meses al año, durante un período continuado. Y, añade, con independencia «de la ocupación en ese período». Este último inciso referido a que el arrendatario ocupare o no, efectivamente, la vivienda arrendada.

La duración inferior a tres meses será la tónica habitual en los alojamientos turísticos. Por este motivo, dicha expulsión del ámbito de aplicación del Decreto y, por tanto, sometido a la Ley de Arrendamientos Urbanos a través del contrato de arrendamiento para uso distinto del de vivienda, no se comprende.

La exclusión topa, o se contradice, con lo dispuesto en la Exposición de Motivos, donde puede leerse que: «Se excepcionarán de la aplicación de este reglamento las viviendas [...] que se destinen al alquiler un máximo de tres meses al año.»

En definitiva, el legislador de La Rioja no incluye una limitación temporal al arrendamiento de alojamiento turístico en vivienda. Simplemente que, las cesiones inferiores o iguales a tres meses, durante un año, y de forma continuada, a pesar de tener claro carácter turístico y ser la duración habitual de los arrendamientos por motivos turísticos, quedarán sometidos a la Ley de Arrendamientos Urbanos, en virtud del contrato para uso distinto del de vivienda. En cambio, aquellos arrendamientos superiores a tres meses, computados de forma continua o interrumpida, sí que pasarían a estar regulados por la norma sectorial y el Código civil.

5.3. Referida al uso exclusivo

Junto a las limitaciones concernientes al objeto y a la duración del contrato, podemos encontrar otras, referidas al uso exclusivo del inmueble, no tan habituales.

A) Andalucía

Sería el caso del art. 3.1, párrafo segundo, del Decreto 28/2016, de Andalucía, al prever que «El servicio turístico deberá prestarse durante todo el año o durante periodos concretos dentro del mismo año, debiendo hacerlo constar en la declaración responsable prevista en el artículo 9. Sólo podrá ser comercializada en los periodos indicados, considerándose actividad clandestina la comercialización fuera de los mismos.»

La expresión «prestarse durante todo el año» parece que implica una limitación en cuanto al uso, no pudiéndose destinar la vivienda a otro uso que no sea turístico. O, al menos, durante los periodos que se han hecho constar en la declaración responsable. Lo que no está claro es que sucede en caso de que, a pesar de haberse hecho constar en la declaración responsable, la vivienda no se cede a uso turístico en algún momento del periodo notificado por falta de contratación por parte de los turistas.

B) Islas Baleares

Consideramos que la Ley 8/2012, las Islas Baleares, contiene otra limitación al contenido del derecho de propiedad, que podría encajar, de forma análoga, en el presente subapartado.

El numeral 17.º, del art. 50, reza: «Las viviendas residenciales respecto de las cuales se presente la declaración responsable con el fin de iniciar la actividad de comercialización de estancias turísticas deben tener la antigüedad mínima que se determine reglamentariamente, acreditable mediante la declaración de obra nueva o la licencia de primera ocupación, o mediante un certificado municipal emitido a este efecto. Durante este período el uso de la vivienda tiene que haber sido residencial privado.»

No nos consta que exista un desarrollo reglamentario en este sentido, por lo que, según el último inciso del precepto anterior, «En defecto de reglamentación, la antigüedad mínima será de cinco años.»

Lo primero que llama la atención es la exigencia de que el inmueble se destine durante, al menos, sus primeros 5 años de vida, a un uso «residencial privado».

¿Qué significa esta última expresión? ¿Se refiere, expresamente, a arrendamiento para vivienda permanente? ¿Cabría la posibilidad de entender que también incluye la celebración de diferentes contratos de arrendamiento para uso distinto del de vivienda?

El legislador no lo aclara. El hecho es que, si consideramos que se refiere, únicamente, a un arrendamiento de vivienda, según lo previsto en la Ley de Arrendamientos Urbanos, el contrato de arrendamiento se prorrogará obligatoriamente anualmente hasta que alcance una duración mínima de 5 años. Plazo que se podría ver incrementado hasta los 8 años, en caso de prórroga tácita *ex* art. 10.1 LAU[824]. Sin perder de vista la prórroga

---

[824] En virtud del art. 10.2 LAU, «En los contratos de arrendamiento de vivienda habitual sujetos a la presente ley en los que finalice el periodo de prórroga obligatoria previsto en el artículo 9.1, o el periodo de prórroga tácita previsto en el artículo 10.1, podrá aplicarse, previa solicitud del arrendatario, una prórroga extraordinaria del plazo del contrato de arrendamiento por un periodo máximo de un año, durante el cual se seguirá aplicando los términos y condiciones establecidos para el contrato en vigor. Esta solicitud de prórroga extraordinaria requerirá la acreditación por parte del arrendatario de una situación de vulnerabilidad social y económica sobre la base de un informe o certificado emitido en el último año por los servicios sociales de ámbito municipal o autonómico y deberá ser aceptada obligatoriamente por el arrendador cuando este sea un gran tenedor de vivienda de acuerdo con la definición establecida en la Ley 12/2023, de 24 de mayo, por el derecho a la vivienda, salvo que se hubiese suscrito entre las partes un nuevo contrato de arrendamiento.» Y, el apartado tercero del art. 10 LAU dispone: «En los contratos de arrendamiento de vivienda habitual sujetos a la presente ley, en los que el inmueble se ubique en una zona de mercado residencial tensionado y dentro del periodo de vigencia de la declaración de la referida zona en los términos dispuestos en la legislación estatal en materia de vivienda, finalice el periodo de prórroga obligatoria previsto en el artículo 9.1 de esta ley o el periodo de prórroga tácita previsto en el apartado anterior, previa solicitud del arrendatario, podrá prorrogarse de manera extraordinaria el contrato de arrendamiento por plazos anuales, por un periodo máximo de tres años, durante los cuales se seguirán aplicando los términos y condiciones establecidos para el contrato en vigor. Esta solicitud de prórroga extraordinaria deberá ser aceptada obligatoriamente por el arrendador, salvo que se hayan fijado otros términos o condiciones por acuerdo entre las partes, se haya suscrito un nuevo contrato de arrendamiento con las limitaciones en la renta que en su caso procedan por aplicación de lo dispuesto en los apartados 6 y 7 del artículo 17 de esta ley, o en el caso de que el arrendador haya comunicado en los plazos y condiciones establecidos en el artículo 9.3 de esta ley,

extraordinaria que puede operar con ocasión de la entrada en vigor de la Ley 12/2023, de 24 de mayo, por el derecho a la vivienda, en caso de vulnerabilidad social y económica del arrendatario.

Según la Exposición de Motivos de la Ley 6/2017, de las Islas Baleares, «se tiene que hacer mención específicamente a una exigencia de antigüedad que se requerirá a las viviendas de uso residencial que quieran, a partir de ahora, presentar las declaraciones responsables para comercializar estancias turísticas, que será de cinco años durante los cuales, además, el uso tendrá que haber sido residencial privado.»

El legislador justifica esta exigencia en cuanto a la antigüedad en que «tiene que haber una consolidación previa y real de este uso residencial antes de poder ser comercializadas turísticamente.» Ya que «Se trata de evitar saturaciones, especulaciones urbanísticas y otros perjuicios al interés general.»

Compartimos así la opinión de DOMÉNECH PASCUAL, al afirmar que el art. 50.17 constituye «una restricción al derecho de propiedad»[825].

C) Castilla-La Mancha

En el art. 3, del Decreto 36/2018, de Castilla-La Mancha, que lleva por título «Uso turístico exclusivo», afirma que «Los apartamentos turísticos y las viviendas de uso turístico que realicen la actividad de alojamiento turístico de modo habitual en los términos regulados en el presente decreto no podrán utilizarse como residencia permanente ni con cualquier otra finalidad distinta del uso turístico.»

---

la necesidad de ocupar la vivienda arrendada para destinarla a vivienda permanente para sí o sus familiares en primer grado de consanguinidad o por adopción o para su cónyuge en los supuestos de sentencia firme de separación, divorcio o nulidad matrimonial.»

825 DOMÉNECH PASCUAL, Gabriel, «La regulación autonómica y…», *op. cit*, p. 71. Y, añade el autor: «[…] totalmente gratuita, que perjudica inútilmente no sólo los intereses de los propietarios, sino también los de los usuarios. Si el uso turístico de una vivienda es en sí mismo lícito, no tiene sentido alguno que haya que esperar a que ésta tenga cierta antigüedad para darle efectivamente ese uso.» En su opinión, «la norma parece pensada para disuadir a los propietarios de construir viviendas para uso turístico. Pero si este uso es lícito y probablemente más rentable que otros usos alternativos, tal propósito es inadmisible desde el punto de vista del interés general.» Y, concluye diciendo que «Este precepto reduce netamente el bienestar social.»

Para el legislador autonómico, se entenderá que existe habitualidad «cuando se facilite alojamiento en dos o más ocasiones por anualidad, publicitándose en cualquier tipo de canal de comercialización propio o de tercero.» [art. 2, letra d)].

De la lectura conjunta de los artículos 3 y 2, d), se desprende que el propietario de un inmueble que facilite alojamiento turístico en dos o más ocasiones durante un año natural y, además, se publicite en cualquier canal de comercialización, no podrá destinar su vivienda a arrendamiento para uso distinto del de vivienda ni, incluso, para uso propio.

D) Comunidad de Madrid

Asimismo, y en términos similares a los previstos en Castilla-La Mancha, el Decreto 79/2014, de Madrid, en su art. 6 («Uso turístico»), establece que: «Los apartamentos y las viviendas de uso turístico, en cuanto a modalidad de alojamiento turístico, no podrán utilizarse por los usuarios como residencia permanente, ni con cualquier otra finalidad del uso turístico.»

El anterior precepto encierra una limitación al contenido del derecho de propiedad. En relación con los apartamentos turísticos, parece lógico que se predique esta restricción, impidiendo en ellos la residencia permanente o cualquier otra finalidad que no sea uso turístico. Los apartamentos turísticos se constituyen con el único fin de satisfacer las necesidades de alojamiento por motivos turísticos y suelen estar situados en suelo de uso terciario.

En cambio, las viviendas de uso turístico pueden combinar o intercalar distintos usos. Ya sea servir de vivienda permanente, a través del contrato de arrendamiento de vivienda; de vivienda temporal, en virtud del contrato de arrendamiento de uso distinto del de vivienda, o de alojamiento privado para el turismo, sometido a la normativa sectorial.

Igualmente, y a pesar de que el Decreto 79/2014, de Madrid, no lo diga expresamente, éstas suelen estar situadas en suelo de uso residencial. Ello significa que, si estando en ubicadas en suelo residencial admiten la posibilidad de destinarse a alojamiento privado para el turismo, también, implícitamente, se podrán destinar a vivienda o a uso distinto del de vivienda o utilizarse el inmueble por el propio titular.

Dicho esto, debemos ver cuando operara esta limitación al contenido del derecho de propiedad relativa al uso exclusivo turístico. O, mejor dicho, a partir de qué momento la Administración Pública podrá entender que la vivienda debe quedar destinada, únicamente, a uso turístico.

La definición dada por el legislador autonómico de vivienda de uso turístico, y recogida más arriba, habla de habitualidad, de comercialización y promoción a través de canales de oferta turística o por cualquier otro modo, de integridad en su comercialización, de finalidad turística y de ánimo de lucro.

De los anteriores términos, el que merece nuestra atención, es el de la «habitualidad», ya que nos parece que será el que definirá la operatividad de la cláusula de «uso turístico». El resto de los requisitos se predicarán en un momento posterior.

En concreto, el art. 2.3 dice que «la actividad de alojamiento turístico se ejerce de forma habitual desde el momento en que el interesado se publicita por cualquier medio y presenta la preceptiva Declaración Responsable de inicio de actividad prevista en los artículos 11 y 17.»

Vemos, tal y como ya hemos manifestado, que el término «habitualidad» que se maneja se aparta mucho del utilizado en el lenguaje común. No obstante, si nos atenemos a la definición dada por el legislador autonómico, la habitualidad exige: publicidad —por cualquier medio— y la presentación de la Declaración Responsable de inicio de actividad.

A nuestro parecer, la concurrencia de la «habitualidad» en el sentido dado, es el elemento que permitiría a la Administración Pública considerar que la vivienda es incompatible con cualquier otro uso que no sea el turístico.

5.4. *Tabla comparativa de las presunciones legales del carácter turístico de la cesión y medidas coercitivas adoptadas por las Comunidades Autónomas en materia de viviendas de uso turístico*

NORMA	PRESUNCIÓN DEL CARÁCTER TURÍSTICO DE LA CESIÓN	NORMA INTRUSIVA EN EL DERECHO CIVIL		SITUACIÓN	LIMITACIONES REFERIDAS AL USO EXCLUSIVO
		OBJETO DEL CONTRATO	DURACIÓN DEL CONTRATO		
D. 28/2016, Andalucía	Art. 3.1				3.1, párrafo segundo
D. 1/2023, Aragón	Art. 4.3	Art. 3			
D. 48/2016, Asturias	Arts. 1.2 y 3, letra c)	Art. 4			
L. 8/2012, Islas Baleares	Art. 50.14		Arts. 50.13 y 50.20		Art. 50.17
D. 113/206, Canarias		Art. 12.1		El **art. 12.1** fue declarado nulo por las SSTSJ Canarias (Sala de lo Contencioso-Administrativo, 2ª) 21 marzo y 5 julio 2017.	
D. 225/2019, Cantabria	Art. 1.2				
D. 3/2017, Castilla y León	Art. 4, letra c)	Art. 3.2	Art. 4, letra d)	El **art. 3.2** fue declarado nulo por la STSJ Castilla León (Sala de lo Contencioso Administrativo) 2 febrero 2018. No obstante, la prohibición de ceder sólo habitaciones podría estar aún vigente, ya que el art. 3.1, que no fue ni impugnado ni anulado, alude a que las viviendas de uso turístico son cedidas «temporalmente y en su totalidad a terceros»	

NORMA	PRESUNCIÓN DEL CARÁCTER TURÍSTICO DE LA CESIÓN	NORMA INTRUSIVA EN EL DERECHO CIVIL		SITUACIÓN	LIMITACIONES REFERIDAS AL USO EXCLUSIVO
		OBJETO DEL CONTRATO	DURACIÓN DEL CONTRATO		
D. 36/2018, Castilla-La Mancha	Art. 2, letra d)	De la lectura sistemática de los arts. 1.2 y 2.1 se desprende que la cesión de habitaciones no está prohibida, sino excluida del ámbito de aplicación del Decreto, quedando sometida a las disposiciones del Código civil.			Art. 3
D. 75/2020, Cataluña	Art. 221.1.2	Art. 22.1.3			
L. 15/2018, Comunitat Valenciana	Art. 65.2	Art. 65.1			
D. 12/2017, Galicia	Art. 5.2	Art. 4.2 e inciso primero art. 5.1		El **art. 4.2** y el **inciso primero del art. 5.1** fueron declarados nulos por la STS (3ª) 21 octubre 2019.	
D. 79/2014, Madrid		Art. 2.2	Art. 17.3	El **art. 17.3** fue declarado nulo por las SSTSJ Madrid (Sala de loa Contencioso-Administrativo, 8ª), 31 mayo y 2 junio 2016.	Art. 6
D. n.º 256/2019, Región de Murcia	Arts. 2.4 y 5.4				
D. 230/2011, Navarra					
D. 101/2018, País Vasco	Arts. 2.1 y 2.4				
D. 10/2017, La Rioja		Art. 66.1			

5.5. Fundamento de la delimitación autonómica del contenido del derecho a la propiedad privada

En este momento, debemos detenernos en el motivo alegado por los legisladores autonómicos a la hora de adoptar las diferentes limitaciones al contenido del derecho de propiedad, recogidas en las normas sectoriales, y vistas en el apartado anterior. Para ello, son inspiradoras y de gran ayuda las diversas Exposiciones de Motivos que las preceden.

Sin ánimo de exhaustividad, podemos citar la Exposición de Motivos del Decreto 28/2016, de Andalucía. En ella se afirma que «el objeto del mismo es regular las viviendas que oferten el servicio de alojamiento a fin de establecer unas mínimas garantías de calidad y seguridad para las personas usuarias turísticas.»

Coincide parcialmente el Decreto 48/2016, de Asturias, que alega la necesaria intervención de la Administración «en la protección de los consumidores, así como la protección del medio ambiente, del entorno urbano y la conservación del patrimonio histórico y los objetivos de la política cultural.»

O, también, el Decreto 225/2019, de Cantabria, al considerar que: «Desde el punto de vista del orden público, no debemos olvidar que el tipo de viviendas que el Decreto regula están pensadas para un uso residencial, por lo que se hace necesario imponer una serie de límites que garanticen la correcta convivienda entre los turistas y los residentes.»

Y, añade, «Parece, por tanto, necesario que las "viviendas de uso turístico" que se alquilan a turistas, completas o por habitaciones, a cambio de un precio determinado, han de tener cabida en el sector turístico como nuevos modelos de negocios sujetos en el ámbito de la protección y defensa de los derechos de los usuarios o consumidores de los servicios». Debiendo reunir, esta modalidad de alojamiento, «unas mínimas garantías para los usuarios.»

Puede citarse, asimismo, el Decreto 3/2017, de Castilla y León, al disponer que es necesario ordenar y regular «los establecimientos de alojamiento en la modalidad de vivienda de uso turístico, teniendo en cuenta la innovación y dinamismo del mercado, y con el fin de garantizar a los turistas unos mínimos requisitos de calidad de las instalaciones, y de seguridad de las personas usuarias, a lo que contribuirá la labor inspectora de la Administración.»

De nuevo, encontramos una alusión en relación con la protección de los turistas como usuarios en el Decreto 36/2018, de Castilla-La Mancha, al reconocer que «la regulación se realiza desde la convicción de que la prestación de los servicios de alojamiento desde unos mínimos de calidad tendentes a mejorar la experiencia del viajero y a proteger los legítimos derechos de las personas usuarias de los servicios turísticos.»

Igualmente, el Decreto 12/2017, de Galicia, fundamenta su regulación en que «Las problemáticas más relevantes vinculadas a esta actividad son de diversa índole, impacto económico-social, fiscalidad y tributación, garantía y seguridad de las personas usuarias, calidad de la oferta y satisfacción de las personas usuarias, molestias causadas a los residentes y a la ciudadanía, intrusismo, competencia desleal, entre otras.»

La Comunidad de Madrid, en el Decreto 79/2014, hace mención a la necesidad de «establecer unos mínimos requisitos tendentes a proteger los legítimos derechos de los usuarios y consumidores turísticos.»

O el País Vasco, en cuyo Decreto 101/2018, se puede observar que «los objetivos de esta disposición se orientan, de un lado, hacia la protección de las personas usuarias de los alojamientos, quienes, dada la propia naturaleza de la actividad turística, se encuentran en una situación de especial vulnerabilidad.»

Y, de forma similar, se pronuncia la Exposición de Motivos de la Ley 6/2017, de las Islas Baleares: «Asimismo, teniendo en cuenta la necesidad de proteger adecuadamente el medio ambiente y hacer un uso sostenible de las infraestructuras y de los recursos de las Islas Baleares, así como de protección de los turistas y las turistas como personas consumidoras y usuarios».

Por lo tanto, vemos que realidades ya apuntadas como el medio ambiente, el entorno urbano, el territorio, la convivencia vecinal, la política cultural o la conservación del patrimonio, constituyen algunos de los intereses generales alegados por los diferentes legisladores autonómicos a la hora de llevar a cabo su concreta ordenación de las «viviendas de uso turístico». Pero, si hay algún aspecto decisivo y que se repite a lo largo de los textos jurídicos transcritos, es la referencia a los turistas como consumidores y usuarios. A éstos, se les intentará garantizar, a través de la actual regulación de esta modalidad de alojamiento, unas mínimas garantías de calidad en las instalaciones y seguridad.

Constituirá la protección de los turistas como consumidores o usuarios el objetivo y la fundamentación más intensa a la hora de establecer los legisladores autonómicos todos los requisitos de inicio de actividad, de calidad, y de equipamiento exigidos, así como las limitaciones al contenido del derecho de propiedad.

No obstante, debemos tener en cuenta otros intereses o circunstancias alegadas por los legisladores, no menos importantes, como pueden ser el supuesto intrusismo o competencia desleal de las «viviendas de uso turístico» hacía otros modelos de alojamiento tradicionales[826].

Como decíamos, tanto los requisitos exigidos para iniciar y mantenerse en la comercialización de las viviendas de uso turístico, como las limitaciones al contenido del derecho dominical, serán fruto, principalmente, de proteger, en todo momento, a los turistas como usuarios y consumidores. Y ello con la finalidad de alcanzar el siguiente objetivo.

El contrato de alojamiento constituye un contrato de servicio, aunque de carácter turístico[827]. Y, lo usual, es que dicho contrato sea prestado por un profesional, es decir, por un empresario social o individual. No obstante, las viviendas de uso turístico constituyen una excepción a esta regla general. De ahí, principalmente, la justificación de los requisitos exigidos y las limitaciones instauradas a la hora de regular esta modalidad de alojamiento.

---

826 Así lo recogen, por ejemplo, el Decreto 225/2019, de Cantabria; el Decreto 12/2017, de Galicia; el Decreto 79/2014, de Madrid, añadiendo este último: «Por todo ello, y a petición del resto de empresarios y asociaciones del alojamiento y de los propios empresarios de viviendas de uso turístico, la Comunidad de Madrid ha impulsado la redacción de este Decreto».

827 Conforme el art. 28.1, de la Ley 13/2011, de 23 de diciembre, del Turismo de Andalucía, «a) El alojamiento, cuando se facilite hospedaje o estancia a las personas usuarias de servicios turísticos.» El art. 2, del mismo cuerpo legal, en su apartado c) define servicio turístico como «La actividad que tiene por objeto atender alguna necesidad, actual o futura, de las personas usuarias o de aquellas otras personas que lo demanden, relacionada con su situación de desplazamiento de su residencia habitual y que, asimismo, haya sido declarado por esta Ley o por sus reglamentos de desarrollo.», o el art. 1, del Decreto 28/2016, de Andalucía. El Decreto Legislativo 1/2016, de 26 de julio, del Gobierno de Aragón, por el que se aprueba el Texto Refundido de la Ley del Turismo de Aragón, en el apartado a), del art. 2, define actividad turística como «la destinada a proporcionar a los turistas los servicios de alojamiento». El Decreto 48/2016, de Asturias, en su art. 4 (Viviendas vacacionales), alude expresamente al «servicio de alojamiento». E, igualmente, en el art. 12, al definir las «viviendas de uso turístico». Entre otras.

El turista, al adquirir un servicio turístico como es el de alojamiento, recibirá la calificación de consumidor. De este modo, vemos cumplido uno de los requisitos subjetivos exigidos para abrir la puerta a la aplicación de las disposiciones de protección de los consumidores y usuarios que prevé el Real Decreto Legislativo 1/2007, de 16 de noviembre, por el que se aprueba el Texto Refundido de la Ley General de Defensa de los Consumidores y Usuarios y otras leyes complementarias.

Según su art. 2: «Esta norma será de aplicación a las relaciones entre consumidores o usuarios y empresarios.» En concreto, el art. 3 del TRLGDCU define el «consumidor o usuario» como «las personas físicas que actúen con un propósito ajeno a su actividad comercial, empresarial, oficio o profesión.»[828]

No obstante, como hemos adelantado, el otro requisito subjetivo, en el ámbito de las viviendas de uso turístico en muchas ocasiones no concurrirá. Es decir, es necesario que el arrendador o cedente, para entender subsumida la relación contractual en el ámbito de aplicación del TRLGDCU, reciba la calificación de «empresario», en el sentido dado por el art.

---

[828] «Son también consumidores a efectos de esta norma las personas jurídicas y las entidades sin personalidad jurídica que actúen sin ánimo de lucro en un ámbito ajeno a una actividad comercial o empresarial.
2. Asimismo, a los efectos de esta ley y sin perjuicio de la normativa sectorial que en cada caso resulte de aplicación, tienen la consideración de personas consumidoras vulnerables respecto de relaciones concretas de consumo, aquellas personas físicas que, de forma individual o colectiva, por sus características, necesidad o circunstancias personales, económicas, educativas o sociales, se encuentren, aunque sea territorial, sectorial o temporalmente, en una especial situación de subordinación, indefensión o desprotección que les impide el ejercicio de sus derechos como personas consumidoras en condiciones de igualdad.»
Y, de forma similar se pronuncia, a modo de ejemplo, el art. 2, a), de la Ley 7/2014, de 23 de julio, de protección de las personas consumidoras y usuarias de las Islas Baleares: «a) Consumidores: las personas físicas o jurídicas que actúe con un propósito ajeno a su actividad comercial, empresa, oficio o profesión.» Pero, además, la anterior norma lo considera un «consumidor vulnerable», de acuerdo con el tenor de la letra b), del mismo precepto: «Consumidor vulnerable: aquel que, por la concurrencia de determinadas características, está especialmente indefenso o desvalido en las relaciones de consumo. En particular, son consumidores vulnerables los menores de edad, las personas mayores de 70 años, las personas con certificado de minusvalía por discapacidad intelectual y los turistas, entendiendo como tales aquellas personas no residentes en la comunidad autónoma de las Illes Balears y temporalmente desplazados de su residencia habitual para hacer turismo, y cualquier otro consumidore en situación de inferioridad o indefensión.»

4. TRLGDCU: «A efectos de lo dispuesto en esta norma, se considera empresario a toda persona física o jurídica, ya sea privada o pública, que actúe directamente o a través de otra persona en su nombre o siguiendo sus instrucciones, con un propósito relacionado con su actividad comercial, empresarial, oficio o profesión.»[829]

Pero, lo habitual, en la presente modalidad de alojamiento, será que el explotador o arrendador sea el propio titular del inmueble. Por tanto, en la relación contractual no habrá una parte débil —el consumidor—. Sino que la relación jurídica que surja será entre iguales.

Consciente el legislador de este hecho, ha recogido toda una serie de exigencias para iniciar la actividad, como es la presentación de la declaración responsable de inicio de actividad, de equipamiento, de calidad e, incluso las restricciones, en ocasiones, en cuanto a la duración y al objeto sobre el que debe recaer el contrato de alojamiento. Y, en caso de inobservancia de cualquiera de las disposiciones previstas en la normativa sectorial, le ha asignado la correspondiente sanción administrativa. Todo ello, con independencia del término utilizado por el legislador autonómico a la hora de conceptualizar las viviendas de uso turístico.

Por ejemplo, en el art. 27 del Decreto 48/2016, de Asturias, titulado «Obligaciones de las empresas explotadoras de las viviendas». Vemos que utiliza la expresión «empresas»[830], pero ni en la definición dada en su art. 4 de las viviendas vacacionales, ni en la de viviendas de uso turístico del art. 12, ni en los requisitos de comercialización, aparece que las personas interesadas deban constituir una persona jurídica para llevar a cabo la cesión de viviendas con finalidad turística. Sí que utiliza el anterior art. 4 la palabra «profesional», pero el Decreto no especifica a qué se refiere.

Así, deberemos prestar atención a la naturaleza jurídica del encargado de llevar a cabo la comercialización, puesto que, la declaración responsable de inicio de la actividad puede presentarla tanto los titulares de la

---

829 *Vid.* Tur Faúndez, M.ª Nélida, «La protección del usuario de los servicios de alojamiento», en Francisco de Paula Blasco Gascó, *et al.*, (Coords.), *Estudios jurídicos en homenaje a Vicente L. Montés Penadés. Vol. 2,* Tirant lo Blanch, Valencia, 2011, pp. 2631 a 2649.

830 Y no la utiliza de forma aislada, sino recurrente en varios preceptos. *Vid.* el art. 14.3 «Publicidad»; el art. 16 «Reglamento de régimen interior»; el art. 18.3 «Reservas»; art. 19.2 «Cancelación de reservas», etc.

vivienda como las empresas explotadoras de la misma, por ejemplo, una agencia inmobiliaria[831].

De forma similar lo recoge la Ley 8/2012, de las Islas Baleares, cuyo art. 49 («Concepto»), empieza diciendo «Son empresas comercializadoras de estancias turísticas en viviendas las personas físicas o jurídicas…»[832].

Por lo que atañe a la fundamentación de tales limitaciones, por mucho que el legislador autonómico alegue la protección de los turistas como causa, dicho objetivo no se verá alcanzado, sino a través de los requisitos de inicio de actividad, equipamiento, mobiliario y régimen sancionador[833]. Éstos serán los que asegurarán un nivel de calidad mínimo a los turistas en la modalidad de alojamiento que constituyen las viviendas de uso turístico, y no las restricciones al contenido del derecho de propiedad apuntadas.

---

831 Así lo afirma el art. 29.1 del Decreto 48/2016, de Asturias: «1. Los titulares o empresas explotadoras de las viviendas vacacionales, así como las de uso turístico, con antelación al inicio de la actividad, deberán presentar ante la Administración competente en materia de turismo, una declaración responsable…»

832 Incluso, utiliza dicha expresión, en su art. 26.1, letra c), a la hora de clasificar las «empresas turísticas».

833 El Decreto 28/2016, de Andalucía, en su Exposición de Motivos, manifiesta que «dada la singularidad de este tipo de alojamientos, existe una proporcionalidad en las exigencias de requisitos. Así, los requisitos requeridos son más reducidos que los que se imponen a otros alojamientos turísticos, tratándose de requisitos relacionados más directamente con la prestación del servicio, la dotación de una calidad básica en la oferta, así como la atención y derecho de información de las personas usuarias.» O el Decreto 113/2015, de Canarias, que apunta a las «características especiales de esta tipología extrahotelera, a desarrollar en viviendas que han sido construidas o rehabilitadas conforme a unos requisitos ya regulados por su normativa específica, que los diferencian del resto de las tipologías de establecimientos turísticos de alojamiento», de ahí que «no le deben resultar de aplicación ni los requisitos constructivos ni los de equipamiento o servicios aplicables al resto de los establecimientos turísticos de alojamiento, debiendo cumplir unos requisitos específicos.» También, el Decreto 3/2017, de Castilla y León, afirma que «De acuerdo con las características de este tipo de establecimientos de alojamiento turístico la exigencia de requisitos técnicos es mínima y básica.»

5.6. La inconstitucionalidad de la delimitación autonómica del contenido del derecho a la propiedad privada por vulnerar el límite competencial de las «bases de las obligaciones contractuales»

Tras analizar las limitaciones al contenido del derecho de propiedad previstas en la legislación autonómica, y su fundamentación, debemos ponerlas en relación con el contenido del art. 141.1.8.ª CE, y el límite que dicho precepto prevé, en su apartado segundo, relativo a las bases de las obligaciones contractuales.

Es unánime el hecho de que la competencia relativa a las bases de las obligaciones contractuales pertenece, en exclusiva, al Estado. Más conflictivo resultaba el alcance que debía darse a las mismas. No obstante, el Tribunal Constitucional, en su sentencia núm. 132/2019, 13 noviembre, fijó lo que debía entenderse por «básico» en materia civil contractual.

En su Fundamento Jurídico 6º, considera normativa básica:

> «aquellas reglas que inciden directamente en la organización económica, en las relaciones inter partes y en la economía interna de los contratos, comprobando, por ejemplo, si se respetan directrices básicas tales como el principio de la iniciativa privada y la libertad de contratación, la conmutatividad del comercio jurídico, la buena fe en las relaciones económicas, la seguridad del tráfico jurídico».

Para el Tribunal, la manifestación anterior se fundamenta en la misma naturaleza del derecho contractual, pues, salvo excepciones justificadas, nos encontramos ante un sistema jurídicamente dispositivo, en el que debe regir y rige el principio de la libertad de pactos[834].

Y, junto al principio de libertad de pacto e iniciativa privada, el Tribunal califica de «legislación básica» en materia de contratos lo establecido los en los Títulos I y II, del Libro IV (arts. 1088 a 1314), especialmente las normas relativas a las fuentes de las obligaciones (art. 1089 y ss. CC), a la fuerza vinculante del contrato (art. 1091 CC) y a las que regulan sus elementos esenciales y efectos (1245 a 1280 CC)[835].

---

834 «El Código civil entendido como ordenamiento estatal regulador de las relaciones contractuales entre privados, contempla como regla básica la autonomía de la voluntad y la libertad de pactos (art. 1255 CCE)».

835 «Con el mismo carácter básico deben tomarse los principios materiales que se extraen de estas normas tales como la autonomía de la voluntad, la prevalencia del principios espiritualista en la perfección del contrato, la eficacia obligacional del contrato en relación con los modos de traslación del dominio; la obligatoriedad

Estas «bases», *a priori*, tendrán un carácter general y común para todos los contratos, o «categorías amplias de los mismos». Declarando que «no puede comprender la regulación de cada tipo contractual.» Ahora bien, a lo anterior el Tribunal anuda una excepción, cuya repercusión el en ámbito en el que se circunscribe nuestro estudio consideramos esencial. En concreto, al salvar la parte y medida «en que ésta suponga una concreción complementaria de las reglas general o generalizables a la clase a que por su naturaleza jurídica pertenece». En cuyo caso, «deben quedar opciones diversas para que el legislador autonómico pueda ejercer su competencia».

Como consecuencia, y compartiendo de este modo la opinión apuntada por BERCOVITZ[836] y ARCE JANÁRIZ[837], dichas bases, junto a las predicables en términos generales de cualquier tipología de contrato, debemos buscarlas, además, en los preceptos que el Código civil destina al contrato de arrendamiento (arts. 1542 y ss. CC), y, en su caso, en la ley vigente a nivel estatal, como es la Ley de Arrendamientos Urbanos. Ello debido a que la regulación anterior supone una «concreción complementaria de las reglas generales o generalizables», como dice el Tribunal.

5.6.1. Delimitación sectorial de carácter temporal

Cuando nos referimos a limitaciones de carácter temporal queremos aludir a aquellas disposiciones que establecen plazos máximos de duración[838], y la consecuencia que el legislador anuda en caso de incumplimiento es una determinada sanción[839]. O, lo que es lo mismo, la responsa-

---

del contrato, la buena fe contractual, el sistema de responsabilidad por incumplimiento, la responsabilidad universal del deudor, los requisitos de validez y eficacia del contrato o la defensa de los consumidores.»

836 BERCOVITZ RODRÍGUEZ-CANO, Rodrigo, «Las bases de…», *op. cit.*, p. 108.

837 ARCE JANÁRIZ, Alberto, *op. cit.*, p. 143.

838 Plazo mínimo, a día de hoy, no existe ninguno. La única Comunidad Autónoma que lo exigía era la Comunidad de Madrid, con un plazo mínimo de 5 días.

839 A modo de ejemplo, el art. 30.13, de la Ley 8/2012, de las Islas Baleares, establece, que la comercialización de la totalidad de la vivienda se realizará «por períodos de corta duración, entendidos como estancias por días o semanas, sin que una estancia pueda ser superior a un mes.» Si la estancia es superior a un mes, constituiría una infracción administrativa «grave», de acuerdo con la letra e), del art. 105: «La oferta o la comercialización de estancias turísticas en viviendas que no cumplan los requisitos o las condiciones establecidas en el capítulo IV, del título III, de esta ley y en su normativa de desarrollo.»; pero no su expulsión de la normativa secto-

bilidad disciplinaria administrativa, según el régimen sancionador previsto por cada Comunidad autónoma.

Pues bien, una limitación de este carácter topa directamente con el principio de autonomía de la voluntad, previsto en el art. 1255 CC, y que el Tribunal Constitucional, a la hora de fijar las bases de las obligaciones contractuales ha reconocido que forma parte de la legislación básica en materia de Derecho contractual.

Pero, también, va en contra de las disposiciones que ordenan el contrato de arrendamiento de fincas urbanas.

Sobre dicho contrato ninguna Comunidad Autónoma ha legislado, a día hoy, por carecer de la competencia necesaria para ello, y no concurrir el requisito de «suficiente conexión», en relación con la potestad de desarrollo de su Derecho civil propio.

Así, en especial, el art. 1543 afirma que «En el arrendamiento de cosas, una de las partes se obliga a dar a la otra el goce o uso de una cosa por tiempo determinado y precio cierto.»

Este «tiempo determinado», salvo en los contratos de arrendamiento de vivienda sometidos a la Ley de Arrendamiento Urbanos, debería fijarse por las partes en virtud del principio de autonomía de la voluntad. No obstante, en determinadas Comunidades Autónomas, ello es imposible, al existir una limitación temporal totalmente injustificada y que no se predica del resto de modalidades de alojamientos reglados.

Por tanto, consideramos que las Comunidades Autónomas que recogen una limitación en este sentido se inmiscuyen en un ámbito competencial reservado en exclusiva al Estado, como son las bases de las obligaciones contractuales predicables, en este caso concreto, del régimen general del contrato de arrendamiento previsto en el Código civil[840].

---

rial. Pero, en contraposición al caso anterior, encontramos a Galicia, cuyo art. 5.2., del Decreto 12/2017, prevé que: «constituyen estancias de corta duración aquellas en las que la cesión de uso es inferior a treinta días consecutivos, quedando fuera del ámbito de aplicación de las que sobrepasen esa duración.» Y remarcamos este último inciso, ya que no es que se prohíban y, por tanto, sancionen los contratos de alojamiento de duración superior a 30 días, sino que directamente quedan fuera del ámbito de aplicación de la normativa sectorial y, como consecuencia, sometidos a la Ley de Arrendamientos Urbanos, a través del régimen previsto para el contrato de arrendamiento de uso distinto del de vivienda.

840 En este mismo sentido se pronuncia Mesa Marrero, Carolina, *op. cit.*, p. 36.

5.6.2. Delimitación sectorial por razón del objeto

En esta ocasión nos referimos a disposiciones sectoriales que prohíben, expresa o tácitamente, la cesión de habitaciones con una finalidad turística.

De nuevo, nos encontramos ante una restricción al ejercicio del principio de autonomía de la voluntad que predica el Código civil, en su art. 1255. Pero, una vez más, a dicho principio, debemos ponerlo en consonancia con las disposiciones específicas que regulan el contrato de arrendamiento en el Código civil, ya que ahí no se diferencia entre la cesión íntegra de una cosa o una parte de ella.

En virtud del art. 1542 CC, «El arrendamiento puede ser de cosas, o de obras o servicios.» Y, a tenor del ya reproducido art. 1543 «En el arrendamiento de cosas, una de las partes se obliga a dar a la otra el goce o uso de la cosa por tiempo determinado y precio cierto.»

En nuestra opinión, dichos preceptos constituyen una «concreción complementaria de las reglas generales» que el Tribunal ha declarado legislación básica. La expresión «cosa», que se utiliza en esta sede, puede abarcar un número importante de elementos objeto de cesión, entre ellos las habitaciones, y no sólo las viviendas íntegras.

El objeto sobre el que puede recaer el contrato de arrendamiento —habitación o vivienda completa— no debería venir predeterminado por el legislador autonómico, sino por las partes, con fundamento en el ejercicio del principio de autonomía de la voluntad. Sin embargo, en algunas Comunidades Autónomas es imposible, y ello a pesar de que el contrato de arrendamiento de habitación, junto con el acceso a las otras dependencias comunes, puede satisfacer la necesidad de alojamiento por motivos turísticos, especialmente cuando el turista viaja solo. Aparte de poder ser, incluso, más económico.

La posibilidad de ceder únicamente una estancia sería una característica propia de la modalidad de alojamiento que representan las viviendas de uso turístico. Pensemos, por ejemplo, en los apartamentos turísticos o en las habitaciones de hotel. En estos casos no parece razonable que pueda arrendarse, exclusivamente, una dependencia de los mismos, puesto que la propia dependencia constituye, en casos normales, el objeto íntegro de la cesión. Pero, en cambio, en las viviendas de uso turístico, sí. Éstas, con toda seguridad, estarán compuestas por diversas habitaciones —al menos dos[841]—, y siempre y cuando el arrendador esté dispuesto a compartir el uso del resto de elementos comunes (baños, cocina, sala de estar, patio, terraza, etc.) con el arrendatario, no debería impedirse la posibilidad de arrendar con fines turísticos una sola estancia del inmueble.

La STSJ (Sala de lo Contencioso-Administrativo, 2ª) 21 marzo 2017[842], determinó, en relación con el art. 12.1 del Decreto 113/2015, de Canarias, que «No hay razones para exigir a un cliente que sólo desea contratar una habitación para alojarse, asumir el coste del arrendamiento del arrendamiento de la totalidad de la vivienda, si el propietario desea ofrecerle este servicio.» El Tribunal, en este caso, no alude ni en un solo momento al principio de proporcionalidad, sino que expone que: «La norma persigue de manera evidente que se ponga en el mercado un producto que por su precio reducido compita con la oferta de alojamiento hotelero, lo cual lesiona la libre competencia.» Y, por ello, declara su nulidad.

Pero no es sólo que un precepto con este tenor lesione la libre competencia. Sino que, a nuestro entender, además, vulnera una concreción de la «legislación básica» en materia de Derecho contractual, como es el objeto sobre que el recae el contrato de arrendamiento, aunque tenga una finalidad turística, y que el Código civil no prevé, al referirse únicamente a una «cosa».

Sí que alude al principio de proporcionalidad la STSJ Castilla y León (Sala de lo contencioso-Administrativo, 1ª), 2 febrero 2018[843], aunque de forma muy sucinta, a la hora de anular la prohibición contenida en el art. 3.1, del Decreto 3/2017, de Castilla y León, en relación con la cesión de habitaciones[844].

---

841 El Decreto n.º 256/2019, de la Región de Murcia, por ejemplo, recoge dos modalidades de «viviendas de uso turístico». Las cedidas en su totalidad, y las cedidas por habitaciones (art. 2.2.º). Ahora bien, en esta última modalidad no se permite la cesión de «viviendas tipo estudio». Y, hemos apuntado, que la fundamentación de tal precisión podría recaer en la presunción de que, por norma general, en los estudios sólo existe una habitación, y en la cesión por habitaciones se requieren, como mínimo, dos: una para el residente y la otra para el usuario.

842 STSJ Islas Canarias, Santa Cruz de Tenerife (Sala de lo Contencioso-Administrativo, 2ª) núm. 41/2017, 21 marzo (RJCA 2017, 645).

843 STSJ Castilla y León (Sala de lo contencioso-Administrativo, 1ª), núm. 86/2018, 2 febrero 2018 (RJCA 2018, 5), Fundamento Jurídico 8º.

844 «En lo que respecta a la necesidad de la medida y su proporcionalidad y siempre en relación con la protección del consumidor o usuario del [turismo], no se [aprecian] razones para exigir a un cliente que sólo desea contratar una habita-

Efectivamente, una limitación referida al objeto sobre el que recae el contrato de arrendamiento de alojamiento, o en cuanto a su duración, no contribuye a salvaguardar ningún interés general alegado, o tenido en cuenta por los legisladores autonómicos a la hora de establecer una disposición en este sentido: medio ambiente, política cultural, conservación del patrimonio, entorno urbano, territorio, etc. Ni mucho menos, garantizar la protección de los turistas como consumidores o usuarios. Serán los requisitos relativos al equipamiento y mobiliario mínimos exigidos los que otorguen un estándar de calidad[845], y no las restricciones anteriores, que, no sólo impiden el ejercicio libre de una modalidad de alojamiento que está llamada concurrir competencialmente con el resto, sino que, también, revisten una limitación al contenido del derecho de propiedad.

De este modo, el principio de proporcionalidad no es el único elemento a tener en cuenta por parte de los Tribunales —puesto que, a día de hoy,

ción para alojarse, asumir el coste del arrendamiento de la totalidad de la vivienda, por lo que no se estima este límite al desarrollo de la actividad esté justificado, debiendo estimarse el recurso en este punto.»

845 A modo de ejemplo, podemos citar el art. 10 «Requisitos mínimos», del Decreto 113/2015, de Canarias, cuyo tenor es el que sigue: «Las viviendas vacacionales deberán contar con el equipamiento mínimo establecido en el presente artículo, en cada una de sus dependencias, de forma proporcional al número de sus ocupantes y acorde a la actividad desarrollada en las mismas, siendo: 1. Equipamiento general: a) Cierre interior de seguridad en puertas de acceso; b) Botiquín de primero auxilios. 2. Dormitorio: a) Iluminación para la lectura junto a la cada cama; b) Sistema efectivo de oscurecimiento de cada dormitorio con lo que cuente; c) Perchas de materia no deformable y estilo homogéneo adecuadas al número de personas usuarias; d) Camas dobles o individuales con las siguientes dimensiones mínimas: – Individuales: 0.90 m x 1,90 m, – Dobles: 1,35 m x 1,90 m; e) Equipamiento mínimo y ropa de cama suficiente por persona: – Protección de colchón, – Sábanas o similar, – Manta, – Almohada, – Cubrecama. En caso de que la contratación fuese superior a una semana, se dotará de otro juego de cama por persona usuaria para cada semana o fracción. 3. Baño: – Espejo, – Secador, – Porta-rollo para papel higiénico, – Alfombrilla, – Soporte, con capacidad suficiente, para colocar objetos de aseo en caso de no contar con encimera o similar, – Toallero, perchas o colgadores con capacidad suficiente, – sistema que impida la salida de agua en la bañera o plato de ducha, – Toallas de baño por cada persona usuaria, – Toalla de mano por cada persona usuaria, – Cuando la estancia fuere superior a una semana, se dotará de otro juego de toallas por persona usuaria para cada semana o fracción. 4. Cocina: – Horno o microondas, – Cafetera, – Vajilla, cubertería y cristalería en número adecuado a la capacidad de las personas usuarias, – Menaje y lencería suficiente para la manipulación y consumo de alimentos, – Utensilios de limpieza, – Plancha y tabla de planchar.»

y a pesar de existir pronunciamiento en contra, aún sigue habiendo Comunidades Autónomas que prevén la prohibición de ceder habitaciones—, sino también el hecho de vulnerar una materia sobre la cual sólo el Estado tiene competencia[846].

Las bases de las obligaciones contractuales previstas en el art. 149.1.8ª CE, así como las ha definido el Tribunal Constitucional y la doctrina, pueden alcanzar un tipo contractual en concreto. Y, en el caso de las viviendas de uso turístico, las limitaciones temporales o por razón del objeto vulneran dichas «bases» previstas en el Código civil, y predicables en particular para el contrato de arrendamiento.

Así, en una Comunidad Autónoma, por ejemplo, en la que concurra una limitación al contenido del derecho de propiedad de carácter temporal, junto a la prohibición de arrendar una habitación para satisfacer la necesidad de alojamiento por motivos turísticos, el ámbito de ejercicio del principio de autonomía de la voluntad prácticamente se desvanece. Las partes, realmente, no podrán configurar dos de los elementos más característicos del contrato de arrendamiento de alojamiento: el objeto y la duración.

Ninguna Comunidad Autónoma puede legislar ni desarrollar una materia sobre la que no tiene competencia. Y el Derecho contractual no es una excepción. Por ello, las Comunidades Autónomas sin Derecho civil carecen de la potestad de regular cualquier aspecto relativo al Derecho contractual. Y, las que sí cuentan con Derecho civil propio, deberán estarse al criterio de la «conexión suficiente» y su alcance.

5.6.3. Delimitación en cuanto al uso exclusivo

Una limitación en relación con el uso que deba darse al inmueble, admitiendo únicamente el turístico, consideramos que topa directamente con el art. 1255 CC, que forma parte de la legislación básica en materia de Derecho de contratos y del reducto que constituyen las bases de las obligaciones contractuales. Pero, dicha inconstitucionalidad podría venir apoyada junto a la vulneración de las bases de las obligaciones contractuales, en la falta de proporcionalidad de la medida. Especialmente en aquellos casos

---

846 Para MESA MARRERO, Carolina, *op. cit.*, p. 32, la regla que prohíbe la cesión por estancias «introduce una limitación a las facultades de uso y disposición del titular del derecho de propiedad, que no resulta proporcionada ni razonable.»

en que una limitación en ese sentido impediría, de forma tácita, que el propietario del inmueble pudiera destinar la vivienda a satisfacer sus propias necesidades personales y familiares.

Capítulo Quinto

La delimitación del contenido del derecho a la propiedad privada a través de la ordenación urbanística de las viviendas de uso turístico

1. CONSIDERACIONES PREVIAS

En el presente capítulo, fijaremos nuestra atención en la ordenación de las viviendas de uso turístico a través de los instrumentos de planificación urbanística y su incidencia en el contenido del derecho de propiedad.

Observaremos, que el inicio de la cesión de las viviendas para satisfacer la necesidad de alojamiento privado para el turismo recae, o puede recaer, en última instancia, en las decisiones urbanísticas adoptadas en ese ámbito por las Administraciones Públicas competentes.

La Constitución Española, en virtud de su art. 148.1.3.ª, permite a las Comunidades Autónomas asumir la competencia exclusiva en ordenación del territorio y urbanismo.

Todos los entes autonómicos, sin excepción alguna, han ejercitado dicha facultad. Ahora bien, de acuerdo con el apartado segundo, letra a), del art. 25 de la Ley 7/1985, de 2 de abril, Reguladora de las Bases del Régimen Local, corresponde a los municipios, en todo caso, y de acuerdo con los términos previstos en la legislación estatal y autonómica correspondiente, ejercer la competencia en urbanismo[847].

---

[847] Art. 25.2, letra a), Ley 7/1985: «2. El Municipio ejercerá en todo caso como competencias propias, en los términos de la legislación del Estado y de las Comunidades Autónomas, en las siguientes materias: a) Urbanismo: planeamiento, gestión, ejecución y disciplina urbanística. Protección y gestión del Patrimonio histórico. Promoción y gestión de la vivienda de protección pública con criterios de sostenibilidad financiera. Conservación y rehabilitación de la edificación.» Además, en su versión original, el art. 25.2, letra m), reconocía, de forma expresa, la posibilidad de que los municipios, también en los términos previstos por la legislación estatal y autonómica, pudieran ejercer la competencia en materia de «Actividades o instalaciones culturales y deportivas; ocupación del tiempo libre; turismo.» Más

En ocasiones, los entes locales, en el ejercicio de la anterior competencia, podrán llevar a cabo la ordenación de las viviendas de uso turístico que consideren más adecuada en su respectivo municipio. En cambio, en otras, deberán aprobar o adaptar su ordenación en ese ámbito de acuerdo con unos criterios preestablecidos por un plan supramunicipal.

En las páginas que siguen nos adentraremos en medidas de naturaleza urbanística. Aun así, atender a las mismas y a su contenido es de capital importancia para el estudio que aquí se presenta. Ello es debido a la íntima relación que existe entre las decisiones que se adoptan en el ámbito urbanístico en general y, en particular, en relación con la ordenación de las viviendas de uso turístico[848], y el derecho de propiedad[849].

---

tarde, a través de la Ley 27/2013, de 27 de diciembre, de racionalización y sostenibilidad de la Administración Local, de modificación de la Ley 7/1985, despareció la competencia anterior, y se incluyó, en su letra h), la relativa a la «Información y promoción de la actividad turística de interés y ámbito local», aún vigente hoy en día.

848 Suay Rincón, José, «Turismo y urbanismo: la ordenación turística del espacio. El caso de Canarias», en David Blanquer Criado (Dir.), *Ordenación y gestión del territorio turístico*, Tirant lo Blanch, Valencia, 2002, pp. 285 a 348, p. 287: «Todas las actividades turísticas se producen y se localizan sobre el territorio. La actividad turística requiere, de este modo, un suelo donde asentarse». Blasco Esteve, Avelino, «Planificación turística y planificación territorial: la necesidad de una convergencia», en David Blanquer Criado (Dir.) *Ordenación y gestión del territorio turístico*, Tirant lo Blanch, Valencia, 2002, pp. 213 a 284, p. 283, destaca «la íntima relación que existe entre ordenación turística y ordenación territorial-urbanística: nunca podrá haber una adecuada ordenación turística sin que exista a la vez y de manera coordinada una razonable ordenación territorial y urbanística, ordenación que no puede dejar de ser supramunicipal en sus líneas generales si se quiere introducir coherencia, homogenización y coordinación en las porciones del territorio sin solución de continuidad que son en definitiva los términos municipales.» Por su parte, Paolo Russo, Antonio, «Las nuevas fronteras del estudio del turismo: retos conceptuales y epistemológicos», *Revista CIDOB d'Afers Socials* (2016), n.º 113, pp. 15 a 32, p. 27: «[...] actualmente, se hace muy complicado entender lo que es una ciudad y los retos a los que se enfrenta sin considerar su "condición turística", entendiendo aquí el turismo como un sistema ordenado y ordenador de materialidades, prácticas, relaciones y movilidades, y ya no solamente como "sector económico"; y los turistas como parte de la población urbana o ciudadanos temporales, con una fuerte capacidad de actuación sobre la transformación y resignificación del espacio, y ya no como meros "clientes".» Para el autor, «Uno de los postulados más interesantes de estas nuevas aproximaciones es que parece ser que la complejidad del fenómeno turístico y su estrecho entrelazamiento con las formas de vida, producción y consumo de la sociedad contemporánea

Porto Rey define la urbanística como la «disciplina que tiene por objeto el estudio del fenómeno urbano, con el fin de intervenir sobre él.»[850] Las técnicas de intervención de que se sirven los municipios para fijar el estatuto jurídico del derecho de propiedad del suelo y, correlativamente, configurar la cesión de las viviendas de uso turístico, son la clasificación y la calificación del suelo.

Como es sabido, el art. 129 de la Ley 39/2015, en su apartado primero, exige que las Administraciones Públicas, en el ejercicio de la iniciativa legislativa y la potestad reglamentaria, actúen de acuerdo con los principios de necesidad, eficacia, proporcionalidad, seguridad jurídica, transparencia y eficiencia. E, igualmente, el art. 4.1, de la Ley 40/2015, recoge que las Administraciones Públicas, en el ejercicio de sus respectivas competencias, «al limitar el ejercicio de derechos individuales o colectivos o exijan el cumplimiento de requisitos para el desarrollo de una actividad, deberán aplicar el principio de proporcionalidad y elegir la medida menos restrictiva, motivar su necesidad para la protección del interés público, así como justificar su adecuación para lograr los fines que se persiguen, sin que en ningún caso se produzcan diferencias de trato discriminatorias».

Ahora bien, el principio de necesidad y de proporcionalidad, junto al de no discriminación, aparecen reconocidos, a su vez, en el art. 15.3 de la Directiva de Servicios. Estos principios han sido traspuestos a nuestro ordenamiento jurídico, en el art. 5 de la Ley 17/2009.

---

impiden que se busquen "modelos ideales" del lugar turístico; más bien empujan a fijarse críticamente en las controversias generadas por el turismo y, a raíz de ellas, descifrar las relaciones de poder y autoridad que rigen el funcionamiento de la sociedad contemporánea y la construcción incluso política de sus espacios de vida.» *Vid.* Paolo Russo, Antonio y Quaglieri Domínguez, Alan, «La lógica espacial del intercambio de casas: una aproximación a las nuevas geografías de lo cotidiano en el turismo contemporánea», *Revista Electrónica de Geografía y Ciencias Sociales*, Vol. XVIII (2014), núm. 483.

849 Pons Cànovas, Ferran, *La incidencia de las intervenciones administrativas en el derecho de propiedad. Perspectivas actuales*, Marcial Pons, Barcelona, 2004, p. 39: «En las distintas normas estatales y autonómicas sobre urbanismo y ordenación del territorio y en los respectivos planes se prevén numerosas restricciones y deberes que, [...] afectan a los propietarios de terrenos y construcciones [...] incluso sin que aquéllos sean plenamente conscientes de ello.»

850 Porto Rey, Enrique, «La ordenación urbana y las figuras de planeamiento», en Enrique Bardají Álvarez (Dir.), *Curso básico de planeamiento y gestión*, Colegio Oficial de Arquitectos, Madrid, 1987, pp. 23 a 34, p. 23.

La Directiva de Servicios y, por ende, los requisitos o principios anteriores en ella reconocidos, adquiere una enorme importancia en el ámbito de la ordenación de las viviendas de uso turístico[851].

El Tribunal de Justicia de la Unión Europea, en su sentencia de 22 septiembre 2020, determinó que «la actividad de arrendamiento a cambio de una remuneración de inmuebles amueblados destinados a vivienda a clientes de paso que no fijan en ellos su domicilio, efectuados de forma reiterada y durante breves períodos de tiempo, tanto con carácter profesional como no profesional», está comprendida dentro del concepto de «servicios», del art. 4.1 de la Directiva de Servicios. Y, como consecuencia, el establecimiento de determinados requisitos con el fin de supeditar el acceso o su ejercicio estarán sujeto a los principios de no discriminación, necesidad y proporcionalidad.

La anterior doctrina jurisprudencial ha sido acogida y aplicada por parte del Tribunal Supremo. En especial, analizando el alcance de la incidencia de los instrumentos de planeamiento urbanístico en la cesión de las viviendas de uso turístico a la hora de establecer los poderes públicos límites territoriales al acceso y ejercicio de la actividad[852].

La recepción de la doctrina sentada por el Tribunal de Justicia de la Unión Europea por parte de nuestros tribunales ha contribuido a dotar de contenido a los principios de necesidad y de proporcionalidad en un ámbito muy particular, como es el de la ordenación urbanística de las viviendas de uso turístico.

Detengámonos, a continuación, en algunas de las medidas adoptadas por los municipios ordenando urbanísticamente esta modalidad de alojamiento turístico. Dichas medidas, en mayor o menor medida, supondrán una auténtica delimitación, a través de una intervención administrativa, del contenido del derecho de propiedad. Pero, al mismo tiempo, constituirán una restricción al acceso y al ejercicio a la libre prestación del servicio de alojamiento privado para el turismo en viviendas y, por este motivo,

---

851 SOCÍAS CAMACHO, Joana Maria, «Estado regulador y alojamiento colaborativo. El régimen de la intervención pública limitadora de la prestación del servicio», *Revista de Administración Pública* (2018), N.º 205, pp. 131 a 170, p. 136: «El Derecho comunitario ha afectado notablemente el Derecho administrativo en la regulación de las actividades particulares.»

852 Por todas, *Vid.* las SSTS (3ª) núm. 1550/2020, 19 noviembre (RJ 2020, 5293); núm. 75/2021, 26 enero (RJ 2021, 145); núm. 779/2021, 2 junio (RJ 2021, 3163) o núm. 109/2023, 31 enero (JUR 2023,56210).

deberán ser analizadas a la luz de los principios de no discriminación, necesidad y proporcionalidad.

2. BREVE APUNTE ACERCA DE LA DISTRIBUCIÓN COMPETENCIAL EN MATERIA URBANÍSTICA

Antes de abordar la incidencia de la actuación de la Administración Pública en el contenido del derecho de propiedad, a través de la ordenación urbanística de las viviendas de uso turístico, debemos referirnos, aunque sea someramente, a la distribución competencial en materia de urbanismo.

En España, la disciplina jurídica completa de la propiedad inmobiliaria por razón de urbanismo se produce, por vez primera, a través de la Ley de 12 de mayo de 1956, sobre el Régimen del Suelo y Ordenación Urbana[853].

La entrada en vigor de la meritada Ley supuso un cambio importante. Así, el urbanismo, pasó de ser una competencia prácticamente municipal, a ejercerse por parte del Estado, en detrimento de los entes locales[854].

En el artículo primero de la Ley del Suelo de 1956 podía leerse que «Es objeto de la presente Ley la ordenación urbanística en todo el territorio nacional». Si bien, la Ley reconoció a los municipios lo que RAMÓN FERNÁNDEZ denominó «competencia común en la materia»[855] y, *ex* art. 202,

---

853 Así lo afirmó PAREJO ALFONSO, Luciano, «El régimen urbanístico de la propiedad inmobiliaria en España», en Javier Barnés (Coord.), *Propiedad, expropiación y responsabilidad. La garantía indemnizatoria en el Derecho europeo y comparado*, Tecnos, Madrid, 1995, pp. 215 a 274, p. 215.

854 RAMÓN FERNÁNDEZ, Tomás, *Manual de Derecho urbanístico*, Civitas, Cizur Menor, 2019, p. 33: «Con anterioridad a la LS de 1956 el urbanismo se reducía a los límites estrictos que la propia etimología del término contribuye a evocar. Era por ello una competencia esencialmente municipal. La LS de 1956, a partir de otros planteamientos más ambiciosos [...] y más ajustados, también, a las necesidades del momento, atribuyó decididamente al Estado un importante protagonismo en la materia, a costa de las competencias de los Municipios.»

855 *Ídem*, « Se reconoció a éstos, efectivamente, la competencia de Derecho común en la materia (artículo 202: "La competencia urbanística de los Ayuntamientos comprenderá todas las facultades que siendo de índole local no hubiesen sido expresamente atribuidas por la presente Ley a otros organismos."), pero reservó al Estado la aprobación definitiva de todo tipo de planes, amén de otras decisiones de especial importancia, lo que, de hecho, venía a reducir las competencias decisorias de los Ayuntamientos al ámbito de la gestión y ejecución del planeamiento.»

«La competencia urbanística de los Ayuntamientos comprenderá todas las facultades que siendo de índole local, no hubiesen sido expresamente atribuidas por la presente Ley a otros Organismos.»

Posteriormente, la Ley del Suelo de 1956 fue modificada a través de la Ley 19/1975, de 2 de mayo, que dio lugar a la promulgación del Real Decreto 1346/1976, de 9 de abril, por el que se aprueba el Texto Refundido de la Ley sobre Régimen del Suelo y Ordenación Urbana. Esta última, no alteró la competencia residual a favor de los Ayuntamientos, que la recogió en idénticos términos en su art. 214.

Así las cosas, el Estado seguía ostentado la competencia en cuanto a la aprobación definitiva del planeamiento se refiere y al control de la disciplina urbanística[856].

Sin embargo, la promulgación de la Constitución Española de 1978 y la consiguiente configuración de España en un Estado autonómico, obligó a revisar el sistema urbanístico vigente en el momento, centralizado, recordemos, en manos del Estado[857].

En virtud del art. 148.1.3.ª CE, las Comunidades Autónomas podrán asumir competencias en «Ordenación del territorio, urbanismo y vivienda.» Sin que, por su parte, el art. 149 CE reconozca al Estado competencia directa alguna en la materia.

Como consecuencia, en el ejercicio de la facultad que les otorgó la Constitución, todas las Comunidades Autónomas asumieron, a través de sus respectivos Estatutos de Autonomía, la competencia exclusiva en ordenación del territorio, urbanismo y vivienda[858].

---

856 *Ibidem,* pp. 34 y 35: «La reforma de 1975 no alteró en lo esencial la posición de los Ayuntamientos, [...]. En el nivel estatal permanecieron, pues, las facultades de tutela de la actividad municipal y, especialmente, las competencias en orden a la aprobación definitiva del planeamiento y a la vigilancia de la disciplina urbanística.»

857 O, como lo describe LÓPEZ RAMÓN, Fernando, *Introducción al Derecho urbanístico,* 3ª ed. Marcial Pons, Madrid, 2009, p. 42, «el llamado Estado de las autonomías abrió el portillo de la crisis competencial en el sistema del urbanismo centralizado que se había puesto en marcha por la Ley del Suelo de 1956 y que entonces se encontraba regido por el Texto Refundido de 1976.»

858 Art. 56, de la Ley Orgánica 2/2007, de 19 de marzo, de reforma del Estatuto de Autonomía para Andalucía; art. 71, de la Ley Orgánica 5/2007, de 20 de abril, de reforma del Estatuto de Autonomía de Aragón; art. 10, de la Ley Orgánica 7/1981, de 30 de diciembre, de Asturias; arts. 156 y 158, de la Ley Orgánica

Con todo, tal y como destacó Ramón Fernández, «si bien las autoridades autonómicas asumieron sin excepción todas las competencias que con anterioridad ejercían las estatales en el plano ejecutivo, en el nivel legislativo los Parlamentos y Asambleas de las Comunidades Autónomas se mostraron muy cautos y muy respetuosos también con el ordenamiento urbanístico preconstitucional, que se limitaron a retocar en aspectos más bien marginales (establecimiento de nuevos esquemas de planeamiento supramunicipal, protección de espacios naturales, regulación del suelo no urbanizable, endurecimiento de la disciplina urbanística, etc.), sin afectar nunca al núcleo central del mismo, conscientes, sin duda, de que éste gira en torno a la definición del estatuto jurídico de la propiedad, que, como derecho fundamental que es, parece reclamar una regulación capaz de asegurar a todos los españoles la igualdad en cuanto al ejercicio del mismo.»[859]

Más tarde, una vez en vigor la Constitución de 1978 y la configuración del bloque competencial entre el Estado y las Comunidades Autónomas, el legislador estatal aprobó dos nuevas disposiciones normativas en la materia:

Por una parte, la Ley 8/1990, de 25 de julio, sobre Reforma del Régimen Urbanístico y Valoraciones del Suelo. Y, por otra, el Real Decreto Legislativo 1/1992, de 26 de junio, por el que se aprueba el Texto Refundido de la Ley sobre el Régimen del Suelo y Ordenación Urbana[860]. Ambas no

---

1/2018, de 5 de noviembre, de reforma del Estatuto de Autonomía de Canarias; art. 24, de la Ley Orgánica 8/1981, de 30 de diciembre, de Cantabria; art. 31, de la Ley Orgánica 9/1982, de 10 de agosto, de Castilla-La Mancha; art. 70, de la Ley Orgánica 14/2007, de 30 de noviembre, de reforma del Estatuto de Autonomía de Castilla y León; art. 149, de la Ley Orgánica 6/2006, de 19 de julio, de reforma del Estatuto de Autonomía de Cataluña; art. 26, de la Ley Orgánica 3/1983, de 25 de febrero, de la Comunidad de Madrid; art. 49, de la Ley Orgánica 1/2006, de 10 de abril, de la Comunitat Valenciana; art. 5, de la Ley Orgánica 1/2011, de 28 de enero, de reforma del Estatuto de Autonomía de la Comunidad Autónoma de Extremadura; art. 27, de la Ley 1/1981, de 6 de abril, de Galicia; art. 30 de la Ley Orgánica 1/2007, de 28 de febrero, de reforma del Estatuto de las Islas Baleares; art. 8, de la Ley 3/1982, de 9 de junio, de La Rioja; art. 44, de la Ley 13/1982, de 10 de agosto, de Navarra; art. 10, de la Ley Orgánica 3/1979, de 18 de diciembre del País Vasco y art. 10, de la Ley Orgánica 4/1982, de 9 de junio, de la Región de Murcia.

859 Ramón Fernández, Tomás, *op. cit.*, p. 36.

860 De acuerdo con el apartado primero de la Disposición derogatoria única de esta última, quedaron derogadas, entre otras normas de rango legal, el Real Decreto

fueron bien recibidas por parte de algunas Comunidades Autónomas, generando su reacción frente a ellas.

Navarra, Cantabria, Cataluña, Aragón, Castilla y León y Canarias, promovieron un recurso de inconstitucionalidad frente a la Ley 8/1990. A éste se le acumuló el recurso interpuesto por las Islas Baleares, Aragón y Cataluña, contra el Real Decreto Legislativo 1/1992. Ello dio lugar a la importante sentencia del Tribunal Constitucional (Pleno) núm. 61/1997, 20 marzo[861].

El Tribunal Constitucional, después de reconocer que del juego de los arts. 148 y 149 resulta que las Comunidades Autónomas pueden asumir competencia exclusiva en las materias de ordenación del territorio, urbanismo y vivienda, nos recuerda que:

> «la competencia autonómica en materia de urbanismo ha de coexistir con aquellas que el Estado ostenta en virtud del art. 149.1 CE, cuyo ejercicio puede condicionar, lícitamente, la competencia de las Comunidades Autónomas sobre el mencionado sector material.»

En palabras del máximo intérprete de la Constitución, el urbanismo:

> «alude a la disciplina jurídica del hecho social o colectivo de los asentamientos de población en el espacio físico, lo que en el plano jurídico, se traduce en la "ordenación urbanística", como objeto normativo de las Leyes urbanísticas [...] el contenido del urbanismo se traduce en concretas potestades (en cuanto atribuidas o controladas por Entes públicos), tales como las referidas al planeamiento, la gestión y ejecución de instrumentos planificadores y la intervención administrativa en las facultades dominicales sobre el uso del suelo y edificación, a cuyo servicio se arbitran técnicas jurídicas concretas; a lo que ha de añadirse la determinación, en lo pertinente, del régimen jurídico del suelo en tanto que soporte de la actividad transformadora que implica la urbanización y edificación.»

Al contenido anterior, el Tribunal Constitucional lo define como «políticas de ordenación de la ciudad», ya que, en virtud de las mismas, «se viene a determinar el cómo, cuándo y dónde deben surgir o desarrollarse los asentamientos humanos, y a cuyo servicio se disponen las técnicas e instrumentos urbanísticos precisos para lograr tal objetivo.»

1346/1976, de 9 de abril, y la Ley 8/1990, de 25 de julio.

[861] RTC 1997, 61.

A reglón seguido, reconoce que la promulgación de la Constitución de 1978 «ha diseccionado la concepción amplia del urbanismo que descansaba en la legislación anterior». Ahora bien, hace notar que, junto a la atribución de la competencia urbanística a las Comunidades Autónomas, el art. 149.1 CE reconoce al Estado la competencia también exclusiva, sobre:

> «las condiciones básicas de ejercicio de los derechos constitucionales o la legislación sobre expropiación forzosa, o el sistema de responsabilidad o el procedimiento administrativo común, por citar algunos de los instrumentos de los que el urbanismo, con ésta, u otra nomenclatura, suele hacer uso.»

Tras la manifestación anterior, el Tribunal Constitucional concluye admitiendo que la competencia autonómica exclusiva sobre urbanismo ha de integrarse sistemáticamente con aquellas otras estatales que:

> «si bien en modo alguno podrían legitimar una regulación general del entero régimen jurídico del suelo, pueden propiciar, sin embargo, que se afecte puntualmente a la materia urbanística (establecimiento de las condiciones básicas, que garanticen la igualdad en el ejercicio del derecho de propiedad urbana, determinado aspectos de la expropiación forzosa o de la responsabilidad administrativa). Pero ha de añadirse, a reglón seguido, que no debe perderse de vista que en el reparto competencial efectuado por la CE es a las Comunidades Autónomas a las que se ha atribuido competencia exclusiva sobre el urbanismo, y por ende es a tales Entes públicos a los que compete emanar normas que afecten a la ordenación urbanística».

Luego, al haber sido asumida por las Comunidades Autónomas la competencia en materia de ordenación del territorio y urbanismo, corresponde a éstas, en exclusiva, su ejercicio. En cambio, por su parte, el Estado podrá regular las condiciones básicas del ejercicio del derecho de propiedad, *ex* art. 149.1.1.ª CE y determinados aspectos de la expropiación forzosa o la responsabilidad patrimonial de la Administración, de acuerdo con el art. 149.1.18.ª CE.

Por lo que se refiere a las «condiciones básicas», el Tribunal Constitucional considera que éstas «hacen referencia al contenido primario (STC 154/1988) del derecho, a las posiciones jurídicas fundamentales (facultades elementales, límites esenciales, deberes fundamentales, prestaciones básicas, ciertas premisas o presupuestos previos...)». Y, en todo caso, «las condiciones básicas han de ser las imprescindibles o necesarias para garantizar esa igualdad, que no puede consistir en una igualdad formal absoluta.»

Además, en el seno de esas condiciones básicas, «cabe entender incluidos aquellos criterios que guardan una relación necesaria e inmediata con aquéllas, tales como el objeto o ámbito material sobre el que recaen las facultades que integran el derecho»[862].

Y, una vez declarado que «al Estado le compete regular las "condiciones básicas" que garanticen la "igualdad" de todos los propietarios del suelo en el ejercicio de su derecho de propiedad urbana», o, «la "igualdad básica" en lo que se refiere a las valoraciones y al régimen urbanístico de la propiedad del suelo», admite, en relación con el derecho a la propiedad privada, que el art. 149.1.1.ª CE no habilita para establecer una regulación uniforme de la propiedad privada y su función, ni esa aspirada uniformidad puede servir de pretexto para anular las competencias que las Comunidades Autónomas tienen sobre todas aquellas materias en las que entre en juego la propiedad, citando la STC 37/1987. Para el Tribunal Constitucional, art. 149.1.1.ª CE:

> «deja claro que la igualdad que se persigue no es la identidad de las situaciones jurídicas de todos los ciudadanos en cualquier zona del territorio nacional (lo que por otra parte sería incompatible con la opción por un Estado organizado en la forma establecida en el Título VIII de la Constitución), sino la que queda garantizada con el establecimiento de las condiciones básicas, que, por tanto, establece un mínimo común denominador y cuya regulación, ésta sí, es competencia del Estado.»[863]

---

862 Respecto de la propiedad privada, el Tribunal Constitucional entiende que guardan una relación necesaria e inmediata con las condiciones básicas: «la demanialización de toda una categoría de bienes definidos por sus características naturales [...]; los requisitos indispensables o el marco organizativo que posibilitan el ejercicio mismo del derecho (como la inscripción censal para el derecho de sufragio; STC 154/1988, fundamento jurídico 3); etcétera.»

863 Asimismo, precisa, que «cabe admitir que la adquisición del contenido urbanístico susceptible de apropiación privada su valoración, o los presupuestos previos —o delimitación negativa— para que pueda nacer el derecho de propiedad urbana, por ejemplo, son elementos que, en principio, pueden considerarse amparados por la competencia estatal que se localiza en el art. 149.1.1.ª CE, [...] el Estado tiene competencia para fijar las condiciones básicas que garanticen la igualdad en el cumplimiento de los deberes constitucionales y, en consecuencia, para regular los deberes básicos que sean inherentes a cada manifestación del dominio. En tal sentido, no puede olvidarse que la función social forma parte del contenido del derecho de propiedad y expresa y sintetiza los deberes que modulan su ejercicio, [...]. De ahí, que puedan encontrar cobijo bajo la competencia estatal, las manifestaciones más elementales de la función social de la propiedad urbana, los deberes básicos que a su titular corresponde satisfacer, en cuanto sirvan para garantizar la igualdad a que se refiere el art. 149.1.1.ª CE. No es posible, pues, rechazar, *a priori* o excluir *a radice* la competencia estatal para dictar normas sobre tales aspectos de la propiedad urbana y de su función social.»

De esta suerte, la competencia sobre la materia urbanística recae, en exclusiva, sobre las Comunidades Autónomas, y se ejerce por los municipios de acuerdo con los términos previstos en la legislación estatal y autonómica sectorial, *ex* art. 25.2, letra a), de la Ley 7/1985. Como consecuencia, al Estado únicamente le corresponde la competencia en relación con las «condiciones básicas», sin que, en ningún caso, «pueda dictar normas supletorias al carecer de un título competencial específico que así lo legitime»[864].

Respecto a esto último, son pertinentes las palabras del Alto Tribunal que, por su relevancia, pasamos a transcribir:

> «Si, como hemos señalado, la cláusula de supletoriedad no es una fuente atributiva, en positivo, de competencias estatales, ni aun con carácter supletorio, tampoco puede serlo en negativo; es decir, tampoco puede ser un título que le permita al Estado derogar el que era su propio Derecho, en este caso sobre urbanismo, pero que ya ha dejado de serlo, o más exactamente, que ya no se encuentra a su disposición, ya sea para alterarlo (aun con eficacia supletoria) o para derogarlo. De otro modo, si el legislador estatal suprimiese, mediante su derogación, el derecho sobre una materia cuya competencia ya no es suya, sino de las Comunidades Autónomas, vendría a quebrantar una de las finalidades básicas de la cláusula de supletoriedad, cual es la de que, con la constitución de los órganos de poder de las Comunidades Autónomas, y su correspondiente asunción de competencias normativas, no se origine un vacío parcial del ordenamiento, permitiendo y prescribiendo, con este propósito, la aplicación supletoria, potencialmente indefinida, del ordenamiento estatal.»

Por este motivo, al declarar la inconstitucionalidad de los 177 artículos de alcance supletorio recogidos en el Real Decreto Legislativo 1/1992, y el apartado primero de su Disposición derogatoria única, por el que se derogaba la normativa preconstitucional que se aplicaba supletoriamente, como apunta López Ramón, ello supuso la «resurrección a la vida jurídica del Texto Refundido de la Ley del suelo de 1976, que había sido derogado (inconstitucionalmente), por el Texto Refundido de 1992.»[865]

---

[864] «[...] sin que, por otra parte, el hecho de ostentar otros títulos competenciales susceptibles de incidir sobre la materia pueda justificar la invocación de la cláusula de supletoriedad del art. 149.3 *in fine* de la Constitución Española.» O, como manifiesta López Ramón, Fernando, *op. cit.*, p. 42: «El Estado únicamente puede influir indirectamente sobre estas materias autonómicas por virtud de sus competencias de tipo horizontal o sectorial.»

[865] López Ramón, Fernando, *op. cit.*, pp. 43 y 44, añadiendo el autor que «El papel del Estado en materia urbanística habrá, en definitiva, de desenvolverse más bien en el plano político. No en el plano directo de la política urbanística, sino en la

Más adelante, la doctrina jurisprudencial recogida arriba fue ratificada en la sentencia del Tribunal Constitucional (Pleno) núm. 164/2001, 11 julio[866], que resolvió el recurso de inconstitucionalidad interpuesto contra la Ley 6/1998, de 13 de abril, sobre Régimen del Suelo y Valoraciones.

Como resultado de lo expuesto anteriormente, a día de hoy, por una parte, la Ley del suelo de 1976 se erige como la norma estatal aplicable de forma supletoria, en caso de que la legislación autonómica en materia de urbanismo adoptada adolezca de alguna laguna legal. Y, por otra, la legislación del Estado vigente, aprobada en el ejercicio de sus competencias básicas y exclusivas, es el Real Decreto Legislativo 7/2015, de 30 de octubre, por el que se aprueba el Texto Refundido de la Ley de Suelo y Rehabilitación Urbana[867].

Una vez sentado que la competencia en materia de urbanismo es exclusiva de las Comunidades Autónomas; que se ejerce por los municipios dentro de los términos establecidos por la legislación estatal y autonómica; que el Estado sólo puede influir de forma indirecta sobre esta materia a través del ejercicio de su competencia sobre la regulación de las condiciones básicas, *ex* art. 149.1.1.ª, o plenas, cuya ley vigente actualmente es el Real Decreto Legislativo 7/2015, de 30 de octubre, y que el Texto Refundido de 1976 se aplica de forma supletoria[868], debemos detenernos en qué medida inciden las decisiones urbanísticas, no solamente en la actividad

---

perspectiva indirecta de la influencia política del Estado como titular de interés nacional.»

866 RTC 2001, 164.

867 Tal y como lo establece su Disposición final segunda, rubricada «Títulos competencial y ámbito de aplicación». De conformidad con su apartado primero, «tienen el carácter de *condiciones básicas* de la igualdad en el ejercicio de los derechos y el cumplimiento de los correspondientes deberes constitucionales y, en su caso, de base del régimen de las Administraciones Públicas, de la planificación general de la actividad económica, de protección del medio ambiente y del régimen energético, dictadas en ejercicio de las competencias reservadas al legislador general [...]». Y, de acuerdo con su apartado segundo: «Tienen el carácter de disposiciones establecidas en ejercicio de la *competencia reservada* al legislador estatal [...]».

868 *Vid.* BERCOVITZ RODRÍGUEZ-CANO, Rodrigo, *Manual de Derecho civil..., op. cit.*, pp. 157 y 158, en relación con la legislación urbanística en España que, tras afirmar que ésta es «compleja», expone las fuentes por las que se integra. A saber: «1º) TRLS de 2015: sus preceptos sobre el régimen urbanístico de la propiedad del suelo tienen el carácter de condiciones básicas de la igualdad en el ejercicio del derecho de propiedad del suelo, y se amparan en la competencia atribuida al Estado por el art. 149.1.1ª de la Constitución Española; [...]

que constituyen las viviendas de uso turístico, sino también en el derecho de propiedad de aquellos sujetos interesados en ceder sus viviendas por motivos turísticos.

3. LA MANIFIESTA INCIDENCIA DE LA PLANIFICACIÓN URBANÍSTICA EN EL CONTENIDO DEL DERECHO A LA PROPIEDAD PRIVADA

El lector habrá notado que, a lo largo de las páginas anteriores, sólo se ha hecho referencia al urbanismo, y ello a pesar de que el art. 148.1.3.ª CE reconoce a las Comunidades Autónomas asumir la competencia exclusiva, además de en urbanismo, en ordenación del territorio.

Esta ausencia es intencionada por dos órdenes de razones. La primera, porque la «ordenación del territorio» y el «urbanismo» son dos realidades diferenciadas. La segunda, debido a que será el ejercicio de la competencia en materia de urbanismo por parte de los municipios, ordenando las viviendas de uso turístico, la que más incidirá en el contenido del derecho de propiedad y sobre la que nosotros nos detendremos.

2º) Las leyes del suelo promulgadas por las Comunidades Autónomas en el ejercicio de sus competencias sobre urbanismo y respetando las competencias del Estado.
3º) Normas reglamentarias dictadas por los ejecutivos autonómicos en desarrollo de la legislación urbanística autonómica.
4º) Planes urbanísticos o "instrumentos de ordenación territorial y urbanística" aprobados por la administraciones locales o autonómicas, en desarrollo de la legislación urbanística estatal y autonómica citada en los apartados anteriores y ajustándose a sus prescripciones.
5º) El derecho estatal, aplicable supletoriamente respecto al de las Comunidades Autónomas, de acuerdo en el art. 149.3 *in fine* de la CE; este derecho estatal supletorio, una vez establecida por la STC 61/97 la doctrina de que el Estado no puede modificar su legislación supletoria en relación con materias cuya competencia legislativa haya sido asumida plenamente por las Comunidades Autónomas, está integrado por el Real Decreto 1346/1976, de 9 de abril, por el que se aprobó el texto refundido de la Ley sobre el Régimen del suelo y Ordenación Urbana y por los tres reglamentos dictados en desarrollo del mismo (planeamiento, gestión y disciplina urbanísticos).»

3.1. Ordenación del territorio y urbanismo: dos realidades diferenciadas

De acuerdo con el Tribunal Constitucional, si bien la competencia de ordenación del territorio y urbanismo «tiene por objeto la actividad consistente en la delimitación de los diversos usos a que pueda destinarse el suelo o espacio físico territorial»[869], su alcance es diferente.

- La ordenación del territorio persigue fijar los destinos y usos del espacio físico «en su totalidad, así como ordenar y distribuir valoradamente las acciones públicas sobre el territorio e infraestructuras, reservas naturales, extensiones o áreas de influencia de los núcleos de población, comunicaciones, etc.». De esta manera, «la ordenación territorial tiene una visión integral del territorio»[870].
- Por lo que se refiere al urbanismo, «la ordenación urbana se centra en la acción pública sobre el "hecho ciudad", en el racional destino y aprovechamiento del espacio físico en el núcleo poblacional.»[871]

En esta línea, BAUZÁ MARTORELL, tras manifestar que la «ordenación del territorio y urbanismo son dos conceptos estrechamente vinculados en las políticas públicas de suelo», afirma que «no pueden llegar a confundirse porque afectan a ámbitos y a funciones distintas.»

En palabras del autor, el urbanismo «se refiere a la construcción de la ciudad, en su triple dimensión de planeamiento, gestión y disciplina urbanística». En cambio, «la ordenación del territorio hace referencia a la pla-

---

869 STC (Pleno) núm. 77/1984, 3 julio (RTC 1984, 77).

870 «[...] resulta de indudable complejidad; ofrece un mayor roce o fricción competencial al contemplar otras percepciones del territorio desde puntos de vista sectoriales; y, en fin, se admite como orientadora y directora de la ordenación urbana.»

871 STC (Pleno) núm. 149/1998, 2 julio (RTC 1998, 149). Y añade posteriormente: «En suma, la actividad de planificación de los usos del suelo, así como la aprobación de los planes, instrumentos y normas de ordenación territorial se insertan en el ámbito material de la competencia sobre ordenación del territorio». Anteriormente, la STC (Pleno) núm. 149/1991, 4 julio, reconoció que «Sobre el concepto mismo de ordenación del territorio, son escasas las precisiones que se encuentran en nuestra doctrina». Empero, recordó que la ordenación del territorio «tienen por objeto la actividad consistente en la delimitación de los diversos usos a que pueda destinarse el suelo o espacio físico territorial». Y, por su parte, la STC (Pleno) núm. 28/1997, 13 febrero (RTC 1997, 28): «el núcleo fundamental de esta materia competencial está constituido por un conjunto de actuaciones públicas de contenido planificador cuyo objeto consiste en la fijación de los usos del suelo y el equilibrio entre las distintas partes del territorio mismo.»

nificación de un suelo más amplio que el de la ciudad, con características geográficas, sociales y económicas comunes.»

Asimismo, añade que el urbanismo es una política municipal, mientras que la ordenación del territorio es una competencia asumida con carácter exclusivo por los Estatutos de Autonomía de todas las Comunidades Autónomas[872].

3.2. El ejercicio de la competencia en materia de urbanismo por parte de los municipios

La actuación pública en el ámbito urbanístico se reconoce a los municipios[873]. Ello se deriva de la lectura sistemática de los arts. 137[874] y 140 CE[875], y de la Ley 7/1985, cuyo art. 1.1 dispone que «Los Municipios son entidades básicas de la organización territorial del Estado y cauce inmediatos de participación ciudadana en los asuntos políticos, que institucionalizan

---

[872] Bauzá Martorell, Felio José, *op. cit.* Y agrega que «la ordenación del territorio en España tiene un ámbito autonómico», que «comprende no sólo la organización general de su ámbito espacial, sino también la de aquellos sectores de actividad que afectan a la política territorial. No en vano, la ordenación del territorio se compone de planes territoriales y de planes directores sectoriales como los que afectan a carreteras, canteras, telecomunicaciones, plantas de residuos, superficies comerciales...». En un sentido parecido se pronuncia González-Varas Ibáñez, Santiago, *Urbanismo y ordenación del territorio*, 3ª ed., Thomson Aranzadi, Cizur Menor, 2006, p. 31, quien, tras reconocer que «La referencia que contiene la Constitución Española a la "ordenación del territorio" no es material o conceptual, sino formal o competencial. La ordenación del territorio se presenta o aparece, *ab initio*, como una "competencia" autonómica, junto al urbanismo. En este sentido, los Estatutos de Autonomía de las distintas Comunidades Autónomas han asumido tanto la competencia de ordenación del territorio como la de urbanismo», admitiendo que «pueden contraponerse ordenación del territorio y urbanismo.»

[873] Bustillo Bolado, Roberto O., «Clasificación y calificación del suelo», en Luis Martín Rebollo y Roberto O. Bustillo Bolado (Dirs.), *Fundamentos de Derecho Urbanístico. Tomo I*, Thomson Reuters, Aranzadi, Cizur Menor, 2009, pp. 507 a 514, p. 507.

[874] «El Estado se organiza territorialmente en municipios, en provincias y en las Comunidades Autónomas que se constituyan. Todas estas entidades gozan de autonomía para la gestión de sus respectivos intereses.»

[875] «La Constitución garantiza la autonomía de los municipios. Estos gozarán de personalidad jurídica plena. Su gobierno y administración corresponde a sus respectivos Ayuntamientos, [...].»

y gestionan con autonomía los intereses propios de las correspondientes colectividades.»

Acto seguido, el art. 2 de la Ley 7/1985, en su apartado primero, contempla que «Para la actividad de la autonomía garantizada constitucionalmente a las entidades locales, la legislación del Estado y la de las Comunidades Autónomas, reguladora de los distintos sectores de acción pública, según la distribución constitucional de competencial, deberá asegurar a los Municipios, las Provincias y las Islas su derecho a intervenir en cuantos asuntos afecten directamente al círculo de sus intereses».

Y, posteriormente, de conformidad con el ya aludido art. 25.2, letra a), del mismo cuerpo legal, «El Municipio ejercerá en todo caso como competencias propias, en los términos de la legislación del Estado y de las Comunidades Autónomas, en las siguientes materias: a) Urbanismo: planeamiento, gestión, ejecución y disciplina urbanística.»

Como declara ESTÉVEZ GOYTRE, a través del planeamiento urbanístico se «concretan las normas del uso del suelo y la edificación». En virtud de la gestión urbanística, «se ejecutan las previsiones del planeamiento, mediante los sistemas de compensación, cooperación o expropiación». Y, mediante la disciplina urbanística, se llevan a cabo «las más variadas actuaciones urbanísticas, y que podría identificarse con la acción o la intervención urbanística», incluyendo las «licencias urbanísticas, la declaración de edificaciones en estado de ruina, las órdenes de ejecución y las infracciones urbanísticas y sus sanciones.»[876]

La intervención sobre el fenómeno urbano por parte de los entes locales, a través de la ordenación urbanística, destaca PORTO REY, «trata de actuar sobre las causas mediante procedimientos tipificados para dirigir los efectos»[877], al ser los municipios la Administración que mejor conoce

---

[876] ESTÉVEZ GOYTRE, Ricardo, *Manual de Derecho urbanístico. Tras la Ley 6/1998, de 13 de abril, sobre Régimen del Suelo y Valoraciones. Doctrina, legislación y jurisprudencia*, Comares, Granada, 1999, p. 61. Del mismo autor, véase también *Manual práctico de planeamiento urbanístico*, 2ª ed., Comares, Granada, 1999.

[877] Es decir, según PORTO REY, Enrique, *op. cit.*, p. 23: «La urbanística intenta explicar y predecir los acontecimientos que se producen al territorializar las actividades humanas e intervenir sobre ellos para dirigir su evolución de manera voluntaria.» SUSTAETA ELUSTIZA, Ángel, *Propiedad y urbanismo*, Montecorvo, Madrid, 1978, p. 463: «El urbanismo supone ordenación y previsión de futuro, por tanto, es consubstancial al mismo la idea de programación en forma de planeamiento básico del ordenamiento del territorio. Exige, pues, un medio idóneo en orden a conse-

el racional destino y aprovechamiento del espacio físico en el núcleo poblacional[878].

3.3. La ordenación urbanística y el contenido del derecho a la propiedad privada

La incidencia de las decisiones urbanísticas en el contenido del derecho de propiedad ha sido puesta de manifiesto tanto por la jurisprudencia, como por la doctrina, civilista y administrativista. E, igualmente, es reconocida por parte de los propios textos legislativos.

Tal y como ya se ha tenido ocasión de apreciar, a la hora de abordar la STC (Pleno) núm. 61/1997, 20 marzo, por la que se resuelven los recursos de inconstitucionalidad presentados por diferentes Comunidades Autónomas frente a la Ley 8/1990 y al Real Decreto Legislativo 1/1992, el contenido del derecho de propiedad y el planeamiento urbanístico son dos realidades íntimamente relacionadas.

Incluso, podría decirse, que, en ocasiones, las facultades que integran el derecho dominical dependen, en última instancia, de la voluntad discrecional, que no arbitraria, de la Administración.

En palabras del profesor Díez-Picazo, la «propiedad del suelo, cuando existe un plan de ordenación, es rigurosamente una propiedad planifica-

---

guir dicho fin, exige un plan definidor de su dinámica, debidamente enmarcado dentro del marco de la legalidad.»

878 Así lo manifiesta el Tribunal Supremo (3ª) en las sentencias núm. 1550/2020, 19 noviembre, que analiza el recurso interpuesto a instancia de la Comisión Nacional de los Mercados y de la Competencia (CNMC), contra el Acuerdo del Pleno del Ayuntamiento de Bilbao, por el que se llevó a cabo la aprobación definitiva de la Modificación pormenorizada del Plan General de Ordenación Urbana de Bilbao, en lo relativo a la regulación del uso de las viviendas de uso turístico; y la núm. 75/2021, 26 enero, que resuelve el recurso presentado frente al Acuerdo del Pleno del Consell Municipal del Ayuntamiento de Barcelona, que aprueba definitivamente el Plan especial urbanístico para la regulación de las viviendas de uso turístico en la ciudad de Barcelona: «Es una decisión adoptada por la Administración [Ayuntamiento de Bilbao y de Barcelona, respectivamente] que mejor conoce la ciudad». Sobre estas sentencias volveremos más tarde. O, también, el Tribunal de Justicia de la Unión Europea en su sentencia de 22 septiembre 2020: «las autoridades locales tienen un conocimiento privilegiado.»

da», donde el plan se constituye como «el instrumento de determinación de los derechos y de las obligaciones del propietario.»[879]

O, como apunta ESCRIBANO COLLADO, el «alcance que el principio de la función pública del urbanismo va a tener para el derecho de propiedad privada puede concretarse en dos aspectos esenciales: de un lado, determinando el derecho del propietario, y de otro, fijando su contenido, es decir, su rendimiento posible.»[880]

Esta íntima conexión entre el derecho de propiedad y la ordenación urbanística se puso de manifiesto desde un primer momento[881]. Ya en la Exposición de Motivos de la Ley del Suelo de 1956 podía leerse que «La Ley configura las facultades dominicales sobre los terrenos, según su calificación urbanística, constituyendo un estatuto jurídico del suelo. Las limita-

879 DÍEZ-PICAZO, Luis, «Los límites del derecho de propiedad en la legislación urbanística», en *Estudios de Derecho privado,* Civitas, Madrid, 1980, pp. 245 a 280, pp. 260 y 261: «Sólo un interés conforme con la naturaleza jurídica y con la función económica del bien resulta protegido a través de la disciplina de la propiedad. Creo que es en este punto donde el planeamiento urbanístico juega un papel decisivo, porque determina de manera concreta el contenido de la propiedad del suelo.». Y, finaliza diciendo que «En sentido positivo, la propiedad no es otra cosa que una determinada manera de organizar la gestión y la explotación de los bienes económicos porque el concepto de propiedad privada es una idea legal que encierra el reconocimiento de cierto modo de atribución a los individuos de facultades de gestión de los bienes y de explotación de los mismos con el fin de obtener de ellos su rentabilidad óptima y su mayor posible beneficio social.»

880 ESCRIBANO COLLADO, Pedro, «Función social y propiedad privada urbana: estudio de jurisprudencia», en *V Congreso hispano-italiano de profesores de Derecho administrativo. La vinculación de la propiedad privada por planes y actos administrativos,* Instituto de Estudios Administrativos, Madrid, 1976, pp. 215 a 340, pp. 220 y 221: «La determinación del derecho de propiedad es fruto de los planes de ordenación urbana. [...] En otras palabras, el derecho del propietario está sometido a un *presupuesto de hecho,* la calificación urbanística de los terrenos, cuya fijación es competencia de la Administración, *de naturaleza variable,* de acuerdo con las necesidades del desarrollo urbanístico de las ciudades, cuya apreciación corresponde asimismo a la Administración.»

881 GONZÁLEZ BERENGUER, José Luis, «La vinculación de la propiedad privada en la legislación de centros y zonas de interés turístico», en *V Congreso hispano-italiano de profesores de Derecho administrativo. La vinculación de la propiedad privada por planes y actos administrativos,* Instituto de Estudios Administrativos, Madrid, 1976, pp. 337 a 341, p. 337, declaró, en relación con la Ley del Suelo de 1956, que «Su virtualidad en orden a la vinculación de la propiedad privada es profundísima y evidente.»

ciones y deberes que implica definen el contenido normal de la propiedad según su naturaleza urbana y, por tanto, no dan lugar a indemnización.»[882]

Más aún, su art. 61, preveía que: «Las facultades del derecho de propiedad se ejercerán dentro de los límites y con el cumplimiento de los deberes establecidos en esta Ley, o en virtud de la misma, por los Planes de ordenación, con arreglo a la calificación urbanística de los predios.» Y, por su parte, el apartado primero, del art. 70, rezaba que «La ordenación del uso de los terrenos y construcciones enunciadas en los artículos precedentes no conferirá derecho a los propietarios a exigir la indemnización, por implicar meras limitaciones y deberes que definen el contenido normal de la propiedad según su calificación urbanística.»[883]

De ahí, que Garrido Falla acuñase la expresión «régimen administrativo de la propiedad privada», entendiendo como tal «el conjunto de instituciones a través de las cuales se manifiesta la subordinación en que el de-

---

[882] Dicha Ley, para Parejo Alfonso, Luciano, «El régimen urbanístico...», *op. cit.*, p. 215, supuso «la disciplina jurídica completa, por razón de urbanismo, de la propiedad inmobiliaria» y, añade que «En todo caso, la regulación de la propiedad que establece se enmarca y justifica en la declaración como función pública administrativa de la entera actividad urbanística.» A Díez-Picazo, Luis, «Los límites del...», *op. cit.*, pp. 258 y 259, la promulgación de la Ley del Suelo le llevó a plantear la posibilidad de que se pudiera hablar «de una inversión de la relación existente entre la tierra y las construcciones (edificaciones o plantaciones) establecidas sobre aquéllas. La concepción romanista definía esta relación a través de la máxima *superficie solo caedit*, [...]. Hoy tiene que admitirse que el suelo posee un puro valor instrumental. El suelo es un puro elemento de radicación o de localización. [...] Si esto es así, tendremos que admitir dos cosas que parecen extraordinariamente importantes. La primera es que no es el suelo el valor fundamental y el que debe tener la *vis atractiva*, sino la capacidad de crear riqueza sobre él. En segundo lugar, que el hecho de que un suelo determinado sea un punto óptimo o un punto ventajoso para la radicación de una empresa social de cualquier tipo no es nunca una obra individual, sino una obra social.»

[883] Para García de Enterría, Eduardo y Ramón Fernández, Tomás, *Curso de Derecho Administrativo. II*, 15ª ed., Civitas, Thomson Reuters, Cizur Menor, 2017, p. 182: «ya no se trata, pues, de meras limitaciones administrativas al derecho de propiedad, sino de definir su propio contenido. Esta definición, se opera mediante la Ley, por una parte, y por los planes de urbanismo que en aplicación de la legislación urbanística se aprueben, planes que efectúan una clasificación urbanística de los predios que determinan "límites y deberes" para el ejercicio del derecho de propiedad.»

recho de propiedad privada se encuentra respecto de interés público»[884]. Y que, como consecuencia de la promulgación de la Ley del Suelo de 1956, GARCÍA DE ENTERRÍA reconociera el principio esencial de la calificación del urbanismo «como una función pública exclusiva», que «operaba por el sistema de limitaciones y deberes impuestos a la propiedad privada»[885].

Resulta evidente, entonces, la importancia que tiene el planeamiento urbanístico en una institución clásica de Derecho civil, como es la propiedad privada y las facultades que encierra[886]. Para ESPÍN CÁNOVAS, «el derecho de propiedad se encuentra limitado fuertemente por la calificación del suelo en las ciudades y modificado incluso por las obligaciones resultantes de esta calificación, no puede negarse que la normativa urbanística, su función social y efectos en el derecho de propiedad privada constituyen parte importante del Derecho civil.»[887]

De igual modo, son llamativas las palabras del profesor Jiménez de Parga y Cabrera recogidas en su voto particular, formulado a la STC (Pleno) 20 marzo 1997. Dice: «El derecho de propiedad se nos presenta como el instituto que junto con la intervención pública definen los ejes centrales

---

884 GARRIDO FALLA, Fernando, «El derecho a indemnización por limitaciones o vinculaciones impuestas a la propiedad privada», *Revista de Administración Pública* (1976), N.º 81, pp. 7 a 33, p. 7.

885 GARCÍA DE ENTERRÍA, Eduardo, «La Ley del suelo y el futuro del urbanismo», *Anuario de Derecho Civil* (1958), Fascículo 2, pp. 485 a 510 (p. 501). O, como apuntó DE LOS MOZOS, José Luis, «Modificaciones del derecho de propiedad por razón de las actuaciones urbanísticas», *Anuario de Derecho Civil*, Vol. 33 (1980), pp. 3 a 28, p. 12: «De esta manera, estamos ante un Derecho público de trascendencia patrimonial, que confiere y atribuye derechos privados, como consecuencia de las incesantes interrelaciones que, actualmente, se desenvuelven por doquier en el campo normativo.» Lo que le lleva a afirmar que «la propiedad privada, no sólo viene limitada, sino también modificada como consecuencia de las actuaciones urbanísticas, de forma que su contenido se aleja, cada vez más, del esquema conceptual que contempla el artículo 348». (p. 3)

886 SANTOS BRIZ, Jaime, *op. cit.*, p. 140: «La Ley del de régimen del suelo y ordenación urbana [...] establece numerosas limitaciones a la propiedad privada.»

887 ESPÍN CÁNOVAS, Diego, *op. cit.*, p. 233. Y añade, «Para el Derecho privado la situación que surge de las leyes urbanísticas crea una nueva situación de la propiedad urbana que puede ser calificada de estatuto de la misma, ya que trasciende del régimen legal tradicional configurado por el C. c.» (p. 235)

del urbanismo.»[888] Considera que «el urbanismo es propiedad y es acción de los poderes públicos».

El magistrado, a continuación, se pregunta «Cuando la Constitución atribuye a las Comunidades autónomas el urbanismo ¿qué es lo que atribuye? ¿Cuál es el alcance de esta competencia?» A lo que responde «la competencia en materia de urbanismo supone, necesariamente, la regulación de la utilización del suelo y, lo que eso implica, la regulación de la propiedad» y, por ende, añadimos nosotros, del contenido del derecho dominical.

El contenido de los preceptos transcritos de la Ley del Suelo de 1956 fue más tarde incorporado a los arts. 76[889] y 87.1, respectivamente, del Real Decreto 1346/1976[890].

Y, actualmente, lo encontramos, en prácticamente idénticos términos, en la Ley del Suelo de 2015, al reconocer en su art. 4.1 que, «La ordenación territorial y la urbanística son funciones públicas no susceptibles de transacción que organizan y definen el uso del territorio y del suelo de acuerdo con el interés general, determinando las facultades y deberes del derecho de propiedad del suelo conforme al destino de éste. Esta deter-

---

[888] Tras lo cual, agrega que: «Ahora bien, no son dos pilares colocados en pie de igualdad. A los poderes públicos se les encomienda la tarea de que "regulen" la propiedad "de acuerdo con el interés general para impedir la especulación". Los contribuyentes son conscientes —por una elemental evidencia histórica— de que la propiedad inmobiliaria abandonada a su propia suerte deriva hacia la especulación, o sea, hacia la patrimonialización de rentas no derivadas de la puesta en producción del propio suelo, sino de la acción de la sociedad y, en particular, de los entes públicos.»

[889] Espín Cánovas, Diego, *op. cit.*, p. 235, al referirse a dicho precepto, alude a que «La Ley del Suelo expresa claramente esta modificación del concepto legal tradicional del derecho de propiedad, […]» Idea apuntada previamente por Puig Peña, Federico, *op. cit.*, p. 83: «Si en otros tiempos se pudo pensar que podía pervivir el concepto de la propiedad como derecho absoluto, hoy las limitaciones de este derecho son consustanciales al mismo no ya por la colisión de derecho, sino por la frondosa legislación al respecto.» Autor que, a su vez, recoge lo manifestado por Núñez Lagos, Francisco, «El notariado y la propiedad inmobiliaria moderna», *Revista Notarial* (1957), núm. 27-28, por cuanto «el concepto absoluto de la propiedad ha sido rectificado profundamente en España, concretamente en cuanto a la propiedad de bienes inmuebles por […] la Ley del Suelo, que se refiere a la propiedad urbana».

[890] De aplicación supletoria respecto del Derecho autonómico en la materia, como admitió el Tribunal Constitucional en su sentencia de 20 marzo 1997.

minación no confiere derecho a exigir indemnización, salvo en los casos expresamente establecidos en las leyes.»

Y, por su parte, el art. 11, en su apartado primero, dispone que «El régimen urbanístico de la propiedad del suelo es estatutario y resulta de su vinculación a concretos destinos, en los términos dispuestos por la legislación sobre ordenación territorial y urbanística.»[891]

De este modo, parece que el ejercicio de parte de las facultades que integran el derecho de propiedad —especialmente, la de goce—, se confía de forma absoluta al albur del poder discrecional de la Administración. Eso sí, siempre que su actuación persiga la protección de un interés general[892], derivado de la función social que predica el art. 33.2 CE del derecho a la propiedad privada.

La salvaguarda de un interés general se erige como el parámetro primero y principal a tener en cuenta por parte de la Administración a la hora de llevar a cabo la planificación urbanística[893]. Dicho «interés general» variará de un momento histórico a otro, de una Comunidad Autónoma a otra y de un municipio a otro. Añadiendo, el art. 11 de la Ley del Suelo de 2015,

---

891 GARCÍA DE ENTERRÍA, Eduardo y RAMÓN FERNÁNDEZ, Tomás, *Ídem*, manifiestan que, la actual Ley del Suelo, «sigue sirviéndose de los planes para dividir el suelo en urbano, urbanizable y no urbanizable y para precisar los usos posibles en cada uno de ellos, completando y concretando de este modo el cuadro de derechos y deberes de los propietarios correspondientes».

892 ESPÍN CÁNOVAS, Diego, *op. cit.*, p. 235: «Estas actuaciones y límites de la propiedad privada son el cometido más relevante de toda actuación urbanística desde el punto de vista de la propiedad privada y en torno a ese cometido es preciso ponderar los diversos elementos en juego para poder llevar adelante la urbanización sin detrimento de derechos reconocidos legalmente.» PUIG BRUTAU, José, *op. cit.*, p. 273: «En esta clase de propiedad [la propiedad de fincas urbanas] el derecho de los propietarios está muy limitado por los correspondientes planes y ordenanzas. En el suelo urbano no se pueden construir los edificios donde se quiera, para cualquier finalidad (industrial, comercial, residencial), con el volumen que se quiera, ni con un estilo que pueda romper la posible armonía de su conjunto.»

893 Para SUSTAETA ELUSTIZA, Ángel, *op. cit.*, p. 464: «El urbanismo no niega los derechos del propietario del suelo, sino que los cualifica en función del interés general y los comunica a efectos de su mayor indemnidad». MEDINA DE LEMUS, Manuel, *La propiedad urbana y el aprovechamiento urbanístico,* Centro de Estudios Registrales, Madrid, 1995, p. 32: «las legislaciones modernas tienden a regular la propiedad más en función de los bienes que de los sujetos, […] lo que lleva a concluir que ya no se persigue garantizar la actividad del sujeto, sino la utilización del bien del modo más conforme al interés que se considera preferente.»

en su párrafo segundo, que «El ejercicio de la potestad de ordenación territorial y urbanística deberá ser motivado, con expresión de los intereses generales a que sirve.»[894]

De la lectura de las normas sectoriales dictadas por las Comunidades Autónomas regulando las viviendas de uso turístico, y de las memorias aportadas junto a los planes urbanísticos ordenando esta modalidad de alojamiento, se observa que los intereses generales más alegados han sido, principalmente, y en líneas general, la protección del medio ambiente, el entorno urbano, los problemas o conflictos de vecindad, especialmente estos últimos en edificios sometidos a régimen de propiedad horizontal, el encarecimiento de los precios de los alquileres o la expulsión de inmuebles destinados a viviendas.

Hay que admitir un detalle relevante. Este interés general que debe presidir la medida adoptada por parte del Ente Local correspondiente a la hora de ordenar las viviendas de uso turístico, ha quedado fijado, de forma más o menos precisa[895], desde que el Tribunal de Justicia de la Unión Europea determinó que el hecho de ceder una vivienda privada para satisfacer la necesidad de alojamiento para el turismo puede calificarse de «servicio» y, por ende, sometido al ámbito de aplicación de la Directiva de Servicios y a su norma de trasposición a nuestro ordenamiento jurídico.

4. LA ADMISIÓN DE LA INTERVENCIÓN MUNICIPAL EN LA ORDENACIÓN DE LAS VIVIENDAS DE USO TURÍSTICO A TRAVÉS DE LA PLANIFICACIÓN URBANÍSTICA

Si hemos afirmado que el ejercicio de parte de las facultades que integran el contenido del derecho de propiedad recae, en última instancia, sobre los municipios, debido a su competencia en materia de urbanismo, lo

---

894 Apunta PORTO REY, Enrique, *op. cit.*, p. 24 que: «Para facilitar el desenvolvimiento y territorialización de las actividades humanas, los objetos y sujetos que componen el sistema urbano han de estar ordenados, es decir, dispuestos y relacionados entre sí de manera óptima, entendiendo por óptima, aquella posible alternativa que maximiza el bienser y el bienestar social, según el modelo de Sociedad elegido.»

895 Decimos de forma más o menos precisa puesto que, tal y como se verá, la definición de lo que se califica como «razón imperiosa de interés general» en la Directiva de Servicios puede abarcar un gran número de supuestos, sectores o ámbitos jurídico-sociales.

mismo puede afirmarse en relación con el inicio y ejercicio de la cesión de las viviendas de uso turístico y la ordenación urbanística de las mismas[896].

4.1. Las técnicas de clasificación y calificación del suelo

Las técnicas de las que se sirve el municipio para fijar el estatuto jurídico del derecho de propiedad del suelo y, por ende, configurar la cesión de las viviendas de uso turístico, son la clasificación y la calificación del suelo[897].

O, como reconoce Bustillo Bolado, la clasificación y calificación del suelo son dos «funciones que tiene que cumplir el planeamiento municipal, y que conectan de forma necesaria y especial la función pública de planeamiento con el derecho de propiedad del suelo.»[898] Estas funciones, en palabras de García de Enterría y Parejo Alfonso, «son, en definitiva, instrumentos de vinculación de la propiedad al régimen o estatuto establecido para la misma por la ordenación urbanística», si bien, «se diferencian por razón de sus distintos efectos»[899].

A través de la *clasificación*, se encuadra parte del término municipal dentro de alguna de las categorías legales de suelo previstas por la normativa autonómica, siendo las categorías más utilizadas las de suelo urbano, urbanizable y no urbanizable o rústico[900].

---

896 Bauzá Martorell, Felio José, *op. cit.*, pp. 11 y 12, destaca que «el turismo, en tanto que título competencial, ha dejado de ser en España una competencia exclusiva de las Comunidades Autónomas para pasar a desplegar competencias directas los Ayuntamientos. En efecto, si tradicionalmente la ordenación del turismo guardaba estrecha relación con la ordenación del territorio, en cambio la vivienda turística vacacional se ha convertido en la piedra angular que vincula el turismo con el planeamiento municipal.»

897 Arana García, Estanislao, «La intervención local en las viviendas de uso turístico a través de la zonificación urbanística: requisitos y consecuencias», *REALA. Nueva Época* (2018), n.º 10, pp. 6 a 21, p. 9.

898 Bustillo Bolado, Roberto O., *op. cit.*, p. 508.

899 García de Enterría, Eduardo, Parejo Alfonso, Luciano, *Lecciones de Derecho urbanístico,* Civitas, 2ª ed. Madrid, 1981, pp. 448 y 449. *Vid.* también Parejo Alfonso, Luciano, *Régimen urbanístico de la propiedad y responsabilidad patrimonial de la Administración,* Instituto de Estudios de Administración Local, Madrid, 1982, pp. 27 y 28.

900 Tal y como lo establece el art. 77 de la Ley del Suelo de 1976: «El territorio de los municipios en que existiere Plan General Municipal de Ordenación se clasificará en todos o algunos de los siguientes tipos: suelo urbano, urbanizable y no urbanizable.» Bustillo Bolado, Roberto O., *op. cit.*, p. 512: «el suelo urbano viene a ser

En cambio, por medio de la *calificación*, se atribuyen usos e intensidades a suelos previamente clasificados. Así, un suelo clasificado como urbano, puede recibir la calificación de suelo residencial, terciario, etc[901].

De conformidad con el art. 12.1, de la Ley del Suelo de 2015: «El derecho de propiedad del suelo comprende las facultades de uso, disfrute y explotación del mismo conforme al estado, *clasificación*, características objetivas y *destino* que tenga en cada momento, de acuerdo con la legislación en materia de ordenación territorial y urbanística aplicable por razón de las características y situación del bien.»[902]

No obstante, a día de hoy, no puede hablarse de tres categorías del suelo (urbano, urbanizable y rústico), sino de dos «situaciones básicas del suelo», de conformidad con el art. 21.1 de la Ley de Suelo de 2015: «Todo el suelo se encuentra, a los efectos de esta ley, en una de las situaciones básicas de suelo rural o suelo urbanizado.»

En cuanto a la calificación se refiere, también recibe la denominación de «zonificación»[903]. En relación con esta operación, cabe traer a colación el informe publicado por la actualmente denominada Comisión Nacional

---

la parte del territorio que ya se puede considerar ciudad, bien por tener completadas las dotaciones urbanísticas exigidas, bien por tener edificación consolidada; suelo urbanizable es lo que todavía no es ciudad, pero puede llegar a serlo de acuerdo con las previsiones del planeamiento; y suelo no urbano es el suelo que queda excluido del desarrollo urbano.»

901 Bustillo Bolado, Roberto O., *op. cit.*, pp. 508 y 509. Para el autor, estas operaciones son «de vital importancia, porque de ellas depende, simultáneamente, por un lado, la estructura de crecimiento, cambio, conservación de la ciudad y, por otro, la configuración de los derechos de los propietarios del suelo.» Arana García, Estanislao, *op. cit.*, p. 9: «La clasificación es la técnica que determina el régimen urbanístico más adecuado a las características de hecho y aptitudes de cada terreno, que opera sobre todo el suelo existente en función de su destino básico, establecido en la normativa urbanística. [...] Por su parte, la calificación del suelo supone la atribución a cada suelo de un concreto y específico uso e intensidad que, por tanto, condicionará el destino y valor de cada propiedad inmobiliaria. No hay limitaciones respecto al tipo de usos pudiendo el planificador municipal crear los que considere necesarios.» Y, finaliza afirmando que, de la clasificación y calificación del suelo depende, tanto «la estructura de crecimiento de la ciudad», como «la configuración de los derechos de los propietarios del suelo».

902 Las cursivas son nuestras.

903 Véase De Guerrero Manso, Carmen, *La zonificación de la ciudad: concepto, dinámica y efectos*, Aranzadi, Cizur Menor, 2012.

de los Mercados y de la Competencia, del año 2011, titulado «Problemas de competencia en el mercado del suelo en España».

Su objetivo, fue analizar el impacto de la intervención urbanística en el funcionamiento del mercado del suelo. Y, en concreto, reconoce la importancia que tiene el suelo en la economía. Por ello, destaca que, en primer lugar, «es un factor productivo limitado, heterogéneo, irreproducible y necesario en la práctica totalidad de las actividades económicas». En segundo lugar, «es un activo financiero muy importante para hogares, empresas y sector público». Y, en tercer lugar, «es un elemento esencial en la producción de vivienda, un bien que además de revestir una dimensión social considerable, representa un gran porcentaje de la riqueza de los hogares, afectando a sus decisiones de consumo y ahorro, e incluso a sus decisiones laborales.»

Como consecuencia, por esta relevancia económica del suelo, en palabras de la Comisión, «resulta esencial que su regulación sea eficiente y favorezca un funcionamiento competitivo del mercado del suelo y de todos los mercados que dependan de él.»

Por lo que atañe a la calificación, la Autoridad de la Competencia expone que su finalidad fundamental es zonificar. Corresponde al planificador «determinar cómo se va a utilizar cada zona». Por ende, «la finalidad principal de la calificación es separar usos incompatibles para corregir externalidades»[904].

Ahora bien, a pesar de lo anterior, la zonificación, «no constituye un mecanismo suficientemente eficaz para corregir determinadas externalidades», sino que «puede llevar a una provisión ineficiente de bienes públicos, y limitar de forma considerable la competencia en el mercado del suelo, afectando, de distinto modo, a la competencia en multitud de sectores económicos en los que el ámbito geográfico del mercado puede tener nivel local.»[905]

---

904 «Por ejemplo, la industria genera externalidad como ruido, olor, humo, polvo o vibraciones; las zonas comerciales generan externalidades como congestión, conflictos de aparcamiento, ruido, o contaminación; las zonas residenciales de alta densidad generan externalidades como congestión, conflictos de aparcamiento, ruido, o pérdida de luz solar y vistas escénicas.»

905 Y, continúa diciendo: «A su vez, del mismo modo que la frontera urbanística, su capacidad para conseguir corregir fallos de mercado se encuentra influida y distorsionada por los comportamientos de búsqueda de rentas y la dependencia de los Ayuntamientos de los ingresos provenientes del suelo y de la vivienda. Por

La CNMC, para evitar externalidades entre usos incompatibles, propone la utilización de «reglas o estándares, que, por un lado, permitan corregir las externalidades vinculadas a usos incompatibles pero que a la vez posibiliten que el uso del suelo se determine, en gran medida, a través del mercado y no a través del planeamiento diseñado, modificado o conveniado por cada autoridad urbanística.»[906]

La Comisión de Defensa y Competencia de la Comunitat Valenciana se hizo eco del anterior informe, al elaborar el suyo propio: «CDC PROM 14/2015. Viviendas turísticas». La Autoridad valenciana reconoce como mecanismo para corregir los posibles efectos negativos «"la creación de un mercado de derechos" que admite diversas fórmulas (se podría establecer la cantidad máxima de viviendas turísticas que se pone en el mercado hasta un óptimo que se considere socialmente aceptable, asignar cuotas o porcentajes de viviendas turísticas por barrios o zonas, y crear o subastar títulos que habilitaran para el alojamiento turístico sin que *a priori* se prive a los potenciales operadores el acceso al mercado, etc.). Otra posibilidad es establecer un impuesto o tasa turística como tiene ya algunas ciudades europeas.»

De este modo, y de conformidad con la STC (Pleno) 11 julio 2001, el contenido y disfrute de la propiedad urbana «depende de las diversas opciones de política urbanística que se adopten en cada ciudad: clasificación del suelo; asignación de usos y sus magnitudes»[907]. Y la ordenación urbanística de las viviendas de uso turístico incidirá, como no puede ser de otra forma, en el contenido del derecho de propiedad de un sector concreto de la población, representado por aquellos sujetos interesados en destinar su vivienda a alojamiento privado para el turismo.

Analizar la totalidad de disposiciones urbanísticas adoptadas por todos los diferentes entes territoriales competentes ordenando las viviendas de

---

último, tiende a limitar en cierto modo la aparición de zonas de uso mixto, lo que puede generar una mayor movilidad obligada, desplazamientos más largos y más contaminación, efectos contrarios a las que el propio planeamiento persigue.»

906 «Por ejemplo, mientras que la calificación actual tiende a separar grandes superficies de zonas residenciales, la calificación por estándares establece unos requisitos para que un centro comercial situado cerca de una zona residencial no genere externalidades sobre ésta. Para ello, puede exigirse que los centros comerciales tengan unos aparcamientos adecuados, establezcan la infraestructura necesaria para organizar de forma adecuada el tráfico extra generado, o se construyan de forma que se limite su impacto acústico y ambiental.»

907 STC (Pleno) núm. 164/2001, 11 julio (RTC 2001, 164).

uso turístico excedería del ámbito, tiempo y espacio de nuestro trabajo. Por este motivo, nos detendremos en los antecedentes más importantes y que han sido objeto de enjuiciamiento por parte de nuestros tribunales.

4.2. La exigencia de cumplimiento de las normas urbanísticas por parte de la regulación autonómica de las viviendas de uso turístico

Las Comunidades Autónomas, a través de sus respectivas normas sectoriales turísticas han regulado las viviendas de uso turístico[908]. A grandes rasgos, y dejando a salvo la delimitación del contenido del derecho de propiedad vista en el capítulo precedente, se han centrado en someter su cesión a la presentación de una comunicación previa o una declaración responsable; a exigir una serie de elementos mínimos, en ocasiones muy minuciosos, con el objetivo de salvaguardar los intereses de los consumidores y usuarios[909]. Y a alguna especialidad para el caso de que la vivienda esté sometida a régimen de propiedad horizontal[910]. Ahora bien, a lo anterior se le han de sumar las limitaciones impuestas por los municipios a través del planeamiento urbanístico.

Por lo tanto, aquellos interesados en ceder su vivienda para satisfacer la necesidad de alojamiento privado para el turismo deberán estarse, junto a lo previsto en las normas sectoriales turísticas, a lo establecido en las normas de planeamiento urbanístico.

Así lo reconocen la práctica totalidad de las Comunidades Autónomas a la hora de disciplinar las viviendas de uso turístico. Por este motivo, es habitual encontrar alguna disposición, inserta dentro de la norma sectorial o en la Ley turística correspondiente, del siguiente tenor: «Las viviendas objeto de esta regulación deberán cumplir las prescripciones contenidas en la normativa de turismo, las correspondientes ordenanzas municipales y el resto de las normas sectoriales de seguridad, salubridad, urbanísticas, técnicas, habitabilidad y accesibilidad que les sean aplicables»[911].

---

908 Es decir, con fundamento en el art. 148.1.18.ª CE en «promoción y ordenación del turismo en su ámbito territorial».

909 Ejemplo de ello es el ya transcrito art. 10, del Decreto 113/2015, de Canarias.

910 Especialidades vistas en el capítulo tercero destinado al estudio de las viviendas de uso turístico sometidas a régimen de propiedad horizontal.

911 Previsión extraída del art. 2, del Decreto 48/2016, de Asturias, y lo reitera en su art. 27, letra a); o los arts. 3.1 y 4, del Decreto 113/2015, de Canarias; la Disposición Adicional, del Decreto 3/2017, de Castilla y León; el art. 4, del Decreto 36/2018,

Otras Comunidades Autónomas van un paso más allá en este aspecto, y obligan a los interesados a presentar, dentro de la declaración responsable de inicio de actividad, que el inmueble se encuentra en una zona compatible desde el punto de vista del planeamiento urbanístico.

Son ejemplos de ello el art. 15.1, letra e), del Decreto 1/2023, de Aragón, o el art. 5.2, letra b), del Decreto 101/2018, del País Vasco[912].

Mención aparte merece el art. 5.6, del Decreto 12/2017, de Galicia. Dicho precepto recoge que «Las viviendas de uso turístico estarán situadas en suelo de uso residencial. Además, cuando la normativa urbanística lo permita, las viviendas de uso turístico podrán estar situadas en suelos de uso distinto al residencial.» Y, acto seguido, dispone que «Los ayuntamientos podrán establecer limitaciones en lo que respecta al número máximo de viviendas de uso turístico por edificio o por sector.»

El anterior precepto, junto con otros, fue objeto de impugnación por parte de la Asociación de Viviendas Turísticas de Galicia. Esta última, consideró que el artículo en cuestión supone una restricción a la competencia. No obstante, el Tribunal Superior de Justicia de Galicia (Sala de lo Contencioso-Administrativo), en su sentencia núm. 555/2017, 15 noviembre, determinó que:

> «Si atendemos a la literalidad de la disposición, que atribuye la posibilidad de limitación a los Ayuntamientos, de conformidad con sus competencias tanto en materia de urbanismo como de garantizar la convivencia, y atendemos a la justificación ofrecida de la necesidad de limitar las molestias cau-

---

de Castilla-La Mancha; el art. 111-4, letra e), del Decreto 75/2020, de Cataluña; art. 5, del Decreto 79/2014, de Madrid; el art. 19, del Decreto foral 230/2011, de Navarra; los arts. 11 y 12.1, del Decreto 101/2018, del País Vasco, o el art. 75 de la Ley 8/2012, de las Islas Baleares. O, como indica Socías Camacho, Joana Maria, «Estado regulador y...», *op. cit.*, p. 145: «Es decir, se establece que los instrumentos propios de la función urbanística y sus técnicas clásicas de ordenación de las ciudades (como la zonificación) sean utilizados en la ordenación del espacio urbano ante la irrupción del alojamiento colaborativo.» Bauzá Martorell, Felio José, *op. cit.*, p. 1: «No obstante, la profunda transformación que experimentan sectores como el turismo o el transporte con ocasione de las tecnologías de la información y las comunicaciones, obligan a los poderes públicos a incorporar el —en nuestro caso— turismo a la planificación urbanística.»

912 «La declaración responsable identificará a la persona titular de la actividad, indicando su número de identificación fiscal, el nombre comercial del alojamiento, en su caso, así como la ubicación y referencia catastral de la vivienda, y habrá de incluir los siguientes extremos: [...] b) Conformidad de la actividad turística con las normas municipales relativas a los usos urbanísticos y la edificación.»

sadas a los residentes, entendemos que el precepto no infringe la libertad de empresa, sino que impone límites que entran dentro del marco de protección de un interés general que ha de prevalecer, […].»[913]

El Tribunal, reconoce, así, la posibilidad de configurar limitaciones urbanísticas a la cesión de viviendas de uso turístico por parte de los municipios. Si bien, éstas deberán de justificarse en razones de interés general[914].

4.3. El sometimiento de la ordenación urbanística de las viviendas de uso turístico a la Directiva de Servicios

A priori, no todo requisito impuesto a la hora de acceder a la actividad de prestación de servicio de alojamiento privado para el turismo en vivienda quedará sometido a la Directiva de Servicios y, por ende, a los principios que la informan.

La Directiva de Servicios, en su art. 15.2, ofrece un elenco de requisitos exigidos que sí que quedan a ella sometidos. En concreto, el precepto dispone que «Los Estados miembros examinarán si sus respectivos ordenamientos jurídicos supeditan el acceso a una actividad de servicios o su ejercicio al cumplimiento de los siguientes requisitos no discriminatorios». Y, entre ellos, podemos destacar el previsto en la letra a): «límites cuantitativos o territoriales y, concretamente, límites fijados en función de la población o de una distancia geográfica mínima entre prestadores»[915].

---

913 JUR 2017, 295313.

914 BAUZÁ MARTORELL, Felio José, *op. cit.*, p. 7, insiste en que lo anterior «significa que los instrumentos de planeamiento no podrán restringir sin más el alquiler turístico en una determinada zona, so pena de incurrir en ilegalidad por falta de motivación *ex* art. 35 LPAC. Por el contrario, para limitar el alquiler turístico, el plan deberá justificar por qué motivo se considera necesaria esta medida, ya sea por razones ambientales, de patrimonio histórico, litoral, déficit dotacional…».

915 El resto de requisitos que recoge el art. 15.2 de la Directiva son: «[…] b) requisitos que obliguen al prestador a constituirse adoptando una forma jurídica particular; c) requisitos relativos a la posesión de capital de una sociedad; d) requisitos distintos de los relativos a las materias contempladas en la Directiva 2005/36/CE o de los previstos en otros instrumentos comunitarios y que sirven para reservar el acceso a la correspondiente actividad de servicios a una serie de prestadores concretos debido a la índole específica de la actividad; e) prohibición de disponer de varios establecimientos en un mismo territorio nacional; f) requisitos que obliguen a tener un número mínimo de empleados; g) tarifas mínimas y/o máximas que el prestador deba respetar.» La Ley 17/2009, en su art. 7, se refiere a las

Como consecuencias, la ordenación urbanística de las viviendas de uso turístico llevada a cabo por los municipios, imponiendo límites cuantitativos o territoriales, ha de analizarse a la luz de la Directiva de Servicios y de su norma de transposición a nuestro ordenamiento jurídico, a través de la Ley 17/2009. Y deberá ser acorde con los principios de no discriminación, necesidad y proporcionalidad, que predican.

De conformidad con el art. 1.1 de la Directiva de Servicios, en ella «se establecen las disposiciones generales necesarias para facilitar el ejercicio de la libertad de establecimiento de los prestadores de servicios y la libre circulación de los servicios, manteniendo, al mismo tiempo, un nivel elevado de calidad en los servicios.»

Acto seguido, en su art. 2, afirma que «La presente Directiva se aplicará a los servicios prestados por prestadores establecidos en un Estado Miembro». Y, a continuación, recoge toda una serie de actividades a las que la Directiva no se aplicará[916].

«Limitaciones temporal y territoriales», y el art. 8 a las «Limitaciones del número de autorizaciones».

916 A saber: «a) los servicios no económicos de interés general;

b) los servicios financieros, como los bancarios, de crédito, de seguros y reaseguros, de pensiones de empleo o individuales, de valores, de fondos de inversión, de pagos y asesoría sobre inversión, incluidos los servicios enumerados en el anexo I de la Directiva 2006/48/CE;

c) los servicios y redes de comunicaciones electrónicas, así como los recursos y servicios asociados en lo que se refiere a las materias que se rigen por las Directivas 2002/19/CE, 2002/20/CE, 2002/21/CE, 2002/22/CE y 2002/58/CE;

d) los servicios en el ámbito del transporte, incluidos los servicios portuarios, que entren dentro del ámbito de aplicación del título V del Tratado;

e) los servicios de las empresas de trabajo temporal;

f) los servicios sanitarios, prestados o no en establecimientos sanitarios, independientemente de su modo de organización y de financiación a escala nacional y de su carácter público o privado;

g) los servicios audiovisuales, incluidos los servicios cinematográficos, independientemente de su modo de producción, distribución y transmisión, y la radiodifusión;

h) las actividades de juego por dinero que impliquen apuestas de valor monetario en juegos de azar, incluidas las loterías, juego en los casinos y las apuestas;

i) las actividades vinculadas al ejercicio de la autoridad pública de conformidad con el artículo 45 del Tratado;

j) los servicios sociales relativos a la vivienda social, la atención a los niños y el apoyo a familias y personas temporal o permanentemente necesitadas proporcio-

Por su parte, y de acuerdo con su Considerando 33, reconoce que el concepto de «servicios» incluye actividades muy variadas y en constante evolución. Precisando que se encuentran dentro del concepto de «servicio» aquellos destinados a los consumidores, incluidos los relacionados con el turismo[917].

Por lo tanto, los servicios relacionados con el turismo, en principio, deben considerarse incluidos dentro del ámbito de aplicación de la Directiva. Pero no cualquier requisito impuesto al acceso o ejercicio de la actividad quedará a ella sometido, sino únicamente los vistos *supra*, entre ellos, el que establezca limitaciones cuantitativas o territoriales. Sin perjuicio de que, en cualquier caso, la actividad en general de las Administraciones Públicas deba venir informada por el principio de proporcionalidad, tal y como reconoce el art. 129 de la Ley 39/2015 y el art. 4 de la Ley 40/2015.

---

nados por el Estado, por prestadores encargados por el Estado o por asociaciones de beneficencia reconocidas como tales por el Estado;

k) los servicios de seguridad privados;

l) los servicios prestados por notarios y agentes judiciales designados mediante un acto oficial de la Administración.

3. La presente Directiva no se aplicará a la fiscalidad.» *Vid.* el art. 2 de la Ley 18/2009.

917 Pasamos a continuación a transcribir el tenor del Considerando 33: «En la presente Directiva, el concepto de "servicios" incluye actividades enormemente variadas y en constante evolución: entre ellas se cuentan las siguientes: servicios destinados a las empresas, como los servicios de asesoramiento sobre gestión, servicios de certificación y de ensayo, de mantenimiento, de mantenimiento de oficinas, servicios de publicidad o relacionados con la contratación de personal o los servicios de agentes comerciales. El concepto de servicio incluye también los servicios destinados tanto a las empresas como a los consumidores, como los servicios de asesoramiento jurídico o fiscal, los servicios relacionados con los inmuebles, como las agencias inmobiliarias, o con la construcción, incluidos los servicios de arquitectos, la distribución, la organización de ferias o el alquiler de vehículos y las agencias de viajes. Los servicios destinados a los consumidores quedan también incluidos, como los relacionados con el turismo, incluidos los guías turísticos, los servicios recreativos, los centros deportivos y los parques de atracciones, y, en la medida en que no estén excluidos del ámbito de aplicación de la Directiva, los servicios a domicilio, como la ayuda a las personas de edad. Estas actividades pueden constituir al mismo tiempo servicios que requieren una proximidad entre prestador y destinatario, servicios que implican un desplazamiento del destinatario o del prestador y servicios que se pueden prestar a distancia, incluso a través de Internet.»

Ahora, estamos abordando la regulación de las viviendas de uso turístico como modalidad de alojamiento complementaria a la oferta tradicional desde un ámbito muy en particular. En concreto, desde el prisma de su ordenación a través del planeamiento urbanístico.

Según el Considerando 9 de la Directiva de Servicios, esta última «sólo se aplica a los requisitos que afecten al acceso a una actividad de servicios o a su ejercicio. Así, no se aplica a requisitos tales como [...] normas relativas a la ordenación del territorio, urbanismo, [...] que no regulan específicamente o no afectan específicamente a la actividad del servicio pero que tienen que ser respetadas por los prestadores en el ejercicio de su actividad económica al igual que por los particulares en su capacidad privada.»

A simple vista, el contenido del Considerando anterior puede parecer un tanto ambiguo. ¿A qué se refiere cuando dice que la Directiva no se aplica a requisitos tales como normas relativas al urbanismo?

Socías Camacho diferencia entre dos situaciones a efectos de la aplicabilidad de la Directiva de Servicios a la comercialización turística en viviendas:

- Aquella «relacionada con el ámbito del urbanismo o la ordenación del territorio (excluido de la aplicación de la Directiva y de la Ley 17/2009 de transposición)».

  Esta situación, reconoce la autora, «incide sobre la implantación urbanística de las viviendas que puedan destinarse al alquiler turístico». Y, afirma, que su finalidad es «evitar la excesiva y nociva proliferación de turistas en los barrios de uso residencial, es decir, evitar lo que se conoce como la gentrificación.» En cuyo caso, «los instrumentos de planeamiento determinan mediante la zonificación ciertas condiciones previas o colaterales al ejercicio de la comercialización turística de las viviendas, del mismo modo que el planeamiento regula otros elementos por la vía de la fijación de estándares u otros procedimientos.»

  Como vemos, admite que las anteriores decisiones urbanísticas afectan a las viviendas de uso turístico, si bien de forma colateral.

- Aquella «relacionada con la actividad y las condiciones de prestación del servicio (sometida a la Directiva y a la legislación de transposición)». Esta última, iría referida al «ámbito del uso o servicio considerado en su estricto sentido, es decir, a la actividad concreta y específica a desarrollar y a sus condiciones de funcionamiento posterior.» En este sentido, «Desde esta perspectiva se regula el ordinario funcionamiento de la comercialización turística de las viviendas, así como su autorización administrativa.»[918]

Así, parece que de la opinión de la autora anterior se puede extraer que, el hecho de que una norma urbanística ordenadora de las viviendas de uso turístico quede sometida a la Directiva de Servicios depende de sí regula condiciones previas o colaterales, en cuyo caso no estaría sometida a la Directiva de Servicios. O si, por el contrario, se refiere al ordinario funcionamiento de la comercialización turística de las viviendas, así como de su autorización administrativa, supuesto, éste, que sí que quedaría sometido a la Directiva de Servicios.

No obstante, nosotros abogamos por una lectura completa y sistemática del Considerando 9. Es decir, la Directiva no debe aplicarse a las normas relativas al urbanismo «que no regulen específicamente o no afectan específicamente a la actividad del servicio pero que tienen que ser respetadas por los prestadores en el ejercicio de su actividad económica al igual que por los particulares en su capacidad privada.»

Los «prestadores» del servicio se definen como «cualquier persona física con la nacionalidad de un Estado miembro o cualquier persona jurídica de las contempladas en el artículo 48 del Tratado y establecida en un Estado miembro, que ofrezca o preste un servicio» (art. 4.2 de la Directiva de Servicios). Los prestadores deben contraponerse a los «particulares en su capacidad privada», a los que alude el Considerando. Estos últimos irán referidos a todos aquellos particulares que no les afecten las normas urbanísticas dictadas en materia de viviendas de uso turístico al no desarrollar dicha actividad. O, como bien señala el Tribunal de Justicia de la Unión Europea en su sentencia 30 enero 2018[919], sobre la que más tarde nos detendremos, cuando las medidas se dirijan exclusivamente a las personas que pretendan desarrollar esa concreta actividad en determinadas zonas geográficas, con exclusión de los particulares en su capacidad privada.

---

918 SOCÍAS CAMACHO, Joana Maria, «Estado regulador y…», *op. cit.* pp. 152 y 153. Y, finaliza diciendo, «En este caso, el sometimiento a la directiva de servicios y a la legislación de transposición está fuera de duda, por lo que conviene averiguar qué alcance tiene la aplicación de dicha normativa en la comercialización turística de las viviendas.»

919 TJUE (Gran Sala) Caso College van Burgemeester en Wethouders van de gemeente Amersfoort y Otros contra Visser Vastgoed Beleggingen BV y Otros. TJCE 2018, 17, asuntos acumulados C-360/15 y C-31/16.

Por lo tanto, cualquier disposición urbanística que establezca límites cuantitativos o territoriales e incida sobre el acceso o ejercicio específicamente, ya sea de forma colateral o no, de las viviendas de uso turístico, al ser calificadas de «servicio», quedará sometida a la Directiva de Servicios y a su norma de trasposición[920]. Y, consecuentemente, a los principios de no discriminación, de necesidad y de proporcionalidad que predica.

4.3.1. El principio de no discriminación

El art. 15.3, letra a), de la Directiva de Servicios, y el art. 5, letra a), de la Ley 17/2009, exige que «los requisitos no sean discriminatorios, ni directa ni indirectamente, en función de la nacionalidad o, por lo que se refiere a las sociedades, del domicilio social».

El Considerando 65 de la Directiva de Servicios reconoce, expresamente, que:

---

920 El «Manual sobre la transposición de la Directiva de servicios», elaborado por la Dirección General de Mercado Interior y Servicios, manifiesta, en relación con el Considerando 9, que «la Directiva de servicios no se aplica a los requisitos que no regulen ni afecten específicamente a la actividad del servicio, pero que hayan de ser respetados por los prestadores en el ejercicio de su actividad económica al igual que por los particulares en su capacidad privada. Esto significa que requisitos tales como los impuestos en el código de circulación, en las normas urbanísticas o de uso del suelo, en las normas de ordenación del territorio o en las ordenanzas de construcción, en general, no se verán afectadas por la Directiva de Servicios. Por supuesto, el mero hecho de que se dé a tales normas la denominación específica, por ejemplo, como normas urbanísticas, o de que los requisitos se formulen de un modo general, es decir, que no se dirijan específicamente a los prestadores de servicios, no basta para excluirlas del ámbito de la directiva de servicios. De hecho, ha de evaluarse el efecto real de los requisitos en cuestión para determinar si son de carácter general o no. Así al transponer la Directiva, los Estados miembros deberán tener en cuenta que las "normas urbanísticas" o las "ordenanzas de construcción" pueden contener requisitos que regulen de manera específica actividades de servicios y que, por tanto, estén cubiertos por la Directiva de servicios. Por ejemplo, las disposiciones sobre la superficie máxima de ciertos establecimientos comerciales, aun cuando figuren en las normas urbanísticas generales, están comprendidas en el ámbito de aplicación de la directiva de servicios y, en consecuencia, ha de atenerse a lo previsto en el capítulo sobre libertad de establecimiento de ésta.»
Disponible en el siguiente enlace: https://portal.mineco.gob.es/RecursosArticulo/mineco/economia/enlaces/destacados/Docu2DS.pdf.

«La libertad de establecimiento implica, en concreto, el principio de igualdad de trato, que prohíbe no solo toda discriminación basada en la nacionalidad de un Estado miembro, sino también toda discriminación indirecta basada en otros criterios que puedan conducir, de hecho, al mismo resultado. Así, por ejemplo, el acceso a una actividad de servicios o a su ejercicio en un Estado miembro, tanto si se trata de una actividad principal como secundaria, no debe estar supeditado a criterios como el lugar de establecimiento, de residencia, de domicilio o de prestación principal de una actividad. No obstante, estos criterios no deben incluir requisitos según los cuales el prestador, o uno de sus empleados o un representante, deba estar presente durante el ejercicio de la actividad cuando se justifique por una razón imperiosa de interés público. Asimismo, los Estados miembros no deben restringir la capacidad jurídica o el derecho de las sociedades constituidas con arreglo a lo dispuesto en la legislación de otro Estado miembro, en cuyo territorio tengan su establecimiento principal, a interponer acciones judiciales. Más aún, los Estados miembros no deben tener la posibilidad de conceder ventaja alguna a los prestadores que tengan un especial vínculo socioeconómico nacional o local, ni de restringir, invocando el lugar de establecimiento, la libertad del prestador de adquirir, explotar o enajenar derechos y bienes o de acceder a diversas formas de crédito y de vivienda en la medida en que dichas facultades sean necesarias para acceder a su actividad o para su ejercicio efectivo.»

Con fundamento en lo anterior, el principio de no discriminación no debería implicar mayores problemas interpretativos y su inobservancia por parte de la Administración Competente sería, *a priori*, fácil de detectar.

4.3.2. El principio de necesidad

De conformidad con la letra b), del art. 15. 3 de la Directiva de Servicios, y del art. 5, letra b), de la Ley 17/2009, los requisitos exigidos a la hora de ordenar las viviendas de uso turístico, a través del planeamiento urbanístico, deberán respetar el principio de necesidad. Dicho principio, implica «que los requisitos estén justificados por una razón imperiosa de interés general».

En el ámbito general de la actividad legislativa y la potestad reglamentaria de las Administraciones Públicas, el art. 129 de la Ley 39/2015, exige que su actuación sea acorde al principio de necesidad. Si bien, no precisa en qué se traduce el contenido de ese principio, cosa que sí hace la Directiva de Servicios. E, igualmente, el art. 4.1 de la Ley 40/2015, alude a que, en el momento de establecer las concretas medidas, las Administraciones Públicas deberán «motivar su necesidad para la protección del interés público».

El numeral 8.º, del art. 4, de la Directiva de Servicios y el art. 3.11, de la Ley 17/2009, albergan la definición de «razón imperiosa de interés general». Si bien, uno y otro precepto no coinciden en su contenido.

Ambos textos normativos disponen, en primer lugar, que la razón imperiosa de interés general es aquella definida e interpretada como tal en la jurisprudencia del Tribunal de Justicia —refiriéndose la Ley 17/2009 al Tribunal de «las Comunidades Europeas»—. Es a continuación cuando se observa la diferencia más destacable entre uno y otro precepto.

Por lo que se refiere a la Directiva de Servicios, prevé que, entre las razones imperiosas de interés general, se entienden «incluidas las siguientes». En cambio, la Ley 17/2009 expone que las razones imperiosas de interés general quedan «limitadas a las siguientes». Parece que los términos utilizados por la norma española son más restrictivos que los empleados por el legislador europeo.

Si bien, hecha esta diferenciación, ambos preceptos coinciden en el elenco de razones imperiosas de interés general. A saber: «el orden público, la seguridad pública, la protección civil, la salud pública, la preservación del equilibrio financiero del régimen de seguridad social, la protección de los consumidores, de los destinatarios de servicios y de los trabajadores, las exigencias de la buena fe en las transacciones comerciales, la lucha contra el fraude, la protección del medio ambiente y del entorno urbano, la sanidad animal, la propiedad intelectual e industrial, la conservación del patrimonio histórico y artístico nacional y los objetivos de la política social y cultural.»

El listado anterior, después de una enumeración exhaustiva de «razones imperiosas de interés general», vemos que culmina con una cláusula que podría denominarse de cierre, que incluye cualquier «objetivo de la política social y cultural». Dicha expresión, se nos presenta como suficientemente amplia como para acoger la práctica totalidad de intereses en caso de que fuera imposible reconducirlos a otra de las «razones imperiosas de interés general» específicas a la hora de imponer límites territoriales a través de la ordenación urbanística de las viviendas de uso turístico.

De modo que, la observancia del principio de necesidad, traducido en una razón imperiosa de interés general, en el momento de ordenar las viviendas de uso turístico por parte del Ente Local, parece que no planteará tampoco inconveniente alguno —junto al de no discriminación—, por dos motivos:

- El primero, ya que la Administración podrá alegar e identificar fácilmente alguna de las razones imperiosas de interés general concretas.
- Y, subsidiariamente, en caso de que no fuera posible la operación anterior, los numerosos intereses generales que pueden englobar los «objetivos de la política social y cultural», a modo de cajón de sastre, se presenta tan amplio y variado como pueda alcanzar la agudeza de la Administración en el ejercicio de su actividad discrecional.

4.3.3. El principio de proporcionalidad

Consideramos que el principio de proporcionalidad recogido en la letra c), del art. 15.3, de la Directiva de Servicios y en el art. 5, letra c), de la Ley 17/2009, encierra mayores problemas interpretativos.

Dicho precepto exige que las medidas urbanísticas adoptadas, limitando territorialmente el acceso y el ejercicio de la actividad que representan las viviendas de uso turístico, sean adecuadas «para garantizar la realización del objetivo que se persigue y no vayan más allá de lo necesario para conseguir dicho objetivo y que no se puedan sustituir por otras medidas menos restrictivas que permitan obtener el mismo resultado.»

Ante todo, queremos poner de manifiesto que el principio de proporcionalidad recogido en la Directiva de Servicios, y que debe informar la actuación de la Administración Pública a la hora de limitar el acceso a una actividad, o establecer restricciones cuantitativas o territoriales, no coincide con el principio de proporcionalidad visto con anterioridad a la hora de enjuiciar las medidas que afectan a los derechos fundamentales. Es decir, con el triple test de proporcionalidad. Test que, también, como hemos expuesto, lo hemos trasladado al contenido del principio de proporcionalidad que debe imperar en la actuación general de las Administraciones Públicas, de conformidad con el art. 129 de la 39/2015 y el art. 4 de la Ley 40/2015. Llegar a conclusiones absolutas en relación con la aplicación del principio de proporcionalidad, en cualquier ámbito, es una tarea prácticamente imposible, debido a que su interacción con la concreta medida debe ponderase caso por caso.

A la hora de regular los derechos fundamentales, la medida debe ser idónea, en el sentido de que la medida adoptada sea susceptible de conseguir el objetivo propuesto; necesaria, es decir, que no exista otra medida más moderada para la consecución del propósito pretendido con la misma eficacia; y proporcionada, en sentido estricto, al derivarse de la decisión más beneficios que ventajas para el interés de la colectividad que perjuicios sobre otros bienes o valores en conflicto. En cambio, en el caso de la Directiva de Servicios y de la Ley 17/2009, el principio de proporcionalidad sólo lleva implícitos el subprincipio de idoneidad y de necesidad, pero no el de proporcionalidad, en sentido estricto.

Hecha la anterior puntualización, diferentes Autoridades de la Competencia se alzaron en contra de la ordenación urbanística de las viviendas de uso turístico, al considerar que no eran acordes al principio de proporcionalidad[921].

4.3.3.1. La Comisión Nacional de los Mercados y de la Competencia

La Comisión Nacional de los Mercados y de la Competencia, en el «Informe económico sobre el Decreto 113/2015, de 22 de mayo, por el que se aprueba el reglamento de las viviendas vacacionales de la Comunidad Autónoma de Canarias-LA/03/15», consideró que la decisión adoptada por el legislador autonómico de que una vivienda vacacional pudiera establecerse en determinadas partes del territorio, como zonas residenciales, pero no en suelos calificados de turísticos, donde sí se permite que se establezcan operadores turísticos, no estaba justificada desde el principio de proporcionalidad[922].

En concreto, el art. 3.2 del Decreto 113/2015, de Canarias, disponía que «Quedan expresamente excluidas del ámbito de aplicación de este Re-

---

921 Véase, en este sentido, las «Conclusiones preliminares sobre los nuevos modelos de prestación de servicios y la economía colaborativa» de la CNMC, de marzo de 2016, pp. 83 y siguientes.

922 Incluso, la Comisión alega que «Desde el punto de vista de los principios de regulación económica eficiente y el interés general, carece de justificación económica determinar mediante el planeamiento urbanístico donde puede y no puede establecerse una vivienda turística o cuál es el número de viviendas turísticas que tiene que haber en un área urbana. Planificar el desarrollo de esta actividad económica mediante los instrumentos de planificación detallada típicos del urbanismo español es una restricción a la competencia que no está justificada. En caso de que existan externalidades relevantes y específicas de este tipo de viviendas – algo que no se ha probado-, existirían mecanismos más proporcionados para corregir estas posibles externalidades. Estos mecanismos pueden ser de mercado – los propios individuos negocian para corregir la externalidad– o, en un caso extremo en que llegase a estar justificado, mecanismos de tipo normativo, pero que se fundamentan en estándares – y no en la determinación del lugar concreto en el que deben localizarse las distintas actividades económicas- para evitar corregir la externalidad. (pp. 26 y 27)

glamento, las edificaciones ubicadas en suelos turísticos que se encuentren dentro de las zonas turísticas o de las urbanizaciones turísticas, así como las viviendas ubicadas en urbanizaciones turísticas o en urbanizaciones mixtas residenciales turísticas, [...].»

Dicho precepto fue anulado por parte del Tribunal Supremo, a través de su sentencia núm. 1766/2018, 12 diciembre[923]. El Tribunal consideró que la prohibición contenida en el artículo en cuestión era contraria al principio de libertad de empresa que proclama el art. 38 CE, y a la libre prestación de servicios que consagra la Directiva de Servicios:

> «en cuanto del análisis del procedimiento de elaboración de la norma reglamentaria se infiere que la única explicación plausible parece ser la de tratar de favorecer la oferta de productos alojativos tradicionales, lo que resulta contrario a los principios de necesidad y proporcionalidad [...].»

No obstante, acto seguido, el Tribunal Supremo señala que:

> «la única justificación que se dio acerca de la conveniencia de formalizar la exclusión de la oferta de viviendas vacacionales ubicadas en zonas turísticas fue la de que obedecía a meras razones de carácter económico (que las viviendas vacacionales no compitan con el resto de establecimientos alojativos turísticos hoteleros o extrahoteleros, para lo que sería necesario que no se ubiquen en las mismas zonas), lo que entendemos no puede incardinarse en ninguna de las razones imperiosas de interés general comprendidas en el artículo 3.11 de la Ley 17/2009, de 23 de noviembre [...].»

De lo anterior, parece desprenderse que si, efectivamente, la Comunidad Autónoma, en vez de alegar una razón de carácter económico, hubiera alegado una razón imperiosa de interés general de las transcritas *supra*, la prohibición enjuiciada y declarada nula hubiera recibido una respuesta diferente.

Además, de la opinión del Tribunal puede considerarse que una razón de naturaleza económica como la alegada por parte del legislador autonómico, no encontraría encaje, tampoco, en la cláusula de cierre que incluye el art. 3.11, de la Ley 17/2009, al referirse a «los objetivos de la política social y cultural».

El Letrado del Servicio Jurídico del Gobierno de Canarias argumentó, en fase procesal, que la prohibición en cuestión «tiene por objeto preservar los usos y destino de aquellos suelos calificados de estratégicos por su ubicación en zonas turísticas, está plenamente justificada por basarse en

---

[923] RJ 2018, 5689.

motivos relacionados con la aplicación de normas reguladoras de la ordenación del territorio y urbanísticas, que constituyen razones imperiosas de interés general» a la luz de la Directiva de Servicios. No obstante, el Tribunal Supremo considera que:

> «resulta insuficiente, en la medida que no estimamos convincente la explicación ofrecida respecto que la prohibición contemplada referida a la comercialización de viviendas vacacionales en zonas turísticas tenga como finalidad preservar el uso racional de suelos reservados a desarrollos turísticos, según la planificación del territorio.»

4.3.3.2. La Autoridad Catalana de la Competencia

Por su parte, la Autoridad Catalana de la Competencia, en la «Nota sobre la aprobación definitiva del Plan especial urbanístico de alojamientos turísticos (PEUAT) de Barcelona»[924], declaró que «la decisión tomada por el Ayuntamiento de Barcelona comportaba una serie de efectos negativos relevantes para la competencia en el mercado [...][925] que hacían dudar, como mínimo, sobre la proporcionalidad de la medida». Y concluyó que, «En este sentido, la ACCO reitera, en primer lugar, que las normas contenidas en el PEUAT, a pesar de configurarse como un instrumento urbanístico, presentan una incidencia significativa en el mercado del alojamiento turístico en Barcelona, motivo por el cual el Ayuntamiento de la ciudad debería haber realizado una evaluación del impacto competitivo del Plan, basada en los principios de necesidad, proporcionalidad y mínima distorsión y el resto de principios de una buena regulación eficiente y favorecedora de la competencia.»[926]

---

[924] REF. n.º OB 33/2017 – PEUAT Barcelona.

[925] Tales como: «establecimiento de barreras de entrada insalvables para nuevos operadores, disminución de las presiones competitivas respecto de los operadores incumbentes y efectos negativos en el bienestar de los consumidores y usuarios en términos de variedad y calidad de la oferta, de innovación y de políticas de precios».

[926] Véase también el informe de la Autoridad Catalana de la Competencia titulado «Transacciones entre iguales (P2P). Un paso adelante», de mayo de 2016, o el «E/CNMC/003/18 Estudio sobre la regulación de las viviendas de uso turístico en España», de la CNMC, de 19 de julio de 2018.

4.3.4. La sentencia del Tribunal de Justicia de la Unión Europea de 30 de enero de 2018

En relación con la ordenación urbanística de una actividad sometida a la Directiva de Servicios, cabe traer a colación, por todas, la sentencia del Tribunal de Justicia de la Unión Europea de 30 de enero de 2018.

Por medio de la misma, se analizan las normas incluidas en un plan urbanístico, a la luz de la Directiva de Servicios, en virtud de las cuales determinadas zonas geográficas situadas fuera del centro de la ciudad se destinan exclusivamente al comercio minorista de bienes voluminosos.

En concreto, tal y como consta en la sentencia, en el territorio del municipio de Appingedam [Países Bajos] existe, fuera del barrio de comercio histórico del centro de la ciudad, una zona comercial para comercios de bienes voluminosos, denominada Woonplein. Esta zona comercial acoge, entre otros, comercios de muebles, cocinas, decoración, bricolaje, materiales de construcción, artículos de jardinería, bicicletas, equipamiento hípico, automóviles y piezas de recambio de automóviles.

Según el art. 18 del plan urbanístico adoptado por el Ayuntamiento, la anterior zona comercial (Woonplein) se destinó exclusivamente al comercio minorista de bienes voluminosos. Visser, propietaria de superficies comerciales en la Woonplein, desea arrendar una de ellas a Bristol BV, que explota una cadena de tiendas de descuento de ropa y calzado en régimen de autoservicio.

Visser impugnó ante el Consejo de Estado de Países Bajos la decisión de la Junta de Gobierno de Appingedam, por la que se adoptaba el plan urbanístico, debido a que éste no autoriza la instalación en la Woonplein de comercios minoristas de ropa y calzado, esgrimiendo la vulneración de los arts. 9 y 10 de la Directiva de Servicios.

Por su parte, la Junta de Gobierno de Appigendam respondió alegando que consideraciones de ordenación del territorio justifican que un comercio minorista de ropa y calzado sólo pueda instalarse en el centro de la ciudad. Señala que esta norma pretende mantener la habitabilidad del centro de la ciudad, garantizar el buen funcionamiento del centro comercial que se encuentra fuera de ella y evitar en la mayor medida posible la desocupación estructural de locales en el centro de la ciudad.

En primer lugar, el Tribunal de Justicia de la Unión Europea declara que no hay duda de que la actividad de comercio minorista controvertida «constituye una actividad económica por cuenta propia prestada a cambio de una remuneración», comprendida en el ámbito de aplicación de la Directiva de Servicios.

En segundo lugar, afirma que las normas del plan urbanístico controvertido afectan «a los requisitos de implantación geográfica de actividades relativas a la venta de determinados bienes y, en consecuencia, a los requisitos de acceso a esas actividades.» Por ello, considera la actividad en cuestión comprendida en el concepto de «servicios», en el sentido del art. 4.1 de la Directiva de Servicios.

En el presente asunto, a través del plan urbanístico, se perseguía prohibir la actividad de comercio en una zona geográfica situada fuera del centro de la ciudad. El objetivo invocado era preservar la habitabilidad del centro de la ciudad, y evitar la existencia de locales desocupados en zona urbana en el marco de una política de ordenación del territorio. Señala el Tribunal Europeo que estas medidas se dirigían exclusivamente a las personas que pretendía desarrollar esas actividades en dichas zonas geográficas, con exclusión de los particulares en su capacidad privada.

La Gran Sala considera que preservar la habitabilidad del centro de la ciudad y evitar la existencia de locales desocupados constituye «un objetivo de protección del entorno urbano», que «puede constituir una razón imperiosa de interés general que justifique un límite territorial como el controvertido en el litigio principal». Por ello, entiende que la Directiva de Servicios:

> «debe interpretarse en el sentido de que no se opone a que normas contenidas en un plan urbanístico municipal prohíban la actividad de comercio minorista de productos no voluminosos en zonas geográficas situadas fuera del centro de la ciudad de dicho municipio, siempre que se cumplan las condiciones enunciadas en el artículo 15, apartado 3, de la Directiva [...].»[927]

Así, a través de esta resolución, el Tribunal de Justicia de la Unión Europea reconoce a la Administración Pública competente en materia de urbanismo en cada país a imponer restricciones al acceso o ejercicio de una actividad económica, siempre y cuando no sean discriminatorias, sean necesarias y proporcionales, en los términos establecidos en el art. 15.3 de la Directiva de Servicios[928].

---

927 Este último precepto exige, que las condiciones requeridas sean acordes a los principios de no discriminación, necesidad y proporcionalidad.

928 Aguirre i Font, Josep M., «La regulación municipal de las viviendas de uso turístico: soluciones a través del urbanismo», *REALA* (2021), n.º 15, pp. 24 a 41 (p. 27)

4.3.5. La sentencia del Tribunal de Justicia de la Unión Europea de 22 de septiembre de 2020

Empero, el precedente jurisprudencial inmediato, y más importante, en relación con la ordenación de las viviendas de uso turístico a través de la planificación urbanística lo constituye la sentencia del Tribunal de Justicia de la Unión Europea, de 22 de septiembre de 2020[929].

En concreto, las cuestiones prejudiciales planteadas al Tribunal que nos interesan a los efectos de este trabajo son las siguientes:

1.ª Si la Directiva de Servicios se aplica al arrendamiento a título oneroso, incluido el no profesional, de un inmueble amueblado destinado a uso de vivienda que no constituye la residencia principal del arrendador, de forma reiterada y durante breves períodos de tiempo a clientes de paso que no fijan en él su domicilio.

2.ª En caso de respuesta afirmativa a la cuestión anterior, si el art. 631-7 del Código de la Construcción y de la Vivienda francés constituye un régimen de autorización de la citada actividad y, por tanto, sometido a la Directiva de Servicios.

El art. 631-7 del Código de la Construcción y de la Vivienda dispone que «El alcalde del municipio en el que esté ubicado el inmueble concederá la autorización previa de cambio de uso»[930]. El anterior precepto debe leerse

---

929 Asuntos acumulados C-724/18 y C-727/18.

930 El art. 631-7 del Código de la Construcción y de la Vivienda establece que, en los municipios de más de 200.000 habitantes y en los de Hauts de Seine, Seine SaintDenis y Val de Marne, el cambio de uso de los inmuebles destinados a vivienda está sujeto a autorización previa en las condiciones establecidas en el art. L 631-7-1 de dicho Código, y que el arrendamiento de un inmueble amueblado destinado a vivienda de forma reiterada y durante breves períodos de tiempo a clientes de paso que no fijan su domicilio en él constituye un cambio de uso. Por su parte, el art. 631-7-1 del Código de la Construcción y de la Vivienda dispone lo siguiente: «El alcalde del municipio en el que esté ubicado el inmueble concederá la autorización previa de cambio de uso, previo dictamen, en París, Marsella y Lyon, del alcalde de distrito de que se trate. Dicha autorización podrá estar supeditada a una compensación consistente en la transformación simultánea en inmueble destinado a vivienda de un inmueble que tenga otro uso.
La autorización de cambio de uso se concederá a título personal. Dejará de surtir efectos en el momento en el que el beneficiario ponga fin con carácter definitivo a su actividad profesional por cualquier motivo. Sin embargo, cuando la autorización esté supeditada a una compensación, la autorización estará vinculada al inmueble y no a la persona. Los inmuebles que se ofrezcan como compensación

de forma conjunta con el art. 334-1-1 del Código de Turismo francés, por cuanto «Toda persona que ofrezca en alquiler un alojamiento turístico, esté clasificado o no como tal en virtud del este Código, deberá efectuar con carácter previo la correspondiente declaración ante el alcalde del municipio en el que tal alojamiento esté ubicado. Esta declaración previa no será obligatoria cuando el inmueble destinado a vivienda constituya la residencia principal del arrendador».

3.ª En caso de que, efectivamente, la Directiva de Servicios fuera aplicable, se plantea si el objetivo perseguido referido a la lucha contra la escasez de vivienda destinada a alquiler constituye una razón imperiosa de interés general, que permite justificar el hecho de someter a autorización, en determinadas zonas geográficas, el arrendamiento de los inmuebles anteriores.

4.ª Y, finalmente, si dicha medida en relación con el objetivo perseguido es proporcionada.

Pues bien, el Tribunal Europeo afirma que la actividad de arrendamiento, a cambio de una remuneración, de un bien inmueble amueblado destinado a vivienda a clientes de paso que no fijan en ellos su domicilio, efectuadas de forma reiterada y durante breves períodos de tiempo, tanto con carácter profesional como no profesional, «está comprendida en el concepto de "servicio", en el sentido del artículo 4, punto 1, de la Directiva 2006/123.»[931] y no excluida del ámbito de aplicación de la Directiva conforme a su art. 2.2.

---

figurarán en la autorización que se publicará o inscribirá en el Registro de la Propiedad.
El uso de los inmuebles definidos en el artículo L. 631-7 no se verá afectado en ningún caso por la prescripción de treinta años prevista en el artículo 2227 del Código Civil.
A efectos de la aplicación del artículo L. 631-7, la junta municipal establecerá, mediante acuerdo, las condiciones de concesión de las autorizaciones y de determinación de las compensaciones por barrio y, en su caso, por distrito, a la luz de los objetivos de diversidad social, en función, en particular, de las características de los mercados de la vivienda y de la necesidad de no agravar la escasez de vivienda. [...]»

931 Al respecto, la Gran Sale trae a colación el Considerando 33 de la Directiva de Servicios transcrito *supra*, por cuanto la Directiva «se aplica a actividades enormemente variadas y en constante evolución, entre las que se encuentran los servicios relacionados con los inmuebles, así como los relacionados con el turismo.»

El Tribunal razona que:

> «En el caso de autos, procede señalar que, si bien es cierto que la normativa controvertida en el litigio principal pretende garantizar una oferta suficiente de viviendas destinadas al arrendamiento a largo plazo a precios asequibles y, como tal, puede considerarse comprendida en el ámbito de la ordenación del territorio y, en particular, en el del urbanismo, no lo es menos que no es objeto de ella cualquier persona indistintamente, sino, más concretamente, aquellas que tienen la intención de prestar determinados tipos de servicios, como los de arrendamiento de inmuebles amueblados usados como vivienda a clientes de paso que no fijan en ellos su domicilio, efectuados de forma reiterada y durante períodos de tiempo.»

Por ello, dictamina que la Directiva de Servicios se aplica a la actividad anterior, lo que nos lleva a abordar la segunda cuestión planteada relativa al régimen de autorización.

Los citados arts. L. 631-7 y L. 631-7-1 del Código de la Construcción y de la Vivienda exigen que las personas interesadas en acceder y desarrollar esa tipología de arrendamiento, en las zonas geográficas establecidas, se sometan a un procedimiento que, como señala el Tribunal, «tiene como efecto obligarse a realizar un trámite ante una autoridad competente para obtener de ella un acto formal que les permita acceder a esa actividad de servicios y ejercerla.»

El Tribunal de Justicia, ante dicha exigencia, considera que la normativa sectorial en cuestión, al supeditar a autorización previa la celebración de determinados contratos de arrendamiento de inmuebles destinados a vivienda, establece un régimen de autorización, en el sentido del art. 4.6 de la Directiva de Servicios[932], y no ante un «requisito», de acuerdo con su art. 4.7[933].

---

[932] Este artículo, define el «régimen de autorización», como «cualquier procedimiento en virtud del cual el prestador o el destinatario están obligados a hacer un trámite ante la autoridad competente para obtener un documento oficial o una decisión implícita, sobre el acceso a una actividad de servicios o su ejercicio».

[933] Así, se considera un «requisito, cualquier obligación, prohibición, condición o límite previstos en las disposiciones legales, reglamentarias o administrativas de los Estados miembros o derivados de la jurisprudencia, de las prácticas administrativas, de las normas de los colegios profesionales o de las normas colectivas de asociaciones o de organismo profesionales y adoptados en ejercicio de su autonomía jurídica; las normas derivadas de convenios colectivos negociados por los interlocutores sociales no se considerarán requisitos a efectos de la presente Directiva».

Tras la afirmación anterior, la Sala entra a valorar sí dicha limitación al acceso al fenómeno que podría denominarse en nuestro ordenamiento jurídico vivienda de uso turístico está justificada por una razón imperiosa de interés general, como puede ser la lucha contra la escasez de viviendas destinadas al arrendamiento[934].

El Tribunal ratifica que un objetivo como el perseguido por dicha normativa nacional constituye una razón imperiosa de interés general. Además, apoyándose en anteriores pronunciamientos[935], expone que:

> «las exigencias de la política de vivienda de protección oficial y de la lucha contra la presión inmobiliaria, en particular cuando un mercado concreto experimenta una escasez estructural de viviendas y una densidad de población especialmente alta, pueden constituir razones imperiosas de interés general.»

Y, finalmente, en palabras del órgano jurisdiccional, la medida adoptada es proporcional al objeto perseguido, ya que éste «no puede alcanzarse con una medida menos restrictiva», puesto que «un control *a posteriori* se produciría demasiado tarde para ser realmente eficaz.»[936]

La Gran Sala nos recuerda que corresponde al juez nacional determinar si concurren los requisitos de estar la medida justificada «por una razón imperiosa de interés general, ser proporcionados a ese objetivo de interés general», además de ser «claros, inequívocos y objetivos, ser hechos públicos con antelación y, por último, ser transparentes y accesibles.»[937]

El juez nacional, a la luz de todos los elementos de que dispone, siendo especialmente pertinentes estudios u otros análisis objetivos, deberá apreciar si esta facultad reconocida a las autoridades locales proporciona una

---

934 Puesto que, de acuerdo con el art. 9.1 de la Directiva de Servicios, los Estados miembros sólo podrán supeditar el acceso a una actividad de servicios y su ejercicio a un régimen de autorización cuando este último esté justificado por una razón imperiosa de interés general.

935 Sentencias de 1 de octubre de 2009, Woningstichting sint Servatius, C-567/07, y de 8 de mayo de 2013, Libert y otros, C-197/11 y C-203/11.

936 De este modo, se sirve de la alegación vertida por la Ciudad de París, por cuanto, un control *a posteriori* «no permitiría frenar de manera inmediata y eficaz el movimiento de transformación rápida que genera esa escasez.» En relación con dicha sentencia, *Vid.* MARTÍNEZ NADAL, Apol·lònia, «Alquiler turístico y restricciones legales: el derecho a la vivienda como causa justificativa», *Diario La Ley* (2021), N.º 9873, pp. 1 a 15.

937 Tal y como exige el art. 10.2 de la Directiva de Servicios, y el art. 9 de la Ley 17/2009.

respuesta efectiva a la escasez de viviendas destinadas al arrendamiento de larga duración. Téngase en cuenta que, como expone el Tribunal de Justicia de la Unión Europea, la normativa analizada reserva a las autoridades locales la competencia para fijar las condiciones en las que se conceden las autorizaciones previstas, y es que son éstas las que «tienen un conocimiento privilegiado», al afectar de forma específica a cada uno de los municipios.

4.3.6. La acogida y la aplicación de la doctrina del Tribunal de Justicia de la Unión Europea en España

La doctrina anterior sentada por el Tribunal de Justicia de la Unión Europea, que ha sido rápidamente acogida por parte de los tribunales españoles, evidencia la importante incidencia del planeamiento urbanístico, llevado a cabo por los Entes Locales, en un ámbito muy específico como es la ordenación de las viviendas de uso turístico.

Efectivamente, algunas ciudades españolas han aprobado diferentes instrumentos de planeamiento con el objetivo de ordenar la cesión de las viviendas de uso turístico en un concreto territorio. Dicha regulación, se alza, no sólo como una restricción a la libre prestación del servicio de alojamiento en esta modalidad, sino como una verdadera delimitación del contenido del derecho de propiedad.

Empero, lo anterior no debe llevarnos a considerar cualquier regulación, *a priori,* como ilegítima, sino todo lo contrario. Consideramos que las viviendas de uso turístico constituyen un fenómeno que debe ser objeto de ordenación, sin que deba dejarse al libre criterio de los interesados su cesión[938]. Ahora bien, la ordenación urbanística debe ser acorde al principio

---

938 BARRADO TIMÓN, Diego A., *op. cit.*, p. 5, destaca el papel importante que representa la administración en la «ordenación espacial del turismo». Así, afirma que «el territorio refuerza su presencia y adquiere un nuevo valor como parte consustancial del concepto de producto.» La ordenación del espacio turístico se convierte en «una necesidad territorial y ambiental», además de ser «una exigencia ineludible para el correcto funcionamiento del sector.» El objetivo principal de la ordenación territorial del turismo es «la utilización racional del espacio y la coordinación de las diferentes planificaciones locales y de los aspectos territoriales de la política sectorial.» LÓPEZ PALOMEQUE, Francisco, *op. cit.,* pp. 35 y 36, se plantea «¿cuál ha sido la consideración del "territorio" —su presencia o ausencia en sus diversos significados— como variable en las políticas turísticas de España?, o ¿cuáles han sido las estrategias territoriales explícitas en materia de política turística? Como respuesta hay que decir que ha habido que esperar a los planes

de proporcionalidad. Y, nos referimos en concreto a dicho principio, puesto que, frente a los de no discriminación o al de necesidad, es el que mayor atención reclama por todas las partes en conflicto: para los entes locales, a la hora de adoptar la medida; para los terceros perjudicados por la medida; y por los Tribunales a la hora de enjuiciar la licitud o no de la medida.

4.3.6.1. La sentencia del Tribunal Supremo de 19 de noviembre de 2020

La primera resolución que debemos traer a colación es la STS (3ª) núm. 1550/2020, 19 noviembre[939]. En ella, se aborda la validez de determinados preceptos contenidos en el Acuerdo del Pleno del Ayuntamiento de Bilbao, adoptado en su sesión de 25 de enero de 2018, por el que se llevó a cabo la aprobación definitiva de la Modificación pormenorizada del Plan General de Ordenación Urbana de Bilbao, en lo relativo a la regulación del uso turístico.

En concreto, se solicita al Tribunal que se pronuncie acerca del alcance de la potestad de planeamiento de los Ayuntamientos, en orden a la regulación del uso de alojamiento turístico —singularmente, viviendas de uso turístico—, a través de los planes generales de ordenación urbana, cuando el ejercicio de dicha potestad incide de forma restrictiva en el ámbito de la libertad de empresa y la libre prestación de servicios por parte de los propietarios de las viviendas destinadas a uso turístico y, por lo tanto, al contenido de su derecho de propiedad.

La Comisión Nacional de los Mercados y la Competencia, como recurrente, concreta las siguientes restricciones implantadas a través del Plan General de Ordenación Urbana de Bilbao:

a) Restricción en cuanto a la calificación de las viviendas de uso turístico como equipamiento, y la consiguiente limitación en lo relativo a las plantas permitidas para su ubicación y los accesos a las mismas[940].

---

de ordenación del territorio en comunidades autónomas con acusada especialización turística para argumentar la idea del producto turístico en el territorio y la consiguiente integración en el mismo de variables territoriales, ambientales, urbanísticas, estructurales, socioeconómicas y turísticas. Estas variables, de forma interrelacionada, dan sentido a cada espacio turístico y su consideración integrada es la que permite configurar un entorno competitivo.»

939 RJ 2020, 5293.

940 En relación con esta última, el contenido de la misma se reproduce en el Fundamento de Derecho segundo, letra B). A saber: «limita su implantación como uso

b) Restricciones en cuanto a la exigencia de contar con un informe urbanístico para poder operar.

c) Limitación en cuanto al número de habitaciones en las viviendas particulares para alquiler turístico[941].

En síntesis, la Comisión alega que estas restricciones no se han amparado en una razón de interés general y que no se ha justificado su necesidad ni su proporcionalidad.

En primer lugar, el Tribunal, en su Fundamento Jurídico sexto, destaca la presencia y la exigencia de un urbanismo cambiante «que intenta adaptarse a las nuevas circunstancias, realidades y necesidades sociales, urbanísticas y medioambientales». Para llevar a cabo este cometido, se encuentran legitimadas las Administraciones Públicas que cuentan con competencia en el ámbito material del urbanismo.

Acto seguido, afirma, de forma correcta, que:

> «la intervención normativa municipal, en uso y ejecución de las competencias urbanísticas que le son propias, no puede ofrecer dudas, pues en realidad, el problema que en el fondo se suscita —en el que pueden destacarse, sin duda, aspectos positivos, pero, al mismo tiempo, consecuencias negativas— se trata de un problema jurídico de proporcionalidad, en el marco

---

complementario en viviendas colectivas cuando compartan acceso y núcleo de comunicación con las viviendas de uso residencial únicamente en una planta que será la más baja de las destinadas a vivienda (art. 6.3.24.2.), de forma que cabe su implantación en planta baja sin acceso independiente (art. 6.3.37.3.e), en planta primera sin acceso independiente (art. 6.3.37.3.b), y en plantas altas si tienen acceso independiente y se sitúan por debajo de las plantas destinadas a uso de vivienda (art. 6.3.37.3.d). Asimismo, se permite en planta primera que cuente con acceso independiente o que la planta baja esté comunicada con la primera (art. 6.3.37.3.a), en planta primera de los edificios anteriores a la entrada en vigor del PGOU en 1995 que no tenga acceso independiente o no esté comunicada con la planta baja (art. 6.3.3.7.3.c).»

941 En la letra G), del Fundamento de Derecho segundo puede leerse: «el art. 6.3.18, en cuanto excluye de dicha situación el alojamiento en habitaciones de viviendas particulares para uso turístico, que se encuentran incluidas en el uso 6 Residencial, salvo que se supere el número de plazas máximas a ofertar en alquiler que se disponga reglamentariamente, en cuyo caso el alojamiento será considerado un establecimiento hotelero, por la razón de que establece un número máximo de tres piezas/dormitorios a oferta en alquiler, con independencia de las piezas que ocupe la persona titular y otras personas que mantiene la residencia efectiva en el alojamiento [...].»

> de una muy dispersa y variada normativa estatal y autonómica —en modo alguno armonizada— [...].»

Para, a continuación, confirmar la posibilidad y la necesidad de intervención municipal en las viviendas de uso turístico, «en uso y ejercicio de la potestad de planeamiento» y que, además, «se nos presenta como realizada por la Administración más cercana al ciudadano, y articulada con un mayor grado de participación y conocimiento de la concreta realidad social.»

En el Fundamento de Derecho octavo, aduce los razonamientos vistos en la STJUE 22 septiembre 2020, en cuanto a las competencias municipales del planeamiento urbanístico. Y, en el Fundamento de Derecho noveno, aplica la doctrina jurisprudencial del Tribunal de Justicia de la Unión Europea al caso en cuestión.

Por lo que se refiere a la calificación de las viviendas de uso turístico dentro del «uso de equipamiento», el Tribunal Supremo reitera lo manifestado por la Sala de instancia. Así, el uso de equipamiento comprende «las actividades destinadas a dotar al ciudadano de los servicios necesarios para su esparcimiento, educación, enriquecimiento cultural, salud, asistencia, bienestar y mejor calidad de vida». Por el contrario, el «uso residencial» pretende dar «respuesta a las necesidades de vivienda de la población y se dirige a satisfacer el derecho a disfrutar de una vivienda digna y adecuada». Ello le lleva a dictaminar que:

> «resulta completamente ajeno al uso residencial el uso de las VUT puesto que se dirigen, no a satisfacer el derecho a la vivienda, al que es inherente el carácter estable que caracteriza el domicilio habitual, sino a satisfacer circunstanciales necesidades de alojamiento temporal por razones de turismo o vacaciones.»

Partiendo de esa diferenciación, el Tribunal acepta que las viviendas de uso turístico pueden reducir del parque residencial previsto por el planificador para dar satisfacción al derecho a la vivienda de los ciudadanos, «un número indeterminado de viviendas para destinarlas al alojamiento turístico, uso completamente ajeno al residencial».

Y, lo anterior, afecta al derecho a la vivienda. O, si se quiere, a una razón imperiosa de interés general. Como consecuencia, el planificador urbanístico está, no sólo legitimado, sino obligado «a promover la ordenación urbanística necesaria que concilie la satisfacción del derecho a la vivienda con el destino de determinadas viviendas al alojamiento turístico.»

Para el Tribunal, la medida adoptada por el Ayuntamiento de Bilbao iba dirigida a la protección del derecho a la vivienda y al control del entorno urbano. De modo que, ambos conceptos, habilitaban la intervención municipal, al encontrarnos ante una razón imperiosa de interés general.

Por tanto, una vez el Tribunal entiende, en contra de lo que consideraba la CNMC, que concurren razones imperiosas de interés general y, por ende, se da contenido y cumplimiento al principio de necesidad, reconoce que, la calificación de las viviendas de uso turístico como uso de equipamiento es razonable y suficientemente motivado por el Ayuntamiento, y que:

> «no va encaminado —en modo alguno— a la exclusión de la normativa europea y española sobre competencia, sino, más al contrario, a posibilitar la efectiva conciliación, de la citada y lícita actividad económica del alquiler vacacional, con la organización del régimen interno de la ciudad, posibilitando la convivencia residencial estable y habitual con una actividad caracterizada por su transitoriedad y falta de permanencia, al responder a circunstanciales necesidades alojativas.»

En definitiva, el Ayuntamiento de Bilbao, con su actuación y con la justificación que ofrece en su norma reglamentaria, respeta «los ya más que conocidos principios de proporcionalidad, claridad, objetividad, antelación, transparencia y accesibilidad, previstos en la Directiva de Servicios.»

Si bien el Tribunal Supremo se pronuncia en cuanto a la concurrencia de razones imperiosas de interés general, en relación con la validez de la calificación de las viviendas de uso turísticos como uso equipamiento, no entra a valorar las restricciones impuestas a las viviendas sometidas a régimen de propiedad horizontal, por lo que se refiere al número de plantas que permiten esta modalidad de alojamiento y el acceso a las mismas. Presuponiendo que, igualmente, la medida es acorde a la Directiva de Servicios.

En lo que atañe a la exigencia relativa al informe urbanístico de conformidad con los usos previstos en el Plan General de Ordenación Urbana. El Tribunal avala la decisión adoptada en ese sentido por el Ayuntamiento, puesto que, a través de dicho informe se pretende:

> «la constancia de que —desde las previsiones normativas establecidas por el planeamiento urbanístico municipal—, resulta posible la puesta en alquiler de una VUT, en un lugar determinado del término municipal y en las condiciones exigidas por el planeamiento, [...]. Y si, por otra, cumple las condiciones de habitabilidad exigidas, [...].»[942]

---

942 Y, añade que, «Acierta, pues, la Sala de instancia cuando acepta como compatible ambas exigencias; esto es, la declaración responsable, desde una perspectiva auto-

Y, finalmente, con relación a la limitación apuntada por la Comisión en cuanto al número máximo de habitaciones susceptibles de alquiler para uso turístico en viviendas particulares en zona de uso residencial —no en zona de uso de equipamiento—, en este supuesto tres, y en la que reside su titular, la Sala considera que:

> «la calificación de uso residencial —y la exclusión del uso equipamental— para estas situaciones es conforme con los citados preceptos legales, y que la limitación a un número máximo de tres habitaciones no carece de justificación ni entraña una barrera para el acceso al mercado de alquiler de habitaciones para uso turístico, añadiendo que el superar dicho número de habitaciones determinará su consideración de establecimiento hotelero, pues la legislación sectorial turística también diferencia al proveedor particular, del profesional, por el número de plazas ofertadas, "lo que no deja de ser razonable y, por otro lado, no impide al titular de más habitaciones ofrecerlas al mercado bajo otras modalidades de empresa turística de acuerdo con la Ley de Turismo de Euskadi, si el legislador [...] establece un umbral por el número de plazas o habitaciones para diferenciar una modalidad de empresa turística de otra."»

El Tribunal concluye afirmando que «la motivación, equilibrio y proporcionalidad se aprecian en este concreto aspecto, por lo que la infracción alegada no está justificada.»

4.3.6.2. La sentencia del Tribunal Supremo de 26 de enero de 2021

La segunda resolución a tener en cuenta es la STS (3ª) núm. 75/2021, 26 enero[943]. La cuestión que presenta interés casacional y sobre la que debe pronunciarse el Tribunal es idéntica a la vista en la anterior sentencia[944].

El Ayuntamiento de Barcelona, en virtud del acuerdo adoptado el 1 de abril de 2016, aprobó el Plan especial urbanístico (PEU), para la regulación de las viviendas de uso turístico.

---

nómica y turística; y el informe de conformidad, desde una perspectiva municipal y urbanística.»

943 RJ 2021, 145.

944 Tal y como consta su Fundamento de Derecho sexto: «en qué medida los instrumentos de planeamiento urbanístico pueden regular las condiciones de acceso y ejercicio de una actividad e, incluso, limitar en un concreto ámbito territorial el ejercicio de actividades previamente legalizadas, referidas concretamente a las viviendas de uso turístico, y la incidencia de esa regulación en el ámbito de la libre prestación de servicios».

La resolución se refiere a la Memoria aportada por el Ayuntamiento de Barcelona, y reproduce que el Plan «pretende ordenar y regular urbanísticamente la ubicación territorial en el municipio de este tipo de viviendas turísticas para tratar de alcanzar un equilibrio en el entorno urbano entre el ejercicio de dicha actividad económica y la garantía de una ciudad sostenible, especialmente, para sus residentes habituales, siendo sus objetivos, la contención territorial de las mismas en las áreas de la ciudad con fuerte presión turística, la disminución de los problemas de convivencia con los residentes habituales, la reducción del impacto de dicha actividad en el precio de la vivienda en compra y en alquiler para los residentes habituales y la lucha contra el problema de la "gentrificación" que genera la expulsión de los residentes habituales de los barrios.»

Para tratar de corregir los anteriores problemas y alcanzar dichos objetivos, se adoptan una serie de medidas, a partir de la utilización de toda una serie de parámetros[945]. Y, desde dichos parámetros, se establece una graduación de limitaciones para la implantación de las viviendas de uso turístico.

En concreto, las alegaciones de los recurrentes se refieren a la zona de la Ciutat Vella (ZE0), que es dónde se establece un grado mayor de restricción para la implantación de esta modalidad de alojamiento.

En dicha zona, el Plan impugnado exige, por una parte, que las viviendas de uso turístico se ubiquen en edificio enteros, en el cual no concurra ningún inmueble destinado a vivienda principal o secundaria. Y, por otra, se establece un número máximo de viviendas de uso turístico, coincidiendo éste con la totalidad de viviendas de uso turístico habilitadas existentes en el momento de la aprobación definitiva del Plan. De forma que, en virtud de esta última, para que pueda instalarse una nueva vivienda de uso turístico, es necesario que se produzca previamente la baja de alguna de ellas.

---

945 Por ejemplo, «parámetros de densidad máxima (v. gr. la proporción existente por manzana entre las VUT censadas en relación con las viviendas de uso residencial o la proporción existente entre población flotante y residente), efectuando una distribución por zonas o barrios en la que, además de aquellos parámetros y del número y distribución de VUT existentes en los distintos barrios, manzanas y edificios, se tienen en cuenta factores tales como la presión turística en las diversas zonas, las características urbanísticas del tejido urbano que acoge dicha afluencia (v. gr. si se trata de barrios históricos con calles estrechas y escasos espacios públicos) o la tipología arquitectónica de los edificios.»

Los recurrentes, consideran que las anteriores medidas son «discriminatorias y desproporcionadas, al impedir prácticamente que nuevos operadores puedan acceder al ejercicio de la actividad.» Efectivamente, ningún interesado en ceder una vivienda para alojamiento privado para el turismo podrá hacerlo si previamente no se ha dado de baja una habilitación anterior.

El Tribunal Supremo resuelve el recurso diciendo que, como puede observarse, «la *ratio decidendi* de la sentencia (RJCA 2019, 866) de instancia se acomoda, en su esencia, a la doctrina establecida en la STJUE de 22 de septiembre de 2020». Y hace una remisión casi en bloque a lo expuesto en su sentencia de 19 de noviembre de 2020.

Así, tras afirmar que, efectivamente, el Plan impugnado está sujeto a la Directiva de Servicios[946], reitera que la intervención normativa municipal estaba más que legitimada, al ir:

> «claramente, y sin duda, dirigida a la protección del "derecho de la vivienda", digna y adecuada, en los términos requeridos por la Constitución española, así como al control —evitando el deterioro— del denominado, por la Directiva de Servicios, "entorno urbano".»

946 En contra de lo que consideró la Sala de instancia, por cuanto afirmó que «La Directiva de que se trata excluye pues de su aplicación, entre otras materias, [...], las referidas al urbanismo, ámbito en el que sustancialmente como antes se ha indicado, se desenvuelve el plan especial de autos». Añade que «las sensibles materias que regula el plan [..] quedan fuera de la regulación tanto de la indicada Directiva como, [...] de la Ley 17/2009.» Y, justifica su decisión, en que «el plan especial ordena ciertos establecimientos que está capacitado para regular y en cuya regulación puede afectar a servicios o actividades comprendidos dentro del ámbito de la Directiva, *pero la regulación que se contiene en el plan especial se hace más intensa y patente desde el ámbito del urbanismo (excluido de la aplicación de la Directiva), que desde el ámbito del uso o servicio considerado en su estricto sentido, pues no regula el ordinario funcionamiento de éstos ni su autorización administrativa, sino ciertas condiciones previas o colaterales a su establecimiento urbanístico,* tratando evitar su excesiva y urbanísticamente nociva proliferación, del mismo modo que el planeamiento regula otros elementos por la vía de la fijación de estándares u otros procedimientos.» (las cursivas son nuestras). Por todo ello, considera que «no cabe apreciar incumplimiento por parte del plan especial de la indicada Directiva o de la Ley 17/2009, de 23 de noviembre, en cuanto la traspuso parcialmente al Derecho interno español.» Así, compartimos la opinión del Tribunal Supremo en cuanto corrige a la Sala de instancia, y afirma que, efectivamente, el Plan objeto del litigio está sometido a la Directiva de Servicios.

Ambos conceptos, el «derecho a la vivienda» y el «entorno urbano», constituyen una razón imperiosa de interés general. Ello le lleva a considerar que la medida cuestionada por la parte recurrente, «dirigida, en definitiva, a mantener el *statu quo* del número de VUT ya existentes en la zona de Ciutat Vella, debe calificarse de objetiva y plenamente razonable y, por ello, no discriminatoria». Además, estima que el Ayuntamiento de Barcelona ha justificado de forma suficiente y motivada su actuación, ajustándose ésta a «los mentados criterios de proporcionalidad, claridad, objetividad, transparencia, accesibilidad y antelación previstos en la Directiva de Servicios.»

Tras lo anterior, el Tribunal Supremo, entra a valorar las concretas restricciones impuestas por el Plan objeto del litigio. Y, razona, que:

> «Esta justificación tiene como sustento las peculiares características de la zona denominada Ciutat Vella, todas ellas con incidencia en el derecho a una vivienda digna y en la protección de un entorno urbano de calidad; superior presión turística que el resto del municipio de Barcelona; la mayor concentración de VUT de todo el municipio; estructura urbanística propia de un centro histórico con calles estrechas y escasos espacios públicos que dificulta la compatibilidad de ambos modos de vida, residentes y turístico; elevación del precio de la vivienda en propiedad y alquiler; disminución del parque disponible de viviendas para uso de residentes habituales; debido a todo lo anterior, alejamiento de aquéllos a otras zonas con la consiguiente alteración del modus vivendi del barrio y de su tejido social. En definitiva, una zona en la que se observa con mayor intensidad la incidencia en los objetivos que se pretenden abordar con el PEU que en él se explicitan y que ya hemos reflejado.

Además, los criterios utilizados para sustentar las limitaciones son criterios objetivos, se encuentran plenamente conectados con la ordenación del suelo y tienen pleno acomodo en el objeto de este tipo de planes urbanísticos que ordenan la incidencia que la actividad, en este caso de VUT, produce en el territorio, y más en concreto, por lo que a este caso se refiere, en el derecho a la vivienda y en el entorno urbano, regulando y ordenando su intensidad en función de criterios netamente urbanísticos como son, entre otros, el establecimiento de densidades máximas en función de la proporción existente en los barrios y manzanas entre las VUT y las viviendas de uso residencial o entre población flotante y residente; el número, distribución territorial y ubicación de las VUT existentes en los distintos barrios, manzanas y edificios; las características urbanísticas del tejido urbano o la tipología arquitectónica de los edificios.

Se trata, por tanto, de un adecuado ejercicio por el planificador de la potestad de ordenación urbanística, enraizada en el principio de desarrollo sostenible y debidamente justificada en la protección del derecho a la vivienda y del entorno urbano.»

El Tribunal Supremo, concluye su exposición afirmando que la decisión adoptada no supone «una restricción desproporcionada», en la medida en que «esta mayor intensidad se encuentra debidamente justificada en la Memoria del plan». Parece que el Tribunal equipara la justificación de la medida con su proporcionalidad.

Y, además, añade el Tribunal, que, la decisión impugnada, ha sido adoptada por la Administración que mejor conoce la ciudad de Barcelona, «que la ha justificado en la Memoria que acompaña al Acuerdo adoptado [...] debiendo excluirse la vulneración, tanto de la Directiva 2006/123, como de la legislación interna que la traspone.»

4.3.6.3. La sentencia del Tribunal Supremo de 1 de junio de 2021

En tercer lugar, debemos detenernos en la STS (3ª) núm. 779/2021, 1 junio[947]. En ella, se resuelve el recurso de casación interpuesto por la Asociación de Apartamentos Turísticos de Barcelona, contra, de nuevo, el Plan Especial urbanístico de las viviendas de uso turístico en la ciudad de Barcelona, adoptado el 1 de abril de 2016.

En términos similares a los vistos en las sentencias precedentes, la cuestión que se plantea y que suscita interés casacional es si la regulación contenida en determinados preceptos del Acuerdo impugnado, para la regulación de las viviendas de uso turístico en la ciudad de Barcelona, «resulta, o no, contraria a lo establecido por el artículo 15.2 y 3 de la directiva 2006/123/CE y 9.2 de la Ley 17/2009, de 23 de noviembre, sobre el libre acceso a las actividades de servicios y su ejercicio, y si resulta proporcionada y está suficientemente justificada su necesidad por la salvaguarda de alguna razón imperiosa de interés general».

La recurrente alega como medidas que vulneran la Directiva de Servicios la imposición de los siguientes requisitos para el ejercicio de dicha actividad: «una densidad máxima de viviendas de uso turístico limitadas a las existentes; el decrecimiento de habilitaciones de viviendas de uso turístico en determinadas zonas específicas; la prohibición de implantar viviendas de uso turístico en entidades con usos de viviendas a fecha 1 de julio de

---

947 RJ 2021, 3163.

2012; y en la fijación del índice del 1,18 por 100 de densidad máxima de viviendas de uso turístico por manzana en determinadas zonas.»

El Tribunal Supremo, empieza reconociendo que:

> «si de lo que en última instancia se trata es de unos concretos usos de las edificaciones existentes en el Municipio, no sólo es el planeamiento urbanístico el instrumento jurídico idóneo para ordenar esos usos, como el de todas las edificaciones, sino que es uno de los contenidos esencial de los instrumentos del planeamiento.»

Una vez llegado al Fundamento de Derecho cuarto, el Tribunal reconoce que el Plan impugnado ya ha sido examinado por la propia Sala. Y, advierte que también ya ha sido objeto de debate «la posibilidad de imponer límites a la instalación de prestaciones de servicios mediante la aprobación de instrumento de planeamiento» de las viviendas de uso turístico.

Como consecuencia, alude a sus sentencias de 19 noviembre 2020 y 26 enero 2021, que se fundan, a su vez, en la sentencia del TJUE 22 septiembre 2020, para afirmar que el Plan «no comporta vulneración de la Directiva comunitaria ni de la Ley nacional.» No obstante, en el caso de autos, el Tribunal considera que el debate no está cerrado con los anteriores precedentes[948].

Entiende que, si en la admisión del recurso anterior se delimitaba como interés casacional objetivo determinar en qué medida los instrumentos de planeamiento urbanístico pueden regular las condiciones de acceso y ejercicio de una actividad e, incluso, limitar en un concreto ámbito territorial el ejercicio de actividades previamente legalizadas, referidas concretamente a las viviendas de uso turístico, y la incidencia de esa regulación en el ámbito de la libre prestación de servicios; en el presente recurso «esa cuestión que suscita interés casacional es mucho más concreta».

O, en otras palabras, «en la sentencia anterior, el debate se centraba en las limitaciones impuestas para la ZE-0, en tanto que en la actual es para las restantes zonas.» Si bien el Tribunal reconoce que el recurso anterior no difiere sustancialmente del actual y que, por tanto, los argumentos que se dieron en la sentencia núm. 75/2021 son plenamente aplicables al caso, «que se dan por reproducidos», también es cierto que, en su opinión,

---

[948] Considera que «En efecto, si se confronta el objeto de este recurso y el de referencia, se constata que, pese a estar referidos a un mismo instrumento de planeamiento, es lo cierto que el debate que aquí se ha suscitado incluye una peculiaridad que requiere mayor precisión».

«ahora se suscita una específica cuestión» que sí que debe ser objeto de examen.

El debate se centra, en el presente supuesto, no ya en tanto si una decisión urbanística como la impugnada puede imponer limitaciones al ejercicio de la actividad de uso turístico, que ya se ha declarado legítimo, sino si «en el concreto caso de autos, esas limitaciones que comportan los concretos preceptos del Plan aprobado y tachados de ilegalidad, pueden estimarse justificadas en las condiciones que impone la norma comunitaria, en concreto, en la necesidad de motivación de los requisitos que legitiman las limitaciones que se imponen a las VUT. Es decir, el precepto de referencia es el mencionado art. 15.3.º de la Directiva (también el 9 de la Ley nacional)».

La Sala considera que las limitaciones que se imponen en el Plan a las viviendas de uso turístico son conformes a las exigencias tanto de la Directiva como de la Ley 17/2009, «por estimar que la motivación de tales limitaciones han de encontrar justificación en la misma Memoria del Plan». Memoria «que es un documento preceptivo en la elaboración de los planes.» No obstante, añade que el reproche que se hace es en relación con «esa motivación genérica», que «no puede servir a los fines de la exigencia formal impuesta por esa normativa, ya que se requiere una justificación y motivación particularizada».

Para una mayor claridad expositiva, el Tribunal Supremo compara el supuesto enjuiciado en la sentencia del TJUE de 22 septiembre 2020[949], con la actual. Así, será el propio Plan el que deberá adecuarse a la Directi-

949 «[...] lo que se cuestionaba en dicho proceso por el Tribunal francés que suscita la cuestión prejudicial, es, de manera concreta, si era contrario a la Directiva de Servicios la normativa nacional de Francia (el Código de la Construcción y de la Vivienda) al exigir que para determinadas ciudades (municipios de más de 200.000 habitantes) el cambio de uso de viviendas para su destino a VUT debía obtenerse una autorización previa, cuyas condiciones se determinan por una junta municipal, que, mediante acuerdo, establecía las condiciones de las autorizaciones y demás presupuestos del cambio de uso.» En cambio, en el Plan «que aquí se revisa, ese cambio de uso no es que se deje a la decisión puntual caso por caso a la Administración, sino que el mismo Plan la incorpora en sus determinaciones, de tal forma que será la posterior y preceptiva autorización municipal la que lo concreta, pero no ya conforme a las previsiones de la normativa de libertad de prestación de servicios y establecimiento, que ya deben haberse previsto en esas determinaciones, sino, como toda autorización, constatar que el uso que está habilitado en el planeamiento.»

va de Servicios y a su norma de trasposición, «pero no sólo en cuanto a la decisión de someter las VUT a previa autorización administrativa [...] sino también los requisitos para esa autorización que, por la propia finalidad del Plan, es el que los impone.»[950]

El Tribunal, declara que un:

> «plan de urbanismo como el de autos es un instrumento legítimo para someter a la previa autorización administrativa el ejercicio de una actividad de VUT y que los preceptos del mencionado Plan que condicionan la concesión de la tal autorización es proporcionada y está suficientemente justificada por la salvaguarda de la razón imperiosa de interés general de facilitar la existencia de viviendas susceptibles de arrendamiento para residencia de los ciudadanos.»

Hasta el momento, todas las medidas adoptadas el Tribunal Supremo las ha considerado necesarias al amparo de razón imperiosa de interés general, proporcionales al fin perseguido y suficientemente justificadas como para avalar su licitud[951].

No obstante, parece observarse una postura opuesta en la reciente STS (3ª) núm. 109/2023, de 31 de enero, y ello, quizá, por la intensidad de la medida enjuiciada, y a la que consideramos oportuno dedicarle un epígrafe aparte.

4.3.7. El caso de la ciudad de Palma de Mallorca

En virtud de la STS (3ª) núm. 109/2023, de 31 de enero[952], se resuelve el recurso de casación interpuesto por el Ayuntamiento de Palma de Mallorca, contra la sentencia del Tribunal Superior de Justicia de las Islas

---

950 Es decir, «si es el plan en el que, por ejemplo, impone como condición el número total de VUT en determinadas zonas; o el que dispone una densidad máxima de esta VUT en cada una de las zonas [...], resulta indudable que quien impone las limitaciones para la concesión de la autorización —la autorización municipal— no es propiamente esta, sino el Plan.»

951 VIDAL MARTÍN, Ernesto; PARDINES HERNÁNDEZ, Andrea y DE LA TORRE VERA, F. Javier, *op. cit.*, p. 8: «los entes locales son "cuasi libres" para imponer restricciones de corte urbanístico que limiten el establecimiento de VUT.». Los autores, p. 10, consideran que «En cualquier caso, sería preferible que por parte de todos los poderes públicos implicados en la materia se prestara especial atención, con objeto de no introducir burdas limitaciones sin una mínima justificación regulatoria. Todo ello, si verdaderamente se cree en los principios de buena regulación a los que supuestamente se adhieren las diferentes Administraciones.»

952 JUR 2023, 56210.

Baleares, acerca del Acuerdo del Pleno del Ayuntamiento de Palma, adoptado el 26 de junio de 2018, mediante el cual se aprobó la delimitación provisional de las zonas aptas para la comercialización de estancias turísticas en viviendas (ETV) de uso residencial en el municipio de Palma.

En concreto, de conformidad con el Acuerdo adoptado, se impedía de forma absoluta la cesión de viviendas sometidas a régimen de propiedad horizontal con fines turísticos. Lo que se traducía en una auténtica delimitación, a través de una intervención administrativa, del contenido del derecho de propiedad.

No obstante, el Tribunal Superior de Justicia de las Islas Baleares, en su sentencia número 486/2021, de 10 de septiembre, declaró la nulidad de pleno derecho de la zonificación provisional adoptada por el Ayuntamiento. Pero no en su totalidad, sino sólo en cuanto se refiere a la prohibición de comercializar estancias turísticas en viviendas sometidas a régimen de propiedad horizontal[953].

La Sala de instancia consideró que la actuación administrativa vulneraba los principios de proporcionalidad y necesidad «ínsitos a las "imperiosas razones de interés general" que permiten modular la libre prestación de los servicios turísticos», que predica la Directiva de Servicios y la Ley 17/2009.

Ello llevó al Tribunal a recordar que la Comunidad Autónoma de las Islas Baleares contaba ya con otros mecanismos positivizados, y menos tajantes, para regular las viviendas de uso turístico sometidas a régimen de propiedad horizontal. En particular, se refirió al «consentimiento de esta comercialización formalizado en los estatutos o por acuerdos adoptados en las comunidades de propietarios».

Uno de los objetivos de la Ley 6/2017, de las Islas Baleares, como indica su Exposición de Motivos, era «hacer encajar también en las posibilidades de comercialización de estancias turísticas las viviendas residenciales sometidas a régimen de propiedad horizontal».

Para alcanzar el fin pretendido, el legislador balear considera imprescindible hacer un control de la actividad desde el punto de vista urbanístico, territorial, medioambiental y tributario. Este control, desde una vertiente

---

[953] JUR 2021, 336178. *Vid.* GINARD MARTÍNEZ, Salvadora; «Comentario a la sentencia de 10 de septiembre de 2021 del Tribunal Superior de Justicia de las Illes Balears, sobre la comercialización turística en viviendas de uso residencial en edificios plurifamiliares», *Revista General de Derecho del Turismo* (2021), núm. 4.

urbanística y territorial, que es la que aquí interesa, pasa, en primer lugar, por una delimitación de las zonas aptas para llevar a cabo la comercialización turística[954]. A simple vista, se puede observar una clara contradicción interna, entre el Acuerdo adoptado y la finalidad perseguida por la Ley 6/2017.

Así, de conformidad con el art. 5.3 de la LTIB, el instrumento adecuado para llevar a cabo la delimitación de las zonas aptas es el Plan de Intervención en Ámbitos Turísticos (PIAT).

Tanto la elaboración como la aprobación de los PIAT corresponde a los concretos Consejos Insulares, *ex* art. 5.2 LTIB[955]. Es decir, un instrumento de planeamiento supramunicipal[956]. Y, con fundamento en los criterios en ellos previstos —en los PIAT—, los ayuntamientos tendrán que implantar las zonas aptas para la comercialización de estancias turísticas en viviendas residenciales (párr. 3.º del art. 5.3 LTIB)[957]. No obstante, la ciudad de Palma recibe un tratamiento peculiar en este ámbito.

---

954 Y, continúa la anterior Exposición de Motivos: «Debe prestarse especial atención a las repercusiones que ésta puede suponer —la comercialización turística en viviendas sometidas a régimen de propiedad horizontal— sobre la configuración de los barrios o las zonas donde se concentre la oferta y en la convivencia pacífica en éstos, [...].» En ello consiste la zonificación que, según BAUZÁ MARTORELL, Felio José, *op. cit.*: «La zonificación se va a traducir en la práctica en una restricción al ejercicio de la actividad del alquiler turístico, en función del concreto emplazamiento.»

955 En este sentido, la Exposición de Motivos indica que «Con respecto al establecimiento de las zonas aptas, hay que recordar que los consejos insulares son las instituciones de gobierno de cada una de las islas, a la vez que son instituciones de la Comunidad Autónoma y disfrutan de autonomía en la gestión de sus intereses de acuerdo con la Constitución, el Estatuto y las leyes del Parlamento en su ámbito territorial. Concretamente, con respecto al ámbito urbanístico y territorial, de acuerdo con el artículo 70 del Estatuto de Autonomía, los consejos insulares tienen atribuidas, en calidad de competencias propias, las materias de urbanismo, habitabilidad y ordenación del territorio, con el litoral incluido.»

956 Véase BLASCO ESTEVE, Avelino, «La planificación territorial de las zonas turísticas en España», *Revista de Derecho Urbanístico y Medio Ambiente* (2010), n.º 262, pp. 1 a 40.

957 Además, «Los PIAT y, si procede, los PTI pueden determinar también el límite máximo por isla de plazas turísticas en alojamiento turísticos y el límite máximo de plazas en viviendas residenciales susceptibles de ser comercializadas turísticamente, en función de los recursos insulares existentes, las infraestructuras, las densidades de población y otros parámetros relevantes de su ámbito. En este supuesto, las bolsas de plazas se tienen que adaptar a esta cifra.» (párrafo 4.º)

A la ciudad de Palma, por su condición de capital y su elevada población, la ley le otorga unas competencias urbanísticas singulares en este aspecto. De modo que, en virtud del art. 75.3 de la LTIB, y hasta que los Consejos Insulares no delimiten, mediante los PIAT o, si procede, los PTI (Plan territorial insular), las zonas aptas para la comercialización de estancias turísticas en viviendas de uso residencial, el propio Ayuntamiento de Palma podrá declararlas y delimitarlas, provisionalmente[958].

El 26 de julio de 2018, y con arreglo al marco jurídico expuesto, el Pleno del Ayuntamiento aprobó el acuerdo en virtud del cual se delimitaban, provisionalmente, las zonas aptas para la comercialización de estancias turísticas en viviendas de uso residencial, en el municipio de Palma.

Tal y como se recoge en la sentencia del Tribunal Superior de Justicia, el Ayuntamiento esgrimió, como argumento para prohibir la comercialización de estancias turísticas en viviendas plurifamiliares, que las viviendas unifamiliares «son las tipologías arquitectónicas más adecuadas para evitar el problema de la convivencia, con respecto a la función social de la vivienda y menor impacto en cuestiones medioambientales.» Si bien, el número de viviendas unifamiliares es mucho inferior a aquellas sometidas a régimen de propiedad horizontal.

De forma correcta, el Tribunal alude al fin «protector y garantista del civismo» que persigue el acuerdo de prohibición. Pero, acto seguido, se refiere a que «esta finalidad loable debe resultar proporcionada y necesaria»[959].

---

958 Exigiendo el párrafo 8.º del art. 75.3, de la Ley 8/2012, el siguiente procedimiento: «propuesta del ayuntamiento, con la solicitud del informe del Consejo Insular de Mallorca, que lo tiene que emitir en el plazo máximo de un mes y al que se puede oponer por las mismas causas expuestas en el segundo párrafo de la letra b) anterior. En el caso de no emitir el informe, se tiene que considerar aceptada la propuesta del ayuntamiento.»

959 Esto es, dice el Tribunal «[…] se debe justificar que la restricción a la libertad se efectúe de modo ajustado para obtener el resultado pretendido y que no puede conseguirse la finalidad pretendida a través de mecanismos menos constringentes.» Y, añade: «El libre ejercicio de la actividad turística debe conjugarse con los intereses generales, y en esta interconexión pueden adoptarse decisiones administrativas que deben ser proporcionales, idóneas y necesarias para la colectividad.» Para Carlón Ruiz, Matilde, *op. cit.*, p. 204: «El principio de proporcionalidad evoca, en último término, un criterio de justicia, siempre en clave de garantía de máxima intangibilidad de la esfera de intereses del individuo frente a la intervención pública. En su esencia misma se encuentra la valoración de una ecuación medio-fines, de modo que no es de extrañar que se haya convenido en reconocer su origen, […] en la formulación misma del Estado de Derecho, construido con-

En palabras del Tribunal, la prohibición absoluta «no aparece como ponderada con las finalidades alegadas por el Ayuntamiento», ya que éstas pueden obtenerse a través de otros medios menos radicales, «algunos de ellos ya positivizados». Constituyendo la prohibición «la última de las soluciones posibles a los efectos nocivos» que se pretenden evitar y atajar.

Por este motivo, el Tribunal *a quo* aprecia que la medida adoptada infringe la Directiva de Servicios y la Ley 17/2009, al incluir una medida desproporcionada e innecesaria, como es la prohibición absoluta de destinar a vivienda de uso turístico los inmuebles sometidos a régimen de propiedad horizontal en la ciudad de Palma. Y, además, entiende que tal desproporción e innecesaridad conlleva, igualmente, una vulneración de los principios recogidos en el art. 129 de la Ley 39/2015, de 1 de octubre, del Procedimiento Administrativo Común de las Administraciones Públicas.

El Tribunal falla anulando la parte relativa a la prohibición de comercializar estancias turísticas en viviendas sometidas a régimen de propiedad horizontal del acuerdo impugnado. Posteriormente, contra dicha sentencia el Ayuntamiento de Palma interpuso el correspondiente recurso de casación.

Dicho lo anterior, detengámonos en la sentencia del Tribunal Supremo. La cuestión de interés suscitada al Tribunal en el caso de autos consiste en «determinar si la disposición impugnada, en tanto puede suponer una limitación o restricción a la comercialización de estancias turísticas en viviendas de uso residencial (ETH), resulta conforme o no a los principios de proporcionalidad y necesidad ínsitos a las "razones imperiosas de interés general" definidas en la Directiva 2006/123/CE».

No obstante, el Tribunal considera que dicha cuestión «no puede ser estrictamente respondida por ahora». El motivo es que, a pesar de que los razonamientos de la sentencia recurrida son acertados, la Sala *a quo* debería haber planteado una cuestión de «prejudicialidad por disconformidad con las Directivas europeas o de inconstitucionalidad sobre la misma». Por ello, el Tribunal Supremo no puede confirmarla y debe estimar el recurso de casación interpuesto por el Ayuntamiento, casa la sentencia de instancia y rechaza el recurso contencioso-administrativo de la Asociación HABTUR.

Pero, a pesar de lo anterior, lo que debe destacarse de la actual sentencia es que, el Tribunal Supremo, en varias ocasiones, acepta los razonamientos

ceptualmente sobre la base de la garantía de la libertad y la propiedad individual frente al poder público.»

ofrecidos por la Sala *a quo* en cuanto a la falta de proporcionalidad de la medida adoptada. Ello contrasta con la opinión vertida por el Tribunal Supremo en el resto de las resoluciones vistas en las páginas anteriores, en los que sí que ha apreciado, no sólo necesidad, sino también proporcionalidad en las decisiones urbanística aprobadas.

No obstante, en este caso, afirma que «No podemos dejar de reconocer, en principio, el correcto examen que hace la Sala "a quo", desde la perspectiva de la vulneración de los principios de proporcionalidad y necesidad conforme a las razones imperiosas de interés general». Y, más tarde, manifiesta que «formalmente los razonamientos de la sentencia recurrida pueden ser acertados.» Ahora bien, el Tribunal Supremo no parece del todo convencido. Obsérvese que utiliza la expresión «en principio», al referirse al «correcto examen» llevado a cabo, y a que «pueden» ser acertados. No lo asevera de forma rotunda.

Empero, como hemos señalado, el Tribunal Supremo no responde en ese momento a la cuestión casacional suscitada. El motivo alegado para ello, como hemos anticipado, es que la Sala de instancia ha eludido el «planteamiento, en su caso, de una cuestión prejudicial por disconformidad con las Directivas europeas o de inconstitucionalidad» sobre el siguiente extremo, que se desprende de la lectura sistemática de varios preceptos de la Ley 8/2012.

Por una parte, el art. 75, en su apartado 2.º, dispone que: «A los efectos de esta Ley, tiene la consideración de zona apta para la comercialización de estancias turísticas en viviendas de uso residencial aquella en que, motivadamente, con las medidas correctoras que se puedan establecer y cumpliendo las previsiones establecidas legalmente o reglamentariamente en materia de vivienda, la administración competente para llevar a cabo la zonificación considere que esta utilización extraordinaria de las viviendas residenciales resulta compatible con el uso ordinario de vivienda que las caracteriza.»

La administración competente para llevar a cabo la zonificación definitiva de las viviendas de uso turístico son los Consejos Insulares, a través de los PIAT o, en su caso, PTI, tal y como dispone el art. 5.3 de la LTIB.

Ahora bien, de conformidad con el art. 75.3, mientras los Consejos Insulares no desarrollen mediante los PIAT o, si procede, los PTI, la delimitación de las zonas aptas para la comercialización de estancias turísticas en viviendas de uso residencial, los Consejos Insulares podrán declarar y delimitar provisionalmente mediante acuerdo del pleno las zonas aptas para la comercialización de estancias turísticas en viviendas de uso residencial.

El 27 de julio de 2018, el Pleno del Consejo de Mallorca, aprobó la delimitación provisional de las zonas aptas para la comercialización de estancias turísticas en viviendas de uso residencial para la totalidad de los municipios de Mallorca, con expresa exclusión de la ciudad de Palma[960]. Este hecho se desprende del título del Acuerdo adoptado: «Aprobación definitiva de la delimitación provisional de las zonas aptas para la comercialización de estancias turísticas en viviendas de uso residencial en Mallorca (Excluida Palma)».

Tal y como consta en el Acuerdo en cuestión «Esta delimitación provisional tiene que regir en tanto no se vea alterada o se determine una definitiva a través de los instrumentos de rango reglamentario, es decir, en cada uno de los ámbitos delimitados regirá hasta que los ayuntamientos establezcan la respectiva delimitación al planeamiento urbanístico municipal sobre la base de los criterios que establezca el PIAT y, si cabe, el PTI».

Además, junto a los Consejos Insulares, y dada la condición de capital y su elevada población de la Ciudad de Palma, *ex* art. 75.3, párrafo 8.º, el municipio podrá también llevar a cabo «la delimitación de las zonas aptas a que se refiere este punto». ¿Qué delimitación de zonas aptas puede llevar a cabo la ciudad de Palma? ¿una provisional o una definitiva?

A priori, parece que sólo puede llevar a cabo una delimitación provisional. En primer lugar, porque el art. 75.3, de la Ley 8/2012, en su párrafo 1.º, alude a la limitación provisional por parte de los Consejos Insulares, y el art. 5.3 del mismo cuerpo legal parece atribuir también a éstos la delimitación definitiva de las zonas aptas de comercialización de estancias turísticas en viviendas. Y, en segundo lugar, el art. 75.3, en su párrafo 8.º utiliza la expresión, en relación con la ciudad de Palma, «la delimitación de las zonas aptas a que se refiere este punto», y este punto se refiere a la delimitación provisional, en cuanto a los Consejos Insulares.

Así, el Ayuntamiento de Palma, al amparo del art. 75.3, párrafo 8.º, llevó a cabo una delimitación provisional, tal y como consta en el Acuerdo adoptado («Delimitación provisional de las zonas aptas para la comercialización de estancias turísticas en viviendas (ETV) de uso residencial en el municipio de Palma»).

Y, junto al art. 75 señalado, cabe tener en cuenta, por otra, la Disposición Transitoria Quinta, de la Ley 6/2017, de las Islas Baleares.

---

[960] BOIB núm. 93, de 28 de julio de 2018.

Aunque, de dicha Ley, es preciso destacar, ante todo, que, tal y como reconoce su Exposición de Motivos, hasta la aprobación de la Ley 8/2012, sólo se permitía la comercialización turística en viviendas unifamiliares aisladas, ampliando esta última disposición «las posibilidades a las viviendas pareadas sometidas al régimen de propiedad horizontal y a las viviendas unifamiliares entre medianeras siempre que fuera únicas en la parcela».

Por lo tanto, el objetivo de la Ley 6/2017 se presenta claro: permitir la comercialización de estancias turísticas en viviendas residenciales sometidas a régimen de propiedad horizontal que, hasta el momento, estaban prohibidas. Otra cosa es la forma en qué podrán cederse estas viviendas. A todas luces, esta finalidad del legislador autonómico no casa bien con la voluntad del Ayuntamiento de Palma, pues opta por prohibir, de forma expresa, a través de su Acuerdo de delimitación provisional, las viviendas de uso turístico en edificios sometidos a régimen de propiedad horizontal.

Una vez dentro de la Disposición Transitoria Quinta, en virtud de la misma, «La delimitación prevista en el art. 75.3 de la Ley 8/2012, de 19 de julio, del Turismo de las Islas Baleares, debe realizarse antes de doce meses desde la entrada en vigor de esta ley [la Ley 6/2017]. Transcurrido este plazo sin que se haya materializado la citada declaración de las zonas aptas para la comercialización de estancias turísticas en viviendas de uso residencial, y sin que se haya completado el procedimiento del art. 5.3 de la Ley 8/2012, ya citada, *podrán presentarse las declaraciones responsables para comercializar estancias turísticas en viviendas de uso residencial* (DRIAT) previstas en el artículo 50.3[961] de la misma ley, *pero solo para viviendas unifamiliares aisladas, viviendas unifamiliares entre medianeras o viviendas unifamiliares aparejadas.*»[962]

Es decir, incluso antes de la adopción del Acuerdo por parte del Ayuntamiento de Palma prohibiendo de forma expresa la comercialización de

---

[961] Art. 50.3, Ley 8/2012: «Sólo se pueden presentar nuevas declaraciones responsables de inicio de actividad de comercialización de estancias turísticas en viviendas y, por lo tanto, llevar a cabo una nueva comercialización turística, si estas declaraciones se refieren a viviendas de uso residencial que estén ubicadas en las zonas declaradas aptas de manera expresa siguiendo el procedimiento previsto en el artículo 5 o delimitadas provisionalmente de acuerdo con lo que prevé el artículo 75, ambos de esta ley.»

[962] La misma Ley, en su Exposición de Motivos, apunta que «Con la modificación que se lleva a cabo con esta ley se trata de hacer encajar también en las posibilidades de comercialización de estancias turísticas las viviendas residenciales sometidas al régimen de propiedad horizontal —o edificios plurifamiliares—, [...]»

estancias turísticas en viviendas sometidas a régimen de propiedad horizontal, ya existía tal prohibición, con fundamento en la Disposición Transitoria Quinta transcrita.

Así las cosas, el Pleno del Consejo Insular de Mallorca, en sesión de día 9 de julio de 2020, acordó resolver la «Aprobación definitiva del Plan de Intervención en Ámbitos Turísticos de Mallorca (PIAT)»[963]. Algo que llama la atención, es el título transcrito, si se compara con el de la delimitación provisional llevada a cabo por el Pleno del Consejo Insular, como es «Aprobación definitiva de la delimitación provisional de las zonas aptas para la comercialización de estancias turísticas en viviendas de uso residencial en Mallorca (Excluida Palma).»[964]

Se observa cómo se hace un especial hincapié con la Ciudad de Palma: «Excluida Palma», dice el título. Lo que nos sirve como un tercer fundamento para considerar que, efectivamente, el Ayuntamiento de Palma tan sólo podía llevar a cabo una delimitación provisional de las zonas aptas, puesto que la aprobación definitiva corresponde al Consejo Insular de Mallorca, en todo caso. Y, consecuentemente, Palma deberá adaptar el planeamiento urbanístico a lo dispuesto en la delimitación definitiva por el PIAT. Otra cosa es que a la ciudad de Palma se le pueda reconocer un tratamiento diferenciado, frente al resto de municipios de la Isla, a la hora de delimitar las zonas aptas para comercializar estancias turísticas en viviendas.

Si descendemos al contenido del PIAT definitivo, de conformidad con su artículo primero, el Plan «es el instrumento de ordenación y planificación de las diferentes políticas territoriales sectoriales en materia de turismo». Éste, por lo que aquí interesa, tiene por objeto (apartado 3.º, art. 1):

- Establecer la densidad global máxima de población turística.
- *Determinar el límite máximo de plazas turísticas, tanto en establecimiento turísticos como en viviendas residenciales.*
- Delimitar zonas y ámbitos turísticos para establecer regulaciones diferenciadas.
- Fijar la ratio turística.

963 BOIB núm. 126, de 16 de julio de 2020.

964 Incluso, en dicho Acuerdo, se especifica que «En último lugar, se ha excluido de la delimitación el término municipal de Palma al quedar fuera del alcance de este procedimiento de acuerdo a aquello que determina el artículo 75 de la Ley 8/2012.»

- Caracterizar cada zona y fijar determinaciones específicas para el planeamiento urbanístico.
- Establecer parámetros mínimos o máximos de superficie, volumetría, edificabilidad y equipamientos necesarios para cada zona turística y, en su caso, de las zonas residenciales limítrofes con las turísticas.
- Delimitar zonas turísticas saturadas y zonas turísticas maduras.
- *Establecer los criterios para delimitar las zonas para comercializar estancias turísticas en viviendas.*
- *Desarrollar los requisitos, las condiciones, los límites y el contenido de la actividad de comercialización de estancias turísticas en viviendas de uso residencial.*

En cuanto a su ámbito territorial, de conformidad con el art. 2.3, el PIAT «alcanza Mallorca, sus islotes y las aguas interiores», sin excluir la ciudad de Palma expresamente, y tiene una vigencia indefinida, sin perjuicio de las revisiones y modificaciones que procedan (art. 5.1).

Además, el art. 6 proclama el carácter vinculante del PIAT en relación con el planeamiento urbanístico, afirmando, en su apartado 1.º, que el PIAT «es prevalente y vinculante para los instrumentos de planeamiento urbanístico.» Para, acto seguido, disponer, en su apartado 2.º, que «Los instrumentos de planeamiento urbanístico deben adaptarse necesariamente a las disposiciones de este Plan cuando se formulen o cuando se revisen, sin perjuicio de que estas determinaciones se integren, por razón de prevalencia, dentro de la ordenación urbanística vigente.»

El art. 6.4 del PIAT afirma que «Hasta que los instrumentos urbanísticos no se adapten o no desarrollen los contenidos del PIAT, este Plan tiene un alcance subsidiario o complementario frente aquellos, y sus determinaciones son de cumplimiento obligatorio de acuerdo con el rango normativo descrito en el artículo 3.»

La Disposición Adicional primera prescribe, en su apartado 1.º, que «Sin perjuicio de lo dispuesto en las normas, lo anexos y los planos de este Plan indicados como de aplicación directa (AD), los planeamientos urbanísticos siguen vigentes, pero deben adaptarse a este PIAT en el plazo máximo de 4 años a contar desde el momento en que entre en vigor. Si el día que vence el plazo indicado, el ayuntamiento no ha completado el trámite para la aprobación definitiva de la adaptación del planeamiento general correspondiente, el Consell Insular de Mallorca puede sustituirlo y formular y tramitar, a costa de este ayuntamiento, dicha adaptación. En todo caso, la adaptación al PIAT debe ser integral.»

Por lo tanto, de la lectura conjunta de la Disposición Adicional primera, apartado 1.º y de la Disposición Final única («Este Plan entrará en vigor al día siguiente de publicarse en el BOIB el acuerdo de aprobación definitiva.»), los ayuntamientos de la isla de Mallorca disponen hasta el día 17 de julio de 2024 para adaptar su planeamiento a las disposiciones contenidas en el PIAT. En caso contrario, se realizará una adaptación en bloque e integral del contenido del PIAT en el municipio en cuestión.

Ahora bien, según la Disposición Adicional duodécima, titulada «Régimen de aplicación de la delimitación de las zonas aptas para comercializar ETV», Disposición que es de aplicación directa (AD), apartado 1.º, «Hasta que los municipios no incorporen en el planeamiento urbanístico la delimitación de las zonas aptas para comercializar estancias turísticas en viviendas de uso residencial en base a los criterios recogidos en el artículo 38 de este PIAT, se regirán en todo caso por el régimen de la delimitación provisional aprobado por el Pleno del Consell Insular de Mallorca del 27 de julio de 2018 […] y el aprobado por el Pleno del ayuntamiento de Palma el 26 de julio de 2018 […]. Todo ello, en concordancia con las previsiones del PIAT que la puedan afectar.»

El art. 38 está ínsito dentro del Título VI del PIAT, que lleva por rúbrica «Estancias turísticas en viviendas». Y, a través del mismo, según predica su apartado 1.º, «se establecen los objetivos y criterios necesarios para que los ayuntamientos delimiten zonas aptas para comercializar ETV en el planeamiento urbanístico respectivo en el momento de adaptarlo al PIAT.» Incluida la ciudad de Palma, puesto que, cuando el PIAT o la Ley 8/2012 han querido hacer una exclusión expresa de la ciudad de Palma de alguna de sus disposiciones o, al menos, han decidido otorgarle un tratamiento diferenciado, lo hacen de forma clara.

Los criterios esenciales para la delimitación, *ex* art. 38.2, deben ser: favorecer un desarrollo sostenible que evite la sobreexplotación de recursos, infraestructuras y equipamientos; salvaguardar los valores naturales y paisajísticos, especialmente con respecto al suelo rústico, y preservar los valores ecológicos, agrícolas, ganaderos y forestales; asegurar el acceso a la vivienda de la población residente; asegurar la convivencia ciudadana y optimizar la relación entre residentes y población flotante, con densidades adecuadas a los servicios y las dotaciones disponibles; garantizar la equidistribución territorial y económica de la actividad turística; evitar la pérdida de la identidad de las poblaciones y del conjunto del territorio; adecuarse a la ordenación de la tipología de viviendas de los diferentes núcleos y zonas de la isla o, fomentar la conservación y mejora del patrimonio. Estos criterios, coinciden, en mayor o menor medida, con alguna de las razones imperiosas de interés general que exige la Directiva de Servicios y su norma de trasposición a la hora de ordenar, a través del planeamiento urbanístico, la cesión de las viviendas de uso turístico. O, al menos, tendrían encaje en la previsión «y los objetivos de la política social y cultural».

Por lo que atañe a los criterios básico para delimitar zonas, previstos en el art. 38.3, éstos son: definir zonas de exclusión por falta de aptitud, considerando al menos las áreas afectadas por las servidumbre aeronáuticas acústicas y las áreas calificadas con uso industrial predominante; diferenciar entre suelo y suelo urbano; diferenciar entresuelo rústico común y protegido; diferenciar dentro del suelo urbano los núcleos turísticos definidores en este PIAT del resto; o delimitar zonas homogéneas de acuerdo con las diferentes calificaciones urbanísticas dentro de los núcleos.

Y, en el art. 38, apartado 4.°, se hace una precisión a tener en cuenta: «Para determinar las zonas con mayor presión turística, se definen una serie de criterios diferenciados para las zonas turísticas, para el sistema territorial de Palma y para el resto de los núcleos.»

Para las zonas turísticas, «los criterios para definir las zonas turísticas con mayor presión son los empleados en el PIAT para definir las zonas turísticas saturadas o madura.»[965] Para las zonas residenciales[966], «la de-

965 Art. 20. «Zonas turísticas saturadas o maduras (AD):
1. Son zonas turísticas maduras los ámbitos turísticos que presentan una situación de obsolescencia de la mayor parte de las infraestructuras vinculadas a la actividad turística, que se han degradado o que experimentan desequilibrios estructurales que impiden o dificultan un desarrollo competitivo y sostenible de la actividad turística. Estas zonas se denominan ZTM2.
Son zonas turísticas saturadas los ámbitos turísticos en los que se sobrepase el límite de oferta turística máxima que establece el PIAT o que registra una demanda que causa problemas medioambientales detectados en base a los indicadores que se establecen en este PIAT, en el anexo VII y en las disposiciones normativas que corresponden. Estas zonas se denominan ZTM3.
3. Son zonas turísticas saturadas y maduras los ámbitos turísticos en los que concurren de forma acumulativa las características expresadas en los apartados anteriores de obsolescencia y de sobrecarga o sobreexplotación urbanística, ambiental y de recursos. Estas zonas se denominan ZTM1.»

966 Art. 12. «Zonas residenciales (AD):
1. Las zonas residenciales, a los efectos de este PIAT, son aquellas áreas de desarrollo urbano donde el uso residencial es predominante, ya sea de primera residen-

terminación de las zonas residenciales con mayor presión turística debe hacerse mediante un análisis multicriterio tomando cuatro indicadores, como mínimo», que hagan referencia a la incidencia sobre las infraestructuras y recursos territoriales, sobre la caracterización local, sobre el acceso a la vivienda de la población residente y sobre el equilibrio territorial.

Y, para el área de Palma capital, «dado que presenta una casuística territorial especial y diferente del resto de la isla, se pueden utilizar criterios distintos de los empleados para el resto de las poblaciones y se deben definir cuándo se adapte el planeamiento.» Por tanto, Palma puede apartarse de los criterios exigidos para el resto de los municipios, como son aquellos utilizados para definir las zonas turísticas saturadas o maduras y los criterios para definir zonas residenciales con mayor presión turística vistos *supra*. Aunque, en cualquier caso, se le exige que defina tales criterios diferentes.

Lo que no parece admitir el PIAT es que Palma se desmarque de los criterios para determinar las modalidades de estancia turística en vivienda que se consideran aptas a las diferentes zonas según el grado de presión turística, en el sentido enunciado en el art. 38.5:

a) Suelo rústico común: se pueden permitir las ETV365 unifamiliares[967] y las ETV60 unifamiliares[968] en viviendas existentes a la fecha de aprobación inicial de este PIAT.

---

cia o bien de segunda, sin perjuicio de que pueda ser compatible el uso turístico en menor intensidad. Son espacios urbanos en los que se ubican las infraestructuras y servicios vinculados a la población residente.»

967 El art. 4 contiene los conceptos y definiciones, y utiliza las siglas ETH en vez de ETV. En su letra b), define ETH como «estancias turísticas en viviendas de uso residencial (ETH): estancias turísticas que se llevan a cabo en viviendas de uso residencial, con las características determinadas en el LTIB y en las disposiciones que la desarrolla.» Hecha la anterior precisión, de acuerdo con su letra c), «ETH365-Uni: estancias turísticas en viviendas de uso residencial unifamiliar, que se hace en una vivienda que no está ubicada en un edificio compuesto por dos o más viviendas que comparten accesos o elementos comunes.», durante 365 días al año.

968 Art. 4, letra e) «ETH60-Uni: estancias turísticas en vivienda principal unifamiliar, comercializadas por el propietario, que se hacen en una vivienda que no está ubicada en un edificio compuesto por dos o más viviendas que comparten acceso o elementos comunes.», durante un plazo máximo de 60 días al año.

b) Zonas turísticas: se pueden permitir las ETV365 unifamiliares y plurifamiliares[969], y las ETV60 unifamiliares y plurifamiliares[970].

c) Zonas turísticas saturadas: se pueden permitir las ETV60 unifamiliares y plurifamiliares

d) Zonas residenciales: se pueden permitir las ETV365 unifamiliares y plurifamiliares, y las ETV60 unifamiliares y plurifamiliares.

e) Zonas residenciales vulnerables: se pueden permitir las ETV60 unifamiliares y plurifamiliares, así como las ETV365 unifamiliares y plurifamiliares en edificios que figuren incorporados en un catálogo de patrimonio histórico vigente.

f) Los suelos urbanizables de uso global residencial sin proyecto de urbanización aprobado definitivamente que puedan superar la densidad turística máxima de zona, así como las áreas de asentamiento en paisaje de interés (AAPI) y los núcleos rurales que no dispongan de red de alcantarillado se consideran zonas no aptas para comercializar ETV.

g) El planeamiento municipal puede establecer dentro de cada modalidad las tipologías.

El precepto anterior, admite la comercialización de estancias turísticas, tanto en viviendas unifamiliares como plurifamiliares, en cualquiera de las zonas delimitadas. Sin perjuicio de que, tal y como consta en su letra g), «El planeamiento municipal puede establecer dentro de cada modalidad las tipologías.»[971]

Todo lo anterior, nos sirve para alcanzar la siguiente conclusión, en relación con la comercialización de viviendas de uso turístico en la ciudad de Palma y la decisión adoptada por el Tribunal Supremo, en su sentencia núm. 109/2023, 31 enero.

---

969 Art. 4, letra d) «ETH365-Pluri: estancias turísticas en viviendas en edificio plurifamiliar, que se hacen en una vivienda ubicada en un edificio compuesto por dos o más viviendas que comparten accesos o elementos comunes.», durante 365 días al año.

970 Art. 4, letra f): «ETH60-Pluri: estancias turísticas en vivienda principal en edificio plurifamiliar, comercializadas por el propietario, que se hacen en una vivienda ubicada en un edificio compuesto por dos o más viviendas que comparten accesos o elementos comunes.», durante 60 días al año.

971 Estas tipologías se refieren a: ETH365-Uni; ETH365-Pluri; ETH60-Uni o ETH60-Pluri.

El Ayuntamiento de Palma, al amparo del art. 75.3, párrafo 8.º, acordó, siguiendo su propio criterio, la delimitación provisional de las zonas aptas para la comercialización de estancias turísticas en viviendas de uso residencial. Y, en concreto, prohibió la comercialización de las mismas en cualquier edificio sometido a régimen de propiedad horizontal situado en la ciudad.

El Tribunal Superior de Justica, anuló la parte del acuerdo relativa a la anterior prohibición. En su opinión, la medida vulneraba los principios de proporcionalidad y necesidad que predica la Directiva de Servicios.

En este sentido, el Tribunal Supremo considera que:

> «la sentencia [...] pasa, implícitamente, a reconocer todo el suelo del municipio destinado a uso residencial plurifamiliar como apto para explotarlo como alojamiento turístico, es decir, pasa a reconocer como facultad integrante de la propiedad de todo ese suelo la explotación como alojamiento turístico.»

Ese objetivo, aunque no de forma tan radical como lo expone el Tribunal Supremo, era el perseguido por la Ley 6/2017, según su Exposición de Motivos: «encajar también en las posibilidades de comercialización de estancias turísticas las viviendas residenciales sometidas al régimen de propiedad horizontal —o edificios plurifamiliares—».

El Tribunal Supremo afirma que:

> «Así, la norma impugnada no restringe —y mucho menos prohíbe— la actividad económica de alojamiento turístico en el municipio de Palma, por la sencilla razón de que el acuerdo recurrido no limita el número de alojamientos turísticos —que no de viviendas— que puede haber en el municipio de Palma o en determinadas zonas del término municipal.»

No obstante, en contra, sí que consideramos que el acuerdo en cuestión limita el número de alojamientos turísticos, puesto que prohíbe de plano y de forma absoluta la comercialización de una modalidad de alojamiento en vivienda, como es la realizada en viviendas sometidas a régimen de propiedad horizontal o ETH-Pluri, según el PIAT. Además, cabe tener en cuenta que, cuando el Ayuntamiento de Palma adoptó el acuerdo provisional en cuestión, la Disposición Transitoria quinta de la Ley 6/2017 perdió su virtualidad.

En cuanto a la opinión del Tribunal Supremo cuando afirma que «Si la sentencia, que dice estimar el recurso, se hubiera limitado a dejar sin efecto la zonificación provisional, entraría en juego la previsión legal, que coincide con la zonificación anulada» prevista en la Disposición Transitoria quinta de la Ley 6/2017, creemos que merece una apreciación.

Si lo recordamos, la Disposición Transitoria quinta obliga a los Consejos Insulares y al Ayuntamiento de Palma a realizar la delimitación provisional de las zonas aptas para comercializar estancias turísticas en viviendas, antes de los doce meses de la entrada en vigor de la Ley 6/2017. Dicha Ley entró en vigor el 1 de agosto de 2017. Por tanto, Consejos Insulares y Ayuntamiento de Palma disponían hasta el 31 de julio de 2018 para aprobar la delimitación provisional. El Consejo Insular adoptó el acuerdo el 27 de julio de 2018 y el Ayuntamiento de Palma el 26 de junio de 2018. Por tanto, ambos Entes lo hicieron en plazo.

La Disposición Transitoria quinta continua diciendo que «Transcurrido este plazo [inferior a doce meses desde la entrada en vigor de la Ley 6/2017] sin que se haya materializado la citada declaración de las zonas aptas para la comercialización de estancias turísticas en viviendas residenciales [delimitación provisiona, que sí se hizo], y sin que se haya completado el procedimiento del artículo 5.3 de la Ley 8/2012, ya citada [es decir, delimitación definitiva por parte del Consejo Insular, que se adoptó el 9 de julio de 2020], podrán presentarse las declaraciones responsables para comercializar estancias turísticas en viviendas de uso residencial (DRIAT) previstas en el artículo 50.3 de la misma ley, pero sólo para viviendas unifamiliares aisladas, viviendas unifamiliares entre medianeras o viviendas unifamiliares aparejadas.»

Si se observa, este segundo apartado de la Disposición Transitoria quinta exige dos requisitos acumulativos —al utilizar la conjunción «y»—, para que sólo se puedan presentar declaración responsable en viviendas de uso turístico unifamiliares: que no se haya adoptado la delimitación provisional y, además, que no se haya adoptado la delimitación definitiva antes de los doce meses de la entrada en vigor de la Ley 6/2017.

El primero de ellos se cumplió, puesto que, efectivamente, tanto Consejo Insular como Ayuntamiento de Palma aprobaron la delimitación provisional. De modo que, la prohibición prevista en la Disposición Transitoria quinta, leída en sentido contrario, impidiendo la comercialización de estancias turísticas en viviendas de propiedad horizontal perdió su virtualidad desde que se aprobó y publicó el PIAT definitivo. Es decir, el 9 de julio de 2020 se adoptó y el 16 de julio del 2020 se publicó en el BOIB.

Según lo anterior, en el momento actual, el Ayuntamiento de Palma estaría obligado a adaptar su planeamiento urbanístico a las disposiciones contenidas en el PIAT, en relación con las viviendas de uso turístico. PIAT que, en ningún momento prohíbe la comercialización de viviendas de uso turístico sometidas a régimen de propiedad horizontal en ninguna zona, aunque deje cierto margen de discrecionalidad a los ayuntamientos, y en mayor medida al Ayuntamiento de Palma, para delimitar, supeditar o condicionar las viviendas de uso turístico en dichos edificios.

El Tribunal Supremo, después de mencionar que «Se cuestiona el Ayuntamiento recurrente si es proporcionado que toda la ciudad pueda llegar a ser un alojamiento turístico», concluye diciendo que:

> «Y esta conclusión no puede ser compartida ni confirmada por este Tribunal, al haberse eludido por la Sala de instancia el planteamiento, en su caso, de cuestión prejudicial por disconformidad con las Directivas europeas o de inconstitucionalidad, sobre los preceptos tantes veces mencionados. Y correspondiendo a dicha Sala la interpretación y aplicación de aquellos preceptos no debemos asumir nosotros su planteamiento. Es evidente que si el Ayuntamiento de Palma no hubiera aprobado el acuerdo impugnado en el plazo reseñado —disposición transitoria cuarta [entendemos que quería referirse a la quinta]— la situación sería la misma —ex lege— que determina aquel precepto, excluyendo, limitando o restringiendo la comercialización de estancias turísticas en viviendas de uso residencial en edificios plurifamiliares y que no comparte la Sala "a quo".»

Tras lo cual, el Tribunal Supremo, declara haber lugar y estimar el recurso de casación interpuesto por el Ayuntamiento de Palma, y anula la sentencia del Tribunal de instancia. Ello supone la reviviscencia del Plan y de su prohibición, pero cabe tener en cuenta lo siguiente.

Conforme a la Disposición Adicional duodécima del PIAT, «Hasta que los municipios no incorporen en el planeamiento urbanístico la delimitación de las zonas aptas para comercializar estancias turísticas en viviendas de uso residencial en base a los criterios recogidos en el artículo 38 de este PIAT, se regirán en todo caso por el régimen de la delimitación provisional aprobado por el Pleno del Consell Insular de Mallorca del 27 de julio de 2018 [...] y el aprobado por el Pleno del ayuntamiento de Palma el 26 de julio de 2018 [...]». Y, los municipios, incluido Palma, con fundamento en la lectura conjunta de la Disposición Adicional primera, apartado 1.º y de la Disposición Final única del PIAT, disponen hasta el día 17 de julio de 2024 para adaptar su planeamiento a las disposiciones contenidas en el PIAT. En caso contrario, se realizará una adaptación en bloque e integral del contenido del PIAT en el municipio en cuestión.

El Tribunal Supremo no puede decir más de lo que dice, ya que el Tribunal Superior de Justicia no hizo lo que debería haber hecho, como es plantear una cuestión de prejudicialidad por disconformidad con las Directivas europeas o de inconstitucionalidad. Pero, también es cierto que se aprobó el PIAT definitivo, y el Ayuntamiento sólo podía adoptar una regulación provisional de las zonas aptas para comercializar estancias turísticas en viviendas, incluidas aquellas sometidas a régimen de propiedad horizontal. De modo que, al estar en vigor el PIAT definitivo, y al carecer el Ayuntamiento de Palma de competencias para dictar su delimitación definitiva en este ámbito, deberá adaptar el planeamiento urbanístico al PIAT. Aunque, ciertamente, podrá utilizar unos criterios diferenciados para delimitar dichas zonas.

Lo anterior, no obstante, no es óbice para considerar una medida como la enjuiciada de totalmente desproporcionada, tal y como reconoció el Tribunal de instancia y, con cierta timidez, el Tribunal Supremo parece admitir. Lo que conlleva que los Entes Locales, a la hora de incorporar en su planeamiento urbanístico las zonas aptas para la comercialización de estancias turísticas en viviendas, ante un acuerdo adoptado en los términos tan absolutos como los llevados a cabo por el Ayuntamiento de Palma, recibirá una respuesta negativa por parte de los Tribunales, al ser una medida desproporcionada.

El PIAT no prohíbe, de forma directa la comercialización de estancias turísticas en viviendas sometidas a régimen de propiedad horizontal. Todo lo contrario, admite su comercialización en cualquiera de las zonas delimitadas. Pero haciendo notar que «El planeamiento municipal puede establecer dentro de cada modalidad [zonas turísticas, turísticas saturadas, residenciales, residenciales vulnerables] las tipologías de vivienda [ETH365-Uni y ETH365-Pluri y ETH60-Uni y ETH60-Pluri] que considere aptos para comercializar ETV y establecer las subcategorías que resulten necesarias».

Lo que resulta desproporcional, en cualquier caso, es una prohibición absoluta como la enjuiciada. La Comisión Europea así lo puso de manifiesto: «Las prohibiciones absolutas y las restricciones normativas cuantitativas de una actividad constituyen normalmente una medida de último recurso. En general, sólo deberían aplicarse cuando no puedan utilizarse medidas menos restrictivas para alcanzar un objetivo de interés público legítimo.»[972]

---

[972] En su Comunicación al Parlamento Europeo, al Consejo, al Comité Económico y Social Europeo y al Comité de las Regiones, «Una Agenda Europea para la economía colaborativa», de 2 junio de 2016, COM(2016) 356 final, considera que «Por ejemplo, prohibir el arrendamiento de apartamentos a corto plazo de modo general parece difícil de justificar porque el uso en alquiler de propiedad a corto plazo puede limitarse a un número máximo de días al año. Eso permitiría a los ciudadanos compartir sus propiedades de manera ocasional sin retirar la propie-

Mas cuando el gran parque de viviendas situado en Palma —y en prácticamente cualquier gran ciudad— está sometido a régimen de propiedad horizontal. Apartándose, además, del objetivo principal de la Ley 6/2017, como es reconocer la posibilidad de comercializar estancias turísticas en viviendas sometidas a régimen de propiedad horizontal, y hacerlas encajar con la comercialización en viviendas unifamiliares.

5. CONCLUSIONES DE LOS CAPÍTULOS CUARTO Y QUINTO

1.ª La delimitación del contenido del derecho de propiedad no opera ya, única y exclusivamente, en normas de naturaleza civil, sino también en aquellas otras leyes que cuidan de los intereses públicos a los que se vincula la propiedad privada.

Entre las competencias susceptibles de incidir en la configuración del derecho de propiedad encontramos la relativa a la promoción y ordenación del turismo.

Hasta tiempo recientes, coincidiendo con el incremento en la comercialización de estancias turísticas en vivienda, la competencia en materia de turismo no se consideraba muy vinculada a la propiedad privada inmobiliaria situada en suelo residencial, al contrario de lo que sucedía con la competencia en ordenación del territorio, urbanismo y vivienda.

Si bien las disposiciones normativas dictadas al amparo de la competencia en materia de promoción y ordenación del turismo tienen naturaleza administrativa, algunos de sus preceptos pueden tener carácter civil e influir en materia de obligaciones y contratos.

---

dad del mercado de alquiler a largo plazo.» Para RODRÍGUEZ MARTÍNEZ, Miguel Ángel, «La necesaria ordenación integral del uso turístico de viviendas desde el imprescindible protagonismo de la normativa urbanística», *Práctica Urbanística* (2020), n.º 164, pp. 1 a 8, p. 6, considera que «el uso turístico de viviendas, que presenta múltiples facetas constituye una oportunidad para la "España vaciada", y puede y debe encajarse en la realidad urbana de muchas ciudades atendiendo a las diferentes modalidades que presenta dicho fenómeno y, en fin, la racionalidad y proporcionalidad de las medidas que se adopten, pues no cabe no adoptar decisiones legislativas, turísticas, urbanísticas, ambientales, de vivienda, etc.. garantizarán el éxito o el fracaso de las mismas.»

Este hecho nos ha llevado a analizar el concepto de «desarrollo» del Derecho civil propio, como posible competencia de refuerzo a la hora de incluir determinados aspectos de Derecho civil en una norma de naturaleza administrativa, dictada con fundamento en la competencia en promoción y ordenación del turismo. Y, correlativamente, los límites que el art. 149.1.8.ª CE impone, no sólo a las Comunidades Autónomas con Derecho civil propio, sino a todas ellas, y que pueden verse comprometidos a la hora de regular las viviendas de uso turístico. Nos referimos, en especial, a las «bases de las obligaciones contractuales».

Por lo que se refiere al alcance del término «desarrollo» del Derecho civil propio. La STC (Pleno) 13 noviembre 2019 supuso un importante y notorio cambio en la doctrina constitucional mantenida hasta el momento, al ampliar el alcance del requisito para llevar a cabo el desarrollo de su Derecho civil propio. De este modo, la institución conexa no debe buscarse ya en una institución vigente en el momento de entrar en vigor la Constitución, sino también en una «ordenación posterior».

Si bien, en ningún caso, la competencia en Derecho civil propio es ilimitada, puesto que, por una parte, se mantiene el requisito de la conexión suficiente y, por otra, al existir materias que ostenta la titularidad, en exclusiva, el Estado, como son las «bases de las obligaciones contractuales».

2.ª Las «bases de las obligaciones contractuales» se encuentran reguladas en el Código civil, que es una norma preconstitucional.

El Tribunal Constitucional identifica dichas bases con el principio de autonomía de la voluntad y la libertad de pacto, *ex* art. 1255 CC; con los arts. 1088 a 1314; el art. 1091 CC relativo a la fuerza vinculante del contrato y con los arts. 1253 a 1280 CC encargados de regular sus elementos esenciales y sus efectos.

Pero, además, junto a los anteriores preceptos, predicables de cualquier tipo de contrato, las «bases de las obligaciones contractuales» debemos buscarlas también en los preceptos que el Código civil destina al contrato de arrendamiento (arts. 1542 y ss. CC) y, en su caso, en la ley especial vigente a nivel estatal, como es la Ley de Arrendamientos Urbanos.

Ninguna Comunidad Autónoma tiene competencia en materia de arrendamientos urbanos. De ahí que los preceptos del Código civil y de la Ley de Arrendamientos Urbanos se apliquen a todos los contratos de arrendamiento. Por ello, consideramos que las Comunidades Autónomas no podrían incidir en dicho contrato, so pena de inconstitucionalidad de la disposición.

Tampoco pueden las Comunidades Autónomas legislar ni desarrollar una materia sobre la que no tiene competencia. Y el Derecho contractual no es una excepción. Por ello, las Comunidades Autónomas sin Derecho civil carecen de la potestad de regular cualquier aspecto relativo al Derecho contractual. Y las que sí cuentan con Derecho civil propio, deberán estarse al criterio de la «conexión suficiente» y su alcance. En uno y otro caso las «bases de las obligaciones contractuales» se erigen como un límite a la potestad legislativa de los entes autonómicos.

Así, en una Comunidad Autónoma, por ejemplo, en la que concurra una limitación al ejercicio del derecho de propiedad de carácter temporal, junto a la prohibición de arrendar una habitación para satisfacer la necesidad de alojamiento por motivos turísticos, el ámbito de ejercicio del principio de autonomía de la voluntad prácticamente se desvanece en relación con dos de los elementos más importantes del contrato: el objeto y la duración.

Por lo que se refiere a las limitaciones en cuanto al uso exclusivo. Una limitación en ese sentido, admitiendo únicamente el uso turístico, consideramos que topa, directamente, con el art. 1255 CC. Pero, dicha inconstitucionalidad podría venir apoyada junto a la vulneración de las «bases de las obligaciones contractuales», en la falta de proporcionalidad de la medida. Especialmente en aquellos casos en que se impediría que el propietario del inmueble pudiera destinar la vivienda a satisfacer, incluso, sus propias necesidades personales y familiares.

3.ª El principal fundamento alegado por parte de los legisladores autonómicos a la hora de establecer las limitaciones al ejercicio del derecho de propiedad analizadas, es la protección de los turistas como consumidores o usuarios.

Dichas limitaciones, recordemos que sólo entrarán en funcionamiento cuando la cesión encaje dentro de los parámetros de la definición de viviendas de uso turístico dada por el legislador autonómico, teniendo en cuenta las presunciones y las exclusiones expresas.

Pero, en la mayoría de las ocasiones no se les podrá dispensar la protección que nuestro ordenamiento jurídico les confiere, puesto que, junto a la consideración de los turistas como consumidores, hará falta el otro requisito, como es que la parte arrendadora sea un empresario. Dicha protección, sólo se dispensará a través de las exigencias de inicio de actividad, equipamiento mínimo, mobiliario y régimen sancionador, que son los aspectos que aportan un nivel de calidad mínimo del servicio que se presta.

Por el contrario, las restricciones al objeto o duración del contrato actúan como verdaderas restricciones al derecho de propiedad.

4.ª Desde antaño, ha existido una íntima relación entre el contenido del derecho a la propiedad privada inmobiliaria y el fenómeno urbanístico, en general. Y, ahora, en particular, en relación con la ordenación urbanística de las viviendas de uso turístico.

El motivo principal radica en que la actividad que constituyen las viviendas de uso turístico exige, en primer lugar, de un título suficiente en Derecho, como puede ser el derecho de propiedad, para poder ceder un inmueble a dicho destino económico. Y, en segundo lugar, un territorio, un suelo, un espacio físico, en el que localizarse el inmueble y poder desarrollarse la actividad.

5.ª La sentencia de 22 de septiembre de 2020 del Tribunal de Justicia de la Unión Europea ha calificado la actividad de las viviendas de uso turístico como servicio.

De modo que, las medidas que adopten los entes locales en el ámbito urbanístico, con ocasión de la ordenación de las viviendas de uso turístico, principalmente estableciendo un régimen de autorización, previendo el procedimiento, los requisitos y las autorizaciones necesarias para el acceso o ejercicio de una actividad de servicios, o imponiendo restricciones cuantitativas o territoriales, quedarán sometidas al ámbito de aplicación de la Directiva de Servicios y a la norma de trasposición, la Ley 17/2009.

Y, correlativamente, tales decisiones deberán ser acordes a los principios de no discriminación, necesidad y proporcionalidad.

El principio de no discriminación creemos que no causará mayores inconvenientes, debido a la claridad con la que se presenta.

En cuanto al principio de necesidad. El abstracto contenido de la función social, a la hora de delimitar el contenido del derecho de propiedad, por parte de los entes locales, ordenando las viviendas de uso turístico a través del planeamiento urbanístico, se ve especificado por dicho principio, que exige que los requisitos impuestos estén justificados por una razón imperiosa de interés general.

El concepto de razón imperiosa de interés general, al igual que la función social del derecho de propiedad, se nos presentaría como un concepto jurídico muy amplio. No obstante, la propia Directiva de Servicio, en su art. 4.8, ofreció un listado de tales razones concretando su alcance.

Las razones imperiosas de interés general más alegadas por los entes locales son la protección del medio ambiente y del entorno urbano. Ahora bien, el anterior precepto finaliza diciendo que se entienden incluidas en el concepto de razón imperiosa de interés general, igualmente, los «objetivos de la política social y cultural».

Esta última precisión actúa como un cajón de sastre en manos de las Administraciones Públicas competentes a la hora de ordenar las viviendas de uso turístico. Un ejemplo que tendría encaje en esta cláusula de cierre sería el alegado incremento de los precios del alquiler, o la expulsión del mercado de inmuebles destinados a vivienda que puede ocasionar esta modalidad de alojamiento.

En cambio, mayores dificultades puede encerrar el principio de proporcionalidad. Como hemos visto, éste exige que la medida sea adecuada para garantizar la realización del objetivo que se persigue y no vaya más allá de lo necesario para conseguir dicho objetivo y que no se pueda sustituir por otras medidas menos restrictivas que permitan obtener el mismo resultado.

Hasta el momento, todas las medidas urbanísticas que afectan a las viviendas de uso turístico han recibo el respaldo del Tribunal Supremo. Puede que tales medidas sean, realmente, proporcionadas. O, que, en contra, al Tribunal encargado de enjuiciarlas no le haya quedado más remedio que así considerarlas, puesto que quién legítimamente ha pretendido que la medida adoptada sea considerada desproporcionada no ha acudido al órgano jurisdiccional con una sólida argumentación en contra, fundada en estudios e informes en los que se refleje que el objetivo perseguido e invocado por la Administración Pública a la hora de aprobar la medida podía alcanzarse de forma idéntica y óptima con otras menos invasivas en la esfera de los propietarios.

No será suficiente que el perjudicado por la medida alegue la falta de proporción de la misma, sino que ello debe probarse. Hecho que conlleva que lo qué se entienda por medida desproporcionada variará de un territorio a otro.

Sin embargo, la falta de proporción de la medida fue puesta de manifiesto por el Tribunal Supremo, si bien de forma tímida, en relación con la decisión adoptada por el Ayuntamiento de Palma, prohibiendo de forma absoluta la cesión de viviendas de uso turístico sometidas a régimen de propiedad horizontal en el municipio. Lo que supone, a nuestro modo de ver, un pronunciamiento judicial a tener en cuenta por parte de todas las Administraciones Públicas competentes en la materia, en el sentido de que una ordenación urbanística en esos términos podrá ser declarada nula por ser contraria al principio de proporcionalidad.

6.ª Llegados a este punto, debemos plantearnos si la regulación y ordenación de las viviendas de uso turístico adoptada hasta el momento ha servido para alcanzar los objetivos propuestos por los diferentes legisladores autonómicos y poderes públicos. Y si, consecuentemente, vale la pena seguir lacerando el derecho a la propiedad privada vía viviendas de uso turístico para alcanzar los intereses públicos alegados, o si es necesario, por el contrario, recapitular y revisar el marco normativo vigente en aras a su posible mejora y, al mismo tiempo, adecuarlo al reparto competencial.

Ofrecer una respuesta en términos absolutos y generales es prácticamente una tarea imposible. Apenas existen estudios que analicen los impactos de las viviendas de uso turístico y que corroboren que su regulación vigente haya servido para salvaguardar los intereses necesitados de protección invocados. En especial, la disminución de inmuebles destinados a vivienda permanente, el incremento de los precios del alquiler o la protección de los turistas como consumidores.

En este sentido, la Federación Española de Asociaciones de Viviendas y Apartamentos Turísticos, publicó el 4 de mayo de 2018, un informe, elaborado por inAtlas, titulado «El impacto de la comercialización de estancias turísticas en viviendas (ETH) sobre las Islas Baleares».

El objetivo del trabajo fue analizar la repercusión de las viviendas de uso turístico sobre tres aspectos relevantes en las Islas, como son el sector turístico, el parque de viviendas y el precio de las viviendas en alquiler. Estos dos últimos referidos al Área Metropolitana de Palma.

El informe concluye que:

1.º El incremento de la demanda de viviendas de uso turístico, durante los años que se han tenido en cuenta para elaborar el informe, no ha afectado a la demanda turística tradicional. Todo lo contrario, ha crecido en volumen y ha aumentado los precios de forma proporcional al incremento de la demanda total de turistas en las Islas.

2.º Las 40.675 ETH comercializadas en las Islas se reparten de forma homogénea por todo el territorio, concentrándose densidades más elevadas en los municipios con mayor proporción de viviendas no principales (viviendas no habitadas por residentes). En la ciudad de Palma, la proporción de ETH respecto al parque total de viviendas es del 1,42 %.

3.º En cuanto al impacto de las viviendas de uso turístico sobre el precio de la vivienda de alquiler, el estudio identifica tres grandes factores de demanda a las que se les puede atribuir el 97 % de la responsabilidad del aumento de los precios de las viviendas de alquiler en Palma: el aumento del empleo y la disminución del paro, el crecimiento económico (PIB), y el crecimiento demográfico (población y hogares).

Y, termina afirmando que, si bien se identifica una carencia de oferta de vivienda en la ciudad, el fenómeno de la vivienda presenta una complejidad con un alcance que se extiende mucho más allá de la oferta de vivienda que pueden extraer las viviendas de uso turístico.

Más tarde, la misma Federación Española de Asociaciones de Viviendas y Apartamentos Turísticos, publicó, el 26 de octubre, otro informe, elaborado también por inAtlas, titulado «El intrusismo en las Viviendas Turísticas de la ciudad de Valencia».

En este caso, el objetivo del trabajo fue analizar tres aspectos: el sector turístico, el parque de viviendas y el intrusismo en las viviendas en alquiler en Valencia, arrojando las conclusiones siguientes:

1.ª En la Comunitat Valenciana, el porcentaje de turistas alojados en alojamientos hoteleros creció (pasó del 22 % al 26 %), mientras que el de turistas alojados en viviendas de uso turístico se mantuvo en el 11 %.

2.ª Las viviendas de uso turístico sobre el parque total de viviendas representan el 1,32 %.

3.ª En el momento de realizar el estudio, en la ciudad de Valencia había un 79,56 % de viviendas legalizadas, sin tener en cuenta que parte de éstas podían no estar activas a pesar de tener licencia, o no estar dadas de baja, lo que habría disminuido ese porcentaje.

Las viviendas de uso turístico son una modalidad de alojamiento que debe complementar y competir con el resto de los tipos de alojamiento hotelero tradicionales. Por sus características, las viviendas de uso turístico estarán situadas en suelo residencial, lo que permite que, salvo disposición en contra, compaginen diferentes usos: uso de vivienda, uso distinto del de vivienda y uso turístico. Y, de forma obvia, si está destinada, temporal o permanentemente, a uso turístico, se extrae del parque de inmuebles destinados a vivienda habitual. Pero lo mismo sucede con aquellos inmuebles destinados a uso distintito del de vivienda —no turístico—.

Como pone de relieve el primero de los informes, la vivienda es un fenómeno complejo. Y, en ningún caso, las viviendas de uso turístico deben considerarse el único, o al menos el más relevante, nexo causal a la hora de justificar la reducción de inmuebles destinados a vivienda habitual, ni al incremento de los precios del alquiler.

El derecho a disfrutar de una vivienda digna previsto en el art. 47 de la Constitución constituye un principio rector de la política social y económica. Como tal, los poderes públicos deben promover las condiciones necesarias y establecer las normas pertinentes para hacer efectivo este derecho. Ahora bien, lo que no deberían hacer los poderes públicos es hacer recaer sobre los propietarios el grueso de la realización de dicho derecho, que es lo que parece desprenderse de toda la normativa dictada en materia de vivienda de uso turístico.

Bibliografía

AGUDO GONZÁLEZ, Jorge, «Concepción estatutario y propiedad inmobiliaria. O la crónica de la desvalorización anunciada del derecho fundamental a la propiedad privada», *Revista de Administración Pública,* (2011), núm. 185, pp. 9 a 47.

AGUILERA VAQUÉS, Mar, «El reconocimiento del derecho a la propiedad privada y los límites a su regulación», en Javier García Roca y Pablo Santolaya (Coords.), *La Europa de los Derechos. El Convenio europeo de Derechos Humanos,* 2ª edición, Centro de Estudios Políticos y Constitucionales, Madrid, 2009, pp. 839 a 872.

ALBALADEJO, Manuel, *Derecho civil III. Derecho de bienes,* 9ª edición, Bosch, Barcelona, 2002.

ALBIEZ DOHRMANN, Jochen Klaus, «Comentario a la Sentencia de 19 julio 1993. Propiedad horizontal. El carácter imperativo del artículo 8.2 de la LPH. Norma estatutaria "contra legem". Agrupación y comunicación de departamentos pertenecientes a subcomunidades diferentes. El valor del acta de la junta de propietarios», *Cuadernos Civitas de Jurisprudencia Civil* (1993), núm. 33.

ALEXY, Robert, «Los derechos fundamentales y el principio de proporcionalidad», *Revista Española de Derecho Constitucional* (2011), núm. 91, pp. 11 a 29.

ÁLVAREZ CAPEROCHIPI, José Antonio, *Curso de derechos reales. Propiedad y posesión,* Civitas, Madrid, 1986.

ÁLVAREZ ÁLVAREZ, Henar, «Régimen jurídico-civil de las viviendas de uso turístico», en Xosé Manuel Carril Vázquez (Coord.), *Economía colaborativa y Derecho: aspectos civiles, mercantiles y laborales,* Aranzadi, Cizur Menor, 2019, pp. 23 a 59.

ÁLVAREZ OLALLA, Pilar, «Comentario al artículo 7.2», en Rodrigo Bercovitz Rodríguez Cano (Coord.), *Comentarios a la Ley de Propiedad Horizontal,* 5ª edición, Thomson Reuters, Aranzadi, Cizur Menor, 2014, pp. 219 a 270.

AMAT LLOMBART, Pablo, *La contratación en el sector turístico. A partir de las nociones de Derecho civil, personal y patrimonial,* Tirant lo Blanch, Valencia, 2002.

APARICIO PÉREZ, Miguel A., «Alguna consideración sobre la sentencia 31/2010 y el rol atribuido al Tribunal Constitucional», *Revista Catalana de Dret Públic. Especial Sentencia 31/2010, del Tribunal Constitucional, sobre el Estatuto de Autonomía de Cataluña de 2006,* pp. 23 a 28.

ARANA GARCÍA, Estanislao, «La intervención local en las viviendas de uso turístico a través de la zonificación urbanística: requisitos y consecuencias», *REALA. Nueva Época* (2018), n.º 10, pp. 6 a 21.

ARCE JANÁRIZ, Alberto, *Constitución y Derechos civiles forales,* Tecnos, Madrid, 1987.

ARCE Y FLÓREZ-VALDÉS, Joaquín, *El Derecho civil constitucional,* Civitas, Madrid, 1986.

ASÚA GONZÁLEZ, Clara I.:

— «Reparto competencial en materia civil: conexión y bases de las obligaciones contractuales en la reciente jurisprudencia constitucional», *Cuadernos de Derecho Privado* (2022), 3, pp. 11 a 44

— «Conexión y bases de las obligaciones contractuales: a propósito de la STC 132/2019», *Derecho Privado y Constitución* (2020), N.º 29.

Asúa González, Clara y Igartua Arregui, Fernando, «I Congreso de Derecho vasco. La actualización del Derecho civil», *Anuario de Derecho civil*, disponible en https://www.boe.es/biblioteca_juridica/anuarios_derecho/abrir_pdf.php?id=ANU-C-1983-20047300496.

Aurioles Martín, Adolfo, *Introducción al Derecho turístico. Derecho privado del turismo*, Tecnos, Madrid, 2002.

Azcarate, Gumersindo, *Ensayo sobre la historia del derecho de propiedad y su estado actual en Europa*, Imprenta de la Revista de Legislación, Madrid, 1883.

Aznar Jordán, Domingo Antonio, «Disposiciones normativas en el ámbito turístico ¿ley o reglamento?», en José Tudela Aranda (Dir.), *Estudios sobre el régimen jurídico del turismo*, Diputación Provincial de Huesca, Huesca, 1997, pp. 169 a 211.

Badenas Carpio, Juan Manuel, «El contrato de hospedaje», en M.ª Victoria Petit Lavall (Coord.), *Lecciones de Derecho del turismo*, Tirant lo Blanch, Valencia, 2000, pp. 283 a 299.

Badosa Coll, Ferran:

— «Sentencia 31/2010, de 28 de junio», *Revista Catalana de Dret Públic. Especial Sentencia 31/2010, del Tribunal Constitucional, sobre el Estatuto de Autonomía de Cataluña de 2006*, pp. 332 a 339.

— «La recent jurisprudència constitucional sobre les competències de les Comunitats Autònomes en Dret civil», *Iuris: Quaderns de Política jurídic*a (1994), N.º 1, pp. 11 a 36.

Ballarín Hernández, Rafael y Mas Badía, M.ª Dolores, «Arrendamiento de locales para uso distinto del de vivienda», en Alberto Bercovitz Rodríguez-Cano (Dir.), *Contratos mercantiles. Volumen I*, 3ª edición, Aranzadi, Cizur Menor, 2007, pp. 75 a 127.

Baño León, José María, «La distinción entre derecho fundamental y garantía institucional en la Constitución española», *Revista Española de Derecho Constitucional* (1988), núm. 24, pp. 155 a 179.

Barnés, Javier:

— «El principio de proporcionalidad. Estudio preliminar», *Cuadernos de Derecho Público* (1998), N.º 5, pp. 15 a 50.

— «El derecho de propiedad en la Constitución Española de 1978», en Javier Barnés (Coord.), *Propiedad, expropiación y responsabilidad. La garantía indemnizatoria en el Derecho europeo y comparado*, Tecnos, Madrid, 1995, pp. 25 a 66.

— «Introducción al principio de proporcionalidad en el Derecho comparado y comunitario», *Revista de Administración Pública* (1994), N.º 135, pp. 495 a 538.

Barrado Timón, Diego A., «Ordenación territorial y desarrollo turístico. Posibilidades, modelos y esquemas de ordenación territorial del turismo en la España de las autonomías», *Estudios Turísticos* (2001), n.º 149, pp. 3 a 22.

Barral Viñals, Inmaculada, «Los indeterminados límites del Derecho autonómico civil», en Antonio Cabanillas Sánchez (Coord.), *Estudios jurídicos en homenaje al profesor Luis Díez-Picazo*, Civitas, 2002, Vol. 1, pp. 237 a 254.

BARRENECHEA MARAVER, J. Julio, «Estatutos y ordenanzas de la propiedad horizontal. Juntas de condueños y actas de disposición sobre elemento comunes y privados» en VV.AA., *Estudios de Derecho privado, I,* Editorial Revista de Derecho privado, Madrid, 1962, pp. 367 a 401.

BASSOLS COMA, Martin, «Artículo 47», en Oscar Alzaga Villaamil (Dir.), *Comentarios a las Leyes Políticas. Constitución Española de 1978. Tomo IV. Artículos 39 a 55,* Revista de Derecho privado, Madrid, 1984, pp. 314 a 348.

BATLLE VÁZQUEZ, Manuel, *La propiedad de casas por pisos,* 7ª edición, Marfil, Alcoy, 1973.

BAUZA MARTORELL, Felio José, «Intervención administrativa en la vivienda turística vacacional», *Revista Española de Derecho Administrativo* (2018), N.º 189, pp. 313 a 346

BAYÓN MARINÉ, Fernando y FERNÁNDEZ FUSTER, Luis, «Los orígenes», en *50 años del turismo español. Un análisis histórico y estructural,* Editorial Centro de estudios Ramón Areces, Madrid, 1999, pp. 25 a 43.

BEILFUSS, Markus, *El principio de proporcionalidad en la Jurisprudencia del Tribunal Constitucional,* Aranzadi, Cizur Menor, 2003.

BELLO JANEIRO, Domingo, «La función social de la propiedad y la Ley de Arrendamientos Urbanos (a propósito de la sentencia del Tribunal Constitucional de 17 de marzo de 1994), *Dereito: Revista Xurídica da Universidade de Santiago de Compostela,* Vol. III (1994), n.º 1, pp. 229 a 255.

BERCOVITZ RODRÍGUEZ-CANO, Rodrigo:

— «El requisito de la conexión para el desarrollo de los Derecho civiles forales o especiales», *Revista Doctrinal Aranzadi Civil-Mercantil* (2018), núm. 7.

— *Manual de Derecho civil. Derechos reales,* 6ª edición, Bercal, 2017.

— «Los malos legisladores», *Revista Doctrinal Aranzadi Civil-Mercantil* (2015), núm. 10, pp. 23 a 26.

— «La conservación, modificación y desarrollo de los Derecho civiles, forales o especiales, allí donde existan», *Derecho Privado y Constitución* (1993), N.º 1, pp. 15 a 82.

— «Las competencias de las Comunidades Autónomas en materia de Derecho civil», en *La actualidad del Derecho civil. Primer Congreso de Derecho Vasco,* Instituto Vasco de Administración Pública, 1983, pp. 73 a 109.

BERENGUER ALBALADEJO, M.ª Cristina, «Acuerdos comunitarios para regular el ejercicio del arrendamiento turístico de viviendas: exégesis del art. 17.12 LPH», en Cristina López Sánchez (Coord.), *El alojamiento colaborativo. Problemática jurídica actual de las viviendas de uso turístico,* Dykinson, Madrid, 2021, pp. 153 a 219

BERNAL PULIDO, Carlos, *El principio de proporcionalidad y los derechos fundamentales,* Centro de Estudios Políticos y Constitucionales, 3ª edición, Madrid, 2007.

BERROCAL LANZAROT, Ana Isabel, «Análisis de la Ley 4/2013, de 4 de junio, de medidas de flexibilización y fomento del mercado del alquiler de viviendas», *Actualidad Civil* (2013), N.º 7-8.

BETHENCOURT RODRÍGUEZ, Geraldine, «La comunidad de propietarios ante el fenómeno del alquiler vacacional», *Revista Crítica de Derecho Inmobiliario* (2019), n.º 776, pp. 3040 a 3060.

Boquera Oliver, José M.ª, «La limitación de la propiedad urbanística según la Constitución», en José M.ª Boquera Oliver, *Derecho urbanístico local*, Civitas, Madrid, 1992, pp. 45 a 62.

Botello Hermosa, José María:

— «La preponderancia del criterio de habitualidad en la configuración de los alquileres turísticos y su necesaria reconfiguración: una propuesta de solución», *Revista Crítica de Derecho Inmobiliario* (2020), N.º 4, pp. 1543 a 1646.

— «El controvertido apartado e) del artículo 5 de la LAU. Una exclusión condicionada», *Revista Crítica de Derecho Inmobiliario* (2018), N.º 766, pp. 821 a 843.

— «Los arrendamientos vacacionales sometidos a la Ley de Arrendamientos Urbanos», *Revista de Ciencias Jurídicas* (2017), N.º 22, pp. 602 a 620.

— «Los arrendamientos de temporada en la Ley 29/1994, de 24 de noviembre, de Arrendamientos Urbanos», *Revista Crítica de Derecho Inmobiliario* (2016), N.º 756, pp. 1959 a 1990.

— «El contrato de arrendamiento de habitación: la problemática de su regulación. ¿Ley de Arrendamientos Urbanos o Código civil?», *Revista Crítica de Derecho Inmobiliario* (2016), N.º 754, pp. 1000 a 1038.

Blanquer Criado, David, *Derecho del Turismo*, Tirant lo Blanch, Valencia, 1999.

Blasco Esteve, Avelino:

— «La planificación territorial de las zonas turísticas en España», *Revista de Derecho Urbanístico y Medio Ambiente* (2010), n.º 262, pp. 1 a 40.

— «Planificación turística y planificación territorial: la necesidad de una convergencia», en David Blanquer Criado (Dir.) *Ordenación y gestión del territorio turístico*, Tirant lo Blanch, Valencia, 2002, pp. 213 a 284.

Blasco Gascó, Francisco de P. y Cecchini Rosell, X., «Título II. De la propiedad. Capítulo I. De la propiedad en general. Artículos 348, 349 y 350», en Joaquín Rams Albesa (Coord.), *Comentarios al Código civil, III, Libro Segundo (Títulos I a VIII)*, Bosch, Barcelona, 1999, pp. 95 a 138.

Bustillo Bolado, Roberto O., «Clasificación y calificación del suelo», en Luis Martín Rebollo y Roberto O. Bustillo Bolado (Dirs.), *Fundamentos de Derecho Urbanístico. Tomo I*, Thomson Reuters, Aranzadi, Cizur Menor, 2009, pp. 507 a 514

Bustos Pueche, José Enrique, «¿Existen instituciones en la Constitución que limitan al legislador ordinario?», *Revista de Derecho Privado* (2006), Mes 5, pp. 77 a 96.

Cabanas Trejo, Ricardo, «Constitución, Autonomía, Derecho privado y razón -o sinrazón-política», *El Notario del siglo XXI* (2021), n.º 100.

Cabezuelo Arenas, Ana Laura, «Edificios sometidos a propiedad horizontal y arriendo turístico de pisos: tres vías de prevención y/o defensa de la Comunidad frente a una actividad potencialmente molesta», *Revista Aranzadi Doctrinal* (2018), núm. 5.

Campuzano Tomé, Herminia:

— «La injustificada cesión de competencias realizadas por el legislador estatal a los legisladores autonómicos para recular el alquiler de viviendas de uso turístico», en Pedro A. Munar Bernat *et al.*, (Dirs.), *Turismo, vivienda y economía colaborativa*, Thomson Reuters Aranzadi, Cizur Menor, 2020, pp. 99 a 117.

— "*Las viviendas de uso turístico". Marco legal y problemática jurídica en el contexto de la economía colaborativa,* Reus, Madrid, 2019.

— «El alquiler de viviendas de uso turístico a partir de la Ley 4/2013: la necesaria interpretación conjunta de la LAU y de la legislación turística autonómica», *Revista Crítica de Derecho Inmobiliario* (2015), N.º 749, pp. 1199 a 1246.

Campuzano y Horma, Fernando, «La evolución de la propiedad en el Derecho constitucional», *Revista General de Legislación y Jurisprudencia,* Vol. 80 (1931), n.º 158, pp. 617 a 636.

Cárdenas y Espejo, Francisco, Ensayo sobre la historia de la propiedad territorial en España, Anacleta, Pamplona, 2002.

Carlón Ruiz, Matilde, «El principio de proporcionalidad», en Juan Alfonso Santamaría Pastor (Dir.), *Los principios jurídicos del Derecho Administrativo,* La Ley, Madrid, 2010, Madrid, 2010, pp. 203 a 230.

Carrasco Perera, Ángel:

— «Acuerdos comunitarios contra los alquileres turísticos», *Actualidad Jurídica Aranzadi* (2019), n.º 948.

— «Comentarios al Proyecto de Ley de reforma de los arrendamientos de viviendas», *Revista CESCO de Derecho de consumo* (2012), N.º 4, pp. 118 a 134.

Carrasco Perera, Ángel; Codero Lobato, Encarna; González Carrasco, Carmen, *Derecho de la construcción y la vivienda,* 5ª edición, Dilex, Madrid, 2005.

Casals Genover, Enric; Pintó Sala, Jordi; Ginesta de Puig, Marga y Pintó Sala, Alejandro, «Artículo 3. Arrendamiento para uso distinto del de vivienda» en *Comentarios a la Ley de Arrendamientos Urbanos de 1994,* Bosch, Barcelona, 1995.

Castán Tobeñas, José:

— *La propiedad y sus problemas actuales,* Reus, Madrid, 1963.

— *Derecho civil español, común y foral, T. IV. Derecho de obligaciones. Las particulares relaciones obligatorias,* 15 ª edición, Reus, Madrid, 1993.

Ceballos Martín, María Matilde, Llodrà Grimalt, Francesca, Roca Fernández-Castanys y Vilasau Solona, Mònica, «Tipos de contratos turísticos en particular», en Raúl Pérez Guerra (Coord.), *Derecho de las actividades turísticas,* UOC, Barcelona, 2006, pp. 251 a 332.

Cerdà Gimeno, José, «Baleares ante el artículo 149.1.8ª de la Constitución», *Revista de Derecho Privado* (1982), N.º 1, pp. 787 a 802.

Cerdeira Bravo de Mansilla, Guillermo:

— «Prohibición estatutaria de pisos turísticos en comunidades de vecinos: ¿por ser una actividad económica o potencialmente molesta y abusiva? (Comentario a las SSTS de 27 y 29 de noviembre de 2023)», *Actualidad civil* (2024), N.º 2.

— *Pisos turísticos y comunidades de vecinos (Comentario al art. 17.12 de la Ley de Propiedad Horizontal),* Reus, Madrid, 2022.

— «De nuevo, sobre pisos turísticos y comunidades de vecinos: a propósito del nuevo art. 17.12 LPH», *Revista de Derecho Privado* (2019), núm. 3, pp. 3 a 33.

— «Pisos turísticos y comunidades de vecinos. Un posible caso de abuso de Derecho», en Guillermo Cerdeira Bravo de Mansilla (Dir.), *Viviendas de uso turístico: régimen civil, administrativo y fiscal,* Reus, Madrid, 2018, pp. 329 a 366.

Cidoncha Marín, Antonio, «Garantía institucional, dimensión institucional y derecho fundamental. Balance jurisprudencial», *Teoría y realidad Constitucional* (2009), núm. 23, pp. 149 a 188.

Clar Garau, Raimundo, «En torno al derecho de propiedad», *Boletín de la Real Academia de Jurisprudencia y Legislación de las Illes Balears* (1992), N.º 2, pp. 35 a 51.

Clemente de Diego, Felipe, *Instituciones de Derecho civil, Tomo I. Introducción. Parte general. Propiedad. Derechos reales,* Nueva edición, revisada y puesta al día por Alfonso de Cossío y Corral y Antonio Gullón Ballesteros, Madrid, 1959.

Coca Payeras, Miguel:

— *Tanteo y retracto, función social de la propiedad y competencia autonómica,* Publicaciones del Real Colegio de España, Bolonia, 1988.

— «Delimitació competencial de l'activitat de la CAIB sobre el turisme», en *Llibre Blanc del Turisme a les Illes Balears, Vol. II,* Universitat de les Illes Balears, 1987, pp. 160 a 246

— «Comentario a la STS de 25 de mayo de 1984», *Cuadernos Civitas de jurisprudencia Civil* (1984), núm. 5.

Colina Garea, Rafael, *La función social de la propiedad privada en la Constitución española de 1978,* Bosch, Barcelona, 1997.

Corral Sastre, Alejandro, *La liberalización del sector turístico. ¿Hacia un modelo de turismo sostenible?,* Reus, Madrid, 2017.

Cosculluela Montaner, Luis, *Manual de Derecho administrativo. Parte General,* Civitas, Cizur Menor, 2022.

Costas de Vicente, Begoña, «Actividades molestas en las viviendas de uso turístico», *Propiedad horizontal: cuaderno jurídico* (2022), n.º 352, pp. 15 a 17.

Crespo Allué, Fernando, «Artículo 7.2», en Vicente Guilarte Gutiérrez (Coord.), *La reforma de la propiedad horizontal,* Lex Nova, Valladolid, 1999.

Crétois, Pierre, *La part commune. Critique de la propriété privée,* Éditions Amsterdam, París, 2020.

Cuffaro, Vincenzo, «Le locazioni turistiche», en *I contatti del turismo, dello sport e della cultura,* Utet Giuridica, 2010, pp. 119 a 128.

De Castro y Bravo, *Federico, Derecho civil de España, Parte General, Tomo I, Segunda parte,* Editorial Casa Martín, Valladolid, 1942.

De Castro Vítores, Germán, «Interés particular y poder comunitario en la propiedad horizontal: el criterio de la máxima utilidad del inmueble», *Revista Crítica de Derecho Inmobiliario* (2008), núm. 706, pp. 579 a 596.

De Elizalde y de Aymerich, Pedro:

— «El Derecho civil en los Estatutos de Autonomía», *Anuario de Derecho Civil,* Vol. 37 (1984), N.º 2, pp. 389 a 436.

— «Prelación de normas civiles en el sistema de fuentes de las Comunidades Autónomas», en *La Constitución española y las fuentes del Derecho, Vol. II,* Instituto de Estudios Fiscales, Madrid, 1979.

De Fuenmayor Campin, Amadeo, «La equivalencia de las prestaciones en la legislación especial de Arrendamientos», *Anuario de Derecho Civil* (1950), fascículo 4, pp. 1189 a 1217.

De Guerrero Manso, Carmen, *La zonificación de la ciudad: concepto, dinámica y efectos,* Aranzadi, Cizur Menor, 2012.

De la Cámara Álvarez, M., «Insuficiencia normativa de la Ley de propiedad horizontal», Centro de Estudios hipotecarios, Curso de conferencia sobre Propiedad horizontal y urbanizaciones privadas, Madrid, 1973.

De la Cuesta Sáenz, José María, «Comentario al artículo 17 de la Carta de Derechos Fundamentales de la Unión Europea: la propiedad privada como derecho fundamental», *Revista Jurídica del Notariado* (2010), número 73, pp. 307 a 337.

De la Encarnación Valcárcel, Ana María, «El alojamiento colaborativo: viviendas de uso turístico y plataformas virtuales», *Revista de Estudios de la Administración Local y Autonómica: Nueva época* (2016), N.º 5, pp. 30 a 55.

Delgado Echeverría, Jesús:

— «Doctrina reciente del Tribunal Constitucional sobre la competencia legislativa de las Comunidades Autónomas en materia de Derecho civil», *Iuris: Quaderns de política jurídica* (1994), N.º 1, pp. 37 a 76.

— «Los Derechos civiles forales en la Constitución», *Revista Jurídica de Cataluña,* Vol. 78 (1979), N.º 3, pp. 643 a 668.

De Los Mozos, José Luis, «Modificaciones del derecho de propiedad por razón de las actuaciones urbanísticas», *Anuario de Derecho Civil,* Vol. 33 (1980), pp. 3 a 28.

De Otto, Ignacio, *Derecho constitucional. Sistema de fuentes,* Barcelona, Ariel, 1987.

Del Pozo Carrascosa, Pedro; Vaquer Aloy, Antoni y Bosch Capdevilla, Esteve, *Derecho civil de Cataluña. Derechos reales,* Marcial Pons, Madrid, 2008, pp. 207 a 242.

De Pablo Contreras, Pedro, «Arrendamiento para uso distinto del de vivienda», en Antonio Pau (Dir.), *El nuevo arrendamiento urbano: régimen civil y registral,* Centro de Estudios Registrales, Madrid, 1996.

Desdentado Daroca, Eva, «Aspectos jurídico-administrativos de las viviendas de uso turístico», en Manuel Lucas Durán (Dir.), *Las viviendas de uso turístico y su regulación jurídica. Un enfoque multidisciplinar,* Aranzadi, Cizur Menor, 2019, pp. 41 a 93.

Díaz Martínez, Ana:

— «Comentario al artículo 3», en Rodrigo Bercovitz Rodríguez-Cano (Coord.), *Comentarios a la Ley de Propiedad Horizontal,* 5ª edición, Thomson Reuters Aranzadi, Cizur Menor, 2014, pp. 47 a 103.

— *Propiedad horizontal. El título constitutivo y su impugnación judicial,* Aranzadi, Pamplona, 1996.

Díaz Vales, Fernando:

— «Viviendas de uso turístico y propiedad horizontal en Cataluña», en Pedro A. Munar Bernat *et al.*, *Turismo, vivienda y economía colaborativa*, Thomson Aranzadi, Cizur Menor, 2020, pp. 507 a 523.

— «Aspectos jurídico-civiles de las viviendas de uso turístico», en Manuel Lucas Durán (Dir.), *Las viviendas de uso turístico y su regulación jurídica. Un enfoque multidisciplinar*, Aranzadi, Cizur Menor, 2019, pp. 95 a 194.

Díez-Picazo, Luis:

— «El contrato de hospedaje. El contrato de exposición», *Fundamentos del Derecho civil patrimonial. IV. Las particulares relaciones obligatorias*, Thomson Reuters Civita, Cizur Menor, 1ª edición, 2010.

— *Sistema de derechos fundamentales*, 3.ª edición, Thomson Civitas, Madrid, 2008.

— *Fundamentos del Derecho civil patrimonial. Tomo I. Introducción a la teoría del contrato*, Civitas, Madrid, 1996.

— «Los preámbulos de las leyes (En torno a la motivación y la causa de las aplicaciones normativas)», *Anuario de Derecho civil*, Vol. 45 (1992), n.º 2, pp. 501 a 534.

— «Los límites del derecho de propiedad en la legislación urbanística», en *Estudios de Derecho privado*, Civitas, Madrid, 1980, pp. 245 a 280.

— «La llamada prehorizontalidad y su proyección registral», *Ponencias y comunicaciones presentadas al II Congreso internacional de Derecho Registral*, Centro de Estudios Hipotecarios, Madrid, 1978, pp. 135 a 146.

— «Propiedad y Constitución», en Luis Sánchez Agesta (Coord.), *Constitución y Economía. La ordenación del sistema económico en las Constituciones occidentales*, Editoriales de Derecho Reunidas, Madrid, 1977, pp. 39 a 47.

Díez-Picazo y Ponce de León, Luis, «Las competencias del Estado y de las Comunidades Autónomas en materia de Derecho civil», en Bernardo Moreno Quesada (Coord.), *Competencia en materia civil de las Comunidades Autónomas*, Tecnos, Madrid, 1989, pp. 13 a 21.

Díez-Picazo, Luis y Gullón, Antonio:

— *Sistema de Derecho civil. Vol. I. Parte general del Derecho civil y personas jurídicas*, 13ª edición, Tecnos, Madrid, 2016.

— *Sistema de Derecho civil. Volumen III. Derecho de cosas y Derechos inmobiliario registral*, 7ª edición, Tecnos, Madrid, 2001.

Doménech Pascual, Gabriel:

— «La regulación autonómica y local de las viviendas de uso turístico», *Anuario de Derecho Municipal* (2017), n.º 11, pp. 43 a 73.

— «Cómo distinguir entre una expropiación y una delimitación de la propiedad no indemnizable», *InDret* (2012).

Duguit, León, *Las transformaciones generales del Derecho Privado desde el Código de Napoleón*, traducción de Carlos G. Posada, 2ª edición, editor Francisco Beltrán, Madrid, 1920.

ECHEVERRÍA SUMMERS, Francisco M.:

— «La oponibilidad de los acuerdos limitativos de viviendas de uso turístico», *Actualidad civil,* (2020), n.º 7-8.

— *El estatuto de la Propiedad Horizontal,* Comares, Granada, 2000.

— «STS 20 de febrero de 1997. Actividades prohibidas en los estatutos. Resolución contrato de arrendamiento de local de negocio. Costas procesales», *Cuadernos Civitas de Jurisprudencia Civil* (1997), N.º 44, pp. 691 a 710.

EGEA FERNÁNDEZ, Joan, «Competencia en materia de Derecho civil», *Revista Catalana de Dret Públic. Especial Sentencia 31/2010, del Tribunal Constitucional, sobre el Estatuto de Autonomía de Cataluña de 2006,* pp. 340 a 345.

EGUSQUIZA BALMASEDA, María Ángeles, «Conexión institucional necesaria: "desarrollo" de los Derechos civiles propios en la última jurisprudencia del Tribunal Constitucional», *Derecho Privado y Constitución* (2018), N.º 33, pp. 47 a 78.

ESCRIBANO COLLADO, Pedro, «Función social y propiedad privada urbana: estudio de jurisprudencia», en *V Congreso hispano-italiano de profesores de Derecho administrativo. La vinculación de la propiedad privada por planes y actos administrativos,* Instituto de Estudios Administrativos, Madrid, 1976, pp. 215 a 340.

ESPÍN CÁNOVAS, Diego, *Manual de Derecho civil. Vol. II. Derechos reales,* Revista de Derecho civil, Madrid, 1977.

ESPINET ASENSIO, Josep Maria, La oponibilidad de los acuerdos limitativos de viviendas de uso turístico», *Actualidad civil,* (2020), n.º 7-8.

ESTÉVEZ GOYTRE, Ricardo:

— *Manual de Derecho urbanístico. Tras la Ley 6/1998, de 13 de abril, sobre Régimen del Suelo y Valoraciones. Doctrina, legislación y jurisprudencia,* Comares, Granada, 1999.

— *Manual práctico de planeamiento urbanístico,* 2ª ed., Comares, Granada, 1999.

FELIU AMENGUAL, Bernardo, «Arrendamientos urbanos: de la Ley estatal 4/2013 a la Ley General Turística», *Boletín de la Real Academia de Jurisprudencia y Legislación de las Illes Balears* (2014), N.º 15, pp. 177 a 188.

FERNÁNDEZ CARBALLAL, Almudena, *El urbanismo finalista. A propósito del principio de menor restricción en el derecho de propiedad,* Civitas, Madrid, 2002.

FERNÁNDEZ DE VILLAVICENCIO ARÉVALO, Francisco, «La materia civil desde el punto de vista competencial: algunas presiones», *Revista Jurídica de Catalunya,* Vol. 82 (1983), N.º 1, pp. 181 a 196.

FERNÁNDEZ MARTÍN-GRANIZO, Mariano, *La Ley de propiedad horizontal en el Derecho español,* Revista de Derecho privado, Madrid, 1983.

FERNÁNDEZ PÉREZ, Nuria, *El alojamiento colaborativo,* Tirant lo Blanch, Valencia, 2018.

FERNÁNDEZ RODRÍGUEZ, Carmen, *Derecho administrativo del turismo,* 5ª edición, Marcial Pons, Madrid, 2010.

FERNÁNDEZ SARASOLA, Ignacio, «El derecho de propiedad en la historia constitucional española» en Joaquín Varela Suanzes-Carpegna (Coord.), *Propiedad e historia del Derecho,* Colegio de Registradores de la Propiedad y Mercantiles de España, Madrid, 2005, pp. 73 a 120.

FERRÉ MESTRE, Antoni, «Reflexiones (apresuradas sobre el Decreto Ley 3/2023: la nueva regulación de la actividad de vivienda turística en Cataluña», Diario La Ley (27 de noviembre de 2023), N.º 10396.

FOSSAS ESPADALER, Enric, «La competència sobre les bases de les obligacions contractuals. Una aproximació constitucional», *Revista Jurídica de Cataluña* (2014), N.º 2, pp. 355 a 372.

FRANCH FLUXA, Juan y RIBAS CONRADO, José Francisco, «El alquiler de vivienda para uso vacacional. Perspectiva actual, problemas y propuestas legales», *Estudios Turísticos* (2013), n.º 95, pp. 33 a 57.

FUENTES LOJO, Juan Ventura:

— *La Ley de propiedad horizontal después de la reforma de 6 de abril de 1999, Tomo I,* Bosch, Barcelona, 2000.

— *Novísima suma de la propiedad horizontal,* Bosch, Barcelona, 1998

FUENTES LOJO-RIUS, Alejandro:

— «Últimas novedades sobre acuerdos comunitarios prohibitivos de viviendas de uso turístico y de otras modalidades de alojamiento turístico: comentarios a la RDGSJFP de 16 de junio de 2020», *Revista Crítica de Derecho Inmobiliario* (2021), n.º 783, pp. 536 a 554.

— «El Real Decreto Ley de medidas urgentes en materia de vivienda y alquiler: aspectos de propiedad horizontal, arrendaticios y viviendas de uso turístico», *Diario La Ley* (2018).

— «La regulación del negocio de los pisos turísticos en las comunidades de propietarios», *Diario La Ley* (2018), n.º 9234.

FUENTES-LOJO RIUS, Alejandro y FUENTES-LOJO LASTRES, Alejandro, «Aspectos civiles», en Alejandro Fuentes-Lojo Rius y Alejandro Fuentes-Lojo Lastres (Dirs.), *Viviendas de uso turístico y nuevas medidas en materia de alquiler residencial. Especial consideración al RD-Ley 7/2019, de 1 de marzo, de medidas urgentes en materia de vivienda y alquiler,* Bosch, Madrid, 2019.

GALLEGO ANABITARTE, Alfredo:

— «Sobre la propiedad: observaciones histórico-dogmáticas y actuales», *Revista de Derecho Urbanístico y Medio Ambiente* (2006), N.º extra, pp. 119 a 158.

— *Derechos fundamentales y garantías institucionales: análisis doctrinal y jurisprudencial (Derecho a la educación, autonomía local y opinión pública),* Civitas, Madrid, 1994.

GARCÍA ANDREU, Hugo, «Un acercamiento al concepto de turismo residencial», en Tomás Manuel Mazón Martínez y Antonio Aledo Tur (Coords.), *Turismo residencial y cambio social. Nuevas perspectivas teóricas y empíricas,* Universidad de Alicante, 2005, pp. 55 a 69.

GARCÍA DE ENTERRÍA, Eduardo:

— *Estudios sobre autonomías territoriales,* Civitas, Madrid, 1985.

— «La significación de las competencias exclusivas del Estado en el sistema autonómico», *Revista Española de Derecho Constitucional* (1982), N.º 5, pp. 63 a 94.

— «La Ley del suelo y el futuro del urbanismo», *Anuario de Derecho civil,* Vol. 11 (1958), N.º 2, pp. 485 a 510.

García de Enterría, Eduardo, Parejo Alfonso, Luciano, *Lecciones de Derecho urbanístico*, Civitas, 2ª ed. Madrid, 1981.

García de Enterría, Eduardo y Ramón Fernández, Tomás, *Curso de Derecho Administrativo, II*, 15ª ed., Civitas, Thomson Reuters, Cizur Menor, 2017.

García Gil, F. Javier y García Nicolás, Luis Ángel, *Manual práctico de las comunidades de propietarios y su administración*, edita F. Javier García Gil-Luis Ángel García Nicolás, 2005.

García Goyena, Florencio, *Concordancias, motivos y comentarios del Código civil español, Tomo I*, Madrid, 1852.

García Rubio, María Paz:

— «Incertidumbre y alguna cosa más en la interpretación constitucional del poder normativo sobre la materia civil. Comentario a la STC 132/2019, que resuelve el recurso de inconstitucionalidad contra determinados artículos de la Ley 3/2017, de 15 de febrero, del Libro VI del CCCAT», *Revista de Derecho civil*, Vol. VI (2019), núm. 4, pp. 1 a 43.

— «La competencia del legislador gallego sobre Derecho civil tras la sentencia del Tribunal Constitucional 133/2017, de 16 de noviembre ¿Interpretación del artículo 149.1.8.ª CE asimétrica o sencillamente discriminatoria?», *Foro Gallego: Revista Xurídica* (2018), N.º 205, pp. 9 a 39

— «Presente y futuro del Derecho civil español en clave de competencias normativas», *Revista de Derecho Civil*, Vol. IV (2017), N.º 3, pp. 1 a 33.

— «Presente y futuro del Derecho civil español en clave de competencias normativas», *Revista de Derecho Civil*, Vol. IV (2017), núm. 3, pp. 1 a 33.

— «Sociedad líquida y codificación», *Anuario de Derecho Civil*, Tomo LXIX (2016), fasc. III, pp. 743 a 780.

García Saura, Pilar Juana, *Viviendas de uso turístico y plataformas colaborativas en España. Aproximación al régimen jurídico. Estudio comparado desde la perspectiva de la sostenibilidad*, Dykinson, Madrid, 2019.

Garrido Falla, Fernando, «El derecho a indemnización por limitaciones o vinculaciones impuestas a la propiedad privada», *Revista de Administración Pública* (1976), N.º 81, pp. 7 a 33.

Garrido Melero, Martín, *La regulación de la propiedad horizontal y las situaciones de comunidad en Cataluña*, Bosch, Barcelona, 2008.

Gaya Sicilia, Regina, *Las "bases de las obligaciones contractuales"*, Tecnos, Madrid, 1989.

Gete-Alonso i Calera, M.ª del Carme, «El llibre sisè del Codi civil de Cataluña sobre les obligacions i els contractes. Quan, com i per què hem de codificar-lo», *InDret* (2009), N.º 1.

Gil Rodríguez, Jacinto, «La pretendida vinculación del uso o destino de los espacios privativos en el régimen de propiedad horizontal», *Revista Crítica de Derecho Inmobiliario* (1992), núm. 611, pp. 1817 a 1848.

Ginard Martínez, Salvadora; «Comentario a la sentencia de 10 de septiembre de 2021 del Tribunal Superior de Justicia de las Illes Balears, sobre la comercialización turística en viviendas de uso residencial en edificios plurifamiliares», *Revista General de Derecho del Turismo* (2021), núm. 4.

Gomá Lanzón, Fernando, «Limitación del uso turístico de las viviendas en el RD-Ley 21/2018, de 12 de diciembre», disponible en: https://www.hayderecho.com/2019/01/21/limitacion-del-uso-turistico-de-las-viviendas-en-el-rdley-21-2018-de-14-de-diciembre/.

Gómez Calle, Esther, «La significación del título constitutivo en el régimen de la propiedad horizontal», *Anuario de Derecho civil* Vol. 45 (1992), N.º 4, pp. 1533 a 1590.

Gómez de la Escalera, Carlos, *Las competencias legislativas en materia de Derecho civil (art. 149.1.8ª CE). El caso de la propiedad horizontal*, Iustel, Madrid, 2007.

González Berenguer, José Luis, «La vinculación de la propiedad privada en la legislación de centros y zonas de interés turístico», en *V Congreso hispano-italiano de profesores de Derecho administrativo. La vinculación de la propiedad privada por planes y actos administrativos*, Instituto de Estudios Administrativos, Madrid, 1976, pp. 337 a 341.

Gómez Martínez, Carlos, «Diferència entre els arrendaments de temporada i els arrendaments turístics (o cessió temporal d'estades turístiques)», *Boletín de la Real Academia de Jurisprudencia y Legislación de las Illes Balears* (2020), XXII, pp. 170 a 193.

Gómez Martínez, Carlos y Gómez Martínez, Juan, *La Ley de Propiedad Horizontal*, Aranzadi, Navarra, 1999.

González Cabrera, Inmaculada, *El alojamiento colaborativo o el nuevo hospedaje low cost*, Dykinson, Madrid, 2020.

González Cabrera, Inmaculada y Rodríguez González, María del Pino, «El futuro de las viviendas vacacionales en Canarias y la necesaria modificación de su actual regulación jurídica» en Andrés Boix Palop (Coord.) y Ana María de la Encarnación Varcárcel (Dir.), *La regulación del alojamiento colaborativo: viviendas de uso turístico y alquiler de corta estancia en el Derecho español*, Thomson Reuters Aranzadi, Cizur Menor, 2018, pp. 407 a 428.

González Carrasco, M.ª del Carmen:

— «Las limitaciones al alquiler no vacacional requieren el voto favorable expreso del total de los propietarios», *Revista CESCO*, 13 de enero de 2022.

— «La pendiente resbaladiza de las cláusulas estatutarias sobre alquiler vacacional», *Revista CESCO*, 18 diciembre 2020.

— «Si los estatutos de tu comunidad no prohíben el alquiler vacacional... ¡No preguntes! (A propósito de la RDGRN de 19 de diciembre de 2019 [RJ 2020, 790])», *Revista CESCO*, de 1 de septiembre de 2020.

— «Artículo 13», en Rodrigo Bercovitz Rodríguez-Cano (Coord.), *Comentarios a la Ley de Propiedad Horizontal*, 5ª edición, Aranzadi, Cizur Menor, 2014, pp. 427 a 499.

— «El nuevo régimen de los arrendamientos de vivienda tras la Ley de medidas de flexibilización y fomento del mercado del alquiler», *Revista CESCO de Derecho de consumo* (2013), N.º 6, pp. 170 a 190.

González-Varas Ibáñez, Santiago, *Urbanismo y ordenación del territorio*, 3ª ed., Thomson Aranzadi, Cizur Menor, 2006.

GROSSI, Paolo:

— *La propiedad y las propiedades. Un análisis histórico,* Cuadernos Civitas, Madrid, 1992.

— *Historia del derecho de propiedad. La irrupción del colectivismo en la conciencia europea,* Ariel Derecho, Barcelona, 1986.

GUILARTE ZAPATERO, Vicente, «Artículo 13», en Vicente Guilarte Gutiérrez (Coord.), *La reforma de la Propiedad Horizontal,* Lexnova, Valladolid, 1999, p. 280.

GUILLÉN NAVARRO, Nicolás Alejandro:

— «Ámbito objetivo del contrato de alojamiento turístico: ¿Qué viviendas se pueden arrendar?», en Guillermo Cerdeira Bravo de Mansilla (Dir.), *Viviendas de uso turístico: régimen civil, administrativo y fiscal,* Reus, Madrid, 2018, pp. 231 a 267.

— «La vivienda de uso turístico y su incidencia en el panorama normativo español», *Revista Aragonesa de Administración Pública* (2015), N.º 45-46, pp. 101 a 144.

HERNANZ CANO, Luis, *Las comunidades de propiedad urbana,* Colex, 1998.

HERNÁNDEZ GIL, Antonio:

— «La propiedad privada y su función social en la Constitución», *Poder Judicial* (1989), n.º 14, pp. 9 a 22.

— *La función social de la posesión,* Alianza Editorial, Madrid, 1969.

HERRERO SUÁREZ, Carmen, «Las viviendas de uso turístico: ¿el enemigo a abatir? Reflexiones sobre la normativa autonómica en materia de alojamientos turísticos» *Revista de Estudios Europeos* (julio-diciembre 2017), N.º 70, pp. 150 a 161.

HESSE, Konrad, *Derecho Constitucional y Derecho Privado,* Civitas, Madrid, 1995.

JORDANO, Juan Bautista, «Contratos mixtos y unión de contratos», *Anuario de Derecho civil* (1951), fascículo1, pp. 321 a 339.

JURDAO ARRONES, Francisco, *España en venta,* Endymion, Madrid, 1990.

JURDAO ARRONES, Francisco y SÁNCHEZ ELENA, María, *España, asilo de Europa,* Planeta, Barcelona, 1990.

LACRUZ BERDEJO, José Luís:

— *Elementos de Derecho civil. Vol. I. Introducción,* 4ª edición, Dykinson, Madrid, 2006.

— *Elementos de Derecho civil, III. Derechos reales. Volumen primero. Posesión y propiedad,* 2ª edición, Dykinson, Madrid, 2003.

— *Elementos de Derecho civil. II. Derecho de obligaciones. Vol. 2. Contratos y cuasicontratos. Delito y cuasidelito,* 2ª edición, Dykinson, 2002.

LASARTE ÁLVAREZ, C.:

— *Compendio de derechos reales. Derechos reales e hipotecario,* 6ª edición, Marcial Pons, Madrid, 2017.

— *Curso de Derecho civil patrimonial. Introducción al Derecho,* 14ª edición, Tecnos, 2008.

— *La propiedad y derechos reales de goce. Principios de Derecho civil,* 7ª edición, Marcial Pons, Madrid, 2006.

— *Principios de Derecho Civil. Tomo I. Parte general y derecho de la persona,* 9ª edición, Marcial Pons, Madrid, 2003.

— *Autonomías y Derecho privado en la Constitución española,* Civitas, Madrid, 1980.

— «Consideraciones previas al estudio del derecho de edificación: Pluralismo de la propiedad privada», *Revista General de Legislación y Jurisprudencia* (1976), N.º 240 pp. 3 a 32.

Leguina Villa, Jesús, «Las Comunidades Autónomas», en Alberto Predieri y Eduardo García de Enterría (Dirs.), *La Constitución Española de 1978,* Civitas, Madrid, 1981, pp. 771 a 828.

Lladó Martínez, Albert, «Las técnicas de intervención administrativa sobre la actividad de los particulares», en Joan Manuel Trayter Jiménez (Dir.), *Derecho administrativo. Parte especial,* Atelier, Barcelona, 2021, pp. 111 a 141.

Llodrà Grimalt, Francesca, «La competencia autonómica en turismo como vía para legislar en materia civil. Especial referencia a la regulación de la vivienda turística vacacional», en Pedro A. Munar (Dir.), *Turismo residencial. Aspectos económicos y jurídicos,* Bernat, Dykinson, Madrid, 2010, pp. 291 a 322.

López González, José Ignacio, «El principio de proporcionalidad en el Derecho Administrativo», *Cuadernos de Derecho Público* (1998), núm. 5, pp. 143 a 158.

López López, Ángel L.:

— «El derecho de propiedad: perspectivas para una reconstrucción técnica y su inserción en las competencias autonómicas» en *El futur del Dret patrimonial a Catalunya (Materials de les Desenes Jornades de Dret Català a Tossa),* Tirant lo Blanch, Valencia, 2000, pp. 269 a 294.

— «El derecho de propiedad», en Ángel M. López López y Vicente L. Montés Penadés (Coords.), *Derechos reales y Derecho inmobiliario registral,* Tirant lo Blanch, Valencia, 1994, pp. 231 a 251.

— *La disciplina constitucional de la propiedad privada,* Tecnos, Madrid, 1988.

López Palomeque, Francisco, «Política turística y territorio en el escenario de cambio turístico», *Boletín de la Asociación de Geógrafos Españoles* (1999), N.º 28, pp. 23 a 38.

López Ramón, Fernando, *Introducción al Derecho urbanístico,* 3ª ed. Marcial Pons, Madrid, 2009.

Loscertales Fuertes, Daniel:

— «Acuerdo de junta de propietarios prohibiendo el "uso turístico"», *El Notario del siglo XXI* (2021), n.º 100.

— *Arrendamientos Urbanos. Comentarios, jurisprudencia y formularios,* 5ª edición, Sepín, Madrid, 2005.

— *Propiedad horizontal. Comunidad y urbanizaciones,* 7ª edición, Sepín Madrid, 1995.

Magro Servet, Vicente:

— «Acerca de la resolución de 29 de abril de 2021 de la Dirección General de Seguridad Jurídica y Fe Pública sobre las posibilidades de prohibición del alquiler vacacional: ¿es posible inscribir ese acuerdo?», disponible en: https://elderecho.com/acerca-de-la-resolucion-de-29-de-abril-de-2021-de-la-direccion-general-de-seguridad-juridica-y-fe-publica-sobre-las-posibilidades-de-prohibicion-del-alquiler-vacacional-es-posible-inscribir-es.

— «La oponibilidad de los acuerdos limitativos de viviendas de uso turístico», *Actualidad Civil* (2020), n.º 7-8.

— «Sobre la necesaria unificación en la regulación legal del alquiler vacacional y normativa actual autonómica», *Revista de jurisprudencia El Derecho* (2017), n.º 1.

Manresa y Navarro, José María, *Comentarios al Código civil español. Tomo III*, 8ª edición, Reus, Madrid, 1976.

Martín-Casals, Miguel, «El derecho a la "convivencia anómica en pareja": ¿Un nuevo derecho fundamental? Comentario general a la STC de 23.4.2013 (RTC 2013, 93)», *InDret* (2013), núm. 3.

Martín Mateo, Ramón, «El estatuto de la propiedad inmobiliaria», *Revista de Administración Pública*, (1967), Núm. 52, pp. 101 a 150.

Martínez Calvo, Javier, «Alojamiento colaborativo y propiedad horizontal: regulación de las viviendas turísticas por parte de las comunidades de propietarios», en Pedro A. Munar Bernat *et al.*, (Dirs.), *Turismo, vivienda y economía colaborativa*, Thomson Aranzadi, Cizur Menor, 2020, pp. 465 a 483.

Martínez Cañellas, Anselmo, «La cesión del uso de la vivienda a no residentes: contrato de alojamiento (de estancias turísticas) en viviendas y el contrato de arrendamiento de temporada, conforme a la Ley del Turismo de las Islas Baleares tras la reforma de la Ley de Arrendamientos Urbanos», *Boletín de la Real Academia de Jurisprudencia y Legislación de las Illes Balears* (2014), N.º 15, pp. 151 a 176.

Martínez de Aguirre Aldaz, Carlos, «Notas para la interpretación del inciso "...allí donde existan" del artículo 149.1.8.ª de la Constitución», en VV. AA., *La actualización del Derecho civil: Primer Congreso de Derecho Vasco*, Instituto Vasco de Administración Pública, San Sebastián, 1983, pp. 231 a 239.

Martínez de Santos, Alberto, «La derogación del Decreto-ley y el precipicio al que nos conduce un legislador provisional», *La Ley* (2019), 2195.

Martínez García, María, «El llamado "hecho regional", óptica comparativa en la Constitución Italiana de 1948 y la Constitución Española de 1978», en Coord. Fernando Pérez Domingo, *Setenta años de la Constitución Italiana y cuarenta años de la Constitución Española, Volumen IV. Sistema de fuentes, Justicia constitucional y organización territorial*, Centro de Estudios Políticos y Constitucionales, Madrid, 2020, pp. 373 a 383.

Martínez Nadal, Apol·lònia:

— «Alquiler turístico y restricciones legales: el derecho a la vivienda como causa justificativa», *Diario La Ley* (2021), N.º 9873, pp. 1 a 15.

— «Sobre el cambiante y divergente concepto de alquiler turístico en el Derecho español», *Diario la Ley* (2020), N.º 9712, pp. 1 a 11.

— *Alquiler turístico de viviendas de uso turístico y Derecho de la Competencia*, Thomson Reuters Aranzadi, Cizur Menor, 2020.

MARTÍNEZ ORTEGA, Juan Carlos, «Las comunidades de propietarios pueden regular el establecimiento de los apartamentos turísticos», *El Notario del siglo XXI* (2021), n.º 100.

MARTÍNEZ PALLARÉS, Pedro Luis, «La organización administrativa del turismo. La administración turística de la Comunidad Autónoma», en José Tudela Aranda (Dir.) *El derecho del turismo en el Estado autonómico. Una visión desde la Ley del Turismo de la Comunidad Autónoma de Aragón*, Cortes de Aragón, 2006, pp. 143 a 186.

MARTORELL CUNILL, Onofre; GARAU VADELL, Juan y ROBREDO CAMACHO, Marco Antonio, «El análisis económico del turismo residencial. El caso de Baleares», en Pedro A. Munar Bernat (Dir.), *Turismo residencial. Aspectos económicos y jurídicos*, Dykinson, Madrid, 2010, pp. 17 a 128.

MARTOS CALABRÚS, María Angustias:

- «Régimen jurídico del arrendamiento de habitación para uso turístico», en Pedro A. Munar Bernat *et al.*, *Turismo, vivienda y economía colaborativa*, Thomson Reuters Aranzadi, Cizur Menor, 2020, pp. 209 a 228.
- «El contrato de arrendamiento de vivienda vacacional tras la reforma del artículo 5 de la LAU por la Ley 4/2013», *Revista de Derecho Civil*, Vol. 1 (2014), núm. 1, pp. 91 a 102.

MAZEAUD, Henri y León y MAZEAUD, Jean, *Lecciones de Derecho civil. Parte primera. Volumen I*, Ediciones jurídicas Europa-América, Buenos aires, 1959.

MAZÓN MARTÍNEZ, Tomás y ALEDO TUR, Antonio, «El dilema del turismo residencial: ¿turismo o desarrollo inmobiliario?», en Tomás Manuel Mazón Martínez y Antonio Aledo Tur (Coords.), *Turismo residencial y cambio social. Nuevas perspectivas teóricas y empíricas*, Universidad de Alicante, 2005, pp. 13 a 30.

MEDINA DE LEMUS, Manuel:

- «Retorno al título constitutivo de la Propiedad Horizontal», *Revista Crítica de Derecho Inmobiliario* (2000), N.º 657, pp. 1121 a 1183
- *La propiedad urbana y el aprovechamiento urbanístico*, Centro de Estudios Registrales, Madrid, 1995.

MEDINA GUERRERO, Manuel, «El principio de proporcionalidad y el legislador de los derechos fundamentales», *Cuadernos de Derecho Público* (1998), núm. 5, pp. 119 a 141.

MESA MARRERO, Carolina, «Las viviendas de uso turístico y la cuestión competencia en materia civil, *InDret*, (3/2019), pp. 1 a 43.

MOLINA ILLESCAS, Santiago, «Inscripción en el Registro de la Propiedad de acuerdos comunitarios sobre limitación, condicionamiento y prohibición de viviendas turísticas», *Propiedad Horizontal* (2020), n.º 346, pp. 12 a 20.

MONET Y ANTÓN, F, «Problemas de técnica notarial ante la nueva Ley de Propiedad Horizontal», *Centenario de la Ley del Notariado, Sección II, Vol. 1º*, Estudios de Derecho Notarial, 1960.

MONTÉS PENADÉS, Vicente L., *La propiedad privada en el sistema del Derecho civil contemporáneo*, Civitas, Madrid, 1980.

MORENO GARRIDO, Ana, *Historia del turismo en España en el siglo XX*, Sintesis, Madrid, 2005.

Moreno-Torres Herrera, María Luisa, «Ámbito subjetivo del contrato de alojamiento turístico: los anfitriones, los huéspedes y el papel de los prestadores de servicios de vivienda vacacional», en Guillermo Cerdeira Bravo de Mansilla (Dir.), *Viviendas de uso turístico: régimen civil, administrativo y fiscal,* Reus, Madrid, 2018, pp. 191 a 230.

Munar Bernat, Pedro A., «Hospedaje», en Pedro A. Munar Bernat (Coord.), *Derecho privado del turismo. Estudio jurisprudencial,* Aranzadi, Cizur Menor, 2008, pp. 167 a 249.

Muñoz Machado, Santiago, *Derecho público de las Comunidades Autónomas. I,* Civitas, Madrid, 1982.

Murga Fernández, Juan Pablo, «Viviendas turísticas y comunidades de propietarios: *status quaestionis* y posibilidades de actuación a la luz del nuevo artículo 17.12 de la Ley de Propiedad Horizontal», *Revista Crítica de Derecho Inmobiliario* (2019), n.º 775, pp. 2221 a 2276.

Murga Fernández, Juan Pablo y Fernández Scagliusi, María de los Ángeles, «La constitución de las viviendas de fin turístico: aspectos civiles y administrativos», en Guillermo Cerdeira Bravo de Mansilla (Dir.), *Viviendas de uso turístico: régimen civil, administrativo y fiscal,* Reus, Madrid, 2018, pp. 55 a 98.

Nasarre Aznar, Sergio:

— Los años de la crisis de la vivienda. De las hipotecas *subprime* a la vivienda colaborativa, Tirant lo Blanch, Valencia, 2020.

— «La eficacia de la Ley 4/2013, de reforma de los arrendamientos urbanos, para aumentar la vivienda en alquiler en un contexto europeo», *Revista Crítica de Derecho Inmobiliario* (2015), N.º 747, pp. 205 a 249.

Núñez Iglesias, Álvaro, «Tipología de los contratos de alojamiento turístico extrahotelero», en Pedro A. Munar Bernat (Dir.), *Turismo residencial. Aspectos económicos y jurídicos,* Dykinson, Madrid, 2010, pp. 221 a 256.

Núñez Lagos, Francisco, «El notariado y la propiedad inmobiliaria moderna», *Revista Notarial* (1957), núm. 27-28.

O'Callaghan Muñoz, Xavier:

— *Código civil comentado y con jurisprudencia,* La Ley, Madrid, 2001, pp. 2068 y ss.

— *Compendio de Derecho civil. Tomo III. Derechos reales e hipotecario, Lección 3ª*, versión electrónica.

Pacheco Jiménez, M.ª Nieves, «El alojamiento colaborativo: problemas regulatorios y conflictos vecinales», *Derecho privado y Constitución* (2019), N.º 34, pp. 36 a 138.

Padilla Ruiz, Pedro, «Comentarios a la Ley 4/2013, de medidas de flexibilización y fomento del mercado del alquiler de viviendas», *Revista Aranzadi Doctrinal* (2013), N.º 4.

Paniza Fullana, Antonia, «Replanteamiento del turismo en las Illes Balears: sostenibilidad y circularidad en la Ley 3/2022, de 15 de junio», *Rivista Italiana di diritto del turismo* (2023), 39.

Pantaleón Prieto, Fernando, «La libertad del dominio», en Vicente Guilarte Gutiérrez (Coord.), *Propiedad y Derecho civil,* Colegio de Registradores de la Propiedad y Mercantiles de España, Madrid, 2006, pp. 61 a 77.

PAOLO RUSO, Antonio, «Las nuevas fronteras del estudio del turismo: retos conceptuales y epistemológicos», *Revista CIDOB d'Afers Socials* (2016), n.º 113, pp. 15 a 32.

PAOLO RUSO, Antonio y QUAGLIERI DOMÍNGUEZ, Alan, «La lógica espacial del intercambio de casas: una aproximación a las nuevas geografías de lo cotidiano en el turismo contemporánea», *Revista Electrónica de Geografía y Ciencias Sociales*, Vol. XVIII (2014), núm. 483.

PARADA VÁZQUEZ, Ramón, *Derecho administrativo II. Régimen jurídico de la actividad administrativa*, 24ª edición, Dykinson, Madrid, 2019.

PAREJO ALFONSO, Luciano:

— «El régimen urbanístico de la propiedad inmobiliaria en España», en Javier Barnés (Coord.), *Propiedad, expropiación y responsabilidad. La garantía indemnizatoria en el Derecho europeo y comparado*, Tecnos, Madrid, 1995, pp. 215 a 274.

— *Régimen urbanístico de la propiedad y responsabilidad patrimonial de la Administración*, Instituto de Estudios de Administración Local, Madrid, 1982.

PARRA LUCÁN, M.ª Ángeles, «La doble codificación en España y la frustración del proceso de unificación del Derecho privado», *Revista Jurídica del Notariado* (2015), n.º 94, pp. 107 a 148.

PASQUAU LIAÑO, Miguel, «Sobre la interpretación de los términos "legislación civil" del artículo 149.1.8.ª de la Constitución», en Bernardo Moreno Quesada (Coord.), *Competencia en materia civil de las Comunidades Autónomas*, Tecnos, Madrid, 1989, pp. 220 a 224.

PAU PEDRÓN, Antonio, *Manual de Derecho registral*, Fundación para la formación de altos profesionales, Madrid, 1996.

PEDRAZ PENALVA, Ernesto y ORTEGA BENITO, Victoria, «El principio de proporcionalidad y su configuración en la jurisprudencia del Tribunal Constitucional y literatura especializada alemana», *Poder Judicial* (1990), n. 17, pp. 69 a 100.

PEÑA BERNALDO DE QUIRÓS, Manuel, *Derechos reales. Derecho hipotecario, Tomo I, Propiedad. Derechos reales (excepto los de garantía)*, 3ª edición, Centro de Estudios Registrales, Madrid, 1999.

PERE RALUY, José:

— «El arrendamiento y la propiedad horizontal», *Pretor* (1964).

— *La propiedad horizontal*, Editorial Ediciones y Publicaciones S.A., Barcelona, 1961.

PÉREZ LUÑO, Antonio Enrique:

— *Derechos humanos, Estado de Derecho y Constitución*, Tecnos, Madrid, 1984.

— «Artículo 33. Propiedad privada y herencia», en Oscar Alzaga Villaamil (Dir.), *Comentarios a las Leyes Políticas. Constitución Española de 1978. Tomo III. Artículos 24 a 38*, Revista de Derecho Privado, Madrid, 1978, pp. 381 a 431.

PEREÑA PINEDO, Ignacio, «La función social del derecho de propiedad», en Francisco José Bastida Frejeido (Coord.), *Propiedad y Derecho constitucional*, Colegio de Registradores de la Propiedad y Mercantiles de España, Madrid, 2005, pp. 173 a 194.

PÉREZ MORENO, Alfonso, «El concepto de "autonomías integradas": una clave interpretativa de la Constitución española», en José María Baño León (Coord.), *Memorial para la reforma del Estado: estudios en homenaje al profesor Santiago Muñoz Machado, Vol. 2, Tomo II*, Centro de Estudios Políticos y Constitucionales, Madrid, 2016, pp. 1187 a 1208.

Pérez Serrano, Nicolás, *El contrato de hospedaje, en su doble aspecto civil y mercantil,* imp. del Asilo de Huérfanos del S. C. de Jesús, Madrid, 1930.

Plaza Penadés, Javier, «El Derecho civil, los Derechos civiles forales o especiales y el Derecho civil autonómico», *Revista de Derecho Valenciano* (2012), N.º 12.

Polo Portilla, María José, «Negativa del registrador a inscribir un acuerdo de prohibición del alquiler turístico o la necesidad de una correcta definición de la decisión adoptada», disponible en: https://blog.sepin.es/2020/11/registro-acuerdo-prohibicion-alquiler-turistico/.

Pons Cànovas, Ferran, *La incidencia de las intervenciones administrativas en el derecho de propiedad. Perspectivas actuales,* Marcial Pons, Barcelona, 2004.

Porto Rey, Enrique, «La ordenación urbana y las figuras de planeamiento», en Enrique Bardají Álvarez (Dir.), *Curso básico de planeamiento y gestión,* Colegio Oficial de Arquitectos, Madrid, 1987, pp. 23 a 34.

Puche Ramos, Aurelio, «Limitar sí es prohibir. El acuerdo de prohibición del ejercicio de alquiler vacacional no necesita unanimidad, sino doble mayoría de tres quintos», *Propiedad horizontal* (2021), n.º 350, pp. 20 a 27

Puig Brutau, José, *Fundamentos de Derecho civil, Tomo III, Volumen I. El derecho real. La posesión. La propiedad. Sus límites. Adquisición y pérdida. Ejercicio de acciones,* 4ª edición, Bosch, Barcelona, 1979

Puig Peña, Federico, *Tratado de Derecho civil español, Tomo III, Vol. I,* Revista de Derecho privado, Madrid, 1972.

Ramón Fernández, Tomás, *Manual de Derecho urbanístico,* Civitas, Cizur Menor, 2019.

Rey Martínez, Fernando:

— «El devaluado derecho de propiedad privada», *Persona y Derecho* (2006), núm. 55, pp. 959 a 995

— *La propiedad privada en la Constitución española,* Centro de Estudios Constitucionales, Madrid, 1994.

— «Sobre la (paradójica) jurisprudencia constitucional en materia de propiedad privada», *Derecho privado y Constitución,* (1994), núm. 3, pp. 169 a 202.

Rivero Hernández, B., «Las restricciones a los derechos de uso en el régimen de la propiedad horizontal», *Revista Aranzadi civil* (1996), I.

Roca i Trías, Encarnación, «El Derecho civil catalán en la Constitución de 1978», *Revista Jurídica de Cataluña* Vol. 78 (1979), N.º 1, pp. 7 a 36.

Roca Trías, Encarnación y Ahumada Ruiz, M.ª Ángeles, «Los principios de razonabilidad y proporcionalidad en la jurisprudencia constitucional española», en XI Conferencia Trilateral, 24-27 de octubre de 2013, celebrada en Roma. Disponible en: https://www.tribunalconstitucional.es/es/trilateral/documentosreuniones/37/ponencia%20espaÑa%202013.pdf.

Rodríguez-Arana Muñoz, Jaime, «Sobre la distribución de competencias en materia de turismo», *Revista Aragonesa de Administración Pública* (2008), núm. 32, pp. 369 a 406.

Rodríguez de Almeida, María Goñi, «El alquiler vacacional como actividad molesta en la Comunidad de propietarios», *Revista Crítica de Derecho Inmobiliario* (2018), n.º 765, pp. 496 a 512.

Rodríguez de Santiago, José María:

— «Artículo 33 CE: Derecho a la propiedad privada y a la herencia», *Diario La Ley* (2018), 24 páginas.

— «Una revolución silenciosa (i): la propiedad privada», *Almacén de Derecho*, 2018. Disponible en: https://almacendederecho.org/una-revolucion-silenciosa-i-la-propiedad-privada.

— «Las garantías constitucionales de la propiedad y de la expropiación forzosa a los treinta años de la Constitución Española», *Revista de Administración Pública* (2008), núm. 177, pp. 157 a 194.

Rodríguez Martínez, Miguel Ángel, «La necesaria ordenación integral del uso turístico de viviendas desde el imprescindible protagonismo de la normativa urbanística», *Práctica Urbanística* (2020), n.º 164, pp. 1 a 8.

Román Márquez, Alejandro:

— «El nuevo Decreto andaluz sobre viviendas particulares de uso turístico. Análisis a la luz de la Agenda Europea para la economía colaborativa», *Cuadernos de Turismo* (2018), pp. 591 a 613.

— «Las viviendas particulares dedicadas a la actividad de alojamiento turístico. Su exclusión de la Ley de Arrendamientos Urbanos», *Revista Internacional de Doctrina y Jurisprudencia* (2014), N.º 6.

Ros Tonda, Jesualdo, «Aproximación al turismo residencial español», *Estudios Turísticos* (2003) n.º 155-156, pp. 71 a 85.

Rovira Flores de Quiñones, M.ª Carolina, *Valor y función de las "Exposiciones de motivos" en las normas jurídicas*, Universidad de Santiago de Compostela, Santiago de Compostela, 1972.

Rubio Torrano, Enrique, «Medidas de flexibilización y fomento del mercado del alquiler de viviendas», *Revista Doctrinal Aranzadi Civil-Mercantil* (2013), núm. 5.

Ruiz-Rico Ruiz-Morón, Julia, «Las competencias de la Comunidad Autónoma andaluza en materia de propiedad urbana», en Bernardo Moreno Quesada (Coord.), *Competencia en materia civil de las Comunidades Autónomas*, Tecnos, Madrid, 1989, p. 251 a 263.

Ruscello, Francesco, «Art. 1138 cod. civ.», en Angelo Jannuzzi y Giovanni Iannuzi, *Il condominio negli edifici. Rassegna di giurisprudenza*, 4.ª ed., Giuffrè Editore, Milán, 1988, pp. 681 a 747.

Salas Carceller, Antonio, «La oponibilidad de los acuerdos limitativos de viviendas de uso turístico», Actualidad civil, (2020), n.º 7-8.

Salas Hernández, Javier, *Los Decretos-leyes en la Constitución Española de 1978*, Civitas, Madrid, 1979.

SALGADO CASTRO, Alfonso, «La distribución de competencias en materia de turismo. El turismo en la Comunidad Autónoma de Aragón. Una propuesta», en José Tudela Aranda (Dir.), *Estudios sobre el régimen jurídico del turismo,* Diputación Provincial de Huesca, Huesca, 1997, pp. 73 a 168.

SÁNCHEZ CALERO, Francisco Javier, «Competencia de la Comunidad Autónoma andaluza en materia de propiedad», en Bernardo Moreno Quesada (Coord.), *Competencia en materia civil de las Comunidades Autónomas,* Tecnos, Madrid, 1989, pp. 53 a 66.

SÁNCHEZ GONZÁLEZ, María Paz:

— «Breves reflexiones sobre la doctrina constitucional relativa a las "bases de las obligaciones contractuales"», *Derecho Privado y Constitución* (1993), N.º 1, pp. 151 a 176.

— «Competencia de los Parlamentos autónomos en la elaboración del Derecho civil: Estudio del artículo 149.1.8.ª de la Constitución», *Anuario de Derecho civil,* Vol. 39 (1986), n.º 4, pp. 1121 a 1168

SÁNCHEZ JORDÁN, M.ª Elena y GARCÍA GARCÍA, Juan Antonio, «La cesión de viviendas con fines turísticos: concepto, naturaleza y delimitación frente a figuras a fines», en Guillermo Cerdeira Bravo de Mansilla (Dir.), *Viviendas de uso turístico: régimen civil, administrativo y fiscal,* Reus, Madrid, 2018, pp. 147 a 180.

SANCHO REBULLIDA, Francisco de Asís, «El futuro de los Derecho forales», *Revista General de Legislación y Jurisprudencia,* Tomo 253 (1977), N.º 4, pp. 311 a 322.

SAN EMÉRITO MARTÍN, Nieves, *Sobre la propiedad. El concepto de propiedad en la Edad Moderna,* Tecnos, Madrid, 2005.

SANTOS BRIZ, Jaime, *Derecho civil. Teoría y práctica. Tomo II. Derecho de cosas,* Revista de Derecho privado, Madrid, 1972.

SARRIÓN ESTEVE, Joaquín, «Una aproximación al derecho fundamental a la propiedad privada desde una perspectiva multinivel», *Revista de Derecho Político* (2017), N.º 100, pp. 915 a 947.

SEGURA PALOMAR, Desamparos, «Los apartamentos turísticos en la Ley 15/2018, de 7 de junio, de la Generalitat, de turismo, ocio y hospitalidad de la Comunidad Valenciana», *Diario La Ley* (2018), N.º 9256, pp. 1-5.

SOCÍAS CAMACHO, Joana María:

— «Estado regulador y alojamiento "colaborativo"», en Andrés Boix Palop (Coord.) y Ana María de la Encarnación Varcárcel (Dir.), *La regulación del alojamiento colaborativo: viviendas de uso turístico y alquiler de corta estancia en el Derecho español,* Thomson Reuters Aranzadi, Cizur Menor, 2018, pp. 95 a 120.

— «Estado regulador y alojamiento colaborativo. El régimen de la intervención pública limitadora de la prestación del servicio», *Revista de Administración Pública* (2018), N.º 205, pp. 131 a 170.

SOLOZABAL ECHAVARRÍA, Juan José, «La libertad de expresión desde la teoría de los derechos fundamentales», *Revista Española de Derecho Constitucional* (1991), núm. 32, pp. 73 a 113.

SORIANO FRADE, Francisco, «Presente y futuro de los apartamentos turísticos», *Estudios turísticos* (1972), N.º 33, pp. 49 a 75.

SUAY RINCÓN, José, «Turismo y urbanismo: la ordenación turística del espacio. El caso de Canarias», en *Ordenación y gestión del territorio turístico*, David Blanquer Criado (Dir.), Tirant lo Blanch, Valencia, 2002, pp. 285 a 348.

SUSTAETA ELUSTIZA, Ángel, *Propiedad y urbanismo*, Montecorvo, Madrid, 1978.

TENA ARREGUI, Rodrigo, «Decretos-leyes de gobiernos en minoría. Efectos de la no convalidación del Real Decreto-ley 21/2018 en materia de arrendamientos», disponible en https://hayderecho.expansion.com/2019/01/23/efectos-de-la-no-convalidacion-del-real-decreto-ley-21-2018-en-materia-de-arrendamientos/.

TERZAGO, Gino, *Il condominio. Trattato teorico-pratico*, 4.ª ed., Giufrrè editore, Milán, 2000.

TORRES BERNIER, Enrique, «El turismo residenciado y sus efectos en los destinos turísticos», *Estudios turísticos* (2003), n.º 155-156, pp. 45 a 70.

TORRES LANA, José Ángel:

— «Alquiler de viviendas para uso turístico», en Silvia Feliu Álvarez de Sotomayor (Dir.), *Plataformas digitales en los alquileres vacacionales*, Reus, Madrid, 2020, 9 a 29

— «Ordenación territorial y ordenación turística en España: alguna reflexión sobre ese laberinto», en Francisco de Paula Blasco Gascó *et al.* (Coords), *Estudios jurídicos en homenaje a Vicente L. Montés Penadés*, Tirant lo Blanch, Madrid, 2011, pp. 2619 a 2630.

— «La protección del turista en el ámbito jurídico privado», en José Ángel Torres Lana, Mª. Nélida Tur Fáundez y Joan David Janer Torrens *La protección del turista como consumidor*, Tirant lo Blanch, Valencia, 2003, pp. 55 a 123.

TUR FAÚNDEZ, M.ª Nélida:

— «La protección del usuario de los servicios de alojamiento», en Francisco de Paula Blasco Gascó, *et al.* (Coords.), *Estudios jurídicos en homenaje a Vicente L. Montés Penadés. Vol 2*, Tirant lo Blanch, Valencia, 2011, pp. 2631 a 2649.

— «La perspectiva civil del derecho de consumo en la Comunidad Autónoma Balear», *Revista Jurídica de las Illes Balears* (2005), N.º 3, pp. 61 a 84.

VALENTÍN PEÑATE, Javier, «Viviendas turísticas y urbanismo. Comentarios a propósito del Decreto Ley 3/2023, de 7 de noviembre, de medidas urgentes sobre el régimen urbanístico de las viviendas de uso turístico, de Cataluña», *Diario La Ley* (12 de diciembre de 2023), N.º 10404.

VALLADARES RASCÓN, Etelvina, y ORDÁS ALONSO, Marta, «Artículo 3. Arrendamiento para uso distinto del de vivienda», en Rodrigo Bercovitz Rodríguez-Cano (Coord.), *Comentarios a la Ley de Arrendamientos Urbanos*, 6ª edición, Aranzadi, Cizur Menor, 2013, pp. 115 a 135.

VALPUESTA FERNÁNDEZ, María Rosario, «Artículo 3. Arrendamiento para uso distinto del de vivienda», en María Rosario Valpuesta Fernández (Coord.), *Comentarios a la nueva Ley de Arrendamientos Urbanos*, Tirant lo Blanch, Valencia, 1994, pp. 52 a 59.

VAQUER ALOY, Antoni, «La conexión suficiente y las bases de las obligaciones contractuales», en Carmen Bayod López (Dir.), *La Constitución española y los Derechos civiles españoles cuarenta años después. Su evolución a través de las sentencias del Tribunal Constitucional*, Tirant lo Blanch, Valencia, 2019, pp. 47 a 79.

VARELA SUANZES-CARPEGNA, Joaquín, «Algunas reflexiones metodológicas sobre la historia constitucional», *Teoría y Realidad Constitucional* (2008), n.º 21, pp. 411 a 425.

VATIER FUENZALIDA, Carlos, «Observaciones críticas en tema de derecho subjetivo», *Anuario de Derecho civil,* Vol. 34 (1981), N.º 1, pp. 3 a 40.

VÁZQUEZ BARROS, Sergio, *Ley de Arrendamientos Urbanos. Comentarios, formularios y jurisprudencia,* Tecnos, Madrid, 2004.

VERDERA IZQUIERDO, Beatriz:

— «Replanteamiento del arrendamiento de temporada a la luz del turismo residencial», en Pedro A. Munar Bernat (Dir.), *Turismo residencial. Aspectos económicos y jurídicos,* Dykinson, Madrid, 2010, pp. 257 a 289.

— «El arrendamiento de temporada frente a las estancias turísticas en viviendas», *Consultor Inmobiliario: Revista mensual de actualidad para profesionales* (2009), N.º 107, pp. 3 a 19.

— *La irretroactividad: problemática general,* Dykinson, Madrid, 2007.

VIDAL MARTÍ, Ernesto; PARDINES HERNÁNDEZ, Andrea y DE LA TORRE VERA, F. Javier, «Urbanismo y viviendas de uso turístico: ¿una relación válida?», *Práctica Urbanística* (2021), N.º 169.

VIVER I PI-SUNYER, Carles, *Materias competenciales y Tribunal Constitucional,* Ariel Derecho, Barcelona, 1989.

VON IHERING, Rudolf, *El fin en el Derecho,* Heliasta, Buenos Aires, 1987.

VV. AA., en Salustiano de Dios, Javier Infante, Ricardo Robledo y Eugenia Torijano (Coords.), *Historia de la propiedad en España. Siglos XV-XX,* Centro de Estudios Registrales, Madrid, 1999.

WESTERMANN, Harry, *et al., Derechos reales, Volumen I,* 7ª edición, Fundación Cultural del Notariado, Madrid, 1998.

XIOL RÍOS, Juan Antonio, «Reflexiones sobre la competencia en Derecho civil en el siglo XXI», en María del Carmen Bayod López (Coord.), *La Constitución Española y los Derecho civiles españoles cuarenta años después: su evolución a través de las sentencias del Tribunal Constitucional,* Tirant lo Blanch, 2019, pp. 207 a 226.

ZURILLA CARIÑANA, M. A., *La garantía real y la propiedad horizontal,* Tecnos, Madrid, 1995.